A CIDADE DE DEUS

Parte II
(Livros XI a XXII)

CIP-Brasil. Catalogação-na-fonte.
Sindicato Nacional dos Editores de Livros, RJ

A221c Agostinho, Santo, Bispo de Hipona, 354-430
A cidade de Deus: (contra os pagãos), parte II / Santo Agostinho; introdução de Emmanuel Carneiro Leão, 8. ed. Petrópolis, RJ: Vozes, 2013
(Coleção Pensamento Humano)

Tradução de: De civitate Dei
Conteúdo: Livro XI a XXII.

8ª reimpressão, 2023.

ISBN 978-85-326-0100-1

1. História (Teologia). 2. Fé. 3. Teologia – Igreja primitiva – 30-600.
I. Federação Agostiniana Brasileira. II Título. III. Série.

CDD-230.042
234-2

CDU-23(091)
230.1
89-0856
234.2

Santo Agostinho

A CIDADE DE DEUS

**(Contra os pagãos)
Parte II**

Tradução de Oscar Paes Leme

Petrópolis

Tradução do original em latim intitulado *De Civitate Dei*

© desta tradução,
1989, Editora Vozes Ltda.
Rua Frei Luís, 100
25689-900 Petrópolis, RJ
www.vozes.com.br
Brasil

Todos os direitos reservados. Nenhuma parte desta obra poderá ser reproduzida ou transmitida por qualquer forma e/ou quaisquer meios (eletrônico ou mecânico, incluindo fotocópia e gravação) ou arquivada em qualquer sistema ou banco de dados sem permissão escrita da editora.

CONSELHO EDITORIAL

Diretor
Volney J. Berkenbrock

Editores
Aline dos Santos Carneiro
Edrian Josué Pasini
Marilac Loraine Oleniki
Welder Lancieri Marchini

Conselheiros
Elói Dionísio Piva
Francisco Morás
Gilberto Gonçalves Garcia
Ludovico Garmus
Teobaldo Heidemann

Secretário executivo
Leonardo A.R.T. dos Santos

Diagramação: Sheilandre Desenv. Gráfico
Capa: WM design

ISBN 978-85-326-0100-1

Este livro foi composto e impresso pela Editora Vozes Ltda.

SUMÁRIO

LIVRO DÉCIMO PRIMEIRO: Origem das duas cidades, 21

Cap. I: Esclarecimento a respeito da segunda parte da obra, 23

Cap. II: Conhecimento de Deus e único meio de consegui-lo, 24

Cap. III: Autoridade da Escritura canônica, criação do Espírito divino, 25

Cap. IV: A criação do mundo. Não é intemporal nem ordenada por novo conselho de Deus, como se houvesse mudança em sua vontade, 25

Cap. V: Não devem ser imaginados infinitos espaços de tempo nem de lugares antes do mundo, 27

Cap. VI: É único e simultâneo o princípio da criação do mundo e dos tempos, 29

Cap. VII: Como eram os primeiros dias, que tiveram, segundo a narração, manhã e tarde, antes da criação do sol, 29

Cap. VIII: Interpretação que se deve dar ao descanso de Deus depois da criação, efetuada em seis dias, 31

Cap. IX: Que se deve pensar da criação dos anjos, segundo os testemunhos divinos?, 31

Cap. X: A Trindade, simples e imutável, Pai, Filho e Espírito Santo, é um só Deus. Nela não há distinção entre a qualidade e a substância, 33

Cap. XI: Gozaram os anjos apóstatas da felicidade de que sempre gozaram os anjos bons?, 36

Cap. XII: A felicidade dos justos e a dos primeiros pais no paraíso, 37

Cap. XIII: Como ou com que conhecimento foram criados os anjos todos?, 37

Cap. XIV: Que figura literária se emprega na referida passagem?, 39

Cap. XV: Como se deve entender isto: "O diabo peca desde o princípio"?, 39

Cap. XVI: A gradação nas criaturas. Seus critérios, 40

Cap. XVII: O vício não é natureza, mas contrário à natureza. E a causa do pecado não é o Criador, mas a vontade, 41

Cap. XVIII: A beleza do universo na oposição de contrários, 42

Cap. XIX: A que devemos ater-nos com respeito à seguinte passagem: "Deus dividiu entre a luz e as trevas"?, 42

Cap. XX: Exegese da seguinte passagem: "E viu Deus que a luz era boa", 43

Cap. XXI: Ciência e vontade eternas e imutáveis de Deus, 44

Cap. XXII: Alguns erros sobre a existência de princípio mau, 45

Cap. XXIII: Erro de Orígenes, 47

Cap. XXIV: A Trindade divina deixou em suas obras sinais de sua presença, 49

Cap. XXV: Divisão da filosofia, 50

Cap. XXVI: Imagem da Trindade na natureza humana, 51

Cap. XXVII: Essência, ciência e amor, 52

Cap. XXVIII: Como aproximar-nos mais de imagem da Trindade divina, 54

Cap. XXIX: A ciência dos anjos e seus efeitos na criação, 56

Cap. XXX: Perfeição do número seis, 57

Cap. XXXI: O sétimo dia, como plenitude e descanso, 58

Cap. XXXII: Segundo alguns, os anjos são, em criação, anteriores ao mundo, 59

Cap. XXXIII: As duas sociedades dos anjos são chamadas luz e trevas, 60

Cap. XXXIV: Outra opinião a respeito da criação dos anjos. E uma sobre a não criação das águas, 61

LIVRO DÉCIMO SEGUNDO: Os anjos e a criação do homem, 63

Cap. I: Natureza dos anjos bons e dos maus, 65

Cap. II: Não há essência alguma contrária a Deus, porque ao ser somente se opõe o não ser, 67

Cap. III: Os inimigos de Deus não o são por natureza, mas por vontade, 67

Cap. IV: As naturezas desprovidas de razão e vida não desdizem, consideradas em seu gênero e ordem, da beleza do universo, 68

Cap. V: A natureza de toda espécie e modo é canto de louvação ao Criador, 70

Cap. VI: Causa da felicidade dos anjos bons e da miséria dos maus, 70

Cap. VII: Não se deve buscar a causa eficiente da má vontade, 73

Cap. VIII: O amor perverso inclina a vontade do bem imutável ao bem mutável, 74

Cap. IX: É o mesmo o Criador da natureza e o Autor da boa vontade nos anjos bons?, 74

Cap. X: É falsa a história que fixa muitos milhares de anos aos tempos passados, 76

Cap. XI: Opinião dos que, sem admitirem a eternidade do mundo, sustentam haver um sem-número de mundos, ou que, sendo único, nasce e acaba incessantemente, de acordo com o rodar dos séculos, 78

Cap. XII: Que responder aos que pretextam haver tardado a criação do homem?, 79

Cap. XIII: Alguns filósofos acreditaram no ciclo dos séculos, quer dizer, acreditaram que, terminados por fim certo, todos tornam sem cessar à mesma ordem e à mesma espécie, 80

Cap. XIV: Deus não operou com nova resolução nem com vontade mutável a criação do gênero humano no tempo, 82

Cap. XV: O ser Deus sempre Senhor supõe hajam existido sempre criaturas sob seu domínio. Como se há de entender hajam sempre existido as criaturas, sem serem coeternas com o Criador?, 83

Cap. XVI: Como se deve entender a promessa de vida eterna, feita por Deus ao homem antes dos tempos eternos?, 86

Cap. XVII: Sentir da reta fé sobre o juízo ou vontade imutável de Deus. Contra os que sustentam o eterno retorno das obras divinas, 86

Cap. XVIII: Contra os que sustentam que nem a ciência de Deus é capaz de compreender coisas infinitas, 88

Cap. XIX: Os séculos dos séculos, 90

Cap. XX: Impiedade dos que pretendem que as almas, partícipes da beatitude autêntica e suprema, hão de retornar em eterno circuito às misérias e aos trabalhos, 91

Cap. XXI: Criação do primeiro homem e, nele, do gênero humano, 94

Cap. XXII: Deus previu o futuro pecado do homem e ao mesmo tempo o número de homens que sua graça haveria de salvar, 95

Cap. XXIII: Natureza da alma humana, criada à imagem de Deus, 95

Cap. XXIV: Podem os anjos ser criadores de alguma natureza, por mínima que seja?, 96

Cap. XXV: Toda natureza e toda espécie criatural é obra de Deus, 97

Cap. XXVI: Opinião dos platônicos. Deus, segundo eles, é o criador dos anjos, que por sua vez são criadores dos corpos humanos, 98

Cap. XXVII: No primeiro homem esteve encarnada toda a plenitude do gênero humano. Nele Deus previu os escolhidos e os condenados, 99

LIVRO DÉCIMO TERCEIRO: A morte como pena do pecado, 101

Cap. I: A queda do primeiro homem é a causa da morte, 103

Cap. II: A morte da alma e a do corpo, 103

Cap. III: É pena também para os justos a morte, transmitida a toda a humanidade pelo pecado dos primeiros homens?, 104

Cap. IV: Por que estão sujeitos à morte, quer dizer, à pena do pecado, os que do pecado foram absolvidos pela graça da regeneração?, 106

Cap. V: Como os pecadores usam mal da lei, que é boa, assim os justos usam bem da morte, que é má, 107

Cap. VI: O mal da morte consiste na ruptura da união existente entre a alma e o corpo, 108

Cap. VII: A morte aceita pelos não batizados por confessarem Cristo, 108

Cap. VIII: Aceitando pela verdade a morte primeira, veem-se os justos livres da segunda, 109

Cap. IX: O momento exato da morte, 110

Cap. X: À vida dos mortais o nome de morte quadra melhor que o de vida, 111

Cap. XI: Pode alguém ser ao mesmo tempo vivente e morto?, 112

Cap. XII: Que morte havia Deus cominado aos primeiros homens, se lhe violassem o mandamento?, 114

Cap. XIII: Qual o primeiro castigo da prevaricação dos primeiros pais?, 115

Cap. XIV: O homem, criado por Deus, e como caiu por arbítrio de sua vontade, 115

Cap. XV: Pecando, Adão abandonou a Deus antes de Deus abandoná-lo. A primeira morte da alma consistiu em apartar-se de Deus, 116

Cap. XVI: Há filósofos que pensam não ser castigo a separação do corpo e da alma e se baseiam em que Platão introduz o Deus supremo, prometendo aos deuses inferiores não serem nunca destituídos dos respectivos corpos, 117

Cap. XVII: Contra os que afirmam não poderem os corpos terrenos tornar-se incorruptíveis e eternos, 119

Cap. XVIII: Afirmam os filósofos não poderem os corpos terrenos convir a seres celestiais, porque seu peso natural os inclina à terra, 121

Cap. XIX: Contra aqueles que não acreditam que, se não pecassem, os primeiros homens haviam de ser imortais, 122

Cap. XX: A carne dos santos ressuscitados será mais perfeita que a dos primeiros homens antes do pecado, 124

Cap. XXI: Pode-se muito bem entender como algo espiritual o paraíso em que estavam os primeiros homens, deixando sempre a salvo a verdade da narrativa histórica sobre o lugar corporal, 125

Cap. XXII: Depois da ressurreição os corpos dos santos serão espirituais, sem que por isso a carne se torne espírito, 127

Cap. XXIII: Que se deve entender por corpo animal e por corpo espiritual ou que é morrer em Adão e ser vivificado em Cristo?, 127

Cap. XXIV: Como se deve entender o sopro com que o primeiro homem foi feito em alma vivente ou o outro, que o Senhor espirou, ao dizer: "Recebei o Espírito Santo"?, 131

LIVRO DÉCIMO QUARTO: O pecado e as paixões, 137

Cap. I: A desobediência do primeiro homem submeteria todos à perpétua morte segunda, se a graça de Deus não livrasse muitos, 139

Cap. II: Que se deve entender por viver segundo a carne?, 139

Cap. III: A causa do pecado tem origem na alma, não na carne, e a corrupção contraída pelo pecado não é pecado, mas pena do pecado, 141

Cap. IV: Que é viver segundo o homem e que segundo Deus?, 143

Cap. V: Opinião dos platônicos e dos maniqueístas sobre a natureza da alma, 145

Cap. VI: A retidão ou a malícia das afeições anímicas dependem da vontade humana, 146

Cap. VII: As palavras "amor" e "dileção" usam-se indistintamente nas Sagradas Letras para o bem e para o mal, 147

Cap. VIII: Os estoicos opinaram que no ânimo do sábio se processam três perturbações e dele excluem a dor ou a tristeza, por incompatível, segundo eles, com a virtude anímica, 149

Cap. IX: As perturbações anímicas. A vida dos justos goza de retidão de afetos, 152

Cap. X: Estiveram os primeiros homens, antes do pecado, isentos de perturbações no paraíso?, 156

Cap. XI: A queda do primeiro homem. Nele, a natureza foi criada tão perfeita, que apenas seu autor pode repará-la, 157

Cap. XII: O pecado do primeiro homem, 160

Cap. XIII: Em Adão a má vontade precedeu a obra má, 161

Cap. XIV: A soberba da transgressão foi pior do que a transgressão, 163

Cap. XV: Justiça do castigo imposto à desobediência dos primeiros pais, 163

Cap. XVI: Sentido próprio da palavra "libido", 166

Cap. XVII: Nudez e rubor dos primeiros pais, 166

Cap. XVIII: Pudor que acompanha o ato da geração, 168

Cap. XIX: A sabedoria como freio e dique da ira e da libido, 169

Cap. XX: A torpeza dos cínicos, 170

Cap. XXI: Bênção, prevaricação e libido. Suas relações, 171

Cap. XXII: Instituição e bênção divinas da união carnal, 172

Cap. XXIII: Haveria, no paraíso, libido no ato da geração?, 173

Cap. XXIV: A vontade e os órgãos da geração no paraíso, 175

Cap. XXV: Na presente vida não se alcança a verdadeira felicidade, 177

Cap. XXVI: Que devemos acreditar, baseados na felicidade, a respeito da geração no paraíso?, 177

Cap. XXVII: A perversidade dos pecadores, anjos ou homens, não perturba a Divina Providência, 179

Cap. XXVIII: As duas cidades. Origem e qualidades, 180

LIVRO DÉCIMO QUINTO: As duas cidades na terra, 183

Cap. I: Dois viajantes de duas cidades caminham a duas metas distintas, 185

Cap. II: Os filhos da carne e os filhos da promessa, 186

Cap. III: Esterilidade de Sarra e fecundidade recebida, 188

Cap. IV: A paz e a guerra na cidade terrena, 189

Cap. V: Dois imperadores: o da cidade terrena e o de Roma, 190

Cap. VI: Sofrimento dos cidadãos da Cidade de Deus em sua peregrinação rumo à pátria. Deles somente a medicina de Deus pode curá-los, 191

Cap. VII: Causa do crime de Caim e sua obstinação nele, 192

Cap. VIII: Qual a razão de Caim, nos albores do gênero humano, haver fundado uma cidade?, 196

Cap. IX: Que dizer da longevidade dos homens antediluvianos e de sua maior corpulência?, 198

Cap. X: Diferenças no número de anos entre nossos códices e os hebraicos, 199

Cap. XI: Idade de Matusalém e época do dilúvio, 200

Cap. XII: Crítica a outra opinião sobre o cômputo daqueles anos, 201

Cap. XIII: Autoridade dos códices hebraicos e dos Setenta no cômputo dos anos, 203

Cap. XIV: Os anos sempre foram iguais, 206

Cap. XV: Quando coabitaram pela primeira vez os homens dos primeiros tempos?, 208

Cap. XVI: O direito conjugal nos primeiros matrimônios, 210

Cap. XVII: Um tronco com dois ramos principais, 213

Cap. XVIII: Relações figurativas de Abel, Set e Enós com Cristo e com seu corpo, quer dizer, com a Igreja, 214

Cap. XIX: De que é figura a translação de Enoc?, 215

Cap. XX: Dificuldade nas gerações, 216

Cap. XXI: Duas narrações diferentes: uma, contínua, a partir de Enoc; outra, retrospectiva, a partir de Enós, 220

Cap. XXII: O pecado dos filhos de Deus. A rede do amor às mulheres estrangeiras. O dilúvio, 221

Cap. XXIII: Que dizer da opinião de haverem sido anjos, não homens?, 223

Cap. XXIV: Como deve ser entendido: "Viverão apenas cento e vinte anos"?, 227

Cap. XXV: A ira de Deus, 227

Cap. XXVI: A arca de Noé, símbolo de Cristo e da Igreja, 228

Cap. XXVII: Posição intermediária na interpretação, nem exclusivamente histórica, nem exclusivamente alegórica, 230

LIVRO DÉCIMO SEXTO: De Noé aos profetas, 235

Cap. I: Houve depois do dilúvio, de Noé a Abraão, algumas famílias que viveram segundo Deus?, 237

Cap. II: Figuração profética nos filhos de Noé, 237

Cap. III: Gerações dos três filhos de Noé, 240

Cap. IV: A diversidade de línguas e o princípio de Babilônia, 243

Cap. V: Como desceu o Senhor a confundir as línguas?, 245

Cap. VI: Como devemos entender que Deus fala aos anjos?, 245

Cap. VII: Questão acerca da origem dos animais depois do dilúvio, 247

Cap. VIII: Os monstros humanos e sua procedência, 247

Cap. IX: Existência dos antípodas, 250

Cap. X: Sem e a respectiva descendência, até Abraão, 250

Cap. XI: A língua primitiva foi a mais tarde chamada hebraico, de Héber, 253

Cap. XII: Pausa em Abraão. Nova ordem na Cidade Santa, 255

Cap. XIII: Motivo do silêncio a respeito de Nacor durante a transmigração, 256

Cap. XIV: Idade de Taré e sua morte em Harã, 257

Cap. XV: Quando, por ordem de Deus, Abraão saiu de Harã?, 258

Cap. XVI: Ordem e qualidade das promessas que Deus fez a Abraão, 260

Cap. XVII: Os três mais brilhantes impérios dos gentios. O dos assírios já era muito florescente no tempo de Abraão, 261

Cap. XVIII: Segunda promessa que Deus fez a Abraão, 262

Cap. XIX: A castidade de Sarra, protegida por Deus no Egito, 262

Cap. XX: Separação entre Abraão e Ló. Nela ficou a salvo a caridade, 263

Cap. XXI: Terceira promessa que Deus fez a Abraão, 263

Cap. XXII: Vitória de Abraão sobre os inimigos de Sodoma, 265

Cap. XXIII: Nova promessa de Deus a Abraão. A justificação pela fé, 265

Cap. XXIV: Simbolismo do sacrifício oferecido por Abraão, 266

Cap. XXV: Agar, escrava de Sarra e concubina de Abraão, 269

Cap. XXVI: Deus promete a Abraão que sua esposa Sarra, apesar de estéril, lhe dará um filho, 270

Cap. XXVII: A circuncisão e seus efeitos, 272

Cap. XXVIII: A mudança de nomes em Abraão e em Sarra, 273

Cap. XXIX: Aparição de Deus a Abraão em Mambré, em figura de três homens ou anjos, 274

Cap. XXX: Livramento de Ló e concupiscência de Abimelec, 276

Cap. XXXI: Isaac e o porquê de tal nome, 276

Cap. XXXII: Obediência e fé do patriarca Abraão. Morte de Sarra, 277

Cap. XXXIII: Rebeca, esposa de Isaac, 279

Cap. XXXIV: Que significam as segundas núpcias de Abraão com Cetura?, 279

Cap. XXXV: Outro simbolismo. Luta de dois gêmeos no ventre de Rebeca, 281

Cap. XXXVI: Oráculo e bênção recebida por Isaac, 281

Cap. XXXVII: Simbolismo místico de Esaú e Jacó, 283

Cap. XXXVIII: Envio de Jacó à Mesopotâmia. Visão no caminho. Suas quatro mulheres, 285

Cap. XXXIX: Por que Jacó se chamou também Israel?, 287

Cap. XL: Entrada de Jacó no Egito e concordância de textos, 287

Cap. XLI: Bênção de Judá, 288

Cap. XLII: Os filhos de José e a bênção de Jacó, 290

Cap. XLIII: Época de Moisés, de Jesus Nave, dos juízes e dos reis. Saul, primeiro rei, e Davi, príncipe no mistério e no merecimento, 290

LIVRO DÉCIMO SÉTIMO: Dos profetas a Cristo, 293

Cap. I: Os profetas, 295

Cap. II: Em que época se cumpriu a promessa de Deus acerca da terra de Canaã, 296

Cap. III: Que entendem os profetas por Jerusalém? Três acepções, 297

Cap. IV: Que figurou a mudança do reino e do sacerdócio de Israel? Profecia de Ana, mãe de Samuel e símbolo da Igreja, 299

Cap. V: Desaparecimento do sacerdócio de Aarão, predito ao Sacerdote Eli, 306

Cap. VI: O sacerdócio e o reino judaicos, 310

Cap. VII: Queda do reino de Israel, 312

Cap. VIII: Promessas feitas a Davi e não cumpridas em Salomão, mas plenissimamente em Cristo, 314

Cap. IX: Semelhança entre a profecia do Salmo 88 e a do Profeta Natã, 317

Cap. X: Os acontecimentos da Jerusalém terrena desmentiram o cumprimento nela das promessas feitas por Deus, 318

Cap. XI: A substância radical do povo de Deus, 319

Cap. XII: A quem se refere o pedido de promessas do referido Salmo 88?, 320

Cap. XIII: A paz prometida a Davi não é realmente a que houve durante o reinado de Salomão, 322

Cap. XIV: Afã de Davi na disposição dos salmos e seu mistério, 323

Cap. XV: Texto e contexto das profecias contidas nos salmos e relativas a Cristo e à Igreja, 324

Cap. XVI: O Salmo 44 e suas profecias, 325

Cap. XVII: O Salmo 109 e o sacerdócio de Cristo. O Salmo 21 e a paixão do Redentor, 327

Cap. XVIII: Profecias acerca da morte e ressurreição do Senhor nos salmos 3, 40, 15 e 67, 328

Cap. XIX: O Salmo 68 e a infidelidade dos judeus, 331

Cap. XX: Reinado e merecimentos de Davi e de seu filho Salomão. Profecias acerca de Cristo em seus livros presumidos ou reais, 331

Cap. XXI: Reis posteriores a Salomão em Judá e em Israel, 335

Cap. XXII: Jeroboão e a idolatria. Profecias durante seu reinado, 335

Cap. XXIII: Diversos azares dos reinos judaicos até o cativeiro, 336

Cap. XXIV: Últimos profetas entre os judeus e profetas já próximos do nascimento de Cristo, 337

LIVRO DÉCIMO OITAVO: Paralelismo entre as duas cidades, 339

Cap. I: Resumo e recapitulação, 341

Cap. II: Reis da cidade terrena e época de seu reinado, 341

Cap. III: Reis da Assíria e da Siciônia, quando nasceram Isaac, Esaú e Jacó, 344

Cap. IV: Os dias de Jacó e de seu filho José, 345

Cap. V: Ápis, rei de Argos. Os egípcios chamaram-no Serápis e tributaram-lhe honras divinas, 345

Cap. VI: Rei de Argos e da Assíria, por ocasião da morte de Jacó, 346

Cap. VII: Morte de José e reis de então, 347

Cap. VIII: Reis e religião que iam se impondo quando Moisés nasceu, 347

Cap. IX: Quando foi fundada Atenas e origem de seu nome, segundo Varrão, 349

Cap. X: Ensino de Varrão sobre o nome "areópago" e sobre o dilúvio de Deucalião, 350

Cap. XI: Saída do Egito, empreendida por Moisés, e reis que reinavam por ocasião da morte de Jesus Nave, 351

Cap. XII: Solenidades que os reis da Grécia instituíram em homenagem aos falsos deuses, de quando Israel saiu do Egito até à morte de Jesus Nave, 351

Cap. XIII: Ficções fabulosas no tempo dos juízes, 353

Cap. XIV: Os poetas teólogos, 355

Cap. XV: Ocaso do reino de Argos. Pico, filho de Saturno, sucessor do pai no reino dos laurentinos, 355

Cap. XVI: Diomedes, catalogado entre os deuses, e seus companheiros, convertidos em aves, segundo a tradição, 356

Cap. XVII: Pensamento de Varrão acerca das metamorfoses humanas, 357

Cap. XVIII: O que merece fé nas metamorfoses humanas devidas aos demônios?, 358

Cap. XIX: Eneias arribou à Itália, quando Abdon era juiz dos hebreus, 360

Cap. XX: A sucessão dos reis de Israel, depois dos juízes, 361

Cap. XXI: Reis do Lácio. Eneias e Aventino, deuses, 361

Cap. XXII: A fundação de Roma coincidiu com o fenecimento do reino dos assírios e com o reinado de Ezequias em Judá, 362

Cap. XXIII: A sibila Eritreia e suas profecias sobre Cristo, 363

Cap. XXIV: Os sete sábios da Grécia e o cativeiro das dez tribos de Israel no reinado de Rômulo, que, depois de morto, recebeu honras divinas, 365

Cap. XXV: Que filósofos brilharam durante o reinado de Tarquínio Prisco entre os romanos e de Sedecias entre os judeus, ao tempo da tomada de Jerusalém e da ruína do templo?, 366

Cap. XXVI: Contemporaneidade da liberação judia e romana, 367

Cap. XXVII: Os profetas e suas profecias, 367

Cap. XXVIII: Profecias de Oseias e de Amós em sua relação com o Evangelho, 368

Cap. XXIX: Predições de Isaías sobre Cristo e a Igreja, 369

Cap. XXX: Profecias de Miqueias, Jonas e Joel, 371

Cap. XXXI: A salvação do mundo por Cristo, predita por Abdias, Naum e Habacuc, 372

Cap. XXXII: Profecias da oração e do cântico de Habacuc, 374

Cap. XXXIII: Profecias de Jeremias e de Sofonias sobre Cristo e a vocação dos gentios, 377

Cap. XXXIV: Profecias de Daniel e Ezequiel, concordes no referente a Cristo e à sua Igreja, 378

Cap. XXXV: Vaticínios de Ageu, de Zacarias e de Malaquias, 379

Cap. XXXVI: Esdras e os livros dos Macabeus, 382

Cap. XXXVII: As profecias são mais antigas que a filosofia pagã, 382

Cap. XXXVIII: Sabedoria do cânon eclesiástico, 383

Cap. XXXIX: Os hebreus e sua língua, 384

Cap. XL: Vaidade dos egípcios. Sua ciência não é tão antiga, 385

Cap. XLI: Discordância da filosofia e concordância das Escrituras na Igreja, 386

Cap. XLII: Providência de Deus na tradução do Antigo Testamento, feita do hebraico para o grego, 389

Cap. XLIII: Autoridade e valor dos Setenta, 389

Cap. XLIV: Discordância entre os Setenta e o texto hebraico. Explicação, 391

Cap. XLV: Decadência dos judeus e fim dos profetas, 392

Cap. XLVI: O nascimento do Salvador e a dispersão dos judeus, 395

Cap. XLVII: Afora os israelitas, existiam, antes do cristianismo, cidadãos da Cidade celeste?, 396

Cap. XLVIII: A profecia de Ageu e seu cumprimento na Igreja, 397

Cap. XLIX: Da convivência geral de escolhidos e réprobos na Igreja, 398

Cap. L: A pregação do Evangelho e seu esclarecimento, 399

Cap. LI: A diversidade de heresias é argumento a favor da Igreja Católica, 400

Cap. LII: Haverá mais perseguições, segundo alguns creem, que as dez havidas?, 402

Cap. LIII: O tempo da última perseguição está oculto, 404

Cap. LIV: Absurdo da ficção dos gentios acerca da duração da religião cristã, 405

LIVRO DÉCIMO NONO: Fins das duas cidades, 409

Cap. I: Varrão menciona duzentas e oitenta e oito facções sobre o problema do fim, 411

Cap. II: Redução, feita por Varrão, de todas as facções a três, 414

Cap. III: Três facções relativas ao soberano bem do homem. Qual deve ser preferida. Varrão e Antíoco, 416

Cap. IV: Pensamento dos cristãos acerca do ponto relativo ao soberano bem, 418

Cap. V: A vida social e suas dificuldades, 423

Cap. VI: Erro dos juízos humanos, quando a verdade se encontra oculta, 425

Cap. VII: Diversidade de línguas e miséria das guerras, 426

Cap. VIII: Insegurança da amizade nesta vida, 427

Cap. IX: A amizade dos santos anjos e o porquê de ocultar-se de nós, 428

Cap. X: Fruto da vitória preparado para os santos, 429

Cap. XI: A felicidade da paz eterna, verdadeira perfeição e fim dos santos, 430

Cap. XII: Paz, suprema aspiração dos seres, 431

Cap. XIII: A paz universal e sua indefectibilidade, 434

Cap. XIV: A ordem e a lei celestial e terrena, 436

Cap. XV: A liberdade natural e a servidão do pecado, 437

Cap. XVI: A justiça no domínio, 439

Cap. XVII: Em que radica a paz da sociedade celeste com a cidade terrena e em que a discórdia?, 440

Cap. XVIII: Paralelo entre a nova Academia e a fé cristã, 441

Cap. XIX: Vida e costumes do povo cristão, 442

Cap. XX: Nesta vida os cidadãos da cidade santa são felizes em esperança, 443

Cap. XXI: Existência da república romana. Definição de Cipião, 444

Cap. XXII: É o verdadeiro Deus o dos cristãos?, 446

Cap. XXIII: Pensamento de Porfírio acerca dos oráculos dos deuses, 446

Cap. XXIV: Outra definição, mais acessível e mais adaptável, de povo, 452

Cap. XXV: Não pode haver verdadeiras virtudes onde não há verdadeira religião, 453

Cap. XXVI: A paz do povo separado de Deus e uso que dela faz, em sua peregrinação, o povo de Deus, 453

Cap. XXVII: A paz dos adoradores de Deus, 454

Cap. XXVIII: Fim dos ímpios, 455

LIVRO VIGÉSIMO: O juízo final, 457

Cap. I: Os juízos de Deus e o juízo final, 459

Cap. II: O vaivém das coisas humanas e os ocultos juízos de Deus, 460

Cap. III: Testemunhos desse ponto, extraídos do Eclesiastes de Salomão, 462

Cap. IV: Plano a seguir na citação dos testemunhos, 463

Cap. V: Palavras do Salvador tocantes ao juízo final, 463

Cap. VI: Qual a primeira ressurreição e qual a segunda, 466

Cap. VII: As duas ressurreições. Os mil anos do Apocalipse e razoável modo de pensar sobre eles, 469

Cap. VIII: Como se entende o acorrentar e o soltar o diabo?, 472

Cap. IX: Diferenças entre o reino eterno e o reino dos santos com Cristo durante mil anos, 475

Cap. X: Que se deve responder a quem opina que a ressurreição não diz respeito às almas, mas somente aos corpos, 479

Cap. XI: Gog e Magog e sua perseguição, 480

Cap. XII: Concerne ao último suplício dos ímpios o descer fogo do céu e devorá-los?, 481

Cap. XIII: Está compreendido nos mil anos o tempo da perseguição do anticristo?, 482

Cap. XIV: A condenação do diabo em companhia dos seus. A ressurreição dos mortos e o juízo final, 483

Cap. XV: Quais os mortos apresentados pelo mar e quais os entregues pela morte e pelo inferno?, 485

Cap. XVI: O novo céu e a nova terra, 486

Cap. XVII: Glorificação eterna da Igreja, 487

Cap. XVIII: Doutrina de São Pedro sobre o juízo final, 489

Cap. XIX: São Paulo aos tessalonicenses. O anticristo, 490

Cap. XX: Primeira aos tessalonicenses. A ressurreição dos mortos, 494

Cap. XXI: Palavras de Isaías a respeito da ressurreição dos mortos e da retribuição do juízo, 497

Cap. XXII: Como se entende que os santos sairão para ver os suplícios dos maus?, 501

Cap. XXIII: Profecias de Daniel sobre a perseguição do anticristo, sobre o juízo de Deus e sobre o reinado dos santos, 502

Cap. XXIV: Profecias dos salmos sobre o fim do mundo e sobre o último juízo de Deus, 505

Cap. XXV: Profecia de Malaquias. O juízo final e a purificação pelas penas, 508

Cap. XXVI: Sacrifícios que os santos oferecerão a Deus, 510

Cap. XXVII: A separação dos bons e dos maus e como repercutirá no juízo final, 512

Cap. XXVIII: Interpretação espiritual da lei de Moisés, 513

Cap. XXIX: A vinda de Elias antes do juízo, 514

Cap. XXX: Obscuridade do Antigo Testamento a respeito da pessoa de Cristo como juiz no último juízo, 515

LIVRO VIGÉSIMO PRIMEIRO: O inferno, fim da cidade terrena, 521

Cap. I: Ordem que havemos de seguir e seu porquê, 523

Cap. II: Podem os corpos viver perpetuamente no fogo?, 523

Cap. III: É lógico dizer que a morte do corpo segue à dor corporal?, 524

Cap. IV: Exemplos tomados à natureza e favoráveis à tese, 526

Cap. V: A razão humana é limitada e finita, 529

Cap. VI: Nem todos os milagres são naturais, 531

Cap. VII: A suprema razão da fé nos milagres é a onipotência do Criador, 533

Cap. VIII: Que é contra a natureza?, 536

Cap. IX: O inferno. Natureza das penas eternas, 539

Cap. X: Pode o fogo do inferno, se corpóreo, abrasar os espíritos malignos, quer dizer, os demônios, incorpóreos?, 541

Cap. XI: Exigências da justiça com respeito às penas, 542

Cap. XII: Enormidade do primeiro pecado e seus efeitos, 544

Cap. XIII: Contra a opinião que sustenta que, para sua purificação, os maus serão castigados depois da morte, 544

Cap. XIV: Penas temporais desta vida, 546

Cap. XV: A graça de Deus e seus efeitos, 546

Cap. XVI: As leis da graça e as idades dos homens regenerados, 548

Cap. XVII: Primeira opinião sobre a não eternidade das penas, 549

Cap. XVIII: Segunda opinião sobre o mesmo ponto, 550

Cap. XIX: Terceira opinião, 552

Cap. XX: Quarta opinião, 552

Cap. XXI: Quinta opinião, 553

Cap. XXII: Sexta e última opinião, 553

Cap. XXIII: Contra a primeira opinião, 554

Cap. XXIV: Contra a segunda opinião, 556

Cap. XXV: Que dizer da terceira e da quarta opinião?, 560

Cap. XXVI: Que é ter Cristo por fundamento e que dizer da quinta opinião?, 563

Cap. XXVII: Contra a sexta opinião, 566

LIVRO VIGÉSIMO SEGUNDO: O céu, fim da Cidade de Deus, 573

Cap. I: A criação dos anjos e dos homens, 575

Cap. II: A imutável e eterna vontade de Deus, 576

Cap. III: Promessa de felicidade eterna para os santos e de suplício eterno para os ímpios, 578

Cap. IV: Contra os sábios do mundo, que acham não possam os corpos terrenos dos homens ser transferidos para mansão celeste, 578

Cap. V: A ressurreição da carne e aqueles que a negam, 579

Cap. VI: Roma transformou Rômulo em Deus porque nele amava seu fundador. A Igreja, por sua vez, amou a Cristo porque o considera Deus, 581

Cap. VII: A fé do mundo em Cristo foi obra do poder divino, não da persuasão, 584

Cap. VIII: Os milagres de então e os de agora, 585

Cap. IX: Os milagres dos mártires dão testemunho de sua fé, 597

Cap. X: Superioridade do culto aos mártires sobre o culto aos demônios, 598

Cap. XI: Contra os argumentos em que os platônicos fundam a negação da ressurreição dos corpos, 599

Cap. XII: Contra as calúnias burlescas dos infiéis, 602

Cap. XIII: Resposta à objeção relativa aos fetos abortados, 604

Cap. XIV: Que dizer da ressurreição das criancinhas?, 604

Cap. XV: Serão do talhe do corpo do Salvador todos os corpos ressuscitados?, 605

Cap. XVI: Como se deve entender a conformação dos santos com a imagem do Filho de Deus?, 606

Cap. XVII: Ressuscitarão as mulheres em seu próprio sexo?, 606

Cap. XVIII: Cristo, o homem perfeito, e a Igreja, seu corpo, 608

Cap. XIX: Na ressurreição todas as fealdades embelezar-se-ão, 609

Cap. XX: Como se efetuará a ressurreição dos corpos?, 611

Cap. XXI: Novidade do corpo espiritual ressuscitado, 613

Cap. XXII: Misérias e males que seguiram a primeira prevaricação, 614

Cap. XXIII: As misérias próprias dos justos, 617

Cap. XXIV: Também a vida tem seus encantos, bem recebidos do Criador, 618

Cap. XXV: Obstinação e pertinácia de alguns em impugnar, contra o sentir unânime do mundo, a ressurreição da carne, 624

Cap. XXVI: Contradição entre Porfírio e Platão a respeito das almas bem-aventuradas, 625

Cap. XXVII: A verdade na concórdia entre Platão e Porfírio, 626

Cap. XXVIII: Contribuição, na concórdia entre Platão, Labeão e Varrão, à verdadeira fé na ressurreição, 627

Cap. XXIX: A visão de Deus na outra vida, 628

Cap. XXX: A eterna felicidade da Cidade de Deus e o sábado perpétuo, 633

LIVRO DÉCIMO PRIMEIRO

Principia a segunda parte desta obra. Trata da origem, desenvolvimento e fins devidos das duas cidades, a saber, da terrena e da celestial. Neste livro Agostinho prova, em primeiro lugar, que as origens das duas cidades remontam à distinção entre anjos bons e anjos maus. Depois, valendo-se da oportunidade, discorre sobre a criação do mundo, segundo a descrição das Sagradas Letras no princípio do Gênesis.

CAPÍTULO I
Esclarecimento a respeito da segunda parte da obra

Damos o nome de Cidade de Deus, de que dá testemunho a Escritura, àquela que rendeu à sua obediência, não por movimentos anímicos fortuitos, mas por disposição da soberana Providência, todos os engenhos humanos, com a garantia de autoridade divina superior aos espíritos de todas as nações. Lê-se na Escritura: *Coisas gloriosas se disseram de ti, Cidade de Deus.* Lê-se noutro salmo: *Grande é o Senhor e muito digno de louvor na Cidade de nosso Deus, em seu santo monte, que dilata os contentamentos e alegrias de toda a terra.* E pouco depois: *Tal como o ouvimos, assim o vimos na Cidade do Senhor das virtudes, na Cidade de nosso Deus. Deus fundou-a para sempre.* Outro salmo canta, por sua vez: *A impetuosidade do rio alegra a Cidade de Deus. O Altíssimo santificou seu tabernáculo; estando Deus em meio deles, não se abalará.* Por esses e outros testemunhos que seria prolixo enumerar, damo-nos conta da existência da Cidade de Deus, de que, pelo amor que nos inspirou seu Fundador, aspiramos a ser cidadãos. Os cidadãos da cidade terrena a seus deuses deram primazia sobre o Fundador da Cidade Santa, sem advertirem ser Ele o Deus dos deuses, mas não dos deuses falsos, ou seja, dos ímpios e soberbos, que, privados da luz imutável e comum a todos e reduzidos, por isso, a miserável poder, pretendem senhorios de certo modo privados e de seus enganados súditos buscam honras divinas. É Ele o Deus dos deuses piedosos e santos, que a submeter vários a si mesmos preferem submeter-se com amor a Ele apenas e adoram Deus, longe de se fazerem adorar em lugar de Deus.

Nos dez livros precedentes, respondi aos inimigos da Cidade Santa, tanto quanto pude, com a assistência de nosso Senhor e Rei. Agora, consciente do que de mim se espera e lembrando-me de minha dívida, empreenderei, confiado no favor do mesmo Rei e Senhor nosso e em meu escasso valor, falar da origem, desenvolvimento e fins devidos das duas cidades. Como já dissemos, neste mundo andam ambas misturadas e confundidas uma com a outra. Primeiro direi como a origem das duas cidades remonta à distinção entre os anjos.

CAPÍTULO II
Conhecimento de Deus e único meio de consegui-lo

É grande e bem raro esforço transcender com o poder da razão todas as criaturas corpóreas e incorpóreas, que se apresentam mutáveis, e chegar à substância imutável de Deus, e dele próprio aprender que toda natureza que não é Ele não tem outro autor senão Ele. O motivo é que Deus não fala de tal maneira com o homem por meio de alguma criatura corpórea, sussurrando aos ouvidos corporais de modo que entre quem fala e quem ouve vibrem ondas aéreas. Não fala tampouco por criatura espiritual com semelhança de corpos, como sucede em sonhos ou de outro modo assim. Mesmo nesse caso fala aos ouvidos corporais, visto falar como que pelo corpo e como que por interposição de lugares corpóreos. Tais visões parecem-se muito com as dos corpos. Fala pela própria verdade, se alguém há idôneo para ouvir com a mente, não com o corpo. Fala desse modo à parte do homem que no homem é mais perfeita que as demais de que consta e à qual apenas deus é superior. Porque é muito razoável pensar ou, se não for possível, pelo menos crer, que o homem, feito à imagem de Deus, está precisamente mais próximo de Deus pela parte que supera as demais partes inferiores, que tem em comum com os animais. Como a mente, porém, a que se encontram unidas, por natureza, a razão e a inteligência, está impossibilitada, por causa de alguns vícios tenebrosos e inveterados, não somente de unir-se à luz incomutável, gozando-a, mas também de suportá-la, até que, renovando-se dia a dia e sarando, torne-se capaz de tamanha felicidade, devia, primeiro, ser instruída e purificada pela fé. E, com o fim de que nela caminhasse com maior confiança até à verdade, a própria Verdade, Deus, o Filho de Deus, assumindo o homem, não consumindo a Deus, estabeleceu e fundou a fé, para que o homem tivesse no Homem-Deus caminho até o Deus do homem. Este o Mediador entre Deus e os homens, o homem Cristo Jesus. E Mediador, na qualidade de homem, e por essa mesma razão é também caminho. Porque, se entre quem caminha e o lugar a que se dirige existe caminho, há esperança de chegar. Se, porém, falta ou se ignora por que caminho se há de ir, que aproveita conhecer o ponto de chegada da viagem? Só existe um caminho muito guarnecido contra todos os erros, que seja alguém ao mesmo tempo Deus e homem: a meta, Deus; o caminho, homem.

CAPÍTULO III
Autoridade da Escritura canônica, criação do Espírito divino

Este falou, primeiro, por meio dos profetas; a seguir, por si mesmo; enfim, quanto julgou suficiente, pelos apóstolos. Escreveu também a Escritura denominada canônica, da mais autorizada autoridade. A ela damos fé sobre as coisas que não convém ignorar e não somos capazes de conhecer por nós mesmos. Pois, como é possível saber, sendo nós testemunhas, coisas que não se encontram fora do alcance de nossos sentidos, daí procede o nome de presentes, porque de tal forma dizemos que se acham ante os sentidos como estão ante os olhos as coisas que estão à vista dos olhos; por isso, para as coisas fora do alcance dos sentidos, visto não podermos conhecê-las por nossa própria conta, buscamos outras testemunhas e damos crédito àquelas fora de cujo alcance sensorial não cremos estejam ou tenham estado semelhantes coisas. Assim, quanto às coisas visíveis que não vimos, acreditamos nos que as viram; assim, também, quanto às demais coisas que dizem respeito a cada um dos sentidos do corpo. A mesma coisa sucede com o que se sente com a mente e o espírito (porque com toda a propriedade se chama também sentido e daí tomou seu nome a sentença), quer dizer, com as coisas invisíveis que não se encontram ao alcance de nosso sentido interior. Quanto a estas, convém acreditar naqueles que na luz incorpórea lhes aprenderam a ordenação ou em sua subsistência atual as contemplam.

CAPÍTULO IV
A criação do mundo. Não é intemporal nem ordenada por novo conselho de Deus, como se houvesse mudança em sua vontade

1. O maior de todos os seres visíveis é o mundo; o maior dos invisíveis, Deus. Mas o mundo vemos que existe e na existência de Deus cremos. Quanto a ter Deus feito o mundo, a ninguém podemos dar maior crédito que ao próprio Deus. Onde o ouvimos? Até agora, em nenhuma parte de modo mais claro que nas Santas Escrituras, em que seu profeta disse: No *princípio fez Deus o céu e a terra*. Porventura, estava presente o profeta, quando Deus fez o céu e a terra? Não, mas ali estava a Sabedoria de Deus, pela qual foram feitas todas

as coisas, que também penetra nas almas santas, as torna amigas de Deus e dos profetas e, sem estrépito, lhes conta no íntimo as suas obras. Falam-lhes também os anjos de Deus, que sempre veem o rosto do Pai, cuja vontade anunciam aos que convém. Um deles era o profeta que escreveu: *No princípio fez Deus o céu e a terra.* Trata-se de testemunho tão idôneo, que nele se deve crer como em Deus, que predisse também muito antes nossa futura fé, pelo mesmo Espírito, mercê de quem conheceu as coisas que lhe foram reveladas.

2. Mas por que prouve a Deus eterno fazer então o céu e a terra, coisa que antes não fizera? Os que o perguntam, se pretendem ser eterno e sem princípio o mundo e, portanto, pensam não haver sido feito por Deus, estão muito longe da verdade e desvariam com a doença fatal da impiedade. Além dos testemunhos proféticos, que deixo de lado, o próprio mundo, de ordenadíssima mutabilidade e mobilidade e de formosíssima espécie das coisas visíveis, de certo modo proclama, tacitamente é verdade, haver sido feito e não haver podido ser feito senão por Deus, inefável e invisivelmente grande e invisível e inefavelmente formoso. Quem admite haver sido feito por Deus, porém, não quer reconhecer-lhe princípio de tempo, mas de criação, imaginando de modo dificilmente inteligível haver existido desde a eternidade, dizem, é certo, algo verdadeiro. Com isso acreditam defender Deus como que de temeridade fortuita, por temor a que se pense que de súbito lhe veio à mente a ideia de fazer o mundo e a que lhe sobreviesse novo querer, quando é certo não ser mutável em nada absolutamente.

Não consigo, porém, compreender como semelhante razão possa ter para eles consistência nas coisas, sobretudo na alma, que, se contenderem ser coeterna com Deus, de modo algum podem explicar donde lhe veio a nova miséria, que antes nunca teve eternamente. Se disserem que sua miséria e sua beatitude se encontram em alternativa constante, ver-se-ão obrigados a dizer que essa alternativa durará sempre. Daí se seguirá o absurdo de que, mesmo quando se declara feliz, a alma não é, por certo, feliz, se prevê sua futura miséria e torpeza; se não prevê nem julga que será sempre miserável e torpe, mas sempre feliz, será sempre feliz, mas com falsa opinião. Essa é a maior asneira que se pode dizer. Se pensam que sempre, nos infinitos séculos passados, houve semelhante alternativa entre a felicidade e a miséria da alma e, já agora, daí por diante, uma vez livre, não há de voltar à miséria, persuadam-se de jamais haver sido verdadeiramente feliz; começa a ser, daí para diante, com nova e não enganadora bem-aventurança. Confessarão, assim, sobrevir-lhe algo novo, grandioso e nobre, coisa que antes eternamente jamais lhe sobreviera. Se negarem que a causa de tal novidade esteve no eterno conselho de Deus, ao mesmo tempo negarão Deus, autor dessa felicidade, o que constitui horrenda impiedade. E se disserem que Ele excogitou, por novo conselho, que dali por diante a alma fosse eternamente feliz, como demonstrarão ser Ele alheio à mutabilidade que lhes desagrada também a eles? Portanto, se admitem haver sido criada no tempo, mas que em tempo algum ulterior há de perecer, como o número, que tem princípio, mas não terá fim, e, por conseguinte, que, uma vez experimentadas semelhantes misérias, se ficar livre delas, nunca mais será miserável daí por diante, não duvidarão que assim acontecerá, permanecendo imutável o conselho de Deus. Assim, pois, creiam também na possibilidade de criação temporal do mundo e em que Deus, portanto, ao fazê-lo, não mudou seu eterno conselho e vontade.

CAPÍTULO V
Não devem ser imaginados infinitos espaços de tempo nem de lugares antes do mundo

Depois, é preciso ver que respondemos aos que admitem ser Deus o criador do mundo, porém perguntam por seu princípio, e que nos respondem sobre o lugar do mundo. Pergunta-se por que se fez então e não antes, do mesmo modo que se pode perguntar por que está onde está e não em outra parte. Se imaginam infinitos espaços de tempo anteriores ao mundo, durante os quais Deus, segundo afirmam, não podia estar inativo, imaginem também, fora do mundo, infinitos espaços locais. Se alguém disser que neles o Onipotente não podia estar ocioso, não será lógico, porventura, ver-se constrangido, com Epicuro, a sonhar com inumeráveis mundos? Com apenas a diferença de que ele afirma que os mundos se engendram e se resolvem por movimentos fortuitos dos átomos e estes hão de dizer serem obra de Deus, se não querem que Ele estivesse ocioso pela imensidade interminável de lugares patentes por todas as partes fora do mundo e que nem os próprios mundos podem por causa alguma dissolver-se. Tratamos com quem sente conosco ser Deus incorpóreo e criador de todas as naturezas distintas dele. Admitir outros a esta disputa sobre religião é por demais indigno, sobretudo porque, entre aqueles que pensam devido a muitos deuses semelhante culto, estes sobrepujaram os demais filósofos em nobreza e autoridade, não por outro motivo senão pelo de estarem mais próximos, embora ao mesmo tempo longe, da verdade.

Ou será que hão de dizer que a substância de Deus, que não circunscrevem, nem determinam, nem distendem em lugar algum, mas, como é digno pensar a respeito de Deus, confessam estar em todas as partes, com presença incorpórea, está ausente dos espaços locais externos ao mundo e ocupa um só lugar, que, comparado com essa infinidade, é tão pequeno como aquele em que se encontra o mundo? Não acredito que cheguem a semelhante disparate. Admitindo eles, por conseguinte, apenas um mundo, que, com ser de ingente grandeza corpórea, é finito, está circunscrito por seu lugar e é feitura de Deus, a resposta que deem à pergunta: "Por que Deus deixa de agir nos infinitos lugares existentes fora do mundo?" devem dá-la também à sua pergunta: "Por que Deus deixou de agir nos infinitos tempos anteriores ao mundo?" Não é razoável pensar que Deus fortuitamente e não por sua razão divina haja constituído o mundo não em outro lugar, mas neste em que está, já que, havendo outros mil e um lugares possíveis, pôde escolher este sem nenhum merecimento mais excelente, embora a razão humana não compreenda o porquê divino desta obra. Assim, não é tampouco razoável pensar que sucedeu com Deus algo fortuito, porque criou o mundo nesse tempo e não no anterior, sendo que transcorreram tempos igualmente anteriores por espaço infinito, nem existiu diferença alguma para antepor, em sua decisão, um tempo a outro. Se insistem, dizendo serem vãs as imaginações dos homens, ao forjarem lugares infinitos, posto não haver lugar algum fora do mundo, responde-se-lhes que de igual modo os homens imaginam os tempos passados do ócio divino, já que não há tempo algum anterior ao mundo.

CAPÍTULO VI
É único e simultâneo o princípio da criação do mundo e dos tempos

Se é correta a distinção entre eternidade e tempo, baseada em que o tempo não existe sem alguma modalidade mutável e na eternidade não há mutação alguma, quem não vê que não existiriam os tempos, se não existisse a criatura, susceptível de movimento e mutação? Desse movimento e mutação, cedendo e sucedendo uma coisa a outra, por não poderem coexistir, de intervalos mais curtos ou mais longos, resultaria o tempo. Por conseguinte, sendo Deus o ser em cuja eternidade não existe mutação alguma, o criador e ordenador dos tempos, não compreendo a afirmação de que, depois de alguns espaços temporais, criasse o mundo, a não ser que se diga que antes do mundo já existia alguma criatura, cujos movimentos deram começo aos tempos.

Por isso, como as Sagradas Letras, que gozam de máxima veracidade, dizem que no princípio fez Deus o céu e a terra, dando a entender que antes nada fez, pois, se houvesse feito algo antes do que fez, diriam que no princípio o houvera feito, o mundo não foi feito no tempo, mas com o tempo. O que se faz no tempo faz-se depois de algum tempo e antes de algum, depois do passado e antes do futuro. Mas não podia haver passado algum, porque não existia criatura alguma, cujos mutáveis movimentos o fizessem. O mundo foi feito com o tempo, se em sua criação foi feito o movimento mutável. É o que parece indicar também a ordem dos seis ou sete primeiros dias. Nomeiam-se, neles, a manhã e a tarde, até à criação de todas as coisas feitas por Deus em seis dias. Aperfeiçoaram-se no sexto dia e no sétimo dia, com grande mistério, se encarece o repouso de Deus. Qual a natureza desses dias é coisa inexplicável, talvez mesmo incompreensível.

CAPÍTULO VII
Como eram os primeiros dias, que tiveram, segundo a narração, manhã e tarde, antes da criação do sol

Vemos que os dias conhecidos não têm tarde, senão em relação com o pôr do sol, nem manhã, senão em relação com seu nascimento. Pois bem, os três primeiros dias transcorreram sem sol, pois sua criação, segundo o Gênese, se deu no quarto dia. É verdade que primeiro se narra que foi feita a luz pela palavra de Deus, entre ela e as trevas Deus fez separação e à luz chamou dia e às trevas, noite. Mas de que luz se trata e de que movimento alternativo? Sejam quais forem a tarde e a manhã feitas, é certo que nos escapam aos sentidos e, não podendo entendê-lo tal qual é, deve, sem a menor vacilação, ser crido. Trata-se de luz corpórea, colocada longe de nossos olhos, nas partes superiores do mundo, luz que mais tarde acendeu o sol, ou pelo nome de luz está significada a Cidade Santa nos santos anjos e nos espíritos bem-aventurados, da qual diz o apóstolo: *Aquela Jerusalém de cima, nossa mãe eterna nos céus*, e noutro lugar: *Todos vós sois filhos da luz e filhos do dia; não o somos da noite nem das trevas?* Se é assim, podemos entender também convenientemente de algum modo a tarde e a manhã desse dia. A interpretação seria que a ciência da criatura, em comparação com a do Criador, de certo modo entardece e de igual maneira amanhece e se faz manhã, quando se endereça ao louvor e amor ao Criador. E não declina de noite, quando por causa da criatura não abandona o Criador.

Ademais, ao enumerar os dias, a Escritura não interpôs nenhuma só vez a palavra noite. Em nenhuma passagem diz: Foi feita a noite, mas: *Fez-se tarde e manhã, dia primeiro*. A mesma coisa no segundo dia e nos demais. O conhecimento da criatura em si mesma é, por assim dizer, mais descolorido que seu conhecimento na Sabedoria de Deus, como na arte por que foi feita. Justamente por isso é possível dizer-se, com maior propriedade, tarde, em lugar de noite, tarde que, como já dissemos, quando se refere ao louvor e amor ao Criador, passa a ser manhã. E isso, quando se faz no conhecimento de si mesma, dá origem ao primeiro dia. Quando no conhecimento do firmamento, chamado céu, feito entre as águas superiores e as inferiores, dá origem ao segundo dia. Quando se faz no conhecimento da terra, do mar e de todas as plantas que por suas raízes se fincam na terra, dá origem ao terceiro dia; quando no conhecimento dos luzeiros maior e menor, de todas as estrelas, dá origem ao quarto dia. Quando se faz no conhecimento de todos os animais das águas, peixes e aves, dá origem ao quinto dia; quando no conhecimento de todos os animais terrestres e do próprio homem, ao sexto dia.

CAPÍTULO VIII
Interpretação que se deve dar ao descanso de Deus depois da criação, efetuada em seis dias

Que no sétimo dia Deus tenha descansado de todas as suas obras e o tenha santificado não deve de modo algum ser entendido puerilmente, como se Deus se houvesse fatigado, trabalhando, Ele, que disse *e foram feitas*, com palavra inteligível e eterna, não sonora e temporal. O descanso de Deus significa o descanso dos que descansam em Deus, como a alegria da casa significa a alegria dos que se alegram em casa, embora os faça estar alegres não a casa, mas outra coisa qualquer.

Quanto mais se a beleza da própria casa alegra os moradores! E mais se não apenas se chama alegre pela figura retórica que pelo continente significa o conteúdo, como quando se diz: os teatros aplaudem, os prados mugem, quando naqueles os homens é que aplaudem e nestes os bois é que mugem, mas também pela figura que significa o efeito pela causa, como se diz rosto alegre aquele que significa alegria de quem, ao vê-lo, se alegrará. Está muito conforme com a autoridade profética, que narra o descanso de Deus, dizer que por ele se significa o descanso daqueles que descansam nele e Ele faz descansar. A profecia também promete aos homens a quem se dirige e a seus autores que, depois das boas ações que Deus opera neles e por eles, nele terão descanso eterno, se nesta vida se aproximam dele pela fé. No antigo povo de Deus foi o que se figurou, segundo o preceito da Lei, pelo repouso do sábado. De acordo com isso, a mim me parece melhor tratar com maior esmero desse ponto no lugar devido.

CAPÍTULO IX
Que se deve pensar da criação dos anjos, segundo os testemunhos divinos?

Agora, já que me propus falar da origem da Cidade Santa e me pareceu bem tratar primeiro do pertinente aos santos anjos, parte não pequena de tal cidade e tanto mais feliz quanto jamais foi peregrina, procurarei explicar aqui, com o auxílio de Deus e quanto parecer suficiente, os testemunhos divinos que a realidade dos anjos apoiam. Na passagem em que as Sagradas Letras falam da criação do mundo não se diz com clareza se os anjos foram criados e em que ordem. Mas, se não foram silenciados, estão significados pelo nome de *céu*, onde se disse: *No princípio fez Deus o céu e a terra* ou, antes, pelo nome da luz de que falo. E penso não haverem sido silenciados, uma vez que está escrito haver Deus no sétimo dia descansado de todas as obras que fez, havendo assim começado o livro: *No princípio fez Deus o céu e a terra*, como se antes do céu e da terra, como parece, não houvera feito outra coisa.

Começando pelo céu e pela terra, sendo a terra, no princípio, invisível e informe, segundo a consequente expressão da Escritura, e não havendo ainda sido feita a luz, é fora de dúvida que as trevas se encontravam sobre o abismo, isto é, sobre certa confusão indistinta de terra e água, porque onde não há luz necessariamente há trevas. Depois foram dispostas e ordenadas todas as coisas, criadas, segundo o Gênesis, em seis dias. Sendo assim, não havia de fazer menção dos anjos, como se não se incluíssem nas obras de Deus, das quais descansou no sétimo dia? Que os anjos são obra de Deus, embora não o tenha silenciado aqui, não o expressou com clareza, mas noutra parte a Santa Escritura o atesta com luz inconfundível.

Assim, no hino dos três jovens no forno, depois de dizer: *Bendizei, todas as obras do Senhor, ao Senhor*, entre as obras são nomeados também os anjos. E canta-se no salmo: *Louvai ao Senhor desde os céus, louvai-o nas alturas. Louvai-o todos os seus anjos; louvai-o todas as suas virtudes. Louvai-o o sol e a lua; louvai-o as estrelas e a luz. Louvai-o os céus dos céus e todas as águas que se acham sobre os céus louvem o nome do senhor. Porque Ele disse e foram feitas as coisas. Ele mandou e foram criadas.* Também nessa passagem se disse divinamente e com muita clareza haverem os anjos sido feitos por Deus, quando, ao enumerá-los entre os demais seres celestes, assim declara: *Ele disse e foram feitos.* Quem se atreverá a dizer que os anjos foram feitos depois de todas as coisas enumeradas nos seis dias? Mas, se existe alguém cujo desatino chegue a tal extremo, opõe-se-lhe à insensatez a passagem igualmente autorizada da Escritura, em que Deus diz: *Quando foram feitos os astros, meus anjos louvaram-me em altas vozes.* Logo, quando foram feitos os astros, os anjos já existiam. E foram feitos no quarto dia. Diremos, acaso, haverem sido feitos no terceiro dia? Nem pensá-lo.

Está claro o que foi feito nesse dia: a terra foi separada das águas, ambos os elementos tomaram as distintas espécies de seu gênero e produziu a terra quanto nela se firma pela raiz. No segundo, porventura? Tampouco. Nele foi feito o firmamento, entre as águas superiores e as inferiores, e às superiores chamou céu. Nesse firmamento foram feitos os astros no quarto dia. Logo, se os anjos fazem parte das obras de Deus realizadas nesses dias, são a luz que recebeu o nome de dia, que para encarecer-lhe a unidade não se chamou dia primeiro, mas dia uno. Não é outro o segundo dia, nem o terceiro, nem os demais, mas é uno e o mesmo, que se repete para completar o número senário ou setenário pelo conhecimento senário ou setenário, a saber, o senário das obras feitas por Deus e o setenário do descanso de Deus.

Com efeito, se no que Deus disse: *Faça-se a luz e a luz foi feita*, é razoável entender-se por essa luz a criação dos anjos, foram, sem dúvida, feitos partícipes da luz eterna, que é a própria. Sabedoria imutável de Deus, conhecida pelo nome de Unigênito de Deus e pela qual foram feitas todas as coisas. Desse modo, iluminados pela luz que os criou, tornaram-se luz e se chamaram dia pela participação dessa luz e desse dia incomutável que é o Verbo de Deus, pelo qual eles e os demais seres foram feitos. *A luz verdadeira que ilumina todo homem que vem a este mundo* ilumina também o anjo puro, a fim de que seja luz não em si mesmo, mas em Deus. Se o anjo se afasta dele, torna-se impuro, como todos os espíritos chamados imundos, que já não são luz no Senhor, mas trevas em si mesmos, privados da participação da luz eterna. O mal não tem natureza alguma; a perda do ser é que tomou o nome de mal.

CAPÍTULO X
A Trindade, simples e imutável, Pai, Filho e Espírito Santo, é um só Deus. Nela não há distinção entre a qualidade e a substância

1. Existe somente um bem simples e, por isso, único e imutável, Deus. Por esse bem foram criados todos os bens, porém, não simples

e, portanto, mutáveis. Digo criados (insisto), que é o mesmo que dizer feitos, não engendrados, pois o que é engendrado do bem simples é igualmente simples e se identifica com o de que é engendrado. Chamamos-lhes Pai e Filho. E ambos, com o Espírito Santo, são um só Deus. O Espírito do Pai e do Filho denomina-se nas Sagradas Letras com a significação mais própria de tal nome: Espírito Santo. Contudo, é outro distinto do Pai e do Filho, porque não é o Pai nem o Filho. Dissemos outro, não outra coisa, porque também Ele é bem simples e igualmente imutável e coeterno. E a Trindade é um só Deus e não deixa de ser simples por ser Trindade. A essa natureza do bem não chamamos simples precisamente porque nela está só o Pai, só o Filho, só o Espírito Santo ou só a Trindade, de nome, sem subsistência de pessoas, como os sabelianos pensaram; chamamo-la simples, isso sim, justamente por ser o que tem, exceção feita das relações das pessoas. O Pai tem Filho, mas não é o Filho; o Filho tem Pai, mas não é o Pai. Ora, no que se afirma dele, sem relação a outro, é o que tem, como em relação a si mesmo se diz vivente, tendo a vida e sendo Ele a própria vida.

2. A razão de dizer-se que determinada natureza é simples é não ter ela o que possa perder, ou seja, ser uma coisa o continente e outra o conteúdo. O vaso não é o líquido que encerra, o corpo não é a cor que tem, o ar não é a luz ou o calor que transmite, a alma não é a sabedoria que possui. Nada disso é o que tem. Tudo isso, por conseguinte, pode ser privado do que tem; tudo isso pode mudar, receber novos hábitos, novas qualidades. Assim, o vaso perderá o líquido de que está cheio; o corpo, a cor; as trevas e o frio podem invadir o ar; a demência pode empolgar a alma. É verdade que o corpo incorruptível, prometido aos santos na ressurreição, será revestido de qualidade inamissível, mas a substância corporal permanente é distinta da própria incorruptibilidade. Está todo inteira em cada uma das partes do corpo; não é maior em uma e menor em outra, nem esta parte é mais incorrupta que aquela. Por outro lado, o corpo é maior no todo que na parte e, sendo uma parte dele mais extensa e outra menos, nem por isso a mais extensa é mais incorrupta que a menos. Assim, pois, uma coisa é o corpo que não está todo inteiro em todas as suas partes e outra a incorrupção que está todo inteira em todas as partes do corpo, porque toda parte do corpo incorruptível, mesmo a desigual, é igualmente incorrupta.

Por ser o dedo, por exemplo, menor que a mão toda, nem por isso a mão é mais incorruptível que o dedo. Assim, embora desiguais a mão e o dedo, é igual a incorruptibilidade do dedo e da mão. E por isso, embora a incorruptibilidade seja inseparável do corpo incorruptível, uma coisa é a substância pela qual se chama corpo e outra a qualidade pela qual se chama incorruptível. Não é, desse modo, o que tem. A alma, por sua vez, embora sempre sábia, como será quando for eternamente libertada, será, porém, sábia pela participação da sabedoria incomutável, que não é ela. E, se o ar jamais se priva da luz que o banha, nem por isso não é ele uma coisa e outra a luz que o ilumina. Não o dissemos como se fôssemos de opinião que a alma é ar, como pensaram alguns, incapazes de imaginar natureza incorpórea. Isto, porém, tem certa semelhança com aquilo, embora se trate de coisas diferentes, de modo que não é incongruente dizer que a alma incorpórea é iluminada pela luz incorpórea da sabedoria simples de Deus, como o corpo do ar é iluminado pela luz corporal. E assim como o ar entenebrece, se despojado dessa luz (porque aquilo que chamamos trevas, nos lugares corporais, não é outra coisa senão o ar carecente de luz), assim também a alma obscurece, se despojada da luz da sabedoria.

3. De acordo com isso, são chamadas simples as coisas que verdadeira e principalmente são divinas, porque nelas não é uma coisa a qualidade e outra a substância, nem são divinas ou sábias ou bem-aventuradas por participação de outras. Quanto ao mais, nas Santas Escrituras denomina-se múltiplo o Espírito da Sabedoria, porque tem em si muitas coisas; mas o que tem isso é e tudo nele é uno. Não são muitas, mas uma a sabedoria, em que são imensos e infinitos os tesouros das coisas inteligíveis, nas quais se encontram todas as razões invisíveis e imutáveis dos seres, mesmo dos visíveis e mutáveis por ela feitos. Deus nada fez sem conhecimento, o que não se pode com justiça dizer de qualquer obreiro humano. Portanto, se Ele tudo fez, sabendo, fez as coisas que conhecera. Daí nos aflora à mente algo admirável, mas verdadeiro, a saber: este mundo não poderia ser conhecido por nós, se não existisse; mas, se Deus o não houvesse conhecido, não poderia existir.

CAPÍTULO XI
Gozaram os anjos apóstatas da felicidade de que sempre gozaram os anjos bons?

Assim, pois, de maneira alguma e em tempo algum, os espíritos que chamamos anjos começaram por ser trevas. No mesmo instante em que Deus os criou foram luz; criados, não para serem ou viverem simplesmente, mas ainda iluminados para viverem vida feliz e sábia. Alguns anjos, afastados da luz, não lograram a perfeição da vida sábia e feliz, que não é tal se não eterna, certa e segura da própria eternidade. Possuem, todavia, vida racional, embora desprovida da sabedoria, e não podem perdê-la, embora queiram. Quem poderá determinar quanto tempo antes de pecar foram partícipes da sabedoria? Como havemos de dizer, portanto, que na participação estes foram iguais àqueles, verdadeira e plenamente felizes, por estarem certos da eternidade de sua bem-aventurança? Se nela houvessem sido iguais, teriam permanecido igualmente felizes em sua eternidade, por estarem igualmente certos dela.

Com efeito, seja qual for a duração da vida, não poderá ser chamada eterna, se deve ter fim. Ora, é à vida que não tem, em absoluto, fim que pertence o nome de vida eterna. Assim, embora a felicidade não seja consequência necessária da eternidade (não deve ser eterno o fogo vingador?), se a verdadeira e perfeita felicidade necessita de ser eterna, tal não era a felicidade dos anjos decaídos, porque, soubessem-no ou não, não devia ser eterna. O temor, se o soubessem, ou o erro, se o ignorassem, não lhes permitiria ser felizes. Se sua ignorância, repartida entre a incerteza e o erro, permanecesse em perfeito equilíbrio de dúvida a respeito da duração eterna ou passageira de sua felicidade, essa própria dúvida seria incompatível com a plena e soberana beatitude que atribuímos aos santos anjos. Não restringimos a vida feliz a significações tão estreitas, que digamos que somente Deus é feliz. Não. É certo que Ele é verdadeiramente feliz e não pode existir felicidade maior e mais perfeita. Em comparação com a dele, que ou quanta é a felicidade dos anjos, por maior que seja a que possam gozar?

CAPÍTULO XII
A felicidade dos justos e a dos primeiros pais no paraíso

Penso que entre as criaturas racionais ou intelectuais não apenas os anjos devam ser chamados felizes. Quem ousaria negar a felicidade dos primeiros pais no paraíso, antes do pecado, embora a duração de sua felicidade eterna ou passageira lhes fosse desconhecida? Seria eterna, se não houvessem pecado. Hoje mesmo podemos, sem temeridade, dizer felizes os fiéis que vemos viver na justiça e na piedade, com a esperança da imortalidade futura, a consciência livre das devastações do crime, facilmente perdoados das fraquezas humanas pela divina misericórdia. Verdade é que estão certos do prêmio que se dará à perseverança, mas se encontram em dúvida a respeito da própria perseverança. Que homem, com efeito, pode responder por sua perseverança final no caminho e no exercício da justiça, se não obtém a necessária certeza por alguma revelação daquele que, na profundeza secreta de seus juízos, não revela sempre, mas jamais engana? Ora, no tocante aos prazeres presentes, o primeiro homem no paraíso era mais feliz que qualquer justo na presente vida mortal. Quanto, porém, à esperança do bem futuro, qualquer justo é mais feliz nos tormentos corporais que o homem, incerto de sua queda, na primitiva felicidade do paraíso. Porque, para o justo, não em conjetura, mas em verdade, é certo que gozará eternamente na sociedade dos anjos, carecente de toda moléstia, participando de Deus soberano.

CAPÍTULO XIII
Como ou com que conhecimento foram criados os anjos todos?

Por isso, a qualquer pessoa ocorre que a felicidade, objeto legítimo dos desejos de toda natureza intelectual, é integrada pelos dois elementos seguintes: gozar sem dor do bem imutável, Deus, e permanecer eternamente nesse gozo, sem temor à dúvida e sem engano algum. Cremos com fé piedosa que os anjos de luz gozam de tal felicidade; deduzimos, em virtude da lógica, que dela não gozaram, antes da queda, os anjos pecadores, que por sua maldade se viram privados da luz. Deve-se, contudo, acreditar com certeza que, se viveram antes do pecado, gozaram de alguma felicidade, embora não fossem prescientes. E, se é duro acreditar que, no instante mesmo da criação dos anjos, uns não receberam a presciência de sua perseverança ou de sua queda e outros conheceram com certeza absoluta a eternidade de sua bem-aventurança, havendo sido todos criados no princípio igualmente felizes e mantendo-se nela até que os maus de agora livremente declinaram da luz da bondade, é, sem dúvida, muito mais duro pensar, atualmente, que os santos anjos estejam incertos de sua felicidade e ignorem o que pelas Santas Escrituras pudemos conhecer a respeito deles.

Que católico ignora que já nenhum anjo bom se transformará em novo diabo e os diabos jamais volverão à companhia dos anjos bons? No Evangelho a Verdade promete aos santos e fiéis que serão iguais aos anjos de Deus. Ademais, promete-lhes também a vida eterna. Pois bem, se estamos certos de que nunca haveremos de declinar da imortal felicidade e eles não estão, já não há igualdade, pois a superioridade nos pertence. Mas, como a Verdade não engana e, por conseguinte, seremos iguais a eles, sem dúvida alguma também estão certos de sua felicidade. E, como os outros não tiveram certeza de sua felicidade, porque não era eterna para poderem estar, resta que a felicidade que havia de ter fim seria desigual ou, se igual, depois da queda de alguns, os outros receberam o conhecimento de sua própria felicidade.

Mas, dir-se-á, talvez, a palavra do senhor no Evangelho: *O diabo era homicida desde o princípio e não se manteve na verdade* não deve limitar-lhe o crime ao começo do gênero humano, ao instante em que o homem criado se tornou vítima de seu engano; não, é ele que, desde seu princípio, infiel à verdade, expulso da bem-aventurada sociedade dos santos anjos, obstinado em sua revolta contra seu Criador, se mostra soberbo, orgulhoso do poder particular e próprio que o engana, sedutor desabusado, porque não poderia fugir à mão do Onipotente. E, como não quis permanecer, por piedosa submissão, o que na verdade é, aspira, na cegueira de seu orgulho, a passar pelo que não é. Assim se entenderiam também as palavras do Apóstolo São João: *O diabo peca desde o princípio,* quer dizer, desde que foi criado rejeitou a justiça, que não pode possuir sem vontade piedosa e submissa a Deus.

Quem presta aquiescência a tal modo de pensar não está com os hereges, ou seja, com os maniqueus nem com outras seitas que pensam ter o demônio, como uma espécie de princípio contrário, a natureza própria do mal. Insensatos! Admitem conosco a autoridade dessas palavras evangélicas, sem perceberem que o Senhor não diz, em absoluto: "O diabo foi estranho à verdade", e sim: *Não se manteve na verdade*, como o que quis dar a entender que o diabo decaiu da verdade. Todavia, é certo que, se se houvesse mantido na verdade, ter-se-ia feito partícipe dela e permaneceria nas eternas alegrias dos santos anjos.

CAPÍTULO XIV
Que figura literária se emprega na referida passagem?

E o Senhor, como que respondendo a suposta pergunta a respeito da prova de que não se manteve na verdade, acrescentou: *Porque a verdade não está nele*. Estaria nele, se se houvesse mantido nela. Empregou, porém, figura literária pouco corrente. Parece soar assim: Não se manteve na verdade, porque a verdade não está nele, como se a causa de que não se mantivesse na verdade fosse a verdade não estar nele, quando, pelo contrário, a causa de não estar nele a verdade é não haver-se mantido nela. A mesma locução é usada também no salmo que diz: *Clamei, porque me escutaste, Deus*, quando, ao que parece, deveria ter dito: Escutaste-me, Deus, porque clamei. Mas, ao dizer: *Clamei*, como se lhe perguntassem de que modo mostrava seu clamor, revela o afeto de seu grito por seu efeito, a saber, o havê-lo Deus escutado. Como se dissesse: Provo que clamei, justamente porque me escutaste.

CAPÍTULO XV
Como se deve entender isto: "O diabo peca desde o princípio"?

Não entendem que, se as palavras de São João a respeito do diabo: *O diabo peca desde o princípio* indicam algo natural no demônio, não é pecado. Que responder aos testemunhos proféticos, quer ao que Isaías diz, figurando o diabo na pessoa do príncipe de Babilônia: *Como caiu Lúcifer, que nascia de manhã?*, quer às palavras de Ezequiel: *Estiveste nas delícias do paraíso de Deus, estás adornado com toda a classe de pedras preciosas?* Dá-se a entender em tudo isso que algum tempo esteve sem pecado. Mais expressamente o diz pouco depois: *Em teus dias caminhaste sem vício*. Se não se dá interpretação mais apropriada para isso, temos de, necessariamente, entender aquelas palavras: *Não se manteve na verdade*, assim: Esteve na verdade, porém não se manteve nela. E estas: *O diabo peca desde o princípio*, devemos entendê-las assim: Não peca desde o princípio de sua criação, mas desde o princípio do pecado, que começou a ser pecado com sua soberba. E o que está escrito no Livro de Jó, quando fala do demônio: *Este é o princípio da obra de Deus, feito para escárnio de seus anjos*, com o que parece concordar o salmo que diz: *Este dragão que formaste para que o escarneçam*, não deve ser entendido de maneira que pensemos haver sido criado desde o princípio para que os anjos o escarnecessem e sim que, depois do pecado, se lhe cominou semelhante pena.

Seu princípio é ser criatura do Senhor. Não existe natureza alguma, mesmo a do mais vil inseto, que não haja sido criada por Aquele de quem procede toda medida, toda beleza, toda ordem, bases indispensáveis de toda concepção, de todo pensamento. Como não seria o autor da criatura angélica, que a excelência de sua natureza eleva acima das outras obras de Deus?

CAPÍTULO XVI
A gradação nas criaturas. Seus critérios

Entre os seres que têm algo de ser e não são o que é Deus, seu autor, os viventes são superiores aos não viventes, como os que têm força generativa ou apetitiva aos que carecem de tal faculdade. E, entre os viventes, os sencientes são superiores aos não sencientes, como às árvores os animais. Entre os sencientes, os que têm inteligência são superiores aos que não a têm, como aos animais os homens. E, ainda, entre os que têm inteligência, os imortais são superiores aos mortais, como aos homens os anjos. Tal gradação parte da ordem de natureza.

Existe outro modo de hierarquizar; parte do uso ou estimação de cada ser. Segundo tal modo, a alguns sencientes antepomos alguns seres carecentes de sentido, de tal maneira que, se pudéssemos, os apartaríamos da natureza das coisas, quer ignorando o lugar que têm entre elas, quer, embora o saibamos, pospondo-os a nossas comodidades. Quem a ter ratos em casa não prefere ter pão e a ter pulgas não prefere ter dinheiro? Que tem isso, porém, de particular, se na estimação dos homens, apesar de serem de natureza tão nobre, com frequência se compra mais caro um cavalo que um escravo, mais caro uma pedra preciosa que uma escrava? Assim, há grande diferença, devida à liberdade de juízo, entre a razão que considera, a necessidade do indigente e o prazer do que deseja. A razão atém-se ao que o ser vale por si mesmo na gradação cósmica; a necessidade, ao que vale para o fim pretendido. A razão busca o que parece verdadeiro à luz da mente; o prazer, o que é agradável e deleitoso para os sentidos do corpo. Mas o peso da vontade e do amor é de tal maneira poderoso nas naturezas racionais, que, embora, de acordo com a ordem natural, os anjos sejam preferidos aos homens, os homens bons são preferidos, segundo a lei da justiça, aos anjos maus.

CAPÍTULO XVII
O vício não é natureza, mas contrário à natureza. E a causa do pecado não é o Criador, mas a vontade

É, por conseguinte, a natureza e não a malícia do demônio que a Escritura considera, quando diz: "Este é o princípio da obra do Senhor", porque é fora de dúvida que toda natureza sem vício é anterior ao vício que a corrompe. Ora, o vício é contra a natureza e não pode senão prejudicar a natureza. Portanto, não seria vício apartar-se de Deus, se não fosse mais conforme à natureza estar com Deus. A própria malícia da vontade é, pois, poderoso testemunho da bondade da natureza. Mas, como Deus é o criador soberanamente bom das naturezas boas, é o ordenador soberanamente justo das vontades más, de tal forma que, quando usam mal das naturezas boas, Ele faz bom uso até mesmo das vontades más. Assim, fez com que o demônio, bom por criação e mau por sua própria vontade, ordenado entre as coisas inferiores, fosse escarnecido por seus anjos, quer dizer, que suas tentações fossem de proveito para os santos, a quem pretende prejudicar por meio delas. E como Deus, ao criá-lo, não lhe desconhecia a malignidade futura e previa todos os bens que havia de obter de seus males, por isso diz o salmo: *Este dragão que formaste para que o escarneçam*. Evidentemente, quando sua bondade o criava bom, já sabia, em sua presciência, que uso faria do ser decaído.

CAPÍTULO XVIII
A beleza do universo na oposição de contrários

Deus não criaria já não digo anjos, mas nem mesmo homem algum, se lhes previsse a depravação futura, caso não soubesse, ao mesmo tempo, como os faria servir os interesses dos justos, encarecendo, assim, pela antítese, o sublime poema dos séculos. As chamadas, em retórica, antíteses constituem adorno dos mais brilhantes do discurso. Chamá-las-íamos, em latim, oposições ou, falando com maior propriedade, contrastes. Tal palavra não é corrente entre nós, embora também o latim use semelhante ornamento na locução; mais ainda, é usado em todas as línguas.

O Apóstolo São Paulo recorre às seguintes antíteses na Segunda epístola aos Coríntios e explica muito bem a passagem que diz: *Com as armas da justiça para combater à direita e à esquerda, por honra e por desonra, por infâmia e por boa fama. Como enganadores, sendo sinceros; como desconhecidos, mas sendo bem conhecidos; quase moribundos, e eis que vivemos; como castigados, não mortos; como tristes, mas estando sempre alegres; como pobres, mas enriquecendo a muitos; como não tendo coisa alguma, mas possuindo tudo.* Assim como a oposição desses contrários dá tom de beleza à linguagem, assim também a beleza do universo resulta de eloquente oposição, não de palavras, mas de coisas. O Livro do Eclesiástico expressou-o com meridiana clareza na passagem que diz: *O bem é contrário ao mal, a vida, contrária à morte; assim o pecador é contrário ao justo. E observa que todas as obras do Altíssimo vão de duas em duas, uma contrária à outra.*

CAPÍTULO XIX
A que devemos ater-nos com respeito à seguinte passagem: "Deus dividiu entre a luz e as trevas"?

Uma das vantagens da própria obscuridade do texto sagrado é sugerir vários sentidos conformes com a verdade e reproduzi-los à luz do conhecimento. As interpretações diferem; a inteligência das obscuridades apoia-se no testemunho das passagens claras, que não admitem dúvida alguma. E quer, na diversidade de opiniões, se descubra o verdadeiro sentido do autor inspirado, quer permaneça escondido, sempre se retira alguma verdade desses profundos abismos.

Ora, segundo penso, de modo algum repugna à obra de Deus que, por luz primitiva, se entenda a criação dos anjos e pelas seguintes palavras a separação dos bons e dos impuros: *E Deus dividiu entre a luz e as trevas; à luz chamou dia e às trevas, noite.* Somente pode distingui-los quem pode, antes de caírem, saber que haviam de cair e, privados da luz da verdade, haviam de permanecer em sua tenebrosa soberba. E que entre o dia, tão familiar para nós, e a noite, quer dizer, entre a luz e as trevas, manda que a separação se faça pelos luzeiros do céu, mais vulgares ainda para nossos sentidos: *Façam-se*, diz, *luzeiros no firmamento do céu para que luzam sobre a terra e dividam entre o dia e a noite*. E pouco depois: *E fez Deus dois grandes luzeiros; o luzeiro maior, para presidir o dia, o luzeiro menor, para presidir a noite, e as estrelas. E colocou-os Deus no firmamento do céu para que luzissem sobre a terra, presidissem o dia e a noite e dividissem entre a luz e as trevas.* Entre a luz, que é a santa sociedade dos anjos e resplandece inteligivelmente pelos esplendores da verdade, e as trevas, contrárias a ela, isto é, as espantosas mentes dos anjos maus, que se apartaram da luz da justiça, apenas pode fazer distinção Aquele para quem não pode ser oculto e incerto o mal futuro, não da natureza, mas da vontade.

CAPÍTULO XX
Exegese da seguinte passagem: "E viu Deus que a luz era boa"

Não se deve passar em silêncio que, ao dizer Deus: *Faça-se a luz e a luz foi feita*, se acrescentou em seguida: *E viu Deus que a luz era boa.* E viu-o não depois de haver feito separação entre a luz e as trevas e à luz haver dado o nome de dia e às trevas o nome de noite, a fim de não parecer que juntamente com a luz também deu testemunho de seu agrado pelas trevas. Porque, quanto às trevas, entre as quais e a luz conspícua a nossos olhos servem de divisão os luzeiros do céu, são inculpáveis, não antes, mas depois, acrescenta: *E viu Deus que era bom. E os pôs no firmamento do céu para que luzissem sobre a terra, presidissem o dia e a noite e dividissem entre a luz e as trevas. E viu Deus que era bom.*

Uma e outra coisa agradaram-lhe, porque ambas estavam sem pecado. Quando Deus disse: *Faça-se a luz e a luz foi feita. E viu Deus que a luz era boa* e depois acrescenta o texto: *E separou Deus entre a luz e as trevas e Deus deu à luz o nome de dia e às trevas o nome de noite,* não se acrescentou: E viu Deus que era bom, receando chamar boas a ambas as coisas, sendo uma delas má por vício próprio, não por natureza. Apenas a luz, por conseguinte, agradou ao Criador; quanto às trevas angélicas, embora houvesse de ordená-las, não haveria de aprová-las.

CAPÍTULO XXI
Ciência e vontade eternas e imutáveis de Deus

Que outra interpretação se deve dar às palavras repetidas a cada nova criação: *Viu Deus que era bom,* senão a aprovação das obras realizadas em conformidade com a arte que é a Sabedoria de Deus? Não é certo não haver Deus conhecido que era bom, enquanto não o fez, pois nada teria sido feito, se lhe fora desconhecido. Ao dizer que viu ser bom (e, se não o visse antes de fazê-lo, é certo que não o faria), ensina que é bom, não o aprende.

Também Platão se atreveu a dizer que Deus transbordou de alegria, ao ver concluída a totalidade do mundo. Não pensava, ao dizê-lo, que Deus se tornou mais feliz pela novidade da Criação, mas quis manifestar, assim, haver agradado a seu Artífice, uma vez feito, o que lhe agradara na arte conforme a qual haveria de fazê-lo.

Isso não quer dizer que haja alguma variação na ciência de Deus, de maneira que nela operem de um modo as coisas que ainda não são, de outro as que já são e de outro as que foram. Ele não prevê, a nosso modo, o futuro, ou vê o presente e revê o passado, mas de maneira muito diferente da usada por nossos pensamentos. Ele vê, não passando de uma coisa a outra, mudando de pensamento, mas imutavelmente, de sorte que o que se realiza temporalmente, tanto o futuro, que ainda não é, como o presente, que já é, como o passado, que já não é, nada lhe escapa à presença estável e eterna. E não o faz desta maneira com os olhos e daquela com a mente, pois não consta de alma e corpo, não de um modo agora, de outro antes e de outro depois, porque sua ciência dos tempos, passado, presente e futuro, não varia, como a nossa, com a sucessão dos tempos. Nele não há mudança nem sombra temporal, nem passa de um pensamento a outro. A seu incorpóreo olhar estão ao mesmo tempo presentes todas as coisas que conhece porque conhece os tempos com conhecimento independente do tempo, como move as coisas temporais, imprimindo-lhes movimento estranho aos movimentos temporais.

Viu, pois, que era bom o que fez onde viu que era bom fazê-lo. Não porque o viu, depois de feito, duplicou sua ciência ou acrescentou-lhe algo, como se sua ciência fosse menor antes de fazer o que viu, posto que não faria tão perfeitamente, senão com ciência tão perfeita, Aquele a quem suas obras nada acrescentariam. Portanto, se fora suficiente insinuar quem fez a luz, bastaria dizer: Deus fez a luz. E, se não bastasse dizer quem a fez, mas também fosse necessário dizer por que meio, seriam sobejas as seguintes palavras: *E disse Deus: Faça-se a luz e a luz foi feita.* Assim, ficaríamos sabendo não apenas que Deus fez a luz, mas também que a fez pelo Verbo. Mas, porque era necessário, quanto à criatura, informar-nos a respeito de três questões dignas de ser conhecidas, a saber, quem a fez, por que meio e por que, escreveu: *Disse Deus: Faça-se a luz e a luz foi feita. E viu Deus que a luz era boa.* Se perguntamos quem a fez, a resposta é: Deus. Se perguntamos por que meio, a resposta é: *Disse: Faça-se e foi feita.* Se perguntamos por que, a resposta é: Porque é boa. Não existe Autor mais excelente que Deus, nem arte mais eficaz que seu Verbo, nem motivo melhor que a criação de algo bom pela bondade de Deus.

Essa mesma causa da criação expressa-a também Platão, dizendo que a bondade de Deus fez obras boas, quer a tenha lido nas Escrituras, quer a tenha conhecido, talvez, dos que a tinham lido, quer a penetração de seu gênio tenha visto intelectualmente, pelo espelho das realidades visíveis, as perfeições invisíveis de Deus, quer o tenham nela instruído sábios chegados a essa altura de contemplação.

CAPÍTULO XXII
Alguns erros sobre a existência de princípio mau

Todavia, a razão da criação de todos os bens, a saber, a bondade de Deus, razão de tal maneira justa e conveniente, que, atentamente considerada e piedosamente meditada, põe fim a toda discussão sobre a origem do mundo, essa razão escapa a certos hereges. E por quê? Porque nossa frágil e mísera mortalidade, justo suplício do pecado, sofre a ofensiva de muitas coisas que não lhe convêm. Entre elas enumeram o fogo, o frio, a ferocidade dos animais e coisas assim. O que não veem é a excelência de cada coisa em seu meio natural, a admirável ordem de todas, o contingente de beleza com que enriquecem, cada uma delas em particular, a república universal e a utilidade que nos trazem, se sabemos dar-lhes emprego legítimo e esclarecido, de modo que os próprios venenos, perniciosos, se mal-usados, se transformam, aplicados como se deve, em salutares remédios. E, pelo contrário, mesmo as coisas que nos causam prazer, como, por exemplo, o alimento, a bebida, a luz, nos são prejudiciais, se as usamos sem moderação e oportunidade.

É assim que a Divina Providência nos adverte que não censuremos nesciamente as coisas, mas procuremos com afinco conhecer-lhes a utilidade. Se foge à fraqueza de nosso espírito ou do espírito humano, torna-se necessário acreditar que se encontra escondida, como se encontravam tantas outras verdades cujo mistério com dificuldade penetramos, pois a própria obscuridade é exercício da humildade ou mortificação da soberba. Nenhuma natureza, absolutamente falando, é um mal. Esse nome não se dá senão à privação de bem. Mas, dos bens terrenos aos celestiais e dos visíveis aos invisíveis, existem alguns bens superiores a outros. E são desiguais justamente para que todos possam existir. Deus é de tal modo grande artífice no grande, que não é menor no pequeno. A pequenez de tais coisas não deve ser medida por sua grandeza (porque não a têm), mas pela sabedoria do Artífice. Um exemplo: Se à beleza do homem se tirasse uma sobrancelha, quão pouco se tiraria do corpo e quão muito da beleza, porque esta não se compõe de massa, mas da conveniência e proporção dos membros.

Não é, realmente, de maravilhar que os que pensam existir natureza má, originada e propagada de princípio contrário, não queiram, como causa da criação das coisas, admitir a bondade de Deus. Creem, antes, que necessidade extrema o impeliu a projetar os seres do mundo, com o propósito de opor resistência ao mal que se rebelava contra Ele. E viu, segundo eles, sua natureza boa misturada com o mal, ao intentar reprimi-lo e vencê-lo, e, torpemente manchada e cruelmente oprimida e cativa, com dificuldade pôde purificá-la e livrá-la, isso com grande trabalho e não por completo. A parte que não pôde purificar da mancha é máscara e vínculo do inimigo vencido e preso.

Os maniqueus não desatinariam, ou melhor, não delirariam de tal maneira, se acreditassem que a natureza de Deus não pode ser prejudicada por coisa alguma, por ser imutável e absolutamente incorruptível. E, por sua vez, acreditariam que a alma pode, por sua vontade, tornar-se pior e corromper-se pelo pecado e, assim, ver-se despojada da luz da verdade imutável e não é parte de Deus nem da mesma natureza que Ele. Assim, com a sensatez cristã, dela pensariam haver sido criada por Deus e ser muito inferior ao Criador.

CAPÍTULO XXIII
Erro de Orígenes

1. É, porém, muito mais de maravilhar que alguns, que têm a mesma fé que nós, quanto à origem dos seres e à impossibilidade de existir natureza alguma, além de Deus, que não proceda do Criador, não queiram admitir, reta e chãmente, como causa da criação do mundo, a bondade de Deus. E não creem na existência de coisas boas, que, não sendo o que é Deus, não foram feitas senão pela bondade de Deus. Dizem que as almas, sem serem certamente partes de Deus, mas criaturas suas, pecaram, afastando-se de seu Criador, e mereceram, passando por diversos estádios, do céu à terra, diferentes corpos, como prisões em conformidade com o peso de seus pecados. Tal é, segundo afirmam, o mundo e tal a causa de sua criação: não criar coisas boas, mas coibir as más.

Essa doutrina é com razão atribuída a Orígenes. Pensou-o e escreveu-o nos livros a que dá o título de *perí Arkhōn*, quer dizer, *Sobre os Princípios*. Assim pensou, assim escreveu. Não compreendo como homem tão sábio e versado nas letras eclesiásticas não tenha reparado, primeiro, como tal pensamento é contrário à intenção de Escritura tão autorizada, que, ao acrescentar a todas as obras de Deus: *E viu Deus que era bom* e ao comentar, depois de completadas: *E viu Deus tudo o que fez, e era muito bom,* não intentou dar a entender como causa da criação do mundo senão a bondade de Deus. Se nela ninguém pecasse, o mundo estaria aformoseado e povoado unicamente por naturezas boas. E não porque exista o pecado, todas as coisas se encontram repletas de pecados, posto que o número dos bons, muito maior nos seres celestiais, conserva a ordem de sua própria natureza. E a vontade má, por haver-se recusado a guardar a ordem da natureza, não pôde esquivar-se às leis da justiça de Deus, que ordena todas as coisas. O universo, com os pecadores, é como quadro com suas sombras; perspectiva conveniente ressalta-lhe as belezas, embora não haja senão feiura nas tintas escuras, consideradas de per si.

2. Ademais, se tal opinião fosse verdadeira, Orígenes e os que a perfilhavam deveriam ver que, se o mundo foi feito para que as almas, de acordo com os respectivos merecimentos, fossem incluídas em corpos que lhes servissem de cárceres para seu castigo, os das menos pecadoras deveriam ser superiores e mais leves e os das restantes, inferiores e mais pesados. Portanto, os demônios, que são o pior de semelhante casta, deveriam ter corpos terrenos, inferiores e mais pesados, e não os homens, embora perversos. Contudo, para que compreendêssemos não deverem os merecimentos da alma ser medidos pela qualidade dos corpos, o pior de todos os seres, a saber, o demônio, recebeu corpo aéreo, enquanto o homem, embora perverso, mas de malícia muito menor e mais leve, agora e até mesmo antes do pecado, recebeu corpo de barro. Pode alguém dizer maior asneira que a de afirmar que Deus, Artífice do universo, ao criar o único sol do único mundo, não o destinou a ornamento e utilidade da criação corporal, mas a prisão merecida por alma pecadora? E, por conseguinte, se, não uma apenas, mas duas, dez, cem almas houvessem cometido igual pecado, cem sóis resplandeceriam no mundo. Assim, não foi de modo algum a inefável sabedoria que, para ornamento e utilidade da criação, decidiu o contrário, mas a imensa prevaricação de certa alma, que lhe valeu o privilégio de semelhante corpo.

O desvario não das almas, sobre as quais não sabem o que dizem, mas dos que assim pensam, está muito longe da verdade e precisa de bom dique para conter-lhe o ímpeto.

Se nas três perguntas que mencionei acima e costumam ser propostas em cada criatura: *Quem fez a luz, por que meio e por quê?* e nas consequentes respostas: *Deus, pelo Verbo, porque são boas* se nos indica com profundidade mística a Trindade, quer dizer, o Pai, o Filho e o Espírito Santo, ou se algo existe que nos proíba dar semelhante interpretação à referida passagem da Escritura é questão que deve ser bem discutida e não devemos ser instados a expor em um só volume.

CAPÍTULO XXIV
A Trindade divina deixou em suas obras sinais de sua presença

Cremos, sustentamos e ensinamos com fidelidade que o Pai gerou o Verbo, quer dizer, a Sabedoria, criadora de todas as coisas, seu Filho único, uno como Ele, eterno como Ele, soberanamente bom como Ele, e que o Espírito Santo é ao mesmo tempo o Espírito do Pai e do Filho, consubstancial e coeterno com ambos. Cremos, além disso, serem os três a Trindade, em virtude das propriedades das pessoas, um só Deus, em virtude da divindade inseparável, e um só Onipotente, em virtude de sua onipotência inseparável. E de tal forma é assim, que, se nos perguntam a respeito de cada um deles em particular, respondemos ser cada um deles Deus e Onipotente, e se a respeito de todos juntos, respondemos não serem três deuses ou três onipotentes, mas um só Deus onipotente. Tão inseparável é a unidade das três pessoas, que quis dar de si mesma esse testemunho. Não me atrevo, contudo, a arriscar a temerária opinião de que o Espírito Santo do Pai bom e do Filho bom, visto ser comum a ambos, pode ser retamente chamado bondade dos dois. Atrever-me-ia com maior facilidade a chamar-lhe santidade de ambos, não como qualidade dos dois, mas sendo Ele também substancial e a terceira pessoa da Trindade. O que me leva a julgá-lo mais provável é que, sendo espírito o Pai, e espírito o Filho, santo o Pai e santo o Filho, se diz, contudo, propriamente Espírito Santo, como santidade substancial e consubstancial de ambos. Se, porém, a bondade divina outra coisa não é senão a santidade, é fora de dúvida ser direito da razão, não presunçosa audácia, descobrir, sob o véu de obscura expressão, que nos solicita vivamente a inteligência, o secreto sinal da Trindade nas perguntas que cada criatura nos sugere: Por quem, como e por que foi feita?

O Pai do Verbo está expresso, de acordo com isso, na palavra: *faça-se*. O que se fez pela palavra foi, sem dúvida, feito por intermédio do Verbo. E, nestas palavras: *Viu Deus que é bom*, deixa-se entrever de maneira suficiente que Deus fez o que fez, não por necessidade nem por indigência, mas apenas por bondade, porque é bom. Tal cláusula é colocada, uma vez feitas as coisas, para indicar precisamente que o que foi feito está de acordo com a bondade do Criador. Se por bondade entendemos o Espírito Santo, toda a Trindade é que se nos revela em suas obras. Dela toma origem, forma e felicidade a Cidade Santa, a sublime cidade dos santos anjos.

Se nos perguntam donde procede, respondemos que Deus a criou; se nos perguntam por que é sábia, respondemos que porque Deus a ilumina; se nos perguntam por que é feliz, respondemos que porque goza de Deus. Subsistindo, modifica-se; contemplando, ilumina-se; unindo-se, goza. Existe, vê, ama. Vive na eternidade de Deus, brilha na verdade de Deus e goza na bondade de Deus.

CAPÍTULO XXV
Divisão da filosofia

Tanto é assim, que, segundo meu humilde modo de entender, os filósofos quiseram, por isso, que o estudo da sabedoria fosse tripartido, melhor diríamos, perceberam ser tripartido (porque não estabeleceram que fosse assim, mas descobriram-no assim). A uma parte chamam física; a outra, lógica; à terceira, ética. Os correspondentes nomes latinos já são frequentes nos escritos de muitos autores, que as chamam natural, racional e moral. Delas já fizemos breves sínteses no Livro Oitavo. Isso não quer dizer que, ao fazerem tal divisão, pensaram na Trindade divina, embora se diga haver sido Platão o primeiro descobridor e panegirista dessa divisão, pois, segundo parece, considerou que Deus é autor de todas as naturezas, dispensador da inteligência, inspirador do amor e conduz à vida feliz e boa.

Mas é certo que, mesmo quando, sobre a natureza dos seres, sobre o indagar a verdade e sobre o fim do bem a que devemos referir todas as nossas ações, pensem de modo diferente, a atenção de todos os filósofos se concentra nesses três problemas gerais e transcendentais. De igual modo, embora a respeito de cada um desses pontos haja muitíssima variedade de opiniões, ninguém duvida existir uma causa da natureza, uma forma de ciência e um código de vida.

Em todo artífice humano, quando põe mãos a qualquer obra, três coisas devem ser levadas em conta: a natureza, a arte, o uso. A natureza reconhece-se pelo engenho; a arte pela instrução; o uso, pelo fruto. Não ignoro que, propriamente falando, o fruto é privativo de quem goza, o uso, de quem usa e que, segundo parece, entre ambos existe a seguinte diferença: dizemos gozar, quando o objeto nos deleita por si mesmo, sem necessidade de referi-lo a outra coisa, e usar, quando buscamos um objeto por outro. Donde se segue que das coisas temporais devemos usar, não gozar, para merecermos gozar das eternas. Não como os perversos, que querem gozar do dinheiro e usar de Deus, porque não gastam o dinheiro por amor a Deus, mas prestam culto a Deus por causa do dinheiro. Segundo a linguagem costumeira, usamos dos frutos e gozamos do uso. Já está admitido também o costume de chamar frutos aos do campo, dos quais todos usamos temporalmente. De acordo com tal acepção, empreguei a palavra *uso* nas três coisas que adverti devem ser levadas em conta no homem, a saber, a natureza, a doutrina e o uso. Com esses três elementos os filósofos, para consecução da vida feliz, inventaram ciência tripartida: a natural, para a natureza; a racional, para a doutrina; a moral, para o uso. Logo, se nossa natureza procedesse de nós, é fora de dúvida que teríamos sido também a origem de nossa sabedoria e não procuraríamos percebê-la pela doutrina, quer dizer, aprendendo de algum mestre. E nosso amor, originado de nós, por nós e referido a nós, bastaria para vivermos felizmente e não necessitaríamos de gozar outro bem. Como, porém, nossa natureza, para existir, tem Deus por autor, para sentirmos devemos tê-lo por doutrinador e, para sermos felizes, tê-lo por dispensador da suavidade íntima.

CAPÍTULO XXVI
Imagem da Trindade na natureza humana

Em nós, fora de qualquer dúvida, encontramos imagem de Deus, da Trindade, que, embora não seja igual, mas, pelo contrário, muito distante dela, não coeterna com ela e, para dizê-lo em poucas palavras, não da mesma substância que Ele, é, por natureza, de todas as criaturas a mais próxima de Deus. E, ademais, aperfeiçoável, para ser próxima também por semelhança. Somos, conhecemos que somos e amamos esse ser e esse conhecer. Nas três verdades apontadas não nos perturba falsidade nem verossimilhança alguma. Não o tocamos, como as coisas externas, com os sentidos do corpo, como sentimos as cores, vendo, os sons, ouvindo, os odores, cheirando, os sabores, degustando, a dureza ou a moleza dos corpos, apalpando, nem como na imaginação damos voltas às imagens de coisas sensíveis, tão semelhantes a elas, porém, não corpóreas, as retemos na memória e, graças a elas, nascem em nós os desejos, mas, pelo contrário, sem nenhuma imagem enganosa de fantasias ou fantasmas, estamos certíssimos de sermos, de conhecermos e de amarmos nosso ser. Tais verdades desafiam todos os argumentos dos acadêmicos, que dizem: Quê? E se te enganas? Pois, se me engano, existo. Quem não existe não pode enganar-se; por isso, se me engano, existo. Logo, se existo, se me engano, como me engano, crendo que existo, quando é certo que existo, se me engano? Embora me engane, sou eu que me engano e, portanto, no que conheço que existo, não me engano. Segue-se também que, no que conheço que me conheço, não me engano. Como conheço que existo, assim conheço que conheço. E quando amo essas duas coisas, acrescento-lhes o próprio amor, algo que não é de menor valia. Porque não me engano quanto ao fato de amar, não me enganando no que amo, pois, embora o objeto fosse falso, seria verdadeiro que eu amava coisas falsas. Que razão haveria para repreender-me e proibir-me amar coisas falsas, se fosse falso que amo tais coisas? Sendo certas e verdadeiras, quem duvida que, quando são amadas, tal amor é verdadeiro e certo? Tanto é verdade, que não há ninguém que não queira existir, como não há ninguém que não queira ser feliz. E como pode ser feliz, se não existe?

CAPÍTULO XXVII
Essência, ciência e amor

1. O ser é, por natureza, de tal maneira atrativo, que não é outra a causa de não quererem morrer até mesmo os infelizes, que, embora penetrados do sentimento da própria infelicidade, anseiam por que

seja arrancada de entre as coisas, não eles, mas sua infelicidade. Se a quem se julga infeliz e na realidade é, infeliz na opinião dos sábios, por ser néscio, e também na dos que se creem felizes, por ser pobre e mendigo, alguém lhe oferecesse imortalidade em que nem a infelicidade morresse, fazendo-lhe a seguinte proposta, a saber, que, se não quisesse viver sempre na infelicidade, não mais existiria dali por diante, mas desapareceria, saltaria de contentamento e preferiria existir sempre assim a não ser em absoluto. Prova de tal verdade é o sentir comum. Por que receia morrer e a terminá-la com a morte prefere viver na infelicidade, senão porque é claro que a natureza repele com grande força o não ser? Por isso, ao conhecerem que hão de morrer, consideram grande benefício os misericordiosos socorros que buscam prolongar-lhes a infelicidade com a vida e a retardar-lhes a morte. Estão indicando, assim, de modo muito claro, o agrado com que aceitam imortalidade em que não tenha fim a mendicidade.

E que dizer dos animais todos, mesmo dos irracionais, carecentes de tal modo de pensar, desde os dragões gigantescos até os diminutos vermes? Não apetecem ser? Não provam com todos os movimentos possíveis que fogem e refogem à morte? Que dizer, também, dos arbustos e arvorezinhas, carecentes de sentido? Para evitarem a destruição, com movimentos visíveis não fincam as raízes mais profundamente na terra, por onde recolhem o alimento, para erguerem depois no ar a copa e seus renovos e conservar assim seu próprio ser? Enfim, todos os corpos carecentes não apenas de sentido, mas também de vida vegetal, de tal maneira se elevam, descem ou se nivelam, que assim protegem o próprio ser, assentando-se onde podem existir segundo sua natureza peculiar.

2. Quanto a natureza humana ama o conhecimento e quanto se recusa a ser enganada, é possível, pelo menos, inferir-se de que qualquer pessoa prefere lamentar-se com mente sã a alegrar-se na loucura. Grande e admirável sentimento de que, entre todos os animais mortais, o homem é o único capaz. Vários são dotados de vista mais aguda que a nossa, para ver a luz sensível, mas não podem atingir a luz incorpórea, cujos raios nos iluminam a alma, para assegurar-nos a retidão de nossos juízos. E a medida de nossa participação nessa luz é a medida de nossa inteligência. Descobre-se, todavia, na sensibilidade dos animais, se não o conhecimento, pelo menos certa

imagem do conhecimento. Os outros seres corporais são chamados sensíveis, não porque sintam, mas porque os sentimos. Nas plantas, a faculdade de alimentar-se e gerar apresenta alguma analogia com os fenômenos da sensibilidade. Ora, todos esses seres corporais têm suas causas latentes na natureza e, quanto a suas formas variadas, cuja reunião aformoseia o mundo visível, expõem-nas à atividade de nossos sentidos e, à falta do conhecimento que não têm, parecem solicitar o nosso. Mas o sentido externo é instrumento e não juiz de nossas percepções. Temos outro sentido, o do homem interior, sentido infinitamente superior, pelo qual sentimos o justo e o injusto, o justo por uma espécie inteligível, o injusto pela privação de tal espécie. A atividade desse sentido dispensa auxiliar. Menina do olho, conduto auditivo, fossas nasais, céu da boca, tato corporal, que lhe importam? Por ele e nele estou certo de existir, de conhecer isto, de amar isso e igualmente certo de amar.

CAPÍTULO XXVIII
Como aproximar-nos mais de imagem da Trindade divina

Sobre a quantidade do amor com que em nós são amados a essência e o conhecimento, de que encontramos semelhança, embora apagada, nas coisas inferiores, já falamos bastante, segundo parecia exigir o plano da presente obra. Todavia, sobre o amor com que são amados e sobre se o amor é também amado, ainda não dissemos coisa alguma. Respondemos que também o amor é amado. E provamo-lo, porque nos homens que se amam com maior retidão é mais amado o amor. Na realidade não se chama, com razão, "homem bom" a quem sabe o que é bom, mas a quem ama o bom. E por que em nós não sentimos que amamos o amor, graças ao qual amamos quanto amamos de bom?

Existe um amor graças ao qual se ama o que não se deve amar; tal amor odeia-o em si mesmo quem ama aquele com que se ama o que se deve amar. Ambos podem coexistir no mesmo sujeito. E é bom para o homem que, a expensas do amor que nos faz viver mal, o amor que nos faz viver bem se desenvolva até à perfeita cura e feliz transformação de tudo quanto somos de vida. Se fôssemos animais desprovidos de razão, amaríamos a vida da carne e dos sentidos, bastar-nos-ia o bem carnal e não teríamos outros desejos. Do mesmo modo, se fôssemos árvores, não poderíamos amar coisa alguma com conhecimento sensitivo, mas apeteceríamos tudo quanto nos aumentasse a fecundidade e a abundância dos frutos. E, se fôssemos pedras, água, vento, fogo, chama, faltar-nos-iam o sentimento e a vida, não, por assim dizer, a necessidade de nossa ordem natural e de nosso lugar próprio. As tendências dos pesos são como que os amores dos corpos, quer busquem, por seu peso, descer, quer busquem, por sua leveza, subir, pois, como o ânimo é levado pelo amor aonde quer que vá, assim também o corpo o é por seu peso.

Sendo, como somos, homens, criados à imagem de nosso Criador, cuja eternidade é verdadeira, cuja verdade é eterna, cujo amor é eterno e verdadeiro, Criador que é a Trindade eterna, verdadeira e amada, sem confusão nem divisão, se percorremos os objetos inferiores a nós, objetos incapazes de todo ser, de toda forma distintiva e de toda tendência à sua ordem natural, neles descobrimos certos vestígios de sua beleza. Tais seres não seriam nem estariam revestidos de beleza, nem apeteceriam e conservariam a própria ordem, se não houvessem sido feitos por Aquele que é em sumo grau, e é sumamente sábio e sumamente bom. E, vendo-lhe em nós mesmos a imagem, como o filho pródigo do Evangelho, tornados a nosso interior, levantemo-nos para voltar Àquele de quem nos afastáramos, pecando. Nele nosso ser já não estará sujeito à morte, nosso conhecimento, ao erro, nosso amor, ao desregramento.

Hoje, embora tenhamos por certas essas três coisas e não necessitemos de nenhum testemunho sobre elas, mas, pelo contrário, lhes sintamos em nós mesmos a presença e as vejamos com os veracíssimos olhos interiores, porque somos incapazes de conhecer-lhes a duração ou a possível defecção e termo, quer se se portam bem, quer se se portam mal, por isso buscamos ou já temos outros testemunhos. Por que não devemos hesitar em dar-lhes crédito, este lugar não é próprio para dizer. Fá-lo-emos depois e com maior diligência.

No princípio, como já dissemos, Deus estabeleceu uma divisão entre a Cidade de Deus, que não peregrina nesta mortalidade, mas é eternamente imortal, quer dizer, entre os santos anjos, que se encontram unidos com Deus e não desertaram nem desertarão, e os que, ao abandonarem a luz eterna, tornaram-se trevas. Neste livro toca-nos, portanto, expor, com o auxílio de Deus e segundo nossas forças, o que havíamos começado a dizer.

CAPÍTULO XXIX
A ciência dos anjos e seus efeitos na criação

Os santos anjos não compreendem Deus por meio de palavras sonoras, mas pela presença mesma da verdade imutável, quer dizer, pelo Verbo unigênito. E compreendem também o Verbo, o Pai e o Espírito Santo por eles mesmos e entendem que são a Trindade inseparável, e que cada uma das pessoas é em si mesma uma só substância e todas não são três deuses, mas um só Deus. Todas essas verdades lhes são mais conhecidas que nós o somos para nós mesmos. Ademais, ali, na sabedoria de Deus, como na arte por que foram feitas, conhecem as criaturas melhor do que nelas mesmas e, por isso, os anjos a si próprios também ali se conhecem melhor que em si mesmos, embora também em si mesmos se conheçam. Mas foram criados e não se confundem com seu criador. Ali se conhecem como à luz do dia e, em si mesmos, como à da tarde.

É muito diferente conhecer uma coisa na razão segundo a qual foi feita e conhecê-la em si mesma, como é diferente conhecer a retidão das linhas ou a verdade das figuras, quando se contemplam à luz do intelecto e quando se escrevem no pó. Assim, de um modo se conhece a justiça na verdade imutável e, doutro, na alma do justo. Desse modo conhecem todo o resto. Assim, o firmamento, entre as águas superiores e as inferiores, que se chamou céu; a reunião das águas abissais, a emersão da terra e a germinação das ervas e das plantas. Assim, a criação do sol, da lua e das estrelas e a criação das águas, animais, aves, peixes e cetáceos; assim, a dos animais que se arrastam e rastejam na terra e a do homem, que supera todos os seres da terra. Todas essas coisas são conhecidas pelos anjos de um modo no Verbo de Deus, onde têm suas causas e suas razões, quer dizer, os tipos segundo os quais foram feitas, razões que permanecem imutavelmente, e doutro modo em si mesmos. Conhecem-nas, ali, com conhecimento mais claro e, aqui, com conhecimento mais obscuro, como o conhecimento da arte e das obras. Quando tais obras são referidas ao louvor e à veneração do Criador, parece amanhecer na mente que as contempla.

CAPÍTULO XXX
Perfeição do número seis

Toda essa narrativa tem determinada finalidade: a perfeição do número seis, repetido seis vezes (repete-se o mesmo dia), completando-se, assim, a criação em seis dias. Não porque Deus tivesse necessidade de tempo, como se não pudesse criar ao mesmo tempo todas as coisas, Ele que depois havia de formar com movimentos congruentes os tempos, mas porque o número seis significa a perfeição das obras. O número seis é o primeiro completo em suas partes, a saber, do sexto, do terço e da metade, que são os três primeiros algarismos significativos, isto é, um, dois e três, cuja soma dá seis. Quando se consideram os números por suas partes, é necessário levar em conta aqueles dos quais é possível dizer-se quantas partes têm, por exemplo, a metade, uma terça, uma quarta parte, mais as que recebem outros nomes. Por exemplo: embora o quatro seja uma parte do nove, nem por isso se pode dizer quanta ou que parte é. Todavia, do um é possível dizer, porque é a nona parte, e do três também, porque é a terça parte. Mas, somadas as duas partes, a nona e a terça, ou seja, um e três, não dão, nem muito menos, nove. Também o quatro é parte do dez e, contudo, não se pode dizer qual; do um, por outro lado, pode-se dizer, porque é a décima parte. Tem, além disso, uma quinta parte, que são dois, e uma metade, que são cinco. Mas as três partes, a décima, a quinta e a metade, um, dois e cinco, somados, não dão dez, mas oito. Todavia, as partes do doze ultrapassam-no, pois tem uma duodécima, que é um, uma sexta, que são dois, uma quarta, que são três, uma terça, que são quatro, e uma metade, que são seis. E, somados, um, dois, três, quatro e seis não dão doze, mas dezesseis.

Julguei oportuno fazer essa breve resenha para encarecer mais a perfeição do número seis, o primeiro, como dissemos, completo em todas as suas partes. Em seis dias rematou Deus a obra da criação. Donde se segue que não se deve desprezar a razão do número e que, em muitos lugares das Santas Escrituras, seu grande valor se torna encontradiço a todos que as consideram com atenção. Em louvor de Deus não se disse em vão: *Dispuseste todas as coisas com medida, número e peso.*

CAPÍTULO XXXI
O sétimo dia, como plenitude e descanso

No sétimo dia, quer dizer, no mesmo dia repetido sete vezes (número também perfeito por outra razão), encarece-se o descanso de Deus. Significa-se nele, em primeiro lugar, a santificação. Deus não quis santificá-lo em suas obras, mas em seu descanso, que não tem tarde, pois não existe criatura alguma, como a angélica, que divida o conhecimento em dia e tarde, conhecendo de um modo no Verbo de Deus e doutro em si mesma.

Acerca da perfeição do número sete seria possível dizer muitas coisas, mas este livro já está ficando muito extenso e receio pensarem que, apresentando-se-me ocasião, quero fazer alarde, com maior leviandade que proveito, do pouco que sei. Devo, portanto, ser moderado e grave, para ninguém pensar que talvez, falando demasiado sobre número, me descuide da medida e do peso.

Vou simplesmente dizer que o primeiro número ímpar completo é o três e o primeiro par o quatro, que, somados, dão sete. Por esse motivo, o sete é com frequência usado pela universalidade das coisas, como na seguinte passagem: *Sete vezes cai o justo e outras tantas se levanta*, que é o mesmo que dizer: Caia quantas vezes cair, não perecerá. Devemos entendê-lo não dos pecados, mas das atribulações que levam à humildade. E: *Sete vezes por dia te louvarei*. E o que noutra parte se diz de maneira diferente: *Sempre estará teu louvor em minha boca*. Nas divinas letras encontram-se muitos casos em que, como já notei, é costume empregar-se o número sete pela universalidade de alguma coisa. Por isso, o número sete muitas vezes significa o Espírito Santo, de quem diz o Senhor: *Ensinar-vos-á toda a verdade*.

O descanso de Deus existe onde se descansa em Deus. No todo, quer dizer, na perfeição perfeita, o descanso; na parte, o trabalho. Em consequência, trabalhemos, enquanto sabemos em parte, que, em chegando o que é perfeito, desaparecerá o que é em parte. Daí procede também o esquadrinharmos com trabalho tais passagens das Escrituras. Os santos anjos, contudo, pela companhia de quem suspiramos nesta peregrinação tão árdua, como têm a eternidade de permanência, assim têm a facilidade de conhecimento e felicidade do descanso. Os santos anjos auxiliam-nos sem dificuldade, porque seus movimentos espirituais, puros e livres, não lhes causam incômodo.

CAPÍTULO XXXII
Segundo alguns, os anjos são, em criação, anteriores ao mundo

Não faltará quem diga que nas seguintes palavras: *Faça-se a luz e a luz foi feita*, não se acham incluídos os anjos, mas que nelas se ensina a criação primeira de luz corpórea. Para esse tal, a criação dos anjos não apenas é anterior ao firmamento, que, feito entre umas águas e outras, foi chamado céu, mas também ao que se disse neste versículo: *No princípio fez Deus o céu e a terra*. Segundo eles, *no princípio* não quer dizer que fosse o primeiro a ser feito, visto como os anjos foram criados antes, e sim que todas as coisas foram feitas em sua Sabedoria, que é seu Verbo, a quem a mesma Escritura chamou princípio. Aos judeus, que no Evangelho lhe perguntaram quem era, respondeu ser o princípio.

Não sou, contudo, o chamado a dirimir tal contenda, sobretudo sentindo grande prazer ao verificar que também no mesmíssimo exórdio do Gênesis se encarece a Trindade. Ao dizer: *No princípio fez Deus o céu e a terra*, dando a entender que o Pai o fez no Verbo, como o confirma o salmo que diz: *Quão grandiosas são tuas obras, Senhor! Tudo criaste em tua Sabedoria*, pouco depois se menciona claramente o Espírito Santo. Depois de haver dito como fez Deus a terra no princípio ou a que matéria para a formação do mundo deu o nome de céu e terra, acrescenta: *E a terra era invisível e informe e as trevas estavam sobre o abismo*. E, para completar a menção da Trindade, prossegue: *E o Espírito de Deus era levado sobre as águas*. Cada qual interprete como queira proposição de tal maneira profunda, que para exercitar a inteligência dos leitores é susceptível de muitos entendimentos conformes com a regra de fé.

Uma coisa é indubitável e certa: os santos anjos, apesar da sublimidade de sua condição, não são coeternos com Deus, mas, isso sim, estão certos e seguros de sua felicidade eterna e verdadeira. Quando o Senhor anunciou que os pequeninos participarão de sua companhia, não apenas disse: *Serão iguais aos anjos*, mas também deu a conhecer de que contemplação gozam os anjos, ao acrescentar: *Cuidado, não desprezeis nenhum destes pequeninos, porque vos digo que seus anjos nos céus sempre veem o rosto de meu Pai celeste.*

CAPÍTULO XXXIII
As duas sociedades dos anjos são chamadas luz e trevas

Alguns anjos pecaram e foram recluídos nos abismos deste mundo, cárceres para eles, até à condenação final e futura no dia do juízo. Expressa-o com clareza meridiana o Apóstolo São Pedro, ao dizer que Deus não perdoou os anjos prevaricadores, mas, precipitando-os nas tenebrosas prisões do inferno, reservou para o dia do juízo seu castigo.

Quem duvida haver Deus, por presciência ou de fato, feito separação entre uns anjos e outros? Quem se oporá ao que afirme haverem aqueles sido com razão chamados luz? Mesmo nós, que vivemos da fé e na esperança da igualdade celeste, já somos chamados luz pelo Apóstolo: *Fostes, diz, algum tempo trevas, mas agora sois luz no Senhor.* Que os anjos desertores são chamados trevas é verdadeiro para quem quer que os conheça ou os acredite piores que os infiéis. Portanto, embora se deva entender outra luz na passagem que discutimos: *Disse Deus: Faça-se a luz e a luz foi feita* e estejam significadas outras trevas na seguinte: *Dividiu Deus entre a luz e as trevas*, pensamos que em tudo isso se significam estas duas sociedades de anjos, uma que goza de Deus e outra que se infla de soberba; uma, a que se diz: *Adorai ao Senhor todos os seus anjos*, outra aquela cujo príncipe promete: *Dar-te-ei tudo isto, se, prostrado, me adorares*; uma, ardendo no santo amor a Deus; outra, consumindo-se no impuro amor da própria soberba. E, porque está escrito que *Deus resiste aos soberbos e dá sua graça aos humildes*, uma habita nos céus dos céus e a outra, expulsa de lá, luta no ínfimo céu aéreo; uma é tranquila e está animada por luminosa piedade, a outra é perturbada por tenebrosas paixões. Uma auxilia com clemência, segundo o querer de Deus, castigando com justiça; a outra está entregue pelo orgulho à turbulenta paixão de dominar e de prejudicar. Uma é ministro da bondade divina, fazendo o bem que quer; a outra é contida pelo poder de Deus a fim de não prejudicar quanto queira. A primeira zomba da segunda e de seus inúteis esforços para crescer por intermédio de perseguições; a segunda tem inveja da primeira, quando a vê recolher peregrinos nos caminhos da vida. Cremos, repito, que as duas sociedades de anjos, tão díspares e contrárias entre si, uma boa por natureza e reta por vontade, a outra, boa também por natureza e perversa por vontade, expressas de modo mais claro noutros lugares das Divinas Escrituras, estão, por sua vez, insinuadas com os nomes de *luz e de trevas* no livro intitulado Gênesis. Creio, além disso, que, embora fosse outro o pensamento do autor, não foi inútil ventilarmos o sentido dessa obscura passagem, porque, mesmo que não haja topado com a intenção do autor, não me afastei da regra de fé, bastante conhecida dos fiéis por outros lugares das Escrituras de idêntica autoridade.

Embora aqui estejam enumeradas as obras corporais de Deus, têm, fora de qualquer dúvida, alguma semelhança com as espirituais, segundo a qual diz o apóstolo: *Todos sois filhos da luz e filhos do dia; não somos filhos da noite nem das trevas.* Se tal é também o pensamento do autor, o desenvolvimento da presente questão terá, ainda, o feliz resultado de não permitir crer que o homem de Deus, de sabedoria tão sublime e divina, falando por ele, como falava o Espírito de Deus, omitisse, na enumeração da obra dos seis dias, a criação dos anjos. E é assim, quer por *no princípio* se entenda havê-lo feito em primeiro lugar, quer se entenda, com maior propriedade, que o fez em seu Verbo, quando se diz: *No princípio fez Deus o céu e a terra.* Significou-se, com essas palavras, a universalidade das criaturas, as espirituais e as corporais (é o mais crível), ou as duas grandes partes de que consta o mundo, nas quais se contêm todas as coisas criadas, de maneira que primeiro as propôs todas e depois as executou por partes, em conformidade com o número místico dos seis dias.

CAPÍTULO XXXIV
Outra opinião a respeito da criação dos anjos. E uma sobre a não criação das águas

E isso apesar de haverem alguns opinado que no contexto o nome de águas significa, em certo sentido, as legiões angélicas: *Faça-se o firmamento entre água e água*. Assim, as águas superiores ao firmamento significariam os anjos; as inferiores representariam as águas visíveis, os anjos maus ou todas as nações humanas. Se assim é, nesse lugar não se diz quando foram feitos os anjos, mas quando foram separados uns dos outros.

Tampouco falta quem negue (opinião vã, perversíssima e ímpia) haverem as águas sido feitas por Deus, porque não está escrito em parte alguma: "Disse Deus: Façam-se as águas". Por que, com o mesmo absurdo, não o dizem também da terra? Não está escrito em parte alguma: "Disse Deus: Faça-se a terra". A isso replicam estar escrito: *No princípio fez Deus o céu e a terra*. Logo, na referida passagem, deve-se subentender a água, pois um e outro elemento ficaram compreendidos no mesmo termo. Diz o salmista: *Seu é o mar, e Ele o fez, e as suas mãos formaram a terra seca*.

Os que pretendem que por águas superiores aos céus se devem entender os anjos cedem às exigências dos pesos dos elementos. Por isso pensam que a natureza fluida e pesada das águas não pôde ser constituída nos lugares superiores do mundo. Se por si mesmos pudessem fazer o homem, segundo seus argumentos, não lhe colocariam na cabeça a pituíta, chamada em grego *phleghma*, que nos elementos de nosso corpo faz as vezes da água. Na cabeça encontra-se a fleuma e, por certo, muito convenientemente e de conformidade com as obras de Deus. Mas, de acordo com a conjetura deles, essa posição é de tal modo absurda, que, se não o soubéssemos e no Gênesis estivesse escrito haver Deus colocado humor fluido e frio e, portanto, pesado, na parte superior do corpo humano, tais críticos dos elementos não o acreditariam de maneira alguma. E, mesmo que se submetessem à autoridade das Escrituras, refugiar-se-iam em explicação alegórica.

Se quiséssemos, porém, discutir a fundo cada ponto em particular da narrativa divina da origem do mundo, seriam precisas longas exposições e desviar-nos-íamos muito do plano desta obra. Como já falei bastante, segundo penso, sobre estas duas sociedades de anjos, tão diversas e contrárias entre si, em que se encontra, no humano, o princípio das duas cidades, das quais, de acordo com o plano, devemos ocupar-nos mais tarde, fechemos este livro.

LIVRO DÉCIMO SEGUNDO

Nele Agostinho pergunta a si mesmo, primeiramente, pela origem da boa vontade em alguns anjos e da má em outros e pela causa da felicidade dos bons e da miséria dos maus. Passa, depois, a falar da criação do homem, que prova não haver sido criado "ab aeterno", mas no tempo, e não ter outro autor senão Deus.

CAPÍTULO I
Natureza dos anjos bons e dos maus

1. Antes de falar da criação do homem, época em que as duas cidades, consideradas nos seres racionais mortais, começam a surgir (o livro precedente já assinalou essa origem nos anjos), resta-me dizer ainda algumas palavras a respeito dos próprios anjos, a fim de estabelecer, tanto quanto me for possível, que não há inconveniência nem incompatibilidade entre a sociedade dos homens e a dos anjos e, assim, que não existem realmente quatro cidades ou sociedades, duas humanas e duas angélicas, mas apenas duas cidades ou sociedades de bons ou de maus, homens ou anjos.

2. Ora, não se permite pôr em dúvida que as inclinações contrárias entre si dos anjos bons e dos maus não dependem da diferença de natureza e princípio, posto uns e outros serem obra de Deus, Autor e Criador excelente de todas as substâncias, mas da contrariedade de suas vontades e desejos. A razão é que, enquanto uns se mantiveram no bem, comum a todos, que é para eles o próprio Deus, e em sua eternidade, verdade e caridade, os outros, embriagados por seu próprio poder, como se fossem seu próprio bem, declinaram do bem beatífico, superior e comum a todos, aos seus particulares e, tendo por muito sublime eternidade o fausto de sua altivez, por verdade certíssima os artifícios da vaidade e por caridade mútua suas rivalidades repletas de ódio, tornaram-se soberbos, enganadores e invejosos.

A causa, pois, da felicidade daqueles é estarem unidos a Deus. Por isso, a causa da miséria destes devemos entender, ao contrário, que será o não estarem unidos com Deus. Se, por conseguinte, quando se pergunta por que são miseráveis estes, se responde: Por não estarem unidos a Deus e, quando se pergunta por que são felizes aqueles, responde-se: Por estarem unidos a Deus, somente Deus é o bem que torna feliz a criatura racional ou intelectual. Assim, embora nem toda criatura possa ser feliz (pois não alcançam nem são capazes de tal graça as feras, as plantas, as pedras e coisas assim), a que pode sê-lo não o pode por si mesma, mas por Aquele que a criou. Torna-a feliz a posse daquele cuja perda a torna miserável, porque

Aquele que é feliz por si mesmo não pode ser miserável precisamente porque não pode perder-se.

3. Dizemos existir apenas um bem imutável, Deus, uno, verdadeiro e feliz. E acrescentamos serem bens as coisas criadas por procederem dele, mas bens mutáveis, por haverem sido feitas, não dele, mas do nada. Embora não sejam supremos esses bens que podem unir-se ao bem imutável (o bem maior que eles é Deus), são grandes. Até tal ponto é Deus seu bem, que sem Ele são necessariamente miseráveis. Nem os demais seres, neste universo criatural, são melhores que eles, porque não podem ser miseráveis, pois não é justo dizer serem melhores os olhos que os demais membros de nosso corpo justamente porque não podem ficar cegos. Como a natureza senciente, embora com dores, é superior à pedra, incapaz, em absoluto, de dor, assim a natureza racional, embora sendo miserável, é superior à que carece de razão ou de sentido, motivo por que se torna incapaz de miséria.

Sendo assim, para essa natureza, criada com superioridade tão clara que, mesmo sendo mutável, com unir-se ao bem incomutável, a Deus, supremo, logra a felicidade e não se vê livre de sua indigência, se não é feliz, e para sê-lo não lhe basta senão Deus, é vício não unir-se a Deus. Todo vício prejudica a natureza e por isso lhe é contrário. A viciada difere da que se une a Deus, não por natureza, mas por vício. Apesar de viciada, a natureza dá provas de grandeza e dignidade. Ao censurarmos, com razão, o vício de alguém, louvamos-lhe ao mesmo tempo a natureza, porque a censura do vício tem por justificativa o fato de ele desonrar a louvável natureza. Assim como, ao dizermos ser a cegueira vício dos olhos, testemunhamos que a visão pertence à sua natureza e, ao dizermos que a surdez é vício dos ouvidos, afirmamos ser-lhes natural a audição, assim também, ao dizermos que o não unir-se a Deus é o vício da criatura angélica, declara-se de maneira evidente convir-lhe à natureza o unir-se com Deus. Quem poderá pensar ou de modo digno expressar em palavras a grandeza e glória do estar unido a Deus de tal sorte que se viva dele, se tenha a sabedoria dele, dele se goze e se desfrute de tamanho bem sem morte, sem erro e sem incômodo? Donde se conclui que, pois todo vício é nocivo à natureza, o vício dos anjos maus, que os tem separados de Deus, é testemunho eloquente da bondade de sua natureza, criada por Deus, à qual prejudica não estar com Ele.

CAPÍTULO II
Não há essência alguma contrária a Deus, porque ao ser somente se opõe o não ser

O objetivo de tudo quanto se disse é ninguém pensar, quando falemos dos anjos apóstatas, que puderam ter outra natureza, procedente de outro princípio e, portanto, Deus não é o autor de sua natureza. Cada qual se verá tanto mais expedita e facilmente livre da impiedade de semelhante erro quanto possa entender com visão mais clara o que, por intermédio de anjo, disse Deus, ao enviar Moisés aos filhos de Israel: *Eu sou o que sou*. Sendo, pois, Deus suma essência, isto é, sendo em sumo grau e, portanto, imutável, pôde dar o ser às coisas que criou do nada, não, porém, o ser em grau sumo, como é Ele. A umas deu ser superior, a outras, inferior, ordenando assim gradualmente as naturezas das essências. Do mesmo modo que de *sapere* (saber) se formou *sapientia* (sabedoria) desse mesmo modo de *esse* (ser) se formou *essentia* (essência). É certo tratar-se de palavra nova, não usada pelos autores clássicos da língua latina, mas já corrente em nossos dias, para que em nosso idioma não faltasse o que os gregos chamam *ousia*, palavra que, traduzida à letra, vem a dar *essê*ncia. Por conseguinte, à natureza que é em grau sumo, pela qual é tudo quanto tem ser, somente se opõe a natureza que não é, porque somente o não ser se opõe ao ser. Não existe, por isso, essência alguma contrária a Deus, ou seja, à suma essência autora de todas e quaisquer essências.

CAPÍTULO III
Os inimigos de Deus não o são por natureza, mas por vontade

Nas Escrituras chamam-se inimigos de Deus os que, não por natureza, mas por seus vícios, se lhe opõem aos mandados. Não podendo prejudicá-lo em coisa alguma, mas apenas a si mesmos, são inimigos por sua vontade de resistência, não por seu poder lesivo, por ser Deus imutável e absolutamente incomutável. Esse o motivo de o vício com que resistem a Deus os chamados seus inimigos não ser mal para Deus, mas para eles próprios. E isso por corromper-lhes o bem de sua natureza. Não é contrária a Deus a natureza, mas o vício, por ser o mal contrário ao bem e ninguém poder negar ser Deus o sumo bem. O vício, portanto, opõe-se a Deus, como o mal ao bem. Contudo, a natureza, embora sendo viciada, é bem. Donde se infere ser o vício contrário também a tal bem. Mas somente a Deus se opõe como o mal ao bem; à natureza que vicia, não somente como a algo mau, mas, além disso, como a algo nocivo. Porque não existe mal algum nocivo a Deus, mas às naturezas mutáveis e corruptíveis, contudo boas, segundo os próprios vícios demonstram. E demonstram-no porque, se não fossem boas, não poderiam prejudicá-las. Que fazem, com efeito, ao prejudicá-las, senão que percam a integridade, a beleza, a saúde, a perfeição e quantos bens o vício costuma subtrair ou roubar à natureza? Se falta em absoluto, não prejudica, porque não priva de bem algum e, portanto, não é vício, posto que ser vício e não prejudicar é contraditório. Donde se segue que, embora incapaz de prejudicar o bem imutável, o vício não pode prejudicar senão o bem, visto como toda a sua razão de ser consiste em prejudicar.

Isso pode ser dito também do seguinte modo: o vício não pode existir nem no sumo bem nem em algo que não seja bem. Logo, os bens podem existir sós em alguma parte, mas os males em si sós, nunca. Com efeito, as naturezas corrompidas pelo vício de má vontade são más, é certo, como viciosas, mas, como naturezas, são boas. E, quando a natureza viciosa é castigada, além da natureza, é bom também não ficar impune. A razão é ser justo o castigo e ser bom tudo quanto é justo. Ninguém sofre castigos por causa dos defeitos naturais, mas pelos voluntários, visto como o próprio vício que, robustecido pelo costume e, por assim dizer, entranhado na natureza, chegou a ser natural, também teve origem na vontade. Estamos tratando agora dos vícios da natureza racional, capaz da luz inteligível, que lhe possibilita discernir o justo do injusto.

CAPÍTULO IV
As naturezas desprovidas de razão e vida não desdizem, consideradas em seu gênero e ordem, da beleza do universo

Quanto ao mais, é ridículo pensar serem condenáveis os defeitos dos animais irracionais, árvores e outros seres mutáveis e mortais privados de entendimento, sentido ou vida, defeitos que fazem com que sua natureza dissolúvel esteja sujeita à corrupção. E é ridículo, porque tais criaturas receberam da vontade do Criador seu modo de existência, destinado unicamente a operar, por sua vicissitude e sucessão, a beleza ínfima dos tempos, que em seu gênero harmoniza com as demais partes deste universo. Não seria justo que os seres terrenos se equiparassem aos celestiais, nem a superioridade destes constituía razão suficiente para no mundo faltarem aqueles. Quando, perecendo alguns seres, nascem outros, para ocupar os lugares que correspondiam àqueles, e os inferiores sucumbem ante os superiores e os vencidos se transformam em qualidades dos vencedores, então se dá a ordem dos seres transitórios. A formosura de tal ordem não nos deleita precisamente porque, incorporados, por motivo de nossa natureza mortal, à referida parte do conjunto, não podemos perceber que relações de conveniência e proporção ligam ao conjunto as partes que nos desagradam. Eis por que, quanto menos idôneos somos para contemplá-la, mais se nos impõe a obrigação de crer na providência do Criador, a fim de não nos atrevermos, com a temerária vaidade humana, a censurar a obra de tão grande Artífice.

Examinados a sério, tais defeitos nas coisas terrestres, defeitos nem voluntários, nem expiatórios, dão igual testemunho da excelência das naturezas, das quais nenhuma existe que não tenha Deus por autor e criador. E é que nos desagrada que o vício prive a natureza do que nela nos agrada. Mas, com frequência, as naturezas também desagradam aos homens quando se lhes tornam nocivas, porque não as consideram em si, mas em sua utilidade, como os animais cuja abundância castigou a soberba dos egípcios. De acordo com isso, poderiam censurar também o sol, porque alguns malfeitores ou quem não pagava as dívidas eram condenados pelos juízes a ser expostos aos raios solares. Portanto, considerada em si mesma, não em relação com nosso conforto ou desconforto, a natureza dá glória a seu Artífice. Assim, a natureza do fogo eterno é por certo louvável, embora deva servir de suplício aos ímpios condenados.

Com efeito, que há mais formoso do que fogo em chamas, vivo e resplandecente? Que há mais útil, quando aquece, purifica e coze? E, todavia, nada existe mais molesto, quando queima. É, pois, o mesmo o fogo que, mal-aplicado, é nocivo e, convenientemente aplicado, útil.

Quem achará palavras suficientes para explicar as utilidades que tem no mundo? Não devemos, por conseguinte, prestar ouvidos a quem lhe louva a luz e vitupera o ardor, porque não considera sua natureza, mas seu próprio conforto ou desconforto. Esses tais querem ver e não querem queimar-se. Mas não reparam em que a mesma luz que lhes causa agrado prejudica, por inconveniência, os olhos fracos e em que, por conveniência, o ardor que lhes desagrada confere vida e saúde a alguns animais.

CAPÍTULO V
A natureza de toda espécie e modo é canto de louvação ao Criador

Todas as naturezas têm, como ser, seu modo, espécie e certa paz própria e, por isso, são boas. E, quando estão colocadas onde a ordem da natureza exige, conservam o ser que receberam. As que não receberam ser permanente melhoram ou pioram, segundo a usança e movimento das coisas a que se encontram sujeitas por lei de criação, tendendo sempre por providência divina ao fim que leva em si a razão do governo do universo. E de tal modo, que o último grau de corrupção, que leva as naturezas mutáveis e mortais à sua desaparição, não reduz ao não ser o que era, ao extremo de que dali não resulte logicamente o que devia ser. Sendo assim, Deus, que é em sumo grau e, por conseguinte, Autor de toda essência, que não é soberanamente (pois não é justo fosse igual a Ele e por Ele feita do nada) e de modo algum poderia existir, se não fosse feita por Ele, não deve ser censurado pelos defeitos das naturezas, e sim louvado, considerando-se todas elas.

CAPÍTULO VI
Causa da felicidade dos anjos bons e da miséria dos maus

Assim, a verdadeira causa da felicidade dos anjos bons reside em estarem unidos ao que é soberanamente. Por outro lado, quando se pergunta pela causa da miséria dos anjos maus, verifica-se que se deve ao haverem-se afastado do ser supremo e voltado para si mesmos, que não são em grau supremo. Que outro nome recebe semelhante vício senão o de soberba? Pois o princípio de todo pecado é a soberba. Não quiseram lhes protegesse Deus a fortaleza. A união deles com Deus, que é em grau supremo, ter-lhes-ia acrescido o ser, mas preferiram menos ser, antepondo-se a Ele. Tal o primeiro defeito, a primeira indigência e o primeiro vício de sua natureza, criada de tal modo, que, não sendo em sumo grau, pudera, entretanto, para ser feliz, gozar de quem é em grau sumo. Apartando-se dele não seria reduzida ao nada, mas, pelo contrário, se faria menos e, em consequência, miserável. Se se busca a causa eficiente de semelhante má vontade, não se encontra. Porque, com efeito, que produz a má vontade, sendo ela mesma a autora da obra má? A má vontade é, por conseguinte, a causa eficiente de toda obra má, porém, nada é a causa eficiente da má vontade. Porque, se é algum ser, tem vontade ou não tem. Se tem, é boa ou má. Se boa, quem desatinará ao extremo de dizer que a boa vontade é causa da má vontade? Não é possível imaginar absurdo maior. E, se tem vontade má o ser que é julgado o autor da má vontade, é lógico perguntar qual é a causa.

Mas, para que na busca se proceda com método, perguntemos pela causa da primeira vontade má. Porém, a primeira vontade má, causa da má vontade, não existe, pois a primeira é a não feita por nenhuma outra, porque, se a esta precedeu sua autora, lhe é anterior por ser sua causa. E, se se objeta não havê-la feito nenhum ser e, portanto, haver existido sempre, pergunto: Em alguma natureza? Se não existiu em alguma natureza, não existiu. Se existiu em alguma, viciava-a, corrompia-a, era-lhe nociva e, por conseguinte, privava-a de bem. Por esse motivo a má vontade não podia existir na natureza má e sim na boa, porém, mutável, susceptível de ser prejudicada pelo vício. Se o vício não prejudicou, não foi vício e, portanto, a vontade não deve ser chamada má. Se prejudicou, é fora de dúvida que prejudicou, privando de bem ou diminuindo-o, pois não é possível que existisse eterna vontade má em ser em que houvesse precedente bem natural, que a má vontade é capaz de eliminar, prejudicando.

Logo, se não era eterna, pergunto: Quem a fez? Há uma resposta apenas: A má vontade é obra de ser que não teve vontade alguma. Mas pergunto de novo: É-lhe superior, inferior ou igual esse ser? Se superior, é realmente melhor que ela. Por que, pois, não há de ter vontade e não há de ter vontade boa? Poder-se-ia dizer a mesma coisa, se fosse igual, porque dois seres, enquanto simultaneamente são de boa vontade, não causam um ao outro a vontade má. Resta que ser inferior, carecente de vontade, seja a causa da má vontade da natureza angélica, que pecou primeiro. Mas, seja qual for esse ser inferior, mesmo a ínfima terra, por ser natureza e essência, é bom e tem modo e espécie em seu gênero e ordem.

Como, pois, ser bom é causa eficiente da vontade má? Como, em suma, pode o bem ser causa do mal? Quando a vontade, abandonando o superior, se converte às coisas inferiores, torna-se má, não por ser mau o objeto a que se converte, mas por ser má a própria conversão. Portanto, não é causa da vontade má o ser inferior; ela é que é sua própria causa, por haver apetecido mal e desordenadamente o ser inferior. Se duas pessoas de iguais disposições corporais e anímicas veem a beleza de determinado corpo e, uma vez vista, uma delas se decide a desfrutá-la ilicitamente e a outra persevera em vontade casta, qual a causa, de acordo com nosso modo de pensar, de que naquela se produza a má vontade e nesta não? Que coisa a causou naquela em que foi causada? É certo que a beleza do corpo, não, posto não havê-la causado em ambas, apesar de não haver-se apresentado de modo diferente aos olhos de uma e de outra. É, porventura, causa a carne de quem olha? Será por acaso o espírito? E por que não o de ambas, se, por hipótese, as disposições corporais e anímicas eram idênticas nas duas pessoas? Ou será que se deve dizer que uma delas foi tentada por oculta sugestão de espírito maligno? Como se não fora a própria vontade a que dá consentimento a tal sugestão e a qualquer outra insinuação.

Buscamos precisamente a causa de semelhante consentimento, da má vontade que se abandona ao pérfido conselheiro. Para evitar a dificuldade, suponhamos que ambas as pessoas são tentadas pela mesma tentação e uma cede e consente, enquanto a outra, a mesma de antes, lhe resiste. Que é possível dizer, senão que uma quer e a outra não quer renunciar à castidade? E qual a causa, senão a própria vontade, pois em ambas as pessoas reinava a mesma disposição de espírito e corpo? Seus olhos contemplaram simultaneamente a mesma beleza e, simultaneamente, a mesma tentação as aguilhoou. Bem consideradas as coisas, em nenhuma delas ocorreu nada que aos investigadores desse a conhecer a causa de sua má vontade. Se dissermos que ela mesma a produziu, que era, antes de ter má vontade, senão natureza boa, cujo autor é Deus, bem imutável? E a quem disser que a que deu assentimento ao tentador e conselheiro, fazendo uso ilícito do corpo formoso, presente à vista de ambas, que antes da visão e da tentação eram semelhantes de espírito e corpo, fez sua má vontade, admitindo que antes de ter má vontade era boa, pergunto: Por que a fez, porque é natureza ou porque foi feita do nada? Verificar-se-á não haver a má vontade começado a existir por ser natureza, mas por haver sido feita do nada. Porque, se a natureza é causa da má vontade, vemo-nos obrigados a dizer que o mal é efeito do bem e o bem, portanto, é causa do mal, visto como, por hipótese, a má vontade é produzida pela natureza boa. E como é possível que a natureza boa, embora mutável, cause algo mau, a saber, a má vontade, antes de ter vontade má?

CAPÍTULO VII
Não se deve buscar a causa eficiente da má vontade

Ninguém busque, pois, a causa eficiente da má vontade. Tal causa não é eficiente, mas deficiente, porque a má vontade não é "efecção", mas "defecção". Declinar do que é em sumo grau ao que é menos é começar a ter má vontade. Empenhar-se, portanto, em buscar as causas de tais defeitos, não sendo eficientes, mas, como já dissemos, deficientes, é igual a pretender ver as trevas ou ouvir o silêncio. E, contudo, ambas essas coisas nos são conhecidas, uma pelos olhos e outra pelos ouvidos, não, porém, em sua espécie, mas na privação da espécie. Ninguém, por conseguinte, procure aprender de mim o que sei que não sei, mas espere aprender a não saber o que se deve saber ser impossível saber. Com efeito, as coisas que não se conhecem em sua espécie, mas na privação da espécie, se podemos falar assim, se conhecem, de certo modo, não conhecendo-as e não se conhecem, conhecendo-as. Quando a penetração do olho corporal se projeta sobre as espécies corporais, só vê as trevas quando começa a não ver. De igual modo, o sentir o silêncio pertence aos ouvidos, não a outro sentido, e somente se sente, não ouvindo. Assim, nossa mente contempla com o entendimento as espécies inteligíveis. Quando faltam, porém, concebe-as, ignorando-as. Com efeito, quem *conhece os delitos?*

CAPÍTULO VIII
O amor perverso inclina a vontade do bem imutável ao bem mutável

O que sei é que a natureza de Deus jamais pode desfalecer, mas os seres feitos do nada podem. Tais seres, quanto mais ser têm e mais bem fazem (então fazem algo positivo), têm causas eficientes; se, porém, desfalecem e, em consequência, obram mal (que outra coisa fazem, então, além de vaidades?), têm causas deficientes. Sei também que a má vontade consiste em fazer o que sem seu querer não se faria e, por isso, a pena justa não se segue aos defeitos necessários, mas aos voluntários. O desfalecimento não se encaminha a coisas más, mas de modo errado, ou seja, não a naturezas más, e sim desordenadamente, porque se faz contra a ordem da natureza, do que é em sumo grau ao que é menos.

Assim, a avareza não é vício do ouro, mas do homem, que ama desordenadamente o ouro, por ele abandonando a justiça, que deve ser infinitamente preferida a esse metal. E a luxúria não é vício da beleza e graça do corpo, mas da alma, que ama perversamente os prazeres corporais, desprezando a temperança, que nos une a coisas espiritualmente mais belas e incorruptivelmente mais cheias de graça. E a jactância não é vício do louvor humano, mas da alma que ama desordenadamente ser louvada pelos homens, desdenhando o testemunho da própria consciência. E a soberba não é vício de quem dá o poder ou do poder mesmo, mas da alma que ama desordenadamente seu próprio poder, desprezando o poder mais justo e poderoso. Por isso, quem ama desordenadamente o bem, seja de que natureza for, mesmo conseguindo-o, se torna miserável e mau no bem, ao privar-se do melhor.

CAPÍTULO IX
É o mesmo o Criador da natureza e o Autor da boa vontade nos anjos bons?

1. Não existe, pois, causa eficiente natural ou, se nos permitem a expressão, essencial da vontade má, por ser ela a fonte do mal dos espíritos mutáveis, mal que diminui e deprava o bem da natureza, e tal

vontade outra coisa não é senão efeito de "defecção", consistente em abandonar a Deus. Falta-nos também a causa dessa "defecção". Por isso, se dizemos não existir tampouco causa eficiente da boa vontade, devemos guardar-nos de crer não haver sido feita a boa vontade dos anjos, mas ser coeterna com Deus. Pois, se foram criados, como é possível que sua vontade não o fosse? Suposto haver sido criada, pergunto: Foi concriada com eles ou são anteriores a ela? Se concriada com eles, não há dúvida havê-lo sido por Aquele por quem também eles foram. E desde o primeiro instante de sua criação se uniram a seu Criador pelo amor com que foram criados. Encontram-se separados da companhia dos outros anjos precisamente porque se mantiveram na boa vontade, enquanto os outros, afastando-se dela, tornaram-se de má vontade, consistente em declinar da boa, coisa que não fariam se realmente não quisessem.

E, se os anjos bons são anteriores à boa vontade e em si mesmos autores dela, sem o concurso de Deus, tornaram-se por si mesmos melhores que os fizera Deus. Absolutamente impossível, dizemos, porque, de fato, que eram, sem boa vontade, senão maus? E, se não eram maus precisamente porque não tinham nem má vontade (pois não haveriam declinado de vontade que ainda não tinham), ao menos é certo que não haviam começado a ser bons como são com a vontade boa. E, se não puderam tornar-se melhores que os fizera Deus, porque ninguém faz algo melhor que Ele, é fora de dúvida que a boa vontade, causa de sua melhoria, não poderiam tê-la senão com o concurso operante do Criador. E, quando tal boa vontade os volta, não para a indigência de seu próprio ser, mas para a plenitude do ser infinito, quando nessa união haurem nas próprias fontes do ser, da sabedoria e da beatitude, não é isso evidente prova de que sua vontade, por boa que fosse, não transporia os limites de estéril desejo, se Aquele que do nada fez a natureza capaz de contê-lo não a tivesse tornado melhor, enchendo-a de si mesmo, depois de haver excitado a impaciência de seu amor por Ele?

2. Deve-se, ademais, ter em conta o seguinte ponto: Se os anjos são autores de sua boa vontade, fizeram-na com vontade ou sem ela? Se sem ela, é certo que não a fizeram. Se com vontade, era boa ou má? Se má, como é possível que a vontade má fosse causa da vontade boa? Se boa, lógico é dizer que já a tinham. E quem era seu autor senão Aquele

que os criara com vontade boa, ou seja, com o amor casto que os une a Ele, criando-lhes a natureza e conferindo-lhes ao mesmo tempo a graça?

Donde se segue a necessidade de crer que os santos anjos não existiram nunca sem a boa vontade, quer dizer, sem o amor a Deus. E os outros, concriados com os bons, tornados maus por sua má vontade, obra não da natureza boa, mas de sua livre "defecção" do bem, pois a causa do mal não é o bem, mas a "defecção" do bem, ou receberam menor grau de amor divino que os que perseveraram ou, se uns e outros foram criados igualmente bons, estes caíram por sua má vontade e aqueles, mais agraciados, chegaram ao ápice da bem-aventurança, com a plena certeza de que jamais haveriam de perdê-la, como já expusemos no livro anterior. Deve-se, pois, admitir, em justo louvor ao Criador, não ser privativo dos homens santos apenas o estar-lhes a caridade de Deus difundida nos corações pelo Espírito Santo que lhes foi dado, mas poder estender-se também aos santos anjos. Deve-se, outrossim, admitir não ser próprio somente dos homens, mas primeira e primordialmente dos anjos, o bem de que está escrito: *Meu bem é permanecer unido a Deus. Os participantes desse bem formam sociedade santa com Aquele a quem se unem e entre si e constituem a Cidade de Deus, e sacrifício vivo e templo vivo dele.*

Já é hora, segundo penso, de falarmos da origem criacional dos membros, recrutados entre os homens mortais para se unirem aos anjos imortais, da Cidade que agora peregrina mortalmente na terra ou descansa nas secretas moradas das almas daqueles que já renderam tributo à morte, como se fez, quando se tratou dos anjos. O gênero humano origina-se de um só homem, o primeiro que Deus criou, segundo o testemunho da Santa Escritura, que goza de maravilhosa autoridade, não imerecida, no orbe da terra e em todas as nações, e predisse com inspiração divina, entre outras verdades, que haveriam de crer nela.

CAPÍTULO X
É falsa a história que fixa muitos milhares de anos aos tempos passados

1. Omitamos as conjeturas dos homens que não têm noção da natureza e origem do gênero humano. Uns, seguindo sua opinião

sobre o mundo, sustentam que os homens sempre existiram. Foi o que motivou as palavras com que Apuleio descreve tal espécie de animais: "Um a um são mortais, mas em seu conjunto, perpétuos". A isso é possível arguir: Se o gênero humano sempre existiu, como é verdadeira a história que narra quem foram os inventores das coisas, quem os iniciadores das artes liberais e das outras artes ou quem foram os primeiros habitantes desta ou daquela região, de tal ou qual ilha? Respondem que de quando em quando houve dilúvios e incêndios que despovoaram não toda a terra, porém, muitas regiões, de tal forma que os homens ficavam reduzidos a um punhado e sua descendência refazia a multidão anterior. Assim, segundo eles, se refaz e constitui a humanidade, quando na realidade nada mais se faz senão renovar o que semelhantes devastações haviam interrompido e feito desaparecer. Quanto ao mais, o homem não pode proceder senão de outro homem. Dizem o que pensam, não o que sabem.

2. Induzem-nos a erro também certos escritos repletos de mentiras, que na história da humanidade mencionam muitos milhares de anos, quando, de acordo com nossas Sagradas Letras, da criação do homem não se passaram até agora seis mil anos completos. Por isso, para tentar em poucas palavras a refutação de tal classe de escritos, que admitem muitos mais milhares de anos, escritos destituídos, por outra parte, de qualquer autoridade sobre esse ponto, baste citar a carta de Alexandre, o Grande, a sua mãe Olímpia. Nela dá a relação de certo sacerdote egípcio, que foi por ele extraída de seus escritos sagrados, e fala das monarquias mencionadas também pela história grega. O reinado dos assírios, segundo a carta de Alexandre, durou mais de cinco mil anos e, segundo a história grega, dura pouco mais ou menos mil e trezentos desde o reinado de Belo, rei nomeado também pelo egípcio no princípio dessa monarquia. Fixa mais de oito mil anos ao império dos persas e dos macedônios até Alexandre, a quem se dirigia, enquanto os gregos calculam em quatrocentos e oitenta e cinco anos a duração do império dos macedônios até a morte de Alexandre e em duzentos e trinta e três a do império dos persas até a vitória de Alexandre.

Tais números são, como se vê, muito inferiores aos egípcios e não os igualaria, embora se multiplicassem por três, pois os egípcios contam que houve tempo em que seus anos eram tão curtos, que duravam apenas quatro meses. Portanto, o ano verdadeiro e pleno, agora comum a nós e a eles, consta de três dos antigos anos egípcios. Nem mesmo assim, porém, como já dissemos, a cronologia egípcia concorda com a história grega. Deve-se, por conseguinte, acreditar nesta última, por não exceder o número de anos anotados por nossas Letras, verdadeiramente sagradas. Em consequência, se na celebrada carta de Alexandre se vê frustrada nossa esperança provável sobre os tempos, quão menos crédito se deve dar àqueles escritos que, saturados de antigalhas e fábulas, pretendem opor-se à autoridade dos livros, mais celebrados e divinos, que predisseram que todo mundo haveria de crê-los, predição que na realidade se realizou! E o testemunho vivo de que as coisas narradas, preludiadas como futuras, são verdadeiras, pois se cumprem com tamanha exatidão.

CAPÍTULO XI
Opinião dos que, sem admitirem a eternidade do mundo, sustentam haver um sem-número de mundos, ou que, sendo único, nasce e acaba incessantemente, de acordo com o rodar dos séculos

Outros, contudo, não crendo na eternidade deste mundo, opinam não ser ele único, mas haver inumeráveis mundos, ou ser único e nascer e terminar infinidade de vezes, de acordo com o incessante rodar dos séculos. Esses tais hão de necessariamente admitir que, em determinado princípio, o gênero humano existiu sem homens que gerassem. Porque, como não pretendem que os dilúvios e incêndios assolaram todo o orbe e, por isso, sustentam que sempre sobrevivem alguns homens para refazer a multidão antiga, assim estão em seu direito, ao pensar que, perecendo o mundo, ficarão nele alguns homens. Mas, como pensam que o mundo renasce de sua própria matéria, veem-se obrigados a sustentar que o gênero humano surge de seus elementos e depois os pais suscitam, por via de geração, os mortais, como os outros animais.

CAPÍTULO XII
Que responder aos que pretextam haver tardado a criação do homem?

O que respondi àqueles que, persuadidos de que o mundo sempre foi, se recusam a crer tenha começado a ser, incredulidade que o próprio Platão expressamente professa, embora alguns lhe atribuam opiniões diferentes de sua linguagem, o que respondi a respeito da questão da origem do mundo responderei sobre a da criação primitiva do homem, se igualmente me perguntam por que o homem não foi criado durante os tempos infinitos que lhe precederam a criação. Por que foi criado tão tarde, que as Santas Escrituras contam menos de seis mil anos desde que começou a ser? Se os ofende a brevidade do tempo e lhes parecem poucos os anos transcorridos desde a criação do homem, conforme se lê em nossas Escrituras, considerem que o que tem fim não é duradouro e todos os séculos termináveis, em comparação com a eternidade interminável, são, não direi pequenos, mas nada. Se, por isso, se dissessem, não cinco ou seis mil anos, mas sessenta ou seiscentos mil, ou se se multiplicassem seis mil, sessenta ou seiscentas mil vezes mais e a soma se tornasse a multiplicar outras tantas vezes por esse número e já não tivéssemos nome para tal quantidade, ano em que Deus fez o homem, poder-se-ia formular a mesma pergunta: Por que não o fez antes?

É tanta a inatividade eterna de Deus, sem princípio anterior à criação do homem, que seja qual for o número de anos que se lhe reconheça, por grande e inefável que seja, se tem limite em certo espaço, não deve parecer sequer tanta quanta resulta de comparar pequenina gota de água e todo o mar, toda a água do oceano. O motivo é que essas duas coisas, embora uma seja muito pequena e outra incomparavelmente grande, são finitas, mas o espaço de tempo, que parte de começo e tem termo, seja qual for a extensão de seu curso, não sei se, comparado com o que carece de princípio, é infinitamente pequeno, ou antes, nada.

Com efeito, se do termo obtido se vão subtraindo os momentos um a um, por brevíssimos que sejam, o número irá decrescendo ao retroceder na conta, embora tão incontável, que não se encontre vocábulo para nomeá-lo, e a subtração acabará chegando ao princípio, como, se se vão subtraindo dias à vida atual do homem, se chegará ao dia em que nasceu. E se isso se translada ao espaço que não teve princípio e se vão subtraindo, não digo momentos pequenos, um a um, ou horas, dias, meses, anos, mas espaços tão enormes como os compreendidos na soma de anos já impossível de contar pelos calculistas e que, todavia, esgota-se minuto a minuto pela subtração de momentos, e se estejam subtraindo, não uma, duas e muitas vezes, mas sempre, qual é seu efeito, que operação será essa, que nunca chega ao princípio, pois não existe? Por isso, o que agora perguntamos depois de cinco mil anos ou mais, poderão perguntar também nossos descendentes, com idêntica curiosidade, após seiscentos mil, se é que esta mortalidade humana e esta debilidade ignorante se manterão por tanto tempo em sucessão contínua. A mesma questão poderiam também havê-la suscitado nossos predecessores, os que existiram nos tempos da criação do homem. Enfim, o primeiro homem, no dia seguinte ao de sua criação ou no mesmo dia, poderia perguntar por que não fora criado antes. E, por mais que fosse criado antes, a dificuldade a respeito do princípio dos seres temporais teria então o mesmo valor que tem agora e terá depois.

CAPÍTULO XIII
Alguns filósofos acreditaram no ciclo dos séculos, quer dizer, acreditaram que, terminados por fim certo, todos tornam sem cessar à mesma ordem e à mesma espécie

1. Alguns filósofos deste mundo, para resolver semelhante dificuldade, que, segundo eles, não pode ou não se deve resolver doutra maneira, pensaram em admitir circuitos de tempos, em que na natureza se renovariam e repetiriam sempre as mesmas coisas e, assim, conforme afirmam, formar-se-ia a textura íntima das evoluções dos séculos que vêm e passam. E isso, quer os circuitos se produzam em mundo estável, quer na alternativa entre nascer e morrer o mundo apresente como novas sempre as mesmas coisas, tanto as passadas como as futuras. Desse ludíbrio não podem livrar a alma imortal, que, quando se apossou da sabedoria, se eleva sem cessar a uma enganadora felicidade e torna sem cessar a uma verdadeira miséria.

Como há de ser verdadeira felicidade aquela em cuja eternidade não confiamos, quando a alma é demasiado ignorante no seio da verdade ou demasiado infeliz no seio da felicidade, para ignorar ou recear sua futura miséria? E, se jamais há de tornar às misérias, destas caminha para a felicidade e, portanto, causa no tempo algo novo, que não terá fim no tempo. Por que, pois, não se há de dizer o mesmo do mundo e do homem nele criado? Por que não seguir o caminho reto da sã doutrina, que nos desvia de não sei que falsos circuitos, inventados por falsos e enganadores sábios?

2. Alguns há que pretendem deva certa passagem do Livro de Salomão, intitulado Eclesiastes, ser entendida a favor de tais circuitos, que trazem e levam todas as coisas ao mesmo. É a seguinte a passagem: *Que é o que foi? O mesmo que será. E que é o que foi feito? O mesmo que se há de fazer. Não há nada novo debaixo do sol. Quem falará e dirá: Eis coisa nova? Já existiu nos séculos anteriores a nós.* Disse-o das coisas que antes mencionava, a saber, da sucessão das gerações, do curso do sol, do deslizar das torrentes ou, então, de todo gênero de coisas, que nascem e morrem. Com efeito, existiram homens antes de nós, coexistem conosco atualmente e existirão depois de nós. Diga-se o mesmo dos animais e das plantas. Os monstros, abortos pouco comuns, embora diferentes entre si, tanto que de alguns deles não existe senão um exemplar, no que têm de milagroso e monstruoso existiram e sempre existirão; assim, não é acidente inaudito e novo nascer algum monstro debaixo do sol.

Outros explicaram de maneira diferente as referidas palavras e entendem que todas as coisas já foram feitas na predestinação de Deus (tal era a intenção do Sábio) e, por isso, não há nada novo debaixo do sol. Muito longe está de nossa reta fé acreditar que tais palavras de Salomão significam os citados circuitos imaginários, de modo que a volubilidade do tempo e dos seres temporais torne sempre ao mesmo. Por exemplo, como o filósofo Platão teve neste século discípulos na cidade de Atenas e na Academia, durante infinitos séculos atrás, com grandes intervalos, é verdade, porém, certos, existiram o mesmo Platão, a mesma cidade, a mesma escola e os mesmos discípulos e hão de repetir-se durante infinitos séculos depois. Longe de nós, repito, acreditar em semelhante insensatez. Cristo morreu uma vez apenas por nossos pecados e, ressuscitado dentre os mortos, já não morre e a morte já não terá domínio sobre ele. Depois da ressurreição estaremos eternamente com o Senhor, a quem dizemos com o salmo: Tu, Senhor, nos conservarás e nos guardarás desta geração para sempre. Tenho para mim que também as seguintes palavras se aplicam aos falsos sábios: *Em seu derredor andam os ímpios.* Não porque sua vida haja de seguir o curso de tais imaginários circuitos, mas porque, na realidade, tal é o labirinto de seu erro, ou seja, de sua falsa doutrina.

CAPÍTULO XIV
Deus não operou com nova resolução nem com vontade mutável a criação do gênero humano no tempo

Que tem de particular que, errantes nesse labirinto, não encontrem nem entrada, nem saída? Ignoram a origem do gênero humano e desconhecem o destino final de nossa mortalidade, por serem incapazes de penetrar as profundezas de Deus e como, sendo Ele eterno e sem princípio, deu começo aos tempos e no tempo criou o homem, sem que outro precedesse a este. Não o criou, porém, com nova e repentina resolução, mas com resolução imutável e eterna. Quem poderá sondar esse abismo insondável e penetrar esse mistério impenetrável, baseados em que, sem mudar de vontade, Deus criou no tempo o primeiro homem temporal, anterior a quem não existiu nenhum, e desse primeiro homem multiplicou o gênero humano?

Depois destas palavras: *Tu, Senhor, nos conservarás e nos guardarás desta geração para sempre*, o salmista volta-se contra a néscia e ímpia doutrina que sustenta não serem eternas a libertação e a felicidade da alma, ao acrescentar: *Em seu derredor andam os ímpios*, como se lhe houvessem perguntado: Que crês, que sentes, que pensas? Será, porventura, preciso acreditar haver Deus concebido de súbito o plano de criar o homem, depois de passar infinita eternidade sem criá-lo, Deus, a quem nada de novo pode sobrevir e cujo ser não admite mutabilidade alguma? A essa hipotética pergunta respondeu a seguir, falando assim a Deus: Segundo teus profundos juízos, multiplicaste os filhos dos homens. Pensem, diz o salmista, os homens o que pensem, opinem e discutam o que lhes apraza: *Segundo teus profundos juízos*, impenetráveis ao homem, *multiplicaste os filhos dos homens*. É, com efeito, profundo mistério que, havendo existido sempre, quisesse criar no tempo o primeiro homem, a quem antes não criara, e, apesar disso, seu juízo e vontade hajam permanecido imutáveis.

CAPÍTULO XV
O ser Deus sempre Senhor supõe hajam existido sempre criaturas sob seu domínio. Como se há de entender hajam sempre existido as criaturas, sem serem coeternas com o Criador?

1. Como não me atrevo a dizer haja havido tempo em que o Senhor Deus não haja sido melhor, assim devo dizer, sem vacilar, não haver o homem existido antes do tempo e haver o primeiro homem sido criado no tempo. Quando, todavia, penso no objeto desse senhorio eterno, se é certo não haverem as criaturas existido sempre, temo afirmar algo, porque vejo e recordo o que está escrito: *Quem dos homens pode saber o desígnio de Deus? Ou quem poderá imaginar o que o Senhor quer? Os pensamentos dos homens são tímidos e nossas previsões incertas. O corpo corruptível agrava a alma e a morada terrena deprime o sentido que imagina muitas coisas.* Talvez por isso imagino muitas coisas nesta prisão de argila (precisamente muitas, porque nesse número ou fora dele uma existe, verdadeira, que possivelmente me escapa). Se digo que existiram sempre as criaturas para dominá-las quem é sempre senhor e nunca deixou de sê-lo, mas umas agora e depois outras, a intervalos, com o propósito de não admitir criatura alguma coeterna com o Criador – sentir condenado pela fé e pela sã razão – devem ser evitados estes dois escolhos: primeiro, o absurdo, estranho à luz da verdade, de as criaturas, em sucessão contínua, haverem existido sempre, segundo as vicissitudes dos tempos, e, segundo, haverem as imortais começado a existir ao chegar nosso século, em que foram criados também os anjos. Foram-no, se é certo que a primeira luz criada os significa, ou antes, o céu, de que se disse: *No princípio fez Deus o céu e a terra.* Mas é certo que não existiam antes de serem criados, a fim de ninguém pensar que, por dizer-se haverem sido sempre imortais, são coeternos com Deus. E, se digo que os anjos não foram criados no tempo, mas antes de todos os tempos, e

assim Deus, que sempre foi Senhor, seria senhor deles, objetar-me-ão: Se foram criados antes de todos os tempos, como é possível hajam existido sempre os que foram criados?

A resposta poderia ser a seguinte: Por que não existiram sempre, se o que existe desde todo o tempo se diz, não impropriamente, que existe sempre? É inegável haverem existido desde todo o tempo, se foram criados antes de todos os tempos. E, se os tempos começaram pelo céu, já existiam antes do céu. Mas, se o tempo é anterior ao céu, não no sentido de horas, dias, meses e anos (medidas chamadas corrente e propriamente tempos), mas no sentido da mutabilidade cósmica, de seu antes e seu depois, porque não podiam existir ao mesmo tempo, é evidente que começaram a existir com o movimento dos astros, motivo por que, ao criá-los, Deus disse: *E sejam em sinais, e em tempos, e em dias, e em anos. Se se admite, repito, que antes do céu existiu algo semelhante nos movimentos dos anjos e, portanto, o tempo, e desde o primeiro instante de sua criação os anjos têm estado sujeitos ao movimento temporal, mesmo em tal caso existiram em todo o tempo, posto haverem sido concriados com os tempos. Quem dirá não haver existido sempre o que existiu em todo o tempo?*

2. Mas, se eu responder assim, replicar-me-ão: Como não são coeternos com Deus, se Ele sempre existiu e eles sempre existiram? E, se se diz haverem sempre existido, como dizer que foram criados? Que responder? Deve-se, acaso, aduzir que sempre existiram, porque existiram em todo o tempo, pois foram criados com o tempo (ou o tempo com eles), mas, em qualquer caso, foram criados? É fora de dúvida que, embora ninguém ponha em dúvida que em todo o tempo houve tempo, os tempos foram criados. O motivo é que, se em todo o tempo não existiu o tempo, existia o tempo quando não existia o tempo. Quem será néscio ao extremo de dizê-lo? Podemos dizer muito bem: Houve tempo em que Roma não existia, houve tempo em que não existia Jerusalém, houve tempo em que não existia Abraão, houve tempo em que não existia homem algum e assim por diante. Enfim, se o mundo não foi criado no princípio do tempo, mas depois de algum tempo, podemos dizer: Houve tempo em que não existia o mundo. Mas dizer: *Houve tempo em que não existia o tempo,* é tão impróprio como dizer: *Existia homem quando não existia homem algum, ou: Existia este mundo quando não existia este mundo.*

Se se entende disjuntivamente, pode-se de algum modo falar assim: *Quando não existia este homem, existiu outro homem*, e também: *Houve outro tempo em que não existia este tempo*. Mas quem dirá, por mais néscio que seja: Houve tempo em que não existia tempo algum? Se é verdade dizer que o tempo foi criado, apesar de haver existido sempre, porque houve tempo em todo o tempo, não é lógico dizer que, se os anjos sempre existiram, não foram criados.

Diz-se que sempre existiram porque existiram em todo o tempo e existiram em todo o tempo porque os tempos não poderiam existir sem eles. Com efeito, não pode haver tempo onde não existe criatura alguma, cujos movimentos originem os tempos e, em consequência, pelo fato de sempre existir não deixa de haver sido criada e não ser coeterna com o Criador. Deus existiu sempre com eternidade imutável; estes, porém, foram criados; mas deles se diz haverem existido sempre porque existiram em todo o tempo e sem eles os tempos não poderiam existir. Mas, como o tempo passa, porque mutável, não pode ser coeterno com a eternidade imutável. Por isso, embora a imortalidade dos anjos não passe no tempo e não seja passada, como se já não existisse, nem futura, como se ainda não existisse, seus movimentos, originadores dos tempos, cruzam do futuro ao passado. Em conclusão, não podem ser coeternos com o criador, em cujo movimento não se pode dizer que foi o que já não é ou será o que ainda não é.

3. Em consequência, se Deus sempre foi Senhor, sempre teve criaturas sujeitas a seu senhorio, não, porém, geradas dele, mas por Ele tiradas do nada e não coeternas com Ele. Ele existia antes delas, embora jamais tenha estado sem elas, e precede-as não em espaçotemporal, mas em eternidade estável. Mas, se eu der semelhante resposta aos que perguntam como Ele, sempre Criador, foi sempre Senhor, se as criaturas a Ele sujeitas não existiram sempre, ou como, se existiram sempre, foram criadas e não são coeternas com o Criador, receio pensem mais facilmente que afirmo o que não sei que imaginem que ensino o que sei. Retorno ao que nosso Criador quis que soubéssemos e, quanto às coisas cujo conhecimento permitiu aos mais sábios nesta vida ou reservou para os perfeitos na outra, confesso serem superiores a minhas faculdades. Julguei-me, porém, na obrigação de apontá-las, com o fim preciso de que os leitores destas páginas reparem nas questões difíceis que é necessário evitar e

não se julguem capacitados para tudo, mas, pelo contrário, prestem a obediência devida a este salutar preceito do apóstolo: *Pelo que vos exorto a todos vós, em virtude do ministério que me foi dado, a que em vosso saber não vos levanteis mais alto do que deveis, mas vos contenhais dentro dos limites da moderação, segundo a medida da fé que Deus repartiu a cada qual.* Quando à criança se dá alimento de acordo com suas possibilidades, à medida que cresce se torna mais capaz; quando, porém, se lhe dá mais do que pode receber, em lugar de crescer, míngua.

CAPÍTULO XVI
Como se deve entender a promessa de vida eterna, feita por Deus ao homem antes dos tempos eternos?

Confesso minha ignorância a respeito do número de séculos transcorridos antes da criação do gênero humano; não me cabe, porém, a menor dúvida de que não há criatura alguma coeterna com o Criador. O próprio apóstolo fala de tempos eternos, não de futuros, porém, o que é mais de maravilhar, de passados. Diz assim: *Em esperança da vida eterna, que prometeu antes de tempos eternos. Deus, que não mente, manifestando a seu tempo seu Verbo.* Eis que disse que houve no passado tempos eternos, que, entretanto, não foram coeternos com Deus. Se é certo que antes desses tempos eternos Deus não apenas existia, mas, além disso, prometeu a vida eterna, manifestada no devido tempo, que prometeu senão seu Verbo? É Ele a vida eterna. E como tal promessa foi feita a homens que antes dos tempos eternos não existiam? É que o que havia de suceder no tempo estava prefixado na eternidade de Deus e no Verbo, coeterno com Ele.

CAPÍTULO XVII
Sentir da reta fé sobre o juízo ou vontade imutável de Deus. Contra os que sustentam o eterno retorno das obras divinas

1. Tampouco duvido que antes da criação do primeiro homem não existiu jamais homem algum e nem ele mesmo nem outro semelhante se reproduziu não sei quantas vezes em virtude de tais circuitos. Nem

me dissuadem dessa crença os argumentos dos filósofos. O mais sutil de todos eles, ao que parece, consiste em dizer que a ciência não pode compreender coisas infinitas. Por isso, segundo afirmam, Deus tem em si as razões finitas de todos os seres finitos que criou. É preciso, pois, acreditar, dizem, que sua bondade nunca esteve ociosa, a não ser que venha a ser temporal a atividade daquele cuja inação antes foi eterna, como se se houvesse arrependido do tempo de sua ociosidade primeira sem princípio e então começasse a obrar.

É necessário, por conseguinte, prosseguem, que se repitam sempre as mesmas coisas e passem para repetir-se sempre, quer permanecendo mutável o mundo, que foi criado, embora haja sempre existido sem princípio de tempo, quer repetindo-se e devendo repetir-se nesses circuitos seu nascimento e seu ocaso. Porque receio que, se dissermos haverem as obras de Deus começado em algum tempo, pensem que de certo modo lhe condeno a ociosidade primeira sem princípio, por inativa, sem sentido e desagradável a Ele, e que por isso mudou de opinião. Contudo, se se pretende que sempre esteve realizando coisas temporais, mas umas depois de outras, e chegou assim, em determinado tempo, à criação do homem, que não fizera antes, parecerá não haver agido com ciência, que, segundo eles, não pode compreender coisas infinitas, mas como que de súbito, ao acaso, com certa indecisão fortuita. Portanto, se se admitem os circuitos, acrescentam, em que sempre se repitam as mesmas coisas temporais, quer permanecendo o mundo, quer enredando em tais circuitos seus nascimentos revolúveis e seus ocasos, não se atribui a Deus nem apoucado ócio, sobretudo de tão grande duração, sem princípio, nem imprevista temeridade em suas obras. Porque, se não se repetem sempre as mesmas coisas, por sua ciência ou presciência não podem ser compreendidas essas coisas infinitas de diversidade vária.

2. Se a razão é incapaz de refutar semelhantes argumentos, com que os ímpios se esforçam em desviar do caminho reto a singela piedade, para andarmos de lá para cá em companhia deles, pelo menos a fé deve desdenhá-los. Uma prova manifesta que vem como que reforçar a fé em Deus, Senhor nosso, rompe o referido círculo de revoluções imaginárias. Seu erro consiste em preferirem andar em falsos circuitos a seguir o caminho reto, porque medem a mente divina, absolutamente imutável, infinita e capaz de numerar todas as

coisas inumeráveis, sem mudar de pensamento, medem-na, dizíamos, pela sua, humana, mutável e limitada. E, claro está, sucede-lhes o que diz o apóstolo: *Comparando-se a si mesmos consigo mesmos, não entendem.* Porque qualquer coisa que lhes vem à mente a executam com nova resolução (são portadores de mentes mutáveis); sem dúvida, pensando não em Deus, em quem não podem pensar, mas em si mesmos, se comparam não a Ele, porém, a si mesmos, e não com Ele, e sim consigo mesmos.

Quanto a nós, todavia, nossa fé não nos permite acreditar seja Deus afetado de um modo quando não age e de outro quando age, pois dele não se deve dizer seja afetado, no sentido de em sua natureza se produzir algo que antes não existia. Com efeito, ser afetado é padecer, padecer é ser mutável. Por conseguinte, no repouso de Deus não se imagine haver preguiça, desídia ou inércia, nem trabalho, esforço ou aplicação em suas obras. Sabe atuar em repouso e repousar em obras. Pode fazer nova obra sem nova resolução, somente com a eterna, e, quando põe mãos à obra, não é porque se arrependa do primeiro repouso. Se, contudo, primeiro esteve em repouso e depois agiu (não sei como o homem poderá entendê-lo), dito assim, primeiro e depois, é fora de dúvida que se refere às coisas primeiro inexistentes e depois existentes. Em Deus, porém, a vontade subsequente não modifica ou destrói a vontade precedente; pelo contrário, em virtude de uma só e mesma vontade, eterna e imutável, fez com que as coisas criadas primeiro, enquanto não eram, não fossem e depois, quando começaram a ser, fossem. Talvez com isso estivesse mostrando, de maneira admirável, aos capacitados para entender tais lições não ter necessidade das criaturas e havê-las criado por pura bondade, visto como sem elas, desde eternidade sem princípio, gozou de felicidade sem míngua.

CAPÍTULO XVIII
Contra os que sustentam que nem a ciência de Deus é capaz de compreender coisas infinitas

Dizer que nem a ciência de Deus é capaz de compreender as coisas infinitas é o que lhes falta ao atrevimento, para precipitar-se na voragem de profunda impiedade, que afirma não conhecer Deus todos os números. É muito certo que são infinitos. Com efeito, seja qual for o número que pretendas formar, não apenas pode aumentar pela adição de uma unidade, mas também, por maior que seja e por mais prodigiosa que seja a quantidade que encerra em si a razão e ciência dos números, não somente pode ser duplicada, mas também multiplicada ao infinito. O número é limitado por suas propriedades, de sorte que nenhum deles pode ser idêntico a outro. Logo, entre si são díspares e diversos; em particular, finitos; todos juntos, infinitos. Tal infinidade conjunta de todos os números é que escapa à ciência de Deus, que compreende certa quantidade de números e ignora os demais? Quem o dirá, por mais louco que esteja? Não creio que se atrevam a desprezar os números e a dizer não serem objeto da ciência divina, porquanto Platão, que é dos seus, lhes mostra Deus fabricando o mundo com os números. Lemos que se disse a Deus: *Tudo dispuseste com medida, número e peso.* Dele diz também o profeta: *Forma o mundo com número.* E o Salvador no Evangelho: *Todos os vossos cabelos estão contados.*

Assim, pois, longe de nós duvidar que não conheça todo número Aquele *cuja inteligência*, como canta o salmo, *não tem número.* Assim, embora não haja número possível para os números infinitos, a infinidade do número não poderia ser incompreensível Aquele cuja inteligência não tem número. Se, por conseguinte, o compreensível é finito na inteligência que compreende, é certo que toda infinidade é de maneira inefável finita em Deus, pois não há, em absoluto, infinidade incompreensível à sua sabedoria. Se a infinidade dos números não pode ser infinita para a ciência de Deus, que os compreende, que somos nós, pobres homens, para atrever-nos a limitar-lhe a ciência, dizendo que, se as mesmas coisas temporais não se repetem pelos mesmos circuitos, Deus não pode ter presciência das coisas, para fazê-las, nem conhecê-las, depois de feitas? Sua sabedoria, simples na multiplicidade e uniforme na variedade, de todos os incompreensíveis tem compreensão de tal maneira incompreensível, que, se sempre quisesse produzir coisas novas e seres diferentes, não poderia produzi-los sem ordem e sem previsão, nem haveria nele subitaneidade de previsão, mas eternidade de presciência.

CAPÍTULO XIX
Os séculos dos séculos

Não me atrevo a decidir se os chamados séculos dos séculos são os que se sucedem em sucessão contínua e correm em ordenada desordem, permanecendo sem fim as almas, já livres da miséria, em bem-aventurada imortalidade, ou se por séculos dos séculos devemos entender os séculos que se mantêm estáveis e fixos na sabedoria de Deus e são como que causas eficientes dos séculos que o dente do tempo rói. Quem sabe se dizer século equivale a dizer séculos, caso em que século do século significaria o mesmo que séculos dos séculos, como céu do céu equivale a céus dos céus na linguagem das Escrituras. Com efeito, Deus chamou céu ao firmamento que se estende acima das águas; entretanto, exclama o salmista: *Louvem o nome do Senhor as águas que se encontram acima dos céus*. É questão muito intrincada determinar qual a verdadeira interpretação ou se, além dessas duas e à margem delas, cabe alguma outra. Mas pouco importa à presente questão diferirmos a discussão da outra, quer porque nos falte a força necessária para resolvê-la, quer porque, na obscuridade desses terríveis problemas, o receio de emitir decisão temerária nos redobre ainda mais a prudência. Agora estamos tratando da hipótese das revoluções eternamente periódicas. Ora, seja qual for o verdadeiro sentido da expressão "séculos dos séculos", dele nada se infere a favor da referida hipótese ou contra. E nada se infere porque, quer por séculos dos séculos não se entenda a repetição deles, mas sua sucessão na mais ordenada série, sem que nenhum retorno ameace a imutável beatitude das almas liberadas, quer "séculos dos séculos" signifique a Eternidade motora do Tempo, tais circuitos, que repetem sempre a mesma coisa, não passam de puras quimeras, que em especial a vida eterna dos santos refuta.

CAPÍTULO XX
Impiedade dos que pretendem que as almas, partícipes da beatitude autêntica e suprema, hão de retornar em eterno circuito às misérias e aos trabalhos

1. Que ouvidos piedosos poderão ouvir, sem ofender-se, que depois de vida tão repleta de misérias (se é que na realidade merece o nome de vida esta, que antes é morte, tão profunda, que o amor a semelhante morte nos faz recear a morte, que nos livra dela), depois, repito, de tantos males, tão enormes e horrendos, expiados e finalizados algum dia, graças à verdadeira religião e à sabedoria, chegarão à presença de Deus e se tornarão felizes pela contemplação de sua luz incorpórea, participando de sua imutável imortalidade, que desejamos ardentemente conseguir, de tal modo que hão de abandoná-la algum dia?

E, o que é mais, arrojados dessa eternidade, dessa verdade e dessa felicidade, serão implicados em mortalidade infernal, em torpe estultícia, em execráveis misérias, em estado, em suma, em que se perdeu a Deus, em que se possui com ódio a verdade e em que se busca a felicidade por meio de impuras maldades. E isso, uma e outra vez, sem antes nem depois, sem passado nem futuro, de quando em quando. E tais circuitos estarão em constante ida e vinda através de nossa falsa felicidade e de nossa verdadeira miséria, para que Deus possa conhecer suas obras, porque não poderá cessar de agir nem de tentar conhecer as coisas infinitas. Quem prestará ouvidos a isso? Quem o acreditará? Quem o tolerará? Embora fosse verdade, haveria não somente mais prudência em silenciá-la, como também, se me atrevo a exprimir assim meu pensamento, mais ciência em ignorá-la. Porque, se no lado de lá não nos lembraremos disso e por isso seremos felizes, por que neste, por causa de conhecê-lo, mais se agrava nossa miséria? E, se na outra vida haveremos de sabê-lo necessariamente, desconheçamo-lo, pelo menos, nesta, a fim de que seja mais feliz aqui a expectação que ali a consecução do bem supremo, porque aqui se espera a consecução de vida eterna e ali se sabe que algum dia havemos de perder essa vida feliz que não é eterna.

2. E, se insistem em que ninguém pode alcançar a felicidade, sem nesta vida haver sido iniciado no conhecimento de tais circuitos,

em que alternam a felicidade e a miséria, como reconhecem que quanto maior for o amor de Deus, tanto mais facilmente se chegará à felicidade, quando ensinam coisas capazes de esfriar o amor? Com efeito, quem não amará mais frouxa e friamente Aquele que sabe há de necessariamente perder, Aquele cuja verdade e sabedoria deverá contradizer, depois de haver possuído, com a perfeição da beatitude, seu pleno conhecimento, se pessoa alguma pode amar fielmente determinado amigo, sabendo que algum dia há de ser seu inimigo? Longe de nós acreditar ser verdade que nos ameaça miséria real e sem fim, que, mesclada com falsa felicidade, há de ir alternando frequentemente e sempre! Que mais enganoso e falso que uma felicidade em que, no seio das mais vivas luzes, desconheceremos nossa miséria ou, já no gozo de inexcedível ventura, temeremos ser no futuro miseráveis? Se devemos ignorar a miséria que nos ameaça, nossa miséria é mais sábia aqui, onde conhecemos a felicidade vindoura. E, se ali não se ocultará de nós a miséria que nos ameaça, a alma miserável será mais feliz no tempo, porque, passado, se alçará à felicidade, que a alma feliz, pois, passado o tempo, voltará à miséria. Assim, a esperança de nossa infelicidade é feliz e a esperança de nossa felicidade, infeliz; donde resulta que, se sofremos aqui os males presentes e ali temermos os futuros, dizer que podemos ser sempre miseráveis é mais verdade que acreditar que algum dia seremos felizes.

3. Mas o clamor da piedade e a voz da verdade intimam-nos que isso é falso (pois se nos promete a verdadeira felicidade, de cuja estabilidade certa jamais devemos duvidar e a que nenhuma infelicidade inquina). Seguindo, pois, o caminho reto, que para nós é Cristo, e sendo Ele nosso Guia e Salvador, viremos a senda da fé e da mente em direção contrária ao néscio e vão circuito dos ímpios. Se o platônico Porfírio não quis admitir semelhante opinião dos seus a respeito dos circuitos e das incessantes idas e vindas das almas, quer movido pela vaidade do tema, quer porque mau grado seu já respire o ar do cristianismo, e, como mencionei no Livro Décimo, preferiu pensar haja a alma sido enviada ao mundo para conhecer o mal e, de retorno ao seio do Pai, para sempre livre e pura, planar sobre seus ataques, quanto mais devemos nós cristãos detestar e evitar semelhante falsidade, contrária à fé cristã! Desvanecido e frustrado o efeito de tais circuitos, nada nos obriga a crer que o gênero humano

não tenha tido princípio de tempo, a partir do qual começou a existir, sob pretexto de conhecer por não sei que círculos nada haver nos seres que não houvesse existido antes e depois se haja realizado. Se, por conseguinte, a alma que não há de voltar às misérias se vê livre, como nunca antes se vira, produz-se nela algo novo e grandioso, a saber, que sua felicidade eterna não terá fim. E, se a natureza imortal é sujeito de tão estupenda novidade, não repetida nem repetível em circuito algum, por que sustentar que não possam também sê-lo as coisas mortais?

Se replicam não ser nova a felicidade na alma, visto retornar ao que sempre fora, é certo ao menos que a libertação é nova, ao ver-se livre da miséria em que nunca esteve, e é nova também a miséria, porque jamais a teve. Se, porém, tal novidade não entra na ordem das coisas, regidas pela Divina Providência, mas se deve à pura casualidade, pergunto: Onde se acham tais circuitos determinados e medidos que excluem toda novidade, porque sempre repetem coisas que já existiram? E, se essa novidade não está fora da ordem da Providência, quer a alma haja sido enviada, quer haja caído por si mesma podem suceder coisas novas que nem antes existiram nem são estranhas à ordem do universo. Se à alma pode, por sua imprevisão, sobrevir nova miséria, não imprevista pela Divina Providência, pois também estaria incluída na ordem das coisas, Providência que dela não improvidamente a livrasse, por que vã temeridade humana ousaremos negar possa Deus fazer coisas novas, não para si, mas para o mundo, coisas que nem antes fizera, nem jamais deixou de prever?

Mas, reconhecendo que as almas libertadas não retornarão à miséria, porém, que isso não é nada novo nos seres, porque sempre uns e outros foram, são e serão libertados, admitam sempre que, se é assim, se fazem novas almas e para elas há nova miséria e nova libertação. Se afirmam que as almas, de que diariamente surgem novos homens, são as antigas que sempre existiram, susceptíveis de ver-se livres dos corpos, se houvessem vivido sabiamente, de modo que não tornariam às misérias, hão de admitir serem infinitas. O motivo é que, por maior que seja o número, seria insuficiente para fazer sempre homens em infinitos séculos atrás, sobretudo porque suas almas deviam ser sempre libertadas desta mortalidade e nunca haviam daí por diante de tornar a ela. Tampouco explicarão como é possível número infinito de almas, se, para Deus poder conhecê-los, os seres, segundo eles, são finitos.

4. Por isso, depois de estudados os circuitos que levam a alma a tornar necessariamente às mesmas misérias, que há mais conforme com a piedade que acreditar não ser impossível a Deus fazer coisas novas, nunca antes feitas, e a sua inefável presciência pôr sua vontade a salvo de toda mudança? Quanto a saber se pode aumentar cada vez mais o número das almas libertadas, que jamais hão de tornar a suas misérias, decidam aqueles que, para fixar limites às coisas, com tamanha sutileza discorrem. Quanto a mim, concluo por este dilema: Se pode, por que negar haja podido ser criado o que antes nunca fora, se o número de almas libertadas, que antes nunca existiu, não apenas é feito uma vez, mas nunca deixa de fazer-se? Ou, então, se é necessário haver certo número determinado de almas libertadas, que nunca mais tornarão à miséria, e esse número não aumentar, tampouco este, seja qual for, nunca existiu antes. É indubitável, ademais, não poder crescer nem chegar ao termo de sua quantidade, sem ter princípio. E tal princípio, como ele, antes jamais existiu. Para que existisse, foi criado o homem, antes de quem não existiu nenhum.

CAPÍTULO XXI
Criação do primeiro homem e, nele, do gênero humano

Após resolver, quanto me foi possível, esse terrível problema, em que se trata de conciliar a eternidade de Deus com a novidade dos seres por Ele criados sem novidade de vontade, não é custoso compreender haver sido muito melhor o que se fez, quer dizer, multiplicar, a partir de um homem apenas, o gênero humano, que havê-lo iniciado por muitos. Ao criar os animais, solitários e solívagos uns, em certo sentido, isto é, amigos da solidão, como as águias, os milhanos, os leões, os lobos, etc., gregários outros, que preferem viver em clãs e em rebanhos, como as pombas, os estorninhos, os cervos, os gamos e assim por diante, não os fez propagar-se de um só de cada espécie, mas ordenou existissem muitos ao mesmo tempo. Quanto ao homem, chamado, por criação, natural, a ocupar lugar entre os anjos e os irracionais, Deus criou apenas um. Criou-o, porém, de tal forma, que, se sujeito a seu Criador, como a verdadeiro Senhor, lhe cumprisse piedosa e obedientemente os preceitos, passaria sem morrer, em companhia dos anjos, a gozar de imortalidade feliz e eterna, mas se, pelo contrário, usando soberba e desobedientemente do livre-arbítrio, ofendesse o Senhor seu Deus, seria sujeito à morte e viveria bestialmente, escravizado pela libido e destinado depois a suplício eterno. Deus fê-lo um e só, não para privá-lo da sociedade humana, e sim para encarecer-lhe sempre mais a unidade social e o vínculo da concórdia, que aumentaria, se os homens não se unissem apenas pela semelhança da natureza, mas também pelos laços de parentesco. Tanto é verdade, que não quis, como fez com o homem, criar a mulher que lhe serviria de companheira, mas formou-a dele, para todo o gênero humano propagar-se a partir de um homem apenas.

CAPÍTULO XXII
Deus previu o futuro pecado do homem e ao mesmo tempo o número de homens que sua graça haveria de salvar

Deus não ignorava que o homem haveria de pecar e, sujeito à morte, a propagaria aos mortais, cuja desvergonha pecadora iria tão longe, que os brutos privados de vontade racional, procedentes das águas e das terras, viveriam entre si mais tranquila e pacificamente que os homens, oriundos de um só, para encarecimento da concórdia. Nunca entre si os leões ou entre si os dragões pelejaram como entre si os homens. Mas previa também a multidão de fiéis que por sua graça haviam de ser chamados à adoção e, depois de justificados pela remissão dos pecados, operada pelo Espírito Santo, seriam, uma vez destruída a morte, seu derradeiro inimigo, associados aos santos anjos. A essa piedosa multidão havia de ser útil considerar esse ponto, ou seja, haver Deus feito procederem de um só todos os homens para testemunhar quão agradável lhe era a união entre muitos.

CAPÍTULO XXIII
Natureza da alma humana, criada à imagem de Deus

Deus fez o homem à sua imagem e deu-lhe alma, dotada de razão e de inteligência, que o tornava superior a todos os restantes animais terrestres, nadadores e voadores, destituídos de mente. E, depois de haver do pó da terra formado o homem e, soprando, haver-lhe insuflado alma, quer a houvesse feito antes, quer ao soprar, como dissemos, e quisesse que o sopro que, soprando, produziu (que é soprar senão produzir sopro?) fosse a alma do homem, deu-lhe companheira como auxiliar para a geração, formando-a, como Deus, de uma costela de Adão. Isso não deve ser imaginado segundo a usança carnal, como costumamos ver nos artistas, que com as próprias mãos fabricam de matéria terrena tudo quanto seu engenho e arte lhes apresentam. A mão de Deus é seu poder, artista invisível das coisas visíveis. Mas os que tomam como rasoura do poder e Sabedoria de Deus, pela qual conhece e é capaz de sem germes produzir os próprios germes, essas obras cotidianas e correntes, consideram tudo fabuloso e não verdadeiro. Todavia, imaginam infielmente as naturezas primeiro criadas, porque não as conheceram, como se as que conheceram, como, por exemplo, a concepção e o nascimento dos homens, se narrassem aos que não têm experiência delas, não lhes pareceriam mais incríveis, embora a maioria deles as atribuam antes a causas naturais que à operação da mente divina.

CAPÍTULO XXIV
Podem os anjos ser criadores de alguma natureza, por mínima que seja?

Nestes livros nada temos a discutir com os que não creem seja este mundo obra da Inteligência divina e objeto de sua providência. Quanto àqueles que, à sombra de Platão, sustentam que todos os animais mortais, entre os quais o homem tem lugar preeminente e próximo dos deuses, não são obra de Deus supremo, autor do mundo, mas dos deuses inferiores, por Ele criados, que os fazem com sua permissão e mandato, se carecem dessa superstição que os leva a buscar justificação aparente do culto e dos sacrifícios que lhes oferecem como a criadores seus, livrar-se-ão também do erro de semelhante opinião. É sacrilégio crer ou dizer, mesmo antes de entendê-lo, haver, além de Deus, outro criador de algum ser, por mínimo e mortal que seja. Os anjos, nome que preferem dar aos deuses, embora concorram para o desenvolvimento dos seres no mundo, de acordo com a ordem ou permissão que hajam recebido, chamamo-los criadores dos animais, mas no mesmo sentido em que os lavradores são criadores dos frutos e das árvores.

CAPÍTULO XXV
Toda natureza e toda espécie criatural é obra de Deus

Uma é a espécie exterior, comunicada à matéria corporal, como a que produzem os oleiros, artesões e outros artistas, que forjam e imitam formas semelhantes aos corpos dos animais; outra a interior, encerrada nas causas eficientes da fonte misteriosa e oculta da inteligência e da vida, que não apenas constitui as espécies corporais das naturezas, mas também forma as almas dos seres animados. A espécie exterior, enquanto não realizada, pode ser atribuída a qualquer artista; por outro lado, a interior somente pode ser atribuída a um só artista, a Deus, Criador e Autor, que fez o mundo e os anjos sem necessidade do mundo nem dos anjos. A virtude divina e, por assim dizê-lo, efetiva, que não sabe ser feita, mas fazer, que, ao criar o mundo, deu aparência redonda ao céu e ao sol, essa mesma deu aparência redonda ao olho, à maçã e às outras formas naturais, configuradas não externamente, e sim pelo poderio íntimo do Criador, que disse: *Encho o céu e a terra e cuja sabedoria alcança de uma extremidade à outra com força e tudo dispõe com suavidade.* Ignoro, na verdade, qual o serviço que os anjos prestam ao Criador dos demais seres e, como não me atrevo a atribuir-lhes poder que talvez não tenham, tampouco devo privá-los do que têm. Contudo, a criação e a constituição das naturezas que as fazem serem tais, seja qual for seu concurso, atribuo-as a Deus, a quem também os anjos reconheceram, com ação de graças, dever o ser.

Com efeito, não dizemos que os lavradores são criadores de quaisquer frutos, porque lemos: *Nem o que planta é algo, nem o que rega, mas Deus, que dá o desenvolvimento*, nem damos tal nome à terra, mãe fecunda, segundo parece, de todas as coisas, que vigoriza as que brotam de seus germens e as mantém fixas pelas raízes, porque de igual modo lemos: *Deus dá-lhe o corpo segundo quer e a cada uma das sementes o corpo que lhe é próprio*. Não devemos, do mesmo modo, dizer que a mãe é criadora dos filhos, e sim Aquele que disse a um de seus servos: *Conheci-te antes de formar-te no ventre materno*. E, embora a imaginação da mãe possa produzir no feto certas impressões particulares, como Jacó fez com as varas de várias cores, para gerarem animais de cores diferentes, a alma não fez a natureza gerada como não fez a si mesma.

Sejam quais forem as causas corporais ou seminais na geração, mediatizadas pelos anjos, pelos homens, por quaisquer outros animais ou pela união carnal do homem e da mulher, e seja qual for o poder dos desejos e dos movimentos da alma da mãe, para no feto imprimir determinados traços ou cores, as naturezas, impressionadas desta ou daquela maneira, não as faz senão o soberano Deus. Seu oculto poder, presente em todos os seres com presença incontaminável, dá o ser a quanto de algum modo é e em quanto é, pois, se não lho desse, não apenas não seria tal ou qual ser, mas também careceria, em absoluto, de ser. Por isso, se na ordem da espécie exterior que os artistas comunicam aos corpos, não dizemos haverem Roma e Alexandria tido por fundadores seus operários e arquitetos, e sim os reis que conceberam, decidiram e ordenaram fossem edificadas, Rômulo aquela e esta Alexandre, quanto mais devemos dizer que unicamente Deus é o Criador das naturezas, por não fazer algo de matéria não feita por Ele nem ter outros obreiros senão os criados por Ele, que, se das coisas retira seu poder, por assim dizer, de fabricar, se fundirão no não ser em que jaziam antes de ser-lhes dado! Digo antes, note-se bem, em eternidade, não em tempo. Pois é outro o criador dos tempos e não o mesmo que fez as coisas, cujos movimentos formam os tempos?

CAPÍTULO XXVI
Opinião dos platônicos. Deus, segundo eles, é o criador dos anjos, que por sua vez são criadores dos corpos humanos

Platão foi de parecer que os deuses inferiores, criados pelo soberano Deus, são autores dos animais, no sentido de haverem recebido deles o aperfeiçoamento da parte mortal e do Deus supremo a parte imortal. Assim, quis fossem criadores, não das almas, mas dos corpos. Donde se segue que, posto Porfírio afirmar que para a purificação da alma todo corpo deve ser evitado e, ao mesmo tempo, pensar, com Platão e outros platônicos, que aqueles que viveram sem controle moral e sem freios tornarão, como castigo de suas faltas, a corpos mortais, de irracionais, segundo Platão, ou de homem, segundo Porfírio, os pretensos deuses, a quem querem rendamos culto como a criadores e autores de nosso ser, não passam de autores de nossas grilhetas e de nossas prisões, não criadores, mas carcereiros e gente que nos prende em cárceres penosos e a grilhões muito duros. Logo, deixem os platônicos de apresentar o corpo à alma como verdadeiro suplício ou não venham pregar-nos como dignos de culto deuses cujas obras em nós nos exortam a fugirmos e esquivarmos com todas as nossas forças. No fundo, ambas as opiniões são falsíssimas, pois nem as almas expiam suas penas, retornando a esta vida, nem é outro o Criador dos viventes do céu e da terra senão o Autor do céu e da terra. Se, por conseguinte, não há outro motivo para vivermos neste corpo senão o de os suplícios cobrirem-nos de vergonha, como diz Platão que o mundo, se não fosse povoado de toda sorte de animais, mortais e imortais, não haveria jeito de fazê-lo mais belo e mais perfeito? Se nossa criação, mesmo na ordem dos seres mortais, é dom de Deus, como há de ser castigo regressar a tais corpos, quer dizer, a tais dons de Deus? E se Deus, tema muito trilhado por Platão, continha em sua inteligência eterna as espécies todas, tanto do mundo como dos animais, por que não haveria Ele de criar todas as coisas? Ou será que não queria ser autor de algumas delas, tendo sua mente inefável e inefavelmente digna de louvor a arte necessária para criá-las?

CAPÍTULO XXVII
No primeiro homem esteve encarnada toda a plenitude do gênero humano. Nele Deus previu os escolhidos e os condenados

1. Com razão, pois, é que a verdadeira religião o reconhece e o proclama Criador de todo o mundo e de todos os animais, quer dizer, das almas e dos corpos. Entre os animais terrenos ocupa o primeiro lugar o homem, feito por Deus à sua imagem, e feito um só, mas não deixado só, pela razão que assinalei e talvez por outra melhor ainda, mas oculta. Nenhum animal existe mais feroz por vício, nem mais so-

cial por natureza. A natureza humana não falaria com maior expressividade contra o vício da discórdia, quer para precaver a inexistente, quer para sanar a existente, que trazendo à lembrança o primeiro pai, de quem Deus, tendo-o criado único, fez procederem os demais homens. Tal recordação conservaria concorde entre muitos a unidade. O próprio nascimento da mulher, feita da costela do homem, também nos adverte da grande estima em que deve ser tida a união entre o marido e a mulher. Essas obras de Deus são estranhas, por serem as primeiras. Quem não acredita nelas não deve crer em prodígio algum, porque, se ocorressem de acordo com o curso ordinário da natureza, não se chamariam prodígios. Produz-se porventura algo inútil sob a providencial administração de Deus, embora sua causa se oculte de nós? Diz um dos salmos sagrados: *Vinde e observai as obras do Senhor e os prodígios que fez na terra.* Noutro lugar direi por que a mulher foi feita da costela do homem e de que era figura esse primeiro prodígio.

2. Agora, como devemos encerrar este livro, que já está pedindo fim, consideremos que no primeiro homem, o primeiro criado, tiveram origem, não à luz da evidência, é certo, mas, pelo menos, segundo a presciência de Deus, duas sociedades de homens ou duas espécies de cidades. Dele haviam de proceder os homens; uns seriam, por oculto, mas justo juízo de Deus, companheiros de suplícios dos anjos maus; outros, companheiros dos bons na glória, porque, como está escrito que *todos os caminhos do Senhor são misericórdia e justiça*, nem sua graça pode ser injusta nem sua justiça cruel.

LIVRO DÉCIMO TERCEIRO

Prova-se nele que a morte dos homens é castigo e se originou do pecado de Adão.

CAPÍTULO I
A queda do primeiro homem é a causa da morte

Já desembaraçados dessas difíceis questões sobre a origem do mundo e sobre o princípio do gênero humano, o plano da obra exige-nos abordar o problema da queda do primeiro homem, ou melhor, dos primeiros homens e da origem e propagação da morte. Deus, com efeito, não criara os homens nas mesmas condições que os anjos, quer dizer, de forma que, se pecassem, não pudessem morrer. Criou-os de tal sorte que os cumpridores fiéis de sua obediência passariam, sem mediar a morte, à imortalidade angélica e eternidade feliz; quanto aos desobedientes, a morte ser-lhes-ia justo castigo e justa condenação. E o que já observamos no livro anterior.

CAPÍTULO II
A morte da alma e a do corpo

Mas trata-se de meditar mais profundamente sobre a própria natureza da morte. Embora tenha, na realidade, a certeza de ser imortal, tem a alma humana também certa morte, que lhe é própria. Chama-se imortal justamente porque, de certa maneira, jamais deixa de viver e de sentir, ao passo que o corpo se diz mortal porque pode ser privado de toda vida e por si mesmo carece dela. Dá-se a morte da alma quando Deus a abandona, como a do corpo acontece quando a alma se afasta. Logo, a morte de ambos, quer dizer, do homem todo, sucede quando a alma, abandonada por Deus, abandona o corpo. Então, nem ela vive de Deus nem o corpo vive dela. À morte do homem total segue-se aquela que a autoridade da Palavra divina chama segunda morte. Desta fala o Salvador, quando diz: *Temei Aquele que tem poder para arrojar o corpo e a alma no inferno.* Como tal ameaça não surte efeito antes de a alma unir-se ao corpo, sem que rompimento algum possa separá-los, parecerá estranho dizer que o corpo *perece* por morte que não consiste em ser abandonado pela alma, mas em ser atormentado, estando animado e sendo senciente. Porque é razoável dizer que a alma morre nesse último e eterno suplício, de que mais acuradamente falaremos no devido lugar, pois não vive de Deus.

Como, porém, dizer que morre o corpo, vivendo a alma? É certo não poder sentir doutro modo as dores corporais que seguirão à ressurreição. Ou será que, sendo a vida, seja qual for, inegável bem e verdadeiro mal a dor, não se deve dizer que vive o corpo, por não ser a alma a causa de sua vida, mas de sua dor? A alma, por conseguinte, vive de Deus, quando vive bem, e não pode viver bem se Deus nela não opera o que é bom. O corpo todo vive da alma, quando a alma vive no corpo, quer ela viva de Deus, quer não. A vida dos ímpios nos corpos é vida, não das almas, mas dos corpos, vida que lhes comunicam mesmo as almas mortas, quer dizer, abandonadas por Deus, sem perder sua vida própria, seja qual for, pela qual são imortais. Contudo, na derradeira condenação, embora seja verdade que o homem não deixará de sentir, como tal sensação não será o encanto da volúpia nem o bem-estar do repouso, mas o aguilhão das dores vingadoras, não carece de razão dar-lhe o nome de morte e não de vida. E o de morte, ademais, segunda, porque acontece depois da primeira, que consiste em rompimento da união existente entre duas naturezas, a de Deus e a alma ou a da alma e a do corpo. Sobre a primeira morte do corpo pode-se dizer que para os bons é boa e má para os maus. Mas a segunda, como não é para os bons, está fora de dúvida não ser boa para ninguém.

CAPÍTULO III
É pena também para os justos a morte, transmitida a toda a humanidade pelo pecado dos primeiros homens?

Aqui se apresenta nova questão, que não se deve desprezar: É realmente boa para os bons a morte, que consiste na separação do corpo e da alma? E, se assim é, como é possível chegar à conclusão de que constitui pena do pecado? Porque é certo que os primeiros homens, se não houvessem pecado, não a teriam sofrido. Como pode ser boa para os bons, se apenas pode suceder aos bons? Por outro lado, caso não pudesse sobrevir senão aos maus, não deveria ser boa para os bons, mas, ao contrário, não deveria existir para eles. Por que deveria haver pena onde não havia males que castigar? Por isso é preciso admitir haverem os primeiros homens sido criados em tal estado, que, se não pecassem, não sofreriam gênero algum de morte, porque, em havendo pecado, foram punidos com morte que por isso mesmo se tornaria extensiva a todos os seus descendentes. A razão é que deles não nasceria outra coisa senão o que fossem. A enormidade da culpa e a consequente condenação corromperam a natureza e veio a ser natural nos descendentes o que nos primeiros homens pecadores precedeu como castigo.

Com efeito, o homem não procede do homem, como o homem procedeu do pó. Na criação do homem do pó foi a matéria e na geração do homem o pai é o homem. Por isso a carne não é da mesma natureza da terra, embora haja sido feita da terra; por outro lado, o filho é homem tal qual o pai. Todo o gênero humano, que havia de passar à posteridade por meio da mulher, estava no primeiro homem, quando a união dos cônjuges recebeu de Deus a sentença que os condenou. E tal foi, não no momento de sua criação, mas no momento de seu crime e de seu castigo, tal se reproduz nas mesmas condições originais de morte e de pecado. Não que a falta ou o castigo tenha reduzido o primeiro pecador à estupidez, à fraqueza de espírito e de corpo que notamos nas crianças, semelhantes aos filhotes dos animais quando nascem, pois Deus precipitou seus pais na vida e na morte dos brutos. Assim está escrito: *O homem, constituído em honra, não teve discernimento. Igualou-se aos brutos, destituídos de entendimento, e fez-se como um deles.* Observemos, ademais, serem as crianças, no uso e movimento de seus membros e em seu sentido de apetecer e evitar, mais delicadas que os animaizinhos mais tenros, como se a virtualidade do homem se lançasse ao alto sobre os restantes animais tanto mais quanto mais se retraíra seu impulso, como a flecha quando se retesa o arco. Não foi, portanto, despenhado ou impelido o primeiro homem, por sua injusta pretensão e por justa condenação, a essa rudeza infantil; acontece que nele a natureza humana ficou de tal maneira viciada e mudada, que em seus membros sentia lutar a desobediência concupiscencial e se viu constrangida a morrer necessariamente. E assim, por haver-se feito assim por vício e por castigo, gerou seres sujeitos ao pecado e à morte. Se do vínculo do pecado a graça do Mediador desliga as crianças, estas apenas podem sofrer a morte que o corpo separa da alma e, livres da obrigação do pecado, não passam à morte penal, sem fim.

CAPÍTULO IV
Por que estão sujeitos à morte, quer dizer, à pena do pecado, os que do pecado foram absolvidos pela graça da regeneração?

Se há pessoa a quem inquiete o problema de saber por que padecem a morte, pena do pecado, aqueles cujo pecado foi perdoado pela graça, remeto-o à obra minha, intitulada *Do batismo das crianças*, em que se trata e se resolve tal ponto. Diz-se nela que se deixava a alma experimentar a separação do corpo, já perdoado o pecado, precisamente porque, se ao sacramento da regeneração seguisse de imediato a imortalidade do corpo, se enervaria a fé, que é cabalmente fé quando se espera em esperança o que ainda não se vê em realidade. Com o robustecimento e a luta pela fé, na idade madura havia, além disso, de ser superado o temor à morte, coisa que grandemente apareceu nos santos mártires. É inegável que não seria vitória nem glória do combate, pois nem mesmo poderia haver combate, se, depois do banho da regeneração, já santos, não pudessem sofrer a morte corporal. Quem não se daria pressa em levar os filhinhos a batizar justamente para que não fossem desligados do corpo? Desse modo não se provaria a fé com o prêmio invisível, mas, pelo contrário, já nem mesmo seria fé, porque se buscaria e se cobraria no mesmo instante a recompensa da obra.

Na nova economia, contudo, por graça maior e mais admirável do Salvador, o castigo do pecado transformou-se em instrumento de justiça. Então se disse ao homem: Se pecas, morrerás. Agora se diz ao mártir: Morre para não pecar. Então se lhes disse: Se transgredis o mandamento, morrereis de morte. Agora se lhes diz: Se recusardes a morte, transgredireis o mandamento. O que então se devia temer, para não pecar, agora se deve aceitar, por medo de pecar. Assim, pela misericórdia inefável de Deus, a pena dos vícios vem a ser instrumento de virtude e o suplício do pecado se torna merecimento do justo. Então se adquiriu a morte, pecando; agora se aperfeiçoa a justiça, morrendo. Isso, todavia, aplica-se aos santos mártires, a quem se impunha a disjuntiva: desertar da fé ou sofrer a morte, porque os justos preferem padecer, crendo, o que os primeiros prevaricadores padeceram por não crer. Aqueles, se não houvessem pecado, não haveriam morrido; estes, se não morrem, pecarão. Aqueles morreram porque pecaram; estes não pecam, porque morrem. A culpa daqueles acarretou a pena, a pena destes previne a culpa. E isso não porque a morte, que antes foi mal, se haja transformado em bem, e sim porque Deus concedeu à fé a graça de que a morte, contrária à vida, haja passado a ser a ponte que conduz à vida.

CAPÍTULO V
Como os pecadores usam mal da lei, que é boa, assim os justos usam bem da morte, que é má

Querendo pôr em relevo o grande poder nocivo do pecado, na ausência da graça, o apóstolo não duvidou em chamar força do pecado à lei que o proíbe. *O aguilhão da morte*, diz, *é o pecado e a força do pecado é a lei*. E com muitíssima verdade, porque a proibição aumenta o desejo de proceder mal, quando o amor à justiça não é tanto que seu gosto supere a cobiça de pecar. Mas somente a graça de Deus pode dar o amor e o gosto da verdadeira justiça. Entretanto, a fim de que o apelativo *força do pecado* dado à lei não faça pensar que a lei é má, diz noutro lugar, tratando do mesmo assunto: *A lei é santa e o mandamento, santo, justo e bom. Então, o que é bom se transformou em morte para mim? De modo algum. O pecado é que, havendo-me causado a morte por meio de coisa boa, manifestou o que é, de maneira que, por motivo do mesmo mandamento, se fez o pecador ou o pecado sobremaneira maligno*. Disse *sobremaneira* porque, quando aumenta a libido de pecar e a lei é desprezada, acrescenta-se, além disso, a prevaricação. Por que o julgamos digno de ser citado? Porque, como a lei não é mal, quando acresce a concupiscência do pecado, assim a morte não é bem, quando aumenta a glória dos que a sofrem, quer se despreze aquela pela iniquidade e haja prevaricadores, quer se aceite esta pela verdade e haja mártires. A lei é boa justamente por ser proibição do pecado e a morte é má por ser o salário do pecado. Mas assim como os pecadores fazem mau uso não apenas dos males, mas também dos bens, assim os justos fazem bom uso não apenas dos bens, mas também dos males. Eis o porquê de os maus fazerem mau uso da lei, embora a lei seja um bem, e de os bons fazerem bom uso da morte, apesar de a morte ser um mal.

CAPÍTULO VI
O mal da morte consiste na ruptura da união existente entre a alma e o corpo

A morte do corpo e o que a constitui em tal, quer dizer, a separação da alma e do corpo, quando a sofrem os chamados moribundos, não é bem para pessoa alguma, porque o rompimento do unido e entrelaçado no vivente é duro para a sensibilidade e contrário à natureza, enquanto a alma habita o corpo, até perder-se todo o sentido procedente do enlace da alma com a carne. As vezes um só ferimento do corpo ou o rápido voo da alma atalha toda essa agonia e não permite senti-la, antecipando-se a hora. Seja qual for, por conseguinte, a crise em que dolorosa sensação acompanha a sensibilidade que se retira, o sofrimento piedoso e resignado aumenta o merecimento da paciência, porém não exclui a palavra *pena*. Assim, sendo a morte pena do que nasce, como ramo do primeiro tronco, se se mede pela piedade e pela justiça, transforma-se em glória do que renasce e, sendo retribuição do pecado, às vezes consegue que nada se retribua ao pecado.

CAPÍTULO VII
A morte aceita pelos não batizados por confessarem Cristo

Com efeito, quantos morrem por confessarem Cristo, mesmo sem haverem recebido o banho da regeneração, têm morte que neles produz tantos efeitos, quanto à remissão dos pecados, quantos produziria o banho na fonte sagrada do batismo. Aquele que disse: *Quem não renascer da água e do Espírito Santo não pode entrar no Reino dos Céus*, abriu noutro lugar honrosa exceção, falando de modo não menos geral: *Quem confessar-me diante dos homens também o confessarei diante de meu Pai, que está nos céus.* E noutra passagem: *Quem perder a vida por amor de mim encontrá-la-á.* Eis o porquê daquelas palavras: *De grande preço é, aos olhos do Senhor, a morte de seus santos.* Pois que há de mais valor que morte que causa a remissão de todos os pecados e inexcedível aumento de merecimentos? Não cabe comparar os merecimentos daqueles que, não podendo diferir a morte, são batizados e saem desta vida após haverem sido apagados todos os seus pecados com os dos que, podendo, não diferiram a morte, porque a chegar ao batismo, negando-o, preferiram terminar a vida, confessando Cristo. É certo que, se o houvessem feito, também se lhes perdoaria no banho lustral o haverem negado Cristo por medo da morte, pois é verdade que àqueles que deram morte a Cristo se lhes perdoou crime tão horrendo.

Como, porém, sem graça torrencial do Espírito que sopra onde quer, poderiam amar Cristo ao extremo de não poderem negá-lo em tal risco de vida e com esperança tão grande de perdão? A valiosa morte dos santos, a quem precedeu e antecipadamente pagou com tanta graça a morte de Cristo, para não vacilarem em entregar a sua para consegui-lo a Ele, provou que o constituído antes como pena do pecador se reduziu agora a tais usos, com o fim de que dali dimanasse fruto mais abundante de justiça. A morte, portanto, não deve ser considerada como bem em si mesma por haver sido destinada a tamanha utilidade, não por virtude própria, mas pela graça de Deus. Antes se propôs como objeto de temor, para que não se cometesse o pecado; deve agora ser aceita para não cometer pecado, para apagar o cometido ou para dar a palma da justiça devida a uma vitória tão gloriosa.

CAPÍTULO VIII
Aceitando pela verdade a morte primeira, veem-se os justos livres da segunda

Pensemos bem. Quem quer que morra gloriosamente pela verdade e pela fé conjura a morte. Aceita parte da morte por temor a que lhe sobrevenha toda e se lhe acrescente a segunda, que não terá fim. Aceita a separação da alma e do corpo por medo de que, afastado Deus da alma, a alma se afaste do corpo e, assim, finalizada a morte primeira do homem todo, se veja nas garras da segunda, que é eterna. Assim, a morte, como já dissemos, quando a sofrem os moribundos e neles opera o morrer, não é bem para pessoa alguma, mas o tolerá-la é louvável por conservar ou conseguir o bem.

Quando, porém, são os mortos que já se encontram sob seu domínio, diz-se, não absurdamente, ser má para os maus e boa para os bons, porque as almas dos bons, separadas dos corpos, estão no descanso e as dos ímpios nos tormentos. E estarão assim até os corpos de uns ressuscitarem para a vida eterna e os dos outros para a morte eterna, chamada segunda.

CAPÍTULO IX
O momento exato da morte

Ora, o tempo durante o qual as almas separadas do corpo são felizes ou infelizes, é tempo da morte ou de depois da morte? Se é tempo depois da morte, não é mais a morte, que já passou, mas a vida da alma que pode ser boa ou má. Porque a morte só é um mal quando está presente, quando se morre, porque nesse momento as dores são grandes, mal de que os bons sabem tirar proveito. Mas, passada a morte, como pode ser esta boa ou má, se já deixou de ser? Há mais ainda: se bem observamos, as próprias dores dos moribundos não são a morte, porque enquanto eles sentem, ainda estão vivos, e por isso ainda não estão na morte, que tira qualquer sentimento, mas nas proximidades da morte, que ocasiona tantas angústias. Como, portanto, chamamos de moribundos os que ainda não estão mortos, e que ainda agonizam? Contudo chamamo-los assim com razão, porque, vindo a morte, já não os chamamos de moribundos, mas de mortos. Ninguém, contudo, é moribundo se não está vivo, porque nesse último instante da vida a que são chegados os que, como dizemos, vão render sua alma, se esta ainda não o deixou, ele ainda está vivo. O que morre, portanto, é ao mesmo tempo moribundo e vivo, isto é, aproxima-se da morte e se afasta da vida; está ainda em vida, porque sua alma está presente no corpo, e ainda não está na morte, porque a alma ainda não se retirou do corpo. E, depois que a alma partir, se nem então ele está na morte, que já passou, quando se dirá que ele está na morte? Porque ninguém é moribundo se não pode ser ao mesmo tempo moribundo e vivo. De fato, enquanto a alma está no corpo, não se pode negar a vida. Ou, se devemos chamar de moribundo aquele que já sente em seu corpo a ação da morte, e se ninguém pode ser ao mesmo tempo vivo e moribundo, não sei quando é que se está vivo.

CAPÍTULO X
À vida dos mortais o nome de morte quadra melhor que o de vida

Desde o instante em que começamos a existir neste corpo mortal, jamais deixamos de tender para a morte. Tal é a obra da mutabilidade durante todo o tempo da vida (se é que deve chamar-se vida): tender para a morte. Não existe ninguém que não esteja mais próximo da morte depois de um ano que antes dele, amanhã mais do que hoje, hoje mais do que ontem, pouco depois mais do que agora e agora pouco mais do que antes. Porque o tempo vivido é retirado do que se deve viver e dia a dia diminui o que resta, de tal modo que esta vida não passa de corrida para a morte. Não permite que ninguém se detenha ou caminhe mais devagar; pelo contrário, todos seguem o mesmo compasso e se movem com igual presteza. Com efeito, quem teve existência mais curta não cruzou o tempo com maior celeridade que aquele que a teve mais longa; acontece que, arrancados seus momentos de igual modo a ambos, um teve a meta mais próxima e o outro mais afastada, meta a que um e outro corriam com idêntica velocidade. Uma coisa é haver andado mais caminho; outra haver caminhado mais devagar. Em consequência, quem até chegar à morte apura espaços mais longos de tempo não corre mais devagar, mas anda mais caminho.

Portanto, se cada indivíduo começa a morrer, ou seja, a estar na morte, desde o instante em que nele começa a operar-se a morte, quer dizer, a subtração da vida, pois, terminada a subtração, já estará depois da morte, não na morte, é fora de dúvida que, desde o instante em que começamos a existir neste corpo, estamos na morte. Que outra coisa se faz em cada dia, em cada hora e em cada momento até que, apurada a derradeira gota da vida, se completa a morte que se ia operando e já começa a existir o tempo posterior à morte que no *fieri* da subtração da vida estava na morte? Se, por conseguinte, o homem não pode estar ao mesmo tempo em vida e em morte, nunca jamais está em vida, desde que mora neste corpo mais moribundo que vivente. Ou diremos estar ao mesmo tempo em vida e em morte, quer dizer, na vida, em que vive até ser-lhe subtraída toda, e na morte, com que já morre quando lhe é subtraída a vida? Porque, se não está em vida, que é que se subtrai, enquanto não se realiza sua perfeita consumpção? E se não está em morte, que é a subtração da vida? Não inutilmente se diz que, subtraída ao corpo toda a vida, já está depois da morte, senão porque existia a morte quando se lhe subtraía a vida. E se, subtraída a vida, o homem não está na morte, mas depois da morte, quando estará na morte, senão quando lhe é subtraída?

CAPÍTULO XI
Pode alguém ser ao mesmo tempo vivente e morto?

1. Se é absurdo dizer que antes de encarar a morte o homem já está na morte (de que meta o aproxima o caminhar de sua vida, se já está nela?) e como, por outro lado, é demasiado atrevimento afirmar que é ao mesmo tempo vivente e moribundo, pois não se pode estar ao mesmo tempo acordado e dormindo, é preciso perguntar quando será moribundo. Antes de a morte chegar não é moribundo, mas vivente; chegada a morte, já será morto, não moribundo. Aquele ainda está antes da morte, este já lhe transpôs a fronteira. Quando está na morte, pois, então é realmente moribundo?

Estas três coisas distintas, a saber, antes da morte, na morte e depois da morte, tem cada qual nome próprio: vivente, moribundo e morto. É, pois, muito difícil determinar quando alguém é moribundo, quer dizer, quando está na morte, quando não é vivente, que é antes da morte, nem morto, que é depois da morte, mas moribundo, ou seja, na morte. Enquanto a alma está no corpo, sobretudo se ainda sente, o homem, constante de alma e de corpo, vive e, portanto, não deve dizer-se na morte, mas antes da morte. Contudo, quando a alma se separa e priva o corpo de toda sensação, já aparece depois da morte e se chama morto. Logo, fina-se entre esses dois momentos em que é moribundo ou está na morte, porque, se ainda vive, está antes da morte e, se deixou de viver, já está depois da morte. Em conclusão, é impossível compreender quando é moribundo ou quando está na morte. O mesmo ocorre com o tempo. Busca-se o presente e não se dá com ele, porque o cruzar do futuro ao passado é espaço inapreciável. Não será lógico concluir daí que a morte do corpo não existe? Pois, se existe, quando existe, se não pode estar em ninguém e ninguém pode estar nela? Com efeito, se se vive, ainda não existe a morte, porque isso é antes da morte, não na morte, e, se se deixou de viver, já não existe, porque isso é depois da morte, não na morte. Se a morte não existe antes ou depois dela mesma, que significa dizer antes da morte ou depois da morte? A verdade é que dizê-lo carece de sentido, se não existe a morte. Oxalá houvéssemos conseguido, bem vivendo no passado, não existisse morte alguma! Contudo, agora é tão esquiva, que não pode explicar-se com palavras nem evitar-se com argumentos.

2. Falemos, pois, segundo o uso corrente, pois assim o exigem nossas maneiras, e digamos: Antes da morte como antes de a morte suceder, como está escrito: *Antes da morte não louves homem algum*. Digamos também, desde que haja sobrevindo: Depois da morte deste ou daquele sucedeu tal ou qual coisa. Digamos ainda, como nos seja possível, do tempo presente: Aquele moribundo fez testamento e ao morrer deixou isto ou aquilo a este ou àquele, embora na realidade, se não vivesse, não teria podido fazê-lo e o haja feito antes da morte e não na morte. Falemos também como fala a Divina Escritura, que não duvida em chamar mortos não aos que já morreram, mas aos que estão na morte. Assim naquela passagem: *Porque não há na morte quem se lembre de ti*. Diz e com razão que estão na morte, enquanto não ressuscitam, como se diz que alguém está dormindo, enquanto não desperta, embora chamemos dormentes os que estão no sono e não possamos, todavia, chamar moribundos os que morreram. Porque não morre, quanto à morte corporal de que agora tratamos, aquele que já está separado do corpo. É precisamente a isso que me referia, ao dizer que não se pode explicar com palavras como chamamos moribundos aos que ainda vivem ou dos já mortos, mesmo depois da morte, dizemos estarem na morte. Como depois da morte, se ainda estão na morte, sabendo-se, ademais, que não os chamamos moribundos, como chamamos dormentes aos que estão no sono, enfermos aos que estão em enfermidade, dolentes aos que estão em dor e viventes aos que estão em vida? Contudo, antes de ressuscitarem, diz-se que os mortos estão na morte, mas não podemos chamá-los moribundos.

Daqui deduzo não carecer de oportunidade e de sentido minha opinião de que, talvez não por causa da lógica humana, mas por intenção divina, o verbo *moritur* (morre) em latim não hajam os gramáticos podido conjugá-lo pela mesma regra com que se conjugam os demais. De *oritur* (nasce), por exemplo, forma-se o pretérito *ortus est* (nasceu) e assim os demais tempos que se conjugam com os particípios passados. Mas, se perguntamos pelo pretérito do verbo *moritur*, responder-nos-ão, como de costume, *mortuus est* (morreu), duplicada a letra *u*. Diz-se *mortuus* (morto), como *fatuus* (fátuo), *arduus* (difícil), *conspicuus* (conspícuo), etc., que não são particípios, mas nomes, e por isso se declinam sem tempo. Naquele, entretanto, simulando declinar o indeclinável, põe-se o nome em lugar do particípio passado. Isso tem determinado sentido e é que, assim como o significado pelo verbo não pode ser declinado, assim também o verbo que o significa não se pode declinar, falando. Mas pelo menos podemos, com o auxílio da graça de nosso Redentor, declinar a morte segunda. É o mais grave e o pior de todos os males, por não consistir na separação da alma e do corpo, mas do eterno abraço de ambos nos tormentos eternos. Aí é que os homens estarão sempre na morte, não antes nem depois da morte, e por isso nunca mais serão viventes e nunca mais serão mortos, mas eternamente moribundos. A suprema desgraça para o homem na morte será, com efeito, que a morte seja imortal.

CAPÍTULO XII
Que morte havia Deus cominado aos primeiros homens, se lhe violassem o mandamento?

Quando se pergunta que morte cominaria Deus aos primeiros homens, no caso de violarem o mandamento recebido e de não lhe prestarem obediência, se era a morte da alma, a do corpo, a do homem todo ou a chamada segunda, deve-se responder que todas. A primeira compreende duas delas; a segunda, todas. Como a terra universal consta de muitas regiões e a Igreja universal de muitas igrejas, assim a morte total consta de todas as mortes. Porque a primeira compreende duas, uma da alma e outra do corpo, de modo que a primeira morte de todo o homem se dá quando a alma sem Deus e sem corpo sofre temporalmente o castigo e a segunda, quando a alma sem Deus e com o corpo sofre as penas eternas. Quando Deus disse ao primeiro homem que colocou no paraíso, falando do fruto proibido: *No dia em que o comerdes morrereis de morte*, não tornou tal cominação extensiva apenas à primeira parte da morte primeira, em que a alma se vê sem Deus, nem apenas à segunda parte, em que o corpo se vê privado da alma, nem apenas à primeira morte total, em que a alma, separada de Deus e do corpo, é castigada, mas a quantas mortes há até à última, que se chama segunda e não tem seguinte

CAPÍTULO XIII
Qual o primeiro castigo da prevaricação dos primeiros pais?

Tão logo se levou a efeito a transgressão do preceito, desamparados da graça de Deus, envergonharam-se da nudez de seus corpos. Por isso cobriram suas vergonhas com folhas de figueira, as primeiras, talvez, que se lhes depararam em meio de sua perturbação. Tais membros já os tinham antes, mas não eram vergonhosos. Sentiram, pois, novo movimento em sua carne desobediente, como castigo devido à sua desobediência. Comprazida no uso desordenado da própria liberdade e desdenhando servir a Deus, a alma viu-se despojada da primeira sujeição de seu corpo e, por haver livremente abandonado o Senhor superior, não mantinha submisso o servo inferior nem mantinha submissa a si mesma a carne, como teria podido manter sempre, se houvesse permanecido submissa a Deus. A carne começou, então, a desejar contra o espírito. Nesse combate nascemos, arrastando gérmen de morte e trazendo em nossos membros e em nossa viciada natureza a alternativa de luta e de vitória da primeira prevaricação.

CAPÍTULO XIV
O homem, criado por Deus, e como caiu por arbítrio de sua vontade

Deus, autor das naturezas, não dos vícios, criou o homem reto; mas, depravado por sua própria vontade e justamente condenado, gerou seres desordenados e condenados. Estivemos todos naquele um quando fomos todos aquele um, que caiu em pecado pela mulher, dele feita antes do pecado. Ainda não fora criada e difundida nossa forma individual, forma que cada qual havíamos de ter, mas já existia a natureza germinal, de que havíamos de descender todos. Desta, viciada pelo pecado, ligada pelo vínculo da morte e justamente condenada, o homem, nascendo do homem, não nasceria doutra condição. Por isso, do mau emprego do livre-arbítrio originou-se verdadeira série de desventuras, que de princípio viciado, como se corrompido na raiz o gênero humano, arrastaria todos, em concatenação de misérias, ao abismo da morte segunda, que não tem fim, se a graça de Deus não livrasse alguns.

CAPÍTULO XV
Pecando, Adão abandonou a Deus antes de Deus abandoná-lo. A primeira morte da alma consistiu em apartar-se de Deus

Por esse motivo, como nas seguintes palavras: *Morrereis de morte* não se disse "de mortes", deve-se entender somente aquela que sucede quando a alma é abandonada por sua vida, que é Deus. (Porque não foi abandonado para que abandonasse, mas abandonou para ser abandonado, visto como, para seu mal, é primeiro a própria vontade e, para seu bem, é primeiro a vontade do Criador, quer para fazê-la quando ainda não existia, quer para refazê-la quando pereceu na queda.) Contudo, embora entendamos haver Deus querido significar essa morte nas seguintes palavras: *No dia em que o comerdes morrereis de morte,* como se dissesse: No dia em que me abandonardes pela desobediência abandonar-vos-ei por justiça, indubitável é que em tal morte se anunciaram também as demais que haviam de suceder. Ao originar-se na carne da alma desobediente um movimento desobediente, pelo qual cobriram suas vergonhas, sentiu-se a morte, em que Deus abandonou a alma. Esta ficou significada naquelas palavras que Deus dirigiu ao homem, quando em seu louco temor se escondia: *Adão, onde estás?* E disse-o, não perguntando como se o ignorasse, mas advertindo-o, com censura, de que cuidasse de saber onde estava, porque Deus já não estava com ele. Mais tarde, ao abandonar a alma o corpo, enrugado pela idade e encolhido pela velhice, chegou a experimentar a outra morte, da qual Deus dissera, quando impunha seus castigos ao homem: *És terra e à terra irás.* Assim, essas duas mortes completariam a primeira, de todo o homem, e lhe seguiria, por fim, a segunda, se o homem não fosse libertado pela graça. O corpo, procedente da terra, a ela não tornaria senão pela morte, que lhe sobrevém quando se vê privado de sua vida, ou seja, da alma.

É por isso que os cristãos, fiéis e verazes custódios da fé católica, afirmam que a morte do corpo não é infligida por lei da natureza, porquanto Deus não deu morte alguma ao homem, mas como legítimo castigo do pecado. Ao vingar o pecado, disse Deus ao homem, em quem todos estávamos então: *És terra e à terra irás.*

CAPÍTULO XVI
Há filósofos que pensam não ser castigo a separação do corpo e da alma e se baseiam em que Platão introduz o Deus supremo, prometendo aos deuses inferiores não serem nunca destituídos dos respectivos corpos

1. Mas há filósofos, contra cujas calúnias defendemos a Cidade de Deus, quer dizer, a Igreja, que zombam, segundo eles, sabiamente do que acabamos de dizer, ou seja, de a separação da alma e do corpo dever ser contada entre as penas. E fundam-se em que, na sua opinião, a alma alcança a perfeita felicidade quando, desligada em absoluto de todo corpo, torna a Deus, simples, sozinha e de certo modo nua. Se em seus próprios escritos não encontrássemos nada com que refutar semelhante opinião, teríamos de estender-nos em demonstrar que o corpo não é oneroso para a alma senão por ser corruptível. Aqui vem a pelo aquela passagem de nossas Escrituras citada no livro anterior: *O corpo corruptível oprime a alma.* Ao acrescentar *corruptível,* dá a entender que não é qualquer corpo que oprime a alma, e sim o feito pelo castigo consequente ao pecado. E, embora não o houvesse acrescentado, não deveríamos entender outra coisa.

Contudo, apregoando Platão a todos os ventos que os deuses feitos pelo soberano Deus têm corpos imortais e introduzindo a Deus, Autor deles, prometendo-lhes, como singular benefício, eterna permanência em seus corpos e não serem desligados deles por morte alguma, a que vem que tais sofistas, para perseguirem a fé cristã, finjam desconhecer o que conhecem? Por que, em luta consigo mesmos, preferem dizê-lo, contanto que não recuem do empenho de contradizer-nos? Vou citar as próprias palavras de Platão, traduzidas ao latim por Cícero, nas quais introduz o soberano Deus perorando e dizendo aos deuses que fez: *Considerai, filhos dos deuses, de que obras sou autor e pai. Sois indissolúveis contra minha vontade, embora todo composto possa dissolver-se, mas não é próprio do bem-querer separar o que a razão uniu. Mas, por haverdes nascido, não podeis ser imortais, indissolúveis. Entretanto, não vos dissolvereis nem destino algum de morte vos tirará a vida, porque não será mais poderoso que minha vontade, que é vínculo mais forte para vossa perpetuidade que o destino a que ficastes ligados ao começardes vossa existência.* Eis que Platão diz que os deuses, por causa da ligação do corpo e da alma, são mortais e, todavia, são imortais, por vontade e decisão do Deus que os fez. Se, por conseguinte, para a alma é castigo estar ligada a corpo, que significa que, falando-lhes Deus como a temerosos de que a morte lhes assome às portas, ou seja, de se separarem dos respectivos corpos, lhes assegura a imortalidade? E isso não pela natureza de tais deuses, composta, não simples, mas pela insuperável vontade de Deus, que pode fazer com que o nascido não morra nem o ligado se desligue, mas persevere incorruptivelmente.

2. É outra questão saber se na realidade, aplicado aos astros, é verdadeiro tal pensamento de Platão. Não se deve levianamente admitir tenham ânimos próprios inteligentes e ditosos que os vivifiquem esses globos de luz ou pequenos círculos que com luz corpórea de dia ou de noite iluminam a terra. Afirma-o com insistência do mundo universo, como de grande animal que contém todos os restantes animais. Porém, como fica dito, trata-se de outra questão e não me comprometi no momento a discuti-la. Com franqueza, julguei dever citar esse texto contra aqueles que se gloriam de chamar-se ou ser platônicos, orgulhoso título que os envergonha de ser cristãos, porque tal nome lhes seria comum e ao vulgo e o seu de portadores de mantos, cujo número é tanto mais fastuoso quanto mais exíguo, se tornaria desprezível. Buscando pontos em que repreender a doutrina cristã, apelam para a eternidade dos corpos, como se fossem contrários entre si buscar a felicidade da alma e querer que, como que ligada a penoso vínculo, viva sempre no corpo. E fazem-no apesar de Platão, seu autor e mestre, dizer que o soberano Deus concedeu aos deuses feitos por Ele o dom de não morrerem nunca, quer dizer, de não serem separados dos corpos a que os ligara.

CAPÍTULO XVII
Contra os que afirmam não poderem os corpos terrenos tornar-se incorruptíveis e eternos

1. Sustentam, além disso, tais filósofos não poderem ser eternos os corpos terrenos, embora não ponham em dúvida ser a própria terra membro de um deus, não por certo do supremo, mas sim de um grande, do mundo, intermediário e eterno. Com efeito, o Deus supremo criou outro pretenso deus, isto é, o mundo, superior aos demais deuses inferiores e considerado como animal, ou seja, como ser dotado de alma, racional ou intelectual, segundo eles, em massa corporal tão enorme. Dotou-o, ademais, de uma espécie de membros, colocados em seus lugares e dispostos no corpo, de quatro elementos, cuja união querem seja indissolúvel e eterna para que tal deus não morra. Se assim é, que razão há para a terra, como membro central no corpo desse grande animal, ser eterna e não poderem ser eternos os corpos dos restantes animais, terrestres, se Deus o quer, como quis o outro?

Mas a terra, replicam, há de tornar à terra, donde foram tirados os corpos dos animais terrestres. Donde se deduz, acrescentam, que hão de necessariamente dissolver-se e morrer e desse modo ser reintegrados na terra estável e eterna de que foram tirados. Se alguém afirma outro tanto do fogo e diz haverem de tornar ao fogo universal os corpos dele tirados para feitura dos animais celestes, não virá a deitar por terra, como furacão dessa contenda, a imortalidade, que Platão prometeu a tais deuses no discursinho que pôs na boca do supremo Deus? Ou será que isso ali não sucede justamente por não querê-lo Deus, cuja vontade, como diz Platão, não é vencida por força alguma? Que impede o poder de Deus de fazê-lo com os corpos terrenos, se Platão admite que Deus pode fazer com que não morra o que nasceu, nem se desligue o ligado, nem torne aos elementos o deles tomado e que as almas ligadas aos corpos nunca os abandonem e com eles gozem de imortalidade e de eterna bem-aventurança? Por que, pois, não pode fazer com que não morram tampouco os corpos terrenos? Ou será que o poder de Deus não se estende até aonde os cristãos pensam, mas apenas até aonde os platônicos querem? É verdade haverem os filósofos platônicos podido conhecer o pensamento de Deus e não haverem podido conhecê-lo os profetas? Ao contrário, o Espírito de Deus ensinou os profetas a anunciar a vontade de Deus, quando Ele se dignou mostrá-la a eles e, por outro lado, ao conheceram-na, os filósofos sofreram o engano das conjeturas humanas.

2. Não deviam, contudo, ter levado seu erro, não por ignorância, mas por teimosia, ao extremo de manifestamente se contradizerem, afirmando, de um lado, com todas as suas forças dialéticas, que, para poder ser feliz, a alma não apenas deve evitar o corpo terreno, mas todo corpo, e insistindo, por outro, em terem os deuses almas muito felizes, ligadas, entretanto, a corpos eternos e as celestes a corpos ígneos. Insistem, outrossim, em que a alma de Júpiter, que pretendem seja deste mundo, se acha repartida em todos os elementos corpóreos de que se compõe toda a mole que se eleva da terra ao céu. Platão opina que essa alma, do meio íntimo da terra, pelos geômetras chamado centro, à mais excelsa sumidade do céu, está difundida e estendida por todas as suas partes, segundo os números musicais. Desse modo, o mundo é, para ele, o animal maior e mais feliz e eterno e sua alma goza da perfeita felicidade da sabedoria e não abandona o corpo que lhe é próprio. Por ela seu corpo vive eternamente e, embora não seja simples, mas composto de tantos e tão enormes corpos, não podem embotá-lo nem retardar-lhe a ascensão. Dando semelhante liberdade a suas suspeitas, por que não querem acreditar que podem chegar a ser imortais, por vontade e pelo poder de Deus, os corpos terrenos, em que vivam eterna e felizmente as almas não separadas deles por morte alguma nem oprimidas por seus pesos, coisa que, segundo eles, seus deuses podem nos corpos ígneos e Júpiter, rei deles, em todos os elementos corpóreos?

Se, para ser feliz, a alma deve evitar todo corpo, fujam dos globos siderais os deuses, fuja do céu e da terra Júpiter. Se não são capazes de fazê-lo, sejam considerados miseráveis. Mas os filósofos recuam diante dessa alternativa. Não se atrevem a atribuir a seus deuses a separação dos corpos, por temor de parecer que dão culto a seres mortais, nem a atribuir-lhes a privação da bem-aventurança, para não terem de confessar que são infelizes. Em conclusão, para conseguir-se a felicidade, não devem ser evitados todos os corpos, mas os corruptíveis, os pesados, os mortais, os molestos, não tais quais foram os que a bondade de Deus deu aos primeiros homens, mas como os obrigou a ser a pena do pecado.

CAPÍTULO XVIII
Afirmam os filósofos não poderem os corpos terrenos convir a seres celestiais, porque seu peso natural os inclina à terra

Mas necessariamente, dizem, o peso natural retém na terra os corpos terrenos ou pelo menos a ela os inclina com violência e por isso não podem estar no céu. É verdade que os primeiros homens habitavam terra cheia de árvores e frutífera, que recebeu o nome de paraíso. Como, porém, tal objeção não deve ficar sem resposta, quer por amor do corpo com que Cristo ascendeu ao céu, quer pelo que hão de ter os santos na ressurreição, considerem em primeiro lugar, com um pouquinho mais de atenção, a natureza dos pesos terrenos. Se a arte humana é capaz de fazer com que flutuem sobre a água vasos fabricados de metais, que, postos sobre ela, vão ao fundo no mesmo instante, quão mais crível e poderoso é Deus, cuja onipotentíssima vontade, segundo Platão, não permite possa perecer o nascido nem ser desligado o ligado, para, por modos ocultos, dar aos corpos terrenos que peso algum os atraia para baixo, sendo a união entre o corpóreo e o incorpóreo muito mais admirável que entre o corpóreo e o corporal! E, ademais, concede aos ânimos perfeitamente bem-aventurados que situem seus corpos, terrenos, é verdade, mas incorruptíveis, onde queiram e com posição e movimentos facílimos operem onde lhes apraza. Ou será que se deve acreditar que, se os anjos realizam obras como estas, arrebatar certos animais terrestres donde se encontram e colocá-los onde lhes apraza, não possam fazê-lo sem trabalho ou sem sentir as cargas? Por que havemos de crer que os espíritos dos santos, perfeitos e felizes por graça divina, podem sem dificuldade alguma levar seus corpos aonde lhes agrade e não havemos de crer possam colocá-los onde bem lhes pareça? Embora certo que, como costumamos apreciar quando puxamos algo, quanto maior a massa dos corpos terrenos, tanto maior também o peso, de maneira que mais oprime o que mais pesa, a alma leva os membros de sua carne com maior leveza, quando gozam de robustez e de saúde que quando se encontram debilitados pela enfermidade. E embora, quando outro o puxa, é mais pesado o robusto e sadio que o enfermiço e fraco, alguém é mais ágil para mover e levar o próprio corpo quando com boa saúde tem mais massa que quando, enfermo ou com fome, tem o mínimo de robustez. Tanto vale nos corpos terrenos, ainda corruptíveis e mortais, não o peso da quantidade, mas o modo do temperamento! Quem explicará com palavras a distância que medeia entre a chamada saúde presente e a imortalidade futura? Não nos redarguam, pois, os filósofos a fé, baseados nos pesos dos corpos.

Não quero, ademais, perguntar por que não creem possa o corpo terreno estar no céu, se a terra toda se apoia sobre o nada. Talvez seja argumento de não menor probabilidade o tomado do centro do mundo, no sentido de nele se encontrarem as coisas mais pesadas. Limito-me unicamente a perguntar: Se os deuses inferiores, a quem Platão encarregou de fazer o homem, entre os restantes animais terrestres, puderam, como ele diz, remover do fogo a qualidade de queimar e deixar-lhe a de luzir, que se percebe pelos olhos, duvidaremos conceder ao soberano Deus, a cuja vontade e poder concedeu não morresse o nascido, que coisas tão diversas e dessemelhantes, como as corpóreas e as incorpóreas, unidas entre si, não pudessem ser separadas? Desse modo tira à carne do homem a corrupção, dá-lhe a imortalidade, deixa-lhe a natureza, conserva-lhe a congruência da figura e dos membros e suprime-lhe o retardamento do peso. Mas sobre a fé na ressurreição dos mortos e sobre seus corpos imortais tratar-se-á com maior apuro no final desta obra, se Deus quiser.

CAPÍTULO XIX
Contra aqueles que não acreditam que, se não pecassem, os primeiros homens haviam de ser imortais

Expliquemos agora o ponto proposto a respeito dos corpos dos primeiros homens. A estes, nem a morte, boa para os bons, conhecida não apenas por alguns poucos que a entendem ou nela creem, mas por todos, a qual consiste na separação do corpo e da alma, pela qual o corpo do animal, que evidentemente vivia, morre, houvera podido sobrevir-lhes, se não a houvessem merecido pelo pecado. Muito embora não seja permitido duvidar que depois da morte as almas dos piedosos e justos não vivam no descanso, melhor lhes fora viver com seus corpos sãos, ao extremo de, contra seu próprio modo de pensar, aprovarem tal opinião até mesmo aqueles que pensam consista em estar sem corpo o suprassumo da bem-aventurança. Nenhum deles se atreve a antepor os homens, por mais sábios que sejam, ou os que hão de morrer, ou os já mortos, quer dizer, os que já carecem de corpos, ou os que hão de abandoná-los, nenhum deles se atreve, dizíamos, a antepô-los aos deuses imortais, a quem o supremo Deus, em Platão, promete dom singular, a saber, vida indissolúvel, ou seja, eterno consórcio com os respectivos corpos. O próprio Platão pensa condizer muito bem com os homens, se viveram piedosa e justamente, serem recebidos no seio dos deuses, que nunca abandonaram seus corpos: *Perdida já toda lembrança, podem ver outra vez a abóbada celeste e dispor-se a entrar em cárceres humanos.*

Celebram também havê-lo dito Vergílio, em conformidade com a doutrina platônica. Desse modo, afirma não poderem as almas dos mortais viver sempre em seus próprios corpos, pois a morte há de necessariamente dissolvê-los, nem permanecer perpetuamente sem corpos, porquanto, segundo ele, em contínua alternativa, dos mortos constantemente se fazem vivos e dos vivos, mortos. De tal modo assim é, que acreditam que os sábios diferem dos demais homens em que, depois da morte, serão levados aos astros, com o fim de gozarem de mais prolongado descanso em seu astro próprio, e ali, de novo esquecidos da primitiva miséria e dominados pelo desejo de ter corpo, tornam aos trabalhos e às aflições dos mortais. Por outro lado, aqueles que houverem levado vida sem controle, voltam logo aos corpos devidos a seus merecimentos, corpos de homens ou de animais irracionais. A tão dura condição submeteu as almas boas e sábias, a que não se deram tais corpos, com que vivessem imortalmente e sempre, de forma que não pudessem continuar nos corpos nem subsistir sem eles em eterna pureza. Nos livros anteriores já mencionamos que Porfírio, contemporâneo da era cristã, repudia com vergonha esse dogma de Platão e dissemos que não apenas removeu dos corpos dos animais irracionais as almas humanas, mas além disso quis que as almas dos sábios se vissem livres dos laços corporais, de modo que, evitando todo corpo, mantenham-se eternamente felizes junto ao Pai. Assim, para não se ver vencido por Cristo, que aos santos promete vida eterna, também determinou felicidade eterna para as almas purificadas, sem terem de retornar às primitivas misérias. E para opor-se a Cristo, negando a ressurreição dos corpos incorruptíveis, afirmou que haviam de viver eternamente, não apenas sem corpos terrenos, mas sem corpo algum em absoluto.

Tal opinião, entretanto, não o decidiu a ordenar não prestassem culto religioso aos deuses corporais. Por que, senão por acreditar que as almas, embora não estivessem unidas a corpo algum, não eram melhores que os deuses? Por isso, se não se atreverão, como penso que não hão de atrever-se, a antepor as almas humanas aos deuses felicíssimos e, contudo, ligados a corpos eternos, por que lhes parece absurdo o que a fé cristã ensina, a saber, que os primeiros homens foram criados em tal condição que, se não pecassem, não seriam pela morte desligados dos respectivos corpos, mas, dotados de imortalidade, de acordo com os merecimentos de sua obediência, com eles viveriam eternamente, e que na ressurreição os santos hão de ter os mesmos corpos em que na terra se santificaram, de tal maneira que à sua carne não possa sobrevir corrupção ou óbice algum, nem dor ou infelicidade à sua bem-aventurança?

CAPÍTULO XX
A carne dos santos ressuscitados será mais perfeita que a dos primeiros homens antes do pecado

Por isso, a morte agora carece de dureza para as almas dos fiéis defuntos, morte que os separou dos corpos, porque sua carne repousa em esperança, sejam quais forem os ultrajes recebidos depois de perdida a sensibilidade. Porque não suspiram, como pensou Platão, pelos corpos por haverem-nos esquecido, mas, antes, porque recordavam a promessa daquele que não engana ninguém e lhes garantiu a integridade de seus próprios cabelos. Essa a razão de esperarem com ânsia e com paciência a ressurreição dos corpos, em que sofreram tantas durezas e não sentirão para o futuro nada similar. Se, por conseguinte, não odiavam sua carne, ao reprimi-la por direito espiritual, quando por sua fraqueza se revolvia contra a mente, quanto mais haverão de amá-la ao tornar-se espiritual?

Como o espírito, escravo da carne, se chama, não impropriamente, carnal, assim a carne, sujeita ao espírito, receberá o nome de espiritual. E não porque se converta em espírito, como alguns imaginam, impressionados por estas palavras: *É posto na terra corpo animal e ressuscitará corpo espiritual*, mas porque se submeterá ao espírito, com admirável e suma facilidade de obediência, até a própria vontade seguríssima de sua imortalidade indissolúvel e já livre de toda sensação de mal-estar, de toda corruptibilidade e de todo peso. Não somente não será tal qual é agora no mais robusto e são, mas não será tampouco qual foi nos primeiros homens antes do pecado. Estes, embora não houvessem de morrer, se não pecassem, como homens, portadores, portanto, de corpos, não espirituais, mas materiais, usavam de alimentos. E, embora a velhice não os atacasse, de modo que necessariamente caminhassem para a morte (era a árvore da vida, colocada em meio do paraíso com a árvore proibida, que, por maravilhosa graça de Deus, os brindava com semelhante estado), tomavam os alimentos à margem da árvore interdita, não porque era má, mas para encarecer o bem da obediência sincera e pura, virtude culminante da criatura racional sujeita a Deus, seu Criador. A razão é que, onde não andava de permeio nenhum mal, é fora de dúvida que, se se aproximavam do proibido, pecavam, exclusivamente por desobediência. Alimentavam-se de outras coisas e tomavam-nas para que seus corpos animais não sentissem o tormento da fome e da sede. Mas gostavam da árvore da vida com o fim de que a morte não se lhes enroscasse na vida ou morressem consumidos pela velhice, correndo depressa os espaços da vida, como se o demais fosse alimento e isso encerrasse algum sacramento. Assim se dava a entender que a árvore da vida foi no paraíso corporal como a Sabedoria de Deus no paraíso espiritual, quer dizer, no paraíso inteligível, Sabedoria de que está escrito: *É árvore da vida para quem a abraça*.

CAPÍTULO XXI
Pode-se muito bem entender como algo espiritual o paraíso em que estavam os primeiros homens, deixando sempre a salvo a verdade da narrativa histórica sobre o lugar corporal

Fundados nisso, alguns referem o paraíso, onde, segundo a verídica narrativa da Santa Escritura, estiveram os primeiros homens, pais do gênero humano, a coisas espirituais e convertem as árvores e plantas frutíferas em virtudes e costumes de vida, como se não houvessem existido essas coisas corporais e visíveis, mas se tratasse de modo de falar para significar as coisas inteligíveis. Como se não pudesse existir o paraíso corporal, porque também se pode entender o espiritual, como se não houvessem existido duas mulheres, Agar e Sara, e delas os filhos de Abraão, um da escrava, outro da livre, por que diz o apóstolo estarem figurados neles os dois Testamentos, ou como se não houvesse brotado água da pedra ferida pela vara de Moisés, pois também ali é possível entender-se Cristo em significação figurada, segundo as palavras do apóstolo: *A pedra era Cristo.*

Assim, pois, ninguém proíbe entender-se por paraíso a vida dos bem-aventurados; por seus quatro rios, as quatro virtudes cardeais, prudência, fortaleza, temperança e justiça; por suas árvores, todas as ciências úteis; pelos frutos de tais árvores, os costumes dos piedosos; pela árvore da vida, a sabedoria, mãe de todos os bens, e pela árvore da ciência do bem e do mal, a experiência do mandamento transgredido. Deus decretou pena para os pecados; está bem, porque o fez justamente, mas o homem não a experimentou por seu bem.

Tudo isso, todavia, melhor se poderia entender da Igreja; interpretá-lo-íamos como sinais proféticos que precedem o futuro. O paraíso seria a própria Igreja, como dela se lê no Cântico dos Cânticos; os quatro rios do paraíso seriam os quatro evangelhos; as árvores frutíferas, os santos; seus frutos, suas obras; a árvore da vida, o Santo dos Santos; a árvore da ciência do bem e do mal, o livre-arbítrio da vontade humana. Desprezando a vontade de Deus, o homem não pode fazer da sua senão pernicioso uso e assim aprende a aderir ao bem comum a todos ou a deleitar-se no próprio. Amando-se a si mesmo, entrega-se a si mesmo e, por isso, acabrunhado de temores e de tristezas, canta com o salmista, se é que sente seus males: *Turbada interiormente está minha alma* e, reconhecendo seu crime: *Em ti depositei minha fortaleza.* Se se permite dizer essas e outras coisas a respeito de interpretação espiritualista do paraíso, digam-se sem proibição alguma, contanto que se creia na fidelíssima verdade da história apresentada na narrativa dos acontecimentos ali realizados.

CAPÍTULO XXII
Depois da ressurreição os corpos dos santos serão espirituais, sem que por isso a carne se torne espírito

Depois da ressurreição, os corpos dos justos não necessitarão de árvore alguma que lhes dê o não morrer por enfermidade ou por extrema velhice, nem doutros alimentos corporais com que se evita todo o tormento procedente da fome e da sede. O motivo é que serão revestidos do dom inviolável, certo e onímodo da imortalidade, de maneira que, se lhes agrada, comerão por possibilidade, não por necessidade. Fizeram-no também os anjos, quando apareceram visível e tangivelmente, não porque necessitassem, mas porque queriam e podiam, para não se diferençarem dos homens nessa humanidade ministerial sua. E não se deve acreditar que os anjos comeram apenas em aparência, quando os homens lhes ofereceram hospitalidade, embora lhes parecesse que comiam, como nós, por necessidade, porque ignoravam tratar-se de anjos. Daí as palavras do anjo no Livro de Tobias: *Víeis-me comer, mas víeis-me com vossa vista*, quer dizer, pensáveis que eu comia por necessidade, para reparar as forças, como acontece convosco.

Mas, embora seja possível sustentar outra opinião mais viável a respeito dos anjos, a fé cristã não duvida que, depois da ressurreição, já em carne espiritual, é verdade, mas real, o Salvador comeu e bebeu com seus discípulos. É que a tais corpos não se despoja da possibilidade, mas da necessidade de comer e beber. Precisamente por isto serão espirituais, não porque deixarão de ser corpos, mas porque, graças ao espírito que os vivifica, subsistirão.

CAPÍTULO XXIII
Que se deve entender por corpo animal e por corpo espiritual ou que é morrer em Adão e ser vivificado em Cristo?

1. Assim como chamamos corpos animais aos que têm alma vivente, embora não espírito vivificante, sem serem almas, mas corpos,

assim também àqueles damos o nome de corpos espirituais. Mas Deus nos livre de acreditar que serão espíritos! Serão corpos, conservarão a substância da carne, que, graças ao espírito vivificante, não sofrerá o peso nem a corrupção da carne. Já não existirá, então, o homem terreno, mas o celestial, não porque o corpo, feito de terra, deixe de ser corpo, mas porque por dom celeste será susceptível de morar no céu, não perdendo a natureza, mas mudando de qualidade.

O primeiro homem, formado de terra e terreno, foi criado com alma vivente, não com espírito vivificante, reservado para prêmio de sua obediência. Por isso, seu corpo, que necessitava de comer e de beber, para não ver-se presa da sede e da fome, e não era alheio à morte por imortalidade absoluta e indissolúvel, mas graças à árvore da vida, que o conservava na flor da juventude, não há dúvida haver sido animal, não espiritual. Contudo, jamais haveria morrido, se, pecando, não houvesse incorrido na sentença com que Deus o prevenira e ameaçara. Sem ver-se privado, fora do paraíso, dos alimentos, ficava-lhe proibido a árvore da vida e foi entregue à velhice e ao tempo, para findar seus dias naquela vida, que poderia haver sido perpétua para ele no paraíso e em seu corpo animal, caso não houvesse pecado, até que, como prêmio de sua obediência, se tornasse espiritual.

Daí que, se essa morte sensível, que realiza a separação do corpo e da alma, entendemo-la significada nas palavras de Deus: *No dia em que o comerdes morrereis de morte*, não deve parecer absurdo não fossem desligados do corpo no mesmo dia em que comeram do fruto proibido e mortífero. Nesse mesmo dia a natureza piorou e viciou-se e, por justíssima separação da árvore da vida, apoderou-se deles a necessidade da morte corporal. Com tal necessidade nascemos todos. Por isso o apóstolo não diz: O corpo há de morrer pelo pecado, mas: *O corpo está morto em razão do pecado e o espírito é vida em virtude da justificação*. E logo a seguir acrescenta: *Se o Espírito daquele que da morte ressuscitou a Cristo habita em nós, o mesmo que da morte ressuscitou a Cristo, dá vida também a vossos corpos mortais, em virtude do Espírito que habita em vós.* O corpo, que agora tem alma vivente, terá então espírito vivificante; contudo, diz o apóstolo já estar morto, por estar sujeito à necessidade da morte. Tinha, então, alma vivente, não espírito vivificante, mas de tal forma, que não podia com razão chamar-se morto, porque sem o cometimento do pecado não haveria podido estar sujeito à necessidade da morte. Contudo, quando Deus nas seguintes palavras: *Adão, onde estás?* significou a morte da alma, que consiste em ser abandonada por Ele, e quando nestas: *És terra e à terra irás* figurou a morte do corpo, que consiste em dele apartar-se a alma, deve-se crer não haver dito nada a respeito da morte segunda justamente porque era sua intenção ficasse oculta por amor do Novo Testamento, onde com toda clareza se declara. O fim de tudo isso era manifestar que a morte primeira, comum a todos, se origina do pecado em que todos fomos solidários em Adão. Por outro lado, a morte segunda não é comum a todos, *por amor àqueles que segundo o decreto de Deus foram chamados, aos que antes previra e predestinara,* como diz o apóstolo, *para que se fizessem conformes com a imagem de seu Filho, de modo que seja o primogênito entre muitos irmãos,* livres da morte segunda mercê da graça de Deus pelo Mediador.

2. Segundo a expressão do apóstolo, o primeiro homem foi criado em corpo animal. Sua intenção era distinguir do que será espiritual na ressurreição este que agora é animal. *É posto na terra, como semente, em estado de corrupção, e ressuscitam incorruptível. É posto na terra disforme e ressuscitará glorioso. É posto na terra sem movimento e ressuscitará cheio de vigor. É posto na terra como corpo animal e ressuscitará como corpo espiritual.* Depois, para prová-lo, acrescenta: *Porque assim como há corpo animal, também há corpo espiritual.* Quis, desse modo, manifestar o que é o corpo animal, embora a Escritura não haja dito do primeiro homem, chamado Adão, quando pelo sopro de Deus lhe foi criada a alma: E foi feito o homem em corpo animal, e sim: *Foi formado o homem em alma vivente.* A intenção do apóstolo foi dar a entender nesta perícope: *Foi formado o homem em alma vivente,* o corpo animal do homem. Como se devia entender o espiritual, mostra-o ao acrescentar: *Mas o segundo Adão, em espírito vivificante,* significando sem dúvida alguma a Cristo, que já ressuscitou da morte, de maneira que não pode morrer nunca mais. Por fim, remata, dizendo: *Mas não é corpo espiritual o que foi formado primeiro, mas o animal e, em seguida, o espiritual.* Essa passagem lança mais luz sobre a anterior referência ao homem animal no que está escrito haver sido o primeiro homem formado em alma vivente e o espiritual no que se lê: *Mas o segundo Adão, em espírito vivificante.*

O corpo animal é o primeiro, qual o teve o primeiro Adão, que não haveria de morrer, se não pecasse, qual o temos agora, procedente de sua natureza, transformada e viciada pelo pecado, que o submeteu à necessidade da morte, qual se dignou ter Cristo por nós, não por necessidade, mas por possibilidade. Depois a este seguirá o corpo espiritual, qual já precedeu em Cristo, como em nossa cabeça, e seus membros terão na ressurreição dos mortos.

3. A seguir, o apóstolo assinala manifesta diferença entre esses dois homens, dizendo: *O primeiro homem é o terreno, formado da terra, e o segundo é o celeste, que vem do céu. Assim como o primeiro homem foi terreno, seus filhos também foram terrenos, e assim como é celeste o segundo, também seus filhos são celestes. De acordo com isso, assim como vestimos a imagem do homem terreno, vistamos também a imagem do homem celeste.* Com semelhantes palavras o apóstolo pretende que isso agora se realize em nós por sacramento, de acordo com esta passagem: *Todos os que fostes batizados em Cristo estais revestidos de Cristo.* Mas a realidade culminará, quando o que em nós há de animal por nascimento se haja transformado em espiritual pela ressurreição ou, para usar sua própria expressão: *Fomos salvos em sua esperança.* Vestimos a imagem do homem terreno pelo pecado e pela morte, que a geração nos infundiu, mas vestimos a imagem do homem celeste pela graça do perdão e da vida eterna, que nos dá a regeneração somente pelo Mediador entre Deus e os homens, o homem Cristo Jesus. Na intenção do apóstolo, esse é o homem celeste que se deve entender aqui, porque do céu veio para vestir o corpo da mortalidade terrena e revesti-lo da imortalidade celeste. Dá também o nome de celestes a outros justamente porque pela graça se tornam membros seus, com Ele formando um só Cristo, a cabeça e o corpo. É o que com luz meridiana essa carta expressa nos seguintes termos: *Porque assim como por um homem veio a morte, por um homem deve vir a ressurreição. Que assim como em Adão todos morrem, assim em Cristo todos são vivificados.* Se isso sucederá no corpo espiritual, que será em espírito vivificante? Está escrito todos, duas vezes, não porque todos os que morrem em Adão hajam de ser membros de Cristo (pois muitos deles serão eternamente castigados com a morte segunda), mas porque assim como ninguém morre em corpo animal, mas em Adão, assim ninguém é vivificado em corpo espiritual, mas em Cristo.

Em conclusão, não se deve imaginar que na ressurreição teremos corpo igual ao que o primeiro homem teve antes do pecado. E estas palavras: *Assim como o primeiro foi terreno, seus filhos também foram terrenos*, não devem ser entendidas segundo o corpo que seguiu à admissão do pecado. A razão é que não se deve pensar que antes do pecado seu corpo era espiritual e haja sido transformado em animal por merecimento do pecado. Os que assim pensam reparam muito pouco nas palavras do grande Doutor, que escreve: *Se há corpo animal, há também o espiritual, como está escrito: O primeiro homem, Adão, foi formado em alma vivente*. Será que isso aconteceu depois do pecado, se tal foi a primeira criação do homem, de que o mesmo apóstolo tomou esse texto da Lei, para fazer ver o que é o corpo animal?

CAPÍTULO XXIV
Como se deve entender o sopro com que o primeiro homem foi feito em alma vivente ou o outro, que o Senhor espirou, ao dizer: "Recebei o Espírito Santo"?

1. Daí haverem alguns, com pouca precaução, pensado que neste versículo: *Em seu rosto Deus inspirou espírito de vida e o homem foi feito em alma vivente* não se pretende dizer que então se comunicou a alma ao primeiro homem, e sim que a alma que já tinha foi então vivificada pelo Espírito Santo. A semelhante interpretação os induz o lerem que Jesus, depois da ressurreição, soprou sobre os discípulos, dizendo: *Recebei o Espírito Santo*. Logo, deduzem que ali se fez algo semelhante, como se o evangelista, prosseguindo, acrescentasse: E foram feitos em alma vivente. Se o houvesse dito, deveríamos entender que o Espírito de Deus é uma espécie de vida das almas. Sem Ele as almas racionais devem ser consideradas mortas, embora os corpos pareçam viver por sua presença. Que, todavia, na criação do homem não sucedeu assim, testemunham-no suficientemente as palavras do Gênesis: *E criou* (formavit) *Deus o homem do pó da terra*. Alguns, buscando interpretação mais clara, disseram: *E formou* (finxit) *Deus o homem do barro da terra*. Porque mais acima dissera: *Uma fonte subia da terra e regava toda a face da terra* e, segundo eles, aqui barro devia ser entendido como composto de

água e de terra. Logo a seguir acrescenta: *E criou Deus o homem do pó da terra*, como trazem os códices gregos, dos quais foi traduzida ao latim a Escritura. Que alguém prefira dizer *criou* (formavit) ou *formou* (finxit), traduzindo a palavra grega *éplasen*, não tem importância; contudo, segundo parece, fica melhor *formou* (finxit). Mas aos que preferiram dizer *criou* (formavit) pareceu evitar desse modo a ambiguidade, porque em latim é mais corrente usar a palavra *fingere* para denominar aquele que com larvada mentira compõe algo. Esse homem, feito do pó da terra ou do barro (pois era pó umedecido), esse, repito, para expressá-lo com maior viveza, usando a expressão da Escritura, *pó da terra*, ensina o apóstolo haver sido feito corpo animal quando recebeu a alma. *E foi criado esse homem em alma vivente*, quer dizer, uma vez formado esse pó, foi feito em alma vivente.

2. E replicam: Já tinha alma, porque doutro modo não se chamaria homem, porquanto o homem não é apenas alma nem apenas corpo, mas composto de alma e de corpo.

É grande verdade não ser todo o homem a alma do homem, mas sua parte superior, nem seu corpo todo o homem, mas sua parte inferior. E também o é que à união simultânea de ambos os elementos se dá o nome de homem, termo que não perde cada um dos elementos, quando deles falamos em separado. Não se diz a cada passo, sem que o proíba lei linguística alguma: Aquele homem morreu e agora está gozando ou penando, se tal coisa só se pode dizer da alma? A quem se proíbe dizer: Aquele homem está enterrado em tal ou qual lugar, se tal coisa só se pode dizer do corpo? Dirão, acaso, que a Divina Escritura não costuma expressar-se assim? Ao contrário, dá-nos testemunho disso, ao extremo de, mesmo estando unidos os dois elementos e em vida do homem, chamar homem a cada um deles, a saber, homem interior à alma e exterior ao corpo, como se fossem dois homens, quando, na realidade, ambos são ao mesmo tempo um homem apenas. Mas é preciso entender em que sentido se diz que o homem foi feito à imagem de Deus e que o homem é terra e há de tornar à terra. O primeiro refere-se à alma racional, qual Deus a infundiu, soprando, ou se é mais adequada a expressão, inspirando no homem, quer dizer, no corpo do homem. E o segundo, ao corpo, tal qual foi por Deus formado do pó, corpo a que deu alma para fazê-lo corpo animal, quer dizer, homem em alma vivente.

3. Por isso, ao soprar sobre seus discípulos, dizendo: *Recebei o Espírito Santo*, o Senhor quis dar-nos a entender que o Espírito Santo não é somente Espírito do Pai, mas também Espírito do Unigênito. Um mesmo é o Espírito do Pai e do Filho e com Ele formam a Trindade, Pai, Filho e Espírito Santo, que não é criatura, mas Criador. O sopro corpóreo, procedente da boca carnal, não era a substância e a natureza do Espírito Santo, mas simples figura, que nos manifestava, como indiquei, ser o Espírito Santo comum ao Pai e ao Filho e não ter cada um deles o seu, mas ser um mesmo o de ambos. Nas Sagradas Escrituras tal Espírito é sempre expresso com a palavra grega *pneuma*, como nesse lugar o Senhor o denomina, ao dá-lo a seus discípulos, significando-o com o sopro de sua boca corporal. Não me lembro de passagem alguma da divina Palavra em que seja nomeado doutro modo. Neste versículo: *E formou Deus o homem do pó da terra e em seu rosto soprou ou inspirou espírito de vida,* não diz o grego *pneuma*, que de costume se traduz por Espírito Santo, mas *pnoé*, nome aplicado mais corretamente à criatura que ao Criador.

Baseados nisso, alguns tradutores, para diferençá-los, preferiram traduzir essa palavra por sopro e não por espírito. Emprega-se essa mesma expressão na passagem de Isaías que diz: *Eu fiz todo sopro*, significando, sem dúvida, toda alma. A palavra grega *pnoé*, os latinos às vezes interpretaram por sopro, às vezes por espírito, às vezes por inspiração ou aspiração, quando se aplica também a Deus. Mas *pneuma*, sempre a traduziram por espírito, quer do homem, de que diz o apóstolo: *Que homem sabe o que é do homem, senão o espírito do homem que nele há?*, quer do irracional, como está escrito no livro de Salomão: *Quem sabe se o espírito do homem remontará ao céu e o espírito da besta se abaterá até à terra?*, quer corpóreo, por outro nome chamado vento, termo usado no salmo, que canta: *O granizo, o fogo, o gelo, a neve e o tempestuoso vento*, quer não já o espírito criado, mas o Criador, como o de que diz o Senhor no Evangelho: *Recebei o Espírito Santo*, figurando-o pelo sopro de sua boca carnal. E também onde diz: *Ide, batizai todas as gentes em nome do Pai, do Filho e do Espírito Santo.* Aqui de modo muito expressivo e muito claro se *encarece* a Trindade. E onde se lê: *Deus é espírito* e noutras muitíssimas passagens das Sagradas Letras se dá a entender o mesmo. Em todos esses lugares das Escrituras, os códices gregos não escrevem *pnoé*, mas *pneuma* e os latinos *espírito*, não *sopro*. Se, por conseguinte, no versículo: *Em seu rosto inspirou* ou, se é mais adequada a expressão, *soprou espírito de vida*, o grego houvera escrito *pneuma* em lugar de *pnoé*, mesmo em tal caso não nos veríamos precisados de entender o Espírito Criador, na Trindade propriamente chamado Espírito Santo, posto que *pneuma*, como fica dito, costuma aplicar-se não apenas ao Criador, mas também à criatura.

4. Mas, replicarão, ao dizer *espírito*, não haveria acrescentado *de vida*, se não quisesse dar a entender o Espírito Santo, e ao dizer: *Foi criado o homem em alma*, não teria acrescentado *vivente*, se não significasse a vida da alma, que como dom o Espírito de Deus lhe comunicou.

Vivendo a alma, prosseguem, essa vida que lhe é própria, que necessidade havia de acrescentar *vivente*, senão apenas a de dar a entender a vida que o Espírito Santo lhe infunde?

E isso que é senão apegar-se com interesse a hipóteses humanas e atender com desinteresse às Santas Escrituras? Porque era grande coisa não ir longe, mas ler pouco mais acima no mesmo livro: *Produza a terra alma vivente*, quando foram criados todos os animais terrestres? E depois, passados alguns capítulos, significava grande coisa dar tento de estar escrito: *E foi destruído tudo o que tem espírito de vida e tudo o que estava no se*co, quando, ao tratar do dilúvio, dizia haver perecido tudo quanto vivia na terra? Por conseguinte, se também nos irracionais encontramos alma vivente e espírito de vida, segundo o estilo da Divina Escritura, e dizendo o grego nessa passagem, que soa assim: *Tudo quanto tem espírito de vida*, não *pneuma*, mas *pnoé*, por que não havemos de perguntar: Que necessidade havia de acrescentar *vivente*, se a alma que não vive não pode existir? Ou que necessidade havia de acrescentar *de vida*, havendo antes dito *espírito*? Mas compreendemos que, quando a Escritura dizia *espírito de vida e alma vivente*, segundo seu estilo, queria dar a entender os animais, quer dizer, os corpos animados, que têm, graças à alma, o sentido corporal. Contudo, na criação do homem esquecemos o estilo da Escritura, pois aí fala também segundo esse estilo. Em tal sentido insinua que o homem, uma vez recebida a alma racional, que intentou apresentar criada não como efeito da água ou da terra, mas do sopro de Deus, foi formado para viver em corpo animal, obra da alma vivente, como os animais, de que disse: *Produza a terra alma vivente*. Deles diz também terem espírito de vida. Aqui o grego não disse *pneuma*, mas *pnoé*, não expressando com esse termo o Espírito Santo, mas a alma dos animais.

5. Mas acrescentam: Assim se põe em evidência que o sopro de Deus lhe saiu da boca e, se acreditamos ser a alma, será lógico concluir ser da mesma substância que Deus e igual à sua Sabedoria, que diz: *Eu saí da boca do Altíssimo*.

Deve-se fazer notar não haver a Sabedoria dito ser sopro da boca de Deus, mas proceder-lhe da boca. Assim como podemos emitir sopro, não da natureza que nos constitui em homens, mas do ar que nos rodeia, que trazemos e levamos, respirando e aspirando, assim Deus, onipotente, pôde formar não de sua natureza, nem de criatura alguma sujeita a seu domínio, mas do nada, um sopro, que com muita propriedade está escrito haver inspirado ou soprado para infundi-lo no corpo do homem. Ele é incorpóreo e o sopro, incorpóreo, mas Ele é imutável e o sopro, mutável, porque Deus, incriado, infundiu algo criado.

Entretanto, para que esses que se prezam de falar das Escrituras e não lhes estudam o estilo literário saibam que não apenas se diz sair da boca de Deus o que é igual ou da mesma natureza que Ele, ouçam ou leiam o que Deus ditou e foi escrito: Porquanto és morno e não frio nem quente, estou para vomitar-te de minha boca.

6. Não há, pois, motivo algum para resistirmos ao apóstolo, que fala com tamanha clareza, distinguindo o corpo animal do corpo espiritual, quer dizer, esse em que havemos de estar, deste em que atualmente estamos. *É posto em terra corpo animal e ressuscitará corpo espiritual. Porque assim como há corpo animal, há também o espiritual, segundo está escrito: O primeiro homem, Adão, foi formado em alma vivente; o segundo Adão, em espírito vivificante. Mas primeiro não foi formado o corpo espiritual, e sim o animal e, em seguida, o espiritual. O primeiro homem é o terreno, formado da terra, e o segundo é o celeste, que vem do céu. Assim como o primeiro homem foi terreno, seus filhos também foram terrenos, e assim como é celeste o segundo, também seus filhos são celestes. De acordo com isso, assim como vestimos a imagem do homem*

terreno, vistamos também a imagem do homem celeste. Tais palavras do apóstolo já as mencionamos mais acima. O corpo animal, em que, segundo ele, foi formado o primeiro homem, Adão, foi criado de tal modo que podia morrer, é verdade, mas não morreria, se não houvesse pecado. E é que não pode morrer o que há de ser espiritual e imortal pelo espírito vivificante. Assim, a alma, criada imortal, embora aparentemente morta por causa do pecado, pois carece dessa vida sua que é o Espírito de Deus, mercê de quem podia viver feliz e sabiamente, não deixa de viver com uma espécie de vida que também lhe é própria, embora miserável, e não deixa de viver por haver sido criada imortal. É o que sucede com os anjos desertores, que, ainda quando de algum modo hajam morrido, pecando, porque abandonaram a fonte da vida, que é Deus, com quem podiam viver feliz e sabiamente, não puderam morrer, deixando em absoluto de viver e de sentir, por haverem sido criados imortais. E desse modo serão, depois do juízo, precipitados na segunda morte, de maneira que nem mesmo ali carecerão da vida, pois não se verão privados de sensibilidade, quando vivam em dores.

Porém, os homens que se acolhem à graça de Deus e serão concidadãos dos santos anjos, estáveis em sua bem-aventurança, serão revestidos de corpos espirituais tais, que nem pecarão, nem morrerão nunca mais. Sua imortalidade será como a dos anjos, que dela nem o pecado poderá privá-los, com a diferença de que conservarão a natureza da carne e não perdurará corruptibilidade alguma carnal nem peso.

7. Tal questão traz como que pela mão outras que necessariamente devem ser tratadas e resolvidas com o auxílio de Deus e Senhor da verdade. A primeira é esta: Nos membros desobedientes dos primeiros homens, do pecado de desobediência é que se originou a libido, ao abandoná-los a graça de Deus? Assim se explicaria que em sua nudez abrissem os olhos, isto é, reparassem com maior curiosidade nela e, porque o movimento impudente resistia ao arbítrio da vontade, cobrissem suas vergonhas. E a segunda: Como haviam de propagar-se os filhos, se, como haviam sido criados, permanecessem sem prevaricação? Como, porém, este livro já está exigindo ponto final e essa questão não é para limitar-se a exíguas páginas, parece-me determinação mais acertada deixá-la para o livro seguinte.

LIVRO DÉCIMO QUARTO

Volta a falar do pecado original como fonte da vida carnal e das paixões viciosas. Detém-se em especial em mostrar que a libido vergonhosa é justo castigo da desobediência e investiga o modo de a espécie humana propagar-se sem libido, se o primeiro homem não houvesse pecado.

CAPÍTULO I
A desobediência do primeiro homem submeteria todos à perpétua morte segunda, se a graça de Deus não livrasse muitos

Já nos livros anteriores apontamos que Deus, para unificar o gênero humano, não apenas pela semelhança de natureza, mas também por laços de consanguinidade, para ligá-los, digo, com o vínculo da paz em unidade concorde, quis procedessem de um só todos os homens. Ademais, foi também vontade sua não estivesse o gênero humano sujeito à morte individual, caso os dois primeiros homens, dos quais um foi criado do nada e do primeiro o outro, por causa da desobediência, não se tornassem credores dela. Foi tão enorme o pecado em que consentiram, que, em virtude dele, a natureza humana piorou e se transmitem aos descendentes o próprio pecado e a necessidade da morte. De tal maneira o império da morte dominou os homens, que dera com todos na morte segunda, como devida pena, se uma graça de Deus não devida dela não livrasse alguns deles.

Daí que, sendo tantos e tão grandes os povos disseminados por todo o orbe da terra, tão diversos em ritos e em costumes e tão variados em língua, em armas e em roupas, não formem senão dois gêneros de sociedade humana, que, conformando-nos com nossas Escrituras, podemos chamar duas cidades. Uma delas é a dos homens que querem viver segundo a carne, a outra, a dos que querem viver segundo o espírito, cada qual em sua própria paz. E a paz de cada uma delas consiste em ver realizados todos os seus desejos.

CAPÍTULO II
Que se deve entender por viver segundo a carne?

1. Primeiro, é preciso considerar o que é viver segundo a carne e o que é viver segundo o espírito. Quem de repente topar com semelhante expressão, não recordando ou não reparando na linguagem das Santas Escrituras, pode pensar que os filósofos epicuristas vivem segundo a carne, por fazerem radicar no prazer do corpo o supremo bem do homem. A estes acrescentariam outros, se existem, que de algum modo opinem consista no bem do corpo o supremo bem do

homem e toda essa canalha que, sem professar dogma nem filosofia alguma, é propensa à libido e não conhece outros prazeres e gozos além dos corporais e sensíveis. Por outro lado, os estoicos, para esse, viveriam segundo o espírito, porque, segundo eles, o supremo bem do homem se radica no ânimo. E que é o ânimo humano senão o espírito?

De acordo, porém, com o sentido da Escritura, uns e outros vivem segundo a carne. Com efeito, não chama carne apenas ao corpo do animal, terrestre e mortal, como quando diz: *Nem toda carne é a mesma carne, mas uma é a carne do homem, outra a da besta, outra a das aves e outra a dos peixes*, mas a essa palavra dá outras muitas acepções. Algumas vezes chama carne ao homem, quer dizer, à natureza humana, tomando o todo pela parte. Assim: *Nenhuma carne será justificada pelas obras da* lei. Que quis dar a entender aqui senão todo homem? Mais claramente o expressa pouco depois: *Ninguém se justifica pela lei.* E aos gálatas: *Sabendo que o homem não se justifica pelas obras da lei.* Entende-se também em tal sentido: *E o Verbo se fez carne*, isto é, homem. Alguns, não entendendo bem semelhante passagem, opinaram haver Cristo carecido de natureza humana. Assim como no lugar do Evangelho em que se leem estas palavras de Maria Madalena: *Levaram meu Senhor e não sei onde o colocaram* se toma a parte pelo todo, pois falava somente da carne de Cristo, que cria haver sido roubada do sepulcro, assim, ao dizer carne, toma-se o todo pela parte e se entende o homem, como sucede na citação anterior.

2. Sendo, pois, tantas as acepções que a Divina Escritura dá à palavra "carne", cuja investigação e relação seria prolixo fazer, para poder inquirir que é viver segundo a carne (coisa, sem dúvida, má, posto que a natureza da carne não é um mal), examinemos com cuidado a passagem da carta do Apóstolo São Paulo aos gálatas, que diz: *As obras da carne são bem manifestas; são adultério, fornicações, desonestidade, luxúria, culto de ídolos, feitiçarias, inimizades, porfias, emulações, iras, dissensões, heresias, invejas, embriaguezes, glutonerias e coisas semelhantes. A respeito delas previno-vos, como já tenho dito, que os que tais coisas fazem não possuirão o Reino dos Céus.* Desse ponto de vista, toda essa passagem da carta apostólica pode resolver que é viver segundo a carne.

Entre as obras da carne que disse manifestas e, uma vez enumeradas, condenou, encontramos não apenas as relativas ao prazer carnal, como as fornicações, a desonestidade, a luxúria, as embriaguezes, as glutonerias, mas também outras que descobrem os vícios do ânimo, alheios ao prazer da carne. Quem não compreende que a idolatria, as feitiçarias, as inimizades, as porfias, as emulações, as iras, as dissensões, as heresias e as invejas são vícios mais do ânimo que da carne? Pode muito bem suceder que alguém se abstenha dos prazeres carnais por amor da idolatria ou de algum erro herético e, contudo, mesmo em tal caso, a esse homem, que parece refrear e reprimir a libido carnal, a autoridade do apóstolo intima que vive segundo a carne. O próprio abster-se dos prazeres carnais está dizendo que pratica obras condenáveis da carne. Quem no ânimo não abriga as inimizades? Ou quem diz a inimigo ou a quem imagina tal: "Tens má carne contra mim" e não: "tens mau ânimo contra mim?" Enfim, como ninguém, ouvindo, por assim dizer, carnalidades, vacilaria em atribuí-las à carne, assim ninguém duvida que as animosidades pertencem ao ânimo. Por que, pois, todas essas e outras semelhantes recebem do Doutor dos Gentios, em verdade e em fé, o apelativo de obras da carne, senão porque, segundo a figura literária pela qual se significa o todo pela parte, sua intenção é dar a entender, com o nome de carne, o homem todo?

CAPÍTULO III
A causa do pecado tem origem na alma, não na carne, e a corrupção contraída pelo pecado não é pecado, mas pena do pecado

1. Se alguém disser que a carne é a causa de todos os vícios nos maus costumes, justamente porque a alma, tarada com a carne, vive assim, é fora de dúvida que se não fixou em toda a natureza do homem. É verdade que o *corpo corruptível oprime a alma*; por isso o apóstolo, quando trata do corpo corruptível, de que pouco antes dissera: *Embora nosso homem exterior se corrompa*, escreve: *Sabemos que, se nossa casa e morada terrena se destrói, Deus nos dará outra casa, casa não feita por mão de homens, que durará eternamente. Que por isso aqui suspiramos, desejando ser sobrevestidos*

da habitação nossa do céu, se, todavia, formos achados vestidos, não nus. Assim, os que estamos nesta morada gememos, acabrunhados, pois não queríamos ver-nos despojados, mas ser revestidos de maneira que a vida absorva o mortal. Somos acabrunhados pelo corpo corruptível e, sabendo que a causa desse acabrunhamento não é a natureza e a substância do corpo, mas sua corrupção, não queremos ser despojados do corpo, mas ser revestidos de sua imortalidade. Então existirá também o corpo; como, porém, não será corruptível, não se acabrunhará. Logo, *o corpo corruptível acabrunha agora a alma e a morada eterna oprime o sentido, que imagina muitas coisas.* Quem pensa procedam do corpo todos os males da alma está em erro.

2. Embora Vergílio pareça cantar em versos sublimes os sentimentos de Platão, quando diz: *Tem esses germens de vida vigor ígneo que devem à sua origem celeste, enquanto as impurezas do corpo não os contaminam, nem os embotam nossos órgãos terrenos ou nossos membros, já destinados à morte,* e embora pretenda dar a entender que as quatro conhecidíssimas perturbações do ânimo, o desejo e o medo, a alegria e a tristeza, como fontes de todo pecado e de todo vício, se devem ao corpo, ao escrever: *Quando, porém, isso acontece, as almas conhecem o desejo e o medo, a alegria e a dor, e não veem a claridade dos céus, presas em suas trevas e em seu cárcere sem olhos,* nossa fé procede de outra maneira. O motivo é que a corrupção, que acabrunha a alma, não é a causa do primeiro pecado, mas o castigo, nem a carne corruptível fez a alma ser pecadora, e sim a alma pecadora é que fez a carne ser corruptível. Embora seja verdade existirem alguns incentivos e alguns desejos viciosos procedentes da corrupção da carne, não devem ser atribuídos à carne todos os vícios da alma iníqua, para não acontecer que justifiquemos o diabo, que não tem carne. Talvez não se possa dizer que o diabo seja fornicador ou bêbado ou esteja sujeito a qualquer outro mal pertinente ao prazer carnal, embora seja o oculto instigador e o conselheiro de tais pecados, mas é possível dizer-se que é o soberbo e o invejoso por antonomásia. Essa viciosidade prendeu-o de tal maneira, que com suplício eterno o precipitou nas obscuras prisões deste ar. Os vícios, que estabeleceram seu império no diabo, atribui-os o apóstolo à carne, embora seja certo que dela o diabo carece.

Diz, por exemplo, serem obras da carne as inimizades, as porfias, as emulações, as animosidades e as invejas. Fonte e princípio de todos esses males é a soberba, que sem carne reina sobre o diabo. Quem mais do que ele é inimigo dos santos? Encontra-se alguém mais contencioso, mais animoso, mais êmulo e mais invejoso deles que o diabo? Senhoreando nele todos esses vícios sem a carne, por que são obras da carne senão por serem obras do homem, a quem, como dissemos, dá o nome de carne? Com efeito, o homem não se tornou semelhante ao diabo por ter carne, de que o diabo carece, mas por viver segundo si mesmo, quer dizer, segundo o homem. Também o diabo quis viver segundo si mesmo, quando não se manteve na verdade. E desse modo falou mentira, não de Deus, mas de si próprio, que não apenas é mendaz, mas o pai da mentira. Foi quem primeiro mentiu e o princípio do pecado é o mesmo da mentira.

CAPÍTULO IV
Que é viver segundo o homem e que segundo Deus?

1. Em consequência, quando o homem vive segundo o homem e não segundo Deus, é semelhante ao diabo. Porque nem o anjo deve viver segundo o anjo, mas segundo Deus, para manter-se na verdade e falar a verdade, que vem de Deus, não a mentira, que nasce dele mesmo. Do homem diz o apóstolo noutro lugar: *Se é que se manifestou a verdade de Deus em minha mentira,* chamando à mentira *minha* e à verdade, *de Deus.* Quando, portanto, o homem vive segundo a verdade, não vive segundo ele mesmo, mas segundo Deus, pois Deus é quem disse: *Eu sou a verdade.* Quando vive segundo ele mesmo, quer dizer, segundo o homem, não segundo Deus, indubitavelmente vive segundo a mentira. Não porque o homem seja mentira, sendo Deus seu autor e criador, Deus que não é autor nem criador da mentira, mas porque o homem não foi criado justo para viver segundo ele mesmo, mas segundo quem o fez, isto é, para fazer a vontade de Deus e não a sua. Não viver como sua condição exigia que vivesse, eis a mentira. Quer ser feliz, mas sem viver de maneira que possa ser. Que há de mais mentiroso que semelhante querer?

Donde se segue que muito bem se pode dizer que todo pecado é mentira, porque o pecado não se comete senão pela vontade com que queremos que as coisas nos corram bem ou com que não queremos que nos corram mal. Logo, a mentira consiste em que, quando procuramos que tudo nos corra bem, de tal ação nos advém mal ou em que, quando pretendemos que nos corra melhor, desse mesmo ato tudo nos corre pior. Donde isso procede senão do fato de que o homem pode viver bem de Deus, a quem, pecando, abandona, não de si mesmo, porque, vivendo assim, peca?

2. Como observamos, de haver uns que vivem segundo a carne e outros segundo o espírito originaram-se duas cidades diversas e contrárias entre si. A mesma ideia pode ser expressa do seguinte modo: uns vivem segundo o homem e outros segundo Deus. Com meridiana clareza escreve São Paulo aos coríntios: *Havendo entre vós zelos e discórdias, não é claro que sois carnais e procedeis segundo o homem?* Logo, proceder segundo o homem é igual a ser carnal, porque pela carne, quer dizer, por essa parte do homem, se entende o homem todo. Pouco antes chamara animais àqueles mesmos que agora chamou carnais. Diz assim: *Porque quem dos homens sabe as coisas do homem senão o espírito do homem, que está dentro dele? Como as coisas de Deus ninguém as sabe senão o Espírito de Deus. Por conseguinte*, diz, *não recebemos o espírito deste mundo, mas o Espírito que é de Deus, a fim de conhecermos as coisas que Deus nos comunicou e, por isso, não tratamos com palavras estudadas de ciência humana, mas conforme nos ensina o Espírito, acomodando o espiritual ao espiritual. Porque o homem animal não pode fazer-se capaz das coisas que são do Espírito de Deus, pois para todos são ignorância crassa.* A esses homens animais diz pouco depois: *E assim é, irmãos, que não pude falar-vos como a homens espirituais, mas como a carnais.* Devemos entendê-lo também pela figura de retórica em que se toma o todo pela parte. Assim, pela carne e pela alma, partes do homem, pode-se designar o todo, que é o homem.

De acordo com isso, o homem animal não é distinto do carnal, mas ambos são a mesma coisa, quer dizer, o homem que vive segundo o homem. Assim se dão a entender os homens, quer nesta passagem: *Nenhuma carne será justificada pelas obras da lei,* quer nesta: *Baixaram com Jacó ao Egito setenta e cinco almas.* Ali por toda carne se entende todo homem; aqui, por setenta e cinco almas, setenta e cinco homens. A cláusula *não com palavras estudadas de ciência humana* poderia expressá-la assim: "não com palavras estudadas de ciência carnal", e nesta: *procedeis segundo o homem* poderia dizer "segundo a carne". É o que aparece mais claro no que segue: *Porque dizendo um: Eu sou de Paulo e o outro: Eu, de Apolo, não sois homens?* A expressão: *sois animais* e *sois carnais* agora é mais plástica: *sois homens,* que se traduz: Viveis segundo o homem, não segundo Deus. Se vivêsseis segundo Ele, seríeis deuses.

CAPÍTULO V
Opinião dos platônicos e dos maniqueístas sobre a natureza da alma

Assim, pois, não há necessidade de acusarmos a natureza da carne, por causa de nossos vícios e pecados, injuriando ao mesmo tempo o Criador. A carne, que, em seu gênero e ordem, é boa. O que não é bom é abandonar o bem Criador e viver segundo o bem criado, quer se escolha viver segundo a carne, quer segundo a alma, quer segundo o homem total, constante de alma e de carne (donde lhe vem o poder ser significado só pela alma ou só pela carne). Quem louva a natureza da alma como supremo bem e acusa a natureza da carne como mal, fora de dúvida apetece a alma carnalmente e evita carnalmente a carne, porque se funda na vaidade humana, não na verdade divina.

É certo que os platônicos não deliram como os maniqueus, a ponto de detestarem os corpos terrenos como a natureza do mal, posto atribuírem a Deus, como Criador, todos os elementos componentes deste mundo visível e tangível e suas qualidades. Opinam, contudo, que os órgãos terrenos e os membros mortais causam tais impressões nas almas, que delas provêm as doenças dos desejos e dos temores, das alegrias e das tristezas. Nessas quatro perturbações, como as chama Cícero, ou paixões, como muitos traduzem literalmente do grego, radica-se toda a viciosidade dos costumes humanos. Se assim é, que significa que Eneias, em Virgílio, em havendo ouvido do pai, nos infernos, que as almas tornarão de novo aos corpos, se admire de tal opinião e exclame: *como é possível, pai, haver almas que quei-*

ram remontar outra vez ao ar dos céus e aspirem a entrar de novo no estreito cárcere da carne? Donde lhes vem a esses desgraçados tão insensato desejo de luz?

Pode acaso tal insensato desejo, oriundo dos órgãos terrenos e dos membros mortais, ainda subsistir naquela tão celebrada pureza das almas? Não afirma o poeta estarem purificadas de todas essas pestes corpóreas, como ele diz, quando nelas nasce o desejo de retornar outra vez aos corpos? Donde se infere que, embora assim fosse (seria o cúmulo da vaidade), alternando alternativa e incessantemente a purificação e a mácula das almas que vão e vêm, não é possível dizer-se com verdade procedam dos corpos terrenos todos os movimentos viciosos e culpáveis das almas. O motivo é que, segundo a expressão do famoso literato, tão néscio desejo não procede do corpo, de tal modo que obrigue a alma, purificada de toda peste corpórea e livre de todo corpo, a estar em algum corpo. Donde se segue, de acordo com sua própria confissão, não ser apenas a carne que na alma excita o desejo e o temor, a alegria e a tristeza, mas poder também a alma excitar por si mesma tais movimentos.

CAPÍTULO VI
A retidão ou a malícia das afeições anímicas dependem da vontade humana

É de grande importância saber como é o querer do homem, porque, se desordenado, seus movimentos serão desordenados e, se reto, não apenas serão inculpáveis, mas até mesmo louváveis. Em todos eles há querer, melhor diríamos, todos eles não passam de quereres. Pois que é o desejo e a alegria senão querer em consonância com as coisas que queremos? E que é o temor e a tristeza senão querer em dissonância com o que não queremos? Quando concordamos, apetecendo o que queremos, temos o desejo; quando concordamos, gozando do que queremos, temos a alegria. De igual modo, quando discordamos do que não queremos que suceda, tal querer chama-se temor; quando discordamos do que sucede a quem não o quer, temos o querer chamado tristeza. Em suma, como se alucina ou ofende a vontade do homem, segundo os diferentes objetos que apetece ou recusa, assim a vontade do homem se transforma em tal ou tal afeição.

Por isso, o homem que vive segundo Deus e não segundo o homem precisa gostar do bem e, em consequência, odiar o mal. E como ninguém é mau por natureza, pois tudo quanto é mau o é por vício, quem vive segundo Deus deve ódio perfeito aos maus. Tal ódio há de manter-se nesta linha: não odiar o homem pelo vício nem amar o vício pelo homem, mas odiar o vício e amar o homem. Sanado o vício, ficará unicamente o que deve amar e nada do que deve odiar.

CAPÍTULO VII
As palavras "amor" e "dileção" usam-se indistintamente nas Sagradas Letras para o bem e para o mal

1. De quem tem propósito de amar a Deus e ao próximo como a si mesmo, não segundo o homem, mas segundo Deus, se diz ser de boa vontade por esse amor. Nas Sagradas Letras o nome mais corrente de tal afeto é o de caridade, mas chamam-no também amor. Diz o apóstolo que o escolhido para governar o povo, segundo sua vontade, deve gostar do bem. O Senhor perguntou ao Apóstolo Pedro: *É tua dileção superior à destes?* Respondeu-lhe Pedro: *Senhor, sabes que te amo.* Tornou o Senhor a perguntar-lhe não se o amava, mas se lhe tinha dileção, e Pedro tornou a responder: *Senhor, sabes que te amo.* A terceira pergunta, porém, o Senhor já não diz: "Tens-me dileção?", mas: *Amas-me?* E o evangelista acrescenta logo a seguir: *Pedro contristou-se de que pela terceira vez lhe perguntasse: Amas-me?*, quando na verdade o Senhor perguntara, não três vezes, mas uma apenas: *Amas-me?* e duas: *Tens-me dileção?* Disso deduzimos que, quando o Senhor dizia: *Tens-me dileção?*, queria simplesmente dizer: *Amas-me?* Todavia, Pedro não mudou o termo dessa única realidade, mas respondeu pela terceira vez: *Senhor, sabes tudo, sabes que te amo.*

2. Julguei-me no dever de recordar tudo isso precisamente por alguns pensarem que uma coisa é a dileção ou caridade e outra o amor. Dizem dever-se tomar em bom sentido a dileção e em mau o amor. É certíssimo não haverem nem mesmo os autores das letras profanas falado com semelhantes acepções. Mas discutam os filóso-

fos sobre se se distinguem e por que razão. Notarei apenas que em seus livros se fala do grande valor do amor cujo objeto é o bem e Deus mesmo. Era forçosa a insinuação de que as Escrituras de nossa religião, cuja autoridade antepomos a quaisquer outros escritos, não chamam a uma coisa amor e à outra dileção. Já mostramos que a palavra "amor" também se usa em bom sentido. Mas com o fim de ninguém imaginar que o amor se toma em bom sentido e em mau e que a dileção somente se toma no bom, repare no que está escrito no salmo: *Quem tem dileção pela iniquidade odeia sua alma.* E nesta outra passagem do Apóstolo São João: *Se alguém tem dileção pelo mundo nele não habita a dileção de Deus.* Eis a dileção, usada em bom e em mau sentido na mesma passagem. E para ninguém impacientar-se, querendo ver o amor empregado em mau sentido (no bom já o mostramos), leia o que está escrito: *Levantaram-se homens amantes de si mesmos, amadores do dinheiro.*

Em conclusão, o reto querer é o amor bom e o perverso querer, o amor mau. E assim, o amor ávido de possuir o objeto amado é o desejo; a posse e o desfrute de tal objeto é a alegria; a fuga ao que é adverso é o temor e sentir o adverso, se acontecer, é a tristeza. Semelhantes paixões, por conseguinte, são más, se mau o amor, e boas, se é bom.

Provemos de Escritura em punho o que dissemos. O apóstolo quer dissolver-se e estar com Cristo e: *Ardeu-me a alma em ânsias de desejar-te os juízos* ou, se mais adequada a expressão: *Minha alma desejou arder em ânsias de teus juízos*, e: *A concupiscência da sabedoria conduz ao reino.* Por outro lado, o uso da linguagem alcançou tal auge, que, se se diz "apetite" ou apenas "concupiscência", não se pode entender senão em mau sentido. A alegria, contudo, entende-se no bom: *Alegrai-vos, justos, e regozijai-vos no Senhor*, e: *Infundiste-me a alegria no coração*, e: *Encher-me-ás de alegria com tua presença.* O temor emprega-o o apóstolo também no bom sentido, quando diz: *Trabalhai com temor e tremor na obra de vossa salvação*, e: *Não te ensoberbeças, antes vive com temor*, e: *Mas temo que, assim como a serpente enganou Eva com sua astúcia, assim também sejam vossos espíritos pervertidos com a castidade existente em Cristo.* Enfim, a respeito da tristeza, por Cícero chamada enfermidade e por Vergílio dor, onde diz: *Sofrem e gozam* (que preferi traduzir por tristeza, porque a enfermidade ou a dor são de uso mais corrente nos corpos), suscita-se questão muito delicada, a saber, se é possível empregá-la para significar algo bom.

CAPÍTULO VIII
Os estoicos opinaram que no ânimo do sábio se processam três perturbações e dele excluem a dor ou a tristeza, por incompatível, segundo eles, com a virtude anímica

1. Os estoicos opinaram serem três as que os gregos chamam *eupatheiai*, por Cícero traduzidas ao latim como "constâncias", correspondentes no ânimo do sábio a suas três perturbações, ao desejo a vontade, à alegria o gozo, ao medo a precaução. E negaram que à enfermidade ou à dor, que para evitar a ambiguidade preferimos denominar tristeza, possa no ânimo do sábio corresponder alguma. A vontade, dizem, apetece o bem, que o torna sábio; o gozo é efeito do bem alcançado, que o sábio consegue por completo; a precaução previne o mal, que o sábio deve evitar. A tristeza, como produto de mal já sucedido, pensam não pode causar nenhum dano ao sábio e, portanto, em seu ânimo nada pode corresponder-lhe a ela.

Em sua concepção, por conseguinte, somente o sábio é susceptível de vontade, de gozo e de precaução e somente o néscio é capaz de desejo e de alegria, de temor e de tristeza. As três primeiras são as constâncias, as outras quatro, segundo Cícero, as perturbações, as paixões, segundo outros muitos. Em grego, como fica dito, as três chamam-se *eupatheiai* e as quatro, *páthe*. Investigando com todo o cuidado e com todas as minhas possibilidades se esse modo de falar está de acordo com nossas Escrituras, verifiquei que o profeta escreve: *Não há gozo para os ímpios, diz o Senhor,* como se os ímpios pudessem alegrar-se dos males e não gozar deles, porque o gozo é privativo dos bons e dos piedosos. Lê-se, de igual modo, no Evangelho: *Fazei com os demais homens tudo o que queirais façam eles convosco,* como se fora impossível querer algo mal ou torpemente, mas não desejá-lo. É verdade que alguns intérpretes, segundo o uso corrente, acrescentaram *bens* e leram assim: *Todo o bem que quereis vos façam os homens*. Creram-no assim, para prevenirem a torcida interpretação de alguém capaz de imaginar que, por haver homens que fazem coisas desonestas, por exemplo, para silenciar outras mais torpes, banquetes luxuriosos, deve, pagando na mesma moeda, cumprir nisso o preceito. Mas no Evangelho grego, fonte original dessa versão, não se lê *bens*, mas: *Tudo o que quereis façam os demais convosco fazei-o com eles*. E, segundo meu humilde modo de pensar, expressou-o assim porque, ao dizer *quereis*, já tentou dar a entender bens, pois não diz: "desejais".

2. Nem sempre, contudo, tais diques devem opor-se à nossa linguagem. Impõe-se, entretanto, fazer uso de tal propriedade. E, quando lemos esses autores, cuja autoridade não nos é permitido negar, as passagens em que o reto entendimento não encontre outra saída, como as aduzidas, parte do profeta e parte do Evangelho, é preciso entendê-las assim. Quem ignora que os ímpios não cabem em si de alegria? E, contudo, *não há gozar para os ímpios, diz o Senhor*. Por que, senão porque o gozar tem significação concreta, quando se emprega a palavra em sentido estrito e próprio? De igual modo, quem negará ser muito bom mandar os homens fazerem com os demais tudo o que desejam façam os demais com eles, para não serem afagados ao mesmo tempo pela torpeza do prazer ilícito? E, todavia, reza o salubérrimo e verdadeiríssimo preceito: Tudo o que *quereis façam os homens convosco, fazei-o com os demais*. Por que, senão porque nesse lugar usou a palavra *querer*, cuja acepção não pode ser pejorativa, em seu sentido próprio? Certo é que não usara essa expressão mais corrente, frequente, em especial, na linguagem comum: *Não queirais proferir mentira alguma*, se não houvera também querer mau, de cuja malícia se distingue a vontade pelos anjos pregada nos seguintes termos: *Paz na terra aos homens de boa vontade*. Se o querer não pode ser senão bom, *de boa* foi acrescentado por verdadeira redundância. Seria algo demais o que disse o apóstolo em louvor da caridade, a saber, que a caridade não se goza na iniquidade, se a isso não se reduz o gozo da malícia?

Mesmo entre os autores das letras profanas são usados indistintamente esses termos. Cícero, orador tão afamado, diz: *Desejo ser clemente, senadores*. É evidente que aqui usa em bom sentido essa palavra. E quem haverá tão pouco instruído que não sustente que deveria dizer *quero* e não *desejo?* Em Terêncio, certo moço sem-vergonha, ardendo em torpe desejo, diz: *Não quero senão Filomena.* Que era libido esse querer indica-o suficientemente a resposta de velho escravo a seu senhor. Disse assim: *Seria bem melhor buscares o modo de arrancar do peito esse amor que dizer isso, que te acende mais a libido!*

Testemunho de haverem usado o gozo também em acepção pejorativa é o seguinte verso de Vergílio, em que se expressam de modo resumido as quatro perturbações: *Por isso, temem e desejam, sofrem e gozam.* Noutra parte diz o mesmo autor: *Os maus gozos do espírito.*

3. Portanto, querem, acautelam-se e gozam os bons e os maus, ou, para dizê-lo com outras palavras, desejam, temem e alegram-se os bons e os maus, uns bem e outros mal, todavia, segundo sua vontade seja reta ou não. A própria tristeza, para a qual os estoicos pensaram não ser possível encontrar correspondente no âmbito do sábio, apresenta-se empregada em boa acepção, principalmente em nossos autores. O apóstolo gaba os coríntios, porque se contristaram segundo Deus. Mas haverá talvez quem diga haver-se o apóstolo congratulado com eles porque se contristaram, arrependendo-se, e essa tristeza não podem tê-la senão os que pecaram. Ouçamos-lhe as palavras: *Vejo que aquela carta vos contristou por algum tempo, mas agora me alegro, não da tristeza que tivestes, mas de que vossa tristeza vos haja conduzido ao arrependimento. De modo que a tristeza que tivestes foi segundo Deus e assim nenhum dano vos causamos. Porque a tristeza segundo Deus produz arrependimento para a salvação, de que não se deve arrepender ninguém; ao passo que a tristeza do século causa a morte. E assim vede quanta solicitude produziu em vós a tristeza, segundo Deus, que sentistes.* Os estoicos podem sair, assim, em defesa de seu ponto de vista, dizendo ser útil a tristeza, segundo parece, para arrepender-se do pecado, mas ser impossível que se *dê* no ânimo do sábio, quer o pecado, para contristar-se, arrependendo-se dele, quer outro mal, que, sentindo-o e sofrendo-o, o faça triste.

Conta-se que Alcibíades (se a memória não me é infiel a respeito do nome), que se julgava feliz, chorou porque, discutindo certa ocasião com Sócrates, este lhe demonstrou que ele, Alcibíades, era miserável, pois era néscio. Logo, para este a estultícia foi a causa de sua tristeza útil e optável, que faz com que o homem se doa de ser o que não deve. Os estoicos afirmam, entretanto, ser o néscio, não o sábio, quem pode estar triste.

CAPÍTULO IX
As perturbações anímicas. A vida dos justos goza de retidão de afetos

1. A tais filósofos, mais ávidos de contenda que de verdade, quanto às perturbações anímicas, já lhes respondemos no Livro Nono desta obra, pondo em evidência tratar-se de questão não tanto de realidades quanto de palavras. Entre nós, segundo as Sagradas Escrituras e a sã doutrina, os cidadãos da Cidade Santa de Deus, que vivem segundo Ele na peregrinação desta vida, temem e desejam, sofrem e gozam. E, como seu amor é reto, têm retas essas afeições. Temem a pena eterna e desejam a vida eterna. Sofrem na realidade, porque ainda gemem em si mesmos, à espera da adoção e da redenção do corpo, e gozam em esperança, pois se cumprirá *a palavra escrita: A morte foi absorvida pela vitória*. Mais ainda, temem pecar e desejam perseverar; doem-se de seus pecados e gozam em suas boas obras. Temem pecar, ouvindo isto: Por *causa da inundação dos vícios resfriar-se-á a caridade de muitos*. Desejam perseverar, prestando ouvidos ao que está escrito: *Quem perseverar até o fim será salvo*. Doem-se de seus pecados, porque atendem a isto: *Se dissermos que não temos pecados, enganamo-nos a nós mesmos e não há verdade em nós*. Finalmente, gozam de suas boas obras, escutando as seguintes palavras: *Deus ama a quem dá com alegria*. Ademais, segundo sejam fortes ou fracos, temem ser tentados e desejam ser tentados, doem-se das tentações e gozam nelas. Para temerem ser tentados, ouvem: *Se alguém andar preocupado em algum delito, vós, que sois espirituais, instruí-o desse modo em espírito de mansidão, atendendo-te a ti mesmo, não sejas tu também tentado*. Para desejarem ser tentados, escutam as palavras de certo homem valoroso da Cidade de Deus, que soam: *Põe-me à prova, Senhor, e tenta-me; queima-me os rins e o coração*. Para doerem-se em suas tentações, veem Pedro chorando, para gozarem-se nelas, ouvem São

Tiago, que diz: *Tende, irmãos meus, por objeto de supremo gozo o serdes postos em várias tentações.*

2. Tais cidadãos não se inquietam desses afetos apenas por si mesmos, mas também por aqueles que desejam ver-se livres deles, temem perecer, sofrem, se perecem, e gozam, se se veem livres. E, para homenagear o mais eminente de quantos viemos à Igreja da gentilidade, citemos esse homem, o mais valoroso e o melhor, que se gloria em suas enfermidades, o Doutor dos Gentios em verdade e em fé, que trabalhou mais do que todos os seus companheiros de apostolado e instruiu com muitas cartas os povos de Deus, não apenas os presentes, mas também os futuros. Citemos, repito, esse homem, atleta de Cristo, doutrinado por Ele e por Ele ungido, crucificado com Ele e glorioso nele, travando grande combate no cenário deste mundo, de que é espetáculo dos anjos e dos homens, e avançando a passos de gigante até à palma de sua soberana vocação. Espera de muito bom grado, com os olhos da fé, gozar com os que gozam e chorar com os que choram, travando, fora, lutas, dentro, temores, desejando dissolver-se e estar com Cristo, ardendo em desejos de ver os romanos, para produzir algum fruto entre eles, como entre os demais gentios. Citemo-lo, sim, a ele, que emula os coríntios e teme a mesma emulação, por medo a que suas mentes sejam seduzidas pela castidade existente em Cristo, a Ele, que traz no coração grande tristeza e contínua dor pelos israelitas. E é porque estes, ignorando a justiça de Deus e querendo pôr em vigor a própria, não se submetem à justiça de Deus, e ele descobre seu luto e também a própria dor perante alguns que antes pecaram e não fizeram penitência por suas impurezas e suas fornicações.

3. Se tais movimentos, se tais afetos, procedentes do amor ao bem e da caridade santa, devem chamar-se vícios, que nos seja permitido chamar virtudes aos autênticos vícios. Mas, se a reta razão dirige e endereça a seu fim próprio semelhantes afeições, quem ousará chamá-las enfermidades da alma ou paixões viciosas? Por esse motivo, o Senhor, que se dignou levar vida humana em forma de escravo, mas carecia em absoluto de pecado, fez uso delas, quando julgou dever fazê-lo. Porque a verdade é que nele, que tinha verdadeiro corpo e verdadeiro ânimo de homem, não era falso tal afeto. Logo, quando em seu Evangelho se conta que se contristou com ira

por causa da dureza de coração dos judeus, que disse: *Alegro-me por vós, a fim de crerdes,* que derramou lágrimas, quando ia ressuscitar Lázaro, que desejou celebrar a Páscoa em companhia de seus discípulos, que, ao aproximar-se a paixão, sua alma esteve triste, contam-se coisas verdadeiras. Entretanto, Ele, por graça e dispensação sua, teve esses movimentos em seu ânimo humano, quando quis, como, quando quis, se fez homem.

4. Portanto, é preciso admitir que, embora nossas afeições sejam retas, são privativas desta vida, não daquela que esperamos há de vir, e com frequência cedemos a elas, mesmo contra nossa vontade. Assim, às vezes choramos, bem a contragosto nosso, embora a isso não sejamos movidos por apetite algum, mas com louvável caridade. Temo-las, por conseguinte, como tara da condição humana; mas Cristo não as teve assim, por sua fraqueza haver sido *ex potestate.* Se delas carecêssemos, enquanto puxamos a pesada carga de nossa vida, nosso viver não seria reto. O apóstolo censurava e detestava certas pessoas e acusou-as de não terem afeição alguma. Também o salmo sagrado culpou aqueles de quem diz: *Procurei quem compartisse de minha tristeza e não o encontrei.* Porque é grande verdade que carecer de dor, enquanto peregrinamos neste vale de misérias, é estado, como disse e sentiu certo literato deste mundo, que não se dá senão à custa de inumanidade no coração e de estupor no corpo.

Por isso é que a chamada em grego *apatheia,* que, se me permitissem, traduziria por impassibilidade, deve ser entendida (pois se toma no ânimo, não no corpo) como vida carecente de tais afeições, que surgem contra a razão e perturbam a mente. É por certo coisa boa e optável em sumo grau, porém não própria desta vida. E não se trata de opinião de homens vulgares, mas, em especial, dos piedosos e dos muito perfeitos e santos: *Se dissermos que não temos pecado, enganamo-nos a nós mesmos e não há verdade em nós.* Assim, pois, essa *apatheia* só se realizará, quando não haja pecado algum no homem. Agora, já está bem viver sem crime e quem pense viver sem pecado não afasta de si o pecado, mas o perdão. Por conseguinte, se o nome de *apatheia* deve reservar-se para quando não possa suscitar-se afeto algum no ânimo, quem não julgará pior que todos os vícios semelhante estupor? Logo, cabe dizer sem absurdo que a perfeita bem-aventurança que esperamos carecerá de temor e de tristeza. Quem dirá, porém, que ali não haverá amor e gozo senão o que não reza com a verdade? E, se por *apatheia* se entende o estado em que o medo não aterra e a dor não angustia, deve ser evitada nesta vida, se queremos viver retamente, quer dizer, segundo Deus. Deve-se esperar, entretanto, para a vida bem-aventurada, que se nos promete eterna.

5. O temor de que diz o Apóstolo São João: *Na caridade não há temor; antes, a perfeita caridade lança fora o temor, porque o temor tem a pena e quem teme não é perfeito na caridade*, não é do gênero do que fazia São Paulo recear fossem os coríntios seduzidos pela astúcia da serpente. Esse temor desfruta-o a caridade, melhor diríamos, unicamente a caridade o desfruta. Aquele, ao contrário, é do que se não dá na caridade e de que o Apóstolo São Paulo fala nos seguintes termos: *Não recebestes o espírito de servidão, para obrardes por temor.* Contudo, *o temor casto, que há de permanecer por todos os séculos*, se há de existir também no século futuro (pois de que outro modo se deve entender "permanecer por todos os séculos"?), não será temor que nos apeie do mal que pode sobrevir-nos, mas temor que nos afiançará no bem que se não pode perder. Porque, onde é imutável o amor ao bem conseguido, o indivíduo, se vale a expressão, está garantido contra o mal, de que deve precaver-se.

Significa-se com o nome de "temor casto" a vontade que nos leva necessariamente a opor-nos ao pecado e a fugir dele com a tranquilidade da caridade, não com as inquietudes da fragilidade, por medo a possível pecado. E, se toda classe de temor é incompatível com a segurança certa dos gozos eternos e felizes, disse-se isto: *O temor casto ao Senhor, que permanece por todos os séculos* no mesmo sentido que o seguinte: *Nem ficará frustrada para sempre a paciência dos infelizes.* A paciência, necessária apenas onde é preciso suportar males, não será eterna, mas será eterno o termo a que se chega pela paciência. Talvez se haja dito no mesmo sentido que o temor casto permanecerá por todos os séculos, quer dizer, que permanecerá a meta a que o temor conduz.

6. Sendo assim, já que se deve levar vida reta que nos leve à feliz, concluiremos que a vida reta tem retos todos esses afetos e a vida desordenada os tem desordenados. A vida, ao mesmo tempo bem-aventurada e eterna, terá amor e gozo não apenas retos, mas também

certos, e estará isenta de temor e de dor. Já podemos conceber quais devem ser, nesta peregrinação, os cidadãos da Cidade de Deus que vivem segundo o espírito, não segundo a carne, quer dizer, segundo Deus, não segundo o homem, e quais serão na imortalidade a que aspiram. E, de maneira incidental, a cidade dos ímpios, ou seja, a sociedade dos que não vivem segundo Deus, mas segundo o homem, e seguem os ensinamentos dos homens e dos demônios no culto à divindade falsa e no desprezo à verdadeira, sofre as sacudidas de tais afetos e como que os golpes de enfermidades e perturbações. Se em seu seio aloja alguns cidadãos que parecem reprimir e moderar esses movimentos, são inflados e soberbos com tamanha impiedade, que tanto maiores são seus temores quanto menores suas dores. E, se alguns timbram nisso, com vaidade tanto mais inumana quanto mais rara, para não se verem exaltados e excitados, nem abalados e dobrados por nenhum afeto, perdem toda humanidade, em lugar de conseguir serenidade verdadeira. Porque ninguém é justo por ser duro, nem está com saúde por ser insensível.

CAPÍTULO X
Estiveram os primeiros homens, antes do pecado, isentos de perturbações no paraíso?

Discute-se, não sem razão, se o primeiro homem, ou os primeiros homens (pois o matrimônio era de dois), antes do pecado estava, neste corpo animal, sujeito a semelhantes afetos, de que nos veremos livres no corpo espiritual, uma vez purgado e findo todo pecado. Se estavam sujeitos, como eram felizes naquele famoso lugar de bem-aventurados, quer dizer, no paraíso? Quem pode chamar-se absolutamente feliz, estando afetado de temor ou de dor? Por outro lado, que podiam temer ou de que podiam doer-se aqueles homens que nadavam em tanta afluência de bens, em estado em que não temiam a morte nem enfermidade corporal alguma, em lugar em que nada faltava à sua boa vontade e em que não havia nada que ofendesse a carne ou o ânimo do homem que vivia em felicidade? Ali reinava imperturbável amor a Deus, os cônjuges viviam entre si em familiaridade sincera e fiel e desse amor fluía grande gozo, sem faltar objeto de amor digno de desfrute. Evitavam o pecado sem inquietude alguma e, ao evitá-lo, não irrompia neles outro mal que os angustiasse. Ou será que ardiam em desejos de acercarem-se da árvore proibida para dela comer e temiam morrer e por isso o desejo e o medo perturbavam aqueles homens já no paraíso? Longe de nós pensar que isso acontecesse, quando não existia o pecado, visto não carecer de pecado desejar o que a lei de Deus proíbe e abster-se dele por temor à pena, não por amor à justiça. Longe de nós, repito, pensar que antes de todo pecado já existisse ali esse pecado, o admitir, aplicando à árvore, o que o Senhor disse da mulher: *Se alguém olhar uma mulher com mau desejo já adulterou no coração*.

Assim, pois, a humanidade toda seria tão feliz como eram os primeiros homens, quando nem as perturbações anímicas os inquietavam, nem as incomodidades corporais lhes causavam mal, se não houvessem praticado o mal que transmitiram a seus descendentes, nem seus descendentes a iniquidade, merecedora de condenação. E semelhante felicidade perduraria até que, em virtude da bênção: *Crescei e multiplicai-vos*, se perfizesse o número de santos predestinados e se concedesse outra felicidade maior, qual se dá aos muito bem-aventurados anjos. Em tal estado já seria certa a segurança de que ninguém há de pecar e ninguém há de morrer e a vida dos santos, sem haver provado a dor, o trabalho e a morte, seria tal qual será depois de tudo isso, na incorrupção dos corpos, chegada a ressurreição dos mortos.

CAPÍTULO XI
A queda do primeiro homem. Nele, a natureza foi criada tão perfeita, que apenas seu autor pode repará-la

1. Porque Deus previu tudo e não pôde ignorar o pecado do homem, devemos assentar a Cidade Santa segundo o que Ele previu e dispôs, não segundo o que não pôde vir-nos ao conhecimento, porque não esteve nos planos divinos. O homem, com seu pecado, foi incapaz de alterar o decreto divino, como se obrigasse Deus a mudar de decisão. Deus em sua presencialidade previu ambas as coisas, a saber, o mau que havia de ser o homem, por Ele criado bom, e o bem que Ele havia de operar com o homem. Com efeito, embora seja ver-

dade que se diz que Deus muda de decisão (daí o ler-se nas Santas Escrituras que Deus se arrependeu, mas expresso sob a forma de tropo), assim se fala em relação com o que o homem esperava ou encerrava em si a ordem das causas naturais, não de acordo com a efetiva presciência do Onipotente. Como está escrito, o homem foi criado justo por Deus e, por conseguinte, com vontade boa, porque sem vontade boa não seria justo. A boa vontade é, pois, obra de Deus, visto havê-lo Deus criado com ela. A má vontade primeira, que no homem precedeu todas as restantes obras más, foi menos obra que verdadeiro declinar das obras de Deus às próprias. E tais obras são más, por serem segundo o próprio cânon, não segundo Deus, de modo que a má vontade ou o homem, enquanto de má vontade, é como a árvore má, de que, como maus frutos, procedem as obras.

Daí que a má vontade, mesmo quando não seja segundo a natureza, mas contra a natureza, por ser vício, seja da mesma natureza que o vício, que não pode existir senão em alguma natureza. É somente na natureza criada do nada, não na que o Criador gerou de si mesmo, como o Verbo, por quem foram feitas todas as coisas. Porque, embora seja verdade haver Deus formado o homem do pó, a terra e toda matéria terrena procedem do nada absoluto, como a alma infundida no corpo, quando Deus criou o homem. Os males são superados pelos bens, a ponto de os bens poderem existir sem os males, embora se lhes permita a existência, para ressaltar o bom uso que deles pode fazer a providentíssima justiça do Criador. Assim Deus, verdadeiro e sumo, assim todas as criaturas, celestiais, inivisíveis e visíveis, que estão acima desta atmosfera de trevas. Por sua vez, os males não podem existir sem os bens, porque as naturezas em que subsistem, como naturezas, são boas. Subtrai-se, pois, o mal, sem subtrair natureza estranha alguma ou parte dela, senão a que fora viciada e corrompida, sanada e corrigida. O arbítrio da vontade é verdadeiramente livre, quando não é escravo de vícios e de pecados. Nessa condição foi dado por Deus e, uma vez perdido por vício próprio, não pode ser devolvido senão por Ele, que pôde dá-lo. Por isso diz a Verdade: *Se o Filho vos dá a liberdade, então sereis verdadeiramente livres*, o que equivale a dizer: Se o Filho vos dá a salvação, então sereis verdadeiramente salvos. É, pois, Libertador pelo fato de ser Salvador.

2. O homem vivia segundo Deus no paraíso corporal e ao mesmo tempo espiritual. Não que houvesse paraíso corporal para os bens do corpo e não fosse espiritual para os da mente ou, então, paraíso espiritual, fonte de gozos para os sentidos interiores do homem, e não um corporal, fonte de gozo para os sentidos exteriores. É certo que um e outro existiam para esses dois fins. Depois, o anjo invejoso e soberbo, afastado de Deus por seu orgulho e encastelado em si mesmo, a estar sujeito preferindo gozar daqueles a ele sujeitos por sua tirânica altivez, caiu do paraíso espiritual. (De sua queda e da de seus companheiros, que de anjos de Deus se transformaram em anjos maus, já falei, segundo minhas possibilidades, no Livro Décimo Primeiro e no Livro Décimo Segundo desta obra.) Em sua queda, afetando serpentear nos sentidos do homem com cautelosa astúcia (é que o invejava porque caíra e o homem se mantinha em pé), escolheu no paraíso corporal, onde viviam em companhia dos outros animais, inofensivos e mansos, dois indivíduos humanos, o homem e a mulher, escolheu, digo, a cobra, animal lúbrico e que se move com tortuosos meneios, apto para o propósito de falar por sua boca. E, abusando dele, como de instrumento, graças a sua presença angélica e a sua natureza superior, com perversidade espiritual, falou com falácia à mulher. Começou pela parte inferior da sociedade humana, para gradualmente ascender ao todo, na consciência de que o homem não seria tão facilmente crédulo e não poderia ser enganado por erro, senão acedendo ao erro alheio.

Assim como Aarão não deu seu consentimento ao povo para a construção do ídolo induzido por erro, mas cedeu obrigado, nem é crível haja Salomão pensado erroneamente que se devia sacrificar aos ídolos, mas foi forçado pelo coquetismo de suas concubinas a cometer semelhantes sacrilégios, assim também estamos em nosso direito, ao supormos que o primeiro homem violou a lei de Deus, não porque crera na verdade aparente que lhe dissera a mulher e seduzido por ela, um a uma, homem a homem, cônjuge a cônjuge, mas por condescender com ela por causa do amor que os unia. Não em vão disse o apóstolo: *Adão não foi enganado; por sua vez, a mulher, sim.* Eva tomou por verdadeiras as palavras da serpente e Adão não quis romper o único enlace mesmo na comunhão do pecado. Nem por isso é menos culpado, pois pecou, com ciência e consciência.

Desse modo, não diz o apóstolo: "Não pecou", mas: *Não foi enganado*. Seu pecado deixa-o a descoberto, ao dizer: *Por um homem entrou o pecado no mundo* e, pouco depois, mais claramente: *Com transgressão semelhante à prevaricação de Adão*. Entende, pois, por enganados os que julgam não ser pecado o que fazem; mas Adão soube que era. Doutra forma, como será verdadeiro: *Adão não foi enganado?* Mas, sem experiência da severidade divina, pôde talvez enganar-se na apreciação, julgando venial o cometido. Por isso não foi seduzido no que o foi a mulher, mas enganou-se no modo com que Deus havia de julgar a escusa: *A mulher que me deste ofereceu-me e comi*. Para que mais? Embora não fossem ambos enganados, crendo, ambos foram colhidos em pecado e envolvidos nas redes do demônio.

CAPÍTULO XII
O pecado do primeiro homem

Se alguém se surpreende porque a natureza humana não muda com outros pecados, como mudou com a prevaricação dos dois primeiros pais, causa originária de corrupção tão cruel qual a vemos e sentimos e de estarmos sujeitos à morte e padecermos perturbações e oscilações procedentes de afetos tão contrários entre si, coisas que por certo não existiram no paraíso antes do pecado, apesar de viverem também em corpo animal, se isso, repito, causa surpresa a alguém, não deve julgar que o cometido foi leve e de pouca monta, porque se reduziu a um bocado não mau nem nocivo, mas proibido. Deus não criou nem plantou nada mau naquele lugar de delícias. No mandado encareceu-se a obediência, virtude de certo modo mãe e tutora de todas as demais virtudes da criatura racional, cuja criação se acomodou à seguinte norma: É-lhe útil estar sujeita e nocivo fazer sua vontade e não a de seu Criador. E, posto que não comer de certas árvores, onde havia tanta abundância de outras, era preceito tão simples de observar e tão breve para reter na memória, sobretudo quando a cupidez ainda não oferecia resistência à vontade, consequência da pena da transgressão, sua violação foi tanto mais injusta quanto mais fácil era sua observância.

CAPÍTULO XIII
Em Adão a má vontade precedeu a obra má

1. Contudo, começaram a ser maus no interior, para depois se precipitarem em desobediência formal, porque não se houvera consumado a obra má, se não a houvesse precedido a má vontade. Pois bem, qual pôde ser o princípio da má vontade, senão a soberba? *O princípio de todo pecado é a soberba*, lemos. E que é a soberba, senão apetite de celsitude perversa? A celsitude perversa consiste em abandonar o princípio a que o ânimo deve estar unido e fazer-se de certa maneira princípio para si e sê-lo. É o que acontece quando o espírito se agrada em demasia de si mesmo e agrada-se em demasia de si mesmo quando declina do bem imutável, que deve agradar-lhe mais do que ele a si mesmo. Esse declinar é espontâneo, pois se a vontade houvesse permanecido estável no amor ao bem superior e imutável, que a iluminava para ver e a incendia para amar, não se haveria afastado dele para agradar-se a si mesma e entenebrecer-se e esfriar-se por causa desse afastamento. Disso resultou que ela acreditasse haver-lhe a serpente dito a verdade e ele antepusesse o querer de sua esposa ao mandado de Deus e pensasse que sua transgressão seria venial, se não se separasse da companheira de sua vida, nem mesmo no cometimento do pecado. Logo, a obra má, quer dizer, a transgressão, o comer do fruto proibido, praticaram-na os que já eram maus, porque o mau fruto, como semelhante ação, não o produz senão a árvore má. E isso de a árvore ser má procede de algo contrário à natureza, pois tem origem no vício da vontade, contrário à natureza.

Entretanto, o vício não pode depravar toda natureza, mas apenas a feita do nada. Donde se segue que seu ser, o ser natureza, o deve a Deus, seu autor, e a queda de seu ser a ter sido feita do nada. O homem não foi, em sua queda, reduzido ao nada absoluto, mas, voltado para si mesmo, seu ser veio a ser menos do que quando estava unido a Quem é em sumo grau. Ser em si mesmo, ou melhor, comprazer-se em si mesmo, abandonando a Deus, não é ser nada, mas aproximar-se do nada. Por isso, nas Sagradas Escrituras, aos soberbos também se lhes denomina, dizendo serem os *que se comprazem em si mesmos*. É bom ter no alto o coração, não elevado a si mesmo, o que é privativo da soberba, mas ao Senhor, o que é próprio da obediência, exclusiva dos humildes.

Conclusão: É próprio da humildade (coisa maravilhosa!) elevar o coração, e exclusivo da soberba abaixá-lo. Ao parecer, é paradoxo que a soberba desça e a humildade suba. Mas acontece que a humildade piedosa nos submete ao superior e nada há superior a Deus; por isso, a humildade que nos submete a Deus exalta-nos. Por sua vez, a soberba, que radica em vício, ao mesmo tempo que desdenha estar submetida, desprende-se do ser a quem não há nada superior e torna-se inferior, cumprindo-se, assim, o que está escrito: *Derribaste-os quando mais se elevavam*. Note-se que não diz: "Uma vez que se hajam elevado", como se primeiro se tenham ensoberbecido e depois hajam sido derribados, mas: *quando mais se elevam*, então é que precisamente são arrasados. Por esse motivo agora, nesta Cidade de Deus, se encarece a humildade à Cidade de Deus que peregrina neste século, humildade cujo exemplo culminante é Cristo, seu Rei. As Sagradas Letras ensinam que a altivez domina em especial no inimigo dessa Cidade, o demônio. É aí que radica a profunda diferença que distingue as duas cidades de que falamos. Uma é a sociedade dos homens piedosos e outra a dos homens ímpios, cada qual com os anjos de seu grêmio, nos quais precedeu, ali o amor a Deus e aqui o amor a si mesmo.

2. O diabo não houvera, pois, surpreendido o homem em pecado tão claro e manifesto, se já não houvesse começado a agradar-se a si mesmo. Encantou-o, por isso, a ideia: *Sereis como deuses*. E haveriam podido sê-lo melhor, mantendo-se obedientes a seu verdadeiro e soberano princípio que constituindo-se, pela soberba, em princípio para si mesmos. Com efeito, os deuses criados não são deuses por sua verdade, mas por participação do verdadeiro Deus. Contudo, quanto mais apetece, menos é e, enquanto ama ser autossuficiente, perde Aquele que na verdade lhe basta. O mal, que impele o homem a agradar-se a si mesmo, como se fora luz, e a afastar-se daquela luz, que, se lhe agrada, a ele também transforma em luz, precedeu primeiro em segredo e seguiu depois em público. Porque é verdade o que está escrito: *Antes da queda o coração se exalta e antes da glória se humilha*. É certo que a queda que se realiza em segredo precede à queda que se processa à luz, embora ninguém pense que no primeiro caso se trata de queda.

Quem considera exaltação a queda? E, todavia, já existe desfalecimento ali, o abandonar o Excelso. Quem não vê haver queda quando se dá a transgressão de mandado certo e incontrastável? Deus proibiu-o para que, uma vez consentido, não pudesse ser definido nem mesmo por imaginação de alguma justiça. E ainda me atrevo a dizer que aos soberbos é útil a queda em algum pecado claro e patente, a fim de que se desagradem, eles que já haviam caído, comprazendo-se em si mesmos. O desprazer-se de Pedro, quando chorou, foi mais salutar que seu comprazer-se, quando presumiu de si. É esse também o pensamento do salmo sagrado: *Cobre-lhes o rosto de ignomínia e buscar-te-ão o nome, Senhor*, quer dizer, para agradares os que buscam teu nome, que se agradaram, buscando o próprio.

CAPÍTULO XIV
A soberba da transgressão foi pior do que a transgressão

A soberba é pior e mais condenável, porque busca o recurso da escusa até para os pecados mais evidentes. Assim fizeram os primeiros homens. Eva disse: *A serpente enganou-me e comi*. E Adão, por sua vez: *A mulher que me deste por companheira deu-me do fruto e comi*. Nenhum pedido de perdão, nenhum recurso à compaixão do Médico. Embora, como Caim, não neguem havê-lo cometido, a soberba procura descarregar em outro a responsabilidade de suas más obras. A soberba da mulher culpa a serpente; a do homem, a mulher. Mas, quando se dá transgressão formal do mandado divino, há autêntica acusação, não escusa. E não se viram livres de pecado, porque a mulher o cometeu, aconselhada pela serpente, e o homem a instâncias da mulher, como se alguém devesse crer ou ceder a algo senão a Deus.

CAPÍTULO XV
Justiça do castigo imposto à desobediência dos primeiros pais

1. Tão logo o homem desprezou o mandado de Deus, desse Deus que o criara, que o fizera à sua imagem e o antepusera aos restantes animais, que o estabelecera no paraíso e lhe dera abundância de todas

as coisas e de saúde, que, longe de impor-lhe muitos preceitos graves e difíceis, o provera, para encarecer a obediência, de um muito leve e breve, com que advertia à criatura ser Ele seu Senhor e convir-lhe servi-lo livremente, sobreveio-lhe justa condenação. E tal, que o homem, que, guardando o mandamento, havia de ser espiritual até mesmo na carne, transformou-se em carnal até mesmo na mente. Como, por sua soberba, comprazeu-se em si mesmo, a justiça de Deus entregou-o a si mesmo, mas não para viver em sua pura independência, e sim para arrastar, lutando contra si mesmo, em lugar da liberdade que desejou, dura e miserável servidão sob o poder daquele a quem, pecando, deu seu consentimento. Morto voluntariamente em espírito, havia de morrer no corpo contra sua vontade e, desertor da vida eterna, ficaria condenado também à morte eterna, se a graça não o livrasse. Quem julga excessiva ou injusta semelhante condenação por certo não sabe avaliar qual a injustiça de pecado cometido em circunstâncias em que era tão fácil não pecar... Assim como a obediência de Abraão é merecidamente elogiada, porque matar o filho era mandado muito difícil e duro, assim a desobediência do paraíso é tanto maior quanto o mandado carecia em absoluto de dificuldade. E como a obediência do segundo Adão é mais admirável, por haver-se tornado obediente até à morte, assim a desobediência do primeiro é mais detestável, porque se tornou desobediente até morrer. E, sendo tão grande a pena imposta à desobediência e tão fácil o mandamento do Criador, quem explicará satisfatoriamente o mal que significa não obedecer em coisa tão fácil e a preceito de tão grande poder e que ameaça com tamanho suplício?

2. Enfim, e para dizê-lo em poucas palavras, que se retribuiu, como pena, ao pecado de desobediência, senão a desobediência? E que miséria mais própria do homem que a desobediência de si mesmo contra si mesmo, de modo que, por não haver querido o que pôde, queira agora o que não pode? Embora seja verdade que no paraíso, antes do pecado, não podia tudo, somente queria o que podia e, portanto, podia tudo o que queria. Agora, porém, como vemos em sua descendência e nos testemunha a Divina Escritura, o *homem se tornou semelhante à vaidade*. Quem poderá contar as coisas que quer e não pode, se o ânimo é contrário a si mesmo e a carne, inferior a ele, não lhe obedece à vontade? Verdade é que o ânimo com frequência se turba mesmo contra sua própria vontade e

a carne se dói, envelhece e morre e, ai de nós, quanto do que padecemos não padeceríamos, se nossa natureza em tudo e sem medida obedecesse à nossa vontade! Mas a carne está sujeita a enfermidade que não lhe permite obedecer. Que importa o porquê de que, enquanto nossa carne, que nos estivera sujeita, é carga para nós, ao não obedecer-nos, pela justiça de Deus, dominador, a quem não quisemos prestar nosso serviço, nos hajamos convertido em carga para nós, não para Ele? Ele não necessita de nosso serviço, como necessitamos do serviço do corpo, e por isso é castigo nosso o que recebemos e não é castigo dele o que fizemos. Ademais, as dores que se dizem da carne são próprias da alma que as sofre na carne e por meio dela. Pois quê? Pode a carne por si mesma, sem a alma, sentir desejo ou dor? Quando se diz que a carne sente desejo ou dor, ou é o mesmo homem, como já observamos, ou alguma parte da alma, em que a carne imprime sua paixão, paixão que, se molesta, causa dor e, se agradável, prazer. Assim, a dor da carne não passa de ferimento da alma na carne e uma espécie de resistência que oferece à sua paixão, como a dor da alma, chamada tristeza, é o não conformar-se com as coisas que, sem que as quiséssemos, nos sucederam.

A tristeza é com frequência precedida pelo medo, que também radica na alma, não na carne. Contudo, à dor da carne não precede nenhum medo carnal, que se sinta na carne antes da dor. Ao prazer precede certo apetite que se sente na carne e é uma espécie de desejo seu. Assim a fome, a sede e a libido, termo empregado com maior propriedade para os órgãos da geração, embora se trate do termo geral para toda paixão. Os antigos definiram a ira como libido de vingança, embora às vezes o homem, mesmo sem haver um sentido capaz de perceber a vingança, se irrite contra os seres inanimados, como quando joga, de raiva, o estilete que escreve ou arrebenta a pena. Por isso, embora semelhante desejo seja mais irracional que os outros, não deixa de ser libido de vingança e de estar fundada sobre não sei que espécie sombria de justiça, por dizê-lo assim, que quer sofram males os que agem mal. Há, pois, libido de vingança, chamada ira; há libido de dinheiro, chamada avareza; há libido de vitória, chamada pertinácia; há libido de glória, chamada jactância. Há outras muitas e variadas libidos, algumas com nomes próprios e outras sem eles. Por exemplo, quem dará nome apropriado e fácil à libido de domínio, cujo enorme peso na alma dos tiranos dão fé as guerras civis?

CAPÍTULO XVI
Sentido próprio da palavra "libido"

É verdade haver muitas classes de libido; quando, porém, se diz simplesmente libido, sem mais nada, é costume quase sempre entender-se a que excita as partes sexuais do corpo. E é tão forte, que não apenas domina o corpo inteiro nem só dentro e fora, mas também põe em jogo o homem todo, reunindo e misturando entre si o afeto do ânimo e o apetite carnal, produzindo desse modo a voluptuosidade, que é o maior dos prazeres corporais. Tanto assim, que, no momento preciso em que a voluptuosidade chega ao cúmulo, se ofusca por completo quase a razão e surge a treva do pensamento.

Quem, amigo da sabedoria e dos gozos santos, levando vida matrimonial, mas consciente, segundo o conselho do apóstolo, de *que possui seu vaso em santificação e honra, não na enfermidade do desejo, como os gentios, que desconhecem Deus*, não preferiria, se lhe fora possível, gerar filhos sem essa libido? Assim, na ação gerativa, os membros destinados à geração serviriam à mente, como os demais, cada qual em suas respectivas funções, se movem sob a ação do arbítrio da vontade, não sob a excitação do fogo libidinoso. É que mesmo os que nos gozos matrimoniais ou nas impurezas vergonhosas buscam esse prazer não sentem a seu capricho semelhantes comoções. Às vezes esse movimento os importuna, sem que o queiram, às vezes lhes engana o desejo. A alma chia por causa do calor da concupiscência e o corpo tirita de frio. Assim, coisa estranha, a libido não somente se recusa a obedecer ao desejo legítimo de gerar, mas também ao apetite lascivo. Ela, que de ordinário se opõe ao espírito que a enfreia, às vezes se revolve contra si mesma e, excitado o ânimo, se nega a excitar o corpo.

CAPÍTULO XVII
Nudez e rubor dos primeiros pais

Envergonhamo-nos com razão dessa libido; são, com razão, chamados vergonhosos, coisa que antes do pecado não eram, os membros que a libido move ou não move por força de certo direito próprio, por dizê-lo assim, não de todo sujeito a nosso arbítrio. Assim o diz a Escritura: *Estavam nus e não se envergonhavam*. Não é que sua nudez lhes fosse desconhecida, não; o caso é que a nudez ainda não era vergonhosa, porque a libido ainda não ativava os membros contra a vontade, nem a desobediência da carne ainda testificava contra a desobediência do homem. Não haviam, com efeito, sido criados cegos, como o vulgo ignorante imagina, posto que Adão viu os animais e lhes impôs nomes e da mulher se lê que *viu que a árvore era boa para comer e agradável à vista*. Seus olhos estavam, pois, abertos, mas não o estavam para isso, quer dizer, não reparavam em que os cobria a veste da graça, desconhecendo, por isso, a repugnância de seus membros à vontade.

Retirada essa graça, para fazê-los pagar com desobediência sua própria desobediência, fez-se sentir nos movimentos do corpo desavergonhada novidade. Tornou-se, por isso, indecente a nudez, fê-los conscientes e cobriu-os de confusão. Isso deu origem a que, violado o mandado de Deus com transgressão de tal maneira manifesta, se escrevesse: *E abriram-se-lhes os olhos e conheceram que estavam nus; teceram folhas de figueira e fizeram tangas para si*. Diz que se *lhes abriram os olhos*, não para verem, pois antes também viam, mas para do bem que perderam discernirem o mal em que incorreram. A árvore que ensejava tal conhecimento, se eles provassem do fruto contra a proibição, tomou daí o nome e chamou-se árvore da ciência do bem e do mal. Que verdade é que a experiência da enfermidade torna mais sensível o preço da saúde! Conheceram que *estavam nus*, quer dizer, despojados da graça, que os garantia contra o rubor provocado pela nudez corporal, porque a lei do pecado ainda não resistia à mente. Conheceram-no; seriam mais felizes, se o ignorassem e, crendo e obedecendo a Deus, não houvessem cometido o pecado que os obrigou a provar os frutos nocivos da infidelidade e da desobediência. Por isso, envergonhados pela desobediência de sua carne, como testemunho e castigo de sua própria desobediência, *teceram folhas de figueira e fizeram tangas para si*, quer dizer, cintos (= *succinctoria*), como alguns intérpretes traduziram. *Campestria* (= tangas) é palavra latina que tomou seu significado dos panos com que no campo de Marte os jovens cobriam suas vergonhas. Os assim cingidos eram chamados *campestrati* (= os que usam tangas) pelo vulgo. O pudor fazia-os cobrir os membros que a libido movia desobedientemente contra a vontade, condenada por sua desobediência. Daí que todos os povos, como descendentes desse tronco comum, considerem natural o velar as vergonhas, a ponto de alguns bárbaros não descobrirem essas partes nem mesmo nos banhos e lavarem-nas com seus trajes. E nas retiradas selvas da Índia, onde alguns filosofam nus (por isso foram chamados gimnossofistas), cobrem seus órgãos genitais, ao passo que trazem à mostra os demais membros.

CAPÍTULO XVIII
Pudor que acompanha o ato da geração

No ato mesmo da geração (e não falo apenas de certas uniões carnais que, para escaparem à justiça humana, buscam a obscuridade, mas também do uso de prostitutas, que a cidade terrena, ao aprová-lo, tornou lícito), até nesse caso impune e permitido, a libido foge à luz e aos olhos. Os próprios lupanares têm, por vergonha natural, quarto escuro; assim, vemos haver sido mais fácil à impureza eximir-se da proibição da lei que à falta de vergonha suprimir os mistérios do pudor. Os desonestos chamam desonestas a suas ações e, embora gostem delas, não se atrevem a ostentá-las. E que direi do concúbito conjugal, que, segundo a lei das tábuas matrimoniais, tem por objeto a procriação dos filhos? Não se busca também para ele, embora honesto e lícito, lugar retirado e secreto? E, antes de o esposo começar a fazer carinhos à esposa, não espera saírem todos quantos a quem alguma necessidade permitia estivessem presentes, os criados e os próprios padrinhos? É verdade que o *maior mestre da eloquência romana*, como alguém o chama, diz que as coisas bem-feitas procuram a luz, quer dizer, gostam de ser conhecidas; mas essa ação legítima apetece ser conhecida e ao mesmo tempo tem vergonha de ser vista. Quem ignora o que os esposos fazem entre si com vistas à procriação dos filhos e qual o objeto de celebrarem-se com tanta pompa as bodas? Entretanto, no ato mesmo da geração não permitem sejam testemunhas nem mesmo os filhos, se já têm alguns. O conhecimento de ação semelhante legítima gosta de tal maneira da luz dos ânimos, que foge à dos olhos. E de onde se origina isso senão do fato de que o naturalmente honesto anda de braço, embora por castigo, com o vergonhoso?

CAPÍTULO XIX
A sabedoria como freio e dique da ira e da libido

Eis o motivo que induziu os filósofos mais próximos à verdade a admitirem que a ira e a libido são partes viciosas do ânimo, porque se lançam em torvelinho e em desordem até às coisas não proibidas pela sabedoria. Por isso, de acordo com eles, é necessário o comedimento da razão e da mente. A razão tem sede (é doutrina deles) na parte superior da alma, em uma espécie de atalaia, donde governa, com o fim de que, mandando ela e servindo estas, se produza no homem justiça perfeita. Essas partes assim viciosas, segundo eles, mesmo no homem moderado e sábio, que a mente, de esporas e freio, tem de refrear e afastar das coisas injustamente alcançadas e permitir-lhes as concebidas pela lei da sabedoria, essas partes, digo, no paraíso, antes do pecado, não eram viciosas. Ali seus movimentos não iam contra o reto querer e por isso não havia necessidade de tê-las dentro dos justos limites, como que governadas pelos freios da razão. Isso de agora seus movimentos serem assim e suas mudanças serem mais fáceis numas e mais difíceis noutras, mudanças que intentam operar as esporas e o freio de quem vive piedosa, justa e sobriamente, não é saúde natural, mas enfermidade culpável.

Qual a causa de que os movimentos de ira e de outras paixões não os cubra o manto do rubor, como faz com os movimentos da libido, que se manifestam nos órgãos da geração? Simplesmente porque a vontade tem senhorio absoluto sobre o uso dos demais membros do corpo e, quando neles consente, ela é que os move, não seus afetos. Assim, quem, irado, injuria outro por palavra ou o golpeia, não poderia fazê-lo, se a língua e as mãos não se movessem sob o impulso da vontade. A vontade empunha o leme de tais membros, embora não existia a ira. Por sua vez, a libido de tal maneira submeteu as partes genitais do corpo a seu aparente domínio, que não podem mover-se sem ela e sem sua presença espontânea ou provocada. Eis o objeto da vergonha; eis o que os olhos dos que olham evitam com rubor. O homem mais facilmente tolera multidão de espectadores, quando injustamente se irrita contra outro, que o olhar de um só, quando justamente se ajunta com a mulher.

CAPÍTULO XX
A torpeza dos cínicos

Isso passou despercebido aos filósofos caninos, ou seja, aos cínicos, que contra o rubor humano lançaram opinião desavergonhada e imunda, digna de seu nome. Diziam que, por ser legítima a união carnal dos esposos, não deve causar vergonha tê-la em público nem se deve evitar a prática desse ato em qualquer rua ou praça. Não obstante, o pudor natural dessa vez prevaleceu sobre o erro. Embora contem haver Diógenes posto seu sistema alguma vez em prática, pensando que assim tornaria mais célebre sua escola, gravando na memória dos mortais a mais ruidosa desvergonha, depois os cínicos não lhe imitaram o exemplo. Foi mais poderoso neles o pudor, que os induzia a guardar o respeito humano, que o erro, que lhes inspirava se tornassem semelhantes aos cães. E permito-me opinar que aquele ou aqueles que referem haver consumado o ato em público representaram essa cena carnal ante homens desconhecedores do que se ocultava sob o pálio, pois talvez não lhes fosse possível sentir semelhante voluptuosidade sob a impressão de olhares humanos. Os filósofos não se envergonhavam de mostrar sua intenção luxuriosa onde a própria libido se envergonhava de surgir.

E vemos que ainda hoje existem filósofos cínicos. São os homens que andam cobertos de pálio e carregam clava; nenhum deles, entretanto, se atreve a tais desmandos. Se alguns se atrevessem a fazê-lo, aposto que lhes faltariam pedradas, não, porém, opróbrios. Não há dúvida de que a natureza humana se envergonha dessa libido. E com razão, porque em sua desobediência, que deixou os órgãos sexuais submetidos a seus próprios movimentos e os desligou da vontade, mostra-se bem às claras a paga que o homem recebeu de sua própria desobediência. E foi conveniente que seu vestígio aparecesse em especial nos membros que servem à geração da natureza, piorada pelo primeiro enorme pecado. E ninguém se vê livre de semelhante cruz se a graça de Deus não expia em cada indivíduo o pecado cometido em comum, quando todos éramos em um só, e vingado pela justiça divina.

CAPÍTULO XXI
Bênção, prevaricação e libido. Suas relações

Longe de nós pensar que os dois primeiros esposos, no paraíso, com essa libido, de que se envergonharam, cobrindo em seguida sua nudez, tornariam efetiva a bênção de Deus: *Crescei e multiplicai-vos e povoai a terra*. A libido surgiu depois do pecado e, depois do pecado, nossa natureza, pudica, despojada do domínio que tinha sobre o corpo, sentiu esse desarranjo, advertiu-o, envergonhou-se dele e cobriu-o. Todavia, a bênção dada ao matrimônio, para crescerem, multiplicarem-se e povoarem a terra, embora seja verdade que subsistiu nos delinquentes, o foi antes de delinquirem, dando-nos a entender com isso que a procriação dos filhos é glória do matrimônio, não castigo do pecado.

Na atual economia, porém, os homens, desconhecedores da felicidade do paraíso, pensam haver sido impossível gerar filhos sem experimentar semelhante libido, de que até a honestidade do matrimônio se envergonha. E, para opinarem assim, alguns repelem com insolente desdém as Divinas Escrituras, em especial a passagem em que se lê que, depois do pecado, envergonharam-se de sua nudez e cobriram suas vergonhas; outros, admitindo-as e apreciando-as com grandes honras, não querem que esta passagem: *crescei e multiplicai-vos* se entenda segundo a fecundidade carnal. E fundam-se em que também da alma se diz algo semelhante em certo salmo: *Multiplicarás em minha alma tua virtude*. De acordo com isso, no contexto do Gênesis: *E povoai a terra e dominai-a* entendem por terra a carne, que a alma enche com sua presença e domina, quando sua virtude se multiplica. Afirmam, contudo, que os fetos carnais não poderiam nascer antes, nem podem nascer agora, sem essa libido, originada, percebida, confundida e coberta após o pecado. E acrescentam não haverem gerado no paraíso, mas fora. E assim foi na realidade, posto haverem coabitado e gerado seus filhos depois de expulsos dele.

CAPÍTULO XXII
Instituição e bênção divinas da união carnal

Não temos a menor dúvida de que o crescer, multiplicar-se e povoar a terra, segundo a bênção de Deus, é dom do matrimônio, instituído por Deus desde o princípio, antes do pecado, ao criar o homem e a mulher. O sexo, evidentemente, supõe algo carnal. E a essa obra de Deus seguiu imediatamente sua bênção. Em havendo dito a Escritura: *Fê-los homem e mulher,* logo acrescentou: *E Deus abençoou-os, dizendo: Crescei e multiplicai-vos e povoai a terra e dominai-a,* etc. Embora a tudo isso seja possível dar-se interpretação espiritual não incongruente, as palavras *homem e mulher* não podem ser entendidas como algo existente em apenas um sujeito, pretextando ser nele uma coisa a que governa e outra a governada. Como de maneira muito clara se vê nos corpos de seres de sexo diferente, o homem e a mulher foram criados com o fim de que, pela geração da prole, crescessem, se multiplicassem e povoassem a terra. Ser refratário a isso constituiria notável absurdo.

Não podem tampouco entender-se do espírito, que manda, e da carne, que obedece, nem do ânimo racional, que dirige, e da cupidez irracional, que é dirigida, nem da virtude contemplativa, que impera, e da ativa, que serve, nem do entendimento mental e do sentido corporal. Devem, isso sim, entender-se do laço conjugal, que une entre si os dois sexos. A esse propósito, havendo-se perguntado ao Senhor se era permitido repudiar por qualquer motivo a mulher, pois Moisés permitira dar libelo de repúdio, por causa da dureza de coração dos judeus, respondeu: *Não haveis lido que Aquele que no princípio os criou os fez homem e mulher e disse: Por isso deixará o homem seu pai e sua mãe e se unirá à sua esposa e serão dois numa só carne? Assim, já não são dois, mas uma só carne. O que Deus uniu não o desuna, pois, o homem.* É, por conseguinte, certo haverem os dois sexos sido criados desde o princípio em diversas pessoas, como agora vemos e palpamos, e serem chamados uma só coisa, quer por sua união, quer pela origem da mulher, formada da costela do homem. O mesmo apóstolo, fundado nesse primeiro exemplo que precedeu na criação divina, exorta os maridos, em concreto, a que amem as respectivas esposas.

CAPÍTULO XXIII
Haveria, no paraíso, libido no ato da geração?

1. No fundo, quem diz que, se não houvessem pecado, não haveriam coabitado nem gerado, afirma haver-se o pecado do homem tornado necessário para completar o elenco dos santos. E funda-se em que, se, não pecando, somente eles existiriam, visto como, por certo, se não houvessem pecado, não haveriam podido gerar, é fora de dúvida haver-se o pecado tornado necessário para que não existissem apenas dois homens justos, e sim muitos. Como é absurdo crê-lo, deve-se, antes, acreditar que os santos suficientes para cobrir as praças da Cidade bem-aventurada se reduziriam, embora ninguém houvesse pecado, aos que a graça de Deus vai recrutando agora entre a multidão dos pecadores, enquanto os filhos deste século geram e são gerados.

2. Sem o pecado, por conseguinte, esses matrimônios dignos da felicidade do paraíso seriam fecundos em agradáveis frutos e estariam isentos de toda libido vergonhosa. Na verdade, atualmente não há exemplo capaz de ilustrá-lo. Nem por isso, entretanto, deve ser incrível pudesse o referido membro obedecer sem libido à vontade, pois são tantos os que agora lhe estão sujeitos. Se movemos as mãos e os pés, quando queremos, a seus atos próprios, sem renitência alguma e com facilidade assombrosa, como observamos em nós e nos demais, em especial nos artífices, em quem habilidade mais industriosa presta socorro à fraqueza e à lentidão da natureza, por que não acreditamos que os órgãos da geração, no ato da geração, poderiam obedecer docilmente à vontade humana, como os demais, se não existisse a libido, justo castigo da desobediência? Cícero mesmo, quando em sua obra *Sobre a República* fala das diferentes classes de governo, vale-se desse dado da natureza humana e diz serem os membros do corpo mandados como verdadeiros filhos, por estarem sempre prontos a obedecer, e serem as partes viciosas da alma verdadeiras escravas, que é preciso submeter a regime mais severo.

É verdade que a ordem natural ao corpo antepõe o espírito; contudo, o espírito domina com maior facilidade o corpo que a si mesmo. Mas a libido de que tratamos é tanto mais vergonhosa quanto o ânimo não tem poder absoluto sobre si mesmo, para não agradar-lhe, nem sobre o corpo, para ser a vontade, não a libido, que mova tais membros vergonhosos. Radica o rubor agora em que o corpo oferece resistência ao ânimo, devendo estar-lhe sujeito, por ser natureza inferior. Nas outras paixões, quando o ânimo enfrenta a si mesmo, ele mesmo é o vencedor, embora desordenado e vicioso, visto ser vencido pelas partes que devem estar sujeitas à razão; mas, afinal, são partes suas e por isso, como fica dito, é vencido por si mesmo. O ânimo que ordenadamente se vence a si mesmo, fazendo que seus movimentos irracionais obedeçam à mente, à razão (se, ademais, esta se submete a Deus), é virtuoso e digno de louvor. E para o espírito é menos vergonhoso quando é desobedecido por suas partes inferiores do que quando seu querer e suas ordens são desobedecidas pelo corpo, corpo que é diferente dele, inferior a ele e não vive sem ele.

3. Mas, quando o comando da vontade contém os membros, cujo concurso é necessário à ação dos órgãos que a concupiscência solicita, contra a vontade, então a castidade é conservada; não que o sentimento do criminoso prazer esteja extinto, mas porque o consentimento é recusado. Essa oposição, esse debate, esse duelo entre a vontade e a libido, por suficiência de vontade e indigência de libido, revolta, castigo da revolta, nada disso a união conjugal teria conhecido no paraíso. A vontade não teria encontrado em todos os membros do corpo senão fiéis servidores. O órgão criado para o trabalho final teria fecundado o campo natural, como a mão semeia a terra. Agora, o pudor não me permite estender-me mais nessa matéria e obriga-me a pedir perdão e a não ferir os ouvidos castos; todavia, então não havia motivo para isso. As palavras relativas a tal assunto deslizariam livremente ante os ouvidos do pensador, sem perigo de obscenidade, pois não haveria palavras obscenas; pelo contrário, as conversas a respeito desses membros seriam tão honestas como falar doutras partes do corpo.

Quem aproximar-se destas páginas com sentimentos pouco castos atribua-os a sua culpa, não à natureza; condene em si mesmo a impureza da alma, não em nós o inevitável emprego de certas palavras. Sei que, diante destas páginas, o ouvinte ou leitor piedoso e casto me perdoa com facilidade, até eu vencer a infidelidade, não argumentando sem fundamento, mas com experiência vivida. Poderiam tais palavras ofender quem não se deixa, em absoluto, escandalizar, quando ouve o apóstolo trovejar contra a monstruosa depravação das mulheres que *trocaram o uso natural pelo uso contrário à natureza*. E dispensar-me-ão, em especial, se levam em conta que não falo e censuro agora, como o apóstolo, a condenável obscenidade, mas, para explicar, de acordo com minhas forças, os efeitos da geração humana, evito, a exemplo seu, as palavras obscenas.

CAPÍTULO XXIV
A vontade e os órgãos da geração no paraíso

1. Ali o homem semearia e a mulher receberia o sêmen, quando e quanto fosse necessário, sendo os órgãos da geração movidos pela vontade, não excitados pela libido. Porque não movemos de acordo com nosso capricho apenas os membros articulados com ossos, como os pés, as mãos e os dedos, mas também movemos os compostos de nervos flácidos, agitando-os, estendemo-los, estirando-os, dobramo-los, retorcendo-os, endireitamo-los, encolhendo-os à nossa vontade. Assim fazemos com os membros da boca e do rosto, que a vontade move como lhe apraz. Os pulmões, as mais moles das vísceras, salvo as medulas, e por isso resguardados pela caixa torácica, para respirar, aspirar e emitir ou modificar a voz, servem, como foles de órgão, à vontade de quem sopra, respira, fala, grita ou canta. E não me detenho a dizer que a certos animais é natural e inato moverem, apenas no ponto em que se sentem atormentados, a pele que lhes cobre o corpo todo; com o tremor da pele enxotam não apenas as moscas que pousam neles, mas também se livram dos aguilhões que lhes cravam. E porque o homem não possa fazê-lo, havemos de dizer que o Criador não pôde dar semelhante faculdade aos viventes que quis? Logo, ao homem foi também possível ter sujeitos os membros inferiores, faculdade que perdeu por sua desobediência, visto haver sido fácil para Deus criá-lo de maneira que os membros de sua carne, agora unicamente movidos pela libido, os movesse apenas a vontade.

2. São-nos conhecidas as naturezas de alguns homens, distintas dos demais e admiráveis de tão raras, que fazem com o corpo, a seu

bel-prazer, coisas que outros não podem e, ouvidas, com dificuldade são acreditadas. Há quem mova ambas as orelhas ao mesmo tempo ou em separado; há quem, sem mover a cabeça, joga os cabelos à testa e, quando quer, os retira. Outros há que, comprimindo um pouco o diafragma, da infinidade e variedade de coisas que engoliram como que de verdadeira bolsa tiram o que querem. Existem outros que imitam e exprimem com tamanha perfeição o canto das aves e as vozes dos animais e doutros homens, que, se a gente não os vê, se torna impossível distingui-los. Não faltam alguns que, sem fedor, pela extremidade terminal do intestino emitem sons de tal maneira harmoniosos, que se diria cantarem por essa boca. Eu mesmo vi alguém suar quando queria e de ninguém se oculta existirem alguns que choram quando querem e se afogam em verdadeiro mar de lágrimas. Muito mais incrível, porém, é o fato sucedido há pouco e testemunhado por muitos irmãos nossos. Em paróquia da igreja de Calama havia certo presbítero chamado Restituto, que, quando queria (quem desejava ser testemunha presencial da maravilha costumava pedir-lhe que o fizesse), ao ouvir vozes que imitassem lamento de homem, perdia os sentidos e jazia estendido no chão, de tal modo semelhante a morto, que não apenas não sentia os toques e as picadas, mas até mesmo, às vezes, era queimado com fogo, sem sentir dor alguma, senão mais tarde e por efeito da ferida. E prova de que seu corpo não se movia, não porque o presbítero o aguentasse, mas porque não sentia, era não dar sinal algum de respiração, como verdadeiro morto. Contudo, depois contava que, quando os circunstantes falavam mais alto, ouvia como que vozes ao longe.

Se, por conseguinte, na presente vida, repleta de pesares por causa da carne corruptível, há pessoas a quem, em muitos movimentos e paixões, o corpo obedece de maneira maravilhosa e extraordinária, por que não cremos que, antes da desobediência e da corrupção, poderiam, sem libido alguma, servir à vontade no relativo à geração? O homem foi abandonado a si mesmo porque abandonou a Deus, comprazendo-se em si mesmo, e, não obedecendo a Deus, não pôde obedecer a si mesmo. Sua mais evidente miséria procede daí e consiste em não viver como quer. É certo que, se vivesse à sua vontade, se julgaria feliz; na realidade, porém, não o seria, se vivesse torpemente.

CAPÍTULO XXV
Na presente vida não se alcança a verdadeira felicidade

A verdade é que, se refletimos um pouco, vemos que não vive como quer senão quem é feliz e que apenas o justo é feliz. Mas, por sua vez, o justo não vive como quer, se não chega a estado em que não possa morrer, nem ser enganado, nem ofendido, e isso com certeza de que será sempre assim. Tal o estado desejado pela natureza, que não será plena e perfeitamente feliz, se não logra realizar por completo seus desejos. Pois bem, que homem pode viver como quer, se o próprio viver não está em suas mãos? Quer viver e vê-se constrangido a morrer. Como, pois, viverá como quer quem não vive enquanto quer? E, se quiser morrer, como pode viver como quer quem não quer viver? E, se quer morrer, não porque não queira viver, mas para viver melhor depois da morte, também não vive como quer. Viverá assim quando chegar, morrendo, ao que quer. Está bem. Suponhamos que vive como quer, porque se violentou e se obrigou a não querer o que não pode e a querer o que pode, seguindo o conselho de Terêncio: *Porque não podes fazer o que queres, queres o que podes.* Pergunto: É acaso feliz, por ser pacientemente miserável? Se realmente não amamos a vida feliz, não a possuímos. Portanto, se a amamos e a possuímos, necessariamente a amamos mais que a todas as demais coisas, visto como quanto se ama deve ser amado por causa dela. Por conseguinte, se a amamos quanto merece (e não é feliz quem não ama a vida feliz quanto merece), é impossível que quem a ama não deseje seja eterna. Logo, será feliz quando for eterna.

CAPÍTULO XXVI
Que devemos acreditar, baseados na felicidade, a respeito da geração no paraíso?

De acordo com isso, no paraíso o homem vivia como queria, porque apenas queria o que Deus mandara. Vivia gozando de Deus e era bom por sua bondade; vivia sem nenhuma indigência e estava em suas mãos viver sempre assim. A abundância de alimentos matava-lhe a fome, a de bebidas, a sede, e a árvore da vida defendia-o da velhice. Nenhuma dor a corrupção causava ao corpo nem o corpo a seus sentidos. No interior não temia enfermidade, nem ferimentos no exterior. A carne do homem gozava de perfeita saúde; a alma, de tranquilidade absoluta. Como no paraíso eram desconhecidos o calor e o frio, assim em seu habitante era desconhecido o aguilhão com que o desejo ou o temor lhe aguilhoavam a boa vontade. Não havia tristeza nem alegria fútil. Gozo eterno, procedente de Deus, perpetuava-se e nele ardia a caridade do coração puro, da boa consciência e da fé não fingida. A sociedade conjugal era acompanhada de amor honesto. A mente e o corpo andavam de comum acordo e o mandado era fácil e exequível. A fadiga não condenava o homem ao repouso, nem o homem cedia, mau grado seu, à prostração do sono.

Deus nos livre de crer que em tal facilidade de mandados e em tamanha felicidade os homens não poderiam gerar sem doença da libido. Esses membros, como os demais, mover-se-iam ao arbítrio da vontade e o marido fundir-se-ia no regaço da esposa com tranquilidade de ânimo, sem o estímulo do ardor libidinoso e sem a corrupção da integridade corporal. E não porque a experimentação não possa prová-lo, semelhante fato é menos digno de fé, visto como, a instâncias do momento, essas partes as dominava a vontade, não o ardor tempestuoso. Então, o sêmen viril poderia ser injetado na esposa, sem romper-lhe a integridade, assim como agora a virgem pode, sem violá-la, ter a menstruação. O sêmen poderia introduzir-se pelo mesmo conduto por onde pode ser expelido o mênstruo. Assim como para o parto relaxa as vísceras maternas, não o gemido da dor, mas a maturidade do feto, assim para a fecundação e a concepção uniria as duas naturezas, não o apetite libidinoso, mas o uso voluntário.

Estamos falando de coisas que, na atual economia, são vergonhosas e, por isso, embora tratemos de conjecturar, segundo nossas possibilidades, como e quais seriam antes de serem vergonhosas, é preciso pôr freio às palavras e ceder ao pudor, que nos contém, ao invés de soltar as rédeas à nossa pobre eloquência. E, dado que o que digo não o experimentaram nem mesmo aqueles que poderiam experimentá-lo (porque, uma vez metidos no pecado, mereceram ser desterrados do paraíso e não coabitar com vontade tranquila), como agora, ao resenhá-lo, não evocará o homem a experiência da libido túrbida e não o vislumbre de plácida vontade? Por isso o pudor não permite falar com desenvoltura, embora não faltem razões ao pensador. Contudo, a Deus onipotente, Criador soberano e soberanamente bom de todas as naturezas, que auxilia e premia as boas, abandona e condena as más e ordena todas, não lhe faltarão meios em sua sabedoria para completar o número de predestinados à sua cidade, tirando-os da corrupção do gênero humano. E não os discerne por seus merecimentos, posto que a massa total estava condenada como que de raiz, mas por sua graça, e mostra não apenas nos que livra, mas também nos que não livra, que lhe são devedores. Cada qual reconhece dever a própria libertação a bondade indevida, a bondade gratuita, quando se vê livre da companhia daqueles com quem devia ser por justiça castigado. Por que, pois, não havia Deus de criar aqueles que de antemão sabia que haviam de pecar, se neles e por eles poderia mostrar que lhes merecia a culpa e que lhes deu sua graça e que, sob tal Criador e Ordenador, a própria desordem dos pecadores não perverteria a justa ordem das coisas?

CAPÍTULO XXVII
A perversidade dos pecadores, anjos ou homens, não perturba a Divina Providência

Anjos ou homens, os pecadores nada fazem que possa turbar *as obras grandes de Deus, pendentes de sua vontade apenas*. Pois quem, de maneira providente e onipotente, a cada ser distribui sua essência, sabe usar não só dos bons, mas também dos maus. E assim, usando Deus bem do anjo mau, condenado empedernido como prêmio de sua má vontade, com o fim de que para o futuro já não a tivesse boa, por que não havia de permitir que tentasse o primeiro homem, por Ele criado reto, isto é, com boa vontade? Com efeito, criado fora de tal maneira, que venceria o anjo mau, se confiasse no auxílio de Deus, e seria vencido por ele comprazendo-se soberbamente em si mesmo e abandonando a Deus, seu Auxiliador e Criador. O merecimento bom radicaria em sua vontade reta, divinamente auxiliada, e o mau em sua vontade perversa, que abandona a Deus. Não podia confiar em Deus, sem o auxílio de Deus; por sua vez, estava em suas mãos afastar-se da graça divina, comprazendo-se em si mesmo. Como não podemos viver na carne, sem o subsídio dos alimentos, e podemos não viver nela, como fazem os suicidas, assim no paraíso não podiam viver sem o auxílio de Deus, mas podiam viver mal, embora desaparecesse a felicidade e se lhe seguisse justo castigo.

Se, por conseguinte, não se ocultava de Deus essa futura queda, que razão há para que não permitisse fosse o homem tentado pelo anjo invejoso? É verdade que era indubitável sua certeza de que seria vencido; ao mesmo tempo, entretanto, era presciente de que a descendência do homem, auxiliada pela graça, havia de vencer o demônio, redundando tal vitória em glória dos santos. Desse modo, nem o futuro se ocultava de Deus, nem sua presciência constrangia quem quer que fosse a pecar. E a experiência que se seguiu revelou à criatura racional, angélica e humana, a diferença que existe entre a própria presunção e o socorro divino. Quem ousará crer ou dizer que Deus não pôde evitar nem a queda do anjo, nem a do homem? Mas preferiu deixar-lhes essa faculdade e provar, assim, de quanto mal é capaz o orgulho e de quanto bem sua graça.

CAPÍTULO XXVIII
As duas cidades. Origem e qualidades

Dois amores fundaram, pois, duas cidades, a saber: o amor-próprio, levado ao desprezo a Deus, a terrena; o amor a Deus, levado ao desprezo de si próprio, a celestial. Gloria-se a primeira em si mesma e a segunda em Deus, porque aquela busca a glória dos homens e tem esta por máxima glória a Deus, testemunha de sua consciência. Aquela ensoberbece-se em sua glória e esta diz a seu Deus: *Sois minha glória e quem me exalta a cabeça.* Naquela, seus príncipes e as nações avassaladas veem-se sob o jugo da concupiscência de domínio; nesta, servem em mútua caridade, os governantes, aconselhando, e os súditos, obedecendo. Aquela ama sua própria força em seus potentados; esta diz a seu Deus: *A ti hei de amar-te, Senhor, que és minha fortaleza.* Por isso, naquela, seus sábios, que vivem segundo o homem, não buscaram senão os bens do corpo, os da alma ou os de ambos e os que chegaram a conhecer Deus *não o honraram nem lhe deram graças como a Deus, mas desvaneceram-se em seus pensamentos e obscureceu-se-lhes o néscio coração.* Crendo-se sábios, quer dizer, orgulhosos de sua própria sabedoria, a instâncias de sua soberba, *tornaram-se néscios e mudaram a glória do Deus incorruptível em semelhança de imagem de homem corruptível, de aves, de quadrúpedes e de serpentes.* Porque levaram tais ídolos aos povos, para que os adorassem, indo eles à frente, ou os seguiram *e adoraram e serviram a criatura e não o Criador, para sempre bendito.* Nesta, pelo contrário, não há sabedoria humana, mas piedade, que funda o culto legítimo ao verdadeiro Deus, à espera de prêmio na sociedade dos santos, de homens e de anjos, *com o fim de que Deus seja tudo em todas as coisas.*

LIVRO DÉCIMO QUINTO

Os quatro livros seguintes são dedicados ao desenvolvimento das duas cidades. Baseia sua argumentação nos principais capítulos da História Sagrada relacionados com tal assunto. Neste livro recolhe e comenta as passagens do Gênesis que narram a história que vai de Caim e Abel ao dilúvio.

CAPÍTULO I
Dois viajantes de duas cidades caminham a duas metas distintas

1. Sobre a felicidade do paraíso ou sobre o próprio paraíso, sobre a vida dos dois primeiros homens nele e sobre seu pecado e castigo já se emitiram muitos pareceres, se pensou muito e se gastou muita tinta nisso. Também eu, nos livros anteriores, disse algo a respeito do assunto, segundo o que li ou pude compreender das Santas Escrituras, procurando não apartar-me de sua autoridade. Exame mais detido de tais pontos enredar-nos-ia em muitas e muito espinhosas questões, que exigiriam série de volumes que excederiam em muito os limites desta obra e do tempo de que disponho. Ando, sem dúvida, tão escasso dele, que não posso deter-me a responder às objeções que possam ser apresentadas pelos escrupulosos e ociosos, mais prontos para perguntar que capacitados para entender. Parece-me, todavia, haver esclarecido algo as difíceis e escabrosas questões acerca da origem do mundo, da alma e do gênero humano.

Dividi a humanidade em dois grandes grupos: um, o dos que vivem segundo o homem; o outro, o daqueles que vivem segundo Deus. Misticamente, damos aos dois grupos o nome de cidades, que é o mesmo que dizer sociedades de homens. Uma delas está predestinada a reinar eternamente com Deus; a outra, a sofrer eterno suplício com o diabo. Tal o fim de ambas, de que depois nos ocuparemos. Agora, posto já havermos escrito bastante sobre a origem das duas cidades, quer nos anjos, cujo número nos é desconhecido, quer nos dois primeiros homens, estou em que já devemos tratar de seu desenvolvimento, do dia em que começa ao dia em que deve deter-se a geração dos homens. O desenvolvimento dessas duas cidades compreende todo o lapso de tempo, também chamado século, rápida sucessão de nascimentos e de mortes, que forma o curso das duas cidades. É a que nos referimos.

2. O primeiro filho dos dois primeiros pais do gênero humano foi Caim, pertencente à cidade dos homens, e o segundo, Abel, participante da Cidade de Deus.

Em cada homem comprovamos a veracidade das seguintes palavras do apóstolo: *Não é primeiro o espiritual, e, sim, o animal; depois, o espiritual.* Donde se segue que cada qual, por descender de tronco condenado, necessariamente primeiro é mau e carnal e depois será bom e espiritual, se, renascendo em Cristo, adiantar na virtude. Quando ambas as cidades empreenderam seu curso evolutivo, por nascimentos e mortes sucessivas, primeiro nasceu o cidadão deste mundo e depois o peregrino do século, pertencente à Cidade de Deus. A este a graça predestinou, a graça escolheu; fê-lo peregrino no solo e cidadão do céu. A verdade é que, quanto ao que se lhe refere, nasce do mesmo nada, originariamente condenado, que os demais; mas Deus, como bom oleiro (é semelhança não insensata, mas sensata, do apóstolo), fez dessa massa um vaso para honra e outro para ignomínia. Primeiro, fez o vaso para ignomínia e depois o vaso para honra, porque em cada homem, como fica dito, primeiro é o réprobo, passo indispensável para todos nós e em que é necessário deter-nos, e depois o probo, a que chegaremos graças ao progresso na virtude e em que, em chegando, permaneceremos. Donde se segue não ser certo que todo homem mau há de ser bom e sim que ninguém há de ser bom, sem antes haver sido mau. E, quanto mais depressa melhore, tanto mais rapidamente mudará de nome e substituirá o primeiro pelo segundo.

Diz a Escritura que Caim construiu uma cidade e Abel, como peregrino, nenhuma ergueu. Porque a Cidade dos santos está no céu, embora cá na terra gere cidadãos, em quem peregrina até chegar o tempo de seu reinado. Então, congregará todos os ressuscitados com seus corpos e lhes dará o reino prometido. E nele reinarão eternamente com seu príncipe, o Rei dos séculos.

CAPÍTULO II
Os filhos da carne e os filhos da promessa

Na terra houve, realmente, sombra e imagem profética de tal cidade, mais propriamente sinal que representação. Apareceu quando convinha. Chamaram-na também Cidade Santa, em homenagem a seu ser de imagem, e não à realidade que expressava, ao como deve ser. Dessa imagem e do por ela significado, da cidade livre, o apóstolo fala aos gálatas nos seguintes termos: *Dizei-me, os que quereis estar sob a lei, não ouvistes a lei? Porque escrito está que Abraão teve dois filhos: um da escrava e outro da livre. Mas o da escrava nasceu segundo a carne; o da livre, em virtude de promessa. Disse-se tudo isso em alegoria. Essas duas mulheres são os dois Testamentos. Um, dado no Monte Sinai, gera escravos e está figurado em Agar. Porque o Sinai é monte da Arábia, que está enlaçado com a Jerusalém atual, escrava com seus filhos. Por sua vez, a Jerusalém de cima é livre e nossa mãe. Pois está escrito: Alegra-te, estéril, que não dás à luz, prorrompe em gritos de júbilo, tu que não és fecunda, porque são muitos mais os filhos da abandonada que os da que tem marido. Somos, irmãos, os filhos da promessa, figurados em Isaac. Mas, como então quem nascera segundo a carne perseguia o nascido segundo o espírito, assim sucede também agora. Que diz, porém, a Escritura? Lança fora a escrava e o filho, que o filho da escrava não há de ser herdeiro com o filho da livre. Mas não somos, irmãos, filhos da escrava, e sim da livre, e Cristo é quem nos adquiriu essa liberdade.* Semelhante interpretação, emanada da autoridade do apóstolo, revela-nos como devemos entender os escritos do Novo e do Velho Testamento.

Parte da cidade terrena veio a ser imagem da Cidade celeste; não simboliza a si mesma, mas a outra e, portanto, serve-a. Não foi fundada para ser figura de si mesma, mas da outra, e a cidade que prefigura foi por sua vez prefigurada por outra figura anterior. Com efeito, Agar, escrava de Sarra, e o filho foram de certa maneira imagem dessa imagem. E porque as sombras, em chegando a luz, devem desvanecer-se, por isso Sarra, que era a livre e significa a cidade livre, de que a referida sombra era imagem distinta e nova, disse: *Lança fora a escrava e o filho, que o filho da escrava não há de ser herdeiro com meu filho, Isaac,* ou, como diz o apóstolo, *com o filho da livre.* Encontramos, pois, na cidade terrena duas formas: uma, que ostenta sua presença; outra, que é, com sua presença, imagem da Cidade celeste.

Pervertida pelo pecado, a natureza gera os cidadãos da cidade terrena; a graça, que liberta do pecado, gera os cidadãos da Cidade celeste. Por isso, aqueles são chamados vasos de ira; vasos de misericórdia, estes.

É o que foi figurado também nos filhos de Abraão. Ismael, um deles, nasceu, segundo a carne, de Agar, a escrava; o outro, Isaac, nasceu, segundo a promessa, de Sarra, a livre. Ambos, sem dúvida, descendem de Abraão; aquele, porém, foi gerado segundo o curso ordinário da natureza e este foi dado em virtude de promessa que figurava a graça. Ali aparece o costume humano, aqui se manifesta o benefício divino.

CAPÍTULO III
Esterilidade de Sarra e fecundidade recebida

Sarra, na realidade, era estéril. E, sem esperança de descendência, desejando ao menos ter de sua escrava o que não podia ter de si mesma, entregou-a ao abraço do marido, de quem quisera, sem conseguir, gerar. Exigiu, pois, o débito conjugal, usando de seu direito em útero alheio. Ismael nasceu, como nascem todos os homens, da união dos dois sexos, segundo a lei ordinária da natureza. Por isso diz a Escritura haver nascido *segundo a carne,* não porque tais benefícios não procedam de Deus ou não sejam obras dele, cuja sabedoria operativa *alcança de confim a confim e com suavidade dispõe todas as coisas,* mas porque, para dar a entender o dom indevido e gratuito da graça por Deus dada aos homens, foi conveniente concedesse um filho contra o curso ordinário da natureza. A natureza nega filhos à união carnal, tal qual podia ser a de Abraão e Sarra em idade tão avançada, a que se acrescentava a esterilidade de Sarra, que não pôde conceber nem quando a idade ainda era susceptível de fecundidade, mas esta não acompanhava a idade. Que a uma natureza em tais condições não se devia o fruto da posteridade significa que a natureza humana, avariada pelo pecado e por isso justamente condenada, dali por diante não seria credora da felicidade verdadeira. Merecidamente, pois, Isaac, nascido em virtude da promessa, figura os filhos da graça, cidadãos da cidade livre, sócios da paz eterna. Nela não reina o amor à vontade própria e particular, mas gozo do bem comum e imutável e a obediência da caridade, que de muitos faz um só coração, ou seja, perfeita concórdia.

CAPÍTULO IV
A paz e a guerra na cidade terrena

A cidade terrena, que não será eterna, pois, condenada ao último suplício, já não será cidade, tem cá na terra seu bem e em sua possessão goza-se com o gozo que tais coisas podem oferecer. E porque semelhante bem não é tal que de quem dele gosta exclua as angústias, por isso essa cidade se divide contra si mesma, pleiteando, batalhando, lutando e buscando vitórias mortíferas ou pelo menos mortais. Porque, seja qual for a parte da cidade que se levante em guerra contra a outra, pretende ser vencedora, embora cativa dos vícios. Se vence e se ensoberbece mais soberbamente, sua vitória é mortífera; se, todavia, pesando a condição e as consequências comuns, é maior sua aflição pelas desgraças que podem sobrevir que seu orgulho pelas vantagens que traga, a vitória é apenas mortal. Porque nem sempre pode dominar, subsistindo, aqueles que pôde submeter, vencendo.

Não é acertado dizer não serem bens os bens desejados por essa cidade, posto ser ela mesma verdadeiro bem e o melhor do gênero. Por causa desses bens ínfimos, deseja certa paz terrena e anela alcançá-la pela guerra. Se vence e não há quem lhe resista, nasce a paz de que careciam os partidos, contrários entre si, que lutavam com infeliz miséria por coisas que não podiam possuir ao mesmo tempo. Essa a paz perseguida pelas penosas guerras, essa a paz alcançada pelas vitórias pretensamente gloriosas. Quando vencem os que lutaram pela causa mais justa, quem duvida se deva acolher com aplausos a vitória e com gozo a paz? São bens e os bens são dons de Deus. Se, porém, abandonados os bens supremos, possessão da soberana Cidade, onde haverá vitória seguida de eterna e soberana paz, se desejam ardentemente esses bens, de maneira que a gente acredite serem os únicos ou os ame mais que os superiores, de modo inevitável sobrevém a miséria ou aumenta a existente.

CAPÍTULO V
Dois imperadores: o da cidade terrena e o de Roma

O fundador da cidade terrena foi fratricida. Levado pela inveja, matou o irmão, cidadão da cidade eterna e peregrino na terra. Por isso não é de maravilhar haja tal exemplo, ou, como diriam os gregos, tal arquétipo (*arkhétypos*), sido imitado, depois de tanto tempo, pelo fundador da cidade que com o tempo havia de ser cabeça da cidade terrena de que falamos e senhora de inúmeros povos. Também ali, como diz um de seus poetas, *se regaram com sangue fraterno os primeiros muros*. Foi o que aconteceu na fundação de Roma, durante a qual, segundo a história, Rômulo matou o irmão, Remo, com a diferença de aqui serem ambos cidadãos da cidade terrena. Ambos pretendiam a glória de ser fundadores da república romana, mas não podiam ambos ter a glória que teria um só deles, se o outro não existisse, porque os domínios que sua glória queria, dominando, seriam mais reduzidos, se lhe minguasse o poder, por viver o companheiro no mando. E para o mando passar íntegro a um apenas, eliminou o companheiro, com o crime aumentando império que com a inocência fora menor e melhor.

Contudo, Caim e Abel não estavam ambos tocados de ambição semelhante, nem o fratricida invejou o outro por temer se limitasse ainda mais seu poderio, se ambos mandassem, porque Abel não buscava ser senhor na cidade que seu irmão fundava. Invejou-o simplesmente com a inveja diabólica com que os maus invejam os bons, sem motivo algum, apenas porque uns são bons e outros maus. A bondade não diminui, por admitir que dela participe companheiro; ao contrário, aumenta tanto mais quanto mais concordemente a possui a caridade individual dos consócios. Na realidade, quem se nega a tê-la em comum não goza dessa possessão, sendo mais completo seu gozo quanto mais generosamente nela ame o companheiro.

O acontecido entre Rômulo e Remo mostra como a cidade terrena se divide contra si mesma; o sucedido entre Caim e Abel é reflexo das inimizades que existem entre as duas cidades, entre a Cidade de Deus e a dos homens. Em suma, que os maus lutam uns contra os outros e, por sua vez, contra os bons. Mas os bons, se perfeitos, não podem ter nenhuma altercação entre si. Podem, se capazes, embora ainda imperfeitos. Nesse caso, o bom luta contra outro pelo mesmo flanco por onde luta contra si mesmo. E em cada homem *a carne apetece contra o espírito e o espírito contra a carne.* Por isso a concupiscência espiritual deste pode lutar contra a carnal daquele, como os bons e os maus lutam entre si. É certo, além disso, poderem lutar entre si as concupiscências carnais de dois bons, embora não perfeitos, como lutam entre si os maus, até a sanidade dos capazes lograr a derradeira vitória.

CAPÍTULO VI
Sofrimento dos cidadãos da Cidade de Deus em sua peregrinação rumo à pátria. Deles somente a medicina de Deus pode curá-los

Este sofrimento – isto é, a desobediência de que falamos no Livro Décimo Quarto – é castigo da primeira desobediência. Não é, portanto, natureza, mas vício. Diz-se, por isso, aos capazes e bons, que em seu peregrinar vivem da fé: *Levai as cargas uns dos outros e assim cumprireis a lei de Cristo.* E noutra parte: *Corrigi os inquietos, consolai os pusilânimes, alentai os débeis e sede pacientes com todos. Evitai, pois, que alguém retribua a outrem mal por mal.* E noutro lugar: *Se alguém andar preocupado com algum delito, instruí-o vós, que sois espirituais, com espírito de mansidão, pensando que também podeis ser tentados.* E de igual modo: *Não se ponha o sol, estando irados.* E no Evangelho: *Se teu irmão pecar contra ti, corrige-o a sós entre ti e ele.* O apóstolo diz, por sua vez, dos pecados a que se teme se siga escândalo: *Quanto aos que vivem no pecado, repreende-os na presença de todos, para que os demais temam.* São, por esse motivo, muitos os mandados a respeito do perdão mútuo e exige-se cuidado muito esmerado, com o fim de manter-se a paz, sem a qual ninguém pode ver a Deus.

Apresenta-se na Escritura terrível juízo contra o servo obrigado a pagar a dívida de dez mil talentos que lhe fora perdoada, por não haver perdoado insignificante dívida de cem denários a companheiro seu de escravidão. Proposta a parábola, Cristo acrescentou: *As-*

sim se portará meu Pai celestial convosco, se cada um de vós não perdoar de coração seu irmão. Assim se curam os cidadãos da Cidade de Deus que peregrinam por este vale de lágrimas e suspiram pela paz da pátria soberana. O Espírito Santo opera interiormente, para surtir efeito o remédio aplicado no exterior.

Embora, para falar aos sentidos humanos, aos corpóreos em espécie humana e aos outros em sonhos, Deus se sirva das criaturas a Ele sujeitas, é inútil para o homem a pregação das verdades, se Ele não opera e move interiormente com sua graça. Mas Deus faz isso com juízo muito secreto, mas justo, e dos vasos de misericórdia discerne os vasos de ira. Se, com o auxílio que Ele nos presta de modo maravilhoso e oculto, o pecado, ou melhor, o castigo do pecado, que nos habita os membros, não reina em nosso corpo mortal, segundo o preceito do apóstolo, de maneira que lhe obedeçamos aos desejos, e se não abandonamos nossos membros, para servirem de instrumentos de iniquidade, o espírito adquire a força de não consentir, entregando-se à direção de Deus. Assim, agora o homem terá governo mais tranquilo e depois, perfeitamente são e revestido de imortalidade, reinará sem pecado em paz eterna.

CAPÍTULO VII
Causa do crime de Caim e sua obstinação nele

1. De que, porém, lhe serviu a Caim haver-lhe Deus recordado o que acabamos de expor a nosso modo, quando lhe falou como costumava fazer aos primeiros homens, como amigo e de forma congruente, mediante criatura a Ele sujeita? Não perpetrou acaso o crime concebido, o fratricídio, mesmo depois da advertência divina? Quando Deus discerniu os sacrifícios de ambos, olhando com agrado os de Abel e com desprazer os de Caim, coisa que manifestou, sem dúvida, por algum sinal visível, e o fez por serem más as obras deste e boas as do irmão, Caim entristeceu-se em extremo e seu rosto empalideceu. Diz assim o texto sagrado: *E disse Deus a Caim: Por que estás triste e por que teu rosto empalideceu? Não é verdade que, se ofereces bem e não divides bem, pecas? Acalma-te. Converter-se-á a ti e dominá-lo-ás.* Não é fácil compreender a repreminda de Deus

a Caim: *Não é verdade que, se ofereces bem e não divides bem, pecas?* Com efeito, não diz o porquê ou o fim dela. Sua obscuridade deu origem a muitas interpretações entre os expositores das Divinas Escrituras, que se afanam por entendê-lo em conformidade com a regra de fé.

Oferece-se bem o sacrifício, quando se oferece ao verdadeiro Deus, único a quem deve ser oferecido. Mas não se divide bem, quando não se discernem bem os lugares, os tempos, as coisas oferecidas, quem oferece, a quem se oferece ou a quem se distribui a oferenda, para consumi-la. De acordo com isso, por divisão entendemos aqui discriminação. Assim, quando se oferece onde não convém ou o que não convém nesse lugar, mas noutro, ou quando se oferece quando não convém ou o que não convém na ocasião, mas noutra. E, de igual modo, quando se oferece coisa que jamais se devia oferecer, quando o homem reserva para si oferenda mais seleta que a que oferece a Deus ou quando se faz partícipe profano da coisa oferecida a quem não deve sê-lo. Não é fácil determinar em qual desses pontos Caim desagradara a Deus. Nas palavras do Apóstolo São João, que, falando desses dois irmãos, diz: *Não imiteis Caim, que procedia do espírito maligno e matou o irmão. Por que o matou? Porque suas obras eram más e as do irmão, justas,* deixa-se entrever que Deus não se agradou de sua oferenda, justamente por haver dividido mal, dando a Deus algo seu e reservando para si a si mesmo. Isso mesmo fazem todos aqueles que, seguindo a própria vontade, quer dizer, não vivendo de coração reto, mas perverso, a Deus oferecem oferendas, pensando com elas obrigá-lo não a auxiliá-los a curar-se de suas cupidezes, mas a saciá-las.

Típico da cidade terrena é render culto a Deus e aos deuses para com seu auxílio conseguir vitórias e assim gozar da paz terrena, não por amor ao bem, mas por ânsia de domínio. Os bons usam do mundo para gozarem de Deus; os maus, ao contrário, querem usar de Deus para gozarem do mundo. Falo de quem pelo menos crê que Deus existe e cuida das coisas humanas, pois outros há muito piores, que nem nisso creem.

Por conseguinte, ao perceber haver-se Deus comprazido no sacrifício oferecido pelo irmão e não no seu, Caim deveria, convertendo-se, imitar o bom irmão e não, ensoberbecendo-se, tornar-se êmulo seu. Mas entristeceu-se e seu rosto empalideceu. Deus repreende em especial o pecado de entristecer-se por causa da bondade de outra pessoa, sobretudo se é seu irmão. Tal foi o objeto da reprimenda, ao perguntar-lhe: *Por que estás triste e por que teu rosto empalideceu?* Deus olhou-lhe o coração e, ao ver nele a inveja ao irmão, repreendeu-o. Os homens, de quem se oculta o coração do próximo, podem duvidar e não saber se a tristeza, ao saber que desprazia a Deus, lhe nasceu da malignidade ou da bondade do irmão, cujo sacrifício agradou a Deus. Mas Deus, ao declarar o porquê de não ser aceito, dizendo ser culpa sua, não do irmão, porque não dividindo bem, quer dizer, não vivendo retamente, fora injusto e se tornara indigno de ter aceita a oblação, põe em evidência haver Caim sido muito mais injusto, odiando sem motivo seu justo irmão.

2. Não o deixa, contudo, sem justo, bom e salutar conselho e assim lhe diz: *Acalma-te. Converter-se-á a ti e dominá-lo-ás.* A quem? Ao irmão acaso? De maneira alguma. A quem, então, senão ao pecado? Primeiro lhe disse: *Pecaste.* Depois acrescentou: *Acalma-te. Converter-se-á a ti e dominá-lo-ás.* Certo que a gente pode entender também que a conversão do pecado reverte ao homem, de forma que tome consciência de que o pecado deve ser imputado a si mesmo, não a outro. Nisso radica o que têm de salutar a penitência e o pedido de perdão. Desse modo, a frase: *Converter-se-á a ti* não deve ser entendida no futuro, mas no imperativo, como mandado e não predição. Cada qual dominará o pecado, se não lhe dá a primazia sobre si mesmo, escusando-o, mas o submete a si, arrependendo-se dele. Do contrário, se, quando surge, lhe dá acolhida, também servirá o que domina. Por pecado aqui se entende a concupiscência carnal, de que diz o apóstolo: *A carne apetece contra o espírito.* Entre os frutos da carne enumerava a inveja, que aguilhoava Caim e o incendia contra o irmão. Agora já é fácil entender isto: *Converter-se-á a ti e dominá-lo-ás.* Com efeito, quando a parte carnal, que o apóstolo chama pecado na seguinte passagem: *Não sou eu quem o faz, mas o pecado que habita em mim,* quando essa parte, dizíamos, que os próprios filósofos dizem viciosa e não dever arrastar atrás de si a mente, mas deve ser dominada por ela e desviada das ações ilícitas pelo freio da razão, se move a cometer algum desaforo, se se acalma e obedece ao apóstolo nisto: *Não abandoneis vossos membros ao*

pecado, para servirem de instrumentos à iniquidade, dominada e vencida, converter-se-á ao espírito, a fim de que a razão impere sobre ela, humilhada.

Reduziu-se a isso o imperativo de Deus ao que ardia em chamas de inveja contra o irmão e desejava tirá-lo de diante dos olhos, quando devia imitá-lo. *Acalma-te*, diz-lhe. Detém tua mão criminosa, não reine o pecado em teu corpo mortal, para obedecer-lhe aos desejos, nem abandones os membros ao pecado, para servirem de instrumentos à iniquidade. *Converter-se-á a ti*, não secundado em seus propósitos, mas reprimido com calma. *E dominá-lo-ás*, com o fim de que, não lhe permitindo operar exteriormente, se acostume a não rebelar-se interiormente, sujeitando-se ao império da mente, reitora e guia mestra.

No mesmo livro também da mulher se disse algo semelhante, quando, depois do pecado, receberam do juízo de Deus as sentenças condenatórias, o diabo na serpente, a mulher e o marido em suas próprias pessoas. Em havendo-lhe dito: *Multiplicar-te-ei os trabalhos e gemidos e parirás com dor os filhos*, acrescentou em seguida: *E converter-te-ás a teu marido, que te dominará*. Como se vê, a mesma coisa que se disse a Caim do pecado ou da concupiscência viciosa nessa passagem foi dita à mulher pecadora. Nisso também se aprecia quanto é apropriado dizer que o homem, para dirigir a mulher, há de assemelhar-se ao ânimo, que governa a carne. Por isso diz o apóstolo: *Quem ama sua mulher ama a si mesmo, pois é certo jamais haver alguém aborrecido a própria carne*.

Tais males, por conseguinte, devem ser curados como nossos, não condenados como alheios. Caim recebeu o mandamento divino de Deus, como prevaricador, e, crescendo nele a inveja, perfidamente matou o irmão. Assim era o fundador da cidade terrena. Como este era figura dos judeus, que deram morte a Cristo, pastor da grei humana, prefigurado em Abel, pastor de rebanho real, pois tudo isso é realidade alegórica e profética, abstenho-me de dizer por enquanto. Contudo, recordo já havê-lo tocado na obra *Contra Fausto Maniqueu*.

CAPÍTULO VIII
Qual a razão de Caim, nos albores do gênero humano, haver fundado uma cidade?

1. Agora, julgo-me na obrigação de defender a história, com o fim de que não se considere incrível a Escritura, quando diz haver um homem apenas edificado uma cidade, em tempo em que, segundo parece, não havia na terra senão quatro homens ou, por melhor dizer, três, após o fratricídio de Caim, a saber: o primeiro homem, pai de todos, Caim e seu filho Enoc, de quem tomou nome a cidade.

Quem assim raciocina pouco repara em que o autor da História Sagrada não tinha necessidade de nomear todos os homens então existentes, mas apenas aqueles exigidos pelo plano de sua obra. A intenção do escritor, instrumento em mãos do Espírito Santo, era, através de certas gerações oriundas de um homem apenas, chegar até Abraão e depois, através da descendência deste, ao povo de Deus. Nesse povo, distinto de todos os demais, prefigurar-se-iam e prenunciar-se-iam as coisas futuras, previstas em espírito e relacionadas com a cidade cujo reino será eterno e com Cristo, seu Rei e Fundador. E fá-lo-ia de tal forma, que da outra sociedade de homens, por nós chamada cidade terrena, não calara quanto lhe fora suficiente narrar, para a Cidade de Deus, comparada com sua contrária, transformar-se em focos de luz.

Quando a Divina Escritura, ao resenhar o número de anos vividos pelos homens e concluir a respeito de cada um deles com estas palavras: *E teve filhos e filhas e foram todos os dias*, deste ou daquele, tantos, *e morreu*, como não nomeia os filhos e as filhas, acaso havemos de crer que durante tantos anos, como viviam na primeira época do mundo, não nasceram muitos homens, de cujos clãs se fundaram diversas cidades? Mas foi incumbência de Deus, sob cuja inspiração se escreveu tudo isso, ordenar e discernir desde o princípio essas duas sociedades nas diferentes gerações. Tramaram-se, assim, em separado, as gerações dos homens, ou seja, dos que viviam segundo o homem e as dos filhos de Deus, quer dizer, dos que viviam segundo Deus, até o dilúvio, em que se narra a discriminação e concreção de ambas as cidades. A discriminação, sem dúvida alguma, porque se referem em separado as gerações de ambas, a de Caim, o fratricida, e a de Set. Este nasceu também de Adão e veio a ocupar o lugar do falecido irmão. E a concreção, porque os bons, inclinando-se ao mal, fizeram-se merecedores da devastação do dilúvio, exceção feita do justo chamado Noé, da esposa e dos três filhos, com as respectivas noras (oito pessoas que mereceram escapar, na arca, à universal catástrofe).

2. Da seguinte passagem não é lógico concluir-se haver sido Enoc seu primeiro filho: *E Caim conheceu sua mulher, que concebeu e deu à luz Enoc. E pôs-se a edificar uma cidade em nome de seu filho Enoc.* Não devemos pensá-lo tampouco, baseados em dizer-se haver conhecido sua mulher, como se fora essa a primeira vez que coabitava maritalmente com ela. Disse-se a mesma coisa de Adão, não apenas quando foi concebido Caim, seu primogênito, segundo parece, mas também depois. E assim diz a Escritura: *Adão conheceu Eva, sua mulher, que concebeu e deu à luz um filho, em quem pôs o nome de Set.* Donde se segue que essa linguagem é corrente na Escritura e que, embora seja certo não empregar-se sempre que se refere algo relativo à concepção humana, também é certo que não somente se emprega quando ambos os esposos coabitam pela primeira vez. E dizer que a cidade teve seu nome tampouco não é argumento contundente para concluir haja Enoc sido o primogênito, pois não é utopia pensar que o pai, por qualquer motivo, mesmo tendo mais filhos, o amasse mais que aos outros. Tampouco Judá foi primogênito e, apesar disso, dele tomou o nome a Judeia e os judeus.

Mas, admitindo-se fosse o primogênito o fundador da referida cidade, nem por isso se deve acreditar haver imposto seu nome à cidade fundada, quando nasceu. Nesse lance era impossível instituir com um só sujeito uma cidade, que na realidade não passa de multidão de homens unidos entre si por algum laço social. Parece mais acertado dizer que, aumentada prodigiosamente a família desse filho, chegando ele apenas a formar um povo, então constituiu a cidade e lhe impôs o nome do primogênito. Tão longa era a vida daqueles homens, que, dos mencionados, quem menos viveu antes do dilúvio viveu setecentos e cinquenta e três anos. Muitos passaram dos novecentos, mas ninguém chegou aos mil. De acordo com isso, quem duvidará que, durante a vida de apenas um homem, o gênero humano pudesse multiplicar-se tanto que bastaria para constituir não uma, mas muitas cidades? Semelhante conjetura não é nada difícil fazê-la. Sabemos, por exemplo, haver a descendência de Abraão no povo hebreu, em pouco mais de quatrocentos anos, sido tal, que por ocasião da saída do Egito já existem seiscentos mil moços aptos para as armas. Sem contar os idumeus, que não pertenciam ao povo de Israel e descendiam de Esaú, descendente de Abraão, e outras cidades procedentes do mesmo Abraão, não, porém, de sua mulher Sarra.

CAPÍTULO IX
Que dizer da longevidade dos homens antediluvianos e de sua maior corpulência?

Ninguém, portanto, que pondere com sensatez as coisas porá em dúvida que Caim poderia fundar não apenas uma cidade, mas até mesmo uma cidade grande no tempo em que a vida dos mortais era tão longa. Mas talvez não falte algum incrédulo que nos proponha questão sobre o número de anos então vividos pelos homens, segundo nossos códices, e negue dever-se-lhes fé nisso. Desse modo, negam-se também a crer que os corpos eram então muito maiores que hoje. Não obstante, o mais célebre de seus poetas, Vergílio, a propósito de enorme pedra que servia de limite de campos e forçudo homem daqueles tempos pôs nos ombros, correu com ela, torceu e lançou, diz: *Doze homens dos mais robustos, como os agora produzidos pela terra, com dificuldade teriam podido carregar semelhante massa às costas.* Com isso dá a entender que então a terra costumava produzir corpos maiores. Quão maiores seriam, portanto, nos tempos mais antigos do mundo, antes do célebre e famoso dilúvio! Sobre a grandeza dos corpos, com frequência os incrédulos se rendem perante os sepulcros descobertos pela impetuosidade dos rios, pela vetustez ou por outros acidentes, em que aparecem ossos de mortos de grandeza incrível. Eu mesmo vi na praia da Útica, não apenas eu, mas alguns outros comigo, um dente molar de homem, tão enorme, que, cortado em pedacinhos, penso que se poderiam fazer cem dos nossos. Suponho, contudo, que seria de algum gigante, porque, embora seja verdade que então todos os corpos eram muito maiores que os nossos, os gigantes eram infinitamente maiores que os demais. Em épocas posteriores e até mesmo em nossa, embora raros, quase nunca faltaram corpos que sobrepassassem de muito o tamanho corrente. Plínio Segundo, homem muito sábio, garante que, à medida que os séculos avançam, a natureza produz corpos menores. Conta, além disso, que Homero com frequência se queixa desse fato, não escarnecendo-o, como se não passasse de ficção poética, mas considerando-o escritor dessa espécie de milagres e historiador fidedigno. Contudo, os ossos que vão sendo descobertos põem-nos à vista, depois de tantos séculos, o tamanho dos corpos antigos.

Mas o número de anos que os homens daquelas calendas viviam não podem ser averiguados agora por documentos de tal índole. Quanto ao mais, isso não deve impedir que se dê crédito à História Sagrada, cujas narrações seria tão mais imprudente não crê-las quanto mais à risca lhe vemos cumpridas as predições. O mesmo Plínio diz haver regiões em que se vive até duzentos anos. Se, por conseguinte, alguns países que nos são desconhecidos conservam vestígios da vida longa de que não temos noção, por que não crer haja essa vida tido também seu período áureo? É porventura crível existir em alguma parte o que não existe aqui e incrível haver existido em algum tempo o que não existe agora?

CAPÍTULO X
Diferenças no número de anos entre nossos códices e os hebraicos

Assim, embora entre nossos códices e os hebraicos pareça haver alguma diversidade no número de anos (ignoro por quê), não é tanta que não estejam acordes em afirmar a longevidade dos homens de então. Com efeito, de acordo com nossos códices, o primeiro homem, Adão, antes de gerar Set, viveu duzentos e trinta anos e, segundo os hebraicos, cento e trinta. Mas, segundo os nossos, depois viveu setecentos anos e, de acordo com os outros, oitocentos. E assim ambos concordam no total. Nas gerações seguintes, o pai, antes de gerado o referido filho, vive, segundo os códices hebraicos, cem anos menos que de acordo com os nossos e, depois de gerado, esses cem anos faltam nos nossos. Assim, em ambos os casos estão acordes no total.

Na sexta geração nem uma só variante existe em ambos os códices. Na sétima, em que se conta que Enoc não morreu, mas, por haver agradado a Deus, foi trasladado, se dá a mesma discrepância que nas cinco primeiras, dos cem anos antes de gerado, e no total a mesma consonância. Segundo ambos os códices, viveu, antes de trasladado, trezentos e sessenta e cinco anos. A oitava geração apresenta diversidade menor, mas distinta das demais. Matusalém, filho de Enoc, antes de gerar quem o segue na lista, não viveu, segundo os códices hebraicos, cem anos menos, mas vinte mais. Esses anos acham-se aumentados uma vez mais nos nossos, depois de havê-lo gerado, e outra vez coincide em ambos o total.

Somente na nona geração, ou seja, nos anos de Lamec, filho de Matusalém e pai de Noé, discrepam, mas não muito, no total. Segundo os códices hebraicos, viveu vinte e quatro anos mais do que segundo os nossos. Antes de Noé ser gerado, dão-lhe os hebraicos seis anos menos que os nossos e, depois de gerado, trinta mais. E assim, como fica dito, subtraídos esses seis, são vinte e quatro.

CAPÍTULO XI
Idade de Matusalém e época do dilúvio

Essa variante entre os códices hebraicos e os nossos originou questão muito debatida. Ei-la: Matusalém, segundo o cômputo, viveu catorze anos após o dilúvio, contra o sentir da Escritura, que diz haverem escapado na arca, ao açoite do dilúvio, apenas oito de todos os homens então existentes na terra. E entre eles não se conta Matusalém.

Segundo nossos códices, Matusalém, antes de gerar Lamec, viveu cento e sessenta e sete anos e Lamec, antes do nascimento de Noé, cento e oitenta e oito. Somados, dão trezentos e cinquenta e cinco. Se lhes acrescentamos seiscentos de Noé, ano em que aconteceu o dilúvio, encontramo-nos com novecentos e cinquenta e cinco, do nascimento de Matusalém ao ano do dilúvio. Pois bem, segundo o cômputo, Matusalém viveu novecentos e sessenta e nove, pois antes de gerar Lamec viveu cento e sessenta e sete anos e, depois de gerado, oitocentos e dois. E no total, como dissemos, são novecentos e sessenta e nove anos. Portanto, subtraídos novecentos e cinquenta e cinco, transcorridos do nascimento de Matusalém ao dilúvio, ficam catorze, que ao que parece viveu depois do dilúvio. Por esse motivo, alguns pensaram haver vivido, não na terra, onde toda carne, cuja natureza não lhe permite viver nas águas, foi destruída, mas com seu pai, que fora trasladado ao céu e ali viveu até passar o dilúvio.

E é que não admitem que se negue fé aos códices pela Igreja recebidos como mais autênticos e acham mais fácil estejam errados os dos judeus que esses. Não admitem fora mais fácil se introduzisse neles algum erro dos intérpretes que naquela língua a falsidade, língua original de que a Escritura, passando pelo grego, foi traduzida para a nossa. Não é crível, acrescentam, que os Setenta, que interpretaram simultaneamente no mesmo sentido, equivocaram-se ou quiseram mentir em coisas que não os interessavam. E afirmam haverem os judeus, invejosos de nós, porque a Lei e os Profetas nos chegaram através dessa tradução, variado seus códices, para menoscabarem a autoridade dos nossos.

Dessa opinião ou conjetura pense cada qual o que quiser. Uma coisa, porém, é certa: Matusalém não viveu após o dilúvio; morreu no mesmo ano, se é verdade o que a respeito disso trazem os códices hebraicos.

Meu parecer sobre os Setenta inseri-lo-ei com maior minúcia em lugar mais adequado, com o auxílio de Deus e quanto o exija esta obra. Agora baste dizer que, segundo ambos os códices, os homens de então viviam tanto tempo, que o primogênito dos dois primeiros pais, únicos na terra, poderiam durante a vida gerar número capaz de constituir uma cidade.

CAPÍTULO XII
Crítica a outra opinião sobre o cômputo daqueles anos

1. Não devemos tampouco prestar ouvidos a quem pensa se computavam então doutra maneira os anos, quer dizer, que os anos eram tão curtos, que um nosso equivale a dez daqueles. Por conseguinte, acrescentam, quando alguém ouvir ou ler haver algum homem vivido novecentos anos, deve entender noventa, porque dez anos daqueles

são iguais a um nosso e um nosso, a dez daqueles. Assim, de acordo com eles, Adão tinha vinte e três anos quando gerou Set, e Set vinte anos e seis meses ao nascer Enós, o que, segundo a Escritura, representa duzentos e cinco. De conformidade com essa opinião, dividiam em dez partes o nosso ano corrente e a cada parte davam o nome de ano. Cada parte consta de senário quadrado, porque Deus concluiu a criação em seis dias e no sétimo descansou. Sobre tal ponto já falei, segundo minhas possibilidades, no Livro Décimo Primeiro. E o senário quadrado, quer dizer, seis vezes seis, é igual a trinta e seis dias, que, multiplicados por dez, dão trezentos e sessenta, isto é, doze meses lunares. Os cinco dias restantes, que completam o ano solar, e as seis horas que, multiplicadas por quatro, dão um dia, que dá origem ao ano bissexto, eram de quando em quando acrescentados pelos antigos para arredondar o número de anos. A tais dias os romanos chamavam intercalares.

Portanto, Enós, filho de Set, tinha dezenove anos quando gerou Cainã, anos correspondentes aos cento e noventa da Escritura. Segue-se o mesmo procedimento em todas as gerações em que se dão os anos dos homens antes do dilúvio. Em nossos códices não se encontra quase nenhum que engendrasse aos cem anos ou aos cento e vinte, mais ou menos; os que com menos idade geraram já contavam cento e sessenta e tantos anos. Porque, dizem, ninguém pode gerar aos dez anos e a esse número corresponde o cem deles. Mas aos dezesseis já está em marcha a puberdade, está madura e apta para a geração e a essa idade equivaliam os cento e sessenta anos de então. E, em apoio da não incredibilidade de sua opinião, acrescentam contarem muitos historiadores que o ano dos egípcios constava de quatro meses, de seis o dos acarnanos e de treze o dos lavínios. Plínio Segundo testifica haver visto em certos escritos que um vivera cento e cinquenta e dois anos, outro, dez mais, outros, trezentos, outros, quinhentos, seiscentos e até oitocentos anos; pensou dever-se tudo isso à ignorância dos tempos. *Para uns,* diz, *o ano determinava-o o verão; para outros, o inverno. Para outros, por sua vez, as quatro estações. Assim os arcádios, cujos anos constavam de três meses.* Acrescente-se, ademais, que os egípcios, cujos anos reduzidos tinham quatro meses, como fizemos notar, às vezes regulavam o ano pelo curso da lua. *E assim,* acrescenta, *entre eles se conta haja alguém vivido até mil anos.*

2. Fundados nessas razões, aparentemente prováveis, alguns, sem negarem fé à História Sagrada, mas desejosos de afiançá-la, com o fim de não tornar-se incrível o que conta de idades tão avançadas, julgam não ser imprudência dizer que então davam o nome de ano a espaço tão reduzido de tempo, que dez daqueles equivalem a um nosso e dez nossos a cem daqueles. Há testemunhos irrefutáveis para prova da falsidade de semelhante opinião; antes, porém, de ensaiar a prova, vou expor outra conjetura, talvez mais aceitável. Poderíamos refutar essa afirmação e demonstrar o contrário, baseando-nos nos códices hebraicos. Lê-se neles que Adão tinha, não duzentos e trinta anos, mas cento e trinta, quando gerou o terceiro dos filhos. Pois bem, se esses anos equivalem a treze nossos, é indubitável que o primeiro teve de gerá-lo quando tinha onze anos ou não muitos mais. E quem pode gerar em tal idade, segundo a lei ordinária e corrente da natureza?

Contudo, deixemos de lado esse, que talvez, ao ser criado, já era apto para a geração, por não ser crível haja sido criado tão pequeno como nossas criancinhas. Seu filho não tinha, quando gerou Enós, duzentos e cinco anos, como lemos, mas cento e cinco. Portanto, de acordo com tal opinião, ainda não tinha onze anos. E que direi de seu filho Cainã, que, segundo nossos códices, tinha cento e sessenta anos e, segundo os hebraicos, apenas setenta, quando gera Malaleel? Se então setenta equivaliam a sete nossos, pergunto: Quem gera com sete anos?

CAPÍTULO XIII
Autoridade dos códices hebraicos e dos Setenta no cômputo dos anos

1. Mas, logo depois de dizê-lo, replicar-me-ão que é mentira dos judeus, como já dissemos acima, e que os Setenta, homens de tão louvável renome, não poderiam mentir. Se perguntarmos aqui: Que é mais crível? Que os judeus, disseminados pelo mundo todo, hajam conspirado de comum acordo para escrever-se semelhante patranha e se hajam privado da verdade, por inveja à autoridade dos outros, ou que os Setenta, judeus também, porque o eram, reunidos no mes-

mo lugar por Ptolomeu, rei do Egito, para levar-se a cabo tal obra, hajam invejado aos gentios a mesma verdade e de comum acordo concertado essa impostura? Livre-nos Deus de pensar que homem sensato imagine que os judeus, por perversos e maus que os suponham, hajam podido insinuar semelhante falsidade em tantos códices e tão disseminados por toda parte, ou que os Setenta, homens de tão merecida reputação, se conchavaram para arrebatar a verdade aos gentios. Qualquer pessoa diria, por conseguinte, ser mais crível que, quando começaram a ser copiados da biblioteca de Ptolomeu, então se introduziu errata em um códice, no primeiro copiado, por exemplo, transmitindo-se assim mais e mais, sem excluir a possibilidade de erro do copista também no segundo. Supô-lo na questão acerca dos anos de Matusalém não é absurdo, do mesmo modo que no outro caso, em que se excediam em vinte e nove anos e não concordavam na soma. Contudo, nos demais casos em que se continua a aparente mentira de dar ao pai, antes do nascimento do filho, aqui, cem anos de mais, ali, cem anos de menos e, após o nascimento, acrescentar os cem anos onde não existem e tirá-los donde existem, para equilibrar a soma, repetindo-se o fato na primeira, na segunda, na terceira, na quarta, na quinta e na sétima geração, parece que o erro conserva certa constância, se tem cabimento falar assim, e não cheira a casualidade, mas a artifício.

2. Por conseguinte, a diferença cronológica entre os exemplares gregos e latinos, duma parte, e o original hebraico, doutra, não poderia ser atribuída à malignidade dos judeus nem à sábia exatidão dos Setenta, mas, antes, a erro do primeiro copista a transcrever o exemplar original da biblioteca do Rei Ptolomeu. Ainda hoje vemos que, quando os números não têm alguma intencionalidade especial, facilmente inteligível, ou não é de evidente utilidade sabê-lo, são copiados com descuido e corrigidos com mais descuido ainda. Quem, por exemplo, julgar-se-á obrigado, se não se importa com isso, a saber quantos milhares de homens teve cada tribo de Israel em particular? E, além disso, quantos há que lhe compreendam a utilidade e a profundidade?

Na realidade, a intenção do autor, quando através da série das gerações catalogadas põe neste códice cem anos que faltam naquele, faltando, depois de gerado, no que se encontravam e encontrando-se no que faltavam, coincidindo desse modo o total, era dar-nos a entender haverem os antigos vivido muitos anos, porque seus anos eram muito breves. E pretende esclarecê-lo, baseado na maturidade da puberdade, já apta para a geração, pensando por isso que aqueles anos insinuam aos incrédulos dez nossos. E para que não se recusem a crê-lo, acrescenta cem anos, quando não encontra idade apta para a geração, e tira-os, depois de gerados os filhos, para que concorde a soma. Quer, evidentemente, fazer a idade dos primeiros homens coincidir com a idade reconhecida necessária para a geração, sem prejuízo do número total dos anos que viveram. O fato de não seguir semelhante procedimento na sexta geração é razão forte para dizer-se havê-lo seguido quando o exigia a realidade a que aludimos, justamente por não havê-lo seguido quando não o exigia.

De fato, vemos que, na mesma geração, dizem os códices hebraicos haver Jared, antes de gerar Enoc, vivido cento e sessenta e dois anos, que, segundo o cômputo dos anos breves, são dezesseis e algo menos de dois meses, idade já apta para a geração. Não teve, por isso, necessidade de acrescentar cem anos breves, para chegar a vinte e seis, nem de subtraí-los, depois de nascido Enoc, pois não os acrescentara antes. E seria esse o motivo de ambos os códices estarem acordes nessa passagem.

3. Mas agora surge nova dificuldade. Por que na oitava geração, antes de Lamec nascer de Matusalém, lê-se nos códices hebraicos haver este vivido cento e oitenta e dois anos e nos nossos vinte menos, costumando acrescentar cem aqui, e, depois de gerado Lamec, reintegram-se na soma, não discrepando os códices no total? Se, por conseguinte, por causa de a puberdade já ser madura aos cento e setenta anos, queria dar a entender dezessete, como não devia acrescentar nada, tampouco devia subtrair coisa alguma. E compreende-se, porque já chegara a idade apta para a geração, motivo por que acrescentava cem anos aos em quem não a encontrava. Se não procurasse reintegrá-los para tornar concorde a soma, pois os tirara antes, poderíamos pensar, com certo direito, deverem-se a erro eventual os vinte anos. Ou será que, pensando mal, devemos crer haja tal coisa sido feita com malícia, para ocultar o artifício consistente em primeiro acrescentar cem anos e depois subtraí-los, fazendo sem necessidade algo semelhante, não nos cem anos, mas

em qualquer número, subtraído antes e acrescentado depois? Considerem-no como quiserem, creiam ou não, seja ou não seja assim, não tenho a menor dúvida de haver-se feito retamente e com o fim de, em havendo variantes nos códices, posto não poderem ambos ser historicamente verdadeiros, dar-se mais crédito à língua oriental, de que arrancam as traduções.

Ademais, três códices gregos, um latino e outro sírio, estão acordes entre si e neles se lê haver Matusalém morrido seis anos antes do dilúvio.

CAPÍTULO XIV
Os anos sempre foram iguais

1. Passemos agora a ensaiar o modo de evidenciar que aqueles anos não eram tão curtos que dez deles completem um nosso, e sim que os anos da longa vida daqueles homens eram tão extensos como os atuais (regulados também pelo curso do sol). Em primeiro lugar está escrito haver o dilúvio acontecido no ano seiscentos da vida de Noé. Por que, se aquele ano, tão reduzido que dez deles fazem um nosso, tinha trinta e seis dias, se lê neste lugar: *E a água do dilúvio veio sobre a terra no ano seiscentos da vida de Noé, no segundo mês, no dia vinte e sete do mês?* Se o costume antigo deu nome a ano tão curto, não tem meses ou seu mês é de três dias, para ter doze meses. Como ou por que se disse *no ano seiscentos, no segundo mês, no dia vinte e sete do mês*, senão porque os meses de então eram tais quais os de agora? De outro modo, a que vem dizer que o dilúvio começou no dia vinte e sete do segundo mês? De igual modo, no fim do dilúvio a gente lê: *No sétimo mês, no dia vinte e sete do mês, a arca pousou sobre os montes de Ararat. E a água foi descendo até o undécimo mês: no undécimo mês, no dia primeiro do mês, apareceram os cumes dos montes.* Logo, se os meses eram iguais aos nossos, eram-no também, sem dúvida, os anos, posto não poderem meses de três dias ter vinte e sete dias. E se se chamava dia à trigésima parte de três dias, diminuindo assim, proporcionalmente, tudo, segue-se haver-se reduzido a quatro dias incompletos dos nossos o enorme dilúvio, que, segundo a Escritura, durou quarenta dias e quarenta noites. Quem aguentará tal absurdo e disparate?

Em consequência, repila-se esse erro, que de tal maneira pretende sobre falsa conjetura construir o edifício da fé em nossas Escrituras, que o destrói. O dia era então, evidentemente, igual ao de agora, constava de vinte e quatro horas; o mês era como o atual e contava-se do começo ao fim da lua; também o ano era igual, composto de doze meses lunares, a que se deviam acrescentar cinco dias e seis horas, para ajustar-se ao curso solar. De acordo com isso, também é certo haver o dilúvio começado no segundo mês do ano seiscentos da vida de Noé, no dia vinte e sete do mesmo mês. O dilúvio prolongou-se, ademais, durante quarenta dias com imensas chuvas, dias de vinte e quatro horas e não de duas ou pouco mais.

Como conclusão, diremos haverem os antigos vivido mais de novecentos anos e que os anos eram todos iguais, quer os cento e setenta e cinco vividos por Abraão, quer os cento e cinquenta vividos por Jacó, quer os cento e vinte vividos por Moisés, quer os setenta, oitenta ou não muitos mais vividos pelos homens, de quem está escrito: *E o que disso passa, trabalho e dor*.

2. Contudo, a diferença numérica registrada entre os códices hebraicos e os nossos concorda em afirmar a longevidade dos antigos. E, quando em ambos haja diversidade incompatível com a verdade, deve-se crer, como mais fiel, a língua original, de que nossa versão procede. Mas não carece de mistério que, podendo qualquer pessoa de qualquer nacionalidade corrigir os Setenta nos casos em que diferem dos outros, ninguém se haja atrevido a fazê-lo, fundado nos códices hebraicos. Isso prova não ser tida por mentira a variante; também penso não se deve considerá-la assim. Onde não haja erro do copista e o sentido esteja de acordo com a verdade, a gente deve pensar que quiseram dizer algo novo, movidos pelo Espírito divino, e anunciar a verdade, não como intérpretes, mas com liberdade de profetas.

Por isso, quando os apóstolos aduzem testemunhos das Escrituras, usam não apenas os textos hebraicos, mas também os Setenta. Sobre isso prometi falar mais demoradamente, com o auxílio de Deus, em lugar mais oportuno; agora vou concluir o que vem ao caso. E digo que ninguém deve pôr em dúvida haja o primogênito do primeiro homem podido constituir cidade em época em que os homens viviam tanto tempo. E tal cidade é a terrena, bem diferente da Cidade de Deus. Para escrever sobre esta é que me impus a rude tarefa de obra tão enorme.

CAPÍTULO XV
Quando coabitaram pela primeira vez os homens dos primeiros tempos?

1. É crível, perguntará alguém, que homem apto para a geração e sem propósito de guardar continência se abstivesse da coabitação carnal durante cento e tantos anos ou não muito menos, segundo os códices hebraicos, oitenta, setenta, sessenta, ou, se não se absteve, não haja podido gerar filhos? A semelhante questão podem ser dadas duas soluções, a saber, ou a puberdade foi proporcional, sendo tão mais tardia quanto maior o número de anos de vida, ou, o que me parece mais aceitável, aqui não se mencionam os primogênitos, mas os exigidos pela ordem de sucessão, para chegar a Noé, de quem se retornou a Abraão. E depois isso se fez até certo tempo, quanto convinha, com as gerações mencionadas, assinalar o curso da gloriosíssima Cidade de Deus, que neste mundo peregrina em busca da pátria soberana.

Inegável é que Caim foi o primeiro filho, nascido da união carnal entre o homem e a mulher, pois, se não lhes houvesse sido associado, Adão não teria dito, ao nascer-lhe o primogênito: *Adquiri um homem por graça de Deus.* Seguiu-o Abel, vítima do irmão. É, de certa maneira, figura da peregrina Cidade de Deus e mostra que ela há de padecer iníquas perseguições, devidas até certo ponto aos ímpios e terrígenas, quer dizer, aos que amam a origem terrena e gozam da efêmera felicidade da cidade terrena. O que não se mostra tão claro é a idade em que Adão os gerou. Vão-se mesclando, a partir daí, as gerações de Caim e as de outro filho de Adão, que veio preencher o claro deixado pelo irmão e a quem chamou Set, dizendo as seguintes palavras: *Deus suscitou-me outro filho em lugar de Abel, a quem Caim matou.*

Assim, insinuando em ordem inversa as duas gerações, a de Set e a de Caim, as duas cidades de que tratamos, a celeste, peregrina na terra, e a terrena, ansiosa e apegada aos gozos terrenos, como se fossem os únicos existentes, a Escritura, ao fazer a recensão de Adão até à oitava geração, em ninguém do ramo de Caim expressa os anos que tinha quando gerou o filho seguinte constante da lista. Porque o Espírito de Deus não quis ressaltar nas gerações da cidade terrena os anos anteriores ao dilúvio. Ao contrário, preferiu pô-los em evidência nas gerações da cidade celeste, como mais dignos de recordação. Por isso, quando Set nasceu, a Escritura não silenciou os anos do pai, que já gerara outros filhos. Apenas Caim e Abel? Quem ousará dizê-lo? Porque de serem os únicos postos na lista das gerações não se segue necessariamente haverem sido os únicos até então gerados por Adão. Quem que evite a pecha de temerário se atreverá a dizer quantos foram seus filhos, lendo na Escritura que gerou filhos e filhas, cobrindo com o manto do silêncio os nomes dos demais? Muito bem, portanto, depois do nascimento de Set, Adão pôde dizer, por inspiração divina: *Deus suscitou-me outro filho em lugar de Abel*, porque ia conformar e completar a santidade do outro, não por haver nascido imediatamente depois dele. De igual modo, quando está escrito: *E Set viveu duzentos e cinco anos* ou, *segundo o hebraico, cento e cinco anos e gerou Enós*, quem, senão o temerário, afirmará haver sido este o primogênito? Com ar admirado, perguntaríamos, com razão, se é crível que, sem propósito de guardar continência, não houvesse feito uso do matrimônio durante tantos anos ou, casado, não gerasse se também dele se lê: *E gerou filhos e filhas e todos os dias de Set foram novecentos e doze anos e morreu*. De igual modo procede com os demais que cita, não omitindo haverem gerado filhos e filhas. Por isso, não é evidente se o filho mencionado em cada caso é o primogênito, além de não ser crível que em idade tão avançada os pais fossem impúberes ou não tivessem mulher e filhos, nem que os citados fossem os primogênitos. Deve-se, simplesmente, dizer que, como a intenção do autor da História Sagrada era, notando os tempos, chegar, através das gerações, ao nascimento e à vida de Noé, época do dilúvio, não mencionou as primeiras gerações imediatas aos pais, mas apenas as exigidas pela ordem da narração genealógica.

2. À guisa de exemplo, vou abrir parênteses para esclarecer essa ideia e ninguém pôr-lhe em dúvida a possibilidade. Recorrendo

à genealogia carnal de Cristo, através de seus pais e começando por Abraão, com o propósito de chegar a Davi, diz o Evangelista São Mateus: *Abraão gerou Isaac.* Por que não disse Ismael, seu primeiro filho? *Isaac,* prossegue o evangelista, *gerou Jacó.* Por que não diz Esaú, seu primogênito? A razão é que por eles não podia chegar a Davi. Eis, por conseguinte, o motivo. Depois acrescenta: *Jacó gerou Judá e seus irmãos.* Acaso foi Judá o primogênito? *Judá,* acrescenta, *gerou Farés e Zara.* E nenhum destes foi seu primogênito, pois antes já engendrara três.

Em conclusão, na lista das gerações menciona apenas aqueles através de quem chegará a Davi e deste ao termo de seu propósito, o que nos permite suspeitar que os antigos, antes do dilúvio, não mencionaram os primogênitos, mas aqueles cujas ordenadas e sucessivas gerações levaram ao patriarca Noé. Desse modo, não nos fatigaremos, meditando muito na questão, obscura e supérflua, de tardia puberdade nos homens de então.

CAPÍTULO XVI
O direito conjugal nos primeiros matrimônios

1. A necessidade que o gênero humano tinha do enlace entre homens e mulheres, para multiplicar-se por geração, depois da primeira união entre o homem, feito do pó, e a mulher, formada de costela do homem, e a falta de homens, pois existiam somente os filhos de ambos, deram margem a que os homens tomassem por esposas as próprias irmãs. E isso, quanto mais antigamente se fez por exigência da necessidade, tanto mais condenável se tornou depois, graças ao veto da religião. Teve-se muito em conta em tudo isso a caridade. Desse modo, os homens, cuja concórdia é proveitosa e boa, ligam-se entre si com diferentes laços de sangue e não se concentram muitos em um só, mas cada qual se vai difundindo noutros; as pessoas têm, assim, muitos laços comuns e se afeiçoam mais e mais à vida social. Pai e sogro são nomes designativos de dois parentescos. Tendo, pois, cada qual um por pai e outro por sogro, torna-se mais extensa e numerosa a caridade. Adão viu-se obrigado a ser ambas as coisas para os filhos e filhas, quando irmãos e irmãs se casavam entre

si. De igual modo, Eva, sua mulher, foi sogra e mãe para os filhos e filhas. Se existissem então duas mulheres e uma fosse a mãe e outra a sogra, a amizade social ter-se-ia estendido mais. Do mesmo modo, a irmã, ao tornar-se esposa, tornava-se sujeito de dois parentescos, que, distribuídos de forma que uma fosse a irmã e outra a esposa, aumentariam com o número de homens a união social. Mas então, quando existiam somente os filhos dos dois primeiros pais, isso não podia ser realidade.

Em consequência, quando, por já serem numerosos os seres humanos, tal procedimento se tornou possível, tiveram de tomar por esposas pessoas que não fossem irmãs e a necessidade já não serviria de escusa a quem o fizesse, mas, ao contrário, quem o fizesse praticaria horrendo crime. Porque, se os netos dos dois primeiros pais, que já podiam tomar por esposas as primas, se unissem em matrimônio com as irmãs, contrairiam não dois, mas três parentescos, devendo, portanto, ir-se cada qual separando do tronco comum, para prender em mais gente a caridade. Nesse caso, para os filhos, quer dizer, para os esposos, que eram irmão e irmã, o mesmo homem seria pai, sogro e tio, de igual modo sua mulher seria mãe, sogra e tia para os filhos comuns e, por sua vez, os filhos entre si não apenas seriam irmãos e cônjuges, mas também primos, por serem filhos de irmãos. Em troca, tais parentescos, que uniam três homens a um só, uniriam nove, se repartidos entre diferentes sujeitos. Assim, um só homem teria uma por irmã, outra por esposa e outra ainda por prima, um por pai, outro por tio e outro ainda por sogro, uma por mãe, outra por tia e outra ainda por sogra, estendendo-se, dessa forma, os vínculos sociais, não coarctados à insignificância, mas alargados a numerosas e amplas afinidades.

2. Acrescido e multiplicado o gênero humano, vemos mesmo entre os idólatras observada semelhante lei. Embora não faltem leis subversivas que permitem os matrimônios entre irmãos, costume mais louvável proscreveu essa licença e, apesar de nas origens do gênero humano haver sido lícito casar-se irmão com irmã, aparta-se disso, como se nunca houvesse sido praticado. É indubitável que o costume causa funda impressão no espírito humano. Considera-se extrema injustiça tergiversá-lo ou ir contra ele, que nesse caso freia os excessos da concupiscência. Porque, se injusto é meter-se em

campo alheio, levado pela avidez de possuir, quanto mais o será traspassar, nos braços da libido carnal, as fronteiras dos costumes? Sabemos por experiência própria que, devido ao costume, mesmo em nossos dias são muito raros os casamentos entre primos, por tratar-se de grau de parentesco muito próximo do fraterno, embora as leis o permitam, pois a lei divina não o proibiu e a humana não o proibira ainda. Ação lícita, embora, condenavam-na por frisar pelo ilícito, por parecer-lhes que casar-se com prima era quase casar-se com irmã, já que os primos também se chamam irmãos de sangue e são quase irmãos carnais.

Assim vemos haverem os patriarcas antigos posto grande empenho em não deixar afastar-se e desaparecer o parentesco, perdendo-se pouco a pouco nos graus genealógicos, e em aproximá-lo com novo matrimônio, se se afastara, dando consistência outra vez, de certo modo, ao parentesco que se esfumava. Por isso, povoado já de homens o mundo, não gostavam de casar-se com irmãs por parte de pai, de mãe ou de ambos, e sim com pessoas de sua estirpe. Quem duvidará, porém, ser mais honesta em nossos dias a proibição dos casamentos entre primos? E não só pelas razões aduzidas, para multiplicarem-se os parentescos e não se darem dois na mesma pessoa, podendo ser dois os sujeitos e aumentar, assim, o número de vínculos sociais, mas também porque o pudor tem um não sei quê de natural e louvável, que não permite se una alguém àquela que, em razão do parentesco, merece-lhe respeitosa reverência, pois da libido, mesmo geradora, vemos envergonhar-se a própria honestidade conjugal.

3. Com efeito, do ponto de vista social, a cópula carnal entre o homem e a mulher é, diríamos, uma espécie de sementeira da cidade. A cidade terrena precisa unicamente da geração; a celestial, por sua vez, requer, além disso, a regeneração, para abolir a vergonha da primeira.

A História Sagrada não diz palavra alguma sobre a existência de algum sinal corporal e sensível da regeneração antes do dilúvio, e, no caso de ter existido, qual foi, como a circuncisão, mais tarde prescrita a Abraão. Não cala, contudo, haverem os patriarcas mais antigos oferecido sacrifícios a Deus, coisa também feita pelos dois primeiros irmãos. Lê-se do próprio Noé que, depois de sair da arca, ofereceu sacrifício a Deus. Sobre esse ponto já falamos nos livros precedentes e dissemos que por esse meio os demônios se arrogaram a Divindade e se julgaram deuses, ardentemente desejosos de exigir o sacrifício e gozar de tais honras, sabendo que o verdadeiro sacrifício se deve ao verdadeiro Deus.

CAPÍTULO XVII
Um tronco com dois ramos principais

Como Adão era o pai dessas duas classes de homens, a saber, daquele cuja série compõe a cidade terrena, e do outro, cuja descendência integra a cidade celeste, ao morrer Abel e em sua morte encarecer grande mistério, ficaram constituídos dois pais de cada ramo, Caim e Set. Na descendência destes, que precisava ser mencionada, foram-se na linhagem humana descobrindo indícios mais evidentes de ambas as cidades. Com efeito, Caim gerou Enoc e em seu nome fundou uma cidade, a terrena, não peregrina neste mundo, mas apoltronada em sua paz e felicidade temporais. Caim significa Posse. Por isso, quando nasceu, disse o pai ou a mãe: *Adquiri um homem pela graça de Deus*. E Enoc significa Dedicação, pois a cidade terrena está dedicada a este mundo, onde foi fundada e tem o fim que apetece e pretende.

Set, por sua vez, significa Ressurreição; Enós, seu filho, significa Homem, não, porém, no mesmo sentido que Adão, pois também este nome significa homem. Ao que parece, é o nome comum pelo hebraico usado para designar o homem e a mulher. Assim está escrito dele: *Fê-los homem e mulher, abençoou-os e pôs-lhes o nome de Adão*. Donde se segue haver sido Eva, sem dúvida, o nome próprio da mulher e Adão, que quer dizer Homem, nome comum a ambos. Enós significa Homem, mas, segundo os peritos nessa língua, não pode ser aplicado à mulher, pois é filho da Ressurreição e nela não se casam nem tomam esposas, porque não haverá geração no lugar aonde leva a regeneração. Acho que não será fora de propósito fazer notar que, nas gerações descendentes de Set, quando se diz haver gerado filhos e filhas, justamente por essa razão mulher alguma é expressa pelo nome, ao passo que nas descendentes de Caim o último nome é o da última mulher gerada. Assim se lê: *Matusael gerou Lamec e Lamec tomou duas mulheres, uma chamada Ada e a outra, Zilá. Ada deu à luz Jobel. Este é o pai dos que habitam nas cabanas dos pastores. E teve um irmão chamado Jubal, inventor do saltério e da cítara. Zilá deu à luz Tubalcaim, artista em ferro e cobre. Noema foi irmã de Tubalcaim* e encerra as gerações de Caim. De Adão inclusive são oito, a saber, sete até Lamec, que teve duas mulheres, e a oitava é a geração que se prolonga em seus filhos, entre os quais se enumera uma mulher. Insinua-se, pois, com elegância que a cidade terrena há de ter até o fim gerações carnais, provenientes da união sexual entre homens e mulheres. Por isso, as mulheres do último patriarca citado são dadas a conhecer pelo nome, coisa não usada antes do dilúvio, com exceção de Eva. Assim como Caim, que significa Posse, fundador da cidade terrena, e seu filho Enoc, que significa Dedicação e em cuja honra foi fundada, evidenciam que essa cidade tem princípio e fim terrenos e limita suas esperanças a este mundo visível, assim do filho de Set, que significa Ressurreição e é o pai das gerações mencionadas em separado, deve ser considerado o que diz a História Sagrada.

CAPÍTULO XVIII
Relações figurativas de Abel, Set e Enós com Cristo e com seu corpo, quer dizer, com a Igreja

Também a Set, diz a Escritura, *nasceu-lhe um filho, a quem deu o nome de Enós. Este pôs a esperança em invocar o nome do Senhor.* Eis a voz e o testemunho da verdade. O homem, filho da ressurreição, vive em esperança, enquanto a Cidade de Deus, nascida da fé na ressurreição de Cristo, peregrina neste mundo. Assim, pois, a morte e a ressurreição de Cristo estão figuradas naqueles dois homens: em Abel, que significa Luto, e em Set, seu irmão, igual a Ressurreição. Dessa fé nasce a Cidade de Deus, quer dizer, o homem que pôs a esperança em invocar o nome do Senhor. *Porque*, como diz o apóstolo, *somos salvos pela esperança. E não se diz que alguém tenha esperança do que já se vê, pois como poderá esperar o que vê? Portanto, se esperamos o que não vemos, aguardamo-lo graças à paciência.* Com efeito, quem não imaginará existir aqui profundo mistério? Não é verdade haver Abel posto a esperança em invocar o nome do Senhor, pois, segundo a Escritura, seu sacrifício foi aceito a Deus? Não é verdade que também Set pôs a esperança em invocar o nome do Senhor, pois dele se disse: *Deus suscitou-me outro filho em lugar de Abel?* Por que, pois, de modo especial se atribui a este o que é comum a todos os bons, senão porque convinha que no primogênito, segundo a narração, do pai dos predestinados à melhor parte, quer dizer, à soberana cidade, se prefigurasse o homem, ou seja, a sociedade de homens que vivem na realidade da cidade terrena, não segundo o homem, mas segundo Deus, à espera da felicidade eterna?

Assim, não se disse: Este esperou no Senhor, ou então: Este invocou o nome do Senhor, mas: *Este pôs a esperança em invocar o nome do Senhor.* Que é *pôs a esperança em invocar*, senão profecia segundo a qual invocaria o nome do Senhor o povo que dele procederia, em conformidade com a eleição da graça? É o que disse outro profeta, e o apóstolo entende referir-se ao povo pertencente à graça de Deus: *Todo aquele que invocar o nome do Senhor será salvo.* A passagem: *E deu-lhe o nome de Enós, que significa homem*, e a seguinte: *Este pôs a esperança em invocar o nome do Senhor* mostram de modo bem claro não dever o homem pôr em si a própria esperança. *Maldito todo aquele que põe a esperança no homem*, lê-se noutra parte. Não deve, tampouco, pô-la em si mesmo, com o propósito de ser cidadão de outra cidade que não está dedicada ao tempo, segundo os filhos de Caim, quer dizer, não o está no torrentoso curso deste século mortal, mas na imortalidade da eterna bem-aventurança.

CAPÍTULO XIX
De que é figura a translação de Enoc?

Essa linhagem, cujo pai é Set, em uma das gerações, na sétima, contando-se Adão, também tem um nome que significa Dedicação. Enoc é o sétimo nascido de Set e significa Dedicação. Este, porém, tão grato a Deus, foi trasladado ao céu e na ordem das gerações tem posição notável por ser o sétimo a partir de Adão, dia em que se consagrou o sábado. É ao mesmo tempo o sexto, dia em que Deus fez o homem e rematou todas as suas obras, a contar de Set, quer dizer, depois do pai das gerações separadas da descendência de Caim.

A traslação de Enoc figura o dia aprazado de nossa dedicação, já feita em Cristo, nossa Cabeça, que ressuscitou para não mais morrer e também foi trasladado. Resta, porém, outra dedicação, a de toda a casa que tem por fundamento Cristo, dedicação diferida até o fim, até o dia em que se efetuará a ressurreição de todos os que jamais tornarão a morrer. Pouco importa a nosso caso dizer casa de Deus, templo de Deus ou cidade de Deus, pois todos esses termos são correntes em nossa língua. Vergílio mesmo chama cidade dominadora à casa de Assáraco, designando com tal nome os romanos, que, através dos troianos, se originam de Assáraco. Chama-lhe também casa de Eneias, porque os troianos, fundadores de Roma, arribaram à Itália com Eneias à frente. Nisso o poeta imitou as Sagradas Letras, que chamam de casa de Jacó o numeroso povo hebreu.

CAPÍTULO XX
Dificuldade nas gerações

1. Alguém dirá: Se, na enumeração, pela linhagem de Set, das gerações de Adão, o propósito do historiador era chegar a Noé, em vida de quem sucedeu o dilúvio, e, a partir dele, tornar a tecer a lista de gerações até Abraão, por quem o Evangelista São Mateus começa as gerações que rematam em Cristo, eterno Rei da Cidade de Deus, que intentava nas gerações de Caim e aonde pretendia levá-las?

Resposta: Ao dilúvio, em que foi destruída toda a raça da cidade terrena, depois restaurada pelos filhos de Noé. Essa sociedade terrena e essa sociedade de homens que vivem segundo o homem subsistirão até o fim do mundo e dela diz o Senhor: *Os filhos deste século geram e são gerados*. Mas a regeneração conduz à Cidade de Deus, peregrina neste mundo, rumo a outro, em que seus filhos não geram nem são gerados. Aqui, por conseguinte, gerar e ser gerado é comum a ambas as cidades, embora a Cidade de Deus neste mundo tenha muitos milhares de cidadãos que se abstêm da geração e a outra também tenha alguns que a imitam nisso, embora continuem errados.

À cidade terrena pertencem, ademais, aqueles que, desviando-se da fé, plantaram e implantaram diversas heresias e, portanto, vivem segundo o homem, não segundo Deus. Os gimnossofistas hindus, que, segundo contam, filosofam nus nas selvas da Índia, são também cidadãos seus e, contudo, abstêm-se da geração. Porque a continência não é bem, senão quando observada em conformidade com a fé no soberano bem, a saber, Deus. Entretanto, ninguém a praticou antes do dilúvio, pois se lê que o próprio Enoc, sétimo a partir de Adão e arrebatado do mundo, não morto, antes de ser trasladado gerou filhos e filhas. Conta-se no número destes Matusalém, elo de enlace entre as gerações a recordar.

2. Por que, pois, citam-se tão poucos sucessores nas gerações de Caim, se era preciso prolongá-las até o dilúvio e se passava tempo muito longo, anterior à puberdade, em que se abstinham da geração durante cem anos ou mais? Se o autor do livro não tinha em mente alguém a quem pretendesse chegar pela série de gerações, como nos descendentes de Set quis chegar a Noé, para deste acelerar de novo a marcha em sua lista, que necessidade tinha, havendo sido destruída a descendência de Caim, de passar em silêncio os primogênitos para chegar a Lamec, cujos filhos encerram essa genealogia? Quer dizer, encerra-se na oitava geração a partir de Adão e sétima a partir de Caim, como se depois houvesse de unir-lhe algo, para chegar ao povo de Israel, em que a Jerusalém terrena ofereceu figura profética da cidade celeste, ou a Cristo segundo a carne que é Deus eternamente bendito sobre todas as coisas, Fundador e Rei da Jerusalém soberana.

Isso poderia fazer pensar que nessa lista genealógica se nomeiam os primogênitos. Mas por que tão poucos? Pois não poderiam ser, até o dilúvio, apenas esses, não abstendo-se da geração os pais até puberdade centenária, se é que então a puberdade tardia não estava em proporção direta com a longevidade.

Supondo-se tivessem todos trinta anos, quando começaram a gerar, oito vezes trinta (por serem oito as gerações, contados Adão e os filhos de Lamec) são duzentos e quarenta anos. E é possível não hajam gerado durante todo o tempo que vai até o dilúvio? Em suma, por que não quis o autor mencionar as gerações seguintes? Computam-se, de Adão ao dilúvio, segundo nossos códices, dois mil e duzentos e sessenta e dois anos e, segundo os hebraicos, mil seiscentos e cinquenta e seis. E, por pensarmos ser mais verdadeiro o número menor, de mil seiscentos e cinquenta e seis anos tiremos duzentos e quarenta. Pergunto: É crível que durante mil quatrocentos e tantos anos, que faltam para o dilúvio, os filhos de Caim não geraram filho algum?

3. Que semelhante dificuldade, entretanto, nos lembre as duas soluções precedentemente enunciadas: ou a longa existência dos primeiros homens tornava mais tardia a puberdade ou a genealogia não leva em conta os primogênitos, mas somente os filhos que levam em linha reta àquele a quem o historiador tem em vista, a Noé, por exemplo, na raça de Set. Ora, se na linhagem de Caim não existe a mesma intenção que trata com negligência os primogênitos, para chegar a um concreto através dos referidos, então é preciso admitir a puberdade tardia. Isso equivaleria a dizer que houve tempo em que chegavam a ser púberes e aptos para a geração depois dos cem anos, de modo que a lista genealógica aponta os primogênitos e, assim, até o dilúvio se completou esse número tão desorbitado de anos. Contudo, também poderia acontecer que por outra causa mais profunda, que me escapa, se encarecesse a cidade terrena, finalizando suas gerações em Lamec e filhos, deixando o autor de comentar as demais que possivelmente existiram até o dilúvio.

Independentemente disso, que nos faz pensar em puberdade tardia naqueles homens, e para excluí-lo, também pode ser causa de a lista das gerações não seguir a linha dos primogênitos o haver a cidade, fundada por Caim em nome de seu filho Enoc, dilatado seus domínios e tido muitos reis, não ao mesmo tempo, mas um depois do outro, sucessores que iam sendo engendrados pelos próprios reis. Caim foi, talvez, o primeiro desses reis; seu filho Enoc, em cujo nome fundou a cidade, o segundo. O terceiro, Gaidad, filho de Enoc; o quarto, Maniel, filho de Gaidad; o quinto, Matusael, filho de Maniel; o sexto, Lamec, filho de Matusael, que completa o número sete, a partir de Adão e pela linha de Caim. Não era, ademais, necessário que no trono sucedessem aos pais os primogênitos dos reis, mas aqueles a quem o merecimento, por causa de alguma virtude útil à cidade terrena, ou a boa sorte fizesse merecedores da coroa ou, melhor ainda, com certo direito hereditário, quem fosse o filho predileto do pai.

Contudo, o dilúvio poderia muito bem acontecer em vida e durante o reinado de Lamec, perecendo com ele todos os homens, exceto os refugiados na arca. Nem é de maravilhar que em intervalo de tantos anos e durante tanto tempo transcorrido de Adão ao dilúvio não fossem numericamente iguais as gerações de ambos os ramos, sendo sete pela linha de Caim e dez pela de Set. Como já dissemos, Lamec é o sétimo descendente de Adão; o décimo, Noé. E não se cita apenas um filho de Lamec, como nas gerações precedentes, porém muitos, justamente por não saber-se com certeza quem havia de suceder-lhe, caso entre sua morte e o dilúvio ainda houvesse tempo útil para reinar.

4. Mas, seja qual for o modo por que se contem as gerações de Caim, pelos primogênitos ou pelos reis, parece-me que por nenhum motivo devo passar em silêncio que, sendo Lamec o sétimo descendente de Adão, se acrescentam quatro filhos seus, para completar-se o número onze, símbolo do pecado. Acrescentam-se três filhos e uma filha. Podem as mulheres, todavia, significar outra coisa, não a que parece devia ser encarecida agora. Estamos falando das gerações e das mulheres, cala-se a origem.

Com efeito, como a lei se encerra no número dez (daí o nome de Decálogo), indubitável é que o número onze denota infringência da lei, por transcender o dez, e, portanto, pecado. Por essa razão Deus mandou fazer onze cortinas de pelo de cabra no tabernáculo do testemunho, que era como que o templo portátil de seu povo durante a viagem. No cilício recordam-se os pecados, por causa dos cordeiros que hão de estar à esquerda. Assim, fazendo penitência, nos prostramos, cobertos de cilício, como que para dizer com o salmista: *Meu pecado está sempre ante meus olhos.*

Em conclusão, a descendência de Adão, pela linha do criminoso Caim, termina com o número onze e tem por fecho uma mulher, de cujo sexo se origina o pecado, que a todos nos ligou à morte. Ademais, a tal pecado seguiu a voluptuosidade da carne, que resiste ao espírito, pois Noema, nome da filha de Lamec, significa voluptuosidade. Mas o número de gerações que, pela linha de Set, sucedem-se de Adão a Noé é o número dez, o número legítimo. Acrescentam-se a esse número os três filhos de Noé, dos quais apenas dois abençoados, porque, quando um deles pecou, foi excluído como réprobo e os outros, abençoados, foram agregados, perfazendo-se desse modo o número doze. Este número é acreditado também pelos patriarcas e pelos apóstolos, que são doze, quer dizer, as partes constitutivas do sete multiplicadas uma pela outra. É o produto de quatro por três ou de três por quatro. Em face de semelhante perspectiva, penso devermos abordar já o problema de como as duas linhas, que com distintas gerações insinuam duas cidades, uma de terrígenas e outra de regenerados, foram-se mesclando e se confundiram, a ponto de a humanidade inteira, exceto oito homens, tornar-se merecedora de perecer no dilúvio.

CAPÍTULO XXI
Duas narrações diferentes: uma, contínua, a partir de Enoc; outra, retrospectiva, a partir de Enós

Primeiro, é preciso apresentar o problema: na lista das gerações de Caim, aos demais descendentes é, na narração, anteposto Enoc, em cujo nome foi fundada a cidade, e a partir dele vão-se enumerando o desaparecimento de todo esse ramo. Por outro lado, na outra, citado Enós, filho de Set, e sem consignar as seguintes até o dilúvio, abre-se parêntese e diz-se: *Este é o livro da origem dos homens. Quando Deus fez Adão, fê-lo à sua imagem. Fê-los homem e mulher, abençoou-os e no dia em que os fez pôs-lhes o nome de Adão.* Tenho para mim dever-se o parêntese à intenção de começar de novo, a partir de Adão, a recordação dos tempos, coisa que o autor não quis fazer na cidade terrena, como se Deus a mencionasse sem levá-la em conta.

Mas por que recapitular esses tempos, depois de mencionado o filho de Set, homem que pôs a esperança em invocar o nome do Senhor, senão por tratar-se de ocasião propícia para assim confrontar ambas as cidades: a que parte de homicida e chega a outro, pois Lamec também cometeu homicídio em suas duas mulheres, e a que parte daquele que pôs a esperança em invocar o nome do Senhor? Eis a soberana e única ocupação que nesta mortalidade deve ter a Cidade de Deus, peregrina neste mundo, ocupação encarecida por homem gerado daquele em quem reviveu o assassinado. Tal homem representa a unidade da soberana cidade, não completa ainda, é verdade, mas que um dia receberá seu complemento com o precedente dessa prefiguração profética.

O filho de Caim, quer dizer, o filho da Posse (de que, senão da cidade terrena?), tomou, pois, nome dessa cidade, fundada em seu nome! E de quem o salmo canta: *Invocarão seus nomes em suas próprias terras*. Por isso incorrem no que está escrito em outro salmo: *Senhor, em tua cidade aniquilarás sua imagem*. Por outro lado, ponha o filho de Set, ou seja, o filho da Ressurreição, sua esperança em invocar o nome do Senhor! De tal sociedade de homens é figura quem diz: *Serei como oliveira frutífera na casa de Deus, pois esperei em sua misericórdia*. Não aspire, por conseguinte, à vanglória de conseguir nome famoso na terra, porque é *bem-aventurado quem põe a esperança no nome do Senhor, e não volve os olhos às vaidades e aos mentirosos desatinos do mundo*.

Com efeito, confrontadas ambas as cidades, a da mortalidade deste século e a da esperança de Deus, ambas saídas de porta comum, a mortalidade aberta em Adão, para correrem e avançarem a seu fim específico e devido, começa a recordação dos tempos. Nessa resenha acrescenta outras gerações, tornando a começar a narração a partir de Adão, de cuja posteridade, como de massa entregue a justa condenação, de uns fez Deus vasos de ira para ignomínia e de outros, vasos de misericórdia, para honra. E deu àqueles como castigo o merecido e a estes como graça o indevido, a fim de a soberana Cidade aprender dos vasos de ira a não confiar em seu livre-arbítrio, mas a pôr a esperança em invocar o nome do Senhor. A vontade foi criada naturalmente boa pela bondade de Deus, mas mutável pelo imutável, pois criada do nada, e não apenas pode declinar do bem para com livre-arbítrio fazer o mal, como também do mal para fazer o bem, embora incapaz disso, se lhe falta o auxílio de Deus.

CAPÍTULO XXII
O pecado dos filhos de Deus. A rede do amor às mulheres estrangeiras. O dilúvio

Assim, desenvolvendo-se e crescendo o gênero humano em posse do livre-arbítrio, operaram-se, mediante comunicação de iniquidade, a mistura e uma espécie de confusão de ambas as cidades. E esse mal, uma vez mais, teve como pedra de toque o sexo fraco, embora não do mesmo modo que no princípio do mundo. Na realidade, no caso, as mulheres não induziram os homens ao pecado, seduzidas pela mentira de outrem; os filhos de Deus, quer dizer, os cidadãos da cidade peregrina no mundo, começaram, por causa da beleza corpórea delas, a amar essas mulheres, que desde o princípio tinham maus costumes na cidade terrena, na sociedade dos terrígenas. É certo que a beleza é bem e dom de Deus, mas Deus também a dá a quem é mau, precisamente para os bons não a considerarem grande bem. Assim, abandonado o bem supremo, próprio dos bons, chegou inevitavelmente o declinar para o bem mínimo, não privativo dos bons, mas comum a bons e maus. Os filhos de Deus ficaram presos pelo amor às filhas dos homens e, para casarem-se com elas, sujeitaram-se aos costumes da sociedade terrena e abandonaram a piedade que guardavam na sociedade santa.

A beleza do corpo, bem criado por Deus, mas temporal, ínfimo e carnal, é mal-amado, quando o amor a ele se antepõe ao devido a Deus, bem eterno, interno e sempiterno. Assim, quando o avaro, abandonando a justiça, ama o ouro, o pecado não é do ouro, mas do homem. E assim sucede a toda criatura, pois, sendo boa, pode ser amada bem e mal. Amada bem, quando observada a ordem; mal, quando pervertida. Em elogio ao círio, exprimi resumidamente em versos tal ideia: *Essas coisas são tuas e são boas, porque Tu, que és bom, as criaste. Nelas nada há nosso, senão nosso pecado, quando, invertendo a ordem, amamos o que foi por ti criado ao invés de amar-te.*

O Criador, se é realmente amado, isto é, se é amado Ele e não outra coisa em seu lugar, não pode ser mal-amado. O amor, que faz com que a gente ame bem o que deve amar, deve ser amado também com ordem; assim, existirá em nós a virtude, que traz consigo o viver bem. Por isso, parece-me ser a seguinte a definição mais acertada e curta de virtude: A virtude é a ordem do amor. Eis por que a esposa de Cristo, a Cidade de Deus, canta no Cântico dos Cânticos: *Ordenai em mim a caridade.* Turbada, pois, a ordem de semelhante caridade, quer dizer, da dileção e do amor, os filhos de Deus esqueceram-se de Deus e amaram as filhas dos homens.

Ambos os nomes distinguem suficientemente ambas as cidades. Não que não fossem filhos dos homens por natureza; é que começaram a ter outro nome por graça. Na passagem em que diz haverem os filhos de Deus amado as filhas dos homens, a própria Escritura chama anjos de Deus aos filhos de Deus. Isso deu margem a muita gente pensar não fossem homens, mas anjos.

CAPÍTULO XXIII
Que dizer da opinião de haverem sido anjos, não homens?

1. Na questão sobre se podem os anjos, sendo espíritos, unir-se carnalmente com as mulheres, já toquei, embora de passagem e sem dar-lhe solução, no Livro Terceiro desta obra. Diz a Escritura: *Dos espíritos faz anjos seus*, quer dizer, dos espíritos por natureza faz anjos seus, encomendando-lhes o ofício de anunciar. Diz-se em grego *ághghelos*, que em latim soa *angelus* e se traduz por "núncio". Não é fácil, porém, dizer se fala de seus corpos, quando acrescenta: *E seus ministros, fogo abrasador*, ou quer dar a entender devam seus ministros arder na caridade como em fogo abrasador. A própria Escritura, contudo, testemunha haverem os anjos aparecido aos homens em corpos tais, que não apenas podiam ser vistos, mas também tocados. E ainda há mais. É fato do domínio público, que muitos asseguram haver experimentado ou ouvido de pessoas autorizadas, que tinham experiência disso, haverem os Silvanos e os Faunos, vulgarmente chamados íncubos, atormentado com frequência as mulheres e nelas saciado suas paixões. Ademais, são tantos e de tal ponderação os que afirmam que certos demônios, chamados Dúsios pelos gauleses, intentaram e executaram semelhante torpeza, que negá-lo parece falta de vergonha. Por isso, não me atrevo a definir se há espíritos de corpos aéreos (pois também o ar, quando agitado por leque, excita a sensibilidade do tato e dos demais sentidos) capazes de semelhante libido, quer dizer, de ter a seu modo comércio carnal com as mulheres.

Não ouso, contudo, de modo algum crer que os santos anjos de Deus então caíram deste modo; nem deles fala o Apóstolo São Pedro, quando diz: *Porque Deus não perdoou os anjos delinquentes, mas precipitou-os nos escuros cárceres do inferno, reservando para o juízo seu castigo*. Inclino-me a crer que fala daqueles que, depois de se afastarem de Deus, caíram com o diabo, seu príncipe, cuja astúcia invejosa, na forma de serpente, fez cair o primeiro homem. A Santa Escritura é testemunho abundante em provas de os homens de Deus serem chamados também anjos. Assim, de São João está escrito: *Eis que despacho à tua presença meu anjo, que irá diante de ti, preparando-te a caminho.* E o Profeta Malaquias, por graça peculiar sua, ou seja, a ele pessoalmente comunicada, a si mesmo chamou anjo.

2. Alguns, todavia, não perfilham tal modo de pensar, por lermos na Escritura que dos chamados anjos de Deus e das mulheres por eles amadas não nasceram, ao que parece, homens de nossa raça, mas gigantes, como se em nossos dias não nascessem homens cujos corpos sobrepujam de muito a estatura ordinária, como há pouco insinuei. Não é certo que, há alguns anos, quando Roma viu aproximar-se-lhe das portas a devastadora mão dos godos, havia ali certa mulher, que vivia com os pais, cuja estatura, de certo modo gigantesca, sobrepujava em muito os demais? Era admirável o gentio que vinha de toda parte vê-la. E o mais maravilhoso era não serem os pais sequer tipos ordinários, de estatura hoje comum. Puderam, portanto, nascer gigantes antes mesmo de os filhos de Deus, também chamados anjos de Deus, se misturarem com as filhas dos homens, ou seja, dos que viviam segundo a carne, em outros termos, dos filhos de Set com as filhas de Caim.

Supõe-no a própria Escritura canônica no livro que comentamos. Eis suas palavras: *Acontece que, depois de haverem-se multiplicado os homens na terra e de haverem-lhes nascido filhas, vendo os anjos de Deus serem belas as filhas dos homens, dentre elas tomaram por esposas as que mais lhes agradaram. E disse o Senhor: Desses homens farei desaparecer meu espírito, por serem carne. Viverão apenas cento e vinte anos. Naquele tempo havia gigantes na terra. E depois os filhos de Deus se uniram com as filhas dos homens e nelas geraram filhos para si, filhos que foram as pessoas de renome daquele tempo.* Tais palavras do texto sagrado indicam com luz meridiana que, quando os filhos de Deus tomaram por mulheres as filhas dos homens, por serem boas, quer dizer, formosas, já havia gigantes na terra. A Escritura costuma chamar bons também os formosos de corpo. O certo é que depois de tal procedimento nasceram gigantes, pois diz assim: *Naquele tempo já havia gigantes na terra. E depois os filhos de Deus se uniram com as filhas dos homens*. Antes e depois, por conseguinte, do referido acontecimento. O que acrescenta: *E geraram-nos para si* mostra com suficiência que primeiro, quer dizer, antes de os filhos de Deus caírem em tais desmandos, geravam filhos para Deus, não para si, noutras palavras, não dominados pela libido, mas com vistas à propagação. E não geravam filhos para sua vaidade, mas cidadãos para a Cidade de Deus, a quem anunciaram, como anjos de Deus, que em Deus puseram a esperança, assemelhando-se àquele que nasceu de Set, era filho da Ressurreição e pôs a esperança em invocar o nome do Senhor. Nessa esperança seriam, com sua posteridade, co-herdeiros dos bens eternos e, sob a paternidade de Deus, irmãos de seus filhos.

3. Mas ninguém há de pensar que foram anjos de Deus de tal maneira que não eram homens, pois a própria Escritura declara abertamente que foram homens. Depois de dizer que *os anjos de Deus, cativos da beleza das filhas dos homens, dentre elas tomaram por esposas as que mais lhes agradaram*, acrescentou: *E disse Deus: Desses homens farei desaparecer meu espírito, por serem carne*. O Espírito de Deus fizera-os anjos de Deus e filhos de Deus; por declinarem, porém, às coisas inferiores, são chamados homens, nome de natureza e não de graça, e, além disso, também são chamados carne, espíritos desertores e desertos, por desertarem. Os Setenta chamam-nos anjos de Deus e filhos de Deus; tais nomes, todavia, não se encontram em todos os códices. Alguns trazem apenas filhos de Deus. Por outro lado, Áquila, o intérprete preferido pelos judeus, não traduz anjos de Deus nem filhos de Deus, mas filhos dos deuses. São verdadeiras, penso, ambas as versões. Eram filhos de Deus e irmãos dos pais, que tinham, como eles, Deus por pai, e filhos dos deuses, porque gerados pelos deuses, com quem eram deuses também, segundo o Salmo: *Eu disse: Sois deuses e todos filhos do Altíssimo*.

É, pois, razoável acreditar que os Setenta receberam espírito profético e que, se por própria autoridade mudaram algo em sua versão e o expressaram de modo diferente do original, o fizeram, sem dúvida, por inspiração divina. Deve-se reconhecer, ademais, que em hebraico esse termo é ambíguo e, portanto, admite ambas as traduções, de filhos de Deus e filhos dos deuses.

4. Omitamos as fábulas dos escritos apócrifos, assim chamados porque de origem desconhecida até mesmo de nossos pais, através

de quem nos chegou, em sucessão notória e certa, a autoridade das verdadeiras Escrituras. Embora, na realidade, nesses escritos apócrifos se encontre uma ou outra verdade, por causa de abundantes falsidades carecem de autoridade canônica. Não podemos negar haja Enoc, sétimo a contar de Adão, escrito algumas coisas divinas, pois o Apóstolo São Judas o diz em sua epístola canônica. Mas, não sem motivo, não se encontram no cânon das Escrituras, que se conservava no templo do povo judeu, mercê do cuidado dos sacerdotes que se iam sucedendo. A própria antiguidade dos livros de Enoc tornou-os suspeitos e a falta de tradução legítima atraiu dúvida acerca de sua autenticidade.

Por esse motivo, aos escritos que foram publicados com seu nome e contêm fábulas de gigantes cujos pais não foram homens, os prudentes acham, com fundamento, que não se lhes deve fé, assim como a muitos outros publicados por hereges com nomes de profetas e, mais recentemente, com nomes de apóstolos. Uns e outros foram privados de autoridade canônica e, depois de esmerado exame, incluídos no número dos apócrifos.

É certo, segundo as Escrituras canônicas, hebraicas e cristãs, que houve muitos gigantes antes do dilúvio, que foram cidadãos da cidade terrena e que os filhos de Deus, nascidos de Set, segundo a carne, caíram nessa sociedade, abandonando a justiça. Não é de maravilhar, portanto, que deles pudessem nascer também gigantes, porque, embora verdade que nem todos fossem gigantes, então havia muitos mais do que nos tempos seguintes ao dilúvio. E ao Criador prouve criá-los para mostrar ao sábio que não se devem superestimar nem a beleza, nem a grandeza, nem a fortaleza corporal e que os bens espirituais e imortais, que o beatificam, privativos dos bons, não comuns a bons e maus, são muito superiores e estáveis. Outro profeta, encarecendo exatamente isso, diz: *Ali viveram os famosos gigantes que houve no princípio, homens de grande estatura e destros na guerra. Deus não os escolheu, nem lhes deu a senda da ciência, e pereceram, porque careceram da sabedoria, e pereceram por sua estupidez.*

CAPÍTULO XXIV
Como deve ser entendido: "Viverão apenas cento e vinte anos"?

As seguintes palavras de Deus: *Viverão apenas cento e vinte anos* não devem ser entendidas como prenúncio de que para o futuro os homens não haviam de viver mais de cento e vinte anos, porquanto, depois do dilúvio, houve quem vivesse até quinhentos. Deve-se, antes, entender que Deus o disse, quando Noé frisava pelos quinhentos anos, quer dizer, tinha quatrocentos e oitenta de vida, que, de acordo com o estilo da Escritura, seriam, em números redondos, quinhentos. Com frequência o todo expressa a parte maior. Pois bem, o dilúvio aconteceu no ano seiscentos da vida de Noé, no segundo mês. E, assim, esses cento e vinte anos seriam os anos de vida restantes aos homens, que, findo tal prazo, haviam de ser aniquilados pelo dilúvio. Há razão para se acreditar haja o dilúvio chegado, quando na terra apenas havia homens merecedores de que tal morte vingadora de ímpios os arrasasse, não porque semelhante gênero de morte cause nos bons, que hão de algum dia também render tributo à morte, algum mal capaz de prejudicá-los depois da morte.

Quanto a isso, é de notar não haver perecido no dilúvio nenhum dos que a Santa Escritura menciona como descendentes de Set. Eis, segundo a narração divina, a causa do dilúvio: *Vendo o Senhor Deus que a maldade do homem se multiplicara na terra e cada qual no íntimo cogitava de todo dia fazer mal, lembrou-se de que na terra fizera o homem, pensou e disse: Da face da terra exterminarei o homem que fiz, do homem à besta e dos répteis às aves do céu, porque estou irado de havê-los feito.*

CAPÍTULO XXV
A ira de Deus

A ira de Deus não é nele turbação do ânimo, mas o juízo pelo qual castiga o pecado. Seu pensamento e sua reflexão é a razão imutável das coisas mutáveis. Porque Deus, que sobre todos os seres tem opinião tão estável como certa é sua presciência, não se arrepende, como o homem, de suas obras. Se a Escritura não usasse semelhantes expressões, sua forma não seria, até certo ponto, familiar e compreensível a toda classe de homens, cujo aproveitamento pretende. Desse modo, aterra os soberbos e desperta os negligentes, exercita os que investigam e alenta os inteligentes, coisa que não faria, se primeiro não se inclinasse e se abaixasse a dar a mão aos estendidos no chão. O anunciar a morte de todos os animais terrenos e voláteis é imagem da grandeza da catástrofe vindoura, não ameaça de morte feita aos animais privados de razão, como se também houvessem pecado.

CAPÍTULO XXVI
A arca de Noé, símbolo de Cristo e da Igreja

1. O mandar Deus a Noé, homem justo e, segundo a fidedigna expressão da Escritura, perfeito em sua geração (não com a perfeição com que na imortalidade os cidadãos da Cidade de Deus hão de igualar os anjos de Deus, é verdade, mas com a perfeição de que são capazes nesta peregrinação), que construa uma arca para nela escapar à devastação do dilúvio com os seus, com a mulher, filhos, noras e os animais que por ordem de Deus também fez entrar na arca, é, sem dúvida, figura da Cidade de Deus peregrina neste mundo, quer dizer, da Igreja, que se salva pelo lenho de que pendeu o mediador entre Deus e os homens, o homem Cristo Jesus. As medidas de seu comprimento, largura e altura são símbolo do corpo humano, em cuja realidade veio aos homens, como fora predito. Com efeito, o comprimento do corpo humano, do alto da cabeça aos pés, é seis vezes a largura que vai do lado direito ao esquerdo e dez vezes a altura, medida no lado, das costas ao ventre. Assim, se medes alguém, estendido de bruços ou de costas, o comprimento, da cabeça aos pés, é seis vezes maior que a largura, da direita para a esquerda ou da esquerda para a direita, e dez vezes que a altura, do solo ao vértice. Por isso, a arca foi feita de trezentos côvados de comprimento, cinquenta de largura e trinta de altura.

A porta aberta no costado da arca significa, sem dúvida, o ferimento aberto pela lança, ao atravessar o lado do crucificado. Os que vêm a Ele entram por ele, porque dele manaram os sacramentos, com que os crentes são iniciados. O mandar construí-la de tábuas de madeira quadradas significa a vida plenamente estável dos santos, porque o quadrado, para qualquer lado que o vires, fica sempre firme. Em suma, todas as coisas que se fazem notar na estrutura da arca são sinais de futuras realidades na Igreja.

2. Seria muito demorado explicá-los agora e, além disso, já o fizemos na obra intitulada *Contra Fausto Maniqueu*, que negava existisse nos livros dos judeus alguma profecia acerca de Cristo. Pode ocorrer que alguém o exponha com mais competência que eu e outro com mais do que esse, mas tudo quanto se diga deve relacionar-se com a Cidade de Deus de que falamos, viajora em meio deste mundo corrompido como em meio do dilúvio, se tal expositor não quer apartar-se do sentido do autor. Se, por exemplo, alguém não quiser entender as seguintes palavras: *Farás de dois e de três pavimentos as partes inferiores*, como dissemos na obra citada, quer dizer, que os dois pavimentos significam que a Igreja se congrega de todas as nações, ou seja, de dois gêneros de homens, a circuncisão e o prepúcio, ou, segundo a expressão do apóstolo, de judeus e de gregos, e os três pavimentos figuram a restauração de todos os povos, depois do dilúvio, mercê dos três filhos de Noé, que esse alguém dê outra interpretação, mas não estranha à regra de fé. Porque não quis fosse a arca habitável somente nas partes inferiores, mas também nas superiores, chamou-a de dois pavimentos e, como também nas em cima das superiores havia de sê-lo, chamou-a de três pavimentos, de forma que da base ao teto havia terceira habitação. Outro poderia entender pelos três pavimentos as três virtudes recomendadas pelo apóstolo, a fé, a esperança e a caridade. Pode-se entender também (e é o que parece mais razoável) as três abundantes colheitas do Evangelho, em que um rende trinta; outro, sessenta; outro cem. Em tal gradação, o último posto caberia à castidade conjugal, o segundo à vidual e o superior à virginal. E assim diríamos de qualquer outra interpretação que possa ser proposta em conformidade com a fé da Cidade Santa. Considere-se, pois, dito o que devia expor agora, porque, embora não idêntica a exposição, não deve discordar da fé católica.

CAPÍTULO XXVII
Posição intermediária na interpretação, nem exclusivamente histórica, nem exclusivamente alegórica

1. Ninguém deve, todavia, pensar que tais coisas foram escritas à toa, que aqui se deve buscar unicamente a verdade histórica, sem nenhuma significação alegórica, ou que, pelo contrário, negando a historicidade, se diga serem puras alegorias, que, sejam quais forem, não contêm nenhuma profecia da Igreja. Quem, de juízo perfeito, sustentará haverem sido, sem fim concreto, escritos livros, durante milhares de anos conservados com tanta religiosidade e tão esmerada ordem na sucessão, ou dever-se considerar neles o histórico apenas? Quanto a isso de histórico, para omitir outros pontos, digo que, se o número de animais obrigou a dar semelhantes dimensões à arca, que necessidade havia de fazer entrar um casal de animais impuros e sete dos puros, se para a conservação de ambas as espécies bastava igual número de ambas as classes? Ou será que Deus, que, para refazer-lhes o gênero, mandou recolhê-los, não podia recriá-los do mesmo modo que os criara?

2. Quem sustenta não serem fatos, e sim meras figuras representativas de realidades, pensa, em primeiro lugar, não haver sido possível dilúvio tão enorme, cujas águas, crescendo, subiram quinze côvados acima dos montes mais altos. E, ao dizê-lo, está pensando no cume do Olimpo, acima do qual, segundo dizem, não podem subir as nuvens, pois é tão alto como o céu e nessa altura não existe esse ar tão pesado, de que se originam os ventos, as nuvens e as chuvas. Não repara, porém, que nessa altura pode existir a terra, o mais pesado de todos os elementos. Ou será que vão negar-me agora ser terra o cume do monte? Por que, pois, se empenham em que a terra pôde elevar-se a tais regiões do éter e em que não o pôde a água, se os medidores e pesadores dos elementos afirmam ser a água superior à terra e mais leve que ela? Qual a razão de a terra, mais pesada e inferior, haver durante tantos milhares de anos ocupado o lugar mais sereno do ar e de à água, mais leve e superior, não ser permitido fazê-lo, embora por breve tempo?

3. Acrescentam que a capacidade da arca não dava para tantos animais de ambos os sexos, um casal dos impuros e sete dos puros.

Mas tenho a impressão de que apenas contam trezentos côvados de comprimento e cinquenta de largura e não reparam em que há outro tanto nas partes superiores e outro tanto nas em cima das superiores e, por conseguinte, os referidos côvados se triplicam e dão, respectivamente, novecentos e cento e cinquenta. E se agora pensamos na engenhosa observação de Orígenes, segundo quem Moisés, versado, como está escrito, em toda a sabedoria dos egípcios, muito amigos da Geometria, poderia tomar os côvados por côvados geométricos, equivalente cada qual a seis dos nossos, quem não vê quantos animais poderiam caber em tamanha dimensão? Dizer, portanto, não haver sido possível construir arca de tal magnitude é calúnia sem sentido, dado sabermos que se construíram cidades imensas, além de haver durado cem anos a construção da arca. Trata-se de argumento forte, salvo se é possível unir-se, somente com cal, pedra com pedra, para construir muralha que rodeie muitas milhas, e não o é juntar tábua com tábua por meio de pregos, tachões, cravos e breu, para construir arca de grandes dimensões e linhas retas. Ademais, não seria lançada ao mar a esforço braçal; as próprias águas é que, em chegando, a ergueriam, por exigência da ordem natural dos pesos; quanto ao leme, estaria mais em mãos da Divina Providência que da destreza humana, para a arca não ir a pique por nenhum dos lados.

4. Aqui se tornaram costumeiras algumas perguntas curiosas sobre se houve na arca, quanto aos mais diminutos animaizinhos, como os ratos e lagartos, os gafanhotos e escaravelhos e, enfim, as moscas e as pulgas, número maior que o prefixado por Deus. Antes de mais nada, é necessário advertir a quem as faz que as seguintes palavras: *Que rastejam na terra* devem ser estendidas de tal maneira que não impliquem necessidade de guardar na arca os animais que podem viver na água, quer no fundo, como os peixes, quer na superfície, como muitas aves. Portanto, ao dizer: *Serão macho e fêmea*, dá a entender o fim, quer dizer, a reparação do gênero animal. E, por conseguinte, não havia necessidade de estarem na arca os animais que podem nascer sem união carnal, que procedem das coisas ou da corrupção das coisas ou que, se estivessem, como de ordinário estão nas casas, poderiam ser encontrados em número indefinido.

Se, porém, pretendem que o mais sagrado dos mistérios, como o tratado, e a figura de realidade tão excelsa não podem ser expressos com exatidão na verdade histórica, sem que esse número limitado de animais que naturalmente não podem viver na água estivesse presente na arca, respondo que se tratava de incumbência divina, não destes ou daqueles homens. A verdade é que Noé não os introduzia, apanhando-os; permitia-lhes a entrada, porque vinham e iam entrando. Aqui vem muito a pelo aquilo de *virão a ti*, quer dizer, não por obra do homem, mas por vontade de Deus, de forma que é de crer não estivessem na arca os carecedores de sexo. A isso mesmo é que induzem estas palavras determinadas e concretas: *Serão macho e fêmea*.

Há bichos que nascem de quaisquer coisas, sem união carnal, unindo-se depois carnalmente e gerando, como as moscas, e outros que não têm macho nem fêmea, como as abelhas. Mas os animais que têm sexo e não geram, como os mulos e as mulas, não sei se estariam dentro da arca e não bastara estivessem somente os pais, quer dizer, o gênero equino e asinino e assim quanto aos restantes animais híbridos, se é que há. Mas, se o exigia também o mistério, digo que também se achavam na arca, pois em tal classe de animais há de igual modo macho e fêmea.

5. Com frequência alguns se preocupam em saber que classe de alimentos poderiam ter na arca os animais que, ao que parece, não vivem senão de carne. E a esse propósito perguntam se, além do número determinado, havia, sem violar a ordem, outros que Noé se vira obrigado a introduzir para alimentar os demais, ou (e é o mais crível) se havia alguns alimentos comuns e adequados a todos os animais. O certo é que conhecemos muitos animais que se alimentam de carne, mas também comem legumes e frutas e, principalmente, figos e castanhas. Que tem, pois, de particular haja tal homem, sábio e justo, instruído por Deus no conveniente a cada animal, preparado alimento apropriado a cada gênero? Ademais, que não comeriam, acossados da fome? E que alimento Deus não poderia tornar suave e salutar, se, com divina facilidade, pode fazer com que vivam sem comer, caso o alimentar-se não o exija o cumprimento alegórico de tal mistério?

Ninguém, pois, que não seja porfiador se permite o luxo de opinar não ser figura da Igreja tal série de signos de fatos concretos. Os povos todos já atopetaram a Igreja e nela estão unidos entre si até o fim os puros e os impuros com tais vínculos de unidade, que tão evidente fato basta para dissipar qualquer dúvida sobre outros, talvez mais obscuros e mais difíceis de conhecer. Sendo assim, ninguém, por obstinado e rebelde que seja, ousará pensar que o escreveram inutilmente, ou, havendo mesmo sucedido, não tem significação alguma, ou se trata de meras alegorias, não de fatos. E não é possível, tampouco, dizer com probabilidade serem estranhos a significação eclesiológica, mas, pelo contrário, é de crer hajam sido transmitidos e escritos com muita sabedoria, realmente acontecido, significarem algo e ser esse algo prefiguração da Igreja.

Mas, chegados a tal ponto, já é hora de pôr termo a este livro, para continuar a busca na marcha de ambas as cidades, da terrena, que vive segundo o homem, e da celeste, que vive segundo Deus, do dilúvio em diante.

LIVRO DÉCIMO SEXTO

Na primeira parte, do capítulo I ao XII, expõe o desenvolvimento de ambas as cidades, da celeste e da terrena, segundo a História Sagrada, de Noé a Abraão. Na segunda, trata apenas do desenvolvimento da cidade celeste, de Abraão aos reis de Israel.

CAPÍTULO I
Houve depois do dilúvio, de Noé a Abraão, algumas famílias que viveram segundo Deus?

É difícil saber pela Escritura, a ponto de deixá-lo claro, se, após o dilúvio, continuaram as pegadas da Cidade Santa em sua marcha ou se eclipsaram, por intercalarem-se os tempos da impiedade, de forma que não existisse um homem sequer que adorasse o único Deus verdadeiro. E é difícil justamente porque nos livros canônicos, a partir de Noé, que mereceu ver-se, na arca, com a esposa, os três filhos e as respectivas noras, livres da catástrofe diluvial, não encontramos, até Abraão, elogiada com testemunho divino e manifesto a piedade de ninguém. Refere-se, unicamente, que Noé, vendo e antevendo os acontecimentos futuros, abençoa com bênção profética Sem e Jafé, dois de seus filhos. Esse tom profético impregna também a maldição lançada sobre o filho do meio, quer dizer, mais moço que o primogênito e mais velho que o último, que pecara contra o pai, não em sua própria pessoa, mas na pessoa do filho e, portanto, seu neto, com as seguintes palavras: *Maldito seja o menino Canaã! Será escravo de seus irmãos.* Canaã era filho de Cam, que não cobrira, mas descobrira a nudez do pai, quando estava dormindo. Por isso, acrescentou em seguida a bênção dos outros dois filhos, do primogênito e do caçula, dizendo: *Bendito o Senhor Deus de Sem! Canaã será seu escravo. Alegre Deus a Jafé e habite nas tendas de Sem.* Essa bênção, como o plantar Noé a vinha, sua embriaguez, sua nudez e o mais ali acontecido e aqui registrado estão repletos de sentido profético e oculto sob véu.

CAPÍTULO II
Figuração profética nos filhos de Noé

1. Mas agora, já efetivamente cumpridas nos descendentes, estão de sobejo descobertas as coisas que estiveram encobertas.

Quem, reparando nisso com inteligência e atenção, deixa de vê-las cumpridas em Cristo? Sem, de cuja estirpe Cristo nasceu, segundo a carne, significa Nomeada. E que há de mais nomeada que Cristo, cujo nome já exala por toda parte a fragrância que, em canto profético, o Cântico dos Cânticos compara ao unguento derramado? Em suas casas, quer dizer, em suas igrejas é que habita multidão de nações, porque Jafé significa isso mesmo, Multidão. Por sua vez, Cam, que se traduz por Astuto e é o segundo dos três filhos de Noé, como que distinguindo-se de ambos e permanecendo entre eles, não participando das primícias dos israelitas nem da plenitude dos gentios, que figura, senão os hereges, homens ardentes e animados não do espírito de sabedoria, mas do de impaciência que, de ordinário, lhes arde no coração e perturba a paz dos fiéis? Isso, porém, redunda em proveito dos capazes, segundo as palavras do apóstolo: *É necessário haver heresias, para que entre nós se revelem os de virtude provada.* Por isso, também está escrito: *O filho instruído será sábio e usará utilmente do néscio.* Referentes à fé católica, há muitos pontos que, ao serem postos no tapete da discussão pela astuta inquietude dos hereges, para podermos fazer-lhes frente, devem ser considerados com mais cuidado, entendidos com mais clareza e pregados com mais insistência. E, assim, a questão suscitada pelo adversário oferece oportunidade para aprender. É bem verdade poderem parecer representados no segundo filho de Noé não apenas os que se encontram publicamente separados, como também todos aqueles que, gloriando-se do nome de cristãos, levam vida licenciosa, pois com sua fé anunciam a paixão de Cristo, figurada pela nudez de Noé, e com sua má vida a desonram. Desses tais está dito: *Por seus frutos os conhecereis.* Precisamente por isso Cam foi amaldiçoado em seus filhos, como em seu fruto, isto é, em sua obra, e, por conseguinte, é muito próprio dizer que Canaã significa seus movimentos. E isso que é mais, senão a obra deles? Sem e Jafé, todavia, como a circuncisão e o prepúcio, ou, segundo a terminologia do apóstolo, como os judeus e os gregos, mas chamados e justificados, havendo conhecido de algum modo a nudez do pai, figurativa da paixão do Salvador, tomando de uma capa, puseram-na sobre as espáduas e, entrando de costas, cobriram a nudez do pai e não viram o que taparam com respeito. Na paixão de Cristo honramos, de certo modo, o que foi feito em nosso favor e horrorizamo-nos do crime dos judeus. A capa figura o sacramento; as espáduas, a lembrança do passado, porque a Igreja celebra a paixão de Cristo como já passada, não a espera como futura nem mesmo no tempo em que Jafé mora nas tendas de Sem e o mau irmão habita entre eles.

2. Mas o mau irmão é criança, quer dizer, escravo dos irmãos bons, em seu filho, ou seja, em sua obra, quando os bons usam conscientemente dos maus, para exercitar sua paciência ou para proveito de sua sabedoria. Há, testemunha-o o apóstolo, pessoas que anunciam Cristo com intenção perversa: *Contanto que Cristo, diz, seja anunciado, quer por algum pretexto, quer por verdadeiro zelo, regozijo-me com isso e sempre me regozijarei.* Plantou a vinha de que diz o profeta: *A vinha do Senhor dos exércitos é a casa de Israel.* E bebeu de seu vinho, quer entendamos o cálice de que se diz: *Podeis beber o cálice que tenho de beber?* e: *Pai, se possível, passe de mim este cálice!*, que sem dúvida significa sua paixão, quer a passagem queira dar a entender que, como o vinho é fruto da vinha, dessa mesma vinha, quer dizer, da linhagem dos israelitas, por nós tomou sua carne e seu sangue, para poder padecer. *E embriagou-se*, quer dizer, padeceu, e *ficou nu*. Com efeito, ficou nu, isto é, apareceu sua fraqueza, de que diz o apóstolo: *A fraqueza de Deus é mais forte que os homens e a loucura de Deus é mais sábia que os homens.* Quando a Escritura, após dizer: *E ficou nu*, acrescentou: *em sua casa*, mostra com elegância que havia de padecer a cruz e a morte nas mãos dos homens de sua própria estirpe, os judeus. Os réprobos anunciam a paixão de Cristo, mas só de boca e exteriormente, pois não compreendem o que anunciam. Os probos, por sua vez, têm no homem interior tão grande mistério e honram interiormente, no coração, a debilidade e a loucura de Deus, mais forte e mais sábia, respectivamente, que os homens. Figura de semelhante realidade é que Cam, saindo, o anunciou ao exterior, enquanto Sem e Jafé, para velar, quer dizer, para honrá-lo, entraram, ou seja, o fizeram interiormente.

3. Vamos sondando como podemos tais segredos da divina Escritura, uns com maior exatidão que outros. Mas sempre manifestando fielmente, como é certo, que tais acontecimentos não se deram e foram registrados sem alguma prefiguração do futuro e que devem referir-se a Cristo e à sua Igreja, que é a Cidade de Deus. Desde os albores do gênero humano não faltou predição que a anunciasse e as predições vemo-las totalmente cumpridas. Após a bênção dada aos filhos de Noé e da maldição lançada sobre o segundo, durante mais de mil anos, até Abraão, não se faz menção dos justos que tributaram

piedoso culto a Deus. Não creio, realmente, que faltassem; acontece que recordá-los a todos seria demasiado longo, mais próprio da exatidão de historiador que da providência de profeta. O escritor das Sagradas Letras ou, melhor, o Espírito de Deus por meio dele, escreve acontecimentos que recordam o passado, mas ao mesmo tempo prenunciam o futuro. Isso concerne à Cidade de Deus. Porque quanto nesses livros se diz dos homens que não são cidadãos de tal cidade tem o propósito de que ela progrida ou campeie, não ser comparada com a contrária. Certo que não devemos imaginar que todos os acontecimentos narrados encerrem alguma significação, embora seja de notar que os que não a encerram foram acrescentados com vistas aos outros. É verdade que apenas com a relha é que se ara a terra, mas para que isso possa ser feito as demais partes do arado também se tornam necessárias. E é verdade, outrossim, que nas cítaras e outros instrumentos musicais dessa classe somente são tocadas as cordas, mas para acomodá-las são precisas, em unidade harmônica, as restantes partes, que não são tocadas, mas a que se unem as outras, que produzem o som. Assim, na história profética também se expressam alguns acontecimentos que não figuram nada; unem-se-lhes, porém, os que figuram algo e, por assim dizer, se ligam a eles.

CAPÍTULO III
Gerações dos três filhos de Noé

1. É preciso, por conseguinte, considerar as gerações dos filhos de Noé e nesta obra, que intenta mostrar o desenvolvimento de ambas as cidades, da terrena e da celeste, inserir quanto pareça digno de menção. Começaram a ser lembradas pelo filho menor, por Jafé. Citam-se dele oito filhos e sete netos de dois dos filhos, três de um e quatro de outro. Quinze ao todo. São quatro os filhos de Cam, ou seja, do segundo filho de Noé, além de cinco netos e de um filho e dois bisnetos de um só neto. Onze ao todo. Enumerados esses, torna ao princípio e diz: *Cuch gerou Nemrod, que começou a ser gigante na terra. Era gigante caçador contra o Senhor. Daí o provérbio: Gigante caçador contra o Senhor, como Nemrod. O princípio de seu reino foi Babel, Arac, Acad e Calane, na terra de Senaar. De sua terra saiu Assur e fundou Nínive, a cidade de Roobot-Ir, Cale e*

Resen, entre Nínive e Cale. Resen é grande cidade. Cuch, portanto, pai do gigante Nemrod, é dos filhos de Cam o primeiro citado. Cinco filhos seus e dois netos já haviam sido mencionados. Gerou, pois, o referido gigante, depois de nascidos os netos ou, é mais crível, a Escritura falou dele em particular por causa de sua preeminência, porquanto nos fala ao mesmo tempo de seu reinado e de outras cidades ou regiões já citadas. Quanto ao que diz de Assur, que saiu daquela terra, quer dizer, da terra de Senaar, pertencente ao reino de Nemrod, e fundou Nínive e as outras cidades indicadas, é preciso afirmar que isso aconteceu muito depois. Trata-o acidentalmente, por causa da celebridade do reino assírio, dilatado de maneira prodigiosa por Nino, filho de Belo e fundador da grande cidade de Nínive. O nome de tal cidade deriva do seu. De Nino vem Nínive. Assur (daí assírios) não se conta no número dos filhos de Cam, segundo filho de Noé, mas no dos filhos de Sem, primogênito de Noé. Donde claramente se segue que da estirpe de Sem procederam os que mais tarde possuiriam o reino do gigante Nemrod e, afastando-se dali, fundariam outras cidades, das quais a principal se chamou Nínive, de Nino.

Chegado a esse ponto, retrocede a outro filho de Cam, de nome Mesraim, de cujos filhos fala, não como de homens concretos, mas como de sete nações. Acrescenta que da sexta, como do sexto filho, originou-se a nação dos chamados filisteus. Assim, somam oito. Daí retorna a Canaã, filho de Cam, em quem foi amaldiçoado, e faz menção de onze filhos. Depois, apontadas algumas cidades, diz até aonde chegaram suas fronteiras. Assim, contados os filhos e os netos, a descendência de Cam ascende, de acordo com isso, a trinta e uma pessoas.

2. Resta falar dos filhos de Sem, primogênito de Noé, a quem gradualmente conduz a narração genealógica iniciada no filho menor. Mas, ao começar o relato dos filhos de Sem, há certa obscuridade, que é preciso aclarar com explicação, por ser de grande importância para nossa busca. Eis o texto: *E a Sem, pai de todos os filhos e irmão maior de Jafé, nasceu-lhe também Héber.* A ordem verbal é a seguinte: E a Sem nasceu-lhe Héber, ou seja, também a ele mesmo, quer dizer, ao mesmo Sem, lhe nasceu Héber, e o referido Sem é o pai de todos os seus filhos. Quis, pois, dar a entender que Sem era o patriarca de todos os nascidos de sua estirpe, que vai referir

em seguida, quer filhos, netos, bisnetos, quer outros descendentes. Não é verdade haja Sem gerado Héber, que é o quinto na série de seus descendentes. Sem gerou, entre outros, Arfaxad; Arfaxad gerou Cainã; Cainã gerou Salé; Salé gerou Héber. Não sem motivo foi citado em primeiro lugar na linha oriunda de Sem e anteposto até mesmo aos filhos, apesar de ser o quinto neto. A razão é justificar-se a tradição de que dele tomaram nome os hebreus, embora possa haver outra opinião, segundo a qual o nome procederia de Abraão, como abraeus. Mas a verdade é esta. De Héber chamaram-se hebereus e depois, perdida uma letra, hebreus. O hebraico somente o povo de Israel pôde consegui-lo, e nesse povo a Cidade de Deus foi peregrina e misteriosamente figurada nos santos e em todos.

A Escritura cita, primeiro, seis filhos de Sem; depois, quatro netos, nascidos de um só filho. Menciona, a seguir, outro filho de Sem, que gerou um neto, a quem, por sua vez, lhe nasceu um bisneto, que gerou um tetraneto, Héber. Héber gerou dois filhos e a um deles chamou Faleg, que significa Dissidente. Em seguida, a Escritura dá a razão de tal nome, dizendo: *Pois então se fez a divisão da terra.* Depois esclareceremos o que isso quer dizer. O outro filho de Héber gerou doze filhos; assim, todos os descendentes de Sem somam vinte e sete. No total, os descendentes dos três filhos de Noé, a saber, quinze de Jafé, trinta e um de Cam, mais vinte e sete de Sem, somam setenta e três. Prossegue a Escritura: *São esses os filhos de Sem, em suas tribos, segundo suas línguas, em suas terras e em suas nações.* E, falando de todos ao mesmo tempo: *São essas as tribos dos filhos de Noé, segundo suas gerações e suas nações. A multidão de gente delas oriunda povoou a terra depois do dilúvio.* Donde se conclui haver então setenta e três nações ou, melhor dizendo, setenta e duas nações, não homens. É o que depois se provará. Referidos os filhos de Jafé, assim se concluiu a narração: *A multidão de gente deles procedente formou grupos de nações, divididas por terras, línguas, famílias e tribos.*

3. Em determinada passagem, ao falar dos filhos de Cam, a Escritura alude de modo mais claro às nações, como já demonstrei mais acima. *Mesraim gerou os chamados ludins* e, assim, as demais nações, até sete. E, enumeradas todas, conclui, dizendo: *São esses os filhos de Cam, em suas tribos, segundo suas respectivas línguas,*

em suas terras e em suas nações. Em conclusão, passou em silêncio os filhos de muitos, porque, em nascendo, foram-se agregando a outras nações e formaram nações à parte. Por que outra causa, enumerando oito filhos de Jafé, acrescenta serem só de dois de seus filhos, e, alistando quatro filhos de Cam, acrescenta haverem nascido de três de seus filhos, enquanto, citando seis filhos de Sem, anota apenas a descendência de dois deles? Acaso ficaram sem descendência os demais? Deus nos livre de crê-lo! Acontece que não fundaram povos que os tornassem dignos de menção, pois, ao nascerem, iam-se juntando a outros povos.

CAPÍTULO IV
A diversidade de línguas e o princípio de Babilônia (Babel)

Uma vez contado ter língua própria cada uma das referidas nações, o historiador torna ao tempo em que todos falavam a mesma língua e, baseado nisso, expõe o acidente causador da diversidade de línguas. *Toda a terra, diz, tinha uma só língua e todos o mesmo modo de falar. Mas sucedeu que os homens, distanciando-se do Oriente, encontraram extensa planície na terra de Senaar e nela se estabeleceram. E disseram uns aos outros: Vinde, façamos tijolos e cozamo-los ao fogo. Os tijolos serviram-lhes de pedra e o betume, de argamassa. E acrescentaram: Eia! Edifiquemos uma cidade e uma torre cujo topo chegue ao céu e tornemo-nos famosos, antes de dispersar-nos sobre a face da terra. Mas eis que o Senhor desceu a ver a cidade e a torre edificada pelos filhos dos homens. E disse Deus: Eis um só povo e uma só língua; começaram esta obra e não desistirão de quanto intentaram fazer. Eia, pois! Desçamos e confundamos-lhes ali mesmo a língua, de sorte que um não entenda a fala do outro. E dali o Senhor os dispersou pela face da terra e deixaram de edificar a cidade e a torre. E deu-lhe o nome de Confusão por isto, porque Deus ali confundiu a língua dos homens. E dali os espalhou por toda a terra.* Tal cidade, chamada Confusão, é Babilônia (Babel), cuja maravilhosa construção a própria história dos gentios celebra. Babilônia quer dizer confusão.

Donde se segue haver sido seu fundador o gigante Nemrod, como a Escritura rapidamente indicou mais acima, quando, ao falar dele, disse que o princípio de seu reino foi Babilônia, quer dizer, a cidade que ia à frente das demais cidades e em que se encontrava como que a metrópole ou a corte do reino, embora certo não haver sido aperfeiçoada ao extremo imaginado pela soberba impiedade. Porque estava nos planos fazê-la extraordinariamente alta, até o céu, segundo sua expressão, quer semelhante desejo se limitasse a determinada torre entre as demais, quer se estendesse a todas. Estariam, nesse caso, significadas pelo singular, como se diz *soldado* para significar milhares de soldados e *rã* e *gafanhoto* para expressar a multidão de rãs e de gafanhotos, duas pragas mandadas aos egípcios por meio de Moisés. Mas que ia fazer a vã presunção dos homens? Por mais que levantassem ao céu e contra Deus a mole de pedra, quando transcenderia os montes? Quando escaparia ao espaço do ar nebuloso? Em que pode prejudicar a Deus qualquer elevação de corpo ou de espírito, por maior que seja? O verdadeiro e seguro caminho para chegar ao céu é a humildade. Levanta ao alto o coração ao Senhor, não contra o Senhor, como do gigante Nemrod se disse que *era caçador contra o Senhor*. Alguns, por não entendê-lo, traduziram *ante o Senhor*, não *contra o Senhor*, enganados pela ambiguidade da palavra grega *enantion* que significa *ante* e *contra*. Tal palavra emprega-se no salmo: *Choremos ante o Senhor, que nos criou.* E também no Livro de Jó, em que se lê: *Irrompeste encolerizado, contra o Senhor.* Neste último sentido é que deve ser entendida em gigante *caçador contra o Senhor*. E que quer dizer *caçador* nessa passagem, senão enganador, opressor e assassino dos animais da terra? Com seus povos, pois, levantava torre contra o Senhor, torre que significou a soberba ímpia. E é justo o castigo do mau afeto, mesmo daquele que não consegue seu efeito. Que classe de castigo foi esse? Como a língua é o instrumento de domínio de quem manda, nela foi condenada a soberba, de tal sorte que quem mandava no homem, que não quis entender os mandamentos de Deus, para obedecer-lhes, não era entendido. Assim, a conspiração gorou, separando-se cada qual daquele a quem não entendia e juntando-se a quem podia falar com ele. E pelas línguas dividiram-se as nações e dispersaram-se pela terra como prouve a Deus, que isso fez por meios ocultos e incompreensíveis a nós.

CAPÍTULO V
Como desceu o Senhor a confundir as línguas?

E desceu o senhor, está escrito, *a ver a cidade e a torre edificadas pelos filhos dos homens*, quer dizer, não pelos filhos de Deus, mas pela sociedade que vive segundo o homem e chamamos cidade terrena. Deus, que está todo inteiro em todas as partes, não se move com movimento local. Diz-se que desce, quando faz algo na terra. E, como acontecimento maravilhoso e fora do curso ordinário da natureza, mostra, de certo modo, sua presença. De igual maneira, Deus, que nunca e nada pode ignorar, não aprende como ver, mas se diz que vê e conhece temporalmente, porque faz ver e conhecer. Não se via, pois, a referida cidade como Deus fez que se visse depois, quando mostrou quanto lhe desagradava. Também é possível, não obstante, entender-se que Deus desceu àquela cidade, porque desceram seus anjos, em quem habita, de forma que as seguintes palavras: *E disse o Senhor Deus: Eis um só povo e uma só língua* etc. e as acrescentadas a seguir: *Vinde e, descendo, confundamos-lhes ali mesmo as línguas*, não passem de recapitulação, para explicar como sucedeu que dissera: *Desceu o Senhor*. Porque, se já descera, que quer dizer: *Vinde e, descendo, confundamos*, o que se entende dito aos anjos, senão que descia, por ministério dos anjos, quem estava nos anjos que desciam? É de notar que não diz: Vinde e, descendo, confundi, mas: *Confundamos-lhes ali mesmo as línguas*, mostrando que Deus age por seus ministros, de forma que são seus cooperadores, segundo as palavras do apóstolo: *Pois somos os cooperadores de Deus*.

CAPÍTULO VI
Como devemos entender que Deus fala aos anjos?

1. Também poderiam entender-se com os anjos estas palavras, ditas quando o homem ia ser criado: *Façamos o homem*, pois não disse: Faça-o eu. Como, porém, acrescentou: *à nossa imagem* e não é permitido crer haja o homem sido feito à imagem dos anjos ou que sejam a mesma a imagem dos anjos e a de Deus, é ortodoxo entender

ali a pluralidade da Trindade. E a Trindade, como é um só Deus, após haver dito: *Façamos*, acrescenta: *E fez Deus o homem à imagem de Deus* e não: Fizeram os deuses ou: À imagem dos deuses. Na referida passagem também seria possível entender-se a Trindade, se houvesse algo que não permitisse aplicar o plural aos anjos, como se o Pai dissera ao Filho e ao Espírito Santo: *Vinde e, descendo, confundamos-lhes ali mesmo as línguas*. Aos anjos convém-lhes mais chegarem-se a Deus com movimentos santos, quer dizer, com piedosos pensamentos e consultar a Verdade imutável, como a lei eterna em sua soberana corte.

Pois não são a verdade para si mesmos, mas, partícipes da Verdade criadora, lançam-se a ela como à fonte da vida, com o propósito de nela haurirem o que de si mesmos não têm. E o movimento que aproxima os que não se afastam é estável neles. Deus não fala aos anjos como falamos uns aos outros, como falamos a Deus ou aos anjos, como nos falam os anjos ou Deus, por meio deles, mas de modo inefável. E isso é-nos transmitido de maneira adequada a nosso ser. A palavra mais sublime de Deus e anterior a todas as suas obras é a razão imutável de tais obras. Carece, é verdade, de som estrondoso ou fugaz, mas tem força permanente na eternidade e operante no tempo. Com essa palavra fala aos santos anjos e também a nós, em longínquo desterro, embora de maneira diferente. Quando com o ouvido interior percebemos alguma palavra de semelhante linguagem, então nos assemelhamos aos anjos. Não tenho, portanto, obrigação de a cada passo ir dando a razão das palavras de Deus, pois a Verdade imutável fala de modo inefável, diretamente e por si mesma, à criatura racional ou fala por intermédio de outra criatura, quer por imagens espirituais a nosso espírito, quer por vozes corporais a nosso ouvido.

2. As palavras: *E agora não desistirão de quanto intentaram fazer* não as acrescentou como confirmação, mas como pergunta. Assim costumam dizer os que ameaçam, como alguém escreve: *Não chamei às armas nem o persegui pela cidade?* Devem, pois, ser entendidas assim: Acaso não lhes faltará agora tudo quanto intentaram fazer? Mas, claro, dito assim, não expressa a ameaça. Por causa de espíritos algo tardos é que acrescentamos a partícula *ne* (acaso) e dissemos *nonne* (acaso não), por não podermos escrever a entonação de quem fala.

Dos três filhos de Noé começaram a estender-se pelo mundo setenta e três ou, melhor, como logo provaremos, setenta e duas nações e outras tantas línguas, que, crescendo, povoaram também as ilhas. Mas o número de nações cresceu muito mais que o de línguas. Na própria África sabemos de muitas nações bárbaras com uma só língua. E quem duvida que, multiplicado o gênero humano, hajam os homens podido, com navios, passar a morar nas ilhas?

CAPÍTULO VII
Questão acerca da origem dos animais depois do dilúvio

Agora se propõe questão relativa aos animais que não se encontram sob o domínio do homem nem nascem da terra, como as rãs, mas se propagam pela união de macho e fêmea, como os lobos e demais de seu gênero. E pergunta-se: É possível que depois do dilúvio, que aniquilou todos os animais não entrados na arca, existiram nas ilhas, se unicamente foram reproduzidos pelos casais salvos na arca? Certo que para as ilhas próximas é de crer-se hajam passado a nado; há, porém, ilhas tão distantes e afastadas dos continentes, que parece impossível haja algum animal arribado a elas a nado. Também é crível que os homens, levados pelo amor à caça, os trasladaram para o lugar em que habitavam, restaurando, assim, as diversas espécies. Não se deve, ademais, negar que também os anjos poderiam transportá-las por ordem ou permissão de Deus. E, se nasceram da terra, como em sua primeira criação, quando Deus disse: *Produza a terra alma viva*, fica muito mais claro que houve na arca animais de todo gênero, não tanto para reparar sua espécie animal quanto para figurar as diversas nações por causa do sacramento da Igreja, se nas ilhas, a que não poderiam passar, a terra produziu muitos animais.

CAPÍTULO VIII
Os monstros humanos e sua procedência

1. Pergunta-se, além disso, se é crível que dos filhos de Noé ou, melhor, de Adão, de quem esses também procedem, hajam-se

propagado certas raças de homens monstruosos de que a história dos povos dá fé. Assegura-se, com efeito, que alguns têm um olho no meio da testa, que outros têm os pés virados para trás, que outros possuem ambos os sexos, a mamila direita de homem e a esquerda de mulher, e que, servindo-se carnalmente deles, alternativamente geram e dão à luz. Também contam que alguns não têm boca e vivem exclusivamente do ar, respirado pelo nariz. Afirmam que outros têm um côvado de altura e por isso os gregos os chamam de pigmeus e que em algumas regiões as mulheres concebem aos cinco anos e não vivem mais de oito. Contam, de igual modo, existirem homens de velocidade espantosa; têm nos pés uma só perna e, quando andam, não dobram a curva da perna. Chamam-nos ciópodes, porque no verão, deitados de costas, defendem-se do sol com a sombra dos pés. Dizem que outros carecem de cabeça e têm os olhos nos ombros. E assim de outra infinidade de homens ou quase homens que se encontram pintados em mosaico no porto de Cartago, extraídos dos livros como de história das mais curiosas. Que direi dos cinocéfalos, cujas cabeças de cachorro e cujos próprios latidos mostram serem mais animais que homens? Mas ninguém é obrigado a crer na existência dessa série de homens que dizem existir. Contudo, quem quer que nasça homem, quer dizer, animal racional e mortal, por mais rara e estranha que nos pareça sua forma, cor, movimento, voz ou qualquer outra virtude, parte ou qualidade natural, nenhum fiel duvidará originar-se do primeiro homem. Sempre fica margem para ver o que a natureza operou em muitos e o que é admirável por sua própria raridade.

2. A razão que entre nós se dá dos partos monstruosos pode servir para povos inteiros. Deus, Criador de todas as coisas, conhece onde, quando e o que é ou foi oportuno criar e, ademais, conhece a beleza do universo e a semelhança ou diversidade das partes que a compõem. A quem é incapaz de contemplar o conjunto choca certa desproporção em determinada parte, por ignorar a que parte se adapta e a que diz relação.

Sabemos nascerem homens com mais de cinco dedos nas mãos e nos pés. Trata-se, por certo, de diferença mais leve que aquela; mas, embora o porquê nos seja desconhecido, Deus nos livre de desatinar ao extremo de pensar haver-se o Criador equivocado no número de dedos do homem. E assim é, embora surja diferença maior, pois sabe o que faz Aquele cujas obras ninguém pode com justiça censurar. Em Hipona-Diarrito há um homem que tem a planta dos pés em forma de meia-lua, com apenas dois dedos nas extremidades, e assim também as mãos. Se houvesse alguma nação com igual tara, acrescentar-se-ia àquela curiosa e surpreendente história. Negaremos, por isso, que tal homem se origina do primeiro criado? Os andróginos, também chamados hermafroditos, embora muito raros, é fácil encontrá-los de quando em quando, caso em que aparecem ambos os sexos e a gente não sabe de qual devem tomar o nome.

Prevaleceu, contudo, o costume de pôr-lhes o nome do sexo superior, quer dizer, do masculino, pois jamais ninguém os chamou de andróginos ou hermafroditas. Faz alguns anos, recentemente por certo, nasceu no Oriente um homem de membros superiores duplos e inferiores simples. Tinha duas cabeças, dois peitos e quatro mãos, um só ventre e duas pernas, como homem comum, e viveu tantos anos, que sua fama o converteu em atração turística. Quem será capaz de lembrar todos os seres humanos nascidos dessemelhantes em extremo dos que os geraram? E como não é possível negar que tais indivíduos se originam daquele único pai, é preciso confessar que povos cujo corpo, segundo a história, é como que desorbitado e contrário ao curso ordinário da natureza, de que gozam todos ou quase todos, se é possível aplicar-se-lhes a definição de animais racionais e mortais, também procedem do tronco único do primeiro homem. Supomos, claro está, serem verdadeiras as coisas contadas da disparidade dessas nações e da diversidade entre si e conosco. Se ignorássemos, por exemplo, que os monos, os micos e as esfinges não são homens, mas animais, esses historiadores poderiam, gloriando-se da própria curiosidade, fazer-nos crer com impune vaidade tratar-se de nações de homens. Se, porém, são homens semelhantes seres, de que se escreveram coisas tão maravilhosas, quem sabe se Deus também quis alguns povos assim, com o propósito de que não pensássemos se houvesse equivocado sua sabedoria, que dá forma à natureza humana, como a arte de artista menos perfeito, ao criar tais monstros, que para nós é claro nascerem dos homens? Não deve, por conseguinte, parecer-nos absurdo haver certas raças monstruosas no gênero humano, pois é igual ao caso de haver indivíduos monstruosos em determinada nação. Assim, para concluir essa questão com circunspeção e prudência, direi que não passam de pura novela as coisas escritas sobre algumas nações, que, se se trata de realidade, não são homens ou que, se homens, descendem de Adão.

CAPÍTULO IX
Existência dos antípodas

Quanto à fábula dos antípodas, quer dizer, de homens cujos pés pisam o reverso de nossas pegadas na parte oposta da terra, onde o sol nasce, quando se oculta de nossos olhos, não há razão que nos obrigue a dar-lhe crédito. Tal opinião não se funda em testemunhos históricos, mas em meras conjeturas e raciocínios aparentes, baseados em estar a terra suspensa na redondez do céu e o mundo ocupar o mesmo lugar, ínfimo e médio. Daí deduzem não poder carecer de habitantes a outra parte da terra, quer dizer, a parte debaixo de nós. E não reparam em que, mesmo crendo ou demonstrando com alguma razão que o mundo é redondo e esférico, não é lógico dizer que a terra não é coberta de água por esse lado. A Escritura, que dá fé das coisas passadas precisamente porque suas predições se cumprem, não mente. Além de parecer enorme absurdo dizer que alguns homens, atravessada a imensidade do oceano, puderam navegar e arribar à referida parte com o fito exclusivo de salvaguardar em sua origem a continuidade unitária do gênero humano.

Vejamos, pois, se entre esses povos, que, segundo a Escritura, dividiram-se em setenta e duas nações e outras tantas línguas, podemos encontrar a Cidade de Deus, que viaja no mundo e chegou ao dilúvio e à arca. Porque a verdade é que se demonstra haver perseverado nos filhos de Noé devido a suas bênçãos, em especial no maior, Sem, pois a bênção de Jafé importava em habitar nas terras do irmão.

CAPÍTULO X
Sem e a respectiva descendência, até Abraão

1. Deve-se, pois, iniciar a série de gerações a partir de Sem, que nos designa a Cidade de Deus após o dilúvio, como a série das

gerações de Set a designava antes dele. Por essa razão, a divina Escritura, depois de haver apresentado a cidade terrena em Babilônia, quer dizer, na confusão, retorna, como que recapitulando, ao patriarca Sem, a partir de quem empreende a marcha das gerações até Abraão, fazendo notar em que ano de sua vida gerou o filho continuador da série e quantos anos viveu. Aqui devo recordar minha promessa e deixar claro por que dissemos que o nome de um dos filhos de Héber *foi Faleg, porque em seus dias se fez a divisão da terra*. Por essa divisão que devemos entender senão a diversidade de línguas? Deixando de lado os filhos de Sem, que não vêm ao caso na lista das gerações, cita apenas aqueles através de quem é possível chegar a Abraão. Seguira o mesmo processo antes do dilúvio, quanto às gerações descendentes de Set, filho de Adão, até chegar a Noé. Assim começa a lista das gerações. *São essas as gerações de Sem. Sem tinha cem anos, quando gerou Arfaxad, no segundo ano depois do dilúvio. Depois de* gerar Arfaxad, *Sem viveu quinhentos anos e gerou filhos e filhas.* O mesmo estilo emprega nos outros, com o cuidado de indicar os anos em que cada qual gerou o filho que vai arrolar na lista genealógica, estendida a Abraão, e os anos vividos depois, dizendo, ademais, haver gerado filhos e filhas. O fim dessa última recomendação é dar-nos ideia da possível origem do crescimento dos povos, para não perguntarmos, puerilmente atentos aos poucos nomes mencionados, como pôde a linhagem de Sem povoar tantas regiões e fundar tantos reinos, o reino dos assírios, em especial, em que Nino, dominador dos povos orientais, teve reinado imensamente venturoso e deixou à posteridade império muito extenso e sólido, que se manteve durante muito tempo.

2. Para não nos alongarmos mais do que o devido, anotamos como digno de consideração em semelhante lista não quantos anos cada qual viveu de acordo com essa genealogia, mas apenas em que ano cada um deles gerou o filho que nela o segue, com o propósito de deduzir o número de anos transcorridos do fim do dilúvio a Abraão. E, em atenção aos pontos em que a necessidade nos obriga a demorar-nos, vamos brevemente e de passagem tocar outros. Dois anos após o dilúvio, Sem, com cem anos de idade, gerou Arfaxad; aos cento e trinta e cinco anos Arfaxad gerou Cainã, que, por sua vez, quando tinha cento e trinta e cinco anos, gerou Salé. Salé contava

outros tantos, quando gerou Héber, que contava cento e trinta e quatro anos, quando gerou Faleg, em cujos dias se fez a divisão da terra. Faleg viveu cento e trinta anos e gerou Reu; Reu, à idade de cento e trinta e dois, gerou Sarug. Aos cento e trinta, Sarug gerou Nacor; Nacor, aos setenta e nove, gerou Taré. E Taré, aos setenta anos, gerou Abrão, a quem Deus mais tarde mudou o nome, chamando-lhe Abraão. Assim, pois, do dilúvio a Abraão transcorrem mil e setenta e dois anos, segundo a edição Vulgata, quer dizer, dos Setenta. Nos códices hebraicos, ao que parece, dão-se muitos anos menos, mas não os provam ou fazem-no com muita dificuldade.

3. Quando buscamos, pois, a Cidade de Deus nas referidas setenta e duas nações, não podemos afirmar que, no tempo em que falavam a mesma língua, o gênero humano já abandonara o culto ao verdadeiro Deus. De tal modo seria assim, que a verdadeira piedade se conservara só nas gerações que descendem de Sem por Arfaxad e tendem ao patriarca Abraão. Devemos afirmar, isso sim, que a cidade ou sociedade dos ímpios surgiu a partir da soberba construção da torre até o céu, imagem da ímpia vaidade. Se antes não existia ou estava oculta ou, melhor, se ambas subsistiram, a saber, a piedosa nos filhos de Noé abençoados e em seus descendentes e a ímpia naquele que foi amaldiçoado e em sua descendência, de que nasceu o gigante caçador contra Deus, não é fácil dizê-lo. Talvez (e é, sem dúvida, o mais crível) antes mesmo da fundação de Babilônia existissem desprezadores de Deus nos filhos desses dois e adoradores de Deus nos de Cam. Contudo, somos obrigados a crer que homens de um e outro gênero nunca faltaram no mundo.

E o que parecem manifestar as seguintes palavras: *Todos se extraviaram e juntamente se tornaram inúteis; não há quem faça o bem, não há um sequer*, e outro salmo, de que são estas: *Não perceberão de uma vez todos aqueles que cometem a iniquidade e, como quem come um pedaço de pão, devoram meu povo?* Logo, então já existia o povo de Deus. Donde se segue que a cláusula: *Não há quem faça o bem, não há um sequer* se refere aos filhos dos homens, não aos filhos de Deus. Porque primeiro disse: *Do céu olhou Deus para os filhos dos homens, para ver se havia alguém que tivesse juízo* ou buscasse a Deus, e depois acrescentou as palavras que provam serem réprobos todos os filhos dos homens, quer dizer, os pertencentes à cidade que vive segundo os homens, não segundo Deus.

CAPÍTULO XI
A língua primitiva foi a mais tarde chamada hebraico, de Héber

1. Assim como a existência de uma única língua comum não obstou à existência de filhos malvados, pois antes do dilúvio a língua era uma só e, apesar disso, todos, exceto uma família, a do justo Noé, mereceram ser riscados do mapa, assim também, quando as nações ímpias e soberbas foram justamente castigadas e divididas por meio da diversidade de línguas e a cidade dos ímpios recebeu o nome de Confusão, quer dizer, chamou-se Babilônia, não faltou uma família, a de Héber, em que se conservasse a língua antes comum a todos. Por isso, como acima lembrei, é que na enumeração dos filhos de Sem (cada um deles deu origem a nações concretas) em primeiro lugar se menciona Héber, seu tetraneto, quer dizer, o quinto de seus descendentes. E como a referida língua, que não sem fundamento acreditamos haver sido a primitiva, comum ao gênero humano, conservou-se em sua família, ao dividirem-se as nações por suas línguas, por isso mais tarde se chamou hebraico. O motivo é que então era preciso, dando-lhe nome próprio, distingui-la das outras línguas, pois todas também tinham nome próprio, ao passo que, quando única, chamava-se simplesmente língua ou linguagem humana, usada, como era, por todos os homens.

2. Talvez alguém diga: Se a divisão da terra, quer dizer, dos homens existentes na terra, ocorreu no tempo de Faleg, filho de Héber, a língua primígena, comum a todos, deveria tomar o nome de Faleg. Mas é de notar haver o próprio Héber posto nome ao filho, em concreto o de Faleg, que significa Divisão, porque nascido justamente quando se efetuou a divisão da terra pelas línguas, ou seja, ao mesmo tempo. É ao que aludem as seguintes palavras: *Fez-se em seus dias a divisão da terra.* Se de fato Héber já não vivia, quando se multiplicaram as línguas, não daria seu nome à língua que se conservou em sua raça. O que nos leva a crer seja o hebraico a língua primitiva comum a todos é que a multiplicação e alteração das línguas é efeito de castigo, à margem do qual deveria, evidentemente, permanecer o povo de Deus.

E, assim, não é fora de propósito seja essa a língua usada por Abraão, que não pôde transmiti-la a todos os filhos, mas apenas aos que, nascidos de Jacó e formando de maneira mais evidente e notória o Reino de Deus, mereceram guardar os testamentos de Deus e a linhagem de Cristo. O próprio Héber não legou o idioma a todos os descendentes, mas somente àqueles cujas gerações levam a Abraão. Por esse motivo, embora não se haja exposto com clareza que, quando os ímpios edificavam Babilônia, na terra havia homens piedosos, tal obscuridade não foi para defraudar a atenção do historiador, mas, pelo contrário, para exercitá-la. Há dois fatos: primeiro, a língua primitiva foi única e Héber é, na narração, anteposto a todos os filhos de Sem, embora seja seu quinto descendente; segundo, essa língua chama-se hebraico e foi empregada pelos patriarcas e pelos profetas, não só em sua fala, mas também nas Sagradas Letras. Por isso, agora, quando, ao dividirem-se as línguas, nos perguntam onde pôde subsistir a língua antes comum a todos, posto não haver dúvida de que entre os que se conservou não existiu a pena consistente na mudança de línguas, que outra coisa vem às mentes senão que se conservou na nação daquele de cujo nome tomou nome? E prova não pequena da perfeição de tal nação é que, sendo outras nações castigadas com a mutação das línguas, não a alcançou semelhante castigo.

3. Mas agora se apresenta nova questão: Como puderam Héber e o filho formar diferente nação cada um deles, se em ambos encontramos a mesma língua? É certo que o povo hebreu descende de Héber a Abraão e por este ao tempo em que o povo de Israel se tornou grande povo. Como, pois, todos os homens mencionados como filhos dos três filhos de Noé formaram cada qual uma nação, se Héber e Faleg não as formaram? Na realidade, o mais provável é haver o gigante Nemrod formado também sua nação. E fez-se dele menção à parte por seu vasto império e por sua extraordinária estatura, de sorte que o número de setenta e duas nações subsiste. Faleg, por sua vez, foi mencionado não precisamente por haver fundado nação (pois a sua era a nação dos hebreus e a língua a mesma), mas por haver sucedido em seu tempo o memorável acontecimento da divisão da terra. E não deve tampouco surpreender-nos como se tornou possível que o gigante Nemrod vivesse até à fundação de Babilônia, à confusão de línguas e à divisão das nações, porque de ser Héber o sexto a partir

de Noé e ele o quarto não se segue não hajam podido conviver até essa época. Sucede que viviam mais onde são menos as gerações e menos onde são mais ou que onde são menos geravam mais tarde e mais cedo onde são mais. É preciso, além disso, entender que, quando se levou a cabo a divisão da terra, não somente já haviam nascido os restantes filhos dos filhos de Noé, que, segundo a Escritura, são pais de nações, mas também que sua idade avançada lhes permitia terem também numerosas famílias merecedoras do nome de nações.

Donde se segue não devermos nem por sonho pensar hajam sido gerados na ordem em que os vemos mencionados. De outro modo, como se tornou possível que os doze filhos de Jectã, filho também de Héber e irmão de Faleg, já houvessem formado nações, se Jectã nasceu depois de Faleg, seu irmão, pois foi mencionado depois, suposto que, ao nascer Faleg, realizou-se a divisão da terra? Deve-se notar, por conseguinte, que, apesar de citado primeiro, nasceu muito depois de seu irmão Jectã e os doze filhos deste já teriam famílias tão numerosas, que podiam ser divididas cada uma delas em sua língua própria. Assim, primeiro foi citado quem era posterior em idade, como nos filhos de Noé começou pelos filhos de Jafé, o menor deles, seguiu pelos filhos de Cam, o segundo, e em último termo cita os filhos de Sem, o primeiro. Conservaram-se em parte os nomes de tais nações, de sorte que ainda hoje se evidencia donde derivam, como de Assur os assírios e de Héber os hebreus; em parte mudaram por arcaísmo, de forma que os eruditos e pesquisadores da história antiga com dificuldade puderam descobrir as origens não de todas, mas de algumas das referidas nações. Dizem que os egípcios procedem de Mesraim, filho de Cam, mas aqui o nome nada lembra. Sucede o mesmo quanto aos etíopes, que se dizem descendentes de outro filho de Cam, chamado Cuch. Considerando-os todos, encontram-se mais nomes trocados que permanentes.

CAPÍTULO XII
Pausa em Abraão. Nova ordem na Cidade Santa

Vejamos, agora, o progresso da Cidade de Deus a partir do parêntese aberto no patriarca Abraão. Aqui o conhecimento de tal cidade faz-se luz e têm tintas mais claras as promessas que vemos cumprirem-se em Cristo. Como sabemos, por indicação da Santa Escritura, Abraão nasceu na região dos caldeus, terra pertencente ao império dos assírios. Entre os caldeus de então já imperavam as superstições ímpias, como entre as demais nações. Existia uma família, a de Taré, de que nasceu Abraão, na qual se conservara o culto ao único Deus verdadeiro; quanto é crível, era a única em que se conservava a língua hebraica.

E isso apesar de também ela, como outrora o povo de Deus no Egito, haver, na Mesopotâmia, servido falsos deuses, segundo a narração de Jesus Nave, derivando pouco a pouco as demais famílias de Héber a outras línguas e a outras nações. Assim como no dilúvio de água sobreviveu uma família apenas, a de Noé, para restaurar o gênero humano, assim no dilúvio das superstições que inundou o mundo se salvou uma família, a de Taré, e nela se custodiou a plantação da Cidade de Deus. Finalmente, assim como ali, uma vez enumeradas as gerações até Noé, o número de anos e exposta a causa do dilúvio, antes de Deus falar a Noé sobre a construção da arca, diz-se: *São estas as gerações de Noé*, assim também aqui, mencionadas as gerações de Sem, filho de Noé, a Abraão, abre igual parêntese e diz: *São estas as gerações de Taré: Taré gerou Abrão, Nacor e Arã. E Arã gerou Ló. E Arã morreu antes do pai, Taré, na terra em que nasceu, na região dos caldeus. Abrão e Nacor casaram-se. Chamava-se Sara a mulher de Abrão*; a de Nacor, Melca, filha de Arã. Arã, pai de Melca, foi também pai de Jesca, que, segundo parece, identifica-se com Sara, esposa de Abraão.

CAPÍTULO XIII
Motivo do silêncio a respeito de Nacor durante a transmigração

Depois se conta como, em companhia dos seus, Taré deixou a terra dos caldeus, foi para a Mesopotâmia e habitou em Harã. Contudo, de um dos filhos, Nacor, não se diz coisa alguma, como se não o houvesse acompanhado. A narração diz assim: *Taré tomou consigo seu filho Abrão, Ló, filho de Arã, e Sara, sua nora, esposa de seu filho Abrão, e tirou-os da região dos caldeus, para passar à terra de Canaã. E chegou a Harã e estabeleceu-se ali*. Como se vê, de Nacor e de Melca, sua esposa, não se faz menção. Mas acontece que depois, quando Abraão envia um servo a buscar esposa para seu filho Isaac, se diz: *Tomou o servo dez camelos dos do senhor e, levando consigo toda classe de bens do amo, posto a caminho, foi à Mesopotâmia, à cidade de Nacor.* Prova-se, por esse e por outros testemunhos da História Sagrada, haver Nacor, irmão de Abraão, saído também da terra dos caldeus e fixado residência na Mesopotâmia, onde antes Abraão morara com o pai.

Por que não o menciona a Escritura, quando, em companhia dos seus, Taré saiu da Caldeia e se estabeleceu na Mesopotâmia, se como acompanhantes cita Abraão, seu filho, Sarra, sua nora, e Ló, seu neto? Que outro motivo podemos dar senão que talvez apostatara da religião do pai e do irmão, dera seu nome à superstição dos caldeus e depois, quer arrependido, quer perseguido por julgarem-no suspeito, também emigrou? No livro intitulado *De Judite*, quando Holofernes, inimigo dos israelitas, pergunta que nação era essa e se se devia pelejar contra ela, respondeu-lhe Aquior, chefe dos amonitas: *Senhor, escuta a palavra da boca de teu servo e direi a verdade acerca do povo que junto de ti habita esta montanha; tem por certo que desta boca não sairá mentira. Descendem dos caldeus e antes habitaram na Mesopotâmia. Como não quiseram adorar os deuses de seus pais, gloriosos entre os caldeus, e, afastando-se da religião de seus pais, adoraram o Deus do céu, que conheceram, foram expulsos da presença de seus deuses e fugiram para a Mesopotâmia, onde moraram muitos anos. Seu Deus mandou-os sair de sua morada e ir para a terra de Canaã, onde se estabeleceram* etc. Donde se segue de maneira clara haver a família de Taré sido perseguida pelos caldeus por causa da verdadeira religião, que a levava a render culto ao único Deus verdadeiro.

CAPÍTULO XIV
Idade de Taré e sua morte em Harã

Morto Taré na Mesopotâmia, onde, segundo a Escritura, viveu duzentos e cinco anos, começa a insinuação das promessas por Deus feitas a Abraão. Eis suas palavras: *E foram os anos de Taré em Harã duzentos e cinco e morreu em Harã.* Mas tal passagem não deve ser entendida como se houvesse vivido ali todo esse tempo; diz-se isso porque sua vida, que se reduziu a duzentos e cinco anos, ali viu o fim. Do contrário, ser-nos-iam desconhecidos os anos da vida de Taré, porque em parte alguma se lê com que idade chegou a Harã. Ademais, é absurdo pensar que, em lista genealógica em que se referem com esmero quantos anos viveu cada qual, deixe-se sem consignar apenas o número de anos vividos por Taré. Com efeito, quando a Escritura passa em silêncio a idade de alguns por ela mencionados, é por não estarem na lista, em que se enumeram os tempos pela morte dos pais e a sucessão dos filhos. Nessa lista, que vai de Adão a Noé e deste a Abraão, não há nenhum sem o número de anos que viveu.

CAPÍTULO XV
Quando, por ordem de Deus, Abraão saiu de Harã?

1. Estas palavras, que lemos, depois de referida a morte de Taré, pai de Abraão: *E disse o Senhor a Abraão: Sai de tua terra, de tua parentela e da casa de teu pai* etc., não devem fazer-nos pensar que, como na narração é essa a ordem, seja também no tempo dos acontecimentos. Se é assim, trata-se de questão insolúvel. Depois dessas palavras dirigidas por Deus a Abraão, a Escritura diz assim: *E saiu Abraão, como lhe dissera o Senhor, e Ló partiu com ele. Abraão tinha setenta e cinco anos, quando saiu de Harã.* Como é possível que seja verdade, se saiu de Harã após a morte do pai? Como acima fizemos notar, Taré gerou Abraão aos setenta anos. Se lhes acrescentarmos os setenta e cinco que Abraão tinha, ao sair de Harã, teremos o total de cento e quarenta e cinco anos. Taré tinha, pois, tal idade, quando da referida cidade da Mesopotâmia saiu Abraão, que então vivia o setuagésimo quinto ano de vida. Portanto, o pai, que o gerara aos setenta, estava, como fica dito, pelos cento e quarenta e cinco. Logo, não saiu dali depois da morte do pai, quer dizer, depois de duzentos e cinco anos, vividos pelo pai; como, na época, estava com setenta e cinco anos, o pai, que o gerara aos setenta anos, contava então, evidentemente, cento e quarenta e cinco.

Deve-se entender, por conseguinte, que a Escritura, como de hábito, fez nova recapitulação do tempo já passado. Mais acima fez o mesmo. Depois de mencionar os filhos dos filhos de Noé, disse que se haviam dividido em suas nações e em suas línguas e, contudo, em seguida, como se seguisse cronologicamente, acrescenta: *E, então, toda a terra tinha a mesma linguagem e falavam todos a mesma língua.* Como estavam divididos, segundo suas nações e suas línguas, se tinham todos uma só língua, senão porque a narração retorna, recapitulando, ao que já sucedera? Assim, nesta passagem diz: *E foram os anos de Taré em Harã duzentos e cinco anos e morreu Taré em Harã;* depois, voltando a colher o fio da narração começada em Taré, acrescenta, para completá-la: *E disse o Senhor a Abraão: Sai de tua terra* etc. Depois de tais palavras de Deus, acrescenta: *E saiu Abraão, como lhe dissera o Senhor, e Ló partiu com ele. Abrão tinha setenta e cinco anos quando saiu de Harã.* Em conclusão, efetuou a saída, quando o pai tinha cento e quarenta e cinco anos e ele setenta e cinco. A questão resolveu-se também de outro modo. Segundo tal solução, os setenta e cinco anos que Abraão tinha, quando saiu de Harã, computar-se-iam a partir do ano em que Deus o livrou do fogo dos caldeus, não do ano em que nasceu, como se tal fosse a data precisa do nascimento.

2. Mas Santo Estêvão, narrando-o nos Atos dos Apóstolos, diz: *O Deus da glória apareceu a nosso pai Abraão, quando estava na Mesopotâmia, antes de habitar em Harã, e disse-lhe: Sai de tua terra, de tua parentela e da casa de teu pai e vem para a terra que te mostrarei.* De acordo com tais palavras de Santo Estêvão, Deus não falou a Abraão após a morte do pai, que certamente morreu em Harã, onde o filho morou com ele, e sim antes de habitar nessa cidade, mas já na Mesopotâmia. Já saíra, pois, do meio dos caldeus. E, assim, o que Santo Estêvão acrescenta: *Então Abraão saiu da Caldeia e habitou em Harã* não mostra que isso se levou a cabo depois de Deus haver-lhe falado (pois não saiu da Caldeia depois de tal admonição divina, visto como diz haver-lhe Deus falado, quando se encontrava na Mesopotâmia), mas se refere a todo o tempo expresso pelo advérbio *então,* quer dizer, desde que saiu da Caldeia e fixou residência em Harã. É o que isto prova: *E, depois da morte do pai, Deus o colocou nesta terra em que vós e vossos pais residis agora.* Não diz: Morto o pai saiu de Harã; diz: Morto o pai, Deus colocou-o aqui.

Em conclusão, devemos entender que Deus falou a Abraão, ainda na Mesopotâmia, antes de habitar em Harã, que chegou a Harã com o pai, guardando no coração o preceito de Deus, e que dali saiu aos setenta e cinco anos e aos cento e quarenta e cinco do pai. E diz que sua instalação na terra de Canaã, não sua saída de Harã, deu-se após a morte do pai, pois, quando comprou essa terra e começou a possuí-la como dono, já lhe morrera o pai. Isto, porém, que Deus lhe diz, já estabelecido na Mesopotâmia, quer dizer, já fora da terra dos caldeus: *Sai de tua pátria, de tua parentela e da casa de teu pai*, não lhe ordena banir o corpo, pois já o fizera, mas de tais coisas desprender o espírito. Dali não saíra, pois, de coração, se estava movido pela esperança e pelo desejo de voltar, desejo e esperança que, com o auxílio e a ordem de Deus, a obediência de Abraão devia cercear. Pode-se admitir, sem dúvida, que Abrão cumpriu o preceito de Deus, saindo de Harã com Sarra, sua esposa, e Ló, seu sobrinho, após Nacor haver seguido o pai.

CAPÍTULO XVI
Ordem e qualidade das promessas que Deus fez a Abraão

Já é hora de considerar as promessas que Deus fez a Abraão. Nelas brilham com maior clareza os oráculos de nosso Deus, que é o mesmo que dizer do verdadeiro Deus, sobre o povo dos piedosos, proferidos pela autoridade dos profetas. A primeira está expressa nos seguintes termos: *E disse o Senhor a Abraão: Sai de tua terra, de tua parentela e da casa de teu pai e vai para a terra que te mostrarei. Far-te-ei chefe de grande nação, abençoar-te-ei, glorificar-te-ei o nome e serás abençoado. Abençoarei os que te abençoarem, amaldiçoarei os que te amaldiçoarem e em ti serão abençoadas todas as nações da terra.* É de notar que aqui se prometem duas coisas a Abraão: uma, que sua descendência possuirá a terra de Canaã, expressa nestas palavras: *Vai para a terra que te mostrarei e far-te-ei chefe de grande nação*; outra, muito mais excelente, que não se deve entender referente à sua descendência carnal, mas espiritual, graças à qual é pai, não de uma nação apenas, a israelita, mas de todas as nações que caminham pelas veredas de sua fé. Tal promessa principia assim: *E em ti serão abençoadas todas as nações da terra.*

Eusébio acha que semelhante promessa foi feita no ano setenta e cinco da vida de Abraão, que teria saído de Harã tão logo a recebeu. E funda-se em que a Escritura não pode contradizer-se nesta passagem: *Abraão tinha setenta e cinco anos, quando saiu de Harã.* Mas, se essa promessa foi feita esse ano, Abraão já morava em Harã com o pai, pois não poderia sair se antes não houvesse estado ali. Isso está em contradição com o que diz Santo Estêvão: *O Deus da glória apareceu a nosso pai Abraão, quando estava na Mesopotâmia, antes de habitar em Harã?* Deve-se, pois, entender que no mesmo ano aconteceu tudo isso: a promessa de Deus, antes de Abraão habitar em Harã, sua permanência em Harã e sua saída. E isso não apenas porque, em suas *Crônicas*, Eusébio começa a contar do ano de tal promessa e mostra haver saído do Egito depois de quatrocentos e trinta anos, época do estabelecimento da lei, como também porque isso mesmo é que o Apóstolo São Paulo expressa.

CAPÍTULO XVII
Os três mais brilhantes impérios dos gentios. O dos assírios já era muito florescente no tempo de Abraão

Nesse mesmo tempo já floresciam três impérios dos gentios, em que da maneira mais insigne se distinguia a cidade dos terrígenas, quer dizer, a sociedade dos homens que vivem segundo o homem, sob o domínio dos anjos prevaricadores. Tais impérios eram o dos siciônios, o dos egípcios e o dos assírios. O dos assírios era o mais poderoso e florescente de todos. Nino, filho de Belo, subjugara todos os povos da Ásia, exceto a Índia. E não chamo Ásia à região que é província da Ásia Maior, mas à chamada Ásia Universal, uma das duas, segundo uns, e, segundo outros, uma das três grandes partes do mundo, que seriam a Ásia, a Europa e a África. Não se observou igualdade nessa divisão, pois a Ásia se estende do meio-dia, pelo Oriente, ao setentrião; a Europa, do setentrião ao Ocidente; e a África, do Ocidente ao meio-dia. Donde se depreende, ao que parece, ocuparem a Europa e a África a metade do orbe, e a Ásia a outra metade. Mas fizeram-se essas duas partes porque entre ambas se encontra o oceano, que recolhe as águas de dois continentes, formando, assim, grande mar.

Por isso, dividido o mundo em duas partes, Oriente e Ocidente, a Ásia fica em uma e a Europa e a África em outra. Dos três impérios então florescentes, o dos siciônios não estava sujeito aos assírios, por acharem-se na Europa. Como, porém, não lhes estava sujeito o dos egípcios, se dominavam toda a Ásia, exceto, como fica dito, a Índia? Na Assíria, pois, predominava o poder da cidade ímpia. Sua corte era Babilônia, que é o mesmo que dizer Confusão, nome muito apropriado para a cidade terrígena. Ali já reinava Nino, após a morte de Belo, seu pai, primeiro rei dessa cidade pelo espaço de sessenta e cinco anos. Seu filho Nino, que lhe sucedeu no trono, reinou cinquenta e dois anos. Reinava há quarenta e três anos, quando nasceu Abraão, mais ou menos no ano mil e duzentos antes da fundação de Roma, que é como que a Babilônia do Ocidente.

CAPÍTULO XVIII
Segunda promessa que Deus fez a Abraão

Abraão, portanto, saiu de Harã aos setenta e cinco anos de vida e aos cento e quarenta e cinco do pai e com Ló, seu sobrinho, e Sarra, sua esposa, encaminhou-se para Canaã, chegando até Siquém, onde recebeu novo oráculo de Deus, referido nos seguintes termos: *Deus apareceu a Abraão* e disse-lhe: *Darei esta terra à tua descendência*. Nessa promessa não se faz menção da descendência que o constitui pai de todas as nações, mas apenas daquela que o torna pai de uma só nação, a israelita. E esta é a que possuiu a referida terra.

CAPÍTULO XIX
A castidade de Sarra, protegida por Deus no Egito

Depois, Abraão ergueu um altar ali, invocou Deus e partiu dali. Habitou no deserto, onde pela fome se viu obrigado a passar ao Egito. Quando disse que sua mulher era sua irmã, não mentiu, porque na realidade o era, pois era sua prima carnal, como Ló, que estava no mesmo grau de consanguinidade, também foi chamado irmão seu. Calou, portanto, que era sua esposa, mas não o negou, encomendando a Deus o velar por sua castidade e precavendo, como homem, as ciladas humanas. Se não tomasse todas as precauções possíveis contra o perigo, dir-se-ia que tentava Deus, não que esperava nele. Sobre tal questão já dissemos o bastante, respondendo às calúnias do maniqueísta Fausto. Aconteceu, por fim, o que Abraão esperava do Senhor. Feito chaga viva, faraó, rei do Egito, que a tomara por esposa, devolveu-a ao marido. Longe de nós pensar que se viu manchada por coito adúltero, pois é muito mais crível não hajam as enormes chagas permitido a faraó cometer semelhante crime.

CAPÍTULO XX
Separação entre Abraão e Ló. Nela ficou a salvo a caridade

Quando Abraão voltou do Egito ao lugar donde saíra, Ló, seu sobrinho, separou-se dele, sem rompimento de relações, e retirou-se para Sodoma. As grandes riquezas que adquiriram e as frequentes brigas de seus pastores levaram-nos a tomar essa decisão, para, assim, evitarem a pugnaz discórdia entre seus familiares. Homens que eram, isso podia suscitar contenda também entre eles. E Abraão, prevenindo semelhante mal, dirige a Ló as seguintes palavras: *Não haja briga entre nós nem entre meus pastores e os teus, porque somos irmãos. Não está a terra toda à tua vista? Separa-te de mim; se forem para a esquerda, irei para a direita, se forem para a direita, irei para a esquerda.* Disso talvez se haja originado, entre os homens, o pacífico hábito de, ao repartirem-se os terrenos, o mais velho dividir e o mais moço escolher.

CAPÍTULO XXI
Terceira promessa que Deus fez a Abraão

Depois de Abraão e Ló se separarem, forçados pela necessidade de manterem as famílias, não pela fealdade da discórdia, e quando Abraão já estava vivendo na terra de Canaã e Ló em Sodoma, o Senhor dirigiu a palavra a Abraão pela terceira vez: *Olha com teus olhos e estende a vista daqui ao Aquilão e ao África, ao Oriente e ao mar. Toda a terra que vês dá-la-ei a ti e à tua posteridade até o século e multiplicar-te-ei a descendência como a areia da terra.* Se *alguém pode contar a areia da terra, contará também tua descendência. Levanta-te e percorre essa terra em todo o comprimento e em toda a largura, porque a darei a ti.* Não é evidente que nessa promessa esteja implícita a outra, que o constitui pai de todas as nações. É possível supor se refiram a isso estas palavras: *E multiplicar-te-ei a descendência como a areia da terra*, expressão figurada, que os gregos chamam hipérbole e na realidade é metafórica, não própria. E ninguém, algo versado na Escritura, duvida serem correntes nela tanto esse como os demais tropos. Tal figura retórica, quer dizer, tal modo de expressar-se, ocorre quando o que se diz de uma coisa excede em muito o que a coisa em si mesma é. Quem, por exemplo, não vê ser incomparavelmente maior o número de grãos de areia que o de homens, de Adão ao fim do mundo? Quanto maior não será, portanto, que a descendência de Abraão, não só a pertinente à nação israelita, como também a que é e será segundo a imitação da fé no mundo inteiro e em todos os povos! Essa linhagem é, na realidade, bem pouca coisa em comparação com a multidão dos ímpios, embora esses poucos formem inumerável número, hiperbolicamente expresso pela areia da terra. Verdade é que a multidão prometida a Abraão é inumerável, não para Deus, mas para os homens, pois para Deus não o é nem mesmo a areia da terra.

Em consequência, por ser mais congruente comparar à multidão da areia ambas as descendências de Abraão, a israelita e a universal toda, a que também se estende a promessa, não segundo a carne, mas segundo o espírito de muitos filhos, é possível entender-se que a promessa aqui feita se aplica a ambas as realidades. Mas dissemos não ser evidente porque a multidão da única nação, descendente, segundo a carne, de Abraão, através de seu neto Jacó, cresceu tanto, que encheu quase todas as partes do mundo. Por isso, poderia também ser comparada hiperbolicamente à multidão de grãos de areia, porque esta só é inúmera para o homem. É certo que ninguém duvida haver-se expresso apenas a terra chamada Canaã. Estas palavras, porém: *Dá-la-ei a ti e à tua descendência até o século* podem suscitar dúvida em alguns, se por *até o século* entendem *eternamente*. Se, por outro lado, por *até o século* entendem aqui, como fielmente sustentamos, o princípio do século futuro e o fim do presente, não lhes oferecerão dificuldade alguma. Porque, embora expulsos de Jerusalém, os israelitas moram e morarão até o fim em outras cidades da terra de Canaã. Ademais, quando essa terra é habitada pelos cristãos, a linhagem de Abraão é que nela habita.

CAPÍTULO XXII
Vitória de Abraão sobre os inimigos de Sodoma

Depois de haver recebido tal promessa, Abraão emigrou e acampou em outro lugar da mesma região, quer dizer, perto do carvalhal de Mambré, em Hebron. Mais tarde, quando se travava a guerra de cinco reis contra quatro e, vencidos os sodomitas, também Ló ficou prisioneiro, Abraão, acompanhado de trezentos e dezoito dos seus, o livrou dos inimigos que atacaram Sodoma. E, lutando em favor dos reis de Sodoma, venceu e recusou os despojos que o rei de Sodoma lhe oferecia. Então, porém, Melquisedec, sacerdote do Deus excelso, o abençoou. De Melquisedec referem-se muitas grandes coisas na epístola escrita aos hebreus, que muitos dizem e alguns negam ser do Apóstolo São Paulo. Em tal ocasião apareceu pela primeira vez o sacrifício que hoje em todo o orbe os cristãos oferecem a Deus, cumprindo-se o que muito depois do acontecimento se profetizou de Cristo, que ainda havia de encarnar-se: *És sacerdote para sempre, segundo a ordem de Melquisedec.* Quer dizer, não segundo a ordem de Aarão, ordem que desapareceria à luz da realidade figurada por essas sombras.

CAPÍTULO XXIII
Nova promessa de Deus a Abraão. A justificação pela fé

Também nessa oportunidade o Senhor falou a Abraão em visão. Deus prometeu-lhe proteção e graça e Abraão, solícito por sua posteridade, disse que certo Eliézer, criado seu, seria seu herdeiro. E Deus imediatamente lhe prometeu herdeiro, não doméstico seu, mas autêntico filho de Abraão, cuja descendência seria inumerável, não como os grãos de areia da terra, mas como as estrelas do céu. Aqui, segundo me parece, se lhe anuncia posteridade destinada à glória das beatitudes celestes. Pois, quanto ao número, que são as estrelas do céu em relação com os grãos de areia da terra, a não ser que alguém diga assemelhar-se tal comparação com as estrelas poderem tampouco ser contadas? Porque não devemos julgar possível vê-las todas, pois, quanto mais alguém fita os olhos, tantas mais vê. Donde se deduz ser razoável pensar que até mesmo aos mais perspicazes algumas escapam, sem falar dos astros, que, segundo contam, saem e se põem em parte do mundo muito afastada de nós. Enfim, a quantos se jactam de haverem compreendido e consignado o número de estrelas, como Arato, Eudoxo ou alguns outros, se há, a esses tais a autoridade das Escrituras desdenha. E é nessa passagem que se inserem as palavras que, para encarecer a graça de Deus, o apóstolo nos lembra: *Abraão creu e foi-lhe imputado para justiça*. Com isso pretende que a circuncisão não se glorie, empenhando-se em à fé do Cristo não admitir os incircuncisos, pois, quando a fé do patriarca Abraão lhe foi imputada para justiça, ainda não fora circuncidado.

CAPÍTULO XXIV
Simbolismo do sacrifício oferecido por Abraão

1. Na mesma visão, falando Deus com ele, disse-lhe também: *Sou o Senhor, que te tirei da região dos caldeus, para dar-te esta terra e seres seu herdeiro*. E, perguntando-lhe Abraão como saberia que seria seu herdeiro, respondeu-lhe Deus: *Escolhe-me uma novilha, uma cabra e um carneiro, todos de três anos, uma rola e uma pomba. Tomou, pois, todos esses animais, partiu-os pelo meio e pô-los frente a frente, mas não dividiu as aves*. E, como está escrito, *as aves baixavam sobre os corpos divididos e Abrão sentou-se perto deles. Ao pôr do sol, o pavor surpreendeu Abrão, de quem se apoderou tenebroso e grande temor. E então se lhe disse: Sabe que teus descendentes serão peregrinos em terra alheia, os reduzirão a escravos e os afligirão pelo espaço de quatrocentos anos. Mas julgarei a nação a que servirão de escravos. Depois disso, daqui sairão carregados de riquezas. Entretanto, irás, entrado em bem-aventurada velhice, juntar-te em paz a teus pais. E não voltarão para cá até a quarta geração, porque ainda agora os pecados dos amorreus não encheram a medida. Posto o sol, ergueu-se viva chama e apareceram fumegante braseiro e lâmpadas de fogo, que*

atravessaram por entre os animais divididos. Nesse dia o Senhor Deus firmou aliança com Abrão, dizendo: À tua posteridade darei esta terra, do rio do Egito ao grande Rio Eufrates, os queneus, os queneseus, os cadmoneus, os heteus, os fereseus, os refains, os amorreus, os cananeus, os eveus, os girgaseus e os jebuseus.

2. Tudo isso aconteceu e se disse em visão, mas por inspiração de Deus. Explicar pormenorizadamente cada ponto desses levaria tempo e excederia a humilde pretensão da presente obra. Basta saber o imprescindível. A fé do patriarca Abraão, pela qual creu em Deus e que lhe foi imputada para justiça, não sofreu desfalecimento, quando disse, depois de haver-lhe sido prometido herdar a referida terra: *Senhor dominador, segundo que sinais saberei que a herdarei?* Não disse: Como saberei?, como se ainda não cresse, mas: *Segundo que sinais saberei?*, como que pedindo semelhança da realidade, com que pudesse conhecer-lhe o modo. De igual modo, não implica desconfiança a atitude da Virgem Maria, quando disse: *Como será isso, pois não conheço homem algum?* Ela, que estava certa do que sucederia, pedia explicação, o como da obra. E tal pergunta achou eco: *O Espírito Santo descerá sobre ti e a virtude do Altíssimo cobrir-te-á com sua sombra.* Aqui também se deu conveniente sinal, o de animais, de uma novilha, uma cabra e um carneiro, e de duas aves, uma rola e uma pomba. E, segundo tal figura, já conhecia o futuro, que não duvidava sucederia.

Talvez esteja significado pela novilha o povo submetido ao jugo da lei, pela cabra esse mesmo povo, futuro pecador, e pelo carneiro o povo que havia de reinar. (E acrescenta-se serem de três anos os referidos animais justamente por causa das três épocas notáveis: de Adão a Noé, de Noé a Abraão e deste a Davi, que, após a reprovação de Saul, é o primeiro a sentar-se no trono de Israel por vontade de Deus. Na terceira época, que vai de Abraão a Davi, como quem anda na terceira idade da vida, chegou o referido povo à mocidade). E, embora não signifiquem isso, mas outra coisa mais adequada, não duvido coisíssima alguma estarem os espirituais prefigurados pela rola e pela pomba. E a razão da cláusula: *E as aves não as dividiu* é dividirem-se os carnais entre si, mas os espirituais, não, quer se afastem das conversas sobre negócio dos homens sobre negócio, como a rola, quer vivam em meio delas, como a pomba. Ambas as aves são simples e inofensivas e com isso dava a entender que no povo israelita, futuro possuidor daquela terra, os homens seriam filhos da promessa e herdeiros de reino permanente com felicidade eterna. As aves que desciam sobre os corpos divididos não indicam nada bom; são simplesmente os espíritos do ar, que buscam, como próprio pasto, a divisão dos carnais. Abraão sentou-se perto delas e isso significa deverem os fiéis autênticos perseverar até o fim entre as guerrilhas dos carnais. O pavor e o temor tenebroso e grande que se apoderou de Abraão ao pôr do sol significa que no fim do mundo os fiéis sofrerão grandes atribulações e mágoas. Dessas disse o Senhor em seu Evangelho: *Então haverá terrível atribulação, qual não houve desde o princípio.*

3. Estas palavras ditas a Abraão: *Sabe que teus descendentes serão peregrinos em terra alheia, os reduzirão a escravos e os afligirão pelo espaço de quatrocentos anos* são manifesta profecia acerca do povo de Israel, que seria escravo no Egito. Isso não quer dizer que o referido povo haveria de viver quatrocentos anos na escravidão dos egípcios, mas que tais acontecimentos se realizariam nesses quatrocentos anos. E assim como de Taré, pai de Abraão, se disse: *E Taré viveu em Harã duzentos e cinco anos,* não porque os passou todos ali, mas porque ali os completou, assim também aqui se interpôs: *E reduzi-los-ão à escravidão e afligi-los-ão pelo espaço de quatrocentos anos,* por haver-se completado na aflição o referido número, não por havê-lo passado todo ali. E diz *quatrocentos anos* para dar números redondos, embora hajam sido alguns mais, quer se computem a partir do tempo em que se fizeram a Abraão essas promessas, quer a partir do nascimento de Isaac, que perpetua a raça, objeto da promessa. Contam-se, pois, como já observamos acima, a partir do ano setenta e cinco de Abraão, quer dizer, da primeira promessa até Israel sair do Egito quatrocentos e trinta anos. O apóstolo recorda-os nos seguintes termos: *O que quero dizer é que, havendo feito Deus aliança em forma, a lei dada quatrocentos e trinta anos depois não impede nem invalida a promessa.* Esses quatrocentos e trinta anos puderam reduzir-se, em números redondos, a quatrocentos, por não serem muitos mais. E se a isso acrescentamos haverem já passado alguns anos, quando se mostraram e disseram a Abraão tais conhecimentos, melhor ainda. O mesmo cômputo do número redondo quatrocentos quis Deus usá-lo no nascimento de Isaac, que

ocorreu, já centenário o pai, quer dizer, aos vinte e cinco anos da primeira promessa, porquanto esses, subtraídos dos quatrocentos e trinta, dão quatrocentos e cinco. Isso e as palavras seguintes da profecia divina ninguém duvida que se referem ao povo israelita.

4. As palavras: *Posto o sol, ergueu-se viva chama e apareceram fumegante braseiro e lâmpadas de fogo, que atravessaram por entre os animais divididos*, significam que no fim do mundo os carnais serão julgados pelo fogo. Como a perseguição à Cidade de Deus, nunca dantes vista, que se espera como futura, está denotada no tenebroso temor que de Abraão se apoderou ao pôr do sol, ou seja, no fim do mundo, assim também o fogo que aparecerá ao pôr do sol, ou seja, no fim do mundo, simboliza o dia do juízo, que separará os homens carnais, que se salvarão pelo fogo, dos que se condenarão no fogo. Enfim, o pacto feito com Abraão declara propriamente a terra de Canaã e nela nomeia, do rio do Egito ao grande Eufrates, onze nações. E note-se que não se diz do grande rio do Egito, que seria o Nilo, mas do rio, que será o pequeno, que separa o Egito e a Palestina e a cuja margem está Rinocorura.

CAPÍTULO XXV
Agar, escrava de Sarra e concubina de Abraão

Vem depois a época do nascimento dos filhos de Abraão, um de Agar, a escrava, outro de Sarra, a livre. Deles já falamos no livro anterior. Quanto às relações de Abraão com tal concubina, creio não se deve imputar a Abraão semelhante crime. Dela usou com a intenção de ter filhos, não para satisfazer a libido, e não agravando a esposa, mas, ao contrário, secundando-lhe o propósito. Sarra pensou consolar a própria esterilidade, apropriando-se, por vontade, na pessoa da escrava, da fecundidade que por natureza não tinha, de acordo com o direito de que fala o apóstolo: *E, de igual modo, o marido não é dono do respectivo corpo, mas a mulher é*. Aqui não há desejo lascivo nem torpeza injusta. A mulher, com vistas à procriação, entrega a escrava ao marido, que a aceita com idêntico propósito; ambos não pretendem a luxúria do pecado, mas o fruto da natureza. Assim, quando a escrava, já grávida, ensoberbeceu-se, menosprezando a esterilidade da ama, Sarra, desconfiada como mulher que era, o imputou ao esposo, e Abraão, mesmo nessa oportunidade, demonstrou haver gerado por ato livre, não por ser escravo do amor, e guardado em Agar a fidelidade devida à sua esposa Sarra. Provou, ademais, que não satisfez o próprio prazer, mas a vontade de Sarra; que aceitou a escrava, porém, não a pediu; que se aproximou dela e não ficou preso; que a fecundou e não a amou. Diz Abraão: *Aí tens a escrava à tua disposição; faze dela o que quiseres.* Homem admirável! Usava das mulheres como deve fazê-lo todo homem: da própria, com moderação; da escrava, por obediência; de nenhuma, sem temperança!

CAPÍTULO XXVI
Deus promete a Abraão que sua esposa Sarra, apesar de estéril, lhe dará um filho

1. Depois disso, Agar deu à luz Ismael. Nele Abraão poderia pensar haver-se cumprido a promessa que Deus lhe fizera com estas palavras, ao perceber-lhe a intenção de constituir herdeiro seu doméstico: *Não será esse teu herdeiro, mas outro que sairá de ti.* E, para não imaginar-se já estar no filho da escrava cumprida a promessa, *à idade de noventa e nove anos, apareceu-lhe o Senhor e disse-lhe: Sou teu Deus; trabalha por agradar-me, vive de maneira irrepreensível e confirmarei o pacto entre mim e ti e cumular-te-ei de toda classe de bens. E Abrão prostrou-se e o Senhor falou-lhe nestes termos: Eu sou, e eis minha aliança contigo: virás a ser pai de muitas nações. De hoje em diante, teu nome não será Abrão, mas Abraão, porque te tenho destinado para pai de muitas nações. Far-te-ei extraordinariamente fecundo, constituir-te-ei chefe de muitos povos e de ti descenderão reis. Estabelecerei minha aliança entre nós ambos e, depois de ti, em tuas gerações; entre tua posteridade e mim estabelecerei eterno pacto, pelo qual serei teu Deus e Deus de tua posteridade. Dar-te-ei e a teus descendentes a terra em que agora te encontras como peregrino, toda a terra de Canaã em possessão perpétua e serei Deus deles. E Deus acrescentou a Abraão: Também cumprirás minha aliança e, depois de ti, tua posteridade em suas gerações. Eis o pacto que hás de observar entre mim e vós e entre tua descendência: Todo homem será circuncidado e entre vós circuncidareis a carne de vosso prepúcio; será esse o sinal do*

pacto contraído entre mim e vós. Será circuncidado aos oito dias todo menino nascido entre vós. Será circuncidado também o escravo, tanto o da própria estirpe como o nascido de estrangeira, quer dizer, seja circuncidado tanto o doméstico como o comprado. E meu pacto permanecerá em vossa carne como sinal da aliança eterna. Quem não for circuncidado, qualquer homem cujo prepúcio não haja sido circuncidado no oitavo dia, será eliminado de sua raça, porque violou minha aliança. E disse Deus a Abraão: Sara, tua mulher, já não se chamará Sara, mas seu nome será Sarra. Abençoá-la-ei e dela dar-te-ei um filho. Abençoá-lo-ei, será origem de nações e dele descenderão reis de vários povos. Abraão prosternou-se e sorriu, dizendo no coração estas palavras: Vejam se a velho de cem anos como eu lhe vai nascer algum filho e mulher de noventa anos como Sarra vai dar à luz! E Abraão disse a Deus: Viva Ismael em tua presença! E Deus respondeu-lhe: Sim, sim, eis que Sarra, tua esposa, te dará um filho e lhe porás o nome de Isaac; com ele estabelecerei meu pacto em aliança eterna. E serei seu Deus e Deus de sua descendência. Também te ouvi o pedido em favor de Ismael! Abençoei-o e dar-lhe-ei descendência numerosa e grande. Será pai de doze nações e fá-lo-ei chefe de grande nação. Meu pacto, porém, estabelecê-lo-ei com Isaac, filho teu que por esta mesma época Sarra te dará no ano que vem.

2. Em tal passagem, as promessas acerca da vocação dos gentios tornam-se evidentes em Isaac, quer dizer, no filho da promessa, figura da graça, não da natureza, porque se prometeu a velho centenário e a velha estéril. Embora seja verdade que Deus também concorre para o desenvolvimento natural da procriação, quando, impossibilitada e viciada a natureza, manifesta-se o poder de Deus, sua graça aparece com maior clareza. E como isso não se deveria à geração, mas à regeneração, Deus ordenou a circuncisão, quando prometeu filho a Sarra. O mandar circuncidar todos, não apenas os filhos, mas também os escravos, domésticos e comprados, prova que a graça é para todos. Que significa a circuncisão, senão a natureza renovada e despojada da velhice? E que simboliza o oitavo dia, senão a Cristo, que ressuscitou no fim da semana, quer dizer, depois do sábado? Mudam-se os nomes dos pais. Tudo respira a novidade e o Novo Testamento sai das sombras do Velho. Que é o Velho Testamento, senão a ocultação do Novo? Que é o Novo, senão a manifestação do Velho?

O sorriso de Abraão é testemunho de alegria, não de desconfiança. E as palavras ditas no coração: *Vejam se a velho de cem anos como eu lhe vai nascer algum filho e mulher de noventa anos como Sarra vai dar à luz!* não exprimem dúvida, mas admiração. E se alguém sente dúvidas acerca de como se cumpriram ou se hão de cumprir as seguintes palavras: *Dar-te-ei e a teus descendentes a terra em que agora te encontras como peregrino, toda a terra de Canaã em possessão perpétua,* baseado em que nenhuma possessão terrena pode ser eterna para nação alguma, lembre-se do costume de traduzir-se por eterno o termo grego *aiónion*, derivado de século, pois em grego se chama *aión* ao século. Mas, por temor a tergiversar-lhe por completo o sentido, os latinos não se atreveram a traduzi-lo por *secular*. E é claro, porque seculares dizemos de muitas coisas que sucedem neste século, embora durem pouco, enquanto *aiónion* denota duração sem fim ou algo que dura até o fim do mundo.

CAPÍTULO XXVII
A circuncisão e seus efeitos

A gente pode ainda perguntar como devem ser interpretadas estas palavras: *Qualquer homem cujo prepúcio não haja sido circuncidado no oitavo dia será eliminado de sua raça, porque violou minha aliança.* A verdade é que os meninos, cujas almas perecerão segundo o texto, não têm culpa alguma, porque os pais, que não cuidaram de circuncidá-los, não eles, violaram a aliança de Deus. Mas dizemos haverem também as crianças violado o pacto de Deus na pessoa daquele em quem todos pecamos, não segundo sua própria vida, mas segundo a origem comum da linhagem humana Além do Velho e do Novo Testamentos, que qualquer pessoa pode conhecer, lendo, há muitos outros testamentos ou alianças de Deus. O primeiro pacto feito com o homem é sem dúvida este: *O dia em que dele comerdes morrereis de morte.* Por isso, no livro intitulado Eclesiástico, está escrito: *Toda carne há de deteriorar-se como simples vestimenta. O testamento, desde o princípio do século: Morrereis de morte.* Se, por conseguinte, a lei dada nas épocas seguintes em termos mais claros permite ao apóstolo dizer que *onde não há lei, não há prevaricação,* como conciliar tais palavras com as do salmo: *Tive por pre-*

varicadores todos os pecadores da terra, senão dizendo serem réus de transgressão de alguma lei todos quantos se encontram ligados por algum pecado? Se, portanto, as crianças (e a fé autêntica assim ensina) nascem pecadoras, não propriamente, mas originalmente (daí o admitirmos a necessidade da graça remissiva dos pecados), pelo simples fato de serem pecadoras são transgressoras da lei dada no paraíso. São, assim, verdadeiras estas duas proposições: *Tive por prevaricadores todos os pecadores da terra* e: *Onde não há lei, não há prevaricação*. Em consequência, como a circuncisão simbolizou a regeneração, é com justiça que, por causa do pecado original, violador da primeira aliança de Deus, a geração perderá com justiça as crianças, se a regeneração não as livra. Tais palavras devem ser entendidas como se dissessem: Quem não haja sido regenerado perecerá, pois, quando com todos os demais homens pecou em Adão, violou o pacto de Deus. Se houvesse dito: Porque violou essa minha aliança, obrigar-nos-ia a restringi-lo à circuncisão. Como, porém, não disse que aliança a criança violou, estamos em liberdade para entender a aliança em cuja violação a criança pode ser solidária. E, se alguém se empenha em dizer que se refere à circuncisão, porque, ao não ser circuncidado, violou o pacto de Deus, procure modo racional, não absurdo, de dizer que alguém violou o pacto não violado por ele, mas nele. Deve-se, mesmo nesse caso, fazer notar que a alma da criança incircuncisa não perece injustamente, pela negligência havida nela, mas pela tara do pecado original.

CAPÍTULO XXVIII
A mudança de nomes em Abraão e em Sarra

Esplêndida e grande promessa foi feita a Abraão nestes termos tão claros: *Tenho-te destinado para pai de muitas nações. Far-te-ei extraordinariamente fecundo, constituir-te-ei chefe de muitos povos e de ti descenderão reis. E de Sarra dar-te-ei um filho, abençoá-lo-ei, será origem de nações e dele descenderão vários povos*. Essa promessa vemo-la cumprida agora em Cristo. A partir desse momento, a Escritura já não chama os esposos como antes, Abrão e Sara, e sim como, segundo o uso corrente, os venho chamando desde o princípio desta obra, Abraão e Sarra. E dá-se nas seguintes palavras o motivo da mudança do nome de Abrão para Abraão: *Porque te tenho destinado para pai de muitas nações*. Esse é, pois, o significado de Abraão; Abrão, seu antigo nome, traduz-se por *ilustre pai*. Da mudança do nome de Sara para Sarra não se dá o motivo, mas os intérpretes dos nomes hebreus contidos nas Sagradas Letras dizem que Sara significa *Princesa minha* e Sarra, *Virtude*. Escreve-se, por isso, na Epístola aos Hebreus: *Graças à fé, a própria Sarra recebeu a virtude de conceber*. Ambos já eram velhos, como a Escritura atesta, mas a ela acrescentava-se a esterilidade; padecia, ademais, de menopausa, o que bastaria para tornar-lhe impossível a concepção, embora não fosse estéril.

Mulher de idade avançada, se ainda goza do fluxo menstrual, pode ter filhos de algum jovem, mas não o pode de velho, apesar de o velho poder fecundar mocinha, como Abraão pôde, após a morte de Sarra, fecundar Cetura, porque a encontrou na flor da vida. É o que o apóstolo encarece como maravilhoso, quando diz que Abraão já tinha o corpo entorpecido, porque naquela idade era impotente para fecundar qualquer mulher que para tal efeito ainda tivesse um pouco de vida. Devemos, por conseguinte, entender que estava de corpo morto para algo, não para tudo, pois, se o estivesse para tudo, já não seria velhice de vivo, mas cadáver de morto. Talvez também seja possível solucionar semelhante questão, dizendo haver Abraão fecundado mais tarde Cetura, porque esse dom recebido de Deus nele perdurou até após a morte da mulher. Parece-me, porém, mais viável a primeira solução dada, por ser verdade não poder velho centenário fecundar mulher alguma; é-o agora, entretanto, não então, quando a vida do homem era de tal maneira prolongada, que cem anos não lhe pesavam, tornando-o velho decrépito.

CAPÍTULO XXIX
Aparição de Deus a Abraão em Mambré, em figura de três homens ou anjos

Deus apareceu a Abraão no carvalhal de Mambré em figura de três homens, anjos, sem dúvida. Alguns, todavia, pensam que um deles era Cristo, que, segundo eles, antes de encarnar-se era visível.

É próprio do divino poder e da natureza invisível, incorporal e imutável, tornar-se visível aos olhos humanos, sem mutação alguma, não por si mesmo, mas por intermédio das criaturas a ele sujeitas. E que não lhe está sujeito? Mas, se para dizerem que um deles era Cristo se apoiam em que, havendo visto três, falou em particular ao Senhor, de acordo com o texto: *E eis que três personagens estavam parados diante dele. Em vendo-os, da porta da tenda correu-lhes ao encontro e saudou-os, prostrando-se em terra. E disse: Senhor, se achei graça em tua presença* etc., por que também não reparam em que dois deles foram destruir os sodomitas, quando Abraão ainda estava falando com aquele a quem chama Senhor e intercedendo para que em Sodoma não aniquilasse indistintamente o justo e o ímpio? Além disso, Ló recebeu os outros dois e, falando com eles, também diz: Senhor.

Primeiro, falou no plural: *Vamos, senhores, vinde para a casa de vosso servo* etc.; depois acrescenta: *Os anjos pegaram-nos pela mão a ele, à esposa e às duas filhas, porque o Senhor os perdoava. E disseram-lhe, tão logo o tiraram da cidade: Salva tua vida, não olhes para trás nem pares em toda a região. Põe-te a salvo na montanha, para não acontecer que também tu morras abrasado. E disse-lhes Ló: Rogo-te, Senhor, pois teu servo achou graça a teus olhos* etc. O Senhor, na pessoa dos dois anjos, responde-lhe em seguida, no singular, dizendo: *Olha, tive piedade de ti* etc. Donde se segue ser muito mais crível dizer hajam Abraão e Ló reconhecido o Senhor nos anjos, aquele, nos três, este, nos dois, e falado com ele no singular, mesmo conscientes de serem homens. O acolhimento que lhes deram corresponde a isso, pois os serviram como mortais e indigentes. Sem dúvida, porém, neles algo havia que chamava a atenção; tanto que, embora os tratassem como a homens, não tinham a menor dúvida de que o Senhor estava neles como costuma estar nos profetas. E assim se explica que às vezes os chamaram no plural e às vezes disseram simplesmente Senhor, no singular, vendo-o neles. A Escritura testemunha que eram anjos, mas testemunha-o não apenas no Gênesis, onde se narram tais acontecimentos, como também na Epístola aos Hebreus, em que, gabando a hospitalidade, se diz: *Pois alguns, praticando-a, deram, sem saber, hospitalidade aos anjos.* Esses três personagens foram os instrumentos da nova promessa feita a Abraão acerca de Isaac, o filho que teria de Sarra. E a resposta divina foi a seguinte: *Abraão será chefe de nação numerosa e grande, e nele serão abençoadas todas as nações da terra.* Tais palavras encerram perfeita e resumida promessa de duas realidades: da nação de Israel, segundo a carne, e de todas as nações, segundo a fé.

CAPÍTULO XXX
Livramento de Ló e concupiscência de Abimelec

Havendo-se Ló retirado de Sodoma, após a referida promessa, o céu choveu fogo e reduziu a cinzas toda a cidade ímpia, em que a sodomia de uma e outra classe se tornara tão corrente como os demais atos permitidos pelas leis. Mas também esse formidável castigo foi imagem do futuro juízo de Deus. Com efeito, por que os anjos proibiram olhassem para trás os libertados por eles, senão porque, se quisermos escapar ao juízo final, não deveremos desejar tornar ao homem velho, de que a graça despoja o regenerado? De fato, a esposa de Ló, onde olhou para trás, ali ficou e, convertida em sal, deu aos fiéis certo condimento, que lhes permite saborear algo do citado exemplo. Mais tarde, em Gerara, Abraão repetiu com Abimelec, rei de tal cidade, o mesmo ardil usado no Egito e assim conservou intacta a esposa. Foi então que, increpando-lhe o rei por haver calado ser sua esposa e dito ser sua irmã, Abraão lhe confessou seus temores e acrescentou: *É, na realidade, minha irmã, não de mãe, mas de pai.* Era irmã de Abraão por parte de pai e uma de suas parentas mais chegadas. E tão bela, que, mesmo nessa idade, podia inspirar amor.

CAPÍTULO XXXI
Isaac e o porquê de tal nome

Depois disso nasceu a Abraão um filho de sua esposa Sarra, segundo a promessa de Deus. Pôs-lhe Abraão o nome de Isaac, que quer dizer *Sorriso*. Porque o pai sorriu, quando lhe foi prometido, mas sorriu de admiração e de gozo, e a mãe sorriu também, quando lho prometeram aqueles mancebos, sorriso de felicidade e de gozo, coisa que um dos anjos lhe repreendeu, dizendo que o riso, embora de gozo, não manifestava perfeita fé. Mais tarde o mesmo anjo a confirmou na fé. E eis o porquê do nome do menino. Que o riso não era de caçoada, mas de alegria, mostrou-o Sarra, ao nascer Isaac e pôr-lhe nome. Diz assim: *Deus fez-me rir; quem quer que o ouça se regozijará comigo.* Pouco tempo depois, escrava e filho foram expulsos de casa. Essas duas mulheres, segundo o apóstolo, figuram os dois Testamentos, o Velho e o Novo. Sarra simboliza a Jerusalém celeste, quer dizer, a Cidade de Deus.

CAPÍTULO XXXII
Obediência e fé do patriarca Abraão. Morte de Sarra

1. Nessa série de acontecimentos, cujo relato levaria muito tempo, há um notável, a tentação de Abraão, de quem se exigia imolar o queridíssimo filho Isaac, para provar sua piedosa obediência e dá-la a conhecer aos homens, não a Deus. Porque nem toda tentação é reprovável, pois à que serve de prova à virtude devem ser dadas as boas-vindas. Na maioria dos casos o único meio de o homem conhecer-se a si mesmo é este, tentar as próprias forças, não de palavra, mas por experiência, respondendo a essa espécie de pergunta que é a tentação. Se nela o homem reconhece a mão de Deus, é piedoso, firma-se com a firmeza da graça, não se ensoberbece com a inanidade da jactância. Abraão jamais acreditou que Deus se deleitasse em vítimas humanas, mas a voz do preceito divino deve ser obedecida e não discutida. Mas Abraão merece encômio, por acreditar que o filho, uma vez imolado, ressuscitaria, fundando sua crença em que Deus lhe dissera, quando se negava a satisfazer a esposa, desejosa de expulsar de casa a escrava e o filho: *Em Isaac será chamada tua descendência.* E logo a seguir se diz: *Mas também do filho da escrava farei pai de grande povo, por ser de teu sangue.*

Como, pois, disse: *Em Isaac será chamada tua descendência*, se Deus diz a mesma coisa de Ismael? Expondo o significado das palavras: *Em Isaac será chamada tua descendência*, escreve o apóstolo: *Isso significa não serem filhos de Deus os filhos da carne; os filhos da promessa, esses é que são os descendentes de Abraão.* E por isso, com o fim de os filhos da promessa serem descendência de Abraão, são chamados em Isaac, quer dizer, reunidos em Cristo pela chamada da graça. Fortalecido pela fé nessa promessa e consciente de que devia cumprir-se naquele a quem Deus mandava dar morte, o santo patriarca não duvidou que Deus, capaz de dar-lho contra toda esperança, podia devolver-lho, uma vez sacrificado. Assim o entendeu e assim o explica o autor da Epístola aos Hebreus: *Abraão brilhou pela fé, ao ser tentado em Isaac, pois ele, que recebera as promessas, e a quem se dissera: Em Isaac será chamada tua descendência, ofereceu o filho único, mas estava intimamente convencido de que Deus podia ressuscitá-lo dentre os mortos.* Assim, acrescenta: *Recebeu-o, por isso, também em figura de outro.* Em figura de quem, senão daquele de quem diz o mesmo apóstolo: *Quem não perdoou o próprio Filho, mas, ao contrário, o entregou por todos nós?* Eis a razão de haver Isaac carregado até o lugar do sacrifício a lenha sobre que seria colocado, como o Senhor carregou a cruz. Enfim, visto haver-se impedido vibrasse o pai o golpe mortal contra Isaac, não destinado à morte, a quem figurava o cordeiro, cujo sangue simbólico, uma vez imolado, consumou o sacrifício? É de notar que, quando Abraão o viu, estava preso pelos chifres a um arbusto. A quem figurava, pois, senão a Jesus, que, antes de ser imolado, os judeus coroaram de espinhos?

2. Mas escutemos, antes, as palavras de Deus, por boca do anjo. *Abraão estendeu a mão,* diz a Escritura, *para pegar o cutelo e matar o filho. Mas o anjo do Senhor gritou-lhe do céu: Abraão! Eis-me aqui,* replicou-lhe etc. *Não estendas a mão sobre o moço,* prosseguiu o anjo, *nem lhe causes nenhum mal, pois agora me dou conta de seres temente a Deus, porquanto, por amor de mim, não perdoaste teu filho amado. Agora me dei conta de* etc. equivale a dizer: Agora te fiz ver etc., porque Deus não o ignorava. Depois, sacrificado o cordeiro em lugar de Isaac, seu filho, *Abraão,* segundo o texto, *deu ao lugar o nome de "o Senhor viu". E ainda hoje se diz: O Senhor apareceu na montanha.* Semelhante à expressão: *Agora me dei conta de* etc., usada em lugar de: *Agora te fiz ver* etc., é a seguinte: *O Senhor viu,* em lugar de: *O Senhor apareceu,* quer dizer, fez com que o vissem. *E pela segunda vez o anjo do Senhor chamou do céu a Abraão, dizendo: Jurei por mim mesmo, diz o Senhor, em face de me haveres cumprido a palavra, não perdoando, por amor de mim, teu filho amado, que te cumularei de bênçãos e te multiplicarei a descendência como as estrelas do céu e como os grãos

de areia das praias do mar. E tua descendência possuirá em herança as cidades de seus inimigos e em tua descendência serão abençoadas todas as nações da terra, porque prestaste ouvidos à minha voz. Assim, depois do holocausto, figura de Cristo, Deus confirmou com juramento a promessa da vocação dos gentios na descendência de Abraão. Prometera-o já muitas vezes, mas nunca o jurara. Que é o juramento do veraz e verdadeiro Deus, senão confirmação de suas promessas e censura aos incrédulos?

3. Depois morreu Sarra. Tinha, então, cento e vinte e sete anos; o esposo, cento e trinta e sete. Era dez anos mais velho, como no-lo deixa entrever, quando se lhe prometeu o filho: *Vejam se a velho de cem anos como eu vai nascer-lhe algum filho e mulher de noventa anos como Sarra vai dar à luz!* Abraão comprou o campo de Efron e nele enterrou a esposa. Então, segundo a narração de Santo Estêvão, é que se estabeleceu na referida terra, pois começou a possuí-la em herança. Isso aconteceu depois da morte do pai, que, segundo deduções, morreu dois anos antes.

CAPÍTULO XXXIII
Rebeca, esposa de Isaac

Depois, com quarenta anos de idade, Isaac tomou por esposa Rebeca, neta de seu tio Nacor. O pai contava então cento e quarenta anos e haviam passado três desde a morte da mãe. O pai enviou um servo à Mesopotâmia, para buscar-lhe mulher; disse-lhe: *Põe a mão sob minha coxa; conjuro-te, pelo Senhor Deus do céu e da terra, que não cases meu filho Isaac com mulher das filhas dos cananeus.* Que se mostrou nisso, senão que o Senhor e Deus do céu e da terra tomaria carne saída dessa coxa? Serão esses, porventura, débeis sinais da verdade prenunciada, que vemos cumprida em Cristo?

CAPÍTULO XXXIV
Que significam as segundas núpcias de Abraão com Cetura?

E que simboliza o casamento de Abraão com Cetura após a morte de Sarra? Longe de nós suspeitá-lo de incontinente, sobretudo sendo de idade tão avançada e homem tão fiel e santo. Buscava, acaso, a procriação de filhos, crendo, como cria, com fé muito provada, na promessa de Deus, segundo a qual os filhos de Isaac se multiplicariam como as estrelas do céu e os grãos de areia da terra? Se na realidade, porém, Agar e Ismael, segundo os ensinamentos do apóstolo, simbolizam os homens carnais do Antigo Testamento, por que Cetura e seus filhos não figuram os carnais, que se julgam pertencentes ao Novo Testamento? Ambas são chamadas esposas e concubinas de Abraão, ao passo que Sarra jamais recebeu o nome de concubina. Quando Agar foi entregue a Abraão, diz a Escritura: *Dez anos depois de Abraão haver entrado em Canaã, Sarra, esposa de Abraão, tomou sua escrava Agar, egípcia, e a deu por mulher ao esposo.* Por sua vez, de Cetura, com quem se desposou, após a morte de Sarra, assim se lê: *Acercando-se Abraão, tomou por esposa outra mulher, chamada Cetura.*

Eis que, nessa passagem, são chamadas esposas. Mas, além disso, ambas foram concubinas, segundo as palavras da Escritura: *E Abraão deu toda a herança a seu filho Isaac; aos filhos das concubinas fez-lhes donativos e, ainda vivo, separou-os de seu filho Isaac, enviando-os para o Oriente, para a parte oriental.* Os filhos das concubinas, quer dizer, os hereges e judeus carnais, recebem alguns donativos, mas não chegam ao reino prometido. O motivo é que Isaac é o único herdeiro e *não são filhos de Deus os filhos da carne, mas os filhos da promessa, esses é que são seus descendentes.* Disse-se dessa descendência: *Em Isaac será chamada tua descendência.* E a verdade é que não vejo outra razão para Cetura, tomada por esposa após a morte de Sarra, ser chamada concubina, senão tal mistério. Quem, todavia, não quiser aceitar essa suposta interpretação, não calunie a Abraão. Sabemos, porventura, se Deus o ordenou assim, para confundir os futuros hereges, inimigos das segundas núpcias, pois o caso desse patriarca prova não ser pecado alguém tornar a casar, morto o consorte? Abraão morreu com cento e setenta e cinco anos. Seu filho Isaac tinha, então, setenta e cinco anos, pois o gerara aos cem.

CAPÍTULO XXXV
Outro simbolismo. Luta de dois gêmeos no ventre de Rebeca

Demos um passo mais e vejamos o desenvolvimento da Cidade de Deus através dos descendentes de Abraão. Do nascimento de Isaac ao ano sessenta de sua vida, em que lhe nasceram os filhos, acontecimento digno de menção há um apenas. Pediu a Deus que desse fecundidade à esposa, pois era estéril; o Senhor deferiu-lhe o pedido e, quando Rebeca concebeu, os gêmeos, ainda no ventre materno, lutavam. Angustiada pelo consequente mal-estar, dirigiu-se ao Senhor e recebeu esta resposta: *Há duas nações em teu seio e de teu ventre sairão dois povos. Um povo subjugará o outro e o maior servirá o menor.* De tal passagem trata o Apóstolo São Paulo de coligir robusto testemunho em prol da graça. E funda-se em que, antes de nascerem, sem haverem feito nem bem, nem mal, sem merecimento bom de espécie alguma, é eleito o menor e reprovado o maior, quando na realidade, no tocante ao pecado original, eram ambos iguais, e, no tocante ao pecado pessoal, ambos careciam dele. Sinto não me permita o plano desta obra estender-me nesse ponto, de que em outros escritos já falei bastante. A perícope: *O maior servirá o menor* quase nenhum de nossos intérpretes a aplicam a outro povo que não o judeu, dizendo que este, maior, servirá o povo menor dos cristãos. E, embora seja verdade que isso parece haver-se cumprido no povo idumeu, descendente do maior, que tinha dois nomes (chamava-se Esaú e Edom; por isso, idumeus), pois o dominou o povo nascido do menor, o povo israelita, ao qual ficou submetido, é mais razoável acreditar que a intenção da profecia: *Um povo subjugará o outro e o maior servirá o menor* vai além, a algo superior. E que é isso, senão o que com toda a clareza vemos cumprir-se nos judeus e nos cristãos?

CAPÍTULO XXXVI
Oráculo e bênção recebida por Isaac

Também Isaac recebeu oráculo semelhante aos recebidos pelo pai. Eis como se expressa: *Sobreveio grande fome à terra, além da fome havida no tempo de Abraão; por isso Isaac foi a Gerara, a Abimelec, rei dos filisteus. O Senhor apareceu-lhe ali e disse-lhe: Não desças ao Egito, mas habita na terra que te direi e nela vive como peregrino. Estarei contigo e dar-te-ei minha bênção. Hei de dar-te e à tua descendência toda esta terra e confirmarei o juramento que fiz a Abraão, teu pai. Multiplicar-te-ei a posteridade como as estrelas do céu, a teus descendentes darei toda esta região e serão abençoadas em tua descendência todas as nações da terra, justamente porque Abraão, teu pai, prestou ouvidos à minha voz e guardou meus preceitos, meus mandados, meus estatutos e minhas leis.* Esse patriarca não teve senão essa mulher e nenhuma concubina. Contentou-se com a posteridade de dois gêmeos, havidos de um só ato. Também ele, quando morava entre estrangeiros, temeu pela beleza da esposa e, seguindo o exemplo do pai, não disse que era sua esposa, mas chamou-a irmã, pois era parenta sua por parte de pai e de mãe. E os estrangeiros, ao saberem-na sua esposa, não a violaram tampouco.

Contudo, embora Isaac não haja conhecido outra mulher além da própria esposa, nem por isso devemos antepô-lo ao pai. Os merecimentos do pai, por sua obediência e sua fé, eram muito superiores, pois Deus diz ao filho que lhe dá essas bênçãos por causa do pai. *Serão abençoadas*, diz-lhe, *em tua descendência todas as nações da terra, justamente porque Abraão, teu pai, prestou ouvidos à minha voz e guardou meus preceitos, meus mandados, meus estatutos e minhas leis.* E noutro oráculo: *Sou o Deus de teu pai Abraão; não temas, pois estou contigo, te abençoei, e te multiplicarei a descendência por causa de teu pai Abraão.* Tais palavras deixam entrever a grande castidade observada por Abraão nos atos que os homens impuros, amigos de nas Santas Escrituras procurar justificação para a própria maldade, acham haver realizado por libido. Ademais, também nos ensinam não devermos os homens ser comparados entre si por bens ou atos concretos, mas pelo conjunto e totalidade de sua vida. Porque pode suceder que alguma pessoa supere outra em qualidade vital e moral e essa qualidade seja muito superior àquela em que é superada pela outra. E, assim, bem ponderadas as coisas, embora, absolutamente falando, a continência seja preferível ao matrimônio, o casado fiel é melhor que o continente infiel. E o homem infiel não apenas é menos digno de louvor, como também é merecedor da mais pesada censura. Suponhamos que ambos são bons. Mesmo nesse caso, o casado mais fiel e obediente a Deus é melhor que o continente menos fiel e menos obediente. Mas, em igualdade de circunstâncias, quem duvida que ao casado é preferível o homem continente?

CAPÍTULO XXXVII
Simbolismo místico de Esaú e Jacó

Ambos os filhos de Isaac, a saber, Esaú e Jacó, vão crescendo de igual modo. Em virtude do pacto e da palavra dada, transfere-se ao menor a primogenitura. O maior, vencido por imoderado desejo, pediu ao irmão o prato de lentilhas que o irmão preparara e, por esse preço e mediante prévio juramento, vendeu-lhe a primogenitura. O caso ensina-nos que no comer o censurável não é a realidade das comidas, mas a imoderação do desejo. Envelhece Isaac e, como consequência da velhice, perde a vista. Quer abençoar o filho maior e, sem sabê-lo, abençoa o menor em lugar dele, que era peludo, coisa que o menor supriu, cobrindo com peles de cabrito o pescoço e as mãos, como se carregasse os pecados alheios, para a mão paterna apalpá-lo. Com o propósito de ninguém imaginar haver sido fraudulento o dolo de Jacó e não encerrar grande mistério, a Escritura predissera que *Esaú era moço destro na caça e homem rude, ao passo que Jacó era moço simples e morava em casa.*

Alguns intérpretes nossos traduziram assim o latino *simplex*: sem engano. Mas, quer se traduza por *sem dolo*, quer por *simples*, quer por *sem fingimento*, pois talvez seja essa a melhor tradução da palavra grega *áplastos*, que é o engano do homem sem dolo, ao receber semelhante bênção, que o dolo do homem simples, que o fingimento de quem não mente, senão profundo mistério da verdade? Qual a bênção? *Bem se vê*, diz, *ser como o odor de campo florido, abençoado pelo Senhor, o odor que sai de meu filho. Deus te dê abundância de trigo e de vinho, do orvalho do céu e da fertilidade da terra. Sirvam-te as nações e adorem-te os príncipes. Que sejas senhor de teu irmão. Adorar-te-ão os filhos de teu pai. Maldito seja quem te maldisser e bendito seja quem te bendisser.* A bênção de Jacó significa a pregação do nome de Cristo em todas as nações. Eis a obra atual, eis a tarefa atual. Isaac figura a Lei e os Profetas. A Lei bendiz a Cristo por boca dos judeus, como sem conhecê-lo, porque também a desconhecem. Como verdadeiro campo, o mundo é perfumado pelo nome de Cristo. Dele é a bênção do orvalho do céu, quer dizer, da chuva da palavra divina, e da fertilidade da terra, ou seja, da vocação dos povos. Sua é a abundância de vinho e de trigo, quer dizer, a multidão reunida pelo pão e pelo vinho no sacramento de seu corpo e sangue. As nações rendem-lhe vassalagem e os príncipes adoram-no. É o Senhor de seu irmão, porque seu povo domina os judeus. Os filhos de seu pai, quer dizer, os filhos de Abraão, segundo a fé, adoram-no, por também ser filho de Abraão, segundo a carne. Quem o maldisser é maldito e quem o bendisser é bendito. Esse nosso Cristo, repito, é bendito, ou seja, é verazmente pregado por boca dos judeus, depositários da Lei e dos Profetas, embora não compreendam e pensem bendizer outro, que seu erro espera.

Mas eis que, quando o maior vem receber a bênção prometida, Isaac pasma e maravilha-se de saber que abençoou um por outro e pergunta quem é aquele a quem abençoou. Contudo, não se queixa de haver sido enganado; ao contrário, revelando-se-lhe logo ao coração grande mistério, evita a indignação e confirma a bênção. *Quem é, pois, que me trouxe da caça que apanhou?,* pergunta. *Comi de tudo, antes de vires, abençoei-o e bendito seja.* Quem não esperaria, em tais circunstâncias, a maldição de homem irritado, se isso não fora motivado por inspiração divina, mas se devera a costume humano? Que maravilhas realizadas, sim, mas profeticamente realizadas na terra, mas celestialmente, realizadas por meio do homem, mas divinamente! Se se examinasse com minudência cada uma dessas coisas tão fecundas em mistérios, seriam precisos inúmeros volumes. Mas a sobriedade do plano fixado para esta obra obriga-nos a caminhar depressa a outros acontecimentos.

CAPÍTULO XXXVIII
Envio de Jacó à Mesopotâmia. Visão no caminho. Suas quatro mulheres

1. Os pais de Jacó enviam-no à Mesopotâmia para casar-se. Eis as palavras do pai, ao enviá-lo: *Não tomarás mulher entre as filhas dos cananeus. Levanta-te e vai à Mesopotâmia, à casa de Batuel, pai de tua mãe, e toma ali mulher entre as filhas de Labão, irmão de tua mãe. Que meu Deus te abençoe, faça-te fecundo e te multiplique; serás desse modo chefe de muitas nações. Que te dê a bênção de Abraão, teu pai, tanto a ti como à tua descendência, para te fazeres herdeiro da terra de tua peregrinação, dada por Deus a Abraão.* Por semelhantes palavras entendemos já feita a divisão entre a descendência de Jacó e a outra linha de Isaac, que entronca em Esaú. Quando se disse: *Em Isaac será chamada tua descendência* (e tal descendência pertencia à Cidade de Deus), essa separou-se de outra descendência de Abraão, personificada no filho da escrava e depois continuada nos filhos de Cetura. Mas era duvidoso ainda se a bênção de Isaac se destinava a ambos os filhos ou a um deles apenas e, se a um só, a qual deles. A dúvida dissipou-se, quando o pai, abençoando profeticamente Jacó, disse: *E serás chefe de muitas nações. Que ele te dê a bênção de Abraão, teu pai.*

2. Ia Jacó a caminho da Mesopotâmia, quando em sonho recebeu o oráculo que a Escritura refere nos seguintes termos: *Deixando o "poço do juramento", Jacó pôs-se a caminho e dirigiu-se a Harã. Chegou a certo lugar, onde o surpreendeu a noite, e ali dormiu. Tomou uma pedra das que ali havia e, pondo-a por travesseiro, dormiu ali mesmo e sonhou. E em sonho viu, fixa na terra, uma escada cujo topo tocava o céu; os anjos de Deus subiam e desciam por ela. Recostava-se sobre ela o Senhor e disse: Sou o Deus de Abraão, teu pai, e o Deus de Isaac; não temas. Dar-te-ei e a tua descendência a terra em que dormes. Tua posteridade será como os grãos de areia da terra e estender-se-á sobre o mar, ao Áfrico, ao Aquilão e ao Oriente, e serão abençoadas em ti e em tua descendência todas as tribos da terra. Estarei contigo, guardando-te aonde quer que vás, e restituir-te-ei a esta terra, porque, enquanto não houver cumprido quanto te prometi, não te abandonarei. Despertou Jacó do sono e*

disse: Na verdade, o Senhor está neste lugar e eu não o sabia. E temeu e acrescentou: Que terrível é este lugar! Na realidade, esta é a casa de Deus e a porta do céu. Levantou-se Jacó e, tomando a pedra que lhe servira de travesseiro, ergueu-a à guisa de monumento, sobre cujo topo derramou óleo, e deu ao lugar o nome de Casa de Deus. Isso encerra sentido profético. Jacó não derramou óleo na referida pedra, à imitação dos idólatras, como que erigindo-a em deus, pois não adorou a pedra nem lhe ofereceu sacrifício. E como o nome de Cristo vem de crisma, que significa unção, tal ato figura grande mistério. O próprio Salvador lembra-nos no Evangelho essa escada e seu simbolismo, quando, após haver dito de Natanael: *Eis aqui verdadeiro israelita em quem não há dolo*, pois quem teve a referida visão foi Israel, quer dizer, Jacó, acrescenta: *Em verdade, em verdade vos digo que algum dia vereis aberto o céu e os anjos de Deus subindo e descendo sobre o Filho do Homem.*

3. Jacó seguiu a caminho da Mesopotâmia para casar-se. Ensina-nos a divina Escritura como e por que teve quatro mulheres, de quem teve doze filhos e uma filha, sem desejar nenhuma delas ilicitamente. Viera para tomar uma esposa apenas; como, porém, lhe deram uma por outra, não despede a esta com quem por engano passara a noite, de medo que ficasse desonrada. E como naquele tempo não havia lei alguma que proibisse a poligamia, para multiplicar-se a posteridade, também tomou por esposa a única a quem prometera casamento. Esta, porém, como era estéril, entregou a escrava ao marido, para dela ter filhos. O mesmo fez, imitando-a, a irmã mais velha, apesar de não ser estéril, pois desejava multiplicar a prole. Segundo a Escritura, Jacó pediu apenas uma e não usou de muitas senão impelido pelo dever de procriar, sempre respeitando o direito conjugal, de tal maneira que não o faria se não lho pedissem suas mulheres, detentoras do poder que as leis do matrimônio lhes concedem sobre o corpo do marido. De quatro mulheres teve doze filhos e uma filha.

Entrou, mais tarde, no Egito, graças a seu filho José, que, vendido pelos invejosos irmãos, fora conduzido para essa terra, onde se tornou poderoso.

CAPÍTULO XXXIX
Por que Jacó se chamou também Israel?

Como há pouco dissemos, Jacó também se chamava Israel, nome mais conhecido no povo que dele descende. Tal nome impôs-lhe o anjo, figura de Cristo, com quem, de regresso da Mesopotâmia, lutou. A vitória obtida por Jacó sobre o anjo, porque este, para figurar o mistério, o quis assim, significa a paixão de Cristo, vencido, ao que parece, pelos judeus. E, contudo, pediu a bênção ao anjo derrotado, bênção que consistiu na imposição do referido nome. Israel significa *Visão de Deus*, visão que, no fim do mundo, será o prêmio de todos os santos. O anjo tocou-lhe, como a vencedor, a parte mais larga da coxa e deixou-o coxo. Jacó era, pois, ao mesmo tempo tornado coxo e abençoado; abençoado nos que de seu povo acreditaram em Cristo e coxo nos infiéis. A parte mais larga da coxa figura numerosa multidão, pois entre seus descendentes muitos há de quem profeticamente se predisse: *E vão coxeando fora de suas sendas*.

CAPÍTULO XL
Entrada de Jacó no Egito e concordância de textos

A Escritura diz que em companhia de Jacó entraram no Egito setenta e cinco pessoas, inclusive os filhos dele. Dentre eles somente se faz menção de duas mulheres, uma, filha, outra, neta do patriarca. Mas, seriamente examinado o texto, chegamos à conclusão de que a família de Jacó não era assim numerosa no dia ou no ano em que entrou no Egito, por serem mencionados também os bisnetos de José, que era impossível já existissem. Jacó tinha, então, cento e trinta anos e trinta e nove seu filho José, que, segundo consta, tomou esposa aos trinta anos mais ou menos. Como, por conseguinte, dos filhos havidos dessa mulher poderia ter bisnetos? Ademais, Efraim e Manassés, filhos de José, ainda não tinham filhos, pois eram crianças de menos de nove anos, quando Jacó entrou no Egito. Como é que entre os setenta e cinco entrados então com Jacó no Egito não apenas se contam os filhos deles, mas também os netos? Na relação constam Maquir, filho de Manassés, e Galaad, filho de Maquir, neto de Manassés e bisneto de José.

Também constam Utalaã, filho de Efraim e neto de José, e Edom, filho de Utalaã, neto de Efraim e bisneto de José. É impossível já existissem, quando Jacó chegou ao Egito e falou aos filhos de José, seus netos e avós desses, crianças menores de nove anos.

Na realidade, ao referir a entrada de Jacó no Egito e dizer haverem-no acompanhado setenta e cinco almas, não fala de um dia ou de um ano a Escritura, mas de todo o tempo vivido por José, a quem se deveu a referida entrada. De José assim diz a Escritura: *José habitou no Egito com os irmãos e toda a família do pai, viveu cento e doze anos e viu até a terceira geração os filhos de Efraim.* Em outros termos, seu bisneto, seu terceiro descendente ao lado de Efraim, pois, contando até a terceira geração, temos o filho, o neto e o bisneto. Depois acrescenta: *E nasceram sobre as coxas de José os filhos de Maquir, filho de Manassés.* Trata-se do neto de Manassés e bisneto de José. Aqui, como na passagem em que chama filhas de Jacó a sua única filha, a Escritura, segundo seu estilo, usa o plural. Em latim também isso é corrente; diz-se *liberi* por filhos, embora se trate de apenas um. E não se deve pensar que, como para pôr em relevo a felicidade de José se diz haver chegado a ver os bisnetos, já haviam estes nascido, quando Jacó entrou no Egito, pois então José contava trinta e nove anos. O que origina erro, se consideradas com menos cuidado tais coisas, é aquilo que está escrito: *Eis os nomes dos filhos de Israel que entraram no Egito com Jacó, seu pai.* Disse-se isso porque no total com ele somam setenta e cinco, não por já coexistirem todos, quando entrou no Egito. Dá-se-nos, como fica dito, todo o tempo da entrada, que durou tanto quanto viveu José, a quem, ao que parece, deveu-se a entrada.

CAPÍTULO XLI
Bênção de Judá

Assim, pois, se por causa do povo cristão, em que a Cidade de Deus é peregrina na terra, buscamos Cristo, segundo a carne, na descendência de Abraão, deixando de lado os filhos das concubinas, topamos com Isaac. Se o buscamos na descendência de Isaac, deixando de lado Esaú ou Edom, que é a mesma pessoa, apresenta-se-nos Jacó, também chamado Israel. E, se agora preteridos os demais, o buscamos na descendência de Israel, vem-nos ao encontro Judá, de cuja tribo nasceu Cristo. Vejamos, pois, a bênção profética dada a Judá, quando Israel, às portas da morte, abençoou os filhos: *Ó Judá!*, exclama. *Teus irmãos louvar-te-ão. Tuas mãos cairão sobre teus inimigos e os filhos de teu pai adorar-te-ão. És, Judá, filhote de leão; elevaste-te como árvore em pleno crescimento, filho meu; depois, recostando-te, dormiste como leão e à maneira* de filhotinho de leão. Quem o despertará? Não se tirará o cetro de *Judá nem de sua descendência o chefe, enquanto não se cumprirem as promessas que lhe foram feitas. Será a esperança das nações, amarrando seu jumentinho à vide e o jumentinho de sua jumenta à cepa fértil. Lavará no vinho suas vestes e no sangue das uvas seu manto. Seus olhos estão vermelhos de vinho e mais brancos que o leite seus dentes.*

    Expus essa passagem toda em minha disputa *Contra o Maniqueu Fausto* e suponho haver dito o suficiente para mostrar a verdade de tal profecia. Nela também está predita, com a palavra *dormiste*, a morte de Cristo e, com o nome de *leão*, o poder que tem de morrer ou não, não a necessidade. No Evangelho fez exibição de semelhante poder com as seguintes palavras. *Tenho poder para entregar minha alma e tornar a recobrá-la. Ninguém a tira de mim; eu é que de própria vontade a dou e a recobro de novo.* Assim rugiu o leão, assim cumpriu a palavra. Relaciona-se com esse mesmo poder o que se aduziu da ressurreição. *Quem o despertará?* Quer dizer, não o fará homem algum, senão o mesmo que disse do próprio corpo: *Destruí este templo e reedificá-lo-ei em três dias.* O gênero de morte, quer dizer, a elevação à cruz, está expresso nesta palavra só: *Elevaste-te.* E isto: *Recostando-te, dormiste* o evangelista expõe quando diz: *E, inclinando a cabeça, entregou o espírito.* Também é possível entendê-lo referente à sua sepultura, em que, dormindo, descansou e de que ninguém o ressuscitou, como fizeram os profetas com alguns e ele mesmo com outros, mas de que despertou como que de sono. Suas vestes, lavadas no vinho, quer dizer, de todos os pecados purificadas em seu sangue, sangue precioso, mistério bem conhecido pelos batizados, pelo que acrescenta: *e no sangue das uvas seu manto,* que é senão a Igreja? *Seus olhos estão vermelhos de vinho* significa as pessoas espirituais, embriagadas por essa bebida, de que canta o salmo: *Quão excelente é teu cálice, que embriaga!* A expressão: *E mais brancos que o leite seus dentes* significa o leite que no apóstolo bebem os pequeninos, quer dizer, as palavras que alimentam os ainda não capazes de alimento sólido. Sobre ele, pois, é que recaíram as promessas feitas a Judá, antes de cujo cumprimento não faltaram nunca príncipes, ou seja, reis de Israel, saídos de tal estirpe. *E é a esperança das nações*, expressão mais clara em si mesma que qualquer exposição.

CAPÍTULO XLII
Os filhos de José e a bênção de Jacó

Como os dois filhos de Isaac, a saber, Esaú e Jacó, figuraram dois povos, o dos judeus e o dos cristãos (embora, segundo a carne, não sejam os judeus os descendentes de Esaú, mas os idumeus, nem os cristãos, descendentes de Jacó, mas, antes, os judeus, pois o sentido da figura se resume nestas palavras: *O maior servirá o menor*), assim também o fizeram os dois filhos de José. O maior representou os judeus; o menor, os cristãos. Ao abençoá-los, Jacó pôs a mão direita sobre o menor, que lhe estava à esquerda, e a esquerda sobre o maior, que lhe estava à direita. Então, o pai, molestado, o advertiu, corrigindo-lhe o erro e indicando-lhe o maior. Mas o pai negou-se a mudar as mãos e disse: *Sei, filho, sei. Este será pai de um povo e será exaltado, mas o irmão, mais moço que ele, será maior que ele. Sua linhagem estender-se-á a muitas nações.* Eis de novo duas promessas distintas. Um será pai *de um povo*; o outro, *de muitas nações*. Há coisa mais evidente que nessas duas promessas se contenha o povo dos israelitas e toda a terra na descendência de Abraão, aquele, segundo a carne, esta, segundo a fé?

CAPÍTULO XLIII
Época de Moisés, de Jesus Nave, dos juízes e dos reis. Saul, primeiro rei, e Davi, príncipe no mistério e no merecimento

1. Depois da morte de Jacó e de José, durante os cento e quarenta e quatro anos transcorridos até a saída do Egito, a nação judaica se multiplicou tão prodigiosamente, apesar de perseguições cruéis, que houve tempo em que os egípcios, maravilhados do crescimento

de tal povo e temerosos, davam morte às crianças tão logo nasciam. Nessa época, Moisés, escolhido por Deus para por seu intermédio operar grandes coisas, foi subtraído ao furor dos assassinos e levado para a casa real, onde foi alimentado e adotado pela filha do faraó (nome comum dado no Egito a todos os reis). E chegou a progredir tanto, que do duríssimo e pesadíssimo jugo do cativeiro a que estava sujeita livrou a nação que de maneira tão maravilhosa crescera. Melhor, livrou-a Deus, por meio dele, de acordo com a promessa feita a Abraão. Obrigado a fugir dali, por temor, porque saiu em defesa de um israelita e deu morte a um egípcio; depois, enviado por ordem do céu, venceu, pelo poder do Espírito divino, os magos do faraó que se lhe opunham. E então, negando-se os egípcios a deixar o povo de Deus sair do Egito, viram-se atacados pelas dez famosas pragas: a água transformada em sangue, as rãs, os piolhos, as moscas, a morte do gado, as chagas, a chuva de pedras, os gafanhotos, as trevas e a morte dos primogênitos. Finalmente, os egípcios foram sepultados no Mar Vermelho, quando em perseguição dos israelitas, a quem, depois de feridos pelas pragas, haviam permitido saíssem do Egito. Abriu-se o mar e deixou passagem livre aos que se iam; tornando a juntar-se, a água afogou os que lhes iam no encalço. Depois, o povo de Deus, com Moisés à frente, viveu durante quarenta anos no deserto; foi então que se dedicou o tabernáculo do testemunho, em que se rendia culto a Deus com sacrifícios, figuras das coisas futuras. Isso aconteceu depois de haver sido a lei dada no monte, de maneira muito terrível, pois evidentíssima se manifestava a Divindade, com sinais e vozes admiráveis. Isso sucedeu, uma vez saído do Egito o povo e já morando no deserto, cinquenta dias após a celebração da Páscoa da imolação do cordeiro, símbolo de Cristo e figura da imolação e da paixão sofrida antes de passar deste mundo ao Pai (pois em hebraico Páscoa significa *Passagem*). E isso é tão verdade, que, uma vez já revelado o Novo Testamento, cinquenta dias após a imolação de Cristo, nossa Páscoa, desceria do céu o Espírito Santo. A tal Espírito o Evangelho dá o nome de dedo de Deus, para tornar a fazer menção do primeiro acontecimento prefigurado, visto como as Tábuas da Lei se anunciam escritas pelo dedo de Deus.

2. Morto Moisés, pôs-se à frente do povo Jesus Nave, introduziu-o na terra da promissão e repartiu-a pelo povo. Esses dois admiráveis chefes terminaram com êxito muitas guerras, mostrando-lhes Deus

procederem as vitórias não tanto do merecimento do povo hebreu quanto dos pecados das nações em guerra. A tais chefes, estabelecido na terra da promissão o povo, sucederam os juízes. Assim começava o cumprimento da primeira promessa feita a Abraão, tocante à nação dos hebreus e à terra de Canaã, não a tocante a todas as nações e a todo o orbe da terra. Esta última cumprir-se-ia na encarnação de Cristo, não com as práticas da Lei velha, mas com a Lei evangélica. Tal verdade está de antemão prefigurada em não haver sido Moisés, que no Monte Sinai recebera a Lei para o povo, mas Jesus Nave, a quem Deus, por ordem própria, mudara o nome, quem introduziu o povo na terra prometida. No tempo dos juízes, segundo os pecados do povo ou a misericórdia de Deus, assim alternavam a prosperidade e a adversidade nas guerras.

3. Daí se passou à época dos reis. O primeiro foi Saul. Mas, vencido e morto em choque guerreiro e reprovado com toda a sua raça, para dela não mais haver reis, sucedeu-lhe no trono Davi, cujo filho mais eminente se chama Cristo. Fez-se pausa nele, que marca, por assim dizer, o começo da juventude do povo de Deus. Sua adolescência estendeu-se de Abraão a Davi. Não em vão o Evangelista São Mateus mencionou catorze gerações nesse período, a saber, de Abraão a Davi. Com efeito, o homem começa a ser capaz de gerar da adolescência e por esse motivo as gerações começam de Abraão, constituído em pai de nações, quando lhe foi mudado o nome. Antes de Abraão, quer dizer, de Noé até ele, o povo de Deus viveu a meninice e, por isso, então se inventou a primeira língua, a hebraica. A meninice é precisamente a idade em que o homem começa a falar, já morta a infância, assim chamada porque durante ela é impossível falar. E também é fora de dúvida que o esquecimento encobre essa primeira idade, como o dilúvio fez desaparecer a primeira idade do gênero humano. Quantos há que se recordam da própria infância? Deve-se a isso que no atual desenvolvimento da Cidade de Deus, como o livro anterior contém a primeira idade do mundo, este abarque a segunda e a terceira. Impôs-se nessa terceira idade o jugo da Lei, prefigurado pela novilha, a cabra e o carneiro de três anos; apareceram inúmeros pecados e surgiu o princípio do reino terreno, em que não faltaram homens espirituais, mistério prefigurado na rola e na pomba.

LIVRO DÉCIMO SÉTIMO

Trata do progresso da Cidade de Deus no tempo dos reis e dos profetas, de Samuel e Davi a Cristo. E expõe, além disso, as profecias referentes a Cristo e à Igreja consignadas nas Sagradas Letras, sobretudo nos livros dos Reis, dos Salmos e de Salomão.

CAPÍTULO I
Os profetas

Como vão tendo cumprimento as promessas por Deus feitas a Abraão, a cuja descendência pertenciam, como dissemos, suposta essa promessa, tanto o povo israelita, segundo a carne, como todas as nações, segundo a fé, no-lo irá mostrando a Cidade de Deus em sua marcha através dos tempos. Como o livro anterior finalizou no reinado de Davi, deste agora passaremos aos seguintes, expondo quanto julguemos suficiente para a obra empreendida. O tempo que vai de quando o santo Samuel começou a profetizar até o povo de Israel ser levado cativo para Babilônia e a instauração da casa de Deus, após setenta anos de cativeiro, de acordo com a profecia de Jeremias, esse tempo é a época dos profetas. Isso não obsta que com pleno direito possamos chamar profetas ao patriarca Noé, época do dilúvio, e a outros anteriores e posteriores à época em que começa a monarquia no povo de Deus, por haverem realizado ou predito como futuras certas coisas relacionadas com a Cidade de Deus e o Reino dos Céus. Acrescenta-se a isso serem alguns chamados mais expressamente por tal nome; assim Abraão, assim Moisés.

Contudo, por antonomásia, chamou-se época dos profetas os anos seguintes às profecias de Samuel, que ungiu Saul primeiro rei e depois, rejeitado este, por ordem de Deus ungiu Davi, de cuja estirpe, enquanto assim convenha, descendam os demais. Se quiséssemos referir quanto os profetas disseram de Cristo, enquanto em alternativa incessante de nascimentos e mortes a Cidade de Deus continua a marcha dos séculos, perder-me-ia no infinito. Primeiro, porque, se tratássemos, com o auxílio de Deus, de considerar a Escritura, que, relatando, na devida ordem, façanhas dos reis e acontecimentos dos reinados, parece, com esmero de historiador, preocupada com os fatos, nela descobriríamos empenho especial, se não superior, pelo menos não inferior, de prenunciar o futuro, ao invés de anunciar o passado. Quem ignora, por pouco que pense nisso, o trabalho, o tempo, os muitos volumes necessários para investigá-lo? E segundo, porque são tantas as coisas de indubitável caráter profético sobre Cristo e sobre o Reino dos Céus, ou seja, sobre a Cidade de Deus, que para expô-las seria preciso ir muito além dos limites prefixados ao plano deste trabalho. Portanto, na realização desta obra, com o beneplácito de Deus, moderarei, quanto possa, de tal maneira a pena, que nem direi coisas supérfluas, nem omitirei as necessárias.

CAPÍTULO II
Em que época se cumpriu a promessa de Deus acerca da terra de Canaã

Dissemos no livro anterior que desde as primeiras promessas por Deus feitas a Abraão já se lhe prometeram duas coisas, a saber, sua descendência possuiria a terra de Canaã, expressa nas palavras: *Vai para a terra que te mostrarei e far-te-ei cabeça de grande nação*, e outra, muito superior a essa, que não versa sobre a descendência carnal, mas sobre a espiritual, e em virtude de que não é pai da nação israelita apenas, mas de todas as nações que lhe seguem as pegadas da fé. Tal promessa iniciou-se nestes termos: *E em ti serão abençoadas todas as tribos da terra*. E depois aduzimos outra série de testemunhos em prol da promessa de ambas as coisas. A descendência de Abraão, quer dizer, o povo de Israel, segundo a carne, já se estabelecera na terra prometida, onde, não só de posse das cidades inimigas, mas também com reis próprios, já iniciara sua monarquia. Assim já ficavam cumpridas em grande parte as promessas de Deus a respeito do povo. E não apenas as feitas aos três patriarcas, Abraão, Isaac e Jacó, e quaisquer outras feitas em seus dias, mas também as feitas a Moisés, que do cativeiro egípcio livrou o povo e por meio de quem se revelaram todas as coisas passadas, quando conduzia o povo pelo deserto.

E a divina promessa de possuir a terra de Canaã, do rio do Egito ao grande Eufrates, não se cumpriu no tempo do famoso chefe Jesus Nave, que introduziu o povo na terra da promissão e entre as doze tribos, a que Deus o enviara, repartiu as nações conquistadas, nem, depois dele, durante todo o período dos juízes. Não se encontrava tal promessa, todavia, em longínquo futuro; era de cumprimento esperado a todo instante. Cumpriu-se sob Davi e seu filho Salomão, cujo reino alcançou a extensão prometida. Porque subjugaram esses povos todos e os transformaram em tributários seus. Sob os referidos reis estabelecera-se a descendência de Abraão na terra da promissão, ou seja, na terra de Canaã, de tal maneira que já nada faltava para o cumprimento formal da promessa terrena de Deus. Unicamente faltava, quanto à prosperidade temporal, que, através das gerações, a nação judaica até o fim dos séculos perseverasse estável nesse estado, se obediente às leis de seu Deus e Senhor. Mas, como Deus não ignorava que não seria assim, usou de penas temporais para adestrar os poucos fiéis existentes entre eles e advertir do que convinha os futuros fiéis de todas as nações, pois neles e pela encarnação de Cristo, já revelado no Novo Testamento, se cumpriria a outra promessa.

CAPÍTULO III
Que entendem os profetas por Jerusalém? Três acepções

1. Assim como os oráculos divinos dirigidos a Abraão, a Isaac e a Jacó e, de igual modo, outros sinais ou palavras proféticas se revelaram, segundo as Sagradas Letras, em épocas anteriores, assim também as profecias, a partir dos reis, referem-se, parte, à descendência carnal de Abraão e, parte, à sua própria descendência, em que são abençoados todos os povos, co-herdeiros de Cristo pelo Novo Testamento e chamados a possuir a vida eterna e o Reino dos Céus. Logo, parte refere-se à escrava, geradora de escravos, quer dizer, à Jerusalém terrestre, escrava com seus filhos, e parte à cidade livre de Deus, Jerusalém eterna nos céus, cujos filhos, homens que vivem segundo Deus, são peregrinos na terra. Mas nessas profecias há coisas relacionadas com ambas: em sentido próprio, com a escrava; em sentido figurado, com a livre.

2. Em consequência, as profecias ou as palavras proféticas são de três classes: umas, relativas à Jerusalém terrena; outras, à celeste; outras ainda, a ambas. Vou provar com exemplos minha asserção. O Profeta Natã foi enviado ao Rei Davi, para exprobrar-lhe o pecado e anunciar-lhe os castigos que o esperavam. Quem duvida que esses e outros avisos divinos semelhantes, dirigidos a todos, quer dizer, de interesse ou utilidade do povo, ou a indivíduo em particular, que em prol da vida temporal davam a conhecer algo futuro, referiam-se à cidade terrena? Lê-se em Jeremias: *Eis que aí vem o tempo, diz o Senhor, em que farei nova aliança com a casa de Israel e com a casa de Judá, aliança não segundo a que contraí com seus pais no*

dia em que os tomei pela mão, para tirá-los da terra do Egito. Já que não se mantiveram no cumprimento do pacto, abandonei-os, diz o Senhor. Eis o pacto que farei com a casa de Israel: Depois de chegar o referido tempo, diz o Senhor, lhes imprimirei na mente minhas leis, no coração lhas gravarei, os verei, serei seu Deus e serão meu povo. Trata-se, fora de dúvida, de profecia relativa à Jerusalém celeste, cuja recompensa é Deus e cujo único soberano bem é possuí-lo e pertencer-lhe. Tal profecia, porém, refere-se a ambas, porque chama Jerusalém à Cidade de Deus e nela profetiza a futura casa de Deus; essa mesma profecia, entretanto, cumpriu-se, ao que parece, quando o Rei Salomão edificou o soberano templo. Tais acontecimentos, segundo a história, sucederam na Jerusalém terrena e figuraram a Jerusalém celeste. Esse gênero de profecia, combinação de ambos os sentidos, tem grande valor nos antigos livros canônicos que narram o passado e exercitou e ainda exercita sobremaneira o engenho dos pesquisadores das Sagradas Letras. A tal ponto é assim, que nas predições já historicamente cumpridas na descendência carnal de Abraão investigam o sentido alegórico, que há de realizar-se na descendência espiritual dele. Alguns, levados por semelhante afã, pensaram não haver nos referidos livros nada predito e já realizado ou realizado sem predição, que não diga ou insinue alguma relação, alegórica, é verdade, mas relação, com a soberana Cidade de Deus e com seus filhos, peregrinos na terra.

Se é assim, as palavras dos profetas ou, melhor, de todas as Escrituras que aparecem sob o nome de Antigo Testamento, teriam apenas dois sentidos, não três. Nele não haverá, por conseguinte, nada alusivo unicamente à Jerusalém terrena, se tudo quanto se diz e se cumpre, dela ou por causa dela, significa algo que, em prefiguração alegórica, refere-se à Jerusalém celeste. Haverá, portanto, dois sentidos apenas: um deles corresponde à Jerusalém livre; o outro, a ambas. Tenho para mim que, como andam muito errados os que acham que, nesse gênero de letras, os acontecimentos realizados carecem de qualquer significação alegórica, assim também muito ousados andam os que sustentam que todas as coisas envolvem algum simbolismo. Por isso dissemos não terem dois sentidos, mas três. E digo-o sem criticar os capazes de em qualquer acontecimento descobrir sentido espiritual, sempre, é claro, que se conserve em primeiro plano a verdade histórica. Quanto ao mais, que fiel duvida não se haverem feito sem algum propósito as coisas que se não podem relacionar com acontecimentos humanos ou divinos, realizáveis ou realizados? Quem não procurará dar-lhes interpretação espiritual, se puder, ou pelo menos confessará dever procurá-lo quem possa?

CAPÍTULO IV
Que figurou a mudança do reino e do sacerdócio de Israel? Profecia de Ana, mãe de Samuel e símbolo da Igreja

1. O progresso da Cidade de Deus até à época dos reis, até Davi, rejeitado Saul, subir ao trono, logrando que sua posteridade reinasse por muito tempo na Jerusalém terrena, oferece-nos verdadeiro símbolo, ao significar e prenunciar com tais acontecimentos algo que não se deve passar em silêncio. Trata-se da mudança das coisas futuras, no que toca aos dois testamentos, o Antigo e o Novo – onde sacerdócio e realeza se trocaram no novo Sacerdote e no novo Rei eterno, Jesus Cristo. Eli, sumo sacerdote rejeitado, e Samuel, que o substituiu nesse ministério e exerceu ao mesmo tempo o múnus de sacerdote e juiz, e, por outro lado, o reprovado Saul e Davi, constituído em rei, figuram o que venho dizendo. Ana, mãe de Samuel, a princípio estéril e depois feliz da própria fecundidade, profetizou, segundo parece, isso mesmo, quando, exultante de alegria, deu graças ao Senhor e com a mesma piedade com que lho oferecera lhe consagrou o menino que nascera.

Eis como se expressa: *Meu coração firmou-se no Senhor e meu Deus exaltou-me o poder. Já posso responder de boca cheia a meus inimigos, pois a causa de minha alegria é a salvação que recebi de ti. Porque ninguém é santo como o Senhor e não há justo como o nosso Deus; ninguém, além de ti, é santo. Cessai de gloriar-vos soberbamente e de falar coisas elevadas e não vos saia da boca a jactância, porque Deus, que tudo sabe, é o Senhor e o Deus que prepara suas revelações. Afrouxou o arco dos poderosos e revestiu de vigor os débeis. Os abundantes em pão vieram a ter menos e os famintos atravessaram a terra. A estéril teve sete filhos e ficou sem vigor a que tinha muitos. É o Senhor quem dá a morte e a vida, conduz ao sepulcro e livra dele. O Senhor faz pobres e ricos, abate e exalta. Levanta da terra o pobre e do monturo ergue o mendigo, para colocá-lo entre os potentados do povo, dando-lhe trono de glória em herança. Ele dá a oferenda a quem faz voto e Ele abençoou os dias do justo, porque o homem não é poderoso por sua própria força. O Senhor desarmou seu inimigo, o Senhor, que é santo. Não se glorie o sábio em sua Sabedoria, nem o poderoso em seu poder, nem o rico em suas riquezas; quem gloriar-se glorie-se nisto, em entender e conhecer o Senhor e praticar o direito e a justiça no meio da terra. Deus subiu aos céus e trovejou; Ele, porque é justo, julgará os confins da terra. É Ele quem dá força a nossos reis e exaltará o poder de seu Cristo.*

2. Haverá, talvez, quem pense tratar-se de palavras de mulherzinha simples, alegre com o nascimento do filho. Está, porventura, de tal maneira afastada da luz da verdade a razão humana, que não compreenda estarem tais palavras muito acima dessa mulher? Na verdade, quem repara nas coisas cujo cumprimento já se iniciou na peregrinação terrena, não dá atenção e não tem consciência de que por intermédio dessa mulher, de nome Ana, que significa *Graça*, falou com espírito profético a religião cristã, a Cidade de Deus, cujo rei e fundador é Cristo, em suma, a graça de Deus, de que os soberbos se afastam para caírem, e se locupletam os humildes, para erguerem-se, coisa posta em relevo sobretudo nesse hino? Apesar de, talvez, não faltar quem diga não haver profetizado coisa alguma a referida mulher, mas apenas feito louvação a Deus em panegírico transbordante de alegria, por haver recebido o filho, que o Senhor, acedendo-lhe aos rogos, lhe concedeu. Que significa, nesse caso, isto: *Afrouxou o arco dos poderosos e revestiu de vigor os débeis; os abundantes em pão vieram a ter menos e os famintos atravessaram a terra, porque a estéril teve sete filhos e ficou sem vigor a que tinha muitos?* Tivera sete filhos, apesar de estéril? Quando dizia isso, tinha um só, mas nem mesmo depois teve sete (o sétimo seria Samuel); teve apenas três filhos e duas filhas. Ademais, se não profetizava, como ou por que, em povo em que ainda não havia reis, disse as seguintes palavras finais: *Dá força a nossos reis e exaltará o poder de seu Cristo?*

3. Diga, pois, a Igreja de Cristo, a Cidade do grande Rei, cheia de graça e fecunda em filhos, diga e repita o profetizado tanto tempo antes por boca dessa piedosa mulher: *Meu coração firma-se no Senhor e meu Deus exaltou-me o poder.* Seu coração está verdadeiramente

firmado e seu poder verdadeiramente exaltado, por não havê-los posto em si, mas no Senhor, seu Deus. *Já posso responder de boca cheia a meus inimigos*, porque a Palavra de Deus não se encontra presa aos grilhões do cativeiro nem aos pregadores apressados. *A causa de minha alegria*, diz, *é a salvação que recebi de ti*. A salvação é Jesus Cristo, a quem o velho Simeão, como se lê no Evangelho, diz, abraçando-o, pequenino, e reconhecendo-lhe a grandeza: *Agora, Senhor, já do mundo podes tirar teu servo em paz, porque já meus olhos viram a Salvação que nos enviaste*. Diga e repita uma vez mais a Igreja: *A causa de minha alegria é a salvação que recebi de ti, porque ninguém é santo como o Senhor e não há justo como nosso Deus*, por ser santo e santificador, justo e justificador. *Ninguém, além de ti, é santo*, porque ninguém se torna santo senão por ti. Depois acrescenta: *Cessai de gloriar-vos soberbamente e de falar coisas elevadas e não vos saia da boca a jactância, porque Deus, que tudo sabe, é o Senhor*. Ele conhece-vos como ninguém vos conhece, *porque, se alguém julga ser algo, se engana, pois não é nada*.

Isso dirige-se aos inimigos da Cidade de Deus, pertencentes à Babilônia, que se ufanam de sua própria virtude e não se gloriam no Senhor, mas em si mesmos. A esse número também pertencem os israelitas carnais, cidadãos terrígenas da Jerusalém terrestre, que, como diz o apóstolo, *não conhecendo a justiça de Deus*, quer dizer, aquela que Deus, único justo e justificador, dá ao homem, e *afanados em estabelecer a sua própria*, isto é, aquela que julgam alcançada para si e por si mesmos, não dada por Deus, *não se sujeitaram à justiça de Deus*. E, sem dúvida, não se submeteram, por serem soberbos, julgando-se capazes de agradar a Deus por seus próprios esforços sem a graça de Deus, de Deus que tudo sabe e, por isso mesmo, é árbitro das consciências, intuindo os pensamentos dos homens, que são vaidade, se dos homens e não inspirados por Ele. *E quem prepara suas revelações*. Que revelações senão a queda dos soberbos e a exaltação dos humildes? Eis como se cumprem: *Afrouxou o arco dos poderosos e revestiu de vigor os débeis*. Afrouxou o arco, quer dizer, o intento dos que se julgam tão poderosos, que sem a graça de Deus e sem seu auxílio são capazes de autossuficientemente cumprir os divinos mandamentos. E, por outro lado, são revestidos de vigor aqueles que intimamente clamam: *Senhor, tem misericórdia de mim, que desfaleço*.

4. *Os abundantes em pão*, prossegue, *vieram a ter menos e os famintos atravessaram a terra*. Quem são os abundantes em pão senão aqueles mesmos que se julgam poderosos, quer dizer, os israelitas, a quem Deus comunicou seus oráculos? Mas nesse povo os filhos da escrava tornaram-se menores. Com essa expressão, *minorati sunt*, pouco latina, porém muito expressiva, se diz que de maiores se tornaram menores, porque nos pães, quer dizer, na Palavra de Deus, que entre todas as nações unicamente os israelitas então receberam, apenas sentem o gosto das coisas terrenas. Por sua vez, as nações às quais não se dera a lei, quando, graças ao Novo Testamento, chegaram a conhecer tais palavras, atravessaram, famintas, a terra, porque nelas não sentiram o gosto das coisas terrenas, mas das celestes. E fazendo como quem procurava o porquê de ser assim, diz: *Porque a estéril teve sete filhos e ficou sem vigor a que tinha muitos*. A profecia projetou aqui jorros de luz para quem conhece o número sete, em que se significa a perfeição da Igreja universal. Por esse motivo, o Apóstolo São João escreve a sete Igrejas, dando a entender, assim, que escrevia à totalidade da única Igreja. E nos Provérbios de Salomão, a Sabedoria, figura de tal mistério, diz: *Edificou casa para si e lavrou sete colunas*. A Cidade de Deus era estéril em todas as nações, antes de surgir o feto que agora vemos. E agora também vemos sem vigor a Jerusalém terrestre, que tinha muitos filhos, porque os filhos da livre existentes em seu seio lhe constituíam o vigor; como agora nela não há espírito, mas apenas letra, perdido o vigor, debilitou-se.

5. *É o Senhor quem dá a morte e a vida*. Deu morte à que tinha muitos filhos e vida à estéril, que teve sete, embora possível entender-se também, talvez com mais propriedade, que dá vida àqueles a quem antes dera morte. A mesma ideia repete-se, ao que parece, nestas palavras: *Conduz ao sepulcro e livra dele*. Aqueles a quem o apóstolo se dirige nestes termos: *Se morrestes com Cristo, buscai as coisas lá de cima, onde Cristo está sentado à destra de Deus*, sem dúvida, receberam do Senhor morte que os salvou. Aqueles a quem diz: *Saboreai as coisas do céu, não as da terra*, são os famintos que atravessaram a terra. *Porque já estais mortos*, diz. Eis a morte que salva por Deus. A seguir acrescenta: *E vossa vida está escondida com Cristo em Deus*. Eis a vida também dada por Deus. São os mesmos, porém, os conduzidos ao sepulcro e os livrados dele? Ambas as coisas vemos cumpridas em Cristo, quer dizer, em nossa Cabeça,

com quem disse o apóstolo estar nossa vida escondida em Deus. E deu-lhe morte, pois *não perdoou o próprio Filho, mas entregou-o por todos nós.* E devolveu-lhe a vida, visto havê-lo ressuscitado dos mortos. E já que na profecia se lhe ouve a voz: *Não me abandones a alma no sepulcro,* conduziu-o ao sepulcro e tirou-o dele. Sua pobreza enriqueceu-nos, pois *o Senhor é quem faz pobres e ricos.* Para percebê-lo, ouçamos o seguinte: *Abate e exalta.* Abate, é certo, os soberbos e exalta os humildes. Todas as palavras dessa mulher, cujo nome significa Graça, resumem-se nestas: *Deus resiste aos soberbos e dá sua graça aos humildes.*

6. E o acréscimo: *Levanta da terra o pobre* a ninguém quadra melhor que àquele que, *sendo rico, se fez pobre por nós, para que fôssemos enriquecidos,* como dissemos há pouco, *por sua pobreza.* Levantou-o tão depressa da terra, para que sua carne não conhecesse a corrupção. E aplicou-lhe também isto: E do *monturo ergue o mendigo.* Mendigo é igual a pobre. O monturo de que é tirado alude muito bem aos perseguidores judeus, em cujo número se contava o apóstolo, que perseguiu a Igreja e dizia: *Tais coisas, que antes eu supunha vantajosas para mim, tive-as na conta de perdas, por amor a Cristo, e considerei-as não apenas desvantagens, mas também monturo, para ganhar a Cristo.* Da terra foi, por conseguinte, levantado o pobre e posto sobre todos os ricos e do monturo tirado o mendigo e posto sobre todos os opulentos, *para colocá-lo entre os potentados do povo,* a quem diz: *Sentar-vos-ei em doze tronos.* E dá-lhes trono de glória em herança. Haviam dito os potentados: *Bem vês que abandonamos tudo e te seguimos.* Haviam feito com verdadeiro poder semelhante voto.

7. Donde, porém, lhes veio o poder de fazê-lo senão daquele de quem logo a seguir se disse: *Ele dá a oferenda a quem faz voto?* Do contrário, seriam daqueles potentados cujo arco ficou bambo. *Ele, que dá a oferenda a quem faz voto,* porque ninguém, salvo quem dele *receber* a oferenda, pode oferendar algo bom a Deus. E prossegue: *Ele abençoou os anos do justo,* a fim de que por todo o sempre viva com aquele a quem se disse: *E teus anos não terão fim.* Ali permanecerão os dias, aqui passam, melhor diria, perecem, pois, antes de virem, não são e, vindos, já não são, porque trazem consigo seu fim. De ambas as coisas, assim expressas: *Ele, que dá a oferen-*

da a quem faz voto e abençoou os anos do justo, fazemos uma e recebemos outra. Mas não a recebemos da bondade de Deus, se com seu auxílio não fazemos primeiro a outra, *porque o homem não é poderoso em sua própria força. O Senhor desarmará o adversário dele,* quer dizer, o invejoso do ofertante, que pretende tornar-lhe impossível o cumprimento do voto. A ambiguidade do grego dá margem a entender-se também *seu inimigo.* Quando o Senhor haja começado a possuir-nos, o inimigo, que até agora fora nosso, faz-se, não há dúvida, inimigo dele e é vencido por nós, mas não com nossas forças, *porque o homem não é poderoso em sua própria força. O Senhor, pois, desarmará seu inimigo o Senhor santo,* para vencerem-no os santos, feitos santos pelo Santo dos santos, pelo Senhor.

8. *Não se glorie o sábio em sua sabedoria, nem o poderoso em seu poder, nem o rico em suas riquezas; quem gloriar-se, glorie-se disto, de entender e conhecer o Senhor e de praticar o direito e a justiça no meio da terra.* Não entende e conhece pouco o Senhor quem conhece e entende ser o Senhor quem lhe dá o conhecer e entender-se. *Que tens,* pergunta o apóstolo, *que não hajas recebido? E, se o recebeste, de que te glorias, como se não o houvesses recebido?* Quer dizer, como se o motivo ou objeto por que te glorias procedesse de ti. Pratica o direito e a justiça quem vive retamente. E vive retamente quem obedece ao mandado de Deus e o *fim dos mandamentos,* quer dizer, a que se referem os mandamentos, *é a caridade que nasce de coração puro, de consciência boa e de fé não fingida.* Pois bem, *tal caridade,* como testemunha o Apóstolo São João, *procede de Deus.* Logo, a prática do direito e da justiça procede de Deus. Que significa, porém, *no meio da terra?* Será que não devem praticar o direito e a justiça os habitantes dos confins da terra? Por que, pois, se acrescentou *no meio da terra?* Se não se houvesse acrescentado, dizendo simplesmente *praticar o direito e a justiça,* o mandamento abrangeria por igual os homens mediterrâneos e os marítimos. Mas tenho para mim haver-se dito *no meio da terra* para designar o tempo que a gente vive no corpo, a fim de ninguém pensar que, finalizada a vida, haja no corpo tempo suficiente para praticar o direito e a justiça, coisa não feita enquanto vivia na carne, e desse modo poder escapar ao juízo divino. Nesta vida cada qual traz consigo sua terra, que, morto o homem, vai parar na terra comum e depois, ressuscitado, lhe será devolvida.

Deve-se, portanto, praticar o direito e a justiça *no meio da terra*, quer dizer, enquanto nossa alma se encontra aprisionada neste corpo terreno, o que nos será de grande utilidade no futuro, quando *cada qual receberá a paga devida às boas ou más ações que por meio do corpo haja feito*. A expressão do apóstolo (*por meio do corpo*) significa: durante o tempo vivido no corpo. Porque se alguém, com intenção perversa e no pensamento, blasfema, embora tal ação não a realize com nenhum membro nem movimento do corpo, nem por isso deixa de ser culpado, pois a realizou durante o tempo que viveu no corpo. E assim podemos muito bem entender as palavras do salmo: *Deus, nosso rei desde antes dos séculos, operou a salvação no meio da terra.* O Senhor Jesus, nesse caso, identifica-se com nosso Deus, anterior aos séculos, porque os séculos foram feitos por Ele. Operou nossa salvação no meio da terra, quando o Verbo se fez carne e habitou em corpo de terra.

9. Após a profecia de Ana sobre como deve gloriar-se quem se gloria, quer dizer, que não deve gloriar-se em si mesmo, mas no Senhor, diz, de olhos postos no dia do juízo: *O Senhor subiu aos céus e trovejou. Julgará os confins da terra, porque é justo*. Observa, em tais palavras, a ordem da profissão de fé dos fiéis. Cristo, Nosso Senhor, subiu aos céus, donde virá julgar os vivos e os mortos. Com efeito, como diz o apóstolo: *Quem subiu, senão quem desceu aos mais ínfimos lugares da terra? Quem desceu é também o mesmo que subiu acima de todos os céus, para encher todas as coisas.* Trovejou, pois, por meio das nuvens, que, subido, encheu do Espírito Santo. Dessas nuvens fala no Profeta Isaías, quando ameaça a Jerusalém escrava, quer dizer, a vinha ingrata, de não chover sobre ela. E acrescentou: *Ele julgará os confins da terra*, como que dizendo: Até os confins da terra, pois quem julgará, sem dúvida alguma, todos os homens não deixará de julgar as outras partes da terra. Mas talvez melhor se entenda por *confins da terra* os confins da vida humana, porquanto o homem não será julgado segundo o estado atual, em que oscila do bem ao mal e do mal ao bem, mas segundo for encontrado no instante final. Por isso se disse que *quem perseverar até o fim se salvará*. Logo, quem com perseverança pratica o direito e a justiça no meio da terra não será condenado, quando forem julgados os poderes da terra. *E dá força*, diz, *a nossos reis*, quer dizer, para não condená-los no juízo. Dá-lhes força para governarem a carne

como reis e, naquele que por eles derramou o próprio sangue, vencerem o mundo. *E exaltará o poder de seu Cristo.* Como exaltará Cristo o poder de seu Cristo? Acima, ao dizer: *O Senhor subiu aos céus,* entendemos tratar-se de Cristo Senhor; dele mesmo aqui se diz que *exaltará o poder de seu Cristo.* Quem é, pois, o Cristo de seu Cristo? Ou exaltará, porventura, o poder de cada um de seus fiéis, segundo a expressão da referida mulher, no começo de seu hino: *Meu Deus exaltou-me o poder?* Na realidade, podemos muito bem chamar cristos a todos os ungidos com seu crisma, porque o Cristo único o formam o corpo e sua cabeça. É a que se reduz a profecia de Ana, mãe do ilustre e santo Samuel. Nele figurou-se, então, a mudança do antigo sacerdócio, que agora vemos cumprida, e foi aí que a que teve muitos filhos ficou sem vigor, a fim de que, transformada em mãe de sete, a estéril tivesse novo sacerdócio em Cristo.

CAPÍTULO V
Desaparecimento do sacerdócio de Aarão, predito ao Sacerdote Eli

1. O homem de Deus, cujo nome se silencia, mas que por seu ofício e ministério se apresenta como profeta, enviado ao Sacerdote Eli, expressa isso mesmo com maior clareza. Eis o texto: *Certo homem de Deus chegou-se a Eli e disse-lhe: Isto diz o Senhor: Manifestei-me à família de teu pai, quando estavam no Egito, submetidos ao jugo do faraó. E escolhi a família de teu pai entre todos os cetros de Israel, para se encarregarem de meu sacerdócio e para que subissem a meu altar, me queimassem incenso e andassem vestidos com o efod. Dei a comer à casa de teu pai parte dos sacrifícios que os filhos de Israel fazem com fogo. Por que, pois, me olhaste com olhos impudentes o incenso e o sacrifício e teus filhos glorificaste mais do que a mim, permitindo-lhes abençoar, em minha presença, as primícias de todo sacrifício oferecido em Israel? Por isso diz o Senhor Deus de Israel: Decidi que tua casa e a casa de teu pai passarão eternamente em minha presença. E agora diz o Senhor: Isso é que não. Glorificarei os que me glorifiquem e quem me despreze será desprezado. Eis que chega o tempo em que da casa de teu pai te exterminarei a descendência e jamais terá sacerdote em minha*

casa. Afastarei todos de meu altar, para que lhes desfaleçam os olhos e lhes descaia a alma. Quantos restarem de tua casa morrerão a golpes de espada e será sinal disso o que sucederá a teus dois filhos, Hofni e Fineias, pois ambos morrerão no mesmo dia. Procurarei sacerdote fiel, que faça quanto meu coração e minha alma desejam, construirei para ele casa sólida e duradoura e passará sempre em presença de meu Cristo. E todo aquele que sobreviver de tua casa virá adorá-lo com um óbolo de prata, dizendo: Acomoda-me em alguma parte de teu sacerdócio, para eu comer o pão.

2. É exagero afirmar que essa profecia, tão claro prenúncio da mutação do antigo sacerdócio, cumpriu-se à letra em Samuel. Apesar de ser verdade que Samuel não pertencia a tribo distinta da tribo por Deus destinada a servir o altar, não era dos filhos de Aarão, cuja posteridade fora designada para perpetuar o sacerdócio. Como consequência, tal acontecimento foi figura, como que envolta em sombra, da mudança que por intermédio de Jesus Cristo se operaria mais tarde. A profecia, em sentido próprio, pertencia ao Antigo Testamento e, em sentido figurado, ao Novo. Falo quanto ao fato, não quanto às palavras, quer dizer, o ocorrido significava o que, em palavras, o profeta expressou ao Sacerdote Eli. Houve, depois, sacerdotes da família de Aarão, como Sadoc e Abiatar, no reinado de Davi, e outros mais tarde, mas muito antes da época em que devia cumprir-se em Cristo a predição acerca da mudança do sacerdócio. Quem, observando-o com o olhar da fé, não vê já estar cumprida?

Com efeito, atualmente não resta aos judeus nem tabernáculo, nem templo, nem altar, nem sacrifício, nem, por conseguinte, alguns dos sacerdotes que, segundo a Lei de Deus, deviam ser da família de Aarão. É a isso que na citada profecia alude o profeta, quando afirma: *Isto diz o Senhor Deus de Israel: Decidi que tua casa e a casa de teu pai passarão eternamente em minha presença. E agora diz o Senhor: Isso é que não. Glorificarei os que me glorifiquem e quem me despreze será desprezado.* Aqui chama casa do pai. Saiba-se que não fala do pai próximo, mas de Aarão, primeiro sacerdote instituído, de quem descendem todos os demais, coisa que as expressões anteriores deixam entrever: *Manifestei-me à família de teu pai, quando estavam na terra do Egito, submetidos ao jugo do faraó. E entre todos os cetros de Israel escolhi a família de teu pai, para encarregar-se de meu sacerdócio.* Quem de seus pais esteve sob o jugo dos egípcios e, libertados, foi escolhido para o sacerdócio, senão Aarão? Nessa passagem diz-se, por conseguinte, que de sua estirpe já não haverá sacerdotes. E já o vemos cumprido. Avive-se a fé! Os fatos aí estão, podem ser vistos, tocados com a mão e entram pelos olhos dos que não querem ver. *Eis que chega o tempo,* diz, *em que te exterminarei a descendência da casa de teu pai e jamais terás sacerdote em minha casa. E afastarei todos de meu altar, a fim de que lhes desfaleçam os olhos e lhes descaia a alma.* Eis chegado o tempo predito. Não há sacerdotes segundo a ordem de Aarão; quantos restam de sua estirpe, ao considerarem que o sacrifício dos cristãos brilha em todo o mundo e ao seu lhe foi subtraído tão grande honra, desfalecem-lhes os olhos e descai-lhes a alma, de tristeza consumida.

3. Porém, o seguinte refere-se, em sentido próprio, à casa de Eli, a quem se dirigia: *Quantos restarem de tua casa morrerão a golpes de espada e será sinal disso o que há de acontecer a teus dois filhos, Hofni e Fineias, quer dizer, ambos morrerão no mesmo dia.* O mesmo sinal que marcou o sacerdócio arrebatado à casa de Eli marcou que o sacerdócio devia mudar-se da casa de Aarão. A morte de ambos os filhos de Eli não significou a morte dos homens, mas a do sacerdócio na descendência de Aarão. O que se segue já se relaciona com o sacerdote de que é figura Samuel, sucessor de Eli. Fala-se, por conseguinte, de Jesus Cristo, verdadeiro sacerdote do Novo Testamento: *Procurarei sacerdote fiel, que proceda segundo meus desejos e meus pensamentos, e para ele construirei casa duradoura e sólida.* Tal casa é a Jerusalém eterna e soberana. *E passará sempre,* diz, *em casa de meu Cristo.* Passará, quer dizer, estará ante ele, como antes dissera da casa de Aarão: *Decidi que tua casa e a casa de teu pai passarão sempre em minha presença. Passará em presença de meu Cristo* refere-se, sem dúvida, a casa, não a Cristo sacerdote, Mediador e Salvador. Logo, sua casa passará em presença dele. Pode-se também entender que passará da morte à vida durante todo o tempo de nossa mortalidade até o fim dos séculos. E, quando Deus diz: *Que faça quanto meu coração e minha alma desejam,* não pensemos que tem alma, pois Ele é o criador da alma. Semelhantes expressões aplicam-se a Deus metaforicamente, não em sentido próprio, como dele se diz que tem pés, mãos e outros membros do

corpo. Ademais, para ninguém imaginar haver o homem sido feito à imagem de Deus, segundo o corpo, a Deus também se atribuem asas, membros de que o homem carece. E assim se diz a Deus: *Ampara-me à sombra de tuas asas*, para os homens entenderem que isso se diz de maneira metafórica, não propriamente, de sua natureza inefável.

4. As palavras: *E todo aquele que sobreviver de tua casa virá adorá-lo* não se referem propriamente à casa de Eli, mas à de Aarão, de que até a vinda de Cristo sobreviveram homens e de cuja linhagem restam alguns. Porque da casa de Eli já se dissera antes: *E quantos restarem de tua casa morrerão a golpes de espada.* Como é possível ser verdadeiro que *todo aquele que sobreviver de tua casa virá adorá-lo*, se é verdade que ninguém escapará à espada vingadora? Talvez quisesse dar a entender com isso todos os pertencentes à estirpe sacerdotal, segundo a ordem de Aarão. Se, pois, faz parte dos predestinados restantes, de quem disse outro profeta: *Os sobreviventes salvar-se-ão*, a que acrescenta: *Assim, pois, também agora se salvaram os sobreviventes acolhidos pela eleição da graça*, pois com tais sobreviventes quadrariam perfeitamente as palavras: *Todo aquele que de tua casa sobreviver*, sem dúvida alguma crerá em Cristo. Assim, no tempo dos apóstolos muitos dessa nação creram e, ainda agora, embora muito raras, não faltam pessoas que creiam, cumprindo-se nelas o que logo a seguir acrescentou o homem de Deus: *Virá adorá-lo com um óbolo de prata*. A quem virá adorar senão ao sumo sacerdote, que é também Deus? No sacerdócio segundo a ordem de Aarão, os homens não iam ao templo ou ao altar de Deus adorar o sacerdote. Que significa *com um óbolo de prata*, senão a palavra abreviada da fé, a que o apóstolo aplica o seguinte: *O Senhor estabelecerá palavra reduzida e breve sobre a terra?* O salmo que canta: *Palavras puras e sinceras são as palavras do Senhor, são prata refinada ao fogo* prova que nessa passagem prata equivale a palavra.

5. Que diz aquele que vem adorar o sacerdote de Deus e o sacerdote-Deus? *Acomoda-me em alguma parte de teu sacerdócio para eu comer o pão.* Não quero gozar das honras, já inexistentes, de meus pais; acomoda-me em qualquer parte de teu sacerdócio. *Escolhi ser o ínfimo da casa de Deus*, quer dizer, desejo ser um membro qualquer de teu sacerdócio. Chama aqui sacerdócio ao povo, cujo

sacerdote é o Mediador entre Deus e os homens, o homem Jesus Cristo. A esse povo diz o Apóstolo São Pedro: *Povo santo, sacerdócio real.* Verdade é que alguns traduziram de *teu sacrifício,* não *de teu sacrodócio;* isso, porém, significa igualmente o povo cristão. Por isso diz o Apóstolo São Paulo: *Embora muitos, viemos a ser um só pão, um só corpo.* As palavras *para eu comer o pão* expressam de maneira elegante o gênero de sacrifício de que diz o sacerdote: *E o pão que darei para a vida do mundo é minha própria carne.* E tal sacrifício não é segundo a ordem de Aarão, mas segundo a ordem de Melquisedec. Entenda-o bem o leitor. A breve e salutarmente humilde confissão: *Acomoda-me em alguma parte de teu sacerdócio, para eu comer o pão* é o óbolo de prata, porque a Palavra do Senhor, que mora no crente, é breve. Acima dissera haver dado à casa de Aarão, para comida, as vítimas do Antigo Testamento, expressando-se assim: *E dei à casa de teu pai, para comida, parte de todos os sacrifícios dos filhos de Israel que se fazem com fogo;* eram precisamente esses os sacrifícios dos judeus. E agora disse: *Para comer o pão,* que é o sacrifício dos cristãos no Novo Testamento.

CAPÍTULO VI
O sacerdócio e o reino judaicos

1. Embora tais coisas então se predissessem com grande profundidade e agora despeçam luz clara, alguém pode objetar com certa probabilidade: Quem nos garante o cumprimento de todas as predições de tais livros, se este oráculo divino: *Tua casa e a casa de teu pai passarão eternamente em minha presença* não pôde cumprir-se? Porque vemos haver-se mudado esse sacerdócio e não ser de esperar se cumpra algum dia a promessa feita a essa casa, pois foi abolido e mudado e a eternidade pregada se refere, antes, ao que lhe sucede. Quem assim fala não compreende ou não lembra que o sacerdócio, mesmo o segundo a ordem de Aarão, constituiu-se como sombra do sacerdócio vindouro, eterno. E, portanto, quando se prometeu a eternidade, não se prometeu à sombra e à figura, mas ao figurado e adumbrado. E, para não se imaginar que a própria sombra permanece, necessário foi profetizar também sua mudança.

2. Nesse sentido, a realeza de Saul, reprovada e rejeitada, também era sombra de realeza futura, que teria duração eterna. O óleo com que o ungiram (desse crisma derivou Cristo) devemos entendê-lo misticamente e nele considerar grande mistério. Assim, o próprio Davi respeitou-o tanto nele, que o coração lhe pulava de medo, quando, escondido em escura caverna, onde, forçado por necessidade natural, Saul também entrara, lhe cortou furtivamente um pedacinho da túnica, para fazê-lo ver, mostrando-lho, que o perdoara, podendo haver-lhe dado morte. E com isso afugentar-lhe-ia do espírito a suspeita que o levava a no santo Davi ver inimigo seu e a persegui-lo com violência. Este receava ser culpado da profanação de tão grande mistério simplesmente por haver-lhe tocado a túnica. Assim está escrito: *A consciência de Davi remordeu-o, por haver tocado a orla do manto de Saul*. Persuadiam-no os companheiros a dar morte a Saul, entregue como estava a suas mãos. *Não permita Deus*, disse, *que eu ponha em prática semelhante conselho, levantando a mão contra e sobre ele, porque é o ungido do Senhor*. E respeitava tão honradamente essa figura do futuro não tanto por si mesma quanto pelo figurado por ela. Samuel diz a Saul: *Porque não me cumpriste o mandamento, que o Senhor te intimou, o reino de Israel, que Deus te preparara para sempre, já não subsistirá, não será estável. O Senhor buscará alguém segundo seu coração e chamá-lo-á a ser príncipe de seu povo, porquanto não guardaste o mandado por Ele.*

Isso não se deve entender como se Deus houvera disposto que Saul reinasse eternamente e depois não quisesse manter a promessa, pois não ignorava que havia de pecar. Havia-lhe aparelhado o reino, isso sim, mas para figura do reino eterno. Por isso acrescentou: *E agora teu reino não subsistirá para ti*. Subsistiu e subsistirá o figurado por ele, não subsistirá, porém, para ele, porque nem ele, nem sua descendência reinarão eternamente, a fim de que, ao menos na sucessão de seus descendentes, parecesse cumprir-se a promessa de eternidade. *O Senhor buscará alguém*, diz. Essas palavras apontam para Davi ou para o Mediador do Novo Testamento, figurado no crisma com que foram ungidos Davi e sua linhagem. O Senhor não busca alguém, como se não soubesse onde está, mas fala por intermédio de alguém, à maneira humana, e com semelhante modo de falar também nos busca. E éramos tão conhecidos não apenas por Deus Pai, como também por seu Unigênito, que veio buscar o que perecera, que antes da criação do mundo nos escolhera nele. *Buscará para si (quaeret)* significa *terá por seu*. Daí que em latim essa palavra admita preposição e se diga *acquirit* (adquire), cujo significado é claro, embora *buscar (quaerere)*, sem preposição, signifique *adquirir (acquirere)*. Por isso os lucros também se chamam *ganhos (quaestus)*.

CAPÍTULO VII
Queda do reino de Israel

1. Saul pecou de novo por desobediência e Samuel tornou a dirigir-lhe a palavra em nome do Senhor: *Porque desprezaste a Palavra do Senhor, o Senhor rejeitou-te, para não seres rei de Israel.* Saul confessa outra vez seu pecado, pede perdão e roga a Samuel que consigo volte a aplacar Deus. E diz-lhe Samuel: *Não voltarei contigo, porque desprezaste a palavra do Senhor e o Senhor te rejeita, para não seres rei de Israel. Samuel voltou o rosto, para ir-se, e Saul segurou-o pela orla do manto e rasgou-o. Replicou-lhe Samuel, então: Hoje o Senhor destituiu Israel do reino, tirando-o de tua mão; dá-lo-á a um de teus próximos, melhor do que tu. Israel ficará dividido em duas partes. E não voltará atrás nem se arrependerá, porque não é, como o homem, susceptível de arrependimento. O homem ameaça e não persevera.* Aquele a quem diz: *O Senhor rejeita-te, para não seres rei de Israel* e: *Hoje o Senhor destituiu Israel do reino, tirando-o de tua mão*, reinou sobre Israel quarenta anos. Quer dizer, reinou tanto tempo quanto Davi e ouviu essa palavra na primeira época de seu reinado. Dá-se-nos a entender com isso que já não haveria de reinar ninguém de sua estirpe e devemos fixar a atenção na estirpe de Davi, de que nasceu, segundo a carne, o Mediador entre Deus e os homens, Cristo homem.

2. Na Escritura não se lê, como em muitos códices latinos: *O Senhor arrancou-te da mão o reino de Israel*, mas como traduzimos, acomodando-nos aos códices gregos: O *Senhor destituiu Israel do reino, tirando-o de tua mão*, dando a entender, assim, que *de tua mão* é o mesmo que *Israel*. Tal homem personificava figuradamente o povo de Israel, destinado a perder o reino, havendo Nosso Senhor Jesus Cristo de reinar espiritual, não carnalmente, pelo Novo Tes-

tamento. Quando se diz: *E dá-lo-á a outro próximo*, faz-se alusão a parentesco carnal, pois Cristo nasceu de Israel, segundo a carne, como Saul. O acréscimo *bom sobre ti* pode-se entender por *melhor que tu*. Alguns assim traduziram. Mas é mais aceitável o sentido de *bom sobre ti*. Ele está sobre ti, porque é bom, segundo as palavras proféticas: *Enquanto ponho debaixo de teus pés todos os teus inimigos*. Entre esses inimigos está Israel e a tal perseguidor seu arrebatou-lhe Cristo o reino. E o Israel em que não havia engano fora ali como trigo entre palha. Dele procediam os apóstolos, dele os santos mártires, o primeiro dos quais foi Santo Estêvão, dele brotou a série de igrejas mencionadas pelo Apóstolo São Paulo, que em sua conversão engrandeceu a Deus.

3. Acerca das palavras: *Israel ficará dividido em duas partes* não me restam dúvidas. Devem ser entendidas como se dissessem que uma parte é o Israel inimigo de Cristo e outra o Israel simpatizante com Cristo; uma, o Israel da escrava e a outra o Israel da livre. Ambas as classes estavam a princípio juntas, como Abraão ainda unido à escrava, até que a estéril, fecundada pela graça de Cristo, exclamou: *Expulsa a escrava e o filho*. Sabemos que Israel, durante o reinado de Roboão e por causa do pecado de Salomão, dividiu-se em dois grupos e se manteve assim, cada facção com seus reis, até os caldeus subjugarem a nação toda e levarem-na para o cativeiro. Mas que é que isso tem com Saul? Se se houvesse de fazer tal ameaça, por que nao dirigi-la de preferência a Davi, de quem Salomão era filho? Ademais, agora a nação hebreia não se dividiu, mas se dispersou indiferentemente pelo mundo, na comunhão do mesmo erro. Porém, a divisão que Deus cominou na pessoa de Saul, representante do reino e do povo, seria imutável e eterna, como atestam as seguintes palavras: *E não voltará atrás nem se arrependerá, porque não é, como o homem, susceptível de arrependimento. O homem ameaça e não persevera*, que é o mesmo que dizer: o homem ameaça e não é constante; por sua vez, Deus não, porque não se arrepende como o homem. Quando diz que se arrepende, a Escritura refere-se à mutação das coisas, continuando imutável a presciência divina. E dizer que não se arrepende quer dizer que não muda.

4. Por tais palavras vemos que Deus pronunciou sentença irrevogável e perpétua sobre a divisão do povo de Israel. Todos que passa-

ram, passam ou passarão desse povo a Cristo, segundo a presciência de Deus, não procedem dele, e sim segundo a natureza única do gênero humano. Ademais, todos os israelitas que aderirem a Cristo e nele permanecerem jamais estarão com os israelitas, que até o fim do mundo continuarão sendo inimigos seus. A divisão aqui pregada subsistirá sempre. O Antigo Testamento, dado sobre o Monte Sinai e gerador de escravos, tem este valor apenas, o de dar testemunho do Novo. Enquanto alguém lê Moisés, cobre com véu o coração; ao passar a Cristo, descerra-se o véu. Com efeito, quem dá esse passo do Antigo ao Novo Testamento muda de propósito e já não aspira à felicidade carnal, mas à espiritual. E a razão por que o grande Profeta Samuel, antes de ungir Saul rei, rogou ao Senhor por Israel e foi escutado. E, estando oferecendo holocaustos, ao aproximarem-se os estrangeiros para lutar com o povo de Deus, trovejou sobre eles o Senhor, confundiu-os, e eles se abateram ante Israel e foram vencidos. Tomou, então, uma pedra, colocou-a entre a antiga e a nova Massefat e chamou-a Abenezér, que em latim significa *pedra do ajudador*. E disse: *Até aqui o Senhor nos ajudou*. Massefat com efeito significa "intenção". A pedra do ajudador é a mediação do Salvador, graças à qual há de o homem passar da Massefat velha à nova, quer dizer, da intenção com que se esperava a falsa felicidade carnal no reino carnal à intenção com que se espera a verdadeira felicidade espiritual no Reino dos Céus, por intermédio do Novo Testamento. E, como nada lhe é superior, a consegui-la é que o Senhor nos auxilia.

CAPÍTULO VIII
Promessas feitas a Davi e não cumpridas em Salomão, mas plenissimamente em Cristo

1. Vamos, pois, quanto ao ponto de que estamos tratando, esclarecer o que Deus prometeu a Davi, sucessor de Samuel, mudança que figurou a mudança suprema, a que se relacionam todas as coisas ditas por Deus e consignadas em tais livros. Sorriu a fortuna ao Rei Davi e então pensou em edificar casa a Deus, o tão afamado templo mais tarde construído por seu filho Salomão. Cogitando ele nessas coisas, o Senhor dirigiu a palavra ao Profeta Natã, dizendo-lhe que se apresentasse ao rei. E, depois de Deus haver dito que Davi não lhe

edificaria a casa e que passara tanto tempo sem mandar ninguém de seu povo edificar-lhe casa de cedro, acrescentou: *Agora dirás ao meu servo Davi: Isto diz o Senhor Todo-poderoso: Tirei-te dentre os rebanhos, para que fosses o chefe de meu povo, Israel. Estive contigo em todos os teus caminhos, diante de ti exterminei todos os teus inimigos e tornei-te o nome tão célebre como o dos grandes da terra. Buscarei lugar estável para meu povo de Israel, estabelecê-lo-ei nele e nele habitará à parte, sem ser daí por diante inquieto. Não tornará a humilhá-lo o filho da iniquidade, como vinha fazendo desde que constituí juízes sobre meu povo de Israel. Farei com que permaneças em paz com todos os teus inimigos e o Senhor anunciar-te-á que lhe edifiques casa. Quando hajas terminado teus dias, irás descansar com teus pais e depois de ti levantarei teu descendente, nascido de ti, e lhe prepararei o reino. Edificará templo em meu nome e dirigir-lhe-ei eternamente o trono. Serei seu pai e será meu filho. Se sua iniquidade chegar a ser real, corrigi-lo-ei com vara de homens e com toques de filhos de homens. Mas não apartarei dele minha misericórdia, como apartei daqueles que expulsei de minha presença. Sua casa será estável, seu reino permanecerá eternamente diante de mim e seu trono sempre estará de pé.*

2. Em grande erro está quem pense haver-se tal promessa cumprido em Salomão. Apenas repara em que: *Este edificará minha casa* e em que foi justamente Salomão quem construiu o soberbo templo e não em que: *Sua casa será estável e seu reino permanecerá eternamente diante de mim*. Atente, pois, e contemple o palácio de Salomão, repleto de mulheres estrangeiras, que dão culto a falsos deuses, e o próprio rei sábio, seduzido e às vezes por elas precipitado na idolatria, e não se atreva a pensar que a promessa de Deus foi mendaz ou Ele não pôde de antemão saber o que seriam Salomão e sua casa. Embora, porém, não víssemos cumpridas essas palavras em Nosso Senhor Jesus Cristo, nascido da linhagem de Davi, segundo a carne, não deveríamos pô-lo em dúvida, sob pena de, inane e vãmente, buscarmos outro messias, como os judeus carnais. É tão verdade que Salomão, para eles, não é o filho nessa passagem prometido ao Rei Davi, que, já revelado com tamanha clareza o prometido, ainda dizem com admirável cegueira que esperam outro. Na realidade, também em Salomão se vê certa imagem do futuro, pois

edificou o templo, viveu em paz, como seu nome indica (Salomão quer dizer pacífico), e no princípio de seu reinado foi digno de louvor. Sua pessoa prefigurava, como sombra do futuro, Nosso Senhor Jesus Cristo, mas não o exibia. Daí a Santa Escritura dizer algumas coisas dele como se dele estivessem preditas, quando na realidade o que está é fazendo profecia e delineando-o, de certa maneira, como figura do futuro. Além dos livros históricos, em que se conta seu reinado, há um salmo, o 71, encabeçado por seu nome. Dizem-se nele muitas coisas incompatíveis com sua pessoa e, por outro lado, tão aptissimamente convenientes a Cristo, que se torna evidente se haja debuxado naquele certa figura e apresentado neste a própria verdade. Os limites do reino de Salomão, para citar um caso, são conhecidos; lê-se, entretanto, no salmo: *Dominará de um mar a outro e do rio ao extremo da terra.* Isso vemo-lo cumprido em Cristo, cujo império começou no rio, onde foi batizado por São João e começou a ser conhecido, fazendo ato de presença pelos discípulos, que não o chamavam apenas Mestre, mas também Senhor.

3. Salomão começou a reinar ainda em vida de seu pai Davi, coisa nunca vista entre aqueles reis, com o fim exclusivo de ficar claro que a profecia dirigida ao pai não apontava para ele. Eis a profecia: *Quando hajas terminado teus dias, irás descansar com teus pais e depois de ti levantarei um descendente, nascido de ti, e lhe prepararei o reino.* Por que, pois, no seguinte: *Este edificará minha casa* há de a profecia referir-se a Salomão e nas palavras precedentes: *Quando hajas terminado teus dias, irás descansar com teus pais e depois de ti levantarei um descendente* não se há de considerar prometido outro pacífico, de quem se anunciou que surgiria não antes, como esse, mas depois da morte de Davi? Por longo que seja o tempo transcorrido até o advento de Jesus Cristo, sempre é certo que após a morte do Rei Davi, a quem se fez semelhante promessa, viria aquele que edificaria uma casa a Deus, não de madeira e pedra, mas de homens, casa de cuja edificação gozamos. A tal casa, quer dizer, aos fiéis de Cristo, dirige-se o apóstolo nos seguintes termos: *O templo de Deus é santo e esse templo sois vós.*

CAPÍTULO IX
Semelhança entre a profecia do Salmo 88 e a do Profeta Natã

Por esse motivo, no Salmo 88, intitulado *Instrução a Etã Israelita*, faz-se menção das promessas por Deus feitas ao Rei Davi e dizem-se coisas semelhantes às citadas do Livro dos Reis. Assim, por exemplo: *Jurei a meu servo Davi que lhe farei florescer eternamente a descendência*. E também: *Outrora falaste em visão a teus filhos e disseste: Em homem poderoso tenho preparada minha assistência e exaltei aquele que do meio do meu povo escolhi. Falei a meu servo Davi e ungi-o com óleo sagrado. Protegê-lo-á minha mão, fortalecê-lo-á meu braço. Já não terá poder sobre ele o inimigo, já não poderá ofendê-lo o filho da iniquidade. E de sua presença exterminarei seus inimigos e porei em fuga os que o aborrecem. Acompanhá-lo-ão minha verdade e minha misericórdia e em meu nome será exaltado seu poder. E sobre o mar estenderá a mão e sobre os rios a destra. Invocar-me-á, dizendo: És meu pai, meu Deus e o autor de minha salvação. E constituí-lo-ei meu primogênito e o mais excelso entre os reis da terra. Conservar-lhe-ei para sempre meu favor e minha aliança com ele será estável. Farei que sua descendência subsista pelos séculos dos séculos e seu trono enquanto durem os céus.* Tudo isso, dito sob o nome de Davi, quando retamente entendido, entende-se de Jesus Cristo, por causa da forma de escravo que, como Mediador, tomou da descendência de Davi, no seio da Virgem. Fala-se, algumas linhas depois, dos pecados de seus filhos, pouco mais ou menos nos mesmos termos que no Livro dos Reis, o que nos inclina ainda mais a considerá-los como palavras de Salomão.

Ali, no Livro dos Reis, diz-se: *Se sua iniquidade chegar a ser real, corrigi-lo-ei com vara de homem e com toques de filhos de homens. Mas dele não apartarei minha misericórdia.* Os referidos toques são, sem dúvida, os vestígios do corretivo, donde procedem estas palavras: *Não toqueis meus ungidos.* Que quer dizer isso, senão: Não os molesteis? No mesmo salmo, tratando aparentemente de Davi, diz-se algo assim: S*e seus filhos abandonarem minha lei e não procederem de acordo com meus desejos, se violarem meus justos preceitos, castigar-lhes-ei com a vara as maldades e com o açoite os pecados. Mas não retirarei dele minha misericór-*

dia. Note-se que não disse "deles", falando, como falava, dos filhos, mas *dele*, que, bem-entendido, tem o mesmo significado. Pois bem, em Cristo, cabeça da Igreja, não é possível encontrar pecado algum que, guardada a misericórdia, precise ser castigado por Deus com corretivos humanos, mas é-o em seus membros e em seu corpo, que é o seu povo. Assim, no Livro dos Reis, fala-se da *maldade dele* e, no salmo, da *de seus filhos*, com o fim de dar-nos a entender que, de certo modo, o que se diz de seu corpo também se diz dele. Por essa razão Ele próprio disse do céu, quando Saulo lhe perseguia o corpo, quer dizer, os fiéis: *Saulo, Saulo, por que me persegues?* Acrescenta o salmo: *Jamais faltarei à verdade, nem violarei minha aliança, nem retratarei as promessas que me saíram da boca. Jurei uma vez por meu santo nome que não faltarei ao que prometi a Davi*, quer dizer, que jamais mentirei a Davi. Trata-se de modismo da Escritura. Acerca de que não mentirá? Acrescenta: *Sua linhagem durará eternamente e seu trono resplandecerá para sempre em minha presença, como o sol, como a lua e como o arco-íris, testemunho fiel no céu.*

CAPÍTULO X
Os acontecimentos da Jerusalém terrena desmentiram o cumprimento nela das promessas feitas por Deus

Depois de fundamentos tão sólidos de promessa tão transcendental, para que não a julguem cumprida em Salomão e tal esperança conduza a busca inútil, exclama o profeta: *Tu, Senhor, o rejeitaste e reduziste a nada*. Isso aconteceu no reinado de Salomão e em sua posteridade, até à ruína da Jerusalém terrestre, capital de seu reino, e, principalmente, até à destruição do templo construído por Salomão. Mas, para não imaginarem que isso ia de encontro às promessas de Deus, acrescentou em seguida: *Diferiste teu Cristo*. Se, por conseguinte, foi diferido o Cristo do Senhor, não é nem Salomão, nem Davi. Todos os reis consagrados com o místico crisma eram chamados cristos (ungidos), não apenas de Davi em diante, mas já desde Saul, primeiro a ser ungido rei do povo israelita e a quem o próprio Davi chamou cristo do Senhor. Mas havia um só Cristo verdadeiro, de quem com sua unção profética eram figura aqueles. Esse

Cristo, segundo a opinião dos homens, que pensaram devia ser Davi ou Salomão, diferia-se para mais tarde, mas, segundo a Providência de Deus, ia-se preparando o tempo de seu advento. Entrementes, enquanto Ele chegava, que se fez do reino da Jerusalém terrestre, onde se esperava que reinaria? O salmo acrescenta logo a seguir: *Anulaste a aliança com teu servo, deitaste por terra sua santidade. Destruíste todos os seus muros e converteste em espanto suas fortalezas. Saquearam-no quantos passam pelo caminho; fez-se o escárnio dos vizinhos. Exaltaste o poder de seus inimigos e cumulaste de contentamento seus adversários. Tens embotado o fio de sua espada e fizeste em pedaços seu sólio. Encurtaste os dias de seu reinado e cobriste-o de ignomínia.* Todas essas desgraças caíram sobre a Jerusalém escrava, em que reinaram também alguns filhos da livre, que na mão sustinham temporalmente esse cetro e empunhavam com verdadeira fé o cetro da Jerusalém celeste, esperando no Cristo. Basta lermos a história, para inteirar-nos do desenvolvimento de tais acontecimentos no referido reino.

CAPÍTULO XI
A substância radical do povo de Deus

Depois dessas profecias, o profeta faz oração a Deus, mas até mesmo na oração há profecia: *Até quando, Senhor, apartas até o fim?* Subentende-se *teu rosto*, como se diz noutro salmo: *Até quando apartarás de mim teu rosto?* Alguns códices não trazem *apartas*, mas *apartarás*, embora se possa entender: Apartas tua misericórdia, que prometeste a Davi. A expressão *in finem* que significa, senão até o fim? E no fim encontram-se expressos os últimos tempos, quando tal nação há de crer em Jesus Cristo. Mas antes disso era preciso que acontecessem as calamidades que mais acima o profeta lamentou. Por causa delas acrescenta: *Tua indignação arderá como fogo. Lembra-te de qual é minha substância.* Se o Filho do Homem não fosse a substância de Israel, graças à qual se viram livres muitos filhos de homens, na realidade seria inútil a criação dos filhos dos homens. Agora, contudo, em virtude do pecado do primeiro homem, toda a natureza humana caiu, e caiu da verdade na vaidade. É precisamente a isso que outro salmo alude: *O homem assemelhou-se à vaidade; seus dias passam como a sombra.* Mas Deus não criou em vão todos os filhos dos homens, porque por mediação de Jesus livra muitos da vaidade. Quanto aos que de antemão soube que não havia de livrar, criou-os para utilidade dos que havia de livrar e para comparar entre si, por oposição, ambas as cidades, não inutilmente, mas com essa belíssima e justíssima ordenação de toda criatura racional. Depois acrescenta: *Que homem há que haja de viver sem jamais ver a morte? Acaso livrará a alma do poder do inferno?* Que homem será, senão a substância de Israel, procedente da estirpe de Davi, Cristo Jesus? Dele diz o apóstolo que, *ressuscitado dos mortos, já não morre jamais e a morte já não terá domínio sobre Ele.* Vive e não verá a morte, mas já morreu. E livrou a alma do poder do inferno, a que descera para dar liberdade aos cativos. E livrou-a em virtude do poder desta maneira pregado no Evangelho: *Tenho poder para entregar minha alma e para recobrá-la.*

CAPÍTULO XII
A quem se refere o pedido de promessas do referido Salmo 88?

O salmo termina assim: *Senhor, onde estão tuas antigas misericórdias, que com juramento prometeste a Davi, pondo tua verdade por testemunha? Tem presente, Senhor, os opróbrios que teus servos sofreram de várias nações, opróbrios que tenho selados no peito, opróbrios com que nos exprobram, Senhor, teus inimigos, que nos lançam em rosto a mutação de teu Cristo.* Acerca de tais promessas cabe muito bem perguntar se se referem aos israelitas, desejosos do cumprimento da promessa feita a Davi, ou, pelo contrário, aos cristãos, israelitas não segundo a carne, mas segundo o espírito. É certo haverem sido ditas ou escritas durante o tempo de Etã, cujo nome encabeça o salmo, e durante o reinado de Davi. Sendo assim, se não se revestisse da personalidade de quantos muito depois viriam e para quem seria antiga a época das promessas feitas a Davi, o profeta não diria: *Senhor, onde estão tuas antigas misericórdias, que com juramento prometeste a Davi, pondo tua verdade por testemunha?*

Podemos entender, porém, que muitas nações, quando perseguiam os cristãos, lançaram-lhes em rosto a paixão de Cristo, chamada mutação pela Escritura, porque, morrendo, se tornou imortal. De acordo com isso, também pode ser entendida por mutação de Cristo a exprobrada aos israelitas, pois, quando esperavam que viria para eles, veio para todos. E isso muitas nações que, pelo Novo Testamento, creram nele lhes lançam em rosto, pois continuaram na lei antiga. Nesse caso, as palavras: *Tem presente, Senhor, os opróbrios que teus servos sofreram*, são ditas porque, não se esquecendo deles o Senhor, mas antes, compadecendo-se deles, deve depois do opróbrio atraí-los, por sua vez, à fé. Parece-me, porém, sentido mais próprio o primeiro. Aos inimigos de Cristo, a quem se lança em rosto havê-los Cristo abandonado, passando aos gentios, não é fácil nem viável aplicar-lhes a súplica: *Tem presente, Senhor, os opróbrios que teus servos sofreram*, porque tais judeus não devem ser chamados servos do Senhor. Mas essas palavras referem-se àqueles que, padecendo pelo nome de Cristo os graves vexames das perseguições, puderam recordar que o reino excelso fora prometido à descendência de Davi. E assim dizem, desejando-o, não desesperando, mas pedindo, buscando, clamando: *Senhor, onde estão tuas antigas misericórdias, que com juramento prometeste a Davi, pondo tua verdade por testemunha? Tem presente, Senhor, os opróbrios que teus servos sofreram de várias nações, opróbrios que tenho selados no peito*, quer dizer, opróbrios que com paciência suportei no íntimo. *Opróbrios que nos exprobram, Senhor, teus inimigos, que nos lançam em rosto a mutação de teu Cristo.*

Que significa: *Tem presente, Senhor*, senão: Tem piedade de mim e dá-me, pela humilhação tolerada com paciência, a glória que com juramento prometeste a Davi, pondo tua verdade por testemunha? Se aplicamos aos judeus essas palavras, os servos de Deus, conduzidos ao cativeiro, após a destruição da Jerusalém terrestre e antes do advento de Cristo, puderam dizer tais coisas, entendendo por mutação de Cristo que não se devia esperar dele a felicidade terrena e carnal, como apareceu nos poucos anos do Rei Salomão, mas a espiritual e celeste. A infidelidade dos gentios, desconhecendo-a, quando exultava e insultava o povo de Deus cativo, exprobrava-lhe a mutação de Cristo, mas como quem ignora exprobra os que sabem. E a seguinte conclusão do salmo: *Bênção ao Senhor para sempre. Assim seja, assim seja!*, cabe muito bem ao povo de Deus pertencente à Jerusalém celeste, quer em relação aos que estavam entre as sombras do Velho Testamento, antes de revelar-se o Novo, quer em relação àqueles que, revelado o Novo Testamento, pertencem plena e claramente a Cristo. A bênção do Senhor à descendência de Davi não devemos crê-la temporal, como se mostrou nos dias de Salomão, mas eterna. Montado sobre essa certíssima esperança, diz: *Assim seja, assim seja!* A repetição de tais palavras exprime a confirmação da esperança. Consciente disso, diz Davi no Segundo Livro dos Reis, tema vivo desta digressão: *E asseguraste a casa de teu servo para os séculos vindouros.* E pouco depois acrescenta: *Começa agora e bendize para sempre a casa de teu servo* etc. Então precisamente, geraria o filho de cuja estirpe nasceria Cristo, por quem seria eterna sua casa e, ao mesmo tempo, a casa de Deus. É casa de Davi em razão de sua linhagem e casa de Deus por causa do templo de Deus, mas templo feito de homens, não de pedras, em que eternamente mora o povo com seu Deus e em seu Deus e Deus com seu povo e em seu povo. Deus encherá seu povo e o povo será cheio de seu Deus, quando Deus for todo em todas as coisas. Deus, força no combate, será prêmio na paz. Depois das palavras de Natã: *E o Senhor anunciar-te-á que lhe edificarás casa,* logo se acrescentam as palavras de Davi: *Porque tu, Senhor onipotente, Deus de Israel, revelaste ao ouvido de teu servo e lhe disseste: Edificar-te-ei casa.* Essa casa edificamo-la também nós, vivendo bem, mas com o auxílio de Deus, porque, *se o Senhor não edificar a casa, em vão se fatigam os que a fabricam.* E, quando completar-se a dedicação da casa, serão realidade as palavras de Deus, ditas por Natã: *E colocarei em lugar estável meu povo de Israel, estabelecê-lo-ei nele e nele viverá separado, sem ser daí por diante inquietado. E o filho da iniquidade não tornará a humilhá-lo, como fazia desde que constituí juízes sobre meu povo de Israel.*

CAPÍTULO XIII
A paz prometida a Davi não é realmente a que houve durante o reinado de Salomão

É loucura esperar tamanho bem neste mundo terrenal. Haverá quem pense haver-se tal promessa cumprido na paz havida durante o reinado de Salomão? A Escritura dá especial importância a essa paz, porque figura da vindoura. Já não preveniu com vigilância essa falsa conjetura, quando, após dizer: *E o filho da iniquidade não tornará a humilhá-lo*, acrescentou: *Como fazia desde o tempo em que constituí juízes sobre meu povo de Israel?* Antes da instituição dos reis, foi o povo governado pelos juízes desde que recebeu a terra da promissão. E é verdade que o humilhava o filho da iniquidade, quer dizer, o inimigo estrangeiro, enquanto, segundo se lê, alternaram a paz e a guerra. Encontramos, além disso, épocas de paz mais dilatadas que a que houve sob Salomão, que reinou quarenta anos. Sob Aod, por exemplo, houve oitenta anos de paz. Longe, pois, de nós a ideia de que semelhante promessa se refere aos dias de Salomão e, muito menos, claro está, aos de qualquer outro rei. Nenhum rei dentre eles teve reinado tão pacífico e nunca essa nação manteve seu império sem temor ao jugo inimigo. E é que os vaivéns da vida humana a povo algum concedem segurança tal, que lhe permita não temer as incursões hostis. Portanto, o lugar de morada tão pacífica e segura aqui prometido é eterno e devido aos moradores eternos na mãe Jerusalém livre, onde reinará realmente o povo de Israel, porque Israel significa o *que vê a Deus*. A vida piedosa, penetrada do desejo de tal prêmio, deve ter por guia a fé, através desta dolorosa peregrinação.

CAPÍTULO XIV
Afã de Davi na disposição dos salmos e seu mistério

No curso temporal da Cidade de Deus, Davi reinou primeiro na Jerusalém terrena, figura do futuro. Era Davi homem versado na música e não amava a harmonia com prazer vulgar, mas com intenção elevada. Com ela servia seu Deus, que é o verdadeiro Deus, em figuração mística de grande realidade. O concerto acorde e compassado de diversos sons insinua com variedade concorde a unidade compacta de cidade bem-ordenada. Encontram-se quase que exclusivamente nos salmos as profecias. O chamado Livro dos Salmos contém cento e cinquenta. Alguns creem haver Davi composto apenas os salmos que lhe trazem o nome. Existe, ademais, quem julgue serem obra sua apenas os que trazem a seguinte nota: *De Davi* e haverem sido compostos por outro e adaptados a ele os intitulados *A Davi*. Tal opinião cai por terra ante a voz evangélica do Salvador, que diz haver Davi afirmado em espírito ser Cristo seu Senhor. Trata-se do Salmo 109. E começa assim: Disse o *Senhor a meu Senhor: Senta-te à minha direita, enquanto ponho teus inimigos por escabelo de teus pés.* E a verdade é que esse salmo não se intitula *De Davi*, mas *A Davi*, como a maioria deles. Julgo mais aceitável pensar que os cento e cinquenta salmos são obra sua, que a alguns ele mesmo intitulou com nomes de outros, que figuravam algo relativo ao assunto, e que os demais não quis tivessem por título o nome de ninguém. Deus mesmo inspirou também a disposição de tal variedade, obscura, é verdade, mas profunda. Não é objeção contra isso que alguns salmos apareçam iniciados com nomes de profetas muito posteriores ao Rei Davi e pareçam ditas por eles as coisas ali ditas. E é que muito bem pôde o Espírito profético revelar a Davi, que profetizava, os nomes de profetas vindouros, para que em profecia cantasse algo apropriado à pessoa deles. Assim, vemos antigo profeta falar de Josias e de suas futuras façanhas mais de trezentos anos antes de esse rei nascer.

CAPÍTULO XV
Texto e contexto das profecias contidas nos salmos e relativas a Cristo e à Igreja

Diz-me o coração que agora esperam de mim que explique neste ponto do livro as profecias contidas nos salmos de Davi e relativas a Cristo e a sua Igreja. Mas, embora não satisfaça às exigências dos leitores (e de um salmo já o fiz antes), afasta-me disso mais a abundância que a falta de material. Não me permito citar tudo, em atenção à brevidade, e temo que, ao escolher uns, pareça a alguns sábios que silencio os mais essenciais. Além disso, dado que o testemunho do salmo aduzido deve ser confirmado por seu próprio contexto, a fim de não haver nada que se lhe oponha, receio que, se não forem aduzidos todos, pareça que, à maneira dos centões, vou, para realizar meu propósito, respigando versículos, extraindo-os como que de grande poema, que a investigação prova não tratar-se de tal ponto, mas de outro e muito diferente. E, claro está, para poder esclarecê-lo em cada salmo, é preciso expô-lo por completo. O trabalho que isso exige é possível inferir-se de alguns tratadistas e de nossos volumes sobre o tema. Leia-os, pois, quem tenha tempo e verá quanto e quantas coisas Davi, o profeta rei, profetizou sobre Cristo e sua Igreja, quer dizer, sobre o Rei e sobre a cidade por Ele fundada.

CAPÍTULO XVI
O Salmo 44 e suas profecias

1. Por mais apropriadas e claras que sejam as expressões proféticas a respeito de qualquer coisa, necessariamente andam mescladas com as metafóricas, precisamente as que, graças aos tardos de inteligência, proporcionam aos doutos pesado e duro trabalho expositivo. À primeira vista, algumas delas fazem reparar em Cristo e na Igreja, embora sempre permaneça algo obscuro, que exige explicação dada com vagar. Assim, por exemplo, a passagem do Livro dos Salmos: *Fervendo-me está o peito em pensamentos sublimes. Ao rei consagro minha obra. Minha língua é pena de amanuense que escreve muito ligeiro. Ó tu, que dos filhos dos homens és o mais gentil em formosura, vê-se a graça derramada em teus lábios; por isso Deus abençoou-te para sempre. Cinge em volta de ti a espada, ó potentíssimo! Com essa tua galhardia e formosura, caminha, avança prosperamente e reina por meio da verdade, da mansidão e da justiça e tua destra conduzir-te-á a coisas maravilhosas. Tuas penetrantes setas transpassarão, ó rei, o coração de teus inimigos; render-se-ão a ti os povos. Teu trono, ó Deus, permanece pelos séculos dos séculos; o cetro de teu reino é cetro de retidão. Amaste a justiça e aborreceste a iniquidade; eis por que te ungiu Deus, teu Deus, com óleo de alegria, com preferência a teus companheiros. Mirra, aloés e cássia exalam-se de tuas vestes e de teus palácios de marfim, em que com seu odor te recrearam. Filhas de reis são tuas damas de honra.* Quem, por mais míope que seja, aqui não vê Cristo, que pregamos e em quem cremos, ouvindo a Deus, cujo trono é eterno, Cristo ungido por Deus, como Deus unge com crisma não visível, mas espiritual e inteligível? Quem é tão rude em religião ou tão surdo à fama que dele corre por toda parte, que não saiba que Cristo deriva de crisma, quer dizer, de unção? Conhecido o Rei Cristo, já as demais coisas aqui ditas metaforicamente, qual sua formosura, superior à de todos os filhos dos homens, com beleza tanto mais digna de amor e admiração quanto menos corpórea, qual sua

espada, suas flechas e tudo o mais submetido a quem reina por meio da verdade, da mansidão e da justiça, estude-o, se dispõe de tempo.

2. A seguir dirige o olhar à Igreja, unida em matrimônio espiritual e amor divino a tão nobre esposo. Falam dela os seguintes versículos: *A tua direita está a rainha, com vestido bordado de ouro e engalanada com vários adornos. Escuta, ó filha, considera, presta ouvido atento e esquece teu povo e a casa de teu pai. E o Rei mais se enamorará de tua beleza, porque é o Senhor teu Deus, a quem todos hão de adorar. As filhas de Tiro virão com donativos e apresentar-te-ão humildes súplicas todos os poderosos do povo. No interior está a principal glória ou luzimento da filha do Rei; cobre-a vestido com vários adornos e recamado de franjas de ouro. Serão apresentadas ao rei as virgens que hão de formar o séquito dela; à tua presença serão trazidas suas companheiras. Conduzidas serão com festas e regozijo; ao templo ou palácio do Rei serão levadas. Em lugar de teus pais, nascer-te-ão filhos, que constituirás príncipes sobre a terra e conservarão por todas as gerações a memória de teu nome. Eis por que os povos te cantarão louvores eternamente pelos séculos dos séculos.* Acho que ninguém desatinará ao extremo de imaginar que aqui se elogia e se descreve alguma mulherzinha, pois se fala da esposa daquele a quem se diz: *Teu trono, ó Deus, permanece pelos séculos dos séculos; o cetro de teu reino é cetro de retidão. Amaste a justiça e aborreceste a iniquidade; eis por que te ungiu Deus, teu Deus, com óleo de alegria, com preferência a teus companheiros.* Trata-se, não há dúvida alguma, de Cristo, preferido aos cristãos, companheiros de sua glória. Quanto à rainha, forma-se da unidade e concórdia universal dos cristãos. *A cidade do grande Rei* é como se lhe chama noutro salmo. É a espiritual Sião, nome que significa *Contemplação*, por contemplar o supremo bem do século futuro, a que dirige todos os seus pensamentos. E também a Jerusalém espiritual, de que tanto temos falado. Sua inimiga é a cidade do diabo, Babilônia, quer dizer, *Confusão*. Pela regeneração, a rainha é libertada e passa do rei péssimo ao Rei ótimo, quer dizer, do diabo a Cristo. E por isso se lhe diz: *Esquece teu povo e a casa de teu pai.*

Os israelitas que o são pela carne, não pela fé, fazem parte dessa cidade ímpia e são, além disso, inimigos desse grande Rei e de sua rainha. Cristo, ao vir a eles e ser morto, fez-se, antes, salvador daqueles que não viu em carne. Daí que noutro salmo diga esse nosso Rei: *Livrar-me-ás das contradições do povo; constituir-me-ás chefe das nações. Povo que eu não conhecia submeteu-se a meu domínio; apenas ouviu, rendeu-me obediência.* Esse povo dos gentios que Cristo não conheceu com presença corporal, mas nele creu, uma vez que lho anunciaram, pois dele com razão se diz: *Apenas ouviu, rendeu-me obediência,* porque a fé entra pelo ouvido, esse povo, digo, agregado aos israelitas autênticos pela carne e pela fé, é a Cidade de Deus, que deu à luz também a Cristo, segundo a carne, quando a formavam apenas os israelitas. Desse povo era a Virgem Maria, em quem, para fazer-se homem, Cristo se encarnou. De tal Cidade diz outro salmo: A mãe de Sião dirá: *Homens e mais homens fizeram-se nela e o Altíssimo é quem a estabeleceu.* Quem é o altíssimo, senão Deus? Por conseguinte, Cristo-Deus fundou-a nos patriarcas e nos profetas, antes de fazer-se homem, mercê de Maria, na referida cidade. Da rainha da Cidade já se dissera muito tempo antes o que já vemos cumprido: *Em lugar de teus pais, nascer-te-ão filhos e constituí-los-ás príncipes sobre toda a terra.* A terra inteira está repleta de magistrados e chefes oriundos de tais filhos e os povos, reunindo-se nela, aclamam-na com louvor eterno pelos séculos dos séculos. Quanto haja, pois, de obscuro nas explicações figuradas, seja qual for o sentido que se lhe dê, deve estar em harmonia com as coisas claras.

CAPÍTULO XVII
O Salmo 109 e o sacerdócio de Cristo. O Salmo 21 e a paixão do Redentor

Assim ocorre neste salmo, em que abertamente se declara Cristo sacerdote, como ali Rei: *Disse o Senhor a meu Senhor: Senta-te à minha direita, enquanto ponho teus inimigos como escabelo a teus pés.* Que Cristo se senta à direita é de fé, não opinião. Por sua vez, ainda não vemos seus inimigos postos debaixo de seus pés. Eis a questão e aparecerá no fim do mundo. Acreditamo-lo agora; vê-lo-emos depois. E as palavras: *De Sião fará o Senhor sair o cetro de teu poder e dominarás em meio de teus inimigos* são tão claras, que negar-lhe o conteúdo não é apenas infidelidade, mas também falta de vergonha. Os inimigos são os primeiros a confessar que saiu de

Sião a Lei de Cristo, que chamamos Evangelho, e vem designada por cetro de seu poder. Que domina em meio de seus inimigos, os próprios dominados, rangendo e batendo os dentes, mas nada podendo fazer contra Ele, testemunham. Acrescenta a seguir: *O Senhor jurou e não se arrependerá.* Essa expressão está indicando a imutabilidade disto: *És sacerdote sempiterno, segundo a ordem de Melquisedec.* E sê-lo-á justamente porque daí por diante não existirão o sacerdócio nem o sacrifício, segundo o ordem de Aarão, pois, sob o sacerdócio de Cristo, em toda parte se oferecerá a oferenda oferecida por Melquisedec, quando abençoou Abraão. Quem se permitirá duvidar sobre qual a pessoa a quem isso se refere?

A alusão é clara. E feita, se o entendemos bem, às coisas apontadas, talvez mais obscuramente, no mesmo salmo, como já observamos em nossos sermões ao povo. Assim, noutro salmo e por boca do profeta, Cristo fala de sua humilhante paixão: *Transpassaram-me as mãos e os pés e contaram-me os ossos um por um. E puseram-se a olhar-me e a observar-me.* Tais palavras estão mostrando-lhe o corpo, estendido na cruz, os pés e as mãos, traspassados com cravos, e o grato espetáculo que desse modo ofereceu aos observadores e curiosos. E acrescenta: *Repartiram entre si minhas vestes e deitaram sortes sobre minha túnica,* profecia cujo cumprimento literal o Evangelho narra. A essa luz, as coisas menos claras que nele se dizem ficam perfeitamente inteligíveis, fazendo-as concordar com essas, cuja claridade deslumbra. Sobretudo tendo em conta que os acontecimentos que não cremos passados e vemos presentes foram preditos muito antes no salmo e agora se cumprem no mundo inteiro. Assim o que se segue no referido salmo: *Lembrar-se-ão do Senhor, a Ele converter-se-ão todos os confins da terra e prostrar-se-ão diante dele todas as nações, porque o reino é do Senhor e Ele dominará as nações.*

CAPÍTULO XVIII
Profecias acerca da morte e ressurreição do Senhor nos salmos 3, 40, 15 e 67

1. Os salmos contêm, outrossim, profecias acerca da ressurreição de Cristo. Que outra coisa significam as seguintes palavras do Salmo

3, ditas da pessoa dele: *Dormi, entreguei-me a profundo sono e levantei-me, porque o Senhor me tomará sob seu amparo?* Haverá quem desatine a ponto de crer haja o profeta querido assinalar com pedra branca que dormiu e se levantou, se tal sonho não fosse a morte e o despertar a ressurreição, que sob semelhante imagem conveio se anunciasse de Cristo? Isso aparece com luz mais meridiana no Salmo 40. Na pessoa do Mediador são, segundo o costume, narradas como passadas as coisas que se profetizavam futuras. As coisas futuras já pareciam realidade na predestinação e presciência de Deus, porque eram certas. *Prorrompiam meus inimigos em imprecações contra mim: Quando morrerá, diziam, e se acabará sua memória? Se algum deles entrava para visitar-me, seu coração falava mentiras e tramava iniquidades contra mim. Saía para fora e confabulava com os outros. Sussurravam contra mim todos os meus inimigos; todos conspiravam, para acarrearem-me males. Sentença iníqua pronunciaram contra mim. Mas, porventura, quem dorme não há de tornar a levantar-se?*

Essas palavras estão insinuando simplesmente uma interpretação e é como se dissessem: Acaso quem morre não há de tornar à vida? As anteriores provam que seus inimigos maquinaram e dispuseram sua morte, o que se realizou graças àquele que entrava para visitá-lo e saía para atraiçoá-lo. A quem não lhe vem à mente Judas, discípulo transformado em traidor? E, como haviam de levar a efeito suas maquinações, quer dizer, lhe haviam de dar morte, dando a entender que com malícia vã dariam morte àquele que ressuscitaria, acrescentou o referido verso, como que dizendo: Que fazeis, insensatos? Vosso crime será meu sono. *Acaso aquele que dorme não há de tornar a levantar-se?* E, contudo, tamanho desaforo não há de ficar sem castigo, segundo se deduz dos seguintes versículos: *E, o que é mais, homem com quem eu vivia, em doce paz, em quem eu confiava e que comia de meu pão levantou contra mim a planta dos pés*, quer dizer, calcou-me com os pés. *Tu, porém, Senhor*, acrescenta, *tem piedade de mim e ressuscita-me, para eu dar-lhes o que merecem.* Quem, vendo os judeus arrancados de sua terra com raiz e tudo, após a guerra e a destruição que se seguiram à paixão e ressurreição de Cristo, negará a veracidade de semelhante ameaça? Aquele a quem deram morte ressuscitou e logo lhes aplicou corretivo temporal, reservando outro para os impenitentes, para quando venha julgar os vivos e os mortos. Jesus mesmo, descobrindo aos apóstolos o traidor, oferecendo-lhe um bocado, citou esse versículo do salmo e aplicou-o a si mesmo: *Quem comia de meu pão levantou contra mim a planta dos pés.* Isto: *Em quem confiava* não convém à cabeça, mas ao corpo, pois o Salvador não desconhecia o traidor, já que antes dissera: *Um de vós é diabo.* Mas costuma tomar sobre si a pessoa de seus membros e a atribuir-se o que é deles, pois cabeça e membros formam um só corpo, Cristo. Assim se explicam as palavras do Evangelho: *Tive fome e me destes de comer* e assim o explica Ele: *Quando o fizestes a um destes meus pequeninos, a mim o fizestes.* Disse, pois, esperar o que esperaram de Judas seus discípulos, quando se juntou aos apóstolos.

2. Os judeus, contudo, não creem haja de morrer o Cristo por eles esperado. Por isso, não creem tampouco seja nosso o Cristo anunciado pela lei e pelos profetas, mas unicamente deles, e figuram-no isento da morte. E com admirável cegueira e vaidade sustentam que as palavras citadas não significam a morte e a ressurreição, mas o sono e o despertar. Mas grita-lhes o Salmo 15: *Regozijou-se por isso meu coração e depois minha língua prorrompeu em cânticos. Mais ainda, minha carne descansará na esperança. Porque sei que não hás de abandonar-me no sepulcro, nem permitirás que teu santo experimente a corrupção.* Quem diria que sua carne descansou com a esperança de pela alma não ser abandonada no sepulcro, mas de reviver, tornando a ela, para não ser corrompida, como costumam corromper-se os cadáveres, senão quem ressuscitou no terceiro dia? A verdade é que não podem dizê-lo do rei profeta, de Davi.

E canta o Salmo 67: *Nosso Deus é Deus que salva e o Senhor sairá pela morte.* É possível falar mais claro? O Deus que salva é Jesus, que significa Salvador ou Salvação. Deu-se a razão de tal nome nas palavras proferidas antes de nascer da Virgem: *Darás à luz um filho. E pôr-lhe-ás o nome de Jesus, pois Ele salvará o povo de seus pecados.* E, como derramou o sangue em remissão desses pecados, não devia sair da vida por outra porta que a da morte. Por isso, em havendo dito: *Nosso Deus é o Deus que salva*, acrescentou a seguir: *E o Senhor sairá pela morte*, para dar a entender que havia de salvar-nos, morrendo. Diz-se com admiração: *E o Senhor,* como que dizendo: Tal é a vida dos mortais, que nem o próprio Senhor teve outra porta de saída que a morte.

CAPÍTULO XIX
O Salmo 68 e a infidelidade dos judeus

Como, porém, os judeus não cedem a testemunhos tão manifestos como os dessa profecia, mesmo após a sanção dos fatos, tão clara e tão certa, indubitavelmente neles se cumpre a do salmo seguinte. O profeta aí diz da pessoa de Cristo o relativo à sua paixão e expressou o que se patenteou no Evangelho: *Apresentaram-me fel para comer e em minha sede deram-me a beber vinagre.* Depois desse banquete, depois de manjares de tal qualidade, acrescentou: *Em justa paga converta-se-lhes a mesa em laço de perdição. Obscureçam-se-lhes os olhos, para não verem, e traze-os sempre curvados para o chão,* etc. Tudo isso não é desejo, mas predição profética sob a forma de desejo. Que tem, pois, de particular que não vejam aqueles cujos olhos estão obscurecidos, para que não vejam? Que tem de particular que não contemplem as coisas celestiais aqueles que têm a cerviz sempre encurvada, a fim de estarem inclinados às coisas terrenas? Tais metáforas tomadas do corpo denotam realmente os vícios da alma.

E, para pôr limite a minha pena, baste o dito sobre os salmos, quer dizer, sobre as profecias do Rei Davi. Perdoem-nos os leitores para quem tudo isso é muito conhecido e não se queixem de eu haver omitido passagens, segundo seu modo de pensar mais decisivas e adequadas.

CAPÍTULO XX
Reinado e merecimentos de Davi e de seu filho Salomão. Profecias acerca de Cristo em seus livros presumidos ou reais

1. Davi, filho da Jerusalém celeste, tão enaltecido pela Escritura, reinou na Jerusalém terrena. Com sua humilde e salutar penitência sobrepassou seus delitos, tanto que é, sem dúvida, do número

daqueles de quem diz: *Felizes aqueles a quem se lhes perdoaram as iniquidades e se lhes apagaram os pecados.* A Davi sucedeu no trono seu filho Salomão, que, como observamos, ainda em vida do pai começou a reinar. A prosperidade, que enfastia o espírito dos sábios, prejudicou-o mais do que lhe aproveitou a sabedoria, ainda hoje digna de memória e então gabada por toda parte. Também ele, segundo parece, profetizou em seus livros. Três deles foram admitidos no cânon: os Provérbios, o Eclesiastes e o Cântico dos Cânticos. Outros dois, intitulados, um, a Sabedoria, o outro, o Eclesiástico, pela semelhança de estilo, a tradição tem-nos atribuído também a Salomão. Contudo, a Igreja, principalmente a ocidental, já de há muito os admitiu como canônicos. Em um deles, na Sabedoria, prediz-se claramente a paixão de Cristo. Eis o que dizem seus cruéis matadores: *Armemos, pois, laços ao justo, visto não ser de proveito para nós ser contrário a nossas obras e lançar-nos em rosto os pecados contra a lei. E desacredita-nos, divulgando-nos o depravado procedimento. Protesta ter a ciência de Deus e chama-se a si mesmo Filho de Deus. Fez-se censor de nossos pensamentos. Não podemos sofrer nem mesmo vê-lo, porque sua vida não se assemelha à dos outros e tem procedimento muito diferente. Olha-nos como a gente frívola e ridícula, abstém-se de nossos usos como de imundícias, prefere o que os justos esperam na morte. E gloria-se de ter Deus por pai. Vejamos agora se suas palavras são verdadeiras. Observemos o que lhe acontecerá e veremos qual será seu paradeiro. Que, se na verdade é filho de Deus, Deus tomará conta dele e o livrará das mãos dos adversários. Experimentemo-lo, à força de afrontas e de tormentos, para conhecer-lhe a resignação e provar-lhe a paciência. Condenemo-lo à morte mais infame, pois, segundo suas palavras, será atendido.* Tais coisas idearam e tanto desatinaram, cegos de soberba.

E no Eclesiástico prediz-se nos seguintes termos a fé dos gentios: *Ó Deus, dominador de todas as coisas, tem misericórdia de nós e infunde em todas as nações teu temor. Levanta o braço contra as nações estrangeiras e experimentem teu poder. Em presença deles demonstraste em nós tua santidade, a fim de conhecerem, como conhecemos, ó Senhor, que não há Deus além de ti.* Essa profecia em forma de oração e de súplica vemo-la cumprida por Jesus Cristo.

Como, porém, tais livros não se encontram no cânon dos judeus, têm menos força contra os contraditores.

2. Demonstrar que tudo quanto desse jaez se diz nos três livros, que certamente são de Salomão e reconhecidos como canônicos pelos judeus, convém a Cristo e à Igreja seria muito penoso e, se o abordássemos, levar-nos-ia muito além do justo. Todavia, as palavras dos homens ímpios, que lemos nos Provérbios: *Escondamos injustamente na terra o homem justo e traguemo-lo vivo, como o inferno faz. Apaguemos-lhe da terra a memória e deitemos-lhe a mão à preciosa herança*, não têm sentido de tal maneira obscuro que não possamos com facilidade entender que se referem a Cristo e à sua Igreja. Na parábola evangélica Jesus pôs algo semelhante na boca dos maus colonos: *Eis o herdeiro; vinde, matemo-lo e sua herança será nossa*.

De igual modo, aqueles que souberam ser Cristo a sabedoria de Deus costumam entender sempre relativo a Cristo e à sua Igreja o texto já citado que fala da estéril. *A Sabedoria construiu casa para si e lavrou sete colunas. Imolou vítimas, misturou o vinho e preparou a mesa. Enviou os servos a convocar com excelente elogio ao banquete, dizendo: Se existe algum néscio, que venha a mim. E aos carentes de juízo disse-lhes: Vinde comer de meu pão e beber o vinho que vos tenho preparado.* Tais palavras deixam-nos entrever que a Sabedoria de Deus, ou seja, o Verbo, coeterno com o Pai, edificou para si casa no seio da Virgem, o corpo humano, e que a ele, como os membros à cabeça, sujeitou a Igreja, imolou as vítimas dos mártires, preparou a mesa com vinho e pão (clara alusão ao sacerdócio segundo a ordem de Melquisedec) e chamou os insensatos e destituídos de juízo, pois, segundo a expressão do apóstolo, escolheu os fracos para confundir os fortes. Nesta passagem dirige-se aos fracos: *Deixai a estultícia, para viverdes, e buscai a prudência, para terdes vida*. Fazer-se partícipe de sua mesa é começar a ter vida. E que significação mais própria é possível dar às palavras do Eclesiastes: *O homem não tem outro bem senão o que come e bebe*, senão aplicá-las à participação nessa mesa, em que o Mediador do Novo Testamento, sacerdote segundo a ordem de Melquisedec, oferece o próprio corpo e sangue? Tal sacrifício sucedeu aos sacrifícios do Velho Testamento, mero símbolo do futuro.

No Salmo 39 também reconhecemos a voz do Mediador, que fala por boca do profeta: *Não quiseste sacrifícios nem oblações, mas deste-me corpo perfeito.* É que, em lugar de todos aqueles sacrifícios e oblações, oferece-se seu corpo, ministrado aos comungantes. Que o Eclesiastes não pensa nos banquetes do prazer carnal, quando fala de comer e beber (ponto com frequência repetido e grandemente encarecido), deixa de sobejo entrever, ao dizer: *Melhor é ir à casa enlutada que à taberna e,* pouco depois: *O coração dos sábios vai à casa enlutada; o coração dos néscios, à casa de banquetes.*

Acho, porém, mais digno de menção o tocante a ambas as cidades, a do diabo e a de Cristo, e a seus dois reis, Cristo e o demônio. *Ai de ti, ó terra!,* diz, *cujo rei é adolescente e cujos príncipes comem de manhã. Ditosa, tu, ó terra, cujo rei é filho dos livres e cujos filhos comem no devido tempo, sem impaciência e sem confusão.* Por causa da estultícia, soberba, temeridade, petulância e demais vícios costumeiramente abundantes na adolescência, chamou de adolescente o diabo; chamou a Cristo filho dos livres, quer dizer, dos santos patriarcas, cidadãos da Cidade livre, que carnalmente o geraram. Os príncipes daquela cidade comiam de madrugada, ou seja, antes da hora devida, porque não esperavam a felicidade real no século futuro, a verdadeira, desejando ser felizes quanto antes com a felicidade do mundo. Ao contrário, os príncipes da cidade de Cristo esperam com paciência o tempo da felicidade autêntica. É o que indicam as expressões *sem impaciência e sem confusão,* porque não os engana a esperança, de que diz o apóstolo: *A esperança não confunde.* E certo salmo: *Ninguém que espere em ti ficará confundido.*

O Cântico dos Cânticos é volúpia espiritual das almas santas nas bodas do Rei e da Rainha da Cidade, quer dizer, de Cristo e da Igreja. Mas essa volúpia envolve-se no véu da alegoria para aguilhoar ainda mais o desejo de conhecê-lo e o prazer de tirar-lhe o véu, a fim de surgirem o esposo, a quem se diz no Cântico: *Amam-te os justos,* e a esposa, que ouve: *A caridade em tuas delícias.* Por termos ante os olhos o fim da obra, passamos por alto muitas coisas.

CAPÍTULO XXI
Reis posteriores a Salomão em Judá e em Israel

Nos demais reis de Judá e de Israel posteriores a Salomão, com dificuldade se encontra profecia cujas enigmáticas palavras e adivinhações quadrem a Cristo e à Igreja. Judá e Israel foram os nomes das duas partes em que se dividiu o reino, por juízo de Deus e em prêmio do crime de Salomão, sob seu filho, que lhe sucedeu no trono. As dez tribos dadas a Jeroboão, escravo de Salomão, constituído rei delas na Samaria, chamaram-se propriamente Israel, nome comum a todo aquele povo. E as outras duas tribos, Judá e Benjamim, que permaneceram submetidas a Jerusalém, em consideração a Davi, cuja realeza Deus não queria abolir por completo, receberam o nome de Judá, tribo de que era Davi. A tribo de Benjamim, parte, como dissemos, desse reino, era o berço de Saul, predecessor de Davi. Ambas as tribos, repito, chamavam-se Judá, distinguindo-se com esse nome de Israel, que reservou para si as dez tribos de rei próprio. A tribo de Levi, tribo sacerdotal, encarregada do culto a Deus e não sujeita aos reis, completava o número treze. E José, um dos doze filhos de Israel, não formou apenas uma tribo, como os outros, mas duas, Efraim e Manassés. Não obstante, a tribo de Levi pertencia mais ao reino de Jerusalém, onde estava o templo de Deus a que servia. Dividido o reino, em Jerusalém reinou Roboão, primeiro rei de Judá, filho de Salomão; em Samaria, Jeroboão, rei de Israel, escravo de Salomão. E, quando Roboão intentou vingar como usurpação tirânica o cisma do reino, Deus preveniu o derramamento de sangue fraterno, dizendo por seu profeta haver sido Ele o autor da partilha. Donde se deduz que em tal assunto não houve pecado algum por parte do rei de Israel nem por parte do povo, mas unicamente cumprimento de castigo imposto pela vontade de Deus. Uma vez que a conheceram ambas as partes, fizeram as pazes, pois a divisão foi de reino, não de religião.

CAPÍTULO XXII
Jeroboão e a idolatria. Profecias durante seu reinado

Mas Jeroboão, de espírito perverso, não crendo em Deus, cuja veracidade experimentara, pois lhe recebera das mãos o prometido reino, receou que, se o povo fosse ao templo de Deus, em Jerusalém, onde devia sacrificar, segundo a lei divina, toda a nação seria seduzida e tornaria à estirpe de Davi. Assim, introduziu a idolatria no reino e com nefanda impiedade enganou o povo de Deus, obrigando-o a render com ele culto aos ídolos. Contudo, nem mesmo então Deus deixou de por seus profetas repreender não apenas o rei, mas também seus sucessores, que lhe imitaram a impiedade, e todo o povo. Em Israel e entre eles viveram os grandes e famosos Elias e Eliseu, seu discípulo, que fizeram muitas maravilhas. A Elias, que em semelhante conjuntura dizia: *Senhor, passaram à espada teus profetas, destruíram-te os altares, fiquei eu só e procuraram-me para tirar-me a vida*, foi-lhe respondido haver ali sete mil homens que não haviam dobrado os joelhos diante de Baal.

CAPÍTULO XXIII
Diversos azares dos reinos judaicos até o cativeiro

E no reino de Judá, cuja capital era Jerusalém, tampouco faltaram profetas no tempo dos reis seguintes. Deus enviava-os, quando lhe aprazia, quer para anunciar o necessário, quer para corrigir os pecados e encomendar a justiça. Porque também ali, embora em menor escala que em Israel, houve reis que com impiedades ofenderam gravemente a Deus e foram castigados mais suavemente com o povo que os imitava. É certo haver outros reis de virtude grandemente louvada e assinalada; em Israel, porém, uns mais e outros menos, foram todos maus. Tanto uma parte como a outra, segundo a ordem ou a permissão da Providência Divina, viviam em contínua alternativa de boa e de má fortuna. E assim se lastimavam não apenas por causa das guerras externas, mas também por causa das guerras civis, brilhando mercê disso a misericórdia ou a ira de Deus. Semelhante estado de coisas durou até que, crescendo-lhe mais e mais a indignação, toda a nação foi vencida em guerra contra os caldeus e na maioria levada cativa para a Assíria. Primeiro, as dez tribos de Israel; mais tarde, Judá, após a ruína de Jerusalém e seu famosíssimo templo. Nesse cativeiro viveu pelo espaço de setenta anos. Depois, posta em liberdade, restaurou o templo destruído e, embora muitos vivessem em terra estrangeira, dali por diante já não houve dois reinos nem dois reis. Havia um só príncipe, cuja corte era Jerusalém. E ao templo de Deus, ali existente, em determinadas épocas vinham todos, de todas as partes e pelos meios de que dispunham. Mas nem mesmo então lhes faltaram inimigos e conquistadores de outras nações, pois Cristo já os encontrou tributárias dos romanos.

CAPÍTULO XXIV
Últimos profetas entre os judeus e profetas já próximos do nascimento de Cristo

No tempo que mediou entre a volta da Babilônia e o nascimento do Salvador, depois de Malaquias, Ageu e Zacarias, profetas de então, e Esdras, não tiveram mais profetas. Apenas Zacarias, pai de João, e Isabel, sua esposa, profetizaram já às vésperas do nascimento do Salvador. E, quando nasceu, o velho Simeão, a velha e viúva Ana e João, o último de todos. Este, já moço, anunciou Cristo, já moço, não como futuro, mas assinalando com conhecimento profético o desconhecido. Por isso disse o Senhor que a lei e os profetas duraram até João. Dá-nos o Evangelho a conhecer as profecias dos cinco e também fala que a Virgem, Mãe do Senhor, profetizou antes de São João. Mas os judeus infiéis não admitem semelhante profecia. Todavia, aceitam-nas muitos deles que creram no Evangelho. Nessa ocasião Israel dividiu-se realmente em dois grupos, com a divisão cuja imutabilidade o Profeta Samuel anunciou a Saul.

Os judeus infiéis admitiram no cânon Malaquias, Ageu, Zacarias e Esdras. São os últimos admitidos. Seus escritos são como os de outros que entre a grande multidão de profetas escreveram coisas que figuram no cânon. De suas profecias sobre Cristo e a Igreja acho-me no dever de nesta obra citar algumas. Fá-lo-ei com mais vagar no livro seguinte, para não sobrecarregar em demasia o presente.

LIVRO DÉCIMO OITAVO

Nele fala do desenvolvimento simultâneo de ambas as cidades, da terrena e da celeste, de Abraão ao fim do mundo. Menciona, além disso, os oráculos que anunciaram Cristo, quer das sibilas, quer, acima de tudo, dos vates sagrados que escreveram desde o princípio do Império Romano: de Oseias, Amós, Isaías, Miqueias e seguintes.

CAPÍTULO I
Resumo e recapitulação

Prometi falar sobre a origem, desenvolvimento e fins necessários de ambas as cidades, de Deus e deste século, em que aquela, na pessoa dos homens, seus cidadãos, peregrina agora. Para tanto, nos dez primeiros livros desta obra refutei, com o auxílio divino, os inimigos da Cidade de Deus, que a Cristo, fundador dela, antepuseram seus deuses e de maneira atroz, com rancor próximo do frenesi, invejam os cristãos. Nos quatro livros seguintes tratei da origem de ambas as cidades, cumprindo a primeira parte de minha tríplice promessa. Depois, no Livro Décimo Quinto, falei do desenvolvimento delas, do primeiro homem ao dilúvio. De tal época a Abraão correram parelhas ambas as cidades no tempo e nesta obra. Mas de Abraão à época dos reis de Israel (período exposto no Livro Décimo Sexto) e dos reis à encarnação do Salvador (fecho do Livro Décimo Sétimo) parece haver corrido sozinha em nossa pena a Cidade de Deus, embora no mundo hajam ambas seguido curso e desenvolvimento temporal idênticos. Assim sucedeu desde o princípio do gênero humano.

Assim procedi com o propósito de o desenvolvimento próprio da Cidade de Deus aparecer mais distintamente, sem ser comparado ao contrário com o da outra, desde que as promessas de Deus começaram a ser mais claras até o nascimento do Messias, em quem se deviam cumprir tais promessas. Verdade é que até a revelação do Novo Testamento não se mostrou entre luz, mas entre sombras. Agora julgo ser preciso, quanto for suficiente, analisar, desde os dias de Abraão, o curso da cidade terrena, a fim de o leitor poder comparar entre si ambas as cidades.

CAPÍTULO II
Reis da cidade terrena e época de seu reinado

1. Estendida pela terra toda e nos mais diversos lugares, ligada pela comunhão da mesma natureza, a sociedade dos mortais divide-se com frequência contra si mesma e a parte que domina oprime

a outra. Deve-se isso a que cada qual busca a própria utilidade e a própria cupidez e a que o bem que apetecem não é suficiente para ninguém nem para todos, por não ser o bem autêntico.

Rende-se à vencedora a parte vencida, isto é, à dominação, preferindo à liberdade qualquer tipo de segurança e paz. Tanto assim, que grande admiração causou o povo que a servir preferiu perecer. Com efeito, em quase todas as nações a natureza grita com voz forte que a ser aniquilados nos últimos furores da guerra os vencidos preferem sofrer o jugo dos vencedores. E assim se entende que, não sem decreto da Providência, em cujas mãos está o ser vencido ou vencedor na guerra, uns povos hajam sido senhores e outros, súditos. Mas entre todos os impérios da terra em que a utilidade ou a cupidez terrenas dividiram a sociedade (sociedade que com palavra genérica chamamos cidade deste mundo) pelo poder e ancestralidade sobressaem dois, o dos assírios e o dos romanos, ordenados e distintos um do outro, tanto pelos lugares como pelo tempo. Aquele floresceu primeiro e surgiu no Oriente; este brilhou depois e surgiu no Ocidente. O fim de um assinalou o princípio do outro. Diríamos serem os demais reinos e reis verdadeiros apêndices de ambos.

2. Nino, segundo rei dos assírios, que sucedera a Belo, seu pai, primeiro rei desse reino, estava no trono, quando na terra dos caldeus nasceu Abraão. Era então muito pequeno ainda o reino dos siciônios, pelo qual o doutíssimo Marco Varrão começou a *História do povo romano*. Dos reis dos siciônios passa aos atenienses, destes aos latinos e dos latinos aos romanos. Porém, tais impérios, que precederam a fundação de Roma, são muito pouca coisa em comparação com o dos assírios. É verdade que Salústio, historiador romano, reconhece haverem os atenienses sido muito célebres na Grécia, mas é mais a fama que a realidade. Falando deles, diz: *As façanhas dos atenienses, segundo me parece, foram gloriosas e grandes, mas talvez fiquem um pouco por baixo da fama. A eloquência dos engenhosos escritores que ali viveram contribuiu muito para engrandecer as glórias dos atenienses pelo mundo. Assim, a virtude e o valor de seus heróis foram realçados pela grandeza de seus preclaros engenhos.* Acrescente-se a isso a glória não pequena de que nela se cultivaram sobremaneira a filosofia e as letras. Se consideramos o império, nenhum superou em amplitude e extensão, nos primeiros

tempos, o dos assírios. Com efeito, conta-se que Nino, filho de Belo, submeteu a Ásia toda, levando suas conquistas aos confins da Líbia. A Ásia toda, quer dizer, a terça parte do mundo, quanto à divisão numérica, e a metade, quanto à extensão. No Oriente apenas os da Índia ficaram sem ser tributários do referido império. Morto Nino, declarou-lhes guerra Semíramis, viúva dele. Assim, submeteram-se e obedeceram ao Império Assírio todos aqueles povos, quase, diríamos, sem livre determinação.

Abraão nasceu, sob o reinado de Nino, entre os caldeus. Mas, como a história dos gregos nos é muito mais conhecida que a dos assírios e pelos gregos passaram aos latinos e aos romanos os que pretenderam historiar, da mais remota antiguidade, as origens do povo romano, julgo-me na obrigação de recordar os reis assírios, a fim de mostrar como Babilônia, primeira Roma, anda de jornada com a Cidade de Deus, peregrina neste mundo. Quanto aos acontecimentos que convenha inserir nesta obra, para comparar entre si ambas as cidades, a terrena e a celeste, será melhor tomá-los dos gregos e latinos, entre quem Roma é como que segunda Babilônia.

3. Quando Abraão nasceu, reinava sobre os assírios Nino, segundo rei deles, e Europs sobre os siciônios. O primeiro sucedeu a Belo; o segundo, a Egialeu. Quando Deus prometeu a Abraão numeroso povo e a bênção de todas as nações em sua descendência, depois de haver saído de Babilônia, reinava sobre os assírios o quarto rei e sobre os siciônios o quinto. Era rei dos assírios, depois de sua mãe Semíramis, o filho de Nino, que, segundo a história, a matou porque ousou profanar incestuosamente o filho. Alguns acham que essa mulher fundou Babilônia. Na realidade, pôde restaurá-la. Quando e como foi fundada já o dissemos no Livro Décimo Sexto. Ao filho de Nino e de Semíramis, que a esta sucedeu no trono, alguns chamam também Nino e outros, com palavra derivada do pai, Nínias. Na época Telxião regia o império dos siciônios. Em seu reinado correram dias tão bonançosos e alegres, que, morto, renderam-lhe culto divino, com sacrifícios e jogos. E contam haver sido o primeiro a ser honrado com a instituição dos jogos.

CAPÍTULO III
Reis da Assíria e da Siciônia, quando nasceram Isaac, Esaú e Jacó

Sob o reinado de Nínias e segundo a promessa de Deus, nasceu Isaac, filho de Abraão, com cem anos de idade, e de sua esposa Sarra, que, por estéril e velha, já perdera a esperança de conceber. Na Ásia reinava então o quinto rei, Arrio. Nasceram a Isaac, aos setenta anos de idade, dois gêmeos, Esaú e Jacó, de sua esposa Rebeca, ainda em vida de seu avô Abraão, que já beirava os cento e sessenta anos. E Abraão morreu depois de fazer cento e setenta e cinco anos. Na Assíria reinava então Xerxes I, por sobrenome Baleu; na Siciônia, Turíaco ou, segundo outros, Turímaco; eram ambos sétimos reis de seus povos. O reino de Argos nasceu com os netos de Abraão e seu primeiro rei foi Inaco. Não nos esqueçamos que, segundo conta Varrão, os siciônios costumavam sacrificar sobre o sepulcro de Turíaco. No reinado de Armamitres e de Leucipo, oitavos reis da Assíria e da Siciônia, e de Inaco, primeiro de Argos, falou Deus a Isaac e prometeu-lhe, como fizera ao pai, que daria a sua descendência a terra de Canaã e em sua descendência seriam abençoadas todas as nações. Essas mesmas promessas foram repetidas ao filho, neto de Abraão, primeiro chamado Jacó e depois Israel, durante o reinado de Beloco, nono rei da Assíria, e de Foroneu, segundo de Argos, filho de Inaco, continuando Leucipo no trono da Siciônia. Nesse tempo, a Grécia, sob o império de Foroneu, rei de Argos, começou a florescer por certas instituições políticas e civis. Porém, Fegoo, irmão menor de Foroneu, foi, depois de morto, honrado como deus: edificaram-lhe templo sobre o sepulcro e imolaram-lhe bois. Tenho para mim que o julgaram digno de tanta honra porque na parte do reino que lhe tocou por sorte (pois o pai antes de morrer o distribuíra entre os filhos) levantara capelas para o culto aos deuses e ensinara a medida e o cálculo do tempo em meses e anos. Admirando nele o autor de tantas novidades, os homens, ainda rudes, acreditaram que se fizera deus após a morte ou quiseram-no assim. Conta-se também que Io, filha de Inaco, depois chamada Ísis, recebeu culto no Egito, como grande deusa, embora outros escrevam que, rainha da Etiópia, veio para o Egito, onde, acrescentam, reinou com tanta sabedoria e justiça e inventou as letras e muitas outras coisas úteis, merecendo por tudo isso honras divinas, após a morte, e tamanhas honras, que incorreria em sentença capital quem se atrevesse a dizer que fora simples mortal.

CAPÍTULO IV
Os dias de Jacó e de seu filho José

Baleu, décimo rei, reinava na Assíria, na Siciônia o nono, Mesapo, chamado, segundo outros, Cefiso (se na realidade se trata de um homem só e nesses escritos não há confusão de nomes e, portanto, de indivíduos), e era Ápis terceiro rei de Argos, quando, com cento e oitenta anos de idade, morreu Isaac e deixou os gêmeos com cento e vinte. O menor, Jacó, pertencente à Cidade de Deus, com exclusão do maior, tinha doze filhos. José, um deles, venderam-no os irmãos, ainda em vida de seu avô Isaac, a mercadores que se dirigiam ao Egito. Apresentou-se José ao faraó, que o exaltou da humilhação em que jazia. Contava trinta anos na época. É que interpretou divinamente os sonhos do rei e anunciou a vinda de sete anos de abundância, aos quais se seguiram sete anos de escassez. Isso valeu-lhe a ascensão ao governo do Egito e o ser libertado do cárcere, onde estava aferrolhado por defender a própria castidade, não permitindo o profanasse a vergonhosa paixão de sua senhora, que logo depois havia de mentir ao crédulo esposo. José, ao fugir, deixou o manto nas mãos de sua senhora. No segundo ano dos sete estéreis, Jacó desceu para o Egito com todos os seus, aos cento e trinta anos de idade, segundo a resposta que dera ao rei. José tinha então trinta e nove, pois aos trinta que tinha, quando o rei o elevou a governador do Egito, acrescentara sete de abundância e dois de fome.

CAPÍTULO V
Ápis, rei de Argos. Os egípcios chamaram-no Serápis e tributaram-lhe honras divinas

Nesse tempo, Ápis, que com seus navios passara ao Egito, onde morreu, tornou-se Serápis, o maior de todos os deuses egípcios. Por que, morto, deixa o nome de Ápis, para chamar-se Serápis? Varrão dá-nos muito simples motivo disso. Porque, diz, o caixão que lhe serviu de tumba, hoje chamado sarcófago, diz-se em grego *soros* e nele começaram a venerá-lo, antes de lhe construírem templo. De *soros* e Ápis, primeiro se chamou Sorápis; depois, pela mudança de uma letra, como é corrente, chamou-se Serápis. E decretou-se pena capital contra quem dissesse que ele fora homem. Varrão acha que para significar isto, o calar haverem sido homens, têm as estátuas de Ísis e de Serápis, em quase todos os templos, um dedo nos lábios, como que indicando silêncio. E ao boi, que o Egito, com estranha superstição, alimentava com deliciosos bocados, em homenagem ao deus, como o veneravam vivo e sem sarcófago, chamavam Ápis, não Serápis. Quando esse boi morria, procuravam novilho da mesma cor, quer dizer, pintado de malhas brancas; se o encontravam, criam que o caso encerrava algo de maravilhoso e divino. A verdade é que não era difícil aos demônios, para enganarem os homens, apresentarem à vaca prenhe a imagem do referido touro, cuja representação aparecesse corporalmente. Assim, com varas de várias cores, Jacó fez suas ovelhas nascerem multicores. E isso, que os homens podem fazer com cores reais e verdadeiras, podem os demônios fazer muito facilmente, apresentando cores fantásticas, quando os animais concebem.

CAPÍTULO VI
Rei de Argos e da Assíria, por ocasião da morte de Jacó

Ápis, rei de Argos, não do Egito, morreu no Egito. Sucedeu-lhe no trono seu filho Argos, de cujo nome derivam os argos e os argivos, pois sob os reis anteriores nem a cidade, nem a nação tinham tal nome. Sob seu reinado e sendo rei dos siciônios Erato e dos assírios Baleu, com a idade de cento e quarenta e sete anos Jacó morreu no Egito. Na hora da morte abençoou os filhos e os netos pela linha de José e com admirável clareza profetizou Cristo nas seguintes palavras, pronunciadas ao dar a bênção a Judá: *Não faltará príncipe de Judá e de sua descendência o cabeça até cumprir-se o que lhe foi prometido. Ele será a esperança das nações.*

Durante o reinado de Argos, a Grécia começou a cultivar o campo e a semear com sementes importadas. Também Argos, depois de morto, foi tido por deus e honrado com templos e com sacrifícios. Semelhante honra, já em seu reinado e antes, rendeu-se a particular chamado Homogiro, morto por um raio e também o primeiro a jungir os bois ao arado.

CAPÍTULO VII
Morte de José e reis de então

Reinando na Assíria o duodécimo rei, Mamito, na Siciônia o undécimo, Plemneu, e em Argos ainda Argos, com cento e dez anos José morreu no Egito. Depois de sua morte o povo de Deus aumentou de maneira prodigiosa e permaneceu no Egito cento e quarenta e cinco anos, a princípio, enquanto viveram os contemporâneos de José, tranquilamente. Mais tarde, invejando-lhe o crescimento e receando-se dele, o oprimiram com perseguições e trabalhos servis intoleráveis, até ser tirado do Egito. (Mesmo, porém, em meio de tais aperturas, crescia como que fecundado pelo céu.) Na Ásia e na Grécia durante esse tempo todo continuavam no trono os mesmos reis.

CAPÍTULO VIII
Reis e religião que iam se impondo quando Moisés nasceu

Reinava na Assíria o décimo quarto rei, Safo, na Siciônia o duodécimo, Ortópolis, e o quinto, Criaso, em Argos, quando o Egito assistiu ao nascimento de Moisés, libertador do povo de Deus da servidão egípcia. Tal escravidão foi conveniente, para assim avivar a ânsia do povo pelo auxílio do Criador. Alguns creem que nesse tempo existiu Prometeu. E, como foi um dos grandes mestres da Sabedoria, dizem que de barro formou os homens. Não se sabe, todavia, quem foram os sábios de seu tempo. Atlas, seu irmão, dizem haver sido grande astrólogo. Daí se originou a fábula que finge que sustenta o céu com os ombros, embora com seu nome haja monte cuja altura, segundo parece, levou o vulgo a pensar que suporta o céu. Nesse tempo começaram a espalhar-se na Grécia as ficções fabulosas. Mas até Cecrope, rei dos atenienses, em cujo reinado tomou tal nome a cidade e Deus, por intermédio de Moisés, tirou seu povo do Egito, foram alistados no número dos deuses alguns mortos, de acordo com a cega superstição dos gregos. Entre eles encontramos de diverso modo, nos diferentes autores, Melantonice, esposa do Rei Criaso, Forbas, seu filho, sexto rei de Argos depois do pai, Jasão, filho de Tríopa, sétimo rei, e o nono rei, Estenelas, Esteneleu ou Estenelo. Também contam haver nesse tempo vivido Mercúrio, neto de Atlas por parte de sua filha Maia, acontecimento que até as letras mais vulgares cantam. Sobressaiu como perito nas artes e entregou-as aos homens, motivo que lhe granjeou o ser, depois de morto, crido deus ou tido nessa conta. "A mesma época de Argos, embora um pouco posterior, pertence, segundo contam, Hércules, embora, na verdade, alguns o julguem anterior a Mercúrio. Segundo penso, estes enganam-se. Mas, seja qual for a época de seu nascimento, consta por historiadores de peso haverem ambos sido homens e, por causa dos benefícios e comodidades oferecidas à vida dos mortais, deles merecido honras divinas.

Minerva é muito mais antiga que todos esses. Conta-se que no tempo de Ogiges apareceu, na flor da idade, junto ao Lago Tritão. Por isso é chamada também Tritônia. Deve-se-lhe a invenção de muitas artes úteis. A gente inclinou-se tanto mais a crê-la deusa quanto menos lhe conhecia a origem. Isso de haver nascido da cabeça de Júpiter não é realidade histórica, mas ficção poética. Os historiadores divergem quanto à determinação da época em que viveu Ogiges e houve grande dilúvio, não o dilúvio universal a que não escaparam os homens, exceto os da arca, desconhecido pelos historiadores gregos e latinos, maior, porém, que o de Deucalião. Varrão, por exemplo, começa a partir de tal época o livro já citado. E não acha nada mais antigo que o dilúvio de Ogiges. Nossos cronistas Eusébio e Jerônimo, cuja opinião se apoiou em historiadores anteriores, referem haver o dilúvio de Ogiges acontecido depois de mais de trezentos anos, no reinado de Foroneu, segundo rei de Argos. Seja como for, o certo é que, reinando Cécrope em Atenas, já se rendia culto a Minerva. E sob esse rei é que se fundou ou restaurou Atenas.

CAPÍTULO IX
Quando foi fundada Atenas e origem de seu nome, segundo Varrão

Eis a origem atribuída por Varrão ao nome de Atenas. Vem de Minerva, que em grego se diz Athéna. De repente surgiu ali uma oliveira e brotou água noutro lugar. Então, movido por semelhantes prodígios, o rei mandou perguntar a Apolo de Delfos o que significava aquilo e o que se devia fazer. Respondeu que a oliveira significava Minerva, a água, Netuno e que de ambos os nomes os cidadãos podiam escolher um para a cidade. Recebido o oráculo, Cécrope convocou todos os cidadãos de ambos os sexos. (O costume admitia também as mulheres às votações públicas.) Proposta a questão, os homens votaram em Netuno; as mulheres, em Minerva. E, como havia uma mulher a mais, Minerva ganhou a votação. Então, Netuno, irritado, assolou com as encrespadas ondas do mar as terras dos atenienses, porque aos demônios não é difícil dar mais extensão ao fluxo das águas. Diz o mesmo autor que, para amansarem-lhe a ira, os atenienses castigaram as mulheres com três penas: carecerem de voto dali por diante, não imporem o nome da mãe a nenhum filho e não serem chamadas ateneias. Assim, a famosa cidade, mãe e nutriz das artes liberais e de tantos e tão ilustres filósofos, o que a Grécia tem de mais glorioso e nobre, chamou-se Atenas por divertirem-se os demônios com a lide de suas divindades, masculina e feminina, e com a vitória da feminina, alcançada pelas mulheres. E a cidade, assolada pelo vencido, viu-se obrigada a castigar a vitória da vencedora, temendo mais as águas de Netuno que as armas de Minerva. No castigo das mulheres também Minerva sofreu derrota. Não prestou auxílio às que votaram nela, nem sequer para que, despojadas do sufrágio e sem poderem legar o nome aos filhos, se lhes permitisse serem chamadas ateneias e conservarem o nome da deusa, que, graças ao voto, ganhou a batalha. Quantas e que coisas poderiam ser ditas aqui se nossa pena não estivesse com tanta pressa!

CAPÍTULO X
Ensino de Varrão sobre o nome "areópago" e sobre o dilúvio de Deucalião

Nega-se Marco Varrão a dar crédito às fábulas que redundam em desdouro dos deuses, por medo a pensar indignamente da digna majestade deles. E por isso não quer acreditar haja o areópago, onde São Paulo disputou com os atenienses e cujos curiais se chamaram areopagitas, recebido tal nome porque Marte, *Ares* em grego, acusado de homicídio perante doze juízes, que o julgavam naquele pago, saiu absolvido, pois obteve seis votos e, quando havia empate, era costume antepor à condenação a absolvição. Contra semelhante opinião, comumente admitida, afana-se em arranjar outra origem para o referido nome, baseando-se no conhecimento de histórias obscuras, com o propósito de desfazer a crença de haverem os atenienses derivado de Marte e de pago o nome areópago, que se traduziria por pago de Marte. Seria injurioso para os deuses, a quem não podem ser atribuídos os litígios e os processos. E sustenta não ser menos fabulosa essa história de Marte que a das três deusas, Vênus, Juno e Minerva, que pela maçã de ouro disputaram ante Páris o prêmio de beleza. E acontece que, para aplacar os deuses, que se deleitam com tais velhacarias, reais ou aparentes, as representam e as dançam entre aplausos nos teatros. Varrão não crê nisso, porque, segundo ele, desdiz da natureza e dos costumes dos deuses. Mas, ao atribuir origem histórica e não fabulosa ao nome de Atenas, em seus escritos insere contenda tal entre Minerva e Netuno, por causa da cidade, que, fazendo exibição de prodígios, não se atreveria a dirimir a questão o próprio Apolo, que, como Júpiter e Páris no pleito das deusas, remeteu aos homens a decisão do caso. Minerva venceu em votos e foi vencida pelo castigo das que nela votaram. Foi capaz de ganhar Atenas aos homens e não o foi de chamar ateneias às amigas, as mulheres. Nesse tempo, sob o reinado de Cranau, sucessor de Cécrope, ou, segundo Eusébio e Jerônimo, ainda sob Cécrope, aconteceu o dilúvio de Deucalião, assim chamado porque Deucalião reinava na região que mais sofreu a violência das águas. Esse dilúvio não se estendeu ao Egito nem às regiões vizinhas.

CAPÍTULO XI

Saída do Egito, empreendida por Moisés, e reis que reinavam por ocasião da morte de Jesus Nave

Moisés tirou, pois, do Egito o povo de Deus nos últimos dias do reinado de Cécrope, rei dos atenienses, tempo em que Ascatades reinava na Assíria, Marato na Siciônia, Tríopa em Argos. Em seguida entregou ao povo a lei recebida de Deus no Monte Sinai. Chamava-se Velho Testamento, por serem terrenas suas promessas, enquanto Jesus Cristo promete o Reino dos Céus no Novo. Era preciso observar semelhante ordem, observada, segundo o apóstolo, por todo homem que se encaminha para Deus e consistente em ser primeiro o elemento animal e depois o espiritual. Porque, como ele diz e é grande verdade, *o primeiro homem é o terrestre, formado de terra, e o segundo é o celestial, vindo do céu.* Moisés governou o povo no deserto pelo espaço de quarenta anos e morreu com cento e vinte, após haver profetizado Cristo pela figura das observâncias carnais no tabernáculo, no sacerdócio, nos sacrifícios e nos demais mandamentos místicos. A Moisés sucedeu Jesus Nave, que, depois de, por ordem de Deus, conquistar as nações que a possuíam, introduziu o povo na terra da promissão. Após a morte de Moisés, governou o povo durante vinte e sete anos e morreu. Na Assíria reinava então o décimo oitavo rei, Amintas, na Siciônia o décimo sexto, Córax, em Argos o décimo, Dânao, e em Atenas o quarto, Erictônio.

CAPÍTULO XII
Solenidades que os reis da Grécia instituíram em homenagem aos falsos deuses, de quando Israel saiu do Egito até à morte de Jesus Nave

Por essa época, quer dizer, da saída do Egito à morte de Jesus Nave, que introduziu o povo na terra da promissão, os reis da Grécia instituíram em honra dos falsos deuses muitas solenidades, que com augusta pompa traziam à memória o dilúvio e a vida trabalhosa dos homens dele salvos, que tão depressa subiam às montanhas quanto desciam às planícies. Porque é tal a interpretação que se dá à subida e descida dos lupercos pela via sagrada, que, segundo ela, os homens, ante o crescimento das águas, procuraram o alto dos montes e, ao tornarem as águas ao leito, também eles baixaram às planícies. Conta-se, além disso, que, nesse tempo, Dioniso, por sobrenome pai Líber, que, depois de morto, obteve o título de Deus, ensinou, quando na Ática, seu hospedeiro a plantar a videira. Dedicaram-se, então, a Apolo de Delfos os jogos de música, para aplacar-lhe a ira, pois atribuíam a esterilidade da Grécia a não lhe haverem defendido o templo, quando o Rei Dânao invadiu aquelas terras e lhes deitou fogo. Mas a dedicação deveu-se a oráculo do mesmo Apolo. Erictônio foi quem primeiro instituiu os jogos na Ática, não apenas em honra dele, mas também em honra de Minerva. O prêmio do vencedor em tais jogos era azeite de oliveira, porque dizem que Minerva ensinou seu cultivo, como Líber o do vinho. Acrescenta a fábula que nesse tempo Xanto, rei dos cretenses, a quem outros dão nome diferente, raptou Europa, que concebeu e deu à luz Radamanto, Sarpedon e Minos, que vulgarmente passam por filhos de Júpiter e da citada mulher. Os adoradores dessas divindades acreditam na historicidade do que dissemos do rei de Creta e, quanto ao que os poetas cantam, os teatros aplaudem e os povos celebram de Júpiter, julgam-no pura fábula, inventada para motivo dos jogos e para com suas imaginárias velhacarias aplacarem-se as divindades.

Por esses tempos corria também a fama de Hércules na Tíria, mas na realidade não se trata do famoso, de quem falamos acima. A história mais oculta conta que houve muitos pais Líber e muitos Hércules. Esse Hércules, de quem citam doze grandiosas façanhas, entre as quais não mencionam a morte do africano Anteu, proeza praticada pelo outro, contam as histórias haver morrido queimado pelas próprias mãos no Monte Eta, por não poder suportar, com o poder que lhe permitia dominar os monstros, a enfermidade de que padecia. Nesse tempo, o rei ou, melhor, o tirano Busíris imola aos deuses os próprios hóspedes. Foi filho, segundo parece, de Netuno e de Líbia, filha de Épafo; mas, para não acusar os deuses, não se creia haver Netuno cometido tal pecado; atribuam-no aos poetas e ao teatro, que assim aplacam os deuses. Dizem haverem Vulcano e Minerva sido os pais de Erictônio, rei dos atenienses, em cujos últimos anos morreu Jesus Nave.

Mas, como querem que Minerva seja virgem, acrescentam que Vulcano, na refrega havida entre ambos, excitou-se e derramou o sêmen na terra e por isso ao homem assim nascido se lhe impôs esse nome. Porque em grego *refrega é éris, terra, khthón,* e Erictônio se compõe dessas duas palavras. E isso é necessário admitir. Os mais avisados repelem semelhante relato, afastam-no de seus deuses e explicam essa fabulosa opinião, dizendo que no templo de Vulcano e de Minerva (era o mesmo o de ambos em Atenas) se encontrou exposto um menino envolto em um dragão, o que lhe augurava grande futuro; como eram desconhecidos os pais do pequeno, consideraram-no filho de Vulcano e de Minerva, em atenção ao templo. Parece, porém, mais acertada no caso a explicação da fábula que a da história. Mas a nós que nos importa? Sirva a história de instrução aos homens religiosos e a fábula, de deleite aos impuros demônios, a quem os homens religiosos rendem culto como a deuses. Embora o neguem, não podem purificá-los de todas as faltas, porque lhes exibem os jogos a pedido deles e neles torpemente representam o que, segundo parece, com sabedoria negam. Além disso, os deuses aplacam-se com essa falsidade e torpeza. E, se é verdade que a fábula canta crime falso dos deuses, também deleitar-se em crime falso é crime verdadeiro.

CAPÍTULO XIII
Ficções fabulosas no tempo dos juízes

Depois da morte de Jesus Nave, o povo de Deus foi governado pelos juízes. Nesses anos as humilhações e os trabalhos alternaram com a prosperidade e o consolo, segundo seus pecados e a misericórdia de Deus. Inventaram-se, nessa época, as fábulas sobre Triptólemo, que, por ordem de Ceres, foi transportado por serpentes aladas e, voando, levou trigo às regiões necessitadas, e sobre o Minotauro, monstro encerrado no labirinto, cuja saída, uma vez nele entrados, os homens já não encontravam, presas de inextricável erro. Inventaram-se também as fábulas dos centauros, metade cavalo, metade homem, de Cérbero, cachorro de três cabeças à entrada do inferno, e de Frixo e Hele, irmã dele, que voavam, montados em cima de um carneiro. E dessa época são também as fábulas de Górgona, que tinha serpentes ao invés de cabelos e convertia em pedra quem a olhasse; de Belerofonte, ginete de cavalo de asas chamado Pégaso; de Anfião, que atraía e abrandava as pedras com a suavidade de sua lira; do carpinteiro Dédalo e de seu filho Ícaro, que voaram com asas artificiais. É necessário acrescentar as fábulas de Édipo, que obrigou a despenhar-se por si mesmo o monstro chamado Esfinge, de rosto humano e quatro pés, porque resolveu o enigma que apresentava como insolúvel, e de Anteu, filho da Terra, morto por Hércules, porque, caindo na terra, levantava-se mais forte. Talvez haja algumas outras que passei em silêncio. Essas e outras fábulas semelhantes, surgidas até à Guerra de Troia, com a qual terminou Marco Varrão o segundo livro *Sobre a origem do povo romano*, inventou-as também o engenho humano, baseado em certas façanhas reais, não vergonhosas para os numes.

Mas, quanto àqueles que imaginaram o rapto do belíssimo jovem Ganimedes, praticado por Júpiter, para cometer estupro (crime cometido pelo Rei Tântalo e pela fábula atribuído a Júpiter), o concúbito de Júpiter, sob chuva de ouro, com Dânae (figura da corrupção da mulher pelo ouro) e as demais ações e ficções de então, atribuídas a Júpiter, não é possível dizer o cúmulo de males que supõem no coração de homens que toleram tais mentiras e de bom grado as aceitam. Na realidade, quanto com mais devoção rendiam culto a Júpiter, tanto mais severamente deveriam castigar quem se atrevesse a atribuir-lhe essas torpezas. E, contudo, vemos que, longe de se indignarem contra os atrevidos blasfemadores, cairá sobre eles a cólera dos deuses, se não levarem à cena essas vergonhosas ficções.

Nesse mesmo tempo, Latona deu à luz Apolo, não ao dos oráculos, de quem antes falamos, mas àquele que em companhia de Hércules esteve a serviço de Admeto. Mas passou por tal deus, que quase todos o confundem com o autêntico Apolo. Então, Líber pai guerreou na Índia, acompanhado por tropa de mulheres, as bacantes, insignes não tanto pela coragem como pelo furor. Alguns escrevem que Líber foi vencido e aprisionado; outros, que Perseu o matou em combate, sem calarem o lugar de sua sepultura. E, todavia, em honra desse deuzinho instituíram-se, por intervenção dos imundos demônios, as solenidades, melhor, as sacrílegas bacanais. O próprio Senado, após muitos anos, envergonhou-se tanto de sua raivosa torpeza, que proibiu celebrá-las em Roma. Depois de mortos, Perseu e sua mulher Andrômeda, que viveram nesse tempo, foram tidos por deuses de maneira tão unânime, que os homens não se envergonharam de dar a algumas estrelas o nome de ambos.

CAPÍTULO XIV
Os poetas teólogos

Também houve, nessa época, poetas que se diziam teólogos, por comporem versos em honra dos deuses. Compunham-nos, entretanto, a deuses que, embora grandes homens, não passaram de homens ou são elementos deste mundo, criado pelo verdadeiro Deus, ou ordenados em principados e potestades, segundo a vontade do Criador e seu próprio merecimento. E se, em sua fútil e vasta produção, encontra-se algo acerca do único Deus verdadeiro e com Ele renderam culto a outros que não o são e lhes prestaram a vassalagem devida unicamente ao verdadeiro Deus, não o serviram como se deve. Além disso, Orfeu, Museu e Lino não puderam eliminar de sua obra as fábulas infamantes de seus deuses. Esses teólogos renderam culto aos deuses, mas a eles mesmos os homens não o tributam como a deuses, embora a cidade dos ímpios tenha o costume de fazer Orfeu presidir, não sei como, os sacrifícios infernais, melhor dizendo, os sacrilégios. Ino, esposa do Rei Atamante, e seu filho Melicertes morreram, precipitando-se espontaneamente no mar. A opinião pública assegurou-lhes lugar entre os deuses. Foi o que aconteceu a vários homens de então, entre outros a Cástor e a Pólux. Verdade é que à mãe de Melicertes os gregos chamam Leucoteia, os latinos, Matuta, mas uns e outros a consideram deusa.

CAPÍTULO XV
Ocaso do reino de Argos. Pico, filho de Saturno, sucessor do pai no reino dos laurentinos

Por esse tempo chegou ao ocaso o reino de Argos, transferido a Micenas, de que Agamêmnon foi rei, e surgiu o reino dos laurentinos. Pico, filho de Saturno, foi quem primeiro empunhou as rédeas desse império, sendo Débora, juíza dos hebreus. Mas por ela também operava o Espírito de Deus, pois era profetisa. Sua profecia é pouco clara, para a gente, sem longos comentários, poder demonstrar que alude a Cristo. Então os laurentinos já reinavam na Itália. Esse povo é, depois dos gregos, a origem mais imediata de Roma. A monarquia dos assírios continuava existindo e estava no trono Lampares, seu vigésimo terceiro rei, quando Pico principiou a ser o primeiro rei dos laurentinos. Vejam o que dizem de Saturno, pai de Pico, os adoradores desses deuses, pois negam haver sido homem. Outros escreveram que reinou na Itália, antes de seu filho Pico; di-lo Vergílio em versos famosos: "Reuniu, em seguida, os homens ferozes espalhados por nossas montanhas. Deu-lhes leis e foi sua vontade que a terra em que se ocultara e que era para ele seguro asilo tivesse o nome de Lácio. Dizem que seu reino constituiu o período da Idade de Ouro".

Mas chamem-nas de ficções poéticas e sustente-se que o pai de Pico foi Esterces, que, bom lavrador, descobriu, segundo contam, que o excremento dos animais fertiliza os campos. Seu nome vem de *stercus* (excremento) e não falta quem o chame *Estercúcio*. Seja qual for o motivo do nome de Saturno, certo é que, ao fazerem Esterces ou Estercúcio deus da agricultura, a razão os acompanhou. No número de tais deuses também incluíram Pico, seu filho, de quem asseguram haver sido preclaro áugure e bom guerreiro. Pico gerou Fauno, segundo rei dos laurentinos, que também é ou foi deus para eles. Antes da Guerra de Troia, tributaram honras divinas aos homens mortos.

CAPÍTULO XVI
Diomedes, catalogado entre os deuses, e seus companheiros, convertidos em aves, segundo a tradição

Após a destruição de Troia, tão cantada em toda parte e tão conhecida pelas crianças, que notavelmente se vulgarizou por sua grandeza e pelas excelentes penas dos escritores, destruição levada a cabo no reinado de Latino, filho de Fauno, que deu nome ao reino dos latinos, cessando então o reino dos laurentinos, os gregos vencedores, abandonaram Troia, reduzida a pó, e, tornando aos lares, sofreram mil e um desastres e horríveis perdas. E, contudo, com essas e outras aumentaram o número de deuses. De Diomedes fizeram deus. Conta-se que os deuses lhe impuseram terrível castigo e não retornou à pátria. Seus companheiros foram convertidos em aves e isso não confirmam com fábulas e poesia, mas de história em punho. A tais aves, acreditam eles, nem mesmo Diomedes, uma vez feito deus, pôde devolver a forma humana, nem obter de Júpiter, seu rei, semelhante graça, como noviço nesse empíreo. Mais ainda, dizem que seu templo se acha na Ilha Diomedeia, não longe do Monte Gargano, na Apúlia, e as referidas aves, moradoras do lugar, andam rondando o templo, obsequiando-o de maneira tão admirável, que enchem de água o bico e depois o espargem. E acrescentam que, se gregos ou indivíduos de origem grega se aproximam do local, não apenas aquietam, mas até mesmo os acariciam; pelo contrário, se se aproximam estrangeiros, voam-lhes em redor da cabeça e os bicam até matá-los, às vezes. Acrescentam que para tais casos estão armadas de bicos grandes e duros.

CAPÍTULO XVII
Pensamento de Varrão acerca das metamorfoses humanas

Em confirmação desse fato cita Varrão outros casos não menos incríveis da muito famosa maga Circe, que transformou em porcos os companheiros de Ulisses. Também cita os árcades, que, nas asas da sorte, passavam a nado certo pântano, onde se convertiam em lobos, e viviam com outras feras parecidas nos bosques da região. E acrescenta que, se se abstinham de carne humana, ao cabo de nove anos tornavam a passar o pântano e a mudar-se em homens. Finalmente, cita pelo nome certo Demeneto, que, havendo saboreado o sacrifício de uma criança, que os árcades costumavam fazer a seu deus Liceu, se transformou em lobo e, aos dez anos, voltando a ser homem, exercitou-se no pugilato, de que se sagrou campeão no certame olímpico. Julga o referido historiador que o motivo de na Arcádia dar-se a Pã e a Júpiter o nome de Liceu é esse de transformar homens em lobos, coisa que, segundo ele, exige poder divino. Porque em grego lobo é *lykos* e daí parece derivar o nome Liceu. Acrescenta que os lupercos de Roma são, por assim dizer, os descendentes de tais mistérios.

CAPÍTULO XVIII
O que merece fé nas metamorfoses humanas devidas aos demônios?

1. Mas talvez os leitores esperem minha opinião acerca de tamanho engano dos demônios. E que direi? Pois direi que é preciso fugir de dentro de Babilônia. Esse preceito profético tem sentido espiritual muito profundo. Por isso se torna preciso fugir da cidade deste mundo, que é a sociedade dos anjos e dos homens ímpios, e encaminhar-se para Deus pelos passos da fé, que age pelo amor. Quanto maior vemos ser o poder dos demônios nestas baixezas, tanto maior a força com que devemos aderir ao Mediador, por quem subiremos das baixezas ao topo da montanha. Com efeito, se disséssemos que não se deve dar crédito a tais fenômenos, ainda hoje não faltaria quem garantisse haver ouvido ou visto coisas semelhantes. Ouvi, na Itália, em mais de uma ocasião, que em certas regiões, segundo se falava, as estalajadeiras, iniciadas nas artes sacrílegas, costumavam dar aos viajantes, escondido no queijo, algo que no mesmo instante os transformava em burros de carga, para transportar-lhes a bagagem, e, isso feito, os devolvia à forma anterior. A metamorfose, todavia, não lhes trocava a razão em bestial, mas conservava-a racional e humana, como no caso real ou imaginário contado por Apuleio em *O asno de ouro*. Refere que certa vez tomou a beberagem, que o converteu em asno, mas conservou-lhe humana a razão.

2. Isso tudo é tão falso ou, pelo menos, tão raro, que há motivo mais do que suficiente para não dar-lhe crédito. Mas é preciso crer com fé sincera que Deus onipotente pode fazer tudo quanto queira, quer castigando, quer premiando. E, além disso, que os demônios não agem segundo o poder de sua natureza (pois também ela é criatura angélica, embora sua malícia proceda de seu próprio vício), mas segundo a permissão de Deus, cujos juízos são ocultos, mas nunca injustos. Outra verdade incontrovertível é que os demônios, quando operam fenômenos como os que referimos, não criam natureza alguma, mas, no máximo, mudam a espécie das coisas criadas pelo verdadeiro Deus, com o fim de parecerem o que não são. Assim, pois, não há razão alguma que me leve algum dia a crer que o poder ou a arte dos demônios possa realmente dar forma irracional ao corpo e,

muito menos, à alma do homem. Admito que, de modo que não sei explicar, possa alguma forma corpórea chegar à percepção sensível de alguém, porque, na imaginação ou em sonho, a fantasia humana se diversifica em mil e uma coisas e, embora incorpórea, é capaz de revestir-se de formas parecidas com os corpos, quando os sentidos do homem estão adormecidos ou em estado de letargia. Tanto é assim, que às vezes os corpos humanos estão estendidos em alguma parte, vivos, é certo, mas em esvaecimento mais profundo que o do sono. Assim, pode suceder que aos sentidos de outro a fantasia apareça corporizada em imagem de animal e esse outro a julgue real, como em sonho lhe acontece transportar carga. E, se essa carga é verdadeiro corpo, puxam-na os demônios, para engano dos homens, que veem, em parte, corpos verdadeiros, os da carga, e, em parte, falsos, os dos burros de carga.

Certo Prestâncio contava que o pai, havendo tomado tal beberagem, ficou como que adormecido no leito, sem poder despertar. Alguns dias depois, acordou como que de prolongado sonho e contou que, transformado em cavalo, levara aos soldados, com outros animais de carga, desses alimentos chamados *retica*, porque envoltos em redes. Comprovou-se, mais tarde, que sucedera tal como contou. Porém, Prestâncio sempre o considerou mero sonho. Outro referia que determinada noite, antes de recolher-se, viu certo filósofo muito conhecido seu chegar-lhe em casa e explicar-lhe doutrinas platônicas que antes, a seu pedido, não quisera expor-lhe. E, como perguntasse ao filósofo por que fazia agora o que se negara a fazer na própria casa, replicou-lhe: "Não fiz, mas sonhei que fizera". E, assim, um viu, acordado, por meio de imagem fantástica, o que o outro viu em sonho.

3. Tais fatos não me chegaram ao conhecimento através de pessoas desacreditadas, mas de testemunhas que acho muito merecedoras de fé. Se o caso das metamorfoses dos homens em lobos, devidas aos deuses ou aos demônios e consignadas nos escritos, como a dos árcades, e o de que "os sortilégios de Circe transformaram os companheiros de Ulisses" é real, creio ser factível do modo por mim proposto. Quanto às aves de Diomedes, como dizem que a raça delas continua, acho que, ao invés de os homens haverem sido metamorfoseados, as aves é que foram postas em seu lugar, como a cerva em lugar de Ifigênia, filha do Rei Agamêmnon. Porque é fácil para os

demônios, se Deus o permite, operar semelhante classe de prodígios. Como, porém, depois do sacrifício, a mocinha foi encontrada viva, tornou-se fácil concluir haver posto em seu lugar a cerva. Por outro lado, os companheiros de Diomedes, como desapareceram de súbito e não reapareceram, vítimas dos anjos maus, ministros da cólera divina, a gente acreditou-os transformados nas aves que, secretamente trazidas dos lugares habitados pela espécie, os teriam no mesmo instante substituído. Que levem água no bico ao templo de Diomedes e o borrifem, que acariciem os gregos e persigam os estrangeiros, não é de maravilhar o façam por inspiração dos demônios. A eles precisamente lhes interessa firmar nos corações a crença de haver Diomedes sido feito Deus, para engano dos homens, a fim de renderem culto a muitos deuses falsos, com injúria ao verdadeiro Deus, e servirem homens mortos que nem mesmo em vida viveram como deviam, com templos, altares, sacrifícios e sacerdotes, coisas todas que, quando retas, são devidas unicamente a Deus, verdadeiro e vivo.

CAPÍTULO XIX
Eneias arribou à Itália, quando Abdon era juiz dos hebreus

Após a destruição de Troia, Eneias arribou à Itália com vinte navios, portadores dos despojos troianos. Então, Latino reinava na Itália, Menesteu em Atenas, Polifides na Siciônia e Tautanes na Assíria; Abdon era juiz dos hebreus. Morto Latino, Eneias reinou por três anos, continuando nos respectivos tronos os reis citados, exceção feita da Siciônia, cujo rei já era Pelasgo, e dos hebreus, de quem já era juiz Sansão, cuja maravilhosa força o fez passar por Hércules. Os latinos converteram Eneias em Deus porque, morto, desapareceu. Os sabinos, por sua vez, elevaram à categoria de deus seu primeiro rei, Sanco, ou, como alguns lhe chamam, Sancto. Nessa mesma época, Codro, rei de Atenas, apresentou-se incógnito aos do Peloponeso, inimigos da cidade, para ser assassinado. Assim fizeram. Contam haver, desse modo, libertado a pátria, porque o oráculo dissera aos do Peloponeso que sairiam vencedores, se não matassem o rei dos atenienses. Mas enganou-os, apresentando-se em traje de mendigo, e, graças à briga em que se meteu, provocou a própria morte. É a isso que Vergílio alude quando fala nas brigas de Codro. Os atenienses renderam-lhe honras divinas, com sacrifícios e tudo. Era quarto rei dos latinos Sílvio, filho de Eneias, não de Creusa, de quem nasceu Ascânio, terceiro rei desse povo, mas de Lavínia, filha de Latino, filho póstumo, segundo parece, de Eneias, vigésimo nono rei dos assírios Oneu, décimo sexto dos atenienses Melanto e juiz dos hebreus Eli, quando ruiu o reino dos siciônios, que contava novecentos e cinquenta e nove anos.

CAPÍTULO XX
A sucessão dos reis de Israel, depois dos juízes

Estavam no trono os citados reis, quando, já abolido o governo dos juízes, começou a monarquia em Israel, de que Saul foi o primeiro rei. O Profeta Samuel é desse tempo. Sobre os latinos começavam a reinar então os silvanos, nome herdado de Sílvio, primogênito de Eneias, e sempre acrescentado ao nome próprio, como mais tarde se chamaram Césares os sucessores de César Augusto. A Saul, rejeitado após quarenta anos de reinado, para que sua linhagem não mais reinasse, Davi sucedeu no trono. Foi então que em Atenas, quando da morte de Codro, cessou a monarquia e os magistrados começaram a governar a república. Depois de Davi, rei por espaço de quarenta anos, subiu ao trono Salomão, construtor do majestoso Templo de Jerusalém, dedicado a Deus. Em seu tempo os latinos fundaram Alba e desde então os reis do Lácio já não se diziam reis dos latinos, mas dos albanos. A Salomão sucedeu seu filho Roboão, sob quem o povo se dividiu em dois reinos, cada um deles com seu próprio rei.

CAPÍTULO XXI
Reis do Lácio. Eneias e Aventino, deuses

O Lácio teve onze reis depois de Eneias e a nenhum deles concedeu honras divinas. Aventino, duodécimo rei após Eneias, havendo sido morto em combate e sepultado no monte que tem seu nome, foi acrescentado ao número desses deuses feitos pelos latinos. Deve-se notar que alguns não querem escrever que o mataram em combate, mas dizem que não mais apareceu e, além disso, acrescentam que o nome do monte não veio de seu nome; chamou-se Aventino porque as aves iam pousar nele. Depois de Aventino, só de Rômulo, fundador de Roma, o Lácio fez Deus. Entre este e aquele há dois outros reis. O primeiro é *Procas, honra da nação troiana*, na frase de Vergílio. Em seu tempo, enquanto Roma já ia saindo da infância, o reino dos assírios, o maior de todos, quanto à duração, chegou ao fim e eclipsou-se. Passou aos medos, depois de quase mil e trezentos e cinco anos, contando Belo, pai de Nino, que foi o primeiro a reinar, contente com a pequenez do reino. Procas precedeu Amúlio no reino. Amúlio fez vestal a Reia, também chamada Ília, filha de seu irmão Numitor e mãe de Rômulo. Dizem haver concebido de Marte dois gêmeos e honram ou escusam o pecado, fingindo que uma loba alimentou os meninos expostos. Essa espécie de animal, segundo eles, está consagrada a Marte e, nesse caso, parecia que a loba, ao reconhecer os filhos de Marte, os amamentasse. Mas não falta quem afirme que, vendo os gêmeos chorando, certa mulher pública os recolheu e foi quem primeiro lhes deu de mamar (pois a essa classe de mulheres se dava o nome de lobas e, por isso, os lugares torpes agora se chamam lupanares); depois, os meninos chegaram às mãos do Pastor Fáustulo, cuja esposa, Aca, os alimentou. Que teria de estranho, todavia, que uma fera alimentasse de maneira providencial os meninos, que haviam de fundar tão grandiosa cidade, para ferretear a crueldade do rei, que mandara lançá-los à água, de que se viram maravilhosamente salvos? A Amúlio sucedeu no reino do Lácio seu irmão Numitor, avô de Rômulo. E Roma foi fundada no primeiro ano do reinado de Numitor. Reinou, portanto, conjuntamente com seu neto Rômulo.

CAPÍTULO XXII
A fundação de Roma coincidiu com o fenecimento do reino dos assírios e com o reinado de Ezequias em Judá

Para abreviar o mais possível, direi que Roma foi fundada como outra Babilônia, como filha da primeira, e que aprouve a Deus servir-se dela para humilhar o universo todo e pacificá-lo, reduzindo-o à unidade da mesma república com as mesmas leis. Já existiam povos poderosos e aguerridos e nações destras nas armas, que não era fácil submeter e era necessário vencer com muitos perigos, muito sangue e horrível morticínio. Quando a Assíria subjugou quase toda a Ásia, embora por meio das armas, a guerra não necessitava ser cruel e sangrenta, porque as nações ainda eram poucas, rudes e muito reduzidas. O motivo é claro, pois desde o dilúvio universal, de que escaparam apenas oito homens na arca de Noé, haviam passado pouco mais de mil anos, quando Nino subjugou toda a Ásia, exceto a Índia. Roma, por sua vez, não dominou todas essas nações do Oriente e do Ocidente que agora lhe vemos submetidas ao império com tamanha facilidade e presteza, porque, ao expandir-se, chocou-se com potências belicosas e fortes. Quando da fundação de Roma, o povo hebreu já se encontrava há setecentos e dez anos na terra prometida. Desses, Jesus Nave governou vinte e sete; os juízes, trezentos e vinte e nove; os reis, trezentos e sessenta e dois. O rei de Judá era então Acaz ou, segundo outro cômputo, seu sucessor, Ezequias, rei excelente em virtude e em piedade, que reinou (e isso consta) no tempo de Rômulo. No outro reino hebreu, em Israel, Oseias já começara a reinar.

CAPÍTULO XXIII
A sibila Eritreia e suas profecias sobre Cristo

1. Alguns creem que nessa época vaticinou a sibila Eritreia. Varrão pretende ter havido muitas sibilas, não apenas uma. É fato haver a sibila Eritreia escrito algumas coisas claras acerca de Cristo. Eu mesmo tive o gosto de ler alguns versos, em mau latim e rima ainda pior, devidos a tradutor desconhecido, segundo pude comprovar mais tarde. O exímio Procônsul Flaciano, homem de palavra fácil e de muito saber, falando comigo certo dia a respeito de Cristo, mostrou-me um códice grego e disse-me tratar-se dos carmes da sibila Eritreia. E fez-me notar que em determinada passagem as letras iniciais dos versos compunham, por ordem, as seguintes palavras: *Iesoús Khreistós Theoú Hyiós Sotér*, quer dizer, *Jesus Cristo, Filho de Deus, Salvador*. Eis o sentido de tais versos, segundo outra tradução latina, mais acertada e mais bem rimada: *A terra cobrir-se-á de suor frio. Será o sinal do juízo. O Rei imortal dos séculos baixará do céu e apresentar-se-á em carne para julgar a terra. E, quando o*

mundo decline para seu ocaso, o fiel e o infiel verão Deus, acompanhado de seus santos. As almas apresentar-se-ão ao juiz com os respectivos corpos e na terra já não haverá beleza nem verdura. Os homens deixarão os ídolos e as riquezas. O fogo abrasará as terras e, ganhando céu e mar, quebrará as portas do sombrio Averno. Já libertos da carne, os corpos dos santos gozarão da luz e os pecadores serão abrasados por eterna chama. Então, revelando seus atos ocultos, cada qual descobrirá os próprios segredos e Deus fará luz nos corações. Tudo então será choro e ranger de dentes. O sol escurecerá e o coro dos astros perderá o tom. Girará o céu e a lua apagar-se-á como lâmpada; abater-se-ão as colinas, altear-se-ão os vales e nas coisas humanas não haverá culminâncias nem alturas. Os montes nivelarão com os campos e o mar será inavegável. A terra far-se-á em pedaços, as fontes e os rios serão torrados ao fogo. Mas no alto soará então o triste som da trombeta e tudo se cobrirá de gritos e de pranto. Abrir-se-á a terra e deixará ver seu profundo e caótico abismo. Perante o tribunal do Senhor comparecerão os reis e os céus verterão torrentes de fogo e de enxofre.

Nesses versos latinos, traduzidos de qualquer maneira do grego, não foi possível dar com o sentido que em grego resulta da união das letras iniciais do verso, em especial quanto ao Y, porque em latim não há palavras começadas por essa letra, para formação de frase completa. Isso, porém, acontece em três versos apenas: no quinto, no décimo oitavo e no décimo nono. Com efeito, se não lemos as letras que servem de laço de união na inicial desses três versos, recordando estar em seu lugar o Y, a frase fica expressa em seis palavras: "Jesus Cristo, Filho de Deus, Salvador". Assim, quando se diz em grego, não em latim. São, pois, vinte e sete versos, número que é três elevado ao cubo, porque três vezes três são nove e três vezes nove, para a figura ter largura igual à altura, vinte e sete. Se unimos as primeiras letras das cinco palavras gregas: *Iesoús Khreistós Theoú Hyiós Sotér*, que querem dizer: "Jesus Cristo, Filho de Deus, Salvador", fica *Ikhthys*, que significa *Peixe*. Esse nome místico simboliza Cristo, porque apenas Ele foi capaz de viver vivo, quer dizer, sem pecado, no abismo de nossa mortalidade, semelhante às profundezas do mar.

2. Além disso, o referido poema da sibila Eritreia ou, como outros preferem, Cumeia, em sua composição não contém nada que

favoreça o culto aos deuses falsos; ao contrário, tão acremente fala contra eles e seus adoradores, que me parece poder ser enumerada entre os pertencentes à Cidade de Deus.

Lactâncio também insere em suas obras alguns vaticínios sobre Cristo; são de sibila, porém não diz de qual. Julguei mais acertado reunir, como se fora um só, os testemunhos dispersos em sua obra e dá-los em comprimidos. *Virá,* diz a sibila, *às mãos iníquas dos infiéis, darão, com as mãos sacrílegas, bofetadas em Deus, e com a boca impura cuspir-lhe-ão no rosto. E Ele entregará aos golpes, sem resistência, as costas inocentes. Ao ser esbofeteado, silenciará, a fim de ninguém saber que Ele é o Verbo ou donde vem, para falar aos infernos e ser coroado de espinhos. Deram-lhe fel para comer e, contra a sede, vinagre. Será essa a única hospitalidade que lhe oferecerão. E tu, néscia, não reconheceste teu Deus sob o disfarce com que se apresentou aos mortais, mas coroaste-o de espinhos e deste-lhe a beber amargo fel. Rasgar-se-á o véu do templo e ao meio-dia escura noite cobrirá a terra inteira durante três horas. Morrerá, é certo, dormirá três dias e então, surgindo do sepulcro, volverá à luz. E mostrará aos eleitos as primícias da ressurreição.* Lactâncio citou esses testemunhos das sibilas, tomados daqui e dali, em diversos lugares de sua obra, segundo o plano dela exigia. Sem interpolar coisa alguma, limitando-me a reduzi-los a unidade, procurei fazer que se distingam pelas letras iniciais, se é que os escritores futuros não se descuidarão de conservá-los. Asseguram alguns autores não haver a sibila Eritreia existido no tempo de Rômulo, mas durante a Guerra de Troia.

CAPÍTULO XXIV
Os sete sábios da Grécia e o cativeiro das dez tribos de Israel no reinado de Rômulo, que, depois de morto, recebeu honras divinas

Sob o reinado de Rômulo viveu Tales de Mileto, um dos sete sábios, *Sophoi* em grego, sucessores dos poetas teólogos, entre quem sobressaiu Orfeu. Nessa mesma época, os caldeus conquistaram as dez tribos, que na divisão se chamaram Israel, e levaram-nas, cativas, para sua terra. As duas tribos de Judá ficaram na Judeia e tinham em Jerusalém a capital do reino. Havendo desaparecido Rômulo, coisa muito conhecida do vulgo, os romanos alistaram-no no número dos deuses. Semelhante prática já caíra em desuso e no tempo dos césares só se fazia por adulação. Cícero estriba-se nisso para grandes elogios tributar a Rômulo, por tais honras haver merecido em época bem civilizada e de luzes, não em época de ignorância e rudeza, em que era fácil enganar os homens. Mas é de notar-se que ainda não se revelara a sutil e engenhosa loquacidade dos filósofos. Mas, se é verdade não haverem, nas épocas seguintes, transformado em deuses os homens mortos, também o é não haverem deixado de considerar deuses (e de render-lhes culto) os criados por seus maiores. E, o que é mais, aumentaram, construindo ídolos (coisa desconhecida pelos antigos), o incentivo da louca e sacrílega superstição. Iam-no operando-lhes no coração os imundos demônios, enganando-os com mentirosos oráculos, para torpemente representarem nos jogos as fabulosas torpezas dos deuses já desterradas nesses séculos de luzes, em honra das falsas divindades. A Rômulo sucedeu Numa, que povoou Roma de deuses, falsos por certo, para custodiá-la, e, depois de morto, não mereceu ser agregado a semelhante multidão, como se a multidão de deuses por ele criada já houvesse lotado o céu, onde já não houvesse lugar para ele. Contam que Manassés, rei ímpio, que deu morte ao Profeta Isaías, segundo alguns, reinava sobre os judeus, quando viveu a sibila de Samos.

CAPÍTULO XXV
Que filósofos brilharam durante o reinado de Tarquínio Prisco entre os romanos e de Sedecias entre os judeus, ao tempo da tomada de Jerusalém e da ruína do templo?

Reinando entre os judeus Sedecias e entre os romanos Tarquínio Prisco, sucessor de Anco Márcio, o povo judeu foi levado, cativo, para Babilônia. Jerusalém foi destruída; o templo construído por Salomão, derrocado. Ao repreenderem-lhes as impiedades e maldades, os profetas predisseram-lhes tal acontecimento, em especial Jeremias, que chegou a determinar o número de anos. Nessa época viveu Pítaco de Mitilene, outro dos sete sábios. Segundo Eusébio, os outros cinco, que com Tales e Pítaco completam o número, viveram também por essa época, em que o povo de Deus estava cativo na Babilônia. Eis seus nomes: Sólon de Atenas, Quílon de Lacedemônia, Periandro de Corinto, Cleóbulo de Lindos e Bias de Priene. Floresceram depois dos poetas teólogos e foram chamados sábios porque se avantajaram aos demais homens em vida louvável e deram resumidos alguns preceitos morais. No tocante às letras, não legaram à posteridade obra alguma, salvo as leis, que, segundo dizem, deu Sólon aos atenienses. Tales foi físico e compôs alguns livros que lhe contêm a doutrina. Nessa mesma época do cativeiro judeu floresceram físicos como Anaximandro, Anaxímenes e Xenófanes. Então brilhava também Pitágoras, a partir de quem começaram a chamar-se filósofos.

CAPÍTULO XXVI
Contemporaneidade da libertação judia e romana

Nesse tempo, Ciro, rei dos persas e imperador também dos assírios e caldeus, afrouxando um pouco o cativeiro dos judeus, deixou livres cinquenta mil homens, para irem reedificar o templo. Limitaram-se a fazer-lhe os alicerces e a edificar um altar, porque uma invasão inimiga impediu de continuarem, diferindo-se a obra até o reinado de Dario. Durante esses anos aconteceram as façanhas descritas no Livro de Judite, que os judeus não admitiram no cânon. Concluídos, sob o reinado de Dario, os setenta anos preditos pelo Profeta Jeremias, devolveu-se a liberdade aos judeus, reinando sobre os romanos Tarquínio, seu sétimo rei. Este foi desterrado e então os romanos se eximiram do domínio de seus reis. Até essa época, Israel sempre teve profetas. Houve muitos; contudo, tanto entre os judeus como entre nós, consideram-se canônicos os livros de uns poucos. No fim do livro anterior prometi citar alguns neste; creio chegada a hora de fazê-lo.

CAPÍTULO XXVII
Os profetas e suas profecias

Para termos ideia de tal época, retrocedamos alguns anos. Principia assim o livro de Oseias, o primeiro dos doze profetas menores: *Palavras do Senhor ditas a Oseias no tempo de Ozias, de Joatão, de*

Acaz e de Ezequias, reis de Judá. Amós escreve também que profetizou no tempo do Rei Ozias. E acrescenta, além disso, Jeroboão, rei de Israel, que viveu nesse tempo. Isaías, filho de Amós, quer do profeta citado, quer de outro Amós não profeta, o que é mais provável, começa seu livro com esses quatro reis citados por Oseias e diz haver profetizado no tempo deles. Miqueias marca como tempo de sua profecia época posterior a Ozias e nomeia três dos reis mencionados por Oseias: Joatão, Acaz e Ezequias, que, segundo se deduz de seus escritos, profetizaram contemporaneamente. É necessário acrescentar-lhes Jonas e Joel; o primeiro profetizou sob Ozias; o segundo, sob Joatão, sucessor de Oseias. Os dois últimos dados, porém, deduzimo-los das crônicas, pois em suas obras calam a data. Essa época abarca o período que vai de Procas, rei dos latinos, e Aventino, seu sucessor, a Rômulo, já rei dos romanos, ou melhor, ao princípio do reinado de seu sucessor Numa Pompílio, pois o reinado de Ezequias, rei de Judá, prolongou-se até esse tempo. E nesse espaço brotaram essas fontes proféticas. Era o fim do Império Assírio e o princípio do Romano. Isso quer dizer que, como ao nascimento do Império Assírio assistiu Abraão, a quem se fizeram as mais claras promessas de bênção de todas as nações da terra em sua descendência, assim agora, ao nascer a Babilônia do Ocidente, em cujo império encarnaria Cristo, cumprindo-se nele as profecias orais e escritas, as promessas deviam ser renovadas aos profetas. Até então Israel quase sempre teve profetas, mas, a partir do começo da monarquia, mais para uso próprio que dos gentios. A época em que a escritura profética se impunha com clareza para proveito dos gentios foi precisamente essa, da fundação da cidade que seria a senhora e dona das nações. E assim foi.

CAPÍTULO XXVIII
Profecias de Oseias e de Amós em sua relação com o Evangelho

Tamanha a profundeza das palavras do Profeta Oseias, que se torna custoso demais sondá-las. Mas promessa é dívida. *E sucederá,* escreve, *que no lugar em que se lhes disse: Não sois meu povo, serão chamados filhos do Deus vivo.* Refere-se o texto à vocação dos gentios, que antes não pertenciam a Deus. Os próprios apóstolos assim o entendem. Como os gentios também são, espiritualmente, filhos de Abraão e por isso com razão se lhes chama Israel, o profeta acrescenta: *E os filhos de Israel virão a formar uma unidade, escolherão para si um só chefe e elevar-se-ão sobre a terra.* Querer explicá-lo seria desvirtuar as palavras do profeta. Recordem-se apenas a pedra angular e as duas paredes, uma composta dos judeus e a outra, dos gentios; aquela, sob o nome de filhos de Judá; esta, sob o de filhos de Israel, apoiando-se ambas no mesmo chefe e elevando-se sobre a terra. O mesmo profeta dá testemunho de que os israelitas carnais que agora não querem crer em Cristo nele crerão algum dia, não eles, pois passarão com a morte, mas os filhos, quando diz: *Os filhos de Israel estarão muito tempo sem rei, sem chefe, sem sacrifício, sem altar, sem sacerdócio e sem profecias.* Quem não vê ser esse o atual estado dos judeus? Mas ouçamos o que acrescenta: *E, depois, tornarão os filhos de Israel e buscarão o Senhor seu Deus e seu rei Davi e se maravilharão do Senhor e de seus bens nos últimos tempos.* Não há nada mais claro que tal profecia, em que o Rei Davi está simbolizando Cristo, *que,* como diz o apóstolo, *nasceu, segundo a carne, da linhagem de Davi.*

O mesmo profeta predisse a ressurreição de Cristo no terceiro dia, mas com profundeza misteriosa, profética, na passagem em que diz: *Revigorou-nos depois de dois dias e no terceiro ressuscitaremos.* Nesse sentido aqui fala o apóstolo: *Se ressuscitastes com Cristo, buscai as coisas do alto.* Amós profetiza esses mistérios nos seguintes termos: *Prepara-te, Israel, para invocar teu Deus. Eis que sou aquele que forma os trovões, cria os ventos e aos homens anuncia seu Cristo.* E noutra passagem: *Nesse dia restaurarei o tabernáculo de Davi, que está por terra, restabelecerei o igualado com a terra, refarei o destruído e reedificá-lo-ei como em tempos passados. De sorte que me busquem o resto dos homens e todas as nações em que se invocou meu nome, diz o Senhor, autor de tais maravilhas.*

CAPÍTULO XXIX
Predições de Isaías sobre Cristo e a Igreja

1. Isaías não é do número dos doze profetas chamados menores, porque suas profecias são breves, comparadas com as dos chamados

maiores, que compuseram extensos volumes. Isaías pertence a esses últimos, mas, para observar a ordem cronológica, ponho-o com os dois anteriores. Esse profeta, entre as repreensões e as instruções que dá e as ameaças futuras que intima ao povo pecador, profetizou sobre Cristo e sobre a Igreja, quer dizer, sobre o Rei e sobre a cidade por Ele fundada, muito mais coisas que os outros. Tanto assim, que alguns o dizem mais evangelista que profeta. Por amor à brevidade, limitar-me-ei a citar um texto apenas.

Falando pela pessoa de Deus Pai, diz: *Sabei que meu servo será sábio e será cumulado de honra e de glória. Como será o assombro para muitos, assim sua beleza e sua glória serão desfiguradas e desonradas pelos homens. Será objeto de admiração para muitas nações e os reis escutarão em silêncio, porque aqueles a quem dele nada se anunciara o verão e os que não haviam ouvido falar dele saberão quem é. Quem acreditou, Senhor, em nossa palavra? E a quem se revelou o braço do Senhor? Diante dele, balbuciamos como criança e nossa língua será raiz em terra árida. Nele já não há glória nem beleza. (Vimo-lo e está falto de atrativo) sua beleza está desfigurada e é o mais deforme dos homens. É homem todo chagado e às enfermidades feito. Seu rosto está desfigurado e afrontado, sem que ninguém lhe dê apreço. Tomou sobre si nossos pecados, padece por nós e críamos que suas dores, suas chagas e suas aflições eram próprias, quando, na realidade, chagado por causa de nossas iniquidades e quebrantado por nossos pecados. O castigo, causa de nossa paz, descarregou sobre Ele e suas contusões curaram-nos. Fomos todos como ovelhas desgarradas, seguindo cada qual a senda de seu erro, e o Senhor entregou-o por nossos pecados. E Ele, assim castigado, não abriu a boca. Como ovelha, foi levado ao sacrifício e, como cordeiro, ao tosquiador, sem mostrar tenção de falar, assim com a boca fechada. A ignomínia de seu julgamento foi o pedestal de sua glória. Quem poderá explicar-lhe a geração? Tirar-lhe-ão a vida e pelos pecados de meu povo dar-lhe-ão morte. Sua sepultura custará a vida aos pecadores e os ricos tirarão vingança de sua morte, pois não fez maldade alguma e nem houve engano em sua boca. Mas o Senhor quis limpar-lhe a chaga. Se derdes a vida pelo pecado, vereis numerosa descendência. Quer o Senhor livrar-lhe a alma da dor, mostrar-lhe a luz, cumulá-lo de sabedoria e justificar o justo sacrificado por muitos. Ele carregar-lhes-á os pecados. Assim, adquirirá domínio sobre muitos e repartirá os despojos dos poderosos. Para esse fim sua alma foi entregue à morte e Ele foi contado no número dos pecadores. Levou sobre os ombros os pecados de muitos e por seus pecados foi entregue à morte.* Isso, quanto a Cristo.

2. Ouçamos o que acrescenta, a respeito da Igreja. Diz assim: *Alegra-te, estéril, tu que não pares; rompe em palavras de contentamento e de júbilo, tu que não dás à luz, porque os filhos da abandonada já são muito mais do que os da que tem marido. Estende o lugar de tua morada e de teus redis e firma bem teus fundamentos. Não deixes de fazê-lo; estende teus cordéis e finca bem tuas estacas. Estende-te mais à direita e à esquerda e tua descendência herdará as nações e povoarás as cidades desertas. Não temas pelas censuras que te façam, nem te envergonhes, porque foste difamada, pois esquecerás tua confusão eterna e não mais recordarás o opróbrio de tua viuvez. Quem te faz semelhante mercê é o Senhor, cujo nome é o Senhor dos exércitos, e quem livra se chama Deus de Israel e de toda a terra* etc. Bastem esses testemunhos, embora alguns pontos requeiram explicação. Tenho para mim serem suficientes textos tão claros para obrigar os inimigos a entendê-los, mesmo contra a vontade.

CAPÍTULO XXX
Profecias de Miqueias, Jonas e Joel

1. Falando de Cristo, sob a imagem de alto monte, diz assim o Profeta Miqueias: *Nos últimos tempos, o homem de Deus aparecerá elevado sobre o cimo dos montes e levantar-se-á sobre as colinas. E ali irão a toda pressa as nações e os povos e dirão: Vinde, subamos ao monte do Senhor e à casa de Jacó, e ensinar-nos-á seu caminho e caminharemos por suas sendas, porque a lei sairá de Sião e a Palavra do Senhor, de Jerusalém. Ele julgará muitos povos e por muito tempo sujeitará as nações poderosas.* Do lugar em que Cristo nasceu diz o mesmo profeta: *E tu, Belém, casa de Éfrata, és a menor, para seres contada entre as demais de Judá. De ti sairá quem há de ser chefe de Israel e foi engendrado desde o princípio e desde toda a eternidade. Por isso Deus abandonará os seus até*

o tempo em que dê à luz a que está de parto e o resto de seus irmãos reunir-se-á com os filhos de Israel. Deter-se-á, contemplará e apascentará sua grei com a autoridade e o poder recebido do Senhor e ao Senhor, seu Deus, renderão honra, porque agora Ele é glorificado até os confins da terra.

2. O Profeta Jonas anunciou Cristo não tanto por palavras quanto por essa espécie de paixão que sofreu e é mais eloquente e clara que o foram suas palavras sobre a morte e a ressurreição do Salvador. Com efeito, por que foi ingerido no ventre da baleia e arrojado no terceiro dia, senão para significar que Cristo sairia do sepulcro no terceiro dia?

3. As profecias de Joel requerem ampla explicação, para esclarecer as relativas a Cristo e à Igreja. Não omitirei, contudo, uma delas, lembrada também pelos apóstolos, quando, reunidos os fiéis, sobre eles desceu o Espírito Santo, que Cristo lhes prometera. *Depois disso, diz, derramarei meu espírito sobre toda classe de homens. Vossos filhos e vossas filhas profetizarão, vossos anciãos terão sonhos e vossos moços, visões. E nesses dias também sobre meus servos e servas derramarei meu espírito.*

CAPÍTULO XXXI
A salvação do mundo por Cristo, predita por Abdias, Naum e Habacuc

1. Três dos profetas menores, Abdias, Naum e Habacuc, não nos dão as datas de suas profecias nem as encontramos nas crônicas de Eusébio e de Jerônimo. Verdade é que juntam Abdias com Miqueias, não, porém, na passagem em que dão a data em que, segundo seus próprios escritos, Miqueias profetizou. Acho, todavia, que isso se deve a erro do copista, descuidado em especial quando se trata dos trabalhos alheios. Os outros não os encontrei nos códices das crônicas que consultei. Mas, já que estão admitidos no cânon, é preciso acolhê-los também aqui. Os escritos de Abdias são os mais curtos de todos os profetas e neles fala contra a Idumeia, quer dizer, contra a nação de Esaú, o Rejeitado, o maior dos dois filhos de Isaac e neto de Abraão. Pois bem, se por Idumeia entendemos os gentios, tomando

a parte pelo todo, podemos muito bem aplicar a Cristo, entre outras coisas, isto: *A santidade e a salvação estarão sobre o monte de Sião*. E pouco depois, no fim da profecia: *E os redimidos do monte de Sião surgirão para defender o monte de Esaú e reinará o Senhor*. É evidente que isso se cumpriu quando os redimidos do monte de Sião, quer dizer, os filhos da Judeia, os que creem em Cristo e, sobretudo, os apóstolos, surgiram para defender o monte de Esaú. Como o defenderiam, senão pela pregação do Evangelho, salvando os que creram e arrancando-os do poder das trevas, para transferi-los para o Reino de Deus? Essa ideia expressou-a, quando acrescentou: *E reinará o Senhor*. O monte de Sião significa a Judeia, onde, segundo a profecia, estarão a santidade e a salvação, a saber, Jesus Cristo. O monte de Esaú é a Idumeia, figura da Igreja dos gentios, que, como expus, os redimidos do monte de Sião defenderam, para reinar o Senhor. Isso, antes de cumprir-se, era obscuro; mas, cumprido, que fiel o não compreende?

2. O Profeta Naum, melhor diríamos, Deus pelo profeta, diz: *Quebrarei os ídolos talhados e fundidos e pô-los-ei em sepultura, porque eis sobre os montes os pés ligeiros do que vem evangelizar e anunciar a paz. Soleniza tuas festividades e cumpre teus votos, que já se não aproximarão mais de ti, para que envelheças. Tudo está consumido, cumprido e arruinado. Já sabe quem sopra em teu rosto e te livra da atribulação*. Quem subiu dos infernos e soprou o Espírito Santo no rosto de Judá, quer dizer, dos judeus, seus discípulos, lembre-o quem haja lido o Evangelho. Aqueles cujas festividades se renovam de tal modo que já não envelhecem pertencem ao Novo Testamento. Agora já vemos por terra os ídolos talhados e de fundição, quer dizer, os ídolos de deuses falsos, e como que sepultados no esquecimento. Sabemos, além disso, haver-se tal profecia cumprido também nesse ponto.

3. Quanto a Habacuc, de que outra vinda fala senão da de Cristo, quando diz: *O Senhor respondeu-me: Escreve claramente a visão em tabuinhas para entendê-la quem quer que a leia. Porque é visão para tempo determinado e se cumpriu no fim e não cairá no vazio. Se tardar, espera-o, porque Aquele que vem, virá e não se demorará*.

CAPÍTULO XXXII
Profecias da oração e do cântico de Habacuc

E em sua oração e cântico a quem diz senão a Cristo, nosso Senhor: *Ouvi-te, Senhor, a palavra, e enchi-me de temor. Contemplei-te, Senhor, as obras e fiquei assombrado?* Que é isso senão extraordinária surpresa à vista de tão inefável salvação, nova e súbita, dos homens? *Em meio dos animais serás conhecido.* Que significam esses animais? Os dois testamentos, os dois ladrões ou Moisés e Elias, com quem falou no alto do monte. *Quando venha a hora, serás conhecido e, em chegando o tempo, manifestar-te-ás.* Não necessita explicação. *Quando minha alma houver-se turbado nele, no mais aceso de tua cólera, lembrar-te-ás de tua misericórdia.* Que indicam tais palavras senão os judeus, personificados nele, pertencente à nação deles, que, sob a ira mais cruel, crucificaram Cristo, e a quem, lembrando-se de sua misericórdia, dirigiu-se nestes termos: *Perdoa-os, pai, porque não sabem o que fazem? Deus virá de Temã; o Santo, de monte umbroso e espesso.* Outros, em lugar de *de Temã*, traduzem *do Austro* ou do *Áfrico*. Isso significa o meio-dia, quer dizer, o ardor da caridade e o esplendor da verdade. O monte umbroso e espesso pode ser entendido de muitos modos, mas tomá-lo-íamos de bom grado pela profundidade das Sagradas Escrituras, que contêm profecias acerca de Cristo. Nelas há muitas coisas obscuras e ocultas que exercitam a mente do pesquisador.

Jesus Cristo sai dessas trevas, quando a inteligência sabe encontrá-lo nelas. *Seu poder brilhou nos céus e a terra está cheia de suas maravilhas.* Que é isso senão o que diz o salmo: *Sobe, ó Deus, acima dos céus e faze tua glória brilhar por toda a terra? Teu esplendor será como a luz,* é como que dizer que sua fama iluminará os fiéis. E que significa: *O poder está em tuas mãos,* senão o troféu da cruz? *E estabeleceu a firme caridade de sua fortaleza.* Isso não precisa de explicação sequer. *Ante Ele virá a palavra, que atrás de suas pisadas sairá para o campo.* Quer dizer: Foi prenunciado antes de vir e anunciado depois de chegado. *Deteve-se e a terra comoveu-se,* quer dizer, deteve-se a auxiliar e *a terra comoveu-se* a crer. *Olhou e as nações murcharam,* ou seja, compadeceu-se e os povos fizeram penitência. *Com violência esmagou os montes,* quer dizer, esmagou, à força de milagres, o orgulho dos soberbos. *Abateram-se as colinas eternas, humilharam-se no tempo, para serem exaltadas na eternidade. Vi-lhe as entradas eternas, preço de seus trabalhos,* ou seja, vi o trabalho da caridade premiado com a eternidade. *Os tabernáculos da Etiópia e as tendas da terra de Madiã cobriram-se de espanto,* quer dizer, surpreendidos de súbito pelo anúncio de tuas maravilhas, mesmo os não submetidos ao Império Romano, os povos agregar-se-ão ao povo cristão. *Enojaste-te, Senhor, dos rios e encolerizaste-te contra o mar?* É alusão a que agora não veio julgar o mundo, mas salvá-lo. *Porque montas em teus cavalos e tua viagem é a salvação,* quer dizer: teus evangelistas, a quem diriges, levar-te-ão e teu Evangelho é a salvação para os que creem em ti. *Retesarás teu arco contra os cetros, diz o Senhor:* ameaçarás com teu julgamento até mesmo os reis da terra. *Os rios rasgarão a terra,* quer dizer, as correntes oratórias de teus pregadores abrirão o coração dos homens, para que te confessem, desses homens a quem se diz: *Rasgai o coração, não as vestes.* Que significa: *Ver-te-ão e doer-se-ão os povos,* senão que, para serem bem-aventurados, chorarão? E que quer dizer: *Ao andares, dispersarás as águas,* senão que, andando em teus pregadores, esparzes aqui e ali os rios de tua doutrina? Que significa: *O abismo ergueu a voz?* Exprimiu, porventura, a profundeza do coração humano? *A profundeza de sua fantasia*: trata-se de uma espécie de exposição do versículo anterior, porque *profundeza* equivale a *abismo*. E, ao acrescentar *de sua fantasia,* deve-se subentender *ergueu a voz,* quer dizer, expressou o que viu. Porque a imaginação é visão que não pôde ocultar nem reter, mas publicou-a em louvor. *O sol elevou-se e a lua permaneceu em sua ordem.* Subiu Cristo ao céu e sua Igreja permaneceu ordenada sob seu rei. *Tuas flechas irão à luz,* quer dizer, tuas palavras não serão pregadas em segredo, mas em público. *Ao resplendor dos relâmpagos de tuas armas*: subentende-se: *irão tuas flechas.* Ele dissera aos discípulos: *O que vos digo de noite dizei-o à luz do dia. Tuas ameaças deprimirão a terra,* ou seja, com tuas ameaças humilharás os homens. *E derribarás as nações com teu furor,* porque teu castigo humilhará os que se exaltam. *Saíste para salvar teu povo, para salvares teus cristos ou ungidos, enviaste a morte sobre a cabeça dos pecadores.* Isso é claro. *Carregaste-os de grilhões até o pescoço.* Por *grilhões* podemos entender os felizes grilhões da sabedoria, de forma que metam os pés nos grilhões e no pescoço a gargalheira. *Rompeste-os até causares espanto na mente;* subentende-se os *grilhões,* pois lhes colocou os bons e lhes rompeu os maus, dos quais se diz: *Rompeste-me os grilhões.* E a expressão: *Com espanto na mente* significa *de modo maravilhoso. A cabeça dos poderosos mover-se-á por ela,* quer dizer, por essa admiração. *E abrirão a boca, como o pobre que come às escondidas.* Alguns poderosos dos judeus vinham ao Senhor, maravilhados com o que Ele fazia e dizia, e comiam, famintos e às escondidas, de medo dos judeus, o pão da doutrina, como o Evangelho faz notar. *Meteste no mar teus cavalos e agitaram muitas águas,* quer dizer, muitos povos. E que alguns não se converteriam por medo e outros não perseguiriam com furor, se não fossem todos agitados. *Reparei nisso e meu coração pasmou, ao considerar minhas próprias palavras. E profundo temor penetrou-me até os ossos e meu íntimo perturbou-se todo.* Refletindo sobre suas palavras, ficou surpreso com as frases que ia deixando cair profeticamente e em que contemplava as coisas futuras. Previa esse tumulto dos povos e as próximas perseguições contra a Igreja; em seguida, reconhecendo-se membro dela, diz: *Repousarei no dia da tribulação,* como se fosse daqueles que gozam na esperança e pacientemente sofrem a tribulação. *A fim de ir encontrar-me com o povo de minha peregrinação,* apartando-se do povo mau, de seu parentesco carnal, que, não sendo peregrino no mundo, não busca a pátria celeste. *Porque a figueira não dará frutos e as vinhas não brotarão. Faltará o fruto à oliveira e os campos não darão o que comer. Não haverá ovelhas nos pastos nem bois nos estábulos.* Via que essa nação, que havia de dar morte a Cristo, perderia os abundantes bens espirituais por Ele figurados, à maneira dos profetas, na fecundidade da terra. E, porque tal nação não foi vítima da ira divina, pois, ignorando a justiça de Deus, quis estabelecer em seu lugar a própria, acrescenta a seguir: *Exultarei no Senhor e regozijar-me-ei em Deus, meu Salvador. O Senhor, meu Deus e meu poder, assentar-me-á perfeitamente os pés e pôr-me-á no alto para que saia vitorioso por seu cântico,* a saber, pelo cântico de que se diz algo semelhante no salmo: *Assentou-me os pés sobre pedra, dando-me firmeza aos passos. E na boca pôs-me cântico novo, hino de louvor a nosso Deus.* Triunfa, pois, pelo cântico do Senhor quem se compraz nos louvores a Deus, não nos a si próprio, a fim de que *se glorie no Senhor quem se glorie.* Quanto ao mais, alguns códices trazem: *Regozijar-me-ei em Deus, meu Jesus*, o que me parece melhor que a outra tradução, em que não se emprega esse nome tão amoroso e doce.

CAPÍTULO XXXIII
Profecias de Jeremias e de Sofonias sobre Cristo e a vocação dos gentios

1. Jeremias é um dos profetas maiores, como Isaías, não dos menores, já citados. Quando profetizou, em Jerusalém reinava Josias e sobre os romanos Anco Márcio, às vésperas já do cativeiro dos judeus. Suas profecias prolongaram-se até o quinto mês do cativeiro, segundo se colige de seus escritos. Junto a ele se acha Sofonias, um dos menores, que diz haver profetizado também no tempo de Josias, mas não diz até quando. Jeremias, portanto, não profetizou apenas no tempo de Anco Márcio, mas também no tempo de Tarquínio Prisco, quinto rei dos romanos, já no trono quando do cativeiro. Jeremias, pois, diz de Cristo: *O Cristo, o Senhor, alento de nossa boca, foi preso por nossos pecados*, mostrando, assim, em poucas palavras, ser Cristo nosso Senhor e haver padecido por nós. E noutra passagem: *Este é meu Deus e em sua presença não há ninguém que se lhe compare. Ele encontrou todos os caminhos da sabedoria e deu-a a seu servo Jacó e a Israel, seu amado. Depois se deixou ver sobre a terra e conversou com os homens.* Alguns não atribuem esse testemunho a Jeremias, mas a certo escriba seu chamado Baruc; porém, de ordinário é atribuído a Jeremias. O mesmo profeta volta a dizer: *Olhai que vem o tempo, diz o Senhor, em que de Davi farei nascer vergôntea, descendente justo, que reinará como Rei, será sábio e governará a terra com retidão e justiça. Em seus dias Judá será salvo e Israel viverá tranquilamente; e o nome com que será chamado esse Rei é o de justo Senhor ou Deus nosso.*

Eis como fala da vocação futura dos gentios (que agora vemos cumprida): *Senhor, meu Deus e meu refúgio no dia da aflição, dos confins da terra as nações virão a ti e dirão: Na realidade, nossos pais adoraram ídolos falsos e não há neles utilidade alguma.* E, como os judeus não o conheceriam e lhe dariam morte, o mesmo profeta acrescenta: *Grave e profundo é o coração do homem. Quem o conhecerá?* A passagem citada no Livro Décimo Sétimo a respeito do Novo Testamento, cujo Mediador é Cristo, também é desse profeta. Diz assim: *Eis que vem o tempo, diz o Senhor, em que firmarei nova aliança com a casa de Jacó* etc.

2. Vou citar agora as predições de Sofonias, contemporâneo de Jeremias, acerca de Cristo: *Espera-me, diz o Senhor, no dia de minha ressurreição, porque minha vontade é congregar as nações e reunir os reinos.* E também: *O Senhor mostrar-se-á terrível contra eles, exterminará todos os deuses da terra e adorá-lo-ão todas as nações da terra, cada qual em seu território.* E pouco depois: *Então, nos povos e em sua descendência infundirei língua, a fim de que todos invoquem o nome do Senhor e o sirvam sob o mesmo jugo. Dos confins dos rios da Etiópia trar-me-ão oferendas. Já não serás, então, confundida por todas as impiedades que cometeste contra mim, porque apagarei de ti as maldades de tuas ofensas. Já deixarás de gloriar-te sobre meu santo monte, de ti farei povo humilde e manso e o resto de Israel temerá o nome do Senhor.* A esses restantes alude outra profecia, que o apóstolo recorda nos seguintes termos: *Embora teu povo, Israel, fosse como a areia do mar, os restantes salvar-se-iam.* Os restantes dessa nação creram em Cristo.

CAPÍTULO XXXIV
Profecias de Daniel e Ezequiel, concordes no referente a Cristo e à sua Igreja

1. Daniel e Ezequiel, dois dos profetas maiores, profetizaram durante o cativeiro de Babilônia. Daniel determinou até o número de anos que passariam antes do advento e paixão de Cristo. O cômputo seria longo reproduzi-lo aqui, além de que outros já o fizeram antes de mim. De seu poder e glória fala nestes termos: *Tive visão em sonhos, na qual vi que entre as nuvens do céu vinha personagem que parecia o Filho do Homem e avançou até o Ancião dos dias. E, em apresentando-se ante Ele, deu-lhe o principado, a honra e o reino; e todos os povos, tribos e línguas servi-lo-ão. Seu poder é poder eterno, que não passará, e seu reino será indestrutível.*

2. Ezequiel, por sua vez, segundo o estilo dos profetas, figurando Cristo em Davi, de cuja descendência tomou a carne em forma de escravo, porque se fez homem, e pela qual o Filho de Deus também é chamado servo de Deus, prenunciou-o assim, falando como se fora Deus Pai: *E suscitarei pastor que me apascente os rebanhos, meu servo Davi. Apascentá-lo-á e será seu pastor. Eu, o Senhor, serei seu Deus e meu servo Davi será o príncipe em meio deles. Disse-o eu, o Senhor.* E noutro lugar: *E haverá somente um rei que os mande a todos e nunca mais formarão duas nações, nem no futuro estarão divididos em dois reinos. Não mais se contaminarão com seus ídolos, nem com suas abominações, nem com todas as suas maldades; tirá-los-ei salvos de todos os lugares em que pecaram, purificá-los-ei, serão meu povo e serei seu Deus. E meu servo Davi será rei e um só será o Pastor de todos eles.*

CAPÍTULO XXXV
Vaticínios de Ageu, de Zacarias e de Malaquias

1. Ainda restam três profetas menores: Ageu, Zacarias e Malaquias, que profetizaram durante o cativeiro. Ageu predisse Cristo e a Igreja, breve, mas claramente, nos seguintes termos: *Isto diz o Senhor dos exércitos: Mais um pouco de tempo e porei em movimento o céu e a terra, o mar e os continentes. Porei em movimento todas as nações e virá o Desejado de todas as gentes.* Essa profecia já está cumprida em parte; o resto esperamos que no futuro se cumpra. Já comoveu o céu com o testemunho das estrelas e dos anjos em sua encarnação. Com o imenso milagre de haver nascido de virgem mobilizou a terra. Moveu o mar e os continentes, quando Cristo foi anunciado nas ilhas e no orbe todo. O seguinte: *E virá o Desejado de todas as gentes*, devemos entendê-lo de sua segunda vinda, porque, para ser desejado pelos que o esperam, foi conveniente que fosse antes amado pelos crentes.

2. De Cristo e da Igreja assim fala Zacarias: *Regozija-te sobremaneira, filha de Sião, e salta de júbilo, filha de Jerusalém, porque eis que a ti vem teu Rei, o Justo e o Salvador; virá pobre e montado em cima de jumenta e seu jumentinho. E dominará de um mar a outro e dos rios aos confins da terra.* O Evangelho ensina-nos em que ocasião

Cristo se serviu dessa cavalgadura e menciona, em parte, a referida profecia. Noutra passagem, dirigindo-se ao próprio Cristo e falando da remissão dos pecados que seu sangue ia operar, diz o profeta. *E tu, pelo sangue de teu testamento, fizeste os teus, que se encontravam cativos, saírem da cisterna sem água.* A regra de fé dá-nos liberdade para interpretarmos de diversas maneiras essa cisterna. Segundo me parece, o melhor sentido de tal palavra é a profundidade estéril e seca da miséria humana, em que não correm os rios da justiça, mas a lama da iniquidade. Fala-se dela em determinado salmo: *E tirou-me da cisterna de minha miséria e do lodo da terra.*

3. Anunciando a Igreja, que vemos propagada por Cristo, Malaquias, na pessoa de Deus, diz de modo claro aos judeus: *Meu afeto de maneira alguma está em vós, diz o Senhor dos exércitos, nem de vossa mão aceitarei oferenda alguma. Porque do levante ao poente é grande meu nome entre as nações e em todo lugar se sacrificará e se oferecerá a meu nome oferenda pura, pois é grande meu nome entre as nações, diz o Senhor.* Tal sacrifício é o oferecido pelo sacerdócio de Cristo, segundo a ordem de Melquisedec, que vemos oferecer-se em todo lugar, do oriente ao poente. E não podem negar haver cessado o sacrifício dos judeus, a quem disse: *Meu afeto de maneira alguma está em vós, nem de vossa mão aceitarei oferenda alguma.* Por que ainda esperam outro Cristo, se essa profecia, que veem cumprida, só pode ser cumprida por Ele? Pouco depois acrescenta, na pessoa de Deus: *Minha aliança nele foi aliança de vida e de paz e dei-lhe que santamente me temesse e tivesse respeito a meu nome. A lei da verdade regia-lhe a boca, andou em paz comigo e de seus pecados converteu muitos. Os lábios do sacerdote hão de ser o depósito da ciência e de sua boca hão de todos esperar a lei, porque é o anjo do Senhor onipotente.* Não é estranho chamar-se anjo do Senhor onipotente a Jesus Cristo. Como se lhe chamou servo, por causa da forma de servo que tomou, assim também se lhe chama anjo, por causa do Evangelho por Ele anunciado aos homens. Porque Evangelho, traduzido a nosso idioma, é igual a boa-nova, a anjo, a anúncio. Diz mais: *Eis que envio meu anjo, que preparará o caminho diante de mim. De súbito virá a seu templo o Senhor, a quem buscais, e o anjo do Testamento, a quem desejais. Vede-o, aí vem, diz o Senhor onipotente. Quem suportará o dia de sua chegada? E quem lhe resistirá ao olhar?*

Nessa passagem anunciam-se a primeira e a segunda vindas de Cristo, a saber, a primeira, nestas palavras: *De súbito virá a seu templo*, quer dizer, à sua carne, de que disse no Evangelho: *Destruí este templo e reedificá-lo-ei em três dias*, a segunda, nestas: *Vede-o, aí vem, diz o Senhor onipotente. Quem suportará o dia de sua chegada? E quem lhe resistirá ao olhar?* As expressões: *O Senhor, a quem buscais, e o anjo do Testamento, a quem desejais*, significam os judeus, que buscam e desejam Cristo, segundo o teor das Escrituras que leem. Muitos deles, porém, não conheceram já haver chegado o Messias que desejavam e buscavam, porque suas faltas passadas lhes cegaram o coração. O Testamento a que antes aludiu, quando disse: *Meu Testamento pactuou-se com ele*, ou aqui, ao nomear o anjo do Testamento, é, sem dúvida alguma, o Novo Testamento, em que se prometeram bens eternos, não o Velho, em que se prometeram bens temporais. Muitos débeis na fé, tendo em grande estima esses últimos bens e servindo o verdadeiro Deus por amor a tal prêmio, turbam-se, ao verem que também os ímpios nadam e sobrenadam neles. Por semelhante motivo, o mesmo profeta, para distinguir entre a felicidade eterna do Novo Testamento, que só é dada aos bons, e a felicidade terrena do Velho, dada com certa frequência aos maus, diz: *Tomaram corpo vossas palavras contra mim, diz o Senhor, e dissestes: Em que te difamamos? Dissestes: É insensato todo aquele que serve a Deus. E que nos vem de te havermos guardado os mandamentos e de havermos andado em oração diante do Senhor onipotente? Agora beatificamos os estranhos, renovam-se os praticantes do mal e os que foram contra Deus também se salvam. Isso falaram entre si os tementes a Deus. E Deus esteve atento, escutou e ante Ele escreveu um livro que devia servir de monumento em favor dos que temem o Senhor e lhe reverenciam o nome.* Esse livro é figura do Novo Testamento. Por fim, escutemos o seguinte: *E serão minha herança, diz o Senhor onipotente, no dia em que me ponha a agir, e escolhê-los-ei como o pai escolhe o filho obediente. Mudareis de opinião e notareis a diferença que há entre o justo e o injusto, entre quem serve Deus e quem não o serve. Porque eis que chega o dia, aceso como fornalha ardente, e os abrasará. Todos os estrangeiros e todos os pecadores serão como estopa, esse dia que se aproxima queimá-los-á, diz o Senhor onipotente, e deles não ficarão nem ramos, nem raízes. Para vós, que me temeis o nome, nascerá o sol da justiça, que traz a salvação à sombra de suas asas. Saireis para fora e, como novilhos soltos, saltareis de gozo. Calcareis os pecadores e serão pó sob vossos pés no dia em que eu agir, diz o Senhor onipotente.* Esse dia é o dia do juízo. Dele falaremos de maneira mais ampla no devido lugar, se Deus quiser.

CAPÍTULO XXXVI
Esdras e os livros dos Macabeus

Depois destes três profetas, Ageu, Zacarias e Malaquias, escreveu Esdras nessa mesma época em que o povo foi livrado do cativeiro babilônico. Mas passa mais por historiador que por profeta. Seu livro parece-se com o de Ester, em que se contam suas façanhas, realizadas em louvor a Deus não longe desse tempo. Talvez se possa dizer que Esdras profetizou Cristo na disputa suscitada entre alguns jovens sobre qual o ser mais poderoso do mundo. E, havendo dito um deles que os reis, outro que o vinho e outro que as mulheres, que algumas vezes mandaram nos reis, este último terminou provando ser a verdade que leva a palma. Acontece que o Evangelho nos diz que Cristo é a verdade. Da restauração do povo até Aristóbulo, príncipes, não reis, governaram os judeus. O cômputo desse tempo não se enumera nas Escrituras canônicas, mas em outras; assim, nos livros dos Macabeus, tidos por canônicos pela Igreja e por apócrifos pelos judeus. A Igreja assim pensa por causa dos terríveis e admiráveis sofrimentos desses mártires, que antes da encarnação de Cristo lutaram até a morte pela Lei de Deus e suportaram inauditas e graves torturas.

CAPÍTULO XXXVII
As profecias são mais antigas que a filosofia pagã

No tempo de nossos profetas, cujos escritos se difundiram pelo mundo inteiro, ainda não existiam filósofos entre os gentios. Pelo menos não se chamavam assim, pois o nome teve origem em Pitágoras de Samos, que começou a brilhar e a ser conhecido quando se concedeu a liberdade aos judeus. Logo, os demais filósofos foram muito posteriores aos profetas. Com efeito, Sócrates mesmo, mestre de quantos então floresceram, príncipe da Moral ou parte ativa, vem depois de Esdras nas crônicas. Pouco depois nasceu Platão, que se avantajaria de muito aos demais discípulos de Sócrates. Se lhes acrescentamos os sete sábios, que ainda não se chamavam filósofos, e depois os físicos, Anaximandro, Anaxímenes, Anaxágoras e alguns outros anteriores a Pitágoras, que sucederam a Tales no estudo e busca da natureza, nem mesmo eles são anteriores a todos os nossos profetas. Tales, o mais antigo dos físicos, floresceu, segundo contam, no reinado de Rômulo, quando o rio da profecia brotou da fonte de Israel, nessa série de escritos que inundou o mundo inteiro. Apenas os poetas teólogos, Orfeu, Lino e Museu e, se houve, alguns outros entre os gregos, foram anteriores aos profetas hebreus, cujos escritos estão canonizados. Mas tampouco eles precederam nosso grande teólogo Moisés, que anunciou o único Deus verdadeiro e cujos escritos ocupam o posto de honra no campo do cânon. Assim, os gregos, cuja língua enriqueceu grandemente as letras humanas, não têm por que se jactar de sua Sabedoria como mais antiga e menos ainda como superior a nossa religião, única fonte de Sabedoria autêntica. Contudo (e é necessário admiti-lo), não só na Grécia, mas também nas nações bárbaras, como no Egito, já antes de Moisés havia certa doutrina, Sabedoria para eles. Se isso não fosse verdade, os livros santos não diriam estar Moisés versado em toda a Sabedoria dos egípcios, pois onde nasceu e foi adotado e alimentado pela filha do faraó, aí o educaram nas artes liberais. Mas nem mesmo a Sabedoria dos egípcios precedeu a dos profetas, visto Abraão também haver sido profeta. E que Sabedoria poderia haver no Egito, se Ísis, a quem, depois de morta, renderam culto como a grande deusa, ainda lhes não ensinara as letras? Pois bem, Ísis era filha de Ínaco, primeiro rei de Argos, e nessa época já haviam nascido os netos de Abraão.

CAPÍTULO XXXVIII
Sabedoria do cânon eclesiástico

E, se remontamos a tempos mais antigos, antes do dilúvio já existia o patriarca Noé, a quem com fundamento chamaríamos profeta, porque a arca por ele construída era profecia do cristianismo.

E que dizer de Enoc, sétimo descendente de Adão? Dele, em sua epístola canônica, não diz o Apóstolo Tiago haver profetizado? Seus escritos não foram admitidos no cânon nem pelos judeus, nem por nós porque sua antiguidade os tornava suspeitos. É verdade que se escrevem obras cuja autenticidade não parece duvidosa a quem, segundo seu próprio critério, crê no que bem entende. A castidade do cânon não os aceitou, não porque repila a autoridade de tais homens que agradaram a Deus, mas porque não lhes acredita na autenticidade.

Ademais, não é de estranhar que obras publicadas sob o renome de tão alta antiguidade sejam consideradas suspeitas. Assim, vemos que na história dos reis de Israel e de Judá (que, por ser canônica, acreditamos verdadeira) citam-se muitas façanhas que ali não se encontram e se remete o leitor a outros livros escritos por profetas e, às vezes, nos dão o nome deles. E, todavia, não foram admitidos no cânon consagrado pelo povo de Deus. Confesso que a razão disso me escapa, sob pena de dizer que esses homens a quem o Espírito Santo revelava as coisas dignas de serem canonizadas pela religião puderam escrever algumas coisas como homens e historiadores e outras, como profetas, por inspiração divina. E, desse modo, umas deviam atribuir-se-lhes como tais sujeitos e outras a Deus, que falava por intermédio deles. Aquelas deviam-se a investigação científica; estas, a autoridade religiosa. Essa autoridade é a guardiã do cânon; se à margem dele se publicam alguns escritos com o nome de profetas antigos, não servem nem a título de erudição, por ser incerto se pertencem ao autor a quem se atribuem. A isso se deve o não dar-se fé a esses livros, em especial aos que contêm coisas contrárias aos livros canônicos, prova infalível de sua inautenticidade.

CAPÍTULO XXXIX
Os hebreus e sua língua

Não se deve pensar, como alguns pensam, haver a língua hebraica sido conservada apenas por Héber, que deu seu nome aos hebreus, dele transmitido a Abraão, e haverem as letras hebraicas começado a partir da lei dada por Moisés. É mais crível que tão celebrada língua, com seus caracteres, foi conservada, através dos séculos, desde a época primitiva. Com efeito, Moisés no povo de Deus estabeleceu mestres que lhe ensinaram as letras antes de conhecer as letras da divina lei. A esses homens a Escritura chama *grammatoeisagoghêis*, que poderemos traduzir por indutores ou introdutores às letras justamente porque as induzem, quer dizer, as introduzem, de certo modo, no coração dos discípulos, melhor, nelas introduzem os discípulos. Que nação alguma, pois, se glorie de sua sabedoria como mais antiga que nossos patriarcas e profetas, que a Sabedoria divina assistiu, porquanto nem o Egito, acostumado a jactar-se falsa e vãmente da antiguidade de sua sabedoria, pode reivindicar semelhante prioridade. Ninguém tampouco se atreva a dizer haverem os egípcios sido muito sábios nas disciplinas mágicas antes de as letras lhes chegarem ao conhecimento, quer dizer, antes de Ísis instruí-los. Ademais, a que se reduzia sua famosa sabedoria senão à astronomia e a alguma outra ciência análoga, mais própria para exercitar as inteligências do que para tornar o homem verdadeiramente sábio? Quanto à filosofia, que acredita ensinar aos homens o modo de tornarem-se felizes, não floresceu nessa terra até os dias de Mercúrio, chamado Trismegisto. Tais estudos floresceram, portanto, muito antes dos sábios ou filósofos gregos, mas depois de Abraão, de Isaac, de Jacó e de José. E também depois de Moisés. Porque Atlas, esse grande astrólogo, irmão de Prometeu e avô materno do grande Mercúrio, de quem era neto Mercúrio Trismegisto, vivia quando Moisés nasceu.

CAPÍTULO XL
Vaidade dos egípcios. Sua ciência não é tão antiga

É, pois, inútil certos charlatães, inflados de néscia presunção, dizerem que no Egito há mais de cem mil anos se conhece a astrologia. Em que livro encontraram esse número se faz pouco mais de dois mil anos que de sua mestra Ísis aprenderam as letras? É afirmativa de Varrão, historiador de vulto, e está de acordo com a verdade das divinas letras. Se de Adão, primeiro homem, passaram apenas seis mil anos, os que adiantam opiniões tão contrárias à verdade tão reconhecida não merecem antes ser ridicularizados que refutados? A quem podemos dar mais crédito, quanto às coisas passadas, do que àquele que predisse as coisas futuras que vemos cumpridas?

Além disso, a própria discordância dos historiadores entre si nos oferece robusto argumento para, de preferência, crermos nos que não se opõem à história divina. Quando os cidadãos da cidade ímpia, espalhados por todo o mundo, leem homens muito sábios, todos de igual autoridade na matéria, e verificam que entre si disputam sobre acontecimentos dos mais recuados de nossa época, não sabem a que ater-se nem a quem dar fé. Por outro lado, apoiados na autoridade divina, no concernente a nossa religião, não duvidamos que quanto se lhe opõe é falsidade, seja qual for o valor dado a tais histórias nas letras profanas. É que, verdadeiras ou falsas, não têm grande importância para a gente levar vida reta e feliz.

CAPÍTULO XLI
Discordância da filosofia e concordância das Escrituras na Igreja

1. Mas deixemos os historiadores e perguntemos aos filósofos, cujos escritos parecem ter como único escopo o de encontrar meio de vida apto para consecução da felicidade: Por que os discípulos discrepam dos respectivos mestres e uns dos outros os condiscípulos, senão porque na busca procederam como homens e com raciocínio humano? Admito que haja podido influir o afã de glória, desejoso cada qual de avantajar-se aos demais em sabedoria e agudeza, sem se sujeitar ao ponto de vista alheio e inventando doutrina e opinião próprias, e também que alguns ou muitos se separaram dos respectivos mestres ou condiscípulos por amor à verdade, lutando por ela, embora não o fosse. Mas que pode ou aonde e por onde a infelicidade humana conduz à bem-aventurança, se não leva por guia a autoridade divina? Nossos autores, admitidos e registrados no cânon das Sagradas Letras, não dissentem uns dos outros em nada e nunca. Isso deu ensejo à crença, tão espalhada não entre quatro charlatães de algumas escolas e ginásios, mas entre os homens do campo e da cidade, doutos e indoutos, de que, ao escreverem, Deus lhes falou ou Deus falou por intermédio deles. Era preciso que fossem poucos, para que o número não vulgarizasse tal patrimônio da religião, mas não tão poucos que a perfeita concordância deles não constituísse verdadeiro milagre. Entre a multidão

de filósofos que deixaram doutrinas por escrito não é fácil falar dos que se encontrem de acordo em todos os pontos. Não insisto, porque seria demorado mostrá-lo.

2. Que autor, não importa de que escola, há tão acatado na cidade demonólatra, que condene os demais que opinam coisas adversas e diversas? Em Atenas não estavam em voga e em moda, ao mesmo tempo, os epicuristas, afirmando que os deuses não cuidam das coisas humanas, e os estoicos, sustentando que, ao contrário, deuses protetores as dirigiam e defendiam? Por isso, sempre me causou estranheza fosse Anaxágoras condenado por dizer que o sol era pedra ardente, negando Deus, pois Epicuro vivia em pleno esplendor e em plena segurança na mesma cidade, negando não apenas a divindade do sol e dos demais astros, mas também defendendo não haver no mundo nem Júpiter, nem outras potestades a que chegassem as súplicas e orações dos homens. Em Atenas não brilhavam Aristipo, que punha o supremo bem do homem no prazer do corpo, e Antístenes, que o radicava na virtude da alma, fazendo o destino da vida consistir em fins tão diversos e tão contrários entre si? Ademais, afirmava o primeiro que o sábio devia fugir de governar a república, o segundo, que devia governá-la e cada qual reunia discípulos que lhe continuavam a escola. Com sua tropa cada um deles combatia pela própria opinião e discutia-se, em pleno dia, no vasto e celebérrimo Pórtico, nos ginásios, nos jardins, nos lugares públicos e nas casas. Uns sustentavam a existência de apenas um mundo; outros, a de muitos; uns, que o mundo teve princípio; outros, que não; uns, que terá fim; outros, que será eterno; uns que é governado pela inteligência divina; outros, que pela fortuna ou pelo azar. Uns defendiam que as almas são imortais; outros, que mortais. Os defensores da imortalidade, uns dizem que retornam aos irracionais; outros, que não; quanto aos da mortalidade, uns sustentam que morrem com o tempo e outros, que depois vivem mais ou menos tempo e afinal morrem. Uns fazem o supremo bem consistir no corpo; outros, na alma; outros, em ambos; outros a ambos acrescentam os bens extrínsecos. Uns afirmavam que a gente sempre devia acreditar nos sentidos do corpo; outros, que nem sempre; outros, que nunca.

Que povo, que reinado, que autoridade pública da cidade ímpia assentou praça de juiz para definir entre opiniões tão opostas dos filósofos, aprovando umas e repelindo outras? Não é verdade havê-las recebido todas indiferentemente, embora não se tratasse de algum pedaço de terra ou de alguma soma de dinheiro, mas das coisas mais transcendentais, que decidem a felicidade ou miséria dos homens? Embora na realidade se ensinassem algumas verdades, a falsidade campeava com a mesma licença. Tanto assim que essa cidade misticamente e não sem motivo se chama Babilônia, quer dizer, como já observamos, Confusão. Pouco importa ao diabo, seu rei, que por causa de erros contrários os homens se combatam, pois a impiedade humana a todos mantém escravizados por igual.

3. Por outro lado, essa nação, esse povo, essa cidade, essa república, em uma palavra, os israelitas, a quem se confiou a Palavra de Deus, jamais confundiram os pseudoprofetas com os profetas autênticos; pelo contrário, sempre concordes entre si e em nada discordes, reconheciam e retinham os verdadeiros autores das Sagradas Letras. Para eles, eram esses os filósofos, quer dizer, os amigos da sabedoria, seus sábios, seus teólogos, seus profetas e seus doutores em piedade e em probidade. Quem sentiu e viveu segundo suas máximas não sentiu e viveu segundo os homens, mas segundo Deus, que por meio deles falou. Se proíbem o sacrilégio, Deus é quem o proíbe. Se dizem: *Honra teu pai e tua mãe*, é preceito de Deus. Se disseram: *Não fornicarás, não furtarás, não matarás* e demais mandamentos, não se trata de palavras de homens, mas de oráculos divinos. Todas as verdades que entre seus erros alguns filósofos chegaram a discutir e se esforçaram em persuadir com esmero, como, por exemplo, que Deus criou o mundo e o administra com Providência e quanto escreveram sobre a beleza das virtudes, o amor à pátria, a fidelidade na amizade, as boas obras e o concernente aos bons costumes, embora desconhecendo o fim a que deviam tender e os meios, tudo isso foi pregado ao povo na Cidade de Deus por boca dos profetas, sem argumentos e sem disputas. Assim, o iniciado em tais verdades temeria desprezar não o engenho humano, mas a palavra do próprio Deus.

CAPÍTULO XLII
Providência de Deus na tradução do Antigo Testamento, feita do hebraico para o grego

Um dos Ptolomeus, rei do Egito, empenhou-se em conhecer e possuir as Sagradas Letras. Após a morte do admirável colosso Alexandre da Macedônia, cognominado o Grande, que subjugara toda a Ásia e quase o orbe inteiro, parte pela força e pelas armas e parte pelo terror, conquistando, entre outras regiões do Oriente, a Judeia, seus capitães dividiram o reino, não para o governarem em paz, e sim para desfazerem-no em guerras. Justamente nessa época principiava no Egito o reinado dos Ptolomeus. O primeiro deles foi o filho de Lago, que levou cativos para o Egito muitos judeus. Ptolomeu Filadelfo, sucessor dele, deu-lhes a liberdade e permitiu-lhes voltarem para sua terra. E, o que é mais, enviou presentes para o templo de Deus e pediu ao então pontífice Eleazar que lhe mandasse as Escrituras, pois sem dúvida ouvira, nas asas da fama, serem divinas e desejava, por isso, dar-lhes lugar de destaque em sua famosa biblioteca. O sumo sacerdote enviou-lhas em hebraico e o rei pediu tradutores para traduzi-las. Enviaram-se-lhe setenta e dois homens, seis de cada tribo, muito versados na língua hebraica e na grega. O costume logrou chamar a essa versão a versão dos Setenta. Conta-se que na tradução houve unanimidade tão maravilhosa, tão estupenda e tão plenamente divina, que, havendo-a feito cada um deles em separado (assim quis Ptolomeu provar-lhe a fidelidade), coincidiram de tal modo tanto no sentido como nas palavras, que parecia obra de um tradutor só. E não é de estranhar, pois em todos atuava o mesmo Espírito. Deus, com esse admirável dom, quis encarecer aos gentios que algum dia creriam, como já vemos cumprido, na autoridade das Escrituras como obra divina, não humana.

CAPÍTULO XLIII
Autoridade e valor dos Setenta

Embora outros hajam traduzido as Sagradas Escrituras do hebraico ao grego, como Áquila, Símaco, Teodocião e o autor anônimo de obra semelhante, por isso chamada Quinta Edição, a Igreja recebeu a versão dos Setenta como se fora única e dela se servem os gregos cristãos, cuja maioria ignora se há alguma outra. Dessa versão dos Setenta fez-se versão para o latim; é a usada nas Igrejas latinas. Em nossos dias, Jerônimo, homem de muito saber e muito versado nas três línguas, traduziu as Escrituras diretamente do hebraico para o latim. Os judeus reconhecem tratar-se de tradução muito fiel e sustentam que os Setenta se equivocaram em muitos pontos. As Igrejas de Cristo, contudo, acham que se deve antepor a qualquer outra a autoridade dos homens escolhidos pelo Pontífice Eleazar para semelhante obra. E que, mesmo quando não os houvesse assistido um só Espírito, o divino, sem dúvida, mas, como homens sábios, houvessem comparado as palavras umas com as outras e deixado as do agrado de todos, a versão deles sempre seria preferível à de qualquer tradutor isolado. Como neles, porém, apareceu tão claro sinal da divindade, qualquer outra versão fiel da Escritura, feita do hebraico para outra língua, ou está concorde com os Setenta ou, se não está, segundo possa parecer, deve-se acreditar exista algum profundo mistério oculto na versão dos Setenta.

Porque o mesmo Espírito, que assistiu os profetas, quando compunham as Escrituras, animava os setenta homens, quando as traduziam. E, fora de dúvida, poderia muito bem, com autoridade divina, dizer outra coisa, como se os profetas houvessem dito ambas as coisas, porque ambas diria o mesmo Espírito. Poderia dizer de várias maneiras a mesma coisa, a fim de que, se não as mesmas palavras, ao menos descobrissem o mesmo sentido os bons entendedores. Poderia, além disso, acrescentar ou omitir algo, para mostrar-nos não haver o tradutor sido escravo das palavras, mas do poder divino, que o repletava e dirigia na obra. Alguns acharam ser preciso corrigir a versão dos Setenta pelos códices hebraicos, mas não se atreveram a pôr de lado o que os Setenta lhes acrescentaram. Limitaram-se unicamente a acrescentar o que faltava nos Setenta e se encontrava nos códices hebraicos. E fizeram observá-lo, pondo no princípio dos versículos certos sinais em forma de estrelas, chamados asteriscos. O que falta nos códices hebraicos e existe nos Setenta assinalaram-no com traços horizontais, semelhantes a vírgulas deitadas. Desses códices ainda hoje encontramos e em grande quantidade entre nós.

Para apreciar as coisas não omitidas nem acrescentadas, mas ditas de outro modo, quer tenham sentido abertamente idêntico, quer sentido diferente, é preciso cotejar e confrontar ambos os códices. Se, por conseguinte, como deve ser, não consideramos os homens que compuseram as Escrituras senão como instrumentos do Espírito de Deus, diremos que as coisas que se encontram no original hebraico e não se encontram nos Setenta quis o Espírito divino dizê-las pelos profetas e não por estes. E quanto há nos Setenta e falta no códice hebraico o mesmo Espírito preferiu dizê-las por estes, mostrando, de tal modo, haverem uns e outros sido profetas. Assim, disse umas coisas por Isaías, outras, por Jeremias, outras, por este ou aquele profeta, ou disse de outra forma as mesmas coisas por este ou por aquele. Enfim, quando em ambas as fontes se contêm as mesmas coisas, quis o Espírito servir-se de uns e de outros para dizê-las, mas de tal modo que aqueles profetizassem e estes lhes interpretassem as profecias. O mesmo Espírito que assistiu os primeiros, estabelecendo perfeita concordância entre eles, apareceu nos segundos, conduzindo-lhes a pena, para fazerem traduções idênticas.

CAPÍTULO XLIV
Discordância entre os Setenta e o texto hebraico. Explicação

Talvez alguém pergunte: Como saberei se o Profeta Jonas disse aos ninivitas: *Mais três dias e Nínive será destruída* ou *mais quarenta dias* etc.? Quem não vê o que o profeta, enviado a Nínive para cominar-lhe a iminente destruição, não poderia em semelhante conjuntura assinar-lhe dois termos diferentes e inconciliáveis? Porque, se o prazo é de três dias, não será de quarenta e, se de quarenta, não será de três. Se me perguntam qual dos dois determinou Jonas, acho mais acertado o texto hebraico: *Mais quarenta dias e Nínive será destruída*, porque os Setenta, traduzindo-o muito depois, puderam fazê-lo dizer outras palavras, que, todavia, estão relacionadas com o tema e noutros termos expressam um só e mesmo sentido. Além disso, convidaria o leitor, sem desdenhar nenhuma autoridade dessas, a apoiar-se na história e buscar a causa da história narrada. Os acontecimentos preditos ocorreram em Nínive, é verdade, mas há neles algo mais profundo e superior a essa cidade, como também é verdade que de fato o profeta esteve três dias no ventre do cetáceo e, contudo, figurava outro, que estaria três dias no sepulcro, e esse outro era o Senhor de todos os profetas. Se, portanto, por essa cidade entendemos figurada profeticamente a Igreja dos gentios, de certo modo destruída pela penitência, Igreja que não mais será o que foi, como a mudança de tal Igreja, figurada por Nínive, foi obra de Cristo, é o próprio Cristo o simbolizado nos três ou nos quarenta dias. Nos quarenta, porque, após ressuscitar, viveu quarenta dias entre os discípulos e subiu ao céu; nos três, porque no terceiro dia ressurgiu.

Assim, parece haverem os setenta tradutores e profetas querido despertar o leitor desejoso unicamente de ater-se aos dados históricos, convidando-o a aprofundar-se no conteúdo da profecia e dizendo-lhe de certa maneira: Busca nos quarenta dias o mesmo que podes achar nos três dias; nos quarenta encontrarás a ascensão, nos três, a ressurreição. Isso pôde, pois, ser simbolizado, com muito acerto, por ambos os números, de um modo no Profeta Jonas e de outro nos Setenta, mas sempre por obra de um só e mesmo Espírito. Fujo à prolixidade e, por isso, não quero aduzir outros exemplos, em que se acreditaria que os Setenta se afastam da verdade do texto hebraico, quando, bem entendidos, estão perfeitamente acordes. Daí o haver eu, a meu modo, crido acertado servir-me do original hebraico e dos Setenta, seguindo o exemplo dos apóstolos, que, ao citarem, assim fizeram, porque, afinal de contas, trata-se da mesma autoridade divina. Mas prossigamos, segundo nossas possibilidades, em nosso empenho.

CAPÍTULO XLV
Decadência dos judeus e fim dos profetas

1. A partir do momento em que os judeus deixaram de ter profetas, a nação piorou, embora se esperasse florescimento nessa época da restauração do templo, após o cativeiro de Babilônia. Esse era o sentido dado por aquele povo carnal à profecia de Ageu: *A glória desta última casa será grande, será maior que a da primeira.* Mas o que vem antes evidencia que falava do Novo Testamento, pois diz,

prometendo de maneira clara a Cristo: *Porei em movimento todas as nações e virá o Desejado de todas as gentes.* Com autoridade de profetas, os Setenta deram às palavras outro sentido, que quadra melhor ao corpo que à cabeça, quer dizer, melhor à Igreja que a Cristo: *Virão as nações que o Senhor escolheu entre todas,* quer dizer, virão os homens de quem no Evangelho diz Cristo: *Muitos serão os chamados e poucos os escolhidos.* Com efeito, desses escolhidos das nações, como que de pedras vivas, é que se edifica a casa de Deus pelo Novo Testamento, casa muito mais gloriosa que o templo construído por Salomão e restaurado depois do cativeiro. Desde então, o povo judeu não mais teve profetas e sofreu males sem conta de parte dos reis estrangeiros e dos romanos, para não pensar que tal profecia de Ageu se cumpriu com a restauração do templo.

2. Pouco tempo depois foi submetido ao império de Alexandre. Embora então não causasse nenhum estrago, pois, não se atrevendo a resistir, rendeu-se e se submeteu por bem, a glória dessa casa não foi tão grande como fora sob a livre dominação de seus reis. É certo haver Alexandre imolado vítimas no templo de Deus; fê-lo, porém, levado menos por verdadeira piedade do que por ímpia superstição, crendo dever culto a esse Deus como aos deuses falsos. Após a morte de Alexandre, Ptolomeu, filho de Lago, como acima observei, levou os judeus em cativeiro para o Egito e Ptolomeu Filadelfo, que lhe sucedeu, deu-lhes generosamente a liberdade. A este devemos em grande parte, como ficou dito, a versão dos Setenta. Depois se viram complicados nas guerras narradas nos livros dos Macabeus. Mais tarde foram vencidos por Ptolomeu Epífanes, rei de Alexandria, e se viram constrangidos, pelas inauditas crueldades de Antíoco, rei da Síria, a tributar culto aos ídolos. As sacrílegas superstições dos gentios profanaram o templo, até que o purificou de toda essa idolatria o valor de Judas Macabeu, grande capitão, que expulsou os generais de Antíoco.

3. Pouco depois, entretanto, a ambição de certo Alcimo o fez usurpar o pontificado, apesar de não pertencer à linha sacerdotal. Isso era crime. Passaram cinquenta anos, durante os quais, exceto algumas oportunas campanhas, os judeus não tiveram paz; ao cabo deles, Aristóbulo apoderou-se do diadema, fazendo-se pontífice e rei ao mesmo tempo. Antes, desde o retorno de Babilônia e a restau-

ração do templo, não haviam tido reis, mas chefes ou príncipes, e, embora o rei também possa ser chamado príncipe, pelo principado que ostenta, e chefe, por ser comandante do exército, nem todo príncipe ou chefe pode ser chamado rei. Alexandre sucedeu a Aristóbulo no sacerdócio e no trono. Contam que em seu reinado foi cruel para com os súditos. Depois dele foi rainha dos judeus sua esposa Alexandra, que marcou o início de males muito maiores. Como seus dois filhos, Aristóbulo e Hircano, disputassem entre si o império, as forças romanas, a pedido de Hircano, voltaram-se contra a nação israelita. Roma já subjugara a África e a Grécia e passeara por outras partes do mundo suas armas vitoriosas. Não podendo manter-se por si mesma em pé, parecia quebrantada por sua própria grandeza. Via-se atormentada por furiosas sedições domésticas, daí passou às guerras dos partidos, chegando, assim, às guerras civis. Tão abatida e quebrantada se achava a república, que esteve a ponto de mudar de regime e implantar a monarquia. Pompeu, um dos grandes capitães dos romanos, invadiu com seu exército a Judeia, tomou a cidade, abriu o templo, não como suplicante, mas como vencedor, e entrou no santo dos santos, não como vencedor, mas como profanador. Só ao sumo sacerdote era permitido entrar. Confirmado no pontificado e constituído em sumo sacerdote, consigo levou Aristóbulo prisioneiro. Depois, Cássio saqueou o templo. Alguns anos mais tarde mereceram rei estrangeiro, Herodes, em cujo reinado nasceu Cristo. Já chegara a plenitude dos tempos, preditos em Espírito pelo patriarca Jacó nos seguintes termos: *Não faltará príncipe de Judá nem cabeça de sua posteridade, até vir aquele que se aguardou e é a esperança das nações.* Os judeus sempre tiveram reis de sua nação, até Herodes, seu primeiro rei estrangeiro. Já chegara o tempo da vinda do Esperado, em quem se cumpririam as promessas do Novo Testamento. As nações não poderiam esperar, como agora fazem, a derradeira vinda, quando com todo o seu poder venha a julgar os homens, se primeiro não houvessem crido nele, quando veio ser julgado na humildade de sua paciência.

CAPÍTULO XLVI
O nascimento do Salvador e a dispersão dos judeus

Reinando Herodes na Judeia, o Imperador César Augusto dera paz ao mundo, depois de mudado o regime constitucional da república, quando Cristo, segundo a citada profecia, nasceu em Belém de Judá, homem visível, nascido humanamente de virgem, e Deus oculto, divinamente gerado por Deus Pai. Assim o predissera o profeta: *Sabei que uma virgem conceberá e dará à luz um filho e lhe chamarão Emanuel, que quer dizer Deus conosco.* E Ele, para evidenciar sua divindade, operou muitos milagres. Deles os evangelhos recolheram alguns, o suficiente para provar-lhe o intento. O primeiro milagre foi seu admirável nascimento; o último, a gloriosa ascensão ao céu com o corpo ressuscitado. Os judeus, que o mataram e se negaram a crer nele, porque convinha que morresse e ressuscitasse, sofreram o mais desgraçado saque dos romanos, foram expulsos de sua terra, de que os estrangeiros já eram senhores, e dispersos por todas as partes. (E é verdade, porque não faltam em nenhuma.) Assim, suas próprias Escrituras testemunham não havermos inventado as profecias acerca de Cristo. Muitos deles, havendo-as considerado antes da paixão e sobretudo após a ressurreição, vieram a Ele. A esses tais se dirigem estas palavras: *Quando o número de filhos de Israel for como a areia do mar, os restantes serão salvos. Os demais cegaram segundo a profecia: Em justa paga converta-se-lhes a mesa em laço de ruína e perdição. Obscureçam-se-lhes os olhos para não verem e traze-os sempre encurvados para o chão.* Na realidade, quando não dão crédito a nossas Escrituras, neles, que as leem como cegos, cumprem-se as suas. Talvez alguém diga haverem os cristãos imaginado as profecias acerca de Cristo que se publicam com o nome de sibilas ou de outros, se é que na realidade existe alguma que não seja de origem judaica. A mim me bastam as que seus próprios códices me facilitam e conhecemos pelos testemunhos que, mesmo contra sua vontade, contêm esses códices de que são depositários.

Sobre sua dispersão pela superfície da terra, onde quer que se encontre a Igreja, pode-se ler a profecia em um dos salmos expressa nos seguintes termos: *Meu Deus me prevenirá com sua misericór-*

dia. Meu Deus me há de mostrá-la em meus inimigos, dizendo-me: Não acabes com eles, para não esquecerem tua lei. Dispersa-os com teu poder. Deus, por conseguinte, mostrou à Igreja, em seus inimigos, os judeus, a graça de sua misericórdia, porque, como diz o apóstolo, seu pecado oferece às nações a oportunidade necessária para se salvarem. E não os matou, quer dizer, neles não destruiu o judaísmo, embora vencidos e subjugados pelos romanos, de medo que, esquecidos da Lei de Deus, não pudessem oferecer-nos testemunho do que tratamos. Em consequência, não se contentou em dizer: *Não acabes com eles, para não esquecerem tua lei*, mas acrescentou: *Dispersa-os*. Porque, se com esse testemunho das Escrituras permanecessem apenas em sua terra, sem serem dispersos por todas as partes, a Igreja, espalhada pelo mundo todo, não poderia tê-los em toda parte como testemunhas das profecias que precederam Cristo.

CAPÍTULO XLVII
Afora os israelitas, existiam, antes do cristianismo, cidadãos da Cidade celeste?

Se, por conseguinte, algum autor estranho aos judeus e não admitido no cânon das Sagradas Letras profetizou Cristo e já nos chegou ou se chegar-nos ao conhecimento, podemos aduzi-lo a título de redundância. Não porque esse testemunho nos seja necessário, mas por não ser incongruência acreditar que em outras nações existiram homens a quem se revelou tal mistério. Além disso, os impelidos a predizê-lo ou foram partícipes da mesma graça, ou a ela estranhos, mas instruídos pelos anjos maus, que, como sabemos, confessaram Cristo presente, ao passo que os judeus não o reconheciam. Ademais, não acho que os próprios judeus se atrevam a sustentar que ninguém, afora os israelitas, pertenceu a Deus desde a escolha de Israel e a rejeição de seu irmão maior. É verdade haver sido esse o povo com propriedade chamado povo de Deus, mas não podem negar a existência, nas demais nações, de alguns homens dignos de serem chamados verdadeiros israelitas, por serem cidadãos da pátria celeste, unidos com vínculos não terrenos, mas celestiais.

Se o negam, é fácil convencê-los com o exemplo do admirável e santo Jó, nem indígena nem prosélito, quer dizer, adventício ao povo de Israel, mas estrangeiro oriundo da Iduméia, onde nasceu e morreu. Prodiga-lhe tais elogios a palavra divina, que, quanto à piedade e à justiça, não se lhe pode comparar nenhum homem de seu tempo. Embora as crônicas não nos digam em que tempo viveu, podemos conjeturá-lo por seu livro, admitido pelos judeus no cânon, em face de sua excelência. Viveu três gerações depois de Jacó. Não tenho a menor dúvida haver-se tratado de desígnio da Providência Divina, que quis ensinar-nos com semelhante exemplo que também entre as demais nações existiram homens que viveram segundo Deus, agradaram-lhe e são membros da Jerusalém espiritual. Mas deve-se acreditar haja tal graça sido concedida somente àqueles a quem divinamente se revelou Jesus Cristo homem, único Mediador entre Deus e os homens. Sua futura encarnação era então prenunciada aos futuros santos, como se nos anunciou, já realizada sua encarnação, a fim de que, por mediação sua, uma e a mesma fé conduza a Deus todos os predestinados à Cidade de Deus, à casa de Deus, ao templo de Deus. Quanto às profecias feitas por outros sobre a graça de Deus por meio de Jesus Cristo, pode-se pensar tratar-se de ficções dos cristãos. Assim, não existe argumento mais forte contra os impugnadores nem mais próprio para confirmar-nos a fé, se se tomam as coisas como se deve, que aduzir as predições divinas acerca de Cristo contidas nos códices dos judeus. Estes, arrancados dos próprios lares e esparzidos pelo orbe inteiro, contribuíram com seu testemunho para o florescimento universal da Igreja de Cristo.

CAPÍTULO XLVIII
A profecia de Ageu e seu cumprimento na Igreja

Esta casa de Deus é de maior glória que a primeira, construída de madeira e de pedras preciosas e recoberta de ouro. A profecia de Ageu não se cumpriu na restauração do templo, pois desde a restauração teve sua época de maior esplendor no tempo de Salomão. Mais ainda, pode-se dizer que sua glória minguou com o cessamento das profecias e, depois, por causa dos diversos estragos sofridos pelos judeus até sua destruição, levada a cabo pelos romanos, como já apontamos. Por sua vez, esta casa, pertencente ao Novo Testamento, é tanto mais gloriosa quanto melhores as pedras que a compõem, pedras vivas pela renovação e pela fé. Figurou-a a restauração do templo porque, em linguagem profética, essa renovação significa o Novo Testamento. Nas palavras de Deus por meio do profeta: *Darei paz a este lugar*, deve-se entender pelo lugar que significa o lugar significado. Como esse lugar restaurado figura a Igreja, que seria edificada por Cristo, as referidas palavras têm o seguinte sentido: Estabelecerei a paz no lugar que figura. Com efeito, todas as coisas figurativas parecem representar, de certa maneira, as coisas figuradas. Por isso diz o apóstolo: *E a pedra era Cristo*, porque a pedra de que falava era figura de Cristo. A glória desta casa do Novo Testamento é, pois, maior que a da do Antigo, e assim aparecerá quando se faça a dedicação. Virá então o *Desejado das nações*, como se lê no códice hebraico, porque sua primeira vinda não podia ser desejada por todas as nações, pois não conheciam quem haviam de desejar e ainda não haviam crido nele. Então, segundo os Setenta (porque também seu sentido é profético), *virão os que o Senhor escolheu de todas as nações*. Então virão unicamente os escolhidos, de quem diz o apóstolo: *Escolheste-nos nele antes da criação do mundo*. O grande Arquiteto, que disse: *Muitos são os chamados e poucos os escolhidos*, sabia muito bem que o edifício desta casa, que não mais veria ruína, não o formariam os chamados que mereceram ser despedidos, mas apenas os escolhidos. Mas agora, enquanto esses que a peneira separará, como da palha separa o grão na eira, enchem as igrejas, a glória desta casa não se mostra tão grande como se mostrará quando cada qual, esteja onde estiver, estará sempre.

CAPÍTULO XLIX
Da convivência geral de escolhidos e réprobos na Igreja

Neste século perverso, nestes tristes dias, em que pela humilhação presente a Igreja logra a exaltação futura e é exercitada com os aguilhões do terror, com os tormentos da dor, com os enfados do trabalho e com os perigos das tentações, sem ter outra alegria além da esperança, se se regozija como deve, muitos réprobos se misturam com os bons. Uns e outros são recolhidos na rede evangélica e no mundo, como no mar, presos nas malhas, nadam entremisturados até chegarem à praia, em que os maus serão separados dos bons. Deus habitará nos bons como em seu templo e será todo em todos. Assim vemos cumprir-se a voz de quem no salmo falava nestes termos: *Publiquei e anunciei por toda parte e multiplicaram-se sem número.* E o que acontece agora, desde que se anunciou, primeiro por boca de São João, seu precursor, e depois pela própria: *Fazei penitência, porque está próximo o Reino dos Céus.*

Rodeou-se de alguns discípulos, a quem chamou Apóstolos, homens de condição humilde, desconsiderados e sem letras, de sorte que, se fossem ou fizessem algo digno, Ele o seria ou faria neles. Houve entre eles um mau; porém, o Senhor, usando bem de sua maldade, serviu-se dele para cumprir o decretado quanto à sua paixão e dar exemplo de tolerância à Igreja. Suficientemente espalhada a semente do santo Evangelho, sua presença corporal padeceu, morreu e ressuscitou, mostrando com sua paixão o que devemos suportar pela verdade e com sua ressurreição o que devemos esperar na eternidade, sem falar do profundo sacramento de seu sangue, derramado em remissão dos pecados. Depois, durante quarenta dias, conviveu na terra com os discípulos e perante seus olhos subiu aos céus; dez dias mais tarde enviou, segundo prometera, o Espírito Santo, cuja vinda sobre os fiéis se manifesta por este signo soberano e soberanamente necessário: cada um deles fala as línguas de todos os povos, figurando, assim, a futura unidade da Igreja Católica, que se espalha por todas as nações e fala todas as línguas.

CAPÍTULO L
A pregação do Evangelho e seu esclarecimento

Vem depois a profecia que diz: *A lei sairá de Sião e a Palavra de Deus de Jerusalém* e as predições do próprio Cristo, quando, após ressuscitar, ante a admiração dos discípulos, *lhes abriu o espírito para entenderem as Escrituras e lhes disse: Assim estava escrito e assim era necessário que Cristo padecesse, no terceiro dia ressuscitasse dentre os mortos e em seu nome se pregassem a todas as nações, começando por Jerusalém, a penitência e a remissão dos pecados.* Acrescenta-se a essas a que fez, respondendo aos que lhe perguntavam por sua derradeira vinda: *Não vos toca saber os tempos e os momentos que o Pai tem reservados para seu poder. Recebereis, isso sim, a virtude do Espírito Santo, que descerá sobre vós, e sereis minhas testemunhas em toda a Judeia e Samaria e até os confins da terra.*

    De acordo com tais profecias, a Igreja partiu de Jerusalém e, havendo na Judeia e Samaria sido muitos os que creram, estendeu-se a outras nações, pregando-lhes o Evangelho aqueles a quem Cristo, como luzeiros, preparara com a palavra e incendera com o Espírito Santo. Dissera-lhes: *Não temais os que matam o corpo e não podem matar a alma.* Para não enfriá-los o temor, ardiam no fogo da caridade. Em suma, para a pregação de seu Evangelho não se serviu apenas daqueles que o viram e ouviram antes e depois de sua paixão e ressurreição, mas também dos que se lhes seguiram e em meio de perseguições, tormentos e mortes sem conta lhe levaram a palavra ao mundo inteiro. Deus confirmava-o com maravilhas, com prodígios, com virtudes várias e com diversos dons do Espírito Santo. Com isso pretendia que os gentios, crendo no crucificado pela redenção deles, venerassem com amor cristão o sangue dos mártires, por eles derramado com furor diabólico, e os reis, cujos editos minavam a Igreja, submetessem-se com humildade ao nome que se afanaram em cruelmente desterrar da terra. Assim, as perseguições se dirigiram contra os deuses falsos, por cuja causa haviam sido antes perseguidos os adoradores do verdadeiro Deus.

CAPÍTULO LI
A diversidade de heresias é argumento a favor da Igreja Católica

    1. Mas o diabo, vendo que os templos dos demônios eram abandonados e o gênero humano acudia ao nome do Mediador e do Libertador, suscitou os hereges a fim de que, sob o nome de cristãos, combatessem a doutrina cristã. Como se a Cidade de Deus pudesse ter no seio, sem correção e discriminação, pessoas de tão contrários pontos de vista, a exemplo dos filósofos, que se contradiziam uns aos outros na cidade da confusão! Os que na Igreja de Cristo têm opiniões perigosas e más, se, corrigidos, resistem com contumácia,

negam-se a emendar-se das pestíferas e mortíferas doutrinas e persistem em defendê-las, tornam-se hereges e, uma vez fora da Igreja, olhamo-los como inimigos que a exercitam. Assim, com seu mal são úteis aos verdadeiros católicos, membros de Cristo, usando Deus bem dos maus e cooperando tudo para o bem dos que o amam. Com efeito, os inimigos da Igreja, quer se tenham tornado cegos pelo erro, quer tenham sido rejeitados por causa da malícia, se a perseguem corporalmente, exercitam-lhe a paciência e, se a combatem com doutrinas contrárias, exercitam-lhe a sabedoria. Mas sempre, para amar os inimigos, os fiéis lhe exercitam a benevolência ou a beneficência, quer com eles procedam por conferências pacíficas, quer por terríveis castigos. Por isso, o diabo, príncipe da cidade ímpia, sublevando seus escravos contra a Cidade de Deus, peregrina neste mundo, não se permite causar-lhe dano algum. A Divina Providência procura-lhe consolo na prosperidade, para que a adversidade não a quebre, e exercitação na adversidade, para que a prosperidade não a corrompa. Tal equilíbrio é a origem das palavras do salmo: *A proporção dos muitos males que me atormentaram o coração, teus consolos encheram-me a alma de alegria.* No mesmo tom diz o apóstolo: *Alegres na esperança e sofridos na tribulação.*

2. O Doutor das Gentes diz também que *todos os que queiram viver santamente segundo Cristo hão de sofrer perseguições.* É preciso, pois, ater-se à ideia de não poderem faltar em tempo algum. Porque, quando parece reinar a paz por parte dos inimigos de fora (e na realidade reina e oferece grande consolo, em especial aos débeis), dentro não faltam, mais ainda, são muitos os inimigos cujos costumes corrompidos atormentam o coração dos homens de bem. São a causa de blasfemarem contra o nome cristão e católico e quanto mais amam tal nome as almas piedosas, ardentemente desejosas de viver segundo Cristo, tanto mais sentem lhe façam semelhante injúria os maus cristãos e seja por isso menos amado do que desejam. Outro objeto de dor para os piedosos é pensar que os hereges, que se dizem também cristãos e têm os mesmos sacramentos, as mesmas Escrituras e a mesma profissão, com suas dissensões enredam na luta muito dispostos a abraçar o cristianismo. E dão lugar a blasfêmias contra o nome cristão, nome que também ostentam. Esses e outros erros e desregramentos dos homens são calada perseguição aos que querem viver santamente em Cristo, ainda que ninguém lhes

atormente e vexe o corpo. É a perseguição interior, cordial, não corporal. Isso arrancou aquele grito: *À proporção das muitas dores que me atormentaram o coração*, pois não diz "meu corpo". Ademais, porém, como é sabido que as promessas de Deus são imutáveis e o apóstolo diz: *O Senhor conhece os seus, pois aos que tem previstos também os predestinou para serem conformes à imagem de seu Filho* e, portanto, nenhum deles pode perecer, o salmo acrescenta: *Teus consolos encheram-me a alma de alegria*. A dor que rói o coração dos justos perseguidos pelos costumes dos maus ou falsos cristãos é útil aos que a sentem, porque nasce da caridade, que se alarma por esses miseráveis e por aqueles cuja salvação impedem. Enfim, os fiéis recebem grandes consolos da emenda dos maus, cuja conversão lhes esparge sobre as almas uma chuva de fecundidade tão grande quanto a dor que antes as atormentou. Neste século, nestes tristes dias, não só desde Cristo e dos apóstolos, mas desde o primeiro justo, Abel, a quem o cruel irmão deu morte, até o fim do mundo, a Igreja continua peregrinando entre as perseguições do mundo e os consolos de Deus.

CAPÍTULO LII
Haverá mais perseguições, segundo alguns creem, que as dez havidas?

1. Acho temeridade dizer ou crer, como alguns creram e creem, que, depois das dez sofridas, a Igreja não sofrerá perseguições até o anticristo, que suscitará a undécima e última. Deve-se a Nero a primeira; a Domiciano, a segunda; a terceira, a Trajano; a quarta, a Antonino; a Severo, a quinta; a sexta, a Maximino; a sétima, a Décio; a oitava, a Valeriano; a nona, a Aureliano; a décima, a Diocleciano e Maximiano. As dez pragas do Egito, que precederam à saída do povo de Deus, figurariam tais perseguições; a undécima praga, consistente no afogamento dos egípcios no Mar Vermelho, quando em perseguição aos hebreus, ao passo que o povo de Deus o passou a pé enxuto, simbolizaria a última perseguição, a do anticristo. Segundo me parece, os acontecimentos do Egito não são figura profética de tais perseguições, embora os que assim pensam hajam cotejado e comprovado com engenho e esmero todos os pormenores, mas não

guiados por espírito profético, e sim fundados em conjeturas do espírito humano, que às vezes chega à verdade e às vezes se engana.

2. Da perseguição em que foi crucificado o Salvador que dirão os que assim pensam? Que número lhe atribuirão? Se pretendem contar apenas as padecidas pelo corpo da Igreja, não a que deu morte à cabeça, que dirão da suscitada em Jerusalém, depois da ascensão de Cristo, na qual foi lapidado Santo Estêvão, São Tiago, irmão de São João, decapitado, São Pedro, encarcerado e libertado por um anjo, os fiéis, expulsos de Jerusalém e dispersados, na qual Saulo, mais tarde Apóstolo São Paulo, espezinhava a Igreja e depois sofria por ela, evangelizando a fé, o que a fizera sofrer, percorrendo a Judeia e outras nações, aonde seu ardente zelo o levava a pregar Cristo? Por que, pois, querem fazê-las começar em Nero, se até os dias de Nero a Igreja foi crescendo em meio de atrocíssimas perseguições, que seria muito demorado contar? Se acham que entre as perseguições se devem registrar todas as suscitadas pelos reis, Herodes também o foi e fez sofrer uma das mais cruéis depois da ascensão do Senhor.

Ademais, que respondem de Juliano, que não enumeram entre os dez? Dirão acaso não haver perseguido a Igreja, se proibiu que os cristãos ensinassem e aprendessem as letras liberais? Privou Valentiniano, o Maior, mais tarde imperador, de seu cargo militar, por haver confessado a fé cristã. Deixo de dizer o que começara a fazer em Antioquia, quando, admirado da constância e da fidelidade de certo jovem que, atormentado durante um dia inteiro, cantava entre unhas de ferro e tormentos a liberdade e a alegria, horrorizou-se e receou envergonhar-se mais grotescamente nos demais. Enfim, em nosso tempo, o irmão de Valentiniano, o ariano Valente, não suscitou no Oriente sangrenta perseguição contra a Igreja Católica? Que significa não considerar que a Igreja, espalhada e florescente por todo o mundo, pode ser perseguida pelos reis em determinada nação, sem que o seja noutras? Talvez alguém diga que se deve não contar como perseguição a do rei dos godos, dirigida com estranha crueldade na própria Gótia contra os cristãos católicos, muitos dos quais foram coroados com o martírio, segundo ouvimos a alguns irmãos que lembram havê-lo visto, pois então eram crianças. Que se passa agora na Pérsia? Não é verdade haver fervido (se é que já amainou) tal perseguição contra os cristãos, que alguns, fugindo de lá, vieram parar nas cidades romanas? Ponderando essas e outras coisas assim, acho não dever-se determinar o número de perseguições que hão de exercitar a Igreja. Mas não seria menor temeridade assegurar algumas outras, exceto a última, de que nenhum cristão duvida. Deixamos, pois, em suspenso a questão, sem apoiar nem desapoiar nenhuma dessas opiniões, mas retraindo-nos, simplesmente, da audaz presunção de afirmar uma delas.

CAPÍTULO LIII
O tempo da última perseguição está oculto

1. A presença de Cristo fará cessar a última perseguição, a do anticristo. Está escrito que o *matará com o sopro de sua boca e o destruirá por completo com o resplendor de sua presença*. Aqui é costume perguntar-se: Quando sucederá isso? Na verdade, trata-se de pergunta importuna. Porque, se fosse útil sabê-lo, quem melhor do que o divino Mestre poderia dar a resposta aos discípulos? Ao invés de calarem, apresentaram-lhe a questão nos seguintes termos: *Apresentar-te-ás, Senhor, nesse tempo, quando restituirás o reino a Israel?* Respondeu-lhes Ele: *Não vos compete saber os tempos que o Pai tem reservados para seu poder*. Verdade é que não lhe perguntaram o dia, a hora ou o ano, mas o tempo, e Ele lhes deu a referida resposta. Em vão nos afanamos, pois, em determinar os anos restantes até o fim do mundo, pois ouvimos da boca da Verdade que não nos toca sabê-lo. Contudo, uns contam quatrocentos, outros, quinhentos, outros, mil, da ascensão do Senhor à sua última vinda. Dizer em que funda cada qual a própria opinião seria desnecessário e prolixo. Baste saber que se baseiam em conjeturas humanas, sem alegarem nada autorizado da Escritura canônica. Os dedos dos calculadores os reprova e manda deixar em compasso de espera Aquele que diz: *Não vos compete saber os tempos que o Pai tem reservados para seu poder.*

2. Como, porém, trata-se de palavra evangélica, não é de maravilhar não se hajam rendido a ela os adoradores de muitos e falsos deuses nem recuado de fingir respostas dos demônios, a quem rendem culto como a deuses, dizendo estar determinado o tempo que há de durar a religião cristã. Vendo, pois, que perseguições de tal maneira

cruéis não a haviam destruído, mas, ao contrário, lhe deram nova vitalidade, excogitaram não sei que versos gregos, efundidos por divino oráculo, como resposta a consulta de alguém, e neles absolvem Cristo dessa espécie de sacrilégio. Mas acrescentam haver-se São Pedro servido de encantamentos para fazer adorar o nome de Cristo durante trezentos e sessenta e cinco anos, findos os quais seria abolido esse culto. Ó imaginação de doutores! Ó espíritos letrados, dignos de crer de Cristo o que não quereis crer em Cristo, a saber, que o discípulo Pedro não aprendera dele as artes mágicas, mas, sendo Cristo inocente, foi seu feiticeiro o discípulo e com suas artes mágicas, com grandes perigos e trabalhos e com o derramamento do próprio sangue a que fosse adorado seu nome preferiu o fosse o do Mestre! Se o feiticeiro Pedro fez que o mundo amasse tanto a Cristo, que fez o inocente Cristo para assim amá-lo Pedro? Respondam e compreendam, se podem, que a mesma soberana graça que fez que o mundo amasse a Cristo pela vida eterna fez com que São Pedro o amasse para alcançar essa mesma vida eterna a ponto de sofrer por Ele a morte temporal. Ademais, que deuses serão esses que podem predizer tais coisas e não podem impedi-las, deuses obrigados a ceder a um único feiticeiro e criminoso mago, que, como dizem, matou, despedaçou e sepultou com rito nefando; uma criancinha de um ano de idade, deuses que permitem que seita a eles contrária subsista tanto tempo, sobrepondo-se, sem resistência e com paciência, às horrendas crueldades das perseguições, e também lhes destruam os ídolos, os templos, os sacrifícios e os oráculos? Que deus será esse, enfim, não nosso, mas deles, atraído por semelhante maldade ou compelido a suportá-la? Porque não é a demônio, mas a Deus, que atribuem tais versos, em que se acusa a Pedro de haver com arte mágica imposto essa fé. Bom Deus para quem não teme a Cristo!

CAPÍTULO LIV
Absurdo da ficção dos gentios acerca da duração da religião cristã

1. Se o ano prometido pela mentirosa adivinhação e crido pela enganada credulidade já não houvesse passado, recolheríamos aqui essas e outras histórias assim. Como, porém, faz alguns anos, já de-

correram trezentos e sessenta e cinco do estabelecimento do culto a Cristo por sua presença física e por seus apóstolos, que outra prova buscamos para refutar semelhante falsidade? Não se fixe o início dessa realidade no nascimento de Cristo, porque na infância e na meninice ainda não tinha discípulos. Quando começou a tê-los, então brilharam por sua presença corporal a doutrina e a religião cristãs, quer dizer, depois de São João havê-lo batizado no Rio Jordão. Com efeito, a isso aludia a profecia que diz: *Dominará de mar a mar e do rio ao extremo da terra.* Mas antes da paixão e ressurreição de Cristo a fé não fora anunciada a todos, pois se anunciou em sua ressurreição, como, nos seguintes termos, o apóstolo faz os atenienses notarem: *Admoesta agora os homens que todos e em toda parte façam penitência, porquanto está determinado o dia em que com justiça há de julgar o mundo por meio do homem em quem, ressuscitando-o dentre os mortos, a todos definiu a fé.* Por isso me parece mais acertado, para solucionar o problema, começar dessa data.

Além de que então se deu também o Espírito Santo, como convinha se desse, depois da ressurreição de Cristo, à cidade que seria o ponto de origem da lei segunda, ou seja, do Novo Testamento. A primeira, chamada Antigo Testamento, promulgou-a Moisés no Monte Sinai. Da que Cristo havia de dar se predisse: *De Sião sairá a lei; de Jerusalém, a palavra do Senhor.* Por isso, Ele disse convir que em seu nome se pregasse penitência a todas as nações, mas começando por Jerusalém. Aqui teve origem o culto a seu nome, a fé em Jesus Cristo, que fora crucificado e ressuscitara. Ali essa fé se abrasou e inflamou a ponto de alguns milhares de homens, milagrosamente convertidos ao nome de Cristo, venderem os próprios bens e distribuírem o dinheiro aos pobres, para com santo propósito e ardentíssima caridade abraçarem voluntária pobreza. Assim dispostos, lutavam até à morte, entre os judeus frenéticos e sedentos de sangue, em defesa da verdade, não com poder armado, mas com poderosa paciência. Se para isso não houve necessidade da magia, por que duvidam crer que a mesma virtude divina que fez isto aqui pôde fazer aquilo no mundo inteiro? Se os malefícios de Pedro é que inflamaram em Jerusalém essa multidão de homens arrastados ao culto a Cristo, que haviam pregado na cruz e, uma vez ali, insultado, é preciso considerar esse ano como data inicial para a contagem dos trezentos e sessenta e cinco. Cristo morreu em 25 de março, sob o consulado dos dois gêmeos. Ressuscitou no terceiro dia, segundo o testemunho dos apóstolos, testemunhas oculares. Aos quarenta dias subiu ao céu e dez dias depois, quer dizer, cinquenta dias após haver ressuscitado, enviou o Espírito Santo. Aí três mil homens deram crédito aos apóstolos que o pregavam. Então começou o culto a seu nome, pela virtude do Espírito Santo, segundo nossa fé ou segundo a verdade, pelas artes mágicas de São Pedro, segundo a mentira ou o erro da impiedade. Pouco depois se converteram cinco mil homens, ante a maravilhosa cura de um coxo de nascença de tal maneira impossibilitado, que o levavam todos os dias à porta do templo, onde pedia esmola.

Isso se deveu à palavra de Pedro em nome de Jesus Cristo. Assim, a Igreja aumentou mais e mais e fez novas conquistas para a fé. É, pois, muito fácil deduzir o dia em que começou o referido ano. Seria, portanto, o dia em que foi enviado o Espírito Santo, quer dizer, lá pelos idos de maio. Mas acontece que, contando os cônsules, os trezentos e sessenta e cinco anos se completam nesses idos, sob o consulado de Honório e de Eutiquiano. No ano seguinte, sendo cônsul Málio Teodoro, quando, segundo o oráculo dos demônios ou a ficção dos homens, já não devia existir a religião cristã, não era necessário investigar os possíveis acontecimentos nas demais partes do mundo. Porque sabemos que em Cartago, a mais nobre e célebre cidade da África, Gaudêncio e Jóvio, condes do Imperador Honório, em 19 de março destruíram os templos dos deuses falsos e reduziram-lhes a pedaços os ídolos. Daí para cá, pelo espaço de trinta anos, quem não vê como aumentou o culto ao nome de Cristo, em especial depois de muitos, enredados por essa mentirosa profecia e por isso apartados da fé, haverem-se feito cristãos, ao verem passar a quimérica e risível data fixada? Nós, pois, que somos e nos chamamos cristãos, não cremos em Pedro, mas naquele em quem Pedro creu. A palavra de Pedro acerca de Cristo é palavra que nos edifica, não poemas que nos envenenam; Pedro não é artífice de malefícios que nos engana, mas benfeitor que nos assiste. Cristo, Mestre de Pedro na doutrina que conduz à vida eterna, é também nosso Mestre.

2. Mas já é hora de pôr fim a este livro, em que, segundo me parece, retracei suficientemente o progresso mortal de ambas as cidades, a terrena e a celeste, aqui na terra misturadas até o fim do mundo.

De homens ou de outros seres a terrena, a seu talante, forjou para si deuses falsos, servia-os e oferecia-lhes sacrifícios; a celeste, peregrina na terra, não forja deuses falsos, mas, ao contrário, é criatura do verdadeiro Deus e seu verdadeiro sacrifício. Ambas usam por igual dos bens temporais ou são afligidas por iguais males, mas sua fé, sua esperança e sua caridade são diferentes, até que sejam separadas no juízo final e chegue cada uma delas a seu fim, que não terá fim. Nos livros seguintes tratarei de tais fins.

LIVRO DÉCIMO NONO

Versa sobre os fins de ambas as cidades, da celeste e da terrena. Nele se resumem as diversas opiniões dos filósofos em torno da felicidade da vida. Ao passo que as refuta com grande lucidez e trabalho, prova em que consistem a felicidade e a paz da cidade ou do povo cristão. Qual se pode gozar na vida presente e esperar na futura.

CAPÍTULO I
Varrão menciona duzentas e oitenta e oito facções sobre o problema do fim

1. Já que me vejo na necessidade de tratar dos fins de ambas as cidades, da terrena e da celeste, primeiro vou expor, quanto permita o plano da presente obra, os argumentos em que os homens fundaram a obtenção da felicidade na infelicidade desta vida. Ao mesmo tempo farei ver, não apenas pela autoridade divina, mas também pela razão, por causa dos infiéis, a grande diferença que há entre as vaidades dos filósofos, a esperança, que Deus nos deu, e a realidade, quer dizer, a felicidade autêntica que nos dará. Os filósofos trataram com diligência do fim dos bens e dos males. Enfrascados em tal problema com a máxima atenção, afanaram-se em dar com o meio de tornar feliz o homem. O fim de nosso bem é aquele objeto pelo qual se devem apetecer os demais e apetecê-lo por si mesmo. E o fim do mal, aquele pelo qual se devem evitar os demais e evitá-lo por si mesmo. Desse modo, por fim do bem não entendemos fim consuntível até o não ser, mas perfectível até à plenitude, e por fim do mal, não o que o destrua, mas o que o leve ao mais alto grau de nocividade. Esses fins são o soberano bem e o soberano mal. Os que fazem profissão de estudiosos da Sabedoria na vaidade deste mundo trabalharam o indizível, como dissemos, para nesta vida encontrar e obter o soberano bem e evitar o soberano mal. Mas, embora hajam caído em diversos erros, a luz natural não permitiu se desviassem tanto do caminho da verdade, que não localizem o fim dos bens e dos males, uns na alma, outros no corpo e outros em ambos. Dessa tríplice divisão geral, Marco Varrão, em sua exata e penetrante obra *Sobre a filosofia*, deduz tal variedade de pontos de vista, que, acrescentando pequenas diferenças, é fácil chegar a duzentos e oitenta e oito, se não reais, pelo menos possíveis.

2. Com o fim de brevemente mostrá-lo, é preciso partir do ponto de partida de Varrão. Há quatro coisas que os homens buscam naturalmente, sem necessidade de mestre, nem de doutrina, nem de indústria, nem da arte de viver, que se chama virtude e é adquirível. São: o prazer, o movimento agradável do sentido do corpo, o descanso, que exclui todo sofrimento corporal, ambas as coisas jun-

tas, por Epicuro chamadas prazer, e os princípios da natureza, que compreendem essas e outras coisas, como, no corpo, a integridade, sanidade e incolumidade dos membros e, na alma, os dotes de espírito, grandes ou pequenos. As quatro coisas, o prazer, o descanso, o prazer e o descanso e os princípios da natureza, de tal maneira se encontram arraigados em nós, que a virtude adquirida pela doutrina deve ser buscada por elas ou elas pela virtude ou umas e outras por si mesmas. Assim, cada uma delas triplica, o que, evidenciado em uma, é fácil descobrir nas demais. O prazer do corpo, submetido, preferido ou associado à virtude da alma dá origem a três facções. Está submetido à virtude, quando tomado como instrumento dela.

Assim, é dever da virtude viver para a pátria e gerar filhos para ela, coisas que não se podem fazer sem deleite corporal. Tal prazer ocorre tanto no comer e beber para viver como no coabitar para propagar a espécie. Quando preferido à virtude, é apetecido por si mesmo e, nesse caso, a virtude não passa de meio que age apenas para conseguir ou conservar o prazer corporal. Esta vida é desfigurada porque a virtude serve o prazer como a senhor, embora certo não merecer esse nome semelhante virtude. Esse infame sistema, todavia, tem defensores e apologistas entre os filósofos. Enfim, o prazer se une à virtude, quando nem esta, nem aquele são apetecidos um pelo outro, mas cada qual o é por si mesmo. E como o prazer, sujeito, anteposto ou unido à virtude, forma três facções, assim acontece na quietude, assim em ambos e assim nos princípios da natureza. Segundo o vaivém das opiniões humanas, essas coisas às vezes se encontram submetidas, às vezes preferidas, às vezes unidas à virtude e, assim, formam-se doze facções.

Esse número, porém, por sua vez duplica, se se lhe acrescenta outra diferença, a vida social. Quem adere a uma dessas doze facções o faz exclusivamente por si ou por outro com quem comparte suas vontades. Haverá, pois, doze facções de filósofos que acham deva cada facção ser defendida por si mesma e outras doze que sustentam deverem filosofar desta ou daquela maneira não só por si mesmas, mas também pelas outras, cujo bem apetecem como próprio.

As vinte e quatro facções duplicam também, se se lhes acrescenta a diferença própria dos neoacadêmicos. Já temos, por conseguinte, quarenta e oito. Cada qual pode manter e defender como certa uma das vinte e quatro facções (e assim os estoicos sustentaram consistir na virtude o bem do homem que o torna feliz) ou como incerta ou meramente verossímil, qual acreditaram os neoacadêmicos. Aí já estão vinte e quatro facções dos filósofos que defendem a própria opinião como certa por causa da verdade e outras vinte e quatro dos que as dizem incertas pela verossimilhança. Além disso, porque cada qual pode abraçar uma das quarenta e oito facções, seguindo o modo de vida de outros filósofos ou seguindo os dos cínicos, essa diferença as duplica, de maneira que somam noventa e seis. Acrescente-se que, como os homens podem defender qualquer delas, levando vida ociosa, a exemplo dos que por possibilidade e gosto se entregaram aos estudos, ou vida de negócios, como os que juntaram o estudo da filosofia com o governo e a administração da república, ou vida mista, como os que dedicaram parte da vida ao ócio erudito e parte ao negócio necessário, tais diferenças podem triplicar o número de facções e elevá-las a duzentas e oitenta e oito.

3. Eis o que recolhi do livro de Varrão o mais sucinta e claramente que pude, atendo-me a seu pensamento e explicando-o a meu modo. Segue longo processo para refutar essas opiniões e escolher uma delas, para ele a dos antigos acadêmicos, que foram fundados por Platão e como certas lhes mantiveram as doutrinas até Polemão, quarto representante da Academia. Distingue dos antigos os neoacadêmicos, segundo os quais todas as coisas são incertas, opinião originária de Arcesilau, sucessor de Polemão. E acrescenta estar isenta de erro e de dúvida a opinião dos acadêmicos antigos. Seria demorado provar cada um desses pontos. Mas não estaria certo omitir o problema de plano.

Em primeiro lugar, põe de lado todas as diferenças que multiplicaram o número de facções e assim procede por não estar nelas a meta do bem. Segundo ele, nenhuma facção filosófica existe ou se diferencia das outras senão por ter concepção própria sobre a meta dos bens e dos males. Porque o único motivo que leva o homem a filosofar é o desejo de ser feliz e o que o torna feliz é a meta do bem. Por conseguinte, se a facção filosófica não tem ponto de vista próprio acerca do bem, não merece o nome de facção filosófica. Assim, quando se pergunta se o sábio deve levar vida social, tendo por soberano bem, que torna feliz o homem, procurar para o amigo o bem que para si mesmo procura ou se somente deve buscar a felicidade para si mesmo, a questão não é do soberano bem, mas de saber se deve associar-se à participação de tal bem, não por si mesmo, mas pelo companheiro, de modo a gozar-lhe do bem como goza do próprio. Assim também, quando se pergunta se todas as coisas devem ser consideradas incertas, segundo os neoacadêmicos, ou certas, segundo os outros filósofos, não se pergunta qual a meta do bem a perseguir, mas se deve duvidar ou não da verdade desse bem.

Em outros termos, para dizê-lo com mais clareza, perguntar semelhante coisa equivale a perguntar se se deve buscar esse bem, tendo-o por verdadeiro, ou antes, só parecendo verdadeiro, embora, na realidade, falso. Mas uns e outros buscam o mesmo e único bem. A própria diferença de hábito e costume dos cínicos não alude à meta do bem, mas ao modo como deve viver quem busca o verdadeiro bem, seja qual for o que assim lhe pareça. Enfim, houve homens que, fazendo o soberano bem radicar nos diversos objetos, uns na virtude, outros no prazer, não deixavam o modo de vida que aos cínicos lhes ganhou o nome. Seja qual for a diferença que dos demais filósofos distinga os cínicos, é certo que carecia de valor para a escolha do bem beatificante. Porque, se importasse algo, é indubitável que a mesma maneira de viver obrigaria a abraçar o mesmo fim e um modo diverso de vida não permitiria aderir a ele.

CAPÍTULO II
Redução, feita por Varrão, de todas as facções a três

Quando se pergunta qual dos três gêneros de vida deve ser escolhido, a saber, o ocioso, entregue à contemplação ou busca da verdade, o de negócios ou ativo, que atua na gerência das coisas humanas, ou o misto, o soberano bem não é objeto da pergunta. O problema versa meramente sobre qual dos três gêneros facilita ou dificulta a obtenção ou a conservação do soberano bem. O certo é que o homem, do momento em que chega a esse bem, é feliz. Porém, a paz do estudo, a atividade pública ou a alternativa de ambas não dão imediatamente a felicidade. Muitos podem viver de acordo com um desses três gêneros de vida e errar ao apetecer o soberano bem que fará feliz o homem. São questões muito diferentes a da meta dos bens e dos males, que constitui cada facção de filósofos, e as da vida social, da dúvida dos acadêmicos, do vestuário e alimentos dos cínicos e dos três gêneros de vida, o ocioso, o ativo e o misto.

Semelhante problema não se apresenta ao tratar-se da meta dos bens e dos males. Por isso, Marco Varrão, rechaçando as quatro diferenças, a saber, a vida social, os neoacadêmicos, os cínicos e o tríplice gênero de vida, que fazia o número de facções subir a duzentas e oitenta e oito e, talvez, algumas outras que se lhes pudessem acrescentar, porque não versam sobre a ciência do soberano bem e, portanto, não são nem devem chamar-se facções, retorna às doze primeiras, em que unicamente se trata de saber qual o bem do homem cuja consecução o faça feliz, para demonstrar que apenas uma delas é verdadeira, as demais, falsas. Rejeitado o tríplice gênero de vida, subtraem-se duas terças partes a esse número e ficam noventa e seis facções. Subtraída a diferença proveniente dos cínicos, reduzem-se à metade e ficam quarenta e oito. Tiremos a diferença relativa aos neoacadêmicos e torna a ficar a metade, ou seja, vinte e quatro. Subtraia-se, por fim, a diferença relacionada com a vida social e ficam doze, número que essa diferença duplicara. As doze não se lhes pode negar o apelativo de facções, porque têm por escopo a procura do soberano bem. Encontrado o soberano bem, seu contrário é o mal supremo. Essas doze facções nascem da triplicação destes quatro objetos: o prazer, a quietude, ambos e os princípios da natureza, por Varrão chamados primigênios. Esses quatro objetos, com efeito, estão, cada um deles em particular, às vezes subordinados à virtude e então parecem desejáveis como instrumentos da virtude e não por si mesmos, às vezes são preferidos, dando a entender que a virtude não é necessária por si mesma, mas para obter ou conservar tais objetos, e, às vezes, lhe estão unidos, caso em que a virtude e eles são apetecíveis por si mesmos, triplicam o número quatro e formam doze facções. Dos referidos quatro objetos, Varrão exclui três, a saber, o prazer, a quietude e o conjunto de ambos, não porque os reprove, mas porque os princípios da natureza implicam prazer e quietude. Que necessidade há, por conseguinte, de dessas duas coisas fazer três, a saber, duas, buscando em separado o prazer e a quietude, a terceira buscando ambas ao mesmo tempo, se os princípios da natureza impregnam essas e outras muitas coisas? Três facções, segundo ele, devem ser examinadas para fazer a escolha entre elas. A razão admite apenas uma verdadeira, quer uma dessas, quer outra, como depois veremos. Entrementes, consideremos breve e claramente, se possível, o modo usado por Varrão na escolha. Reduzem-se a isto as três facções: a apetecer os princípios da natureza pela virtude, a virtude pelos princípios da natureza ou ambos, a virtude e os princípios da natureza, por si mesmos.

CAPÍTULO III
Três facções relativas ao soberano bem do homem. Qual deve ser preferida. Varrão e Antíoco

1. Varrão afana-se em definir o verdadeiro entre os três sistemas e procede assim. Dá por certo não ser o soberano bem buscado pela filosofia o soberano bem da planta, nem o do irracional, nem o de Deus, mas o do homem. Por isso acha dever-se aquilatar o conceito de homem, cuja natureza sente constar de duas partes, corpo e alma. Não duvida ser a alma a superior e mais nobre, mas duvida se a alma sozinha é o homem, de forma que para ela o corpo seja o que o cavalo é para o cavaleiro. O cavaleiro, com efeito, não é homem e cavalo, mas homem só, e recebe o nome de cavaleiro por ter certa relação com o cavalo. E também se é o homem apenas o corpo, com determinada relação com a alma, como o copo com a bebida, pois a vasilha e a bebida nela contida não se chamam copo, nome dado ao copo só. Enfim, duvida se nem a alma apenas, nem somente o corpo, mas ambos ao mesmo tempo, são o homem, cujo todo é formado por ambas as partes, assim como a dois potros cangados chamamos biga; cada um deles, o direito ou o esquerdo, é parte da biga e a nenhum em separado damos o nome de biga, mas aos dois juntos, sim.

Das referidas três hipóteses escolhe a terceira, pois crê não ser o homem apenas a alma nem somente o corpo, mas a alma e o corpo juntos. Falando com lógica, acrescenta que o soberano bem beatificante do homem consiste no conjunto de bens da alma e do corpo. Por isso acha deverem os princípios da natureza ser apetecidos por si mesmos e constituir a virtude, arte de viver que ensina a ciência, o mais excelente de todos os bens da alma. Em recebendo os princípios da natureza, independentes dela e anteriores a toda ciência, a virtude, ou seja, a arte de viver, apetece-os todos por si mesma e, ao mesmo tempo, apetece a si mesma. E usa deles e de si mesma com o fim de deleitar-se e gozar de todos mais ou menos, segundo sejam maiores ou menores. Quando necessário, despreza alguns menores para adquirir ou conservar os maiores. Nenhum de todos os bens da alma ou do corpo a virtude antepõe a si mesma. Faz bom uso de si mesma e dos demais bens que fazem feliz o homem. Onde não está, os outros bens, por mais abundantes que sejam, não são para bem do que os possui e, portanto, não merecem o nome de bens, porque não podem ser úteis a quem os usa mal. Por conseguinte, a vida do homem é feliz, quando goza da virtude e dos demais bens da alma e do corpo, sem os quais a virtude não pode subsistir. Se goza também de alguns ou de muitos outros não necessários para que a virtude subsista, é mais feliz; se os possui todos, sem faltar-lhe nenhum, nem da alma, nem do corpo, é felicíssima. A vida não é o mesmo que a virtude, porque nem toda vida é virtude, mas apenas a vida sábia. Contudo, a vida, seja qual for, pode existir sem a virtude, que, por sua vez, não pode existir sem a vida. O mesmo diríamos da memória, da razão e das outras faculdades semelhantes existentes no homem. Também são anteriores à ciência e sem elas não pode existir ciência alguma, nem, por conseguinte, a virtude, fruto de aprendizagem. Quanto aos bens do corpo, como a ligeireza, a formosura, a força e assim por diante, a virtude pode existir sem eles e eles sem a virtude; todavia, são bens. Segundo tais filósofos, a virtude ama-os também por si mesma e deles usa e goza como lhe convém.

2. Acrescentam que essa vida feliz é também vida social, que, como os próprios, ama por si mesmos os bens dos amigos e lhes deseja o que para si mesma deseja. E isso, quer vivam na mesma casa, como a esposa, os filhos ou os domésticos; no mesmo lugar em que está situada a casa, quer dizer, na mesma cidade, como os cidadãos; em todo o orbe, como as nações unidas pela sociedade humana; quer no mundo, compreendido sob o nome de céu e terra, como os deuses, que, segundo os referidos filósofos, são amigos dos homens sábios e a quem conscientemente damos o nome de anjos. Sustenta, ademais, não haver lugar para dúvidas quanto à questão do soberano bem e do soberano mal. Nisso radica a distinção que os separa dos neoacadêmicos, além de que pouco lhes importa siga o filósofo este

ou aquele gênero de vida, o dos cínicos ou qualquer outro, para alcançar o soberano bem. Enfim, quanto aos três gêneros de vida, ocioso, ativo e misto, agrada-lhes mais o terceiro. Varrão garante serem esses o modo de pensar e os ensinamentos dos antigos acadêmicos, segundo o testemunho de Antíoco, mestre de Cícero e seu, embora na realidade pareça haver Cícero seguido em mais pontos os estoicos que os antigos acadêmicos. Mas que nos importa a nós, que devemos julgar das coisas em si, saber a opinião de cada um dos homens?

CAPÍTULO IV
Pensamento dos cristãos acerca do ponto relativo ao soberano bem

1. Se nos perguntam qual o pensamento da Cidade de Deus acerca de cada um de tais pontos, em primeiro lugar acerca do fim dos bens e dos males, ela mesma responderá ser a vida eterna o soberano bem, a morte eterna o soberano mal. E, como consequência, devemos bem viver, para obtermos aquela e esquivar esta. Está escrito: *O justo vive da fé*, porque, como ainda não vemos nosso bem, é preciso que o busquemos pela fé. O próprio bem-viver não o obtemos com nossas próprias forças, se quem nos deu a fé, que nos leva a crer em nossa debilidade, não nos auxilia a crer e a suplicar. Com estranha vaidade, fizeram a felicidade depender de si mesmos aqueles que julgaram encontrar-se nesta vida o fim dos bens e dos males e, assim, radicaram o soberano bem no corpo ou na alma, ou nos dois juntos, ou, para expressá-lo de maneira mais explícita, no prazer, ou na virtude, ou em ambos ao mesmo tempo; na quietude, ou na virtude, ou em ambos; no prazer e na quietude juntos, ou na virtude, ou em ambos; nos princípios da natureza, ou na virtude, ou em ambos. A Verdade riu-se de semelhante orgulho, ao dizer o Senhor por seu profeta: *Conheci serem vãos os pensamentos dos homens* ou, segundo o Apóstolo São Paulo: *O Senhor conhece os pensamentos dos sábios e sabe serem vãos.*

2. Que caudal de eloquência bastaria para descrever as misérias desta vida? Cícero tentou fazê-lo a seu modo em *Acerca da consolação* por ocasião da morte de sua filha. Mas como voa rasteiro! Os

princípios da natureza, quando, como, onde podem ser possuídos nesta vida, sem estarem sujeitos a vaivéns sem conta? A que dor e a que inquietude, contrárias ao prazer e à quietude, não se acha exposto o corpo do sábio? A debilidade ou amputação de membros é contrária à integridade do homem; a deformidade, à beleza; a enfermidade, à saúde; a lassitude, às forças; o langor ou o peso, à ligeireza. De qual desses males está livre a carne do sábio? Quando adequados e próprios, também o equilíbrio e o movimento do corpo se contam entre os princípios da natureza. Que sucederá, porém, se alguma indisposição faz os membros tremerem? Que sucederá, se a espinha dorsal se curva a ponto de o homem, transformando-se em quadrúpede, arrastar as mãos pelo solo? Não dará isso em terra com a beleza e o decoro do equilíbrio e do movimento corporal? Que dizer dos bens primários da alma, o sentido e o intelecto, um dado para perceber a verdade, o outro para compreendê-la? Mas, quanto ao primeiro, que tal ficará ou a que se reduzirá o sentido, se, para não dizer outra coisa, o homem se torna cego e surdo? Quanto ao segundo, aonde irão parar a razão e a inteligência, onde serão sepultadas, se por alguma enfermidade o homem se torna louco? Quando os frenéticos dizem absurdos sem conta e fazem extravagâncias estranhas e até contrárias a seu bom plano de vida e a seus costumes, se o consideramos com seriedade, quer o hajamos visto, quer o imaginemos, mal podemos conter as lágrimas e choramos. Que direi daqueles que sofrem a possessão dos demônios? Onde está sepultada sua inteligência, quando o espírito maligno usa, a seu capricho, da alma e do corpo dos possessos? Quem garante que nesta vida esse mal não pode sobrevir ao sábio? Ainda há mais. Quão defeituosa é nesta carne a percepção da verdade, segundo as palavras da Sabedoria: O *corpo corruptível agrava a alma e a morada terrena oprime o sentido, que imagina muitas coisas!* O ímpeto ou vontade de ação, se é que a expressão fielmente traduz a palavra grega *ormé*, também contado entre os primeiros princípios da natureza, não é porventura nos furiosos a causa dos movimentos e das ações que nos horrorizam ao perverter-se o sentido e transtornar-se a razão?

3. Enfim, a própria virtude, que não entra no número dos princípios da natureza, pois se trata de fruto tardio da ciência, mas reclama para si o primeiro posto entre os bens humanos, que faz na terra

senão contínua guerra contra os vícios, não contra os exteriores, mas contra os interiores, não contra os alheios, mas contra os próprios e pessoais? Essa guerra trava-a sobretudo a virtude, chamada em grego *sophrosyne* e em latim "temperança", que tem por objeto frear a libido carnal, a fim de que não leve a mente a consentir, despenhando-se em mil e um crimes. Não pensemos não existir vício em nós, quando *a carne*, como diz o apóstolo, *deseja contra o espírito*. A esse vício diretamente se opõe determinada virtude, por ele apontada nos seguintes termos: *E o espírito deseja contra a carne. São princípios*, acrescenta, *contraditórios entre si e, por isso, não fazeis quanto quereis*. Que queremos fazer, quando queremos chegar à perfeição do soberano bem, senão que a carne não deseje contra o espírito nem crie em nós o vício contra o qual o espírito deseja? Mas, embora queiramos fazê-lo na presente vida, como não podemos, procuremos ao menos, com o auxílio de Deus, não ceder, fazendo o espírito render-se à carne, que deseja contra ele, e não consentir na perpetração do pecado. Deus nos livre de acreditar que, desgarrados e lutando ainda nessa guerra intestina, já conseguimos a felicidade, sem a posse da vitória. Existe algum sábio que não sustente esse íntimo combate contra as próprias paixões?

4. Que diremos da virtude chamada prudência? Sua vigilância toda não se encaminha a discernir os bens dos males, para sem erro buscar os primeiros e fugir dos segundos? Ela mesma é prova de estarmos no mal e de o mal estar em nós. Ensina-nos que é mal consentir na libido pecaminosa e bem não consentir nela. O mal que a prudência nos ensina a não consentir e a temperança nos faz combater nem a prudência, nem a temperança o descartam desta vida.

Que dizer da justiça, cujo objeto é dar a cada qual o que é seu? (Assim, no homem há ordem justa e procedente da natureza, ordem segundo a qual a alma está submetida a Deus, a carne à alma e a alma e a carne a Deus.) Não é verdade que também essa virtude prova que ainda trabalha em tal obra, a cujo fim, todavia, não chegou? A alma está, com efeito, tanto menos submetida a Deus quanto menos pensa nele. A carne está tanto menos submetida ao espírito quanto mais deseja contra o espírito. Enquanto arrastarmos esta debilidade, esta enfermidade, esta tara, como ousaremos dizer que já estamos salvos? E, se ainda não estamos salvos, como ousaremos dizer-nos de posse da bem-aventurança final? A fortaleza, acompanhada de qualquer sabedoria que seja, é o mais irrefragável testemunho dos males do homem, males que se vê obrigada a tolerar com paciência. Maravilha-me hajam os estoicos tido a ousadia de negar a existência de tais males e de aconselhar ao sábio que, se forem tão fortes que não possa ou não deva suportá-los, suicide-se e emigre desta vida. Tal é a estupidez do orgulho desses homens que pretendem encontrar nesta vida e em si mesmos o princípio da felicidade. E tal a desvergonha deles, que chamam feliz o sábio, segundo o descreve sua vaidade, embora fique cego, surdo, mudo, fisicamente incapaz, seja atormentado por dores de crueldade inimaginável ou lhe sobrevenha outro mal, que se veja obrigado a matar-se, finalizando assim esta vida. Ó vida bem-aventurada, que recorre à morte para deixar de sê-lo! Se é feliz, continue vivendo. Se dela foge, obrigado pelos referidos males, como é feliz? Não são males, porventura, os que triunfam sobre a fortaleza e a obrigam não apenas à rendição, mas também ao disparate de considerar feliz a vida a que se deve fugir? Quem é tão cego a ponto de não ver que, se é feliz, não se deve fugir-lhe? E, se admitem que se deve fugir dela, por causa do peso da enfermidade que a oprime, por que não lhe reconhecem a miséria, dobrando a soberba cerviz? Uma pergunta: Catão matou-se por paciência ou, antes, por impaciência? Acho que não o teria feito se houvesse suportado com paciência a vitória de César. Onde está sua fortaleza? Cedeu, rendeu-se, foi de tal maneira vencido, que abandonou e desertou da vida feliz. Ou já não era feliz? Então, era miserável. E como não eram males os que tornavam-lhe miserável a vida e merecedora de que lhe fugisse?

5. Mesmo os peripatéticos, os da antiga Academia, de quem Varrão se mostra defensor, e quantos admitem a existência de tais males falam com mais tolerância. Mas o erro deles é estranho, porque sustentam ser feliz a vida, embora sejam de tal maneira duros os referidos males, que obriguem a gente a matar-se, para fugir-lhes. *Os tormentos e as dores do corpo são males*, diz Varrão, *e tanto piores quanto mais podem aumentar. Por isso, para te veres livre deles, deves fugir desta vida.* De que vida?, pergunto. Desta vida, tão carregada de males, responde ele.

Que é feliz em meio desses males que devem, segundo afirmas, decidir-nos a fugir-lhe? Ou será que a chamas feliz justamente porque te é lícito afastar-te de tais males pela morte? Que aconteceria, se, por oculto juízo de Deus, ficasses retido entre esses males, sem ser-te permitido morrer nem jamais separar-te deles? Na verdade, então darias a esta vida, pelo menos, o qualificativo de miserável. Não deixa, pois, de ser miserável por ser prestes abandonada, porquanto, se eterna, serias o primeiro a tachá-la de miserável. Nem por ser breve deve parecer-nos não ser miséria ou, maior absurdo ainda, dever chamar-se felicidade, por ser miséria breve. Há nesses males grande força que obriga o homem, inclusive o sábio, a deixar de ser homem. Porque dizem (e dizem verdade) que o primeiro e mais potente grito da natureza consiste em o homem amar-se a si mesmo e, como consequência, naturalmente fugir à morte. E tão amigo é de si próprio, que quer ser animal e conservar essa íntima união de corpo e alma e apetece-o com veemência. Há grande violência nesses males, que superam o sentido da natureza, que leva a evitar a morte a todo custo e por todos os meios.

E superam-no de tal forma, que agora deseja e apetece a morte e, se não há quem lha dê, o homem por suas próprias mãos a inflige a si mesmo. Há grande poder nesses males que tornam homicida a fortaleza, se é que em tal caso deve chamar-se fortaleza, porquanto é por eles vencida de tal modo que ela, que como virtude se encarregara da direção e da defesa do homem, não apenas não pode conservar seu ser pela paciência, como também (e isso é que é triste!) se vê constrangida a matar-se. É verdade que o sábio deve suportar com paciência a morte, mas quando vem de mão estranha. Se, por conseguinte, se vê obrigado a infligi-la a si mesmo, é preciso admitir que, para eles, semelhantes acidentes são males; males, porém, intoleráveis, que o obrigam a cometer esse desatino. Vida oprimida pelo peso de tantas e tais misérias ou sujeita aos acontecimentos externos jamais seria chamada feliz, se os homens, que lhe dão esse nome, como cedem à infelicidade, vencidos pelo alude de males que os leva ao suicídio, se dignassem ceder à felicidade, rendendo-se à evidência das razões na busca da vida feliz, e não acreditassem que nesta mortalidade a gente deve gozar do soberano bem. Aqui, as próprias virtudes, o mais útil e nobre do homem, quanto maior auxílio nos oferecem contra a violência dos perigos, das dores e dos trabalhos, tanto mais fiéis testemunhos são das misérias. Porque, se não são verdadeiras virtudes (e essas não podem possuí-las senão os que têm verdadeira piedade), não permitem a ninguém livrar-se de miséria alguma. E não fazem semelhante promessa porque as verdadeiras virtudes não sabem mentir. Prometem, isso sim, que a vida humana, constrangida a ser miserável entre os mil e um males deste mundo, pode com a esperança do século futuro ser feliz e, ao mesmo tempo, salva.

Com efeito, como será feliz, se ainda não está salva? Por isso, o Apóstolo São Paulo, falando, não dos homens imprudentes, impacientes, intemperantes e iníquos, mas dos que vivem segundo a verdadeira piedade e têm virtudes autênticas, diz: *Porque não somos salvos senão em esperança. Mas não se diz que alguém tem esperança daquilo que já vê, pois como poderá alguém esperar o que já vê? Se, por conseguinte, esperamos o que não vemos, aguardamo-lo pela paciência.* A felicidade segue o mesmo caminho que a salvação, o da esperança. E como a salvação não a temos já, mas a esperamos futura, assim se passa com a felicidade. A cláusula *pela paciência* está posta porque vivemos entre males, que é preciso suportar com paciência, até lograrmos os inefáveis bens que nos deleitarão plenamente. Então já não haverá nada que tolerar. A salvação da outra vida será, por conseguinte, a felicidade final. E os filósofos, que não querem crer porque não veem, forjam a seu falante, fundados em virtude tanto mais enganosa quanto mais soberba, o fantasma de felicidade terrena.

CAPÍTULO V
A vida social e suas dificuldades

Nossa mais ampla acolhida à opinião de que a vida do sábio é vida de sociedade. Porque donde se originaria, como se desenvolveria e como alcançaria seu fim a Cidade de Deus, objeto desta obra, cujo Livro Décimo Nono estamos escrevendo agora, se não fosse vida social a vida dos santos? Mas quem será capaz de enumerar a infinidade e gravidade dos males a que nesta mísera condição mortal está sujeita a sociedade humana? Quem bastará para ponderá-los? Escutem um de seus poetas cômicos, que, com a aprovação de todo o auditório, põe na boca de certo personagem estas palavras: *Tomei esposa e, então, quanta miséria vi! Nasceram-me filhos e quantas preocupações mais!* Que dizer dos choques de amor, descritos pelo mesmo Terêncio, injúrias, suspeitas, inimizades, guerra hoje e paz amanhã? Não é verdade que as taças humanas transbordam desses licores? Não é verdade que isso também sucede com frequência nos amores honestos entre amigos? Não é verdade que os homens por toda parte sentimos injúrias, suspeitas, inimizades e guerras? São males certos, mas a paz é bem incerta, por desconhecermos o coração daqueles com quem queremos tê-la e, embora o conheçamos hoje, não sabemos o que será amanhã.

Que pessoas costumam ou, pelo menos, devem ter mais amizade entre si que as residentes sob o mesmo teto, na mesma casa? Quem delas, todavia, está segura, quando vê os males acontecidos por causa de ocultas maquinações, males tanto mais amargos quanto mais doce foi a paz considerada verdadeira, embora não passasse de astuta mentira? Isso fez Cícero dizer estas palavras, que ferem o coração, convidam a chorar e arrancam lágrimas: *Não há traições mais perigosas que aquelas que se cobrem com a máscara do afeto ou com o nome de parentesco. Porque é fácil a gente pôr-se em guarda contra inimigo declarado, mas, ai, como é difícil dar com o meio de romper secreta trama, interior e doméstica, que nos encadeia antes de podermos reconhecê-la e descobri-la.* Por esse motivo tampouco é possível ouvir-se sem dor no coração as palavras divinas: *Os inimigos do homem serão os moradores de sua própria casa.* Porque, mesmo quando alguém seja tão forte que aguente com paciência ou tão vigilante que se guarde com prudência das maquinações contra ele feitas por amizade fingida, necessariamente há de para ele, se é bom, ser grave tormento o mal praticado por tais homens, ao perceber tratar-se de gente péssima. Isso, quer fossem sempre maus e se fingissem tais, quer hajam trocado em malícia sua bondade. Se a casa, refúgio comum nesses males que sobrevêm aos homens, não está segura, que será da cidade? Que será da cidade, tanto mais cheia de pleitos, cíveis e criminais quanto maior é, embora escape às turbulentas sedições, com frequência sangrentas, e às guerras civis, acontecimentos de que as cidades às vezes se veem livres, mas dos perigos nunca?

CAPÍTULO VI
Erro dos juízos humanos, quando a verdade se encontra oculta

Que dizer dos juízos que os homens fazem dos homens, atividade que não pode faltar nas cidades, por mais em paz que estejam? Já pensamos alguma vez em quais, quão miseráveis e quão dolorosos são? Julga quem não pode ler na consciência de quem é julgado. Daí nasce com frequência a necessidade de recorrer com tormentos a testemunhas inocentes para declararem a verdade de causa alheia. Que direi do tormento que se faz o acusado sofrer em sua própria causa? E que, quando para saberem se é culpado o atormentam e, sendo inocente, se lhe impõem penas certas por crime incerto, não porque se descobre que o cometeu, mas porque se ignora que não cometeu? A ignorância do juiz é, com frequência, a desventura do inocente. E o que é mais intolerável, mais de chorar e mais digno, se fora possível, de ser banhado em torrentes de lágrimas, é que, ordenando o juiz torturar o réu, para não fazer, por ignorância, inocente morrer, sucede-lhe, por causa da miséria de tal ignorância, matar o torturado e inocente a quem torturara a fim de não matá-lo inocente. Se, de acordo com a doutrina dos referidos filósofos, o réu preferisse fugir da vida a suportar por mais tempo semelhantes tormentos, diria haver cometido crime que não cometeu. Ei-lo já condenado e morto e o juiz sem saber se deu morte a culpado ou a inocente, havendo-o torturado a fim de por ignorância não matar inocente. Torturou-o para conhecer-lhe a inocência e matou-o sem conhecê-la. Nessas trevas da vida civil, juiz que seja sábio se sentará ou não no tribunal? Sentar-se-á, sem dúvida, porque a isso o constrange e obriga a sociedade humana, a qual ele considera crime abandonar.

E não considera crime torturar testemunhas inocentes em causas alheias, nem que os acusados, a miúdo vencidos pela violência da dor, declarando de si mesmos coisas falsas, sejam condenados, apesar de inocentes, depois de, inocentes, haverem sido torturados! Tampouco considera crime que, às vezes, os acusadores, talvez com o desejo de serem úteis à sociedade humana e com o fim de não ficarem impunes os crimes, mentindo as testemunhas e o réu enfrentando com bravura os tormentos, não confessando, sem poderem provar suas declarações, embora verdadeiras, sejam condenados por juiz ignorante! O juiz sábio não se julga culpado de tantos pecados e de tão enormes males, porque não os pratica com vontade perversa, mas por invencível ignorância, e, como a isso o força a sociedade humana, também por ofício se vê obrigado a praticá-los. No caso há, por conseguinte, miséria do homem e não malignidade do juiz. Se a necessidade, quer dizer, a ignorância e o ofício de juiz o constrangem a castigar e a torturar inocentes, é pouco não ser réu, se além disso não é feliz? Ah! Como não andaria mais sensata e dignamente, reconhecendo em tal necessidade a miséria humana e odiando-a em si mesmo e, se tem algum sentimento de piedade, clamando a Deus: *Livra-me de minhas necessidades!*

CAPÍTULO VII
Diversidade de línguas e miséria das guerras

Depois da cidade ou da urbe vem o orbe da terra, terceiro grau da sociedade humana, que percorre os seguintes estágios: casa, urbe e orbe. O universo é como o oceano das águas: quanto maior, tanto mais escolhos. A principal causa da separação entre os homens é a diversidade de línguas. Suponhamos que em viagem se encontram duas pessoas; uma ignora a língua da outra, mas por necessidade têm de caminhar juntas grande trecho. Os animais mudos, embora de espécie diferente, associam-se de modo mais fácil que essas duas pessoas, apesar de seres humanos. E quando, unicamente por causa da diversidade de línguas, os homens não podem comunicar uns aos outros o que pensam, de nada serve para associá-los a mais pura semelhança de natureza. Tanto assim, que em tal caso o homem está melhor em companhia de seu próprio cão que de homem estranho. Todavia, dir-se-á, aconteceu que cidade feita para imperar não apenas impôs o jugo, mas também o domínio social e pacífico de sua língua às nações dominadas e tal conquista preveniu a carência de intérpretes. É verdade, mas à custa de quantas e que enormes guerras, de quanta devastação e de quanto derramamento de sangue se conseguiu! Passaram esses males e, contudo, a miséria deles não se acabou. Embora certo que não faltaram, nem faltam, nações estrangeiras inimigas contra as quais sempre se travaram e ainda hoje se travam guerras, a própria grandeza do império deu origem a guerras de pior tipo, às guerras sociais e às civis. Por causa delas o gênero humano padece tremendos choques, tanto quando se guerreia para conseguir a paz como quando se teme novo recrudescimento. Se quiséssemos expor como merecem os mil e um estragos produzidos por tais males, suas duras e inumanas crueldades, embora por uma parte me fosse impossível pintá-los como exigem, qual seria, por outra, o fim de tão prolixas palavras?

O sábio, acrescentam, há de travar guerras justas. Como se o sábio, cônscio de ser homem, não sentirá muito mais ver-se obrigado a declarar guerras justas, pois, se não fossem justas, não devia declará-las e, portanto, para ele não haveria guerras! A injustiça do inimigo é a causa de o sábio declarar guerras justas. Semelhante injustiça, embora não acompanhada de guerra, simplesmente por ser tara humana, deve deplorá-la o homem. É evidente, por conseguinte, que neles reconhece a miséria quem quer que considere com dor males tão enormes, tão horrendos e inumanos. Quem os tolera e considera sem dor é muito mais miserável ao julgar-se feliz, porque perdeu o sentimento humano.

CAPÍTULO VIII
Insegurança da amizade nesta vida

Se ignorância próxima da demência, frequente, por certo, na mísera condição desta vida, não nos cega a ponto de confundirmos o amigo com o inimigo e o inimigo com o amigo, que consolo melhor encontramos, entre as agitações e amargores da sociedade humana, que a fé sincera e o mútuo amor dos bons e autênticos amigos? Quantos mais, entretanto, e em mais lugares os temos, tanto mais receamos lhes suceda algum acidente desses de que o mundo anda cheio. Porque não nos preocupa somente que os não aflijam a fome, as guerras, as enfermidades, o cativeiro e os males que isso tudo traz consigo, impossíveis de imaginar, mas também receamos (e trata-se de receio muito mais amargo) se tornem pérfidos e malvados. Quando isso acontece (tanto mais, evidentemente, quanto mais e mais diferentes são nossos amigos) e nos chega ao conhecimento, quem, senão aquele que sente semelhantes reveses, poderá imaginar as chamas em que nos arde o coração? Preferiríamos saber mortos nossos amigos, embora também isso não pudéssemos sabê-lo sem dor. Como é possível que não nos injete a tristeza na alma a morte de pessoas cuja vida nos alegrava com os consolos da amizade? Quem proscreve essa tristeza proscreva também, se pode, a conversa entre amigos. Interrompa ou corte o fio da própria amizade, rompa com selvagem estupidez os mais doces laços das relações humanas. Ou, se não, creia ser necessário usá-los sem que a amizade alente no espírito esse ar de doçura. Se tudo isso é impossível, como não há de ser-nos amarga a morte daquele cuja vida nos é doce? Daí nasce essa melancolia, essa espécie de ferida ou chaga do coração, não inumana, que só encontra cura nas doçuras das consolações. Dizer que tais feridas cicatrizam tanto mais cedo e facilmente quanto melhor a alma, não é dizer que na alma não existe chaga. Apesar de a morte dos seres mais queridos, em especial se fautores dos laços sociais, afligir mais branda ou mais duramente a vida dos mortais, preferimos vê-los morrer a vê-los desertar da virtude ou da fé, que é morrer na alma. Dessa imensa quantidade de males a terra está cheia. Por isso está escrito: *Não é verdade que a vida do homem sobre a terra é tentação?* Por isso diz o Senhor: *Ai do mundo, por causa dos escândalos!* E de igual modo: *Porque abundou a iniquidade, esfriará a caridade de muitos.* Eis por que devemos felicitar-nos pela morte de nossos melhores amigos. E, quando nosso coração for presa da angústia, consolemo-nos e pensemos haver a morte livrado os amigos dos males que ferem, depravam ou, pelo menos, põem em perigo nesta vida até mesmo os homens bons.

CAPÍTULO IX
A amizade dos santos anjos e o porquê de ocultar-se de nós

Quanto aos santos anjos, quer dizer, à quarta sociedade estabelecida pelos filósofos que pretendem tenhamos os deuses por amigos, passando do orbe ao mundo e abarcando assim, de certo modo, também o céu, não tememos que tais amigos nos contristem com sua morte ou com sua depravação. Como, porém, não temos com eles a familiaridade que temos com os demais homens e é uma das aflições da vida e, às vezes, satanás, segundo a Escritura, se transfigura em anjo de luz para tentar aqueles que têm necessidade de ser assim provados ou merecem ser enganados, a grande misericórdia de Deus é necessária, para que ninguém, crendo ter por amigos os anjos bons, tenha por amigos fingidos a demônios maus, inimigos tanto mais daninhos quanto mais astutos e mentirosos. Quem tem necessidade da grande misericórdia de Deus senão a grande miséria humana, oprimida por ignorância tão supina, que a simulação dos demônios com facilidade a engana? É muito certo haverem tais filósofos, que disseram ter os deuses por amigos, caído na cidade ímpia na armadilha dos demônios, que a dominam por completo e com ela sofrerão suplício eterno. Porque à vista de todos está pelos sacrifícios, ou por melhor dizer, pelos sacrilégios com que seus adoradores pensaram dever render-lhes culto e pelos nefandos jogos com que, por exigência e a pedido dos demônios, representavam essas maldades e ignomínias que serviam para aplacá-los.

CAPÍTULO X
Fruto da vitória preparado para os santos

Os santos e os fiéis adoradores do único Deus soberano e verdadeiro ainda não se encontram a salvo dos enganos e das multiformes tentações dos demônios. Neste vale de fraqueza e de miséria, tal inquietude não carece de sentido, pois acende e excita o desejo da segurança em que haverá inteiramente certa e perfeita paz. Aí se encontrarão todos os dons da natureza, quer dizer, as perfeições dadas pelo Criador à nossa natureza, bens eternos não apenas para a alma, curada pela sabedoria, mas também para o corpo, renovado pela ressurreição. Aí as virtudes não lutarão contra os vícios ou contra os males, mas, como prêmio de sua vitória, possuirão eterna paz, não turbada por inimigo algum. Será essa a bem-aventurança final, o fim da perfeição, que não terá fim. O mundo chama-nos felizes de verdade, quando gozamos de paz, tal qual podemos gozar nesta vida; semelhante felicidade, entretanto, comparada com a final, de que falamos, não passa de verdadeira miséria. Quando nós, mortais, entre a efemeridade das coisas, possuímos a paz que pode existir no mundo, se vivemos retamente, a virtude usa com retidão de seus bens; mas, quando não a possuímos, a virtude faz bom uso até mesmo dos males de nossa condição humana. A verdadeira virtude consiste, portanto, em fazer bom uso dos bens e males e em referir tudo ao fim último, que nos porá na posse de perfeita e incomparável paz.

CAPÍTULO XI
A felicidade da paz eterna, verdadeira perfeição e fim dos santos

Podemos, por conseguinte, dizer da paz o que dissemos da vida eterna, a saber, que é o fim de nossos bens, visto como certo salmo, falando da cidade objeto deste laborioso trabalho, assim se expressa: *Louva o Senhor, Jerusalém, louva, Sião, teu Deus. Porque Ele, que as portas te reforçou com fortes barras e te abençoou os filhos e moradores, estabeleceu a paz em tuas fronteiras.* Quando os ferrolhos de suas portas estiverem reforçados, ninguém entrará nela, ninguém sairá dela. Por essas fronteiras de que fala o salmo devemos entender aqui a paz que queremos provar ser a final. O nome místico de tal cidade, quer dizer, Jerusalém, significa "visão da paz", como já fizemos observar. Mas, como o nome de paz é também corrente nas coisas mortais, onde não se dá a vida eterna, preferi reservar o nome de vida eterna para o fim em que a Cidade de Deus encontrará seu supremo e soberano bem. Do referido fim diz o apóstolo: *Agora, livres do pecado e convertidos em servos de Deus, tendes a santificação por vosso fruto e por fim a vida eterna.* Mas, como também os não familiarizados com as Sagradas Escrituras podem entender por vida eterna a vida dos pecadores, quer, segundo alguns filósofos, por causa da imortalidade da alma, quer, segundo nossa fé, por causa das intermináveis penas dos ímpios, que não seriam eternamente atormentados se não vivessem eternamente, deve chamar-se fim dessa cidade, em que gozará do soberano bem, ou a paz na vida eterna, ou a vida eterna na paz. Assim todos podem entendê-lo com facilidade. E tão nobre bem é a paz, que mesmo entre as coisas terrenas e mortais nada existe mais grato ao ouvido, nem mais desejável ao desejo, nem superior em excelência. Abrigo a convicção de que, se me detivesse um pouco a falar dele, não seria oneroso aos leitores, tanto pelo fim da cidade de que tratamos como pela doçura da paz, ansiada por todos.

CAPÍTULO XII
Paz, suprema aspiração dos seres

1. Quem quer que repare nas coisas humanas e na natureza delas reconhecerá comigo que, assim como não há ninguém que não queira sentir alegria, assim também "não há ninguém que não queira ter paz". Com efeito, os próprios amigos da guerra apenas desejam vencer e, por conseguinte, anseiam, guerreando, chegar à gloriosa paz. E em que consiste a vitória senão em sujeitar os rebeldes? Logrado esse efeito, chega a paz. A paz é, pois, também o fim perseguido por aqueles mesmos que se afanam em demonstrar valor guerreiro, comandando e combatendo. Donde se segue ser a paz o verdadeiro fim da guerra. O homem, com a guerra, busca a paz, mas ninguém busca a guerra com a paz. Mesmo os que de propósito perturbam a paz não odeiam a paz, apenas anseiam mudá-la a seu talante.

Sua vontade não é que não haja paz, e sim que a paz seja segundo sua vontade. Se por causa de alguma sedição chegam a separar-se de outros, não executam o que intentam, se não têm com os cúmplices uma espécie de paz. Por isso os bandoleiros procuram estar em paz entre si para alterar com mais violência a paz dos outros. Se existe algum salteador tão forçudo e inimigo de companhia que não confie em ninguém e sozinho assalte, mate e se entregue à pilhagem, tem pelo menos uma espécie de paz, seja qual for, com aqueles que não pode matar e de quem quer ocultar o que faz. Em casa procura viver em paz, com a esposa, com os filhos, com os domésticos, se tem, e gosta de que, sem abrirem a boca, obedeçam-lhe à vontade. Se não lhe obedecem, fica zangado, ralha e castiga e, se a necessidade o exige, restabelece com crueldade a paz familiar. Vê a impossibilidade de existir paz na família, se os membros não se submetem ao chefe, que em sua casa é ele. Se alguma cidade ou povo quisesse submeter-se a ele, como desejava lhe estivessem sujeitos os de casa, já não se esconderia como ladrão em nenhuma caverna, mas andaria de cabeça erguida à vista de todos, porém com a mesma cupidez e malícia. Todos desejam, pois, ter paz com aqueles a quem desejam governar a seu arbítrio. E, quando querem fazer guerra a outros homens, querem primeiro fazê-los seus, se podem, para depois impor-lhes as condições de sua paz.

2. Imaginemos alguém descrito com as pinceladas da fábula e dos poetas. Talvez por causa da invariável ferocidade, a chamá-lo homem preferiram chamá-lo semi-homem. Seu reino seria a solidão espantosa de antro deserto e tão enorme sua malícia, que recebeu o nome grego de *kakós* (mau). Sem esposa com quem ter conversas amorosas, nem filhos pequeninos que lhe alegrassem os dias, nem maiores a quem mandasse. Não gozava da conversa de nenhum amigo, nem mesmo de Vulcano, seu pai, mas ao menos era mais feliz que ele, porque não gerou outro monstro semelhante. Longe de dar o que quer que fosse a quem quer que fosse, roubava os demais, quando e quanto podia e queria. Contudo, em seu antro solitário, cujo chão, segundo o poeta, estava sempre regado de sangue, somente ansiava pela paz, repouso sem transtorno e sem turbação de violência ou medo. Desejava também ter paz com o próprio corpo; quanto mais tinha, tanto melhor andava. Dava ordem aos membros e os membros obedeciam. Com o propósito de pacificar quanto antes sua mortalidade, que contra ele se rebelava por causa da indigência e da fome, coligadas para do corpo dissociarem e desterrarem a alma, roubava, matava e devorava.

Embora inumano e fero, velava, inumana e ferozmente, pela paz de sua vida e saúde. Se quisesse ter com os outros a paz que em sua caverna e em si mesmo tanto buscava para si, não o chamariam mau, nem monstro, nem semi-homem. Se as estranhas formas de seu corpo e o torvelinho de chamas que vomitava pela boca afastou de sua companhia os homens, não era cruel por desejo de fazer mal, mas por necessidade de viver. Mas Caco não existiu ou, o que é mais crível, não foi tal qual o poeta o pinta, porque, se não alargasse tanto a mão em acusá-lo, seriam poucos os louvores de Hércules. Tal homem, ou, por melhor dizer, tal semi-homem, não existiu, como tantas outras ficções poéticas. Porque mesmo as feras mais cruéis (e Caco participou também dessa fereza, recebeu o nome de semifera) protegem a espécie com certa paz, coabitando, gerando, tendo e alimentando os filhotes, apesar de com frequência insociáveis e solitárias, quer dizer, não como as ovelhas, os cervos, as pombas, os estorninhos e as abelhas, mas como os leões, as raposas, as águias e as corujas. Que tigre não ama com enternecimento os filhotes e, deposta a ferocidade, não os acaricia? Que milhafre, por mais solitário que voe sobre a presa, não procura companheira, faz o ninho, choca os ovos, alimenta os filhotinhos e mantém como pode a paz em casa com a companheira, como uma espécie de mãe de família? Quanto mais não é o homem arrastado pelas leis da natureza humana a formar sociedade com todos os homens e a conseguir a paz em tudo quanto esteja a seu alcance! Os maus combatem pela paz dos seus e, se possível, querem submeter todos, para todos servirem um só. Por quê? Porque, por medo ou por amor, desejam estar em paz com ele. Assim, a soberba imita com perseverança a Deus. Odeia sob ele a igualdade com os companheiros, mas deseja impor seu senhorio em lugar do dele. Odeia a justa paz de Deus e ama sua própria paz, embora injusta. Impossível é que não ame a paz, seja qual for. E que não há vida tão contrária à natureza, que lhe apague até os últimos vestígios.

3. Quem sabe antepor o reto ao torto e a ordem à perversidade reconhece que, comparada com a paz dos justos, a paz dos pecadores não merece sequer o nome de paz. O antinatural ou contrário à ordem há de necessariamente estar em paz em alguma, de alguma e com alguma parte das coisas em que é ou de que consta. Do contrário, deixaria de ser. Imaginemos alguém suspenso pelos pés e de cabeça para baixo. A situação do corpo e a ordem dos membros são antinaturais, porque invertida a ordem exigida pela natureza, estando em cima o que naturalmente deve estar embaixo. Semelhante desordem perturba a paz do corpo e por isso é molesta. Mas a alma está em paz com o corpo, afana-se por sua saúde e por isso há quem sinta a dor. Se, acossada pelas angústias da dor, se separasse, há, enquanto subsista a união dos membros, alguma paz entre eles e por isso ainda alguém há suspenso. O corpo terreno tende à terra e, opondo-se a isso o que o mantém suspenso pelos pés, busca a ordem da paz que lhe é própria e de certo modo pede, com a voz do peso, o lugar em que naturalmente repouse.

Uma vez exânime e sem sentidos, não se aparta de paz que lhe é peculiar, quer conservando-a, quer tendendo a ela. Se o embalsamam, de sorte que se impeça a dissolução do cadáver, certa paz une-lhe as partes entre si e faz todo o corpo buscar o lugar terreno e conveniente e, por conseguinte, pacífico. Mas, se não o embalsamam e fica entregue ao curso ordinário da natureza, estabelece-se combate de vapores contrários que nos ofendem o sentido. É o efeito da putrefação, até unir-se aos elementos do mundo e reentrar em sua paz, peça a peça e pouco a pouco. Dessas transformações nada se subtrai às leis do supremo Criador e Ordenador, que governa a paz do universo. Porque, embora do cadáver de animais maiores nasçam animalizinhos, cada corpúsculo deles, por lei do Criador, mantém consigo mesmo a paz que lhe protege a imperceptível existência. Apesar de alguns animais devorarem os corpos mortos de outros, sempre encontram as mesmas leis difundidas por todos os seres para a conservação das espécies, pacificando cada parte com a parte que lhe convém, seja qual for o lugar, a união ou as transformações sofridas.

CAPÍTULO XIII
A paz universal e sua indefectibilidade

1. Assim, a paz do corpo é a ordenada complexão de suas partes; a da alma irracional, a ordenada calma de suas apetências. A paz da alma racional é a ordenada harmonia entre o conhecimento e a ação, a paz do corpo e da alma, a vida bem-ordenada e a saúde do animal. A paz entre o homem mortal e Deus é a obediência ordenada pela fé sob a lei eterna. A paz dos homens entre si, sua ordenada concórdia. A paz da casa é a ordenada concórdia entre os que mandam e os que obedecem nela; a paz da cidade, a ordenada concórdia entre governantes e governados. A paz da cidade celeste é a ordenadíssima e concordíssima união para gozar de Deus e, ao mesmo tempo, em Deus. A paz de todas as coisas, a tranquilidade da ordem. A ordem é a disposição que às coisas diferentes e às iguais determina o lugar que lhes corresponde. Portanto, como os miseráveis, enquanto tais, não estão em paz, não gozam da tranquilidade da ordem, isenta de turbações, mas, porque merecida e justamente miseráveis, mesmo na miséria não podem estar fora da ordem. Não estão unidos aos bem-aventurados, mas deles separados pela lei da ordem. Quando não estão turbados, unem-se quanto podem às coisas em que estão. Neles há, portanto, certa tranquilidade na respectiva ordem e, por conseguinte, certa paz. São, porém, miseráveis, porque, embora estejam onde devem estar, não estão onde não se veriam precisados de sofrer. São mais miseráveis, se não estão em paz com a lei que rege a ordem natural. Quando sofrem, a paz vê-se turbada por esse lado, mas subsiste por este em que nem a dor consome, nem a união se destrói. Do mesmo modo que

há vida sem dor e não pode haver dor sem vida, assim há certa paz sem guerra, mas não pode haver guerra sem paz. Isso não pela guerra em si, mas pelos agitadores das guerras, que são naturezas, mas não seriam, se a paz não lhes desse subsistência.

2. Existe natureza em que não há nenhum mal nem pode haver mal algum. Mas não pode existir natureza alguma em que não se ache algum bem. Portanto, como natureza, nem a própria natureza do diabo é mal. Sua perversidade é que a torna má. Não se manteve na verdade, mas não lhe escapou ao julgamento. Não se manteve na tranquilidade da ordem, mas não escapou ao poder do Ordenador. A bondade de Deus, que aparece em sua natureza, não o subtrai à justiça de Deus, que o ordena no castigo. Nele Deus não castiga o bem por Ele criado, mas o mal por ele cometido. Não priva a natureza de tudo quanto lhe deu, mas subtrai algo e deixa-lhe algo, a fim de haver quem sofra a subtração. A dor é o melhor testemunho do bem subtraído e do bem deixado, porque, se não existisse o bem deixado, não poderia causar mágoa o bem tirado. Quem peca é pior, se se alegra no dano à equidade; quem é atormentado, se dele não tira nenhum bem, sofre o dano à saúde. É que a equidade e a saúde são dois bens e da perda do bem é preciso doer-se, não alegrar-se (se é que não há compensação no melhor e é melhor a equidade da alma que a saúde do corpo). É mais conveniente, sem dúvida, o pecador doer-se de seus suplícios que alegrar-se de seus crimes. Assim como alegrar-se do bem abandonado ao pecar é prova da vontade má, assim a dor do bem perdido testemunha a natureza boa. Quem sente haver perdido a paz de sua natureza sente-o por certos restos de paz que o fazem amar sua natureza. É com justiça que, no último suplício, em meio das torturas, os injustos e os ímpios choram a perda dos bens naturais, pois sentem a exata justiça que lhos retira, após haverem desprezado a bondade infinita que lhos deu. Deus, pois, sapientíssimo criador e justíssimo ordenador de todas as naturezas, que na terra estabeleceu o gênero humano para ser-lhe o mais belo ornamento, deu aos homens certos bens convenientes a esta vida, quer dizer, a paz temporal, pelo menos a de que nosso destino mortal é capaz, a paz na conservação, integridade e união da espécie, tudo o que é necessário à manutenção ou à recuperação dessa paz, como, por exemplo, os elementos na conveniência e no domínio de

nossos sentidos, a luz visível, o ar respirável, a água potável e tudo quanto serve para alimentar, cobrir, curar e adornar o corpo, sob a condição, muito justa, por certo, de que todo mortal que fizer uso legítimo desses bens apropriados à paz dos mortais os receberá maiores e melhores, a saber, a paz da imortalidade, acompanhada de glória e de honra próprias da vida eterna, para gozar de Deus e do próximo em Deus. Quem usar indignamente de tais bens perdê-los-á, sem receber os outros.

CAPÍTULO XIV
A ordem e a lei celestial e terrena

O uso das coisas temporais relaciona-se, na terra, com a obtenção da paz terrena e, na Cidade de Deus, com a obtenção da paz celeste. Por isso, fôssemos animais irracionais, não apeteceríamos senão à ordenada complexão das partes do corpo e à quietude das apetências. Nada apeteceríamos, por conseguinte, fora disso, com o fim de que a paz do corpo redundasse em proveito da paz da alma. Porque a paz da alma irracional é impossível sem a paz do corpo, pois não pode conseguir a quietude de suas apetências. Mas ambos servem à paz que entre si mantêm a alma e o corpo, paz de vida ordenada e de saúde. Assim como os animais mostram amar a paz do corpo, quando se esquivam da dor, e da paz da alma, quando, para satisfazerem suas necessidades, seguem a voz de suas apetências, assim também, fugindo à morte, indicam às claras quanto amam a paz, que liga a alma e o corpo. Mas o homem, dotado de alma racional, submete à paz da alma tudo quanto tem de comum com os irracionais, a fim de contemplar algo com a mente e, segundo esse algo, agir de sorte que nele haja ordenada harmonia entre o conhecimento e a ação, em que consiste, como já dissemos, a paz da alma racional. A isto deve endereçar seu querer, a que a dor não a atormente, nem o desejo a inquiete, nem a morte a separe, para conhecer algo útil e segundo tal conhecimento compor sua vida e costumes.

Mas como seu espírito é fraco, para o afã de conhecer não precipitá-lo em erro algum, tem necessidade do magistério divino para conhecer com certeza e de seu auxílio para agir com liberdade. Como, enquanto mora neste corpo mortal, anda longe de Deus e caminha pela fé e não pela espécie, por isso é preciso que relacione tanto a paz do corpo com a da alma, como a de ambos juntos, àquela paz que existe entre o homem mortal e o Deus imortal, dando assim margem à obediência ordenada pela fé sob a lei eterna. E, posto o Divino Mestre ensinar dois preceitos principais, a saber, o amor a Deus e o amor ao próximo, nos quais o homem descobre três seres como objeto de seu amor, isto é, Deus, ele mesmo e o próximo, e não pecar, amando-se a si mesmo, quem ama a Deus, é lógico leve cada qual a amar a Deus o próximo a quem o mandam amar como a si mesmo. Assim deve fazer com a esposa, com os filhos, com os domésticos e com os demais homens com quem puder, como quer olhe o próximo por ele, caso venha a necessitar. Assim terá paz com todos em tudo que dele dependa, essa paz dos homens que é a ordenada concórdia. Eis a ordem que se há de seguir: primeiro, não fazer mal a ninguém; segundo, fazer bem a quem a gente possa. Em primeiro lugar está o cuidado com os seus, porque a natureza e a sociedade humana lhe dão acesso mais fácil e meios mais oportunos. Por isso diz o apóstolo: *Quem não provê aos seus, mormente se familiares, nega a fé e é pior que infiel.* Daí nasce também a paz doméstica, quer dizer, a ordenada concórdia entre quem manda e os que em casa obedecem. Mandam os que cuidam, como o homem à mulher, os pais aos filhos, os patrões aos criados. Obedece quem é objeto de cuidado, como as mulheres aos maridos, os filhos aos pais, os criados aos patrões. Mas em casa do justo, que vive da fé e ainda peregrina, longe da cidade celeste, quem manda também serve aqueles que parece dominar. A razão é que não manda por desejo de domínio, mas por dever de caridade, não por orgulho de reinar, mas por misericórdia de auxiliar.

CAPÍTULO XV
A liberdade natural e a servidão do pecado

Trata-se de prescrição da ordem natural. Assim Deus criou o homem. *Domine*, diz, *os peixes do mar, as aves do céu e todo réptil que se move sobre a terra.* Quis que o homem racional, feito à sua imagem, dominasse unicamente os irracionais, não o homem ao homem, mas o homem ao irracional. Eis o motivo de os primeiros justos haverem sido pastores e não reis. Com isso Deus manifestava o que pede a ordem das criaturas e o que exige o conhecimento dos pecados. O jugo da fé impôs-se com justiça ao pecador. Por isso não vemos empregada nas Escrituras a palavra *servo* antes de o justo Noé castigar com tal nome o pecado do filho. Esse nome mereceu-o, pois, a culpa, não a natureza. A palavra *servo*, na etimologia latina, designa os prisioneiros cuja vida os vencedores conservavam, embora pudessem matá-los por direito de guerra. Tornavam-se servos; palavra derivada de servir. Isso também é merecimento do pecado. Pois, embora se trave guerra justa, a parte contrária guerreia pelo pecado. E toda vitória, mesmo a conseguida pelos maus, humilha os vencidos por juízo divino, corrigindo os pecados ou castigando-os. Testemunha-o Daniel, homem que no cativeiro confessa a Deus seus pecados e os pecados de seu povo e reconhece, com piedosa dor, ser essa a razão do referido cativeiro. A causa primeira da servidão é, pois, o pecado, que submete um homem a outro pelo vínculo da posição social. É o efeito do juízo de Deus, que é incapaz de injustiça e sabe impor penas segundo o merecimento dos delinquentes. O Senhor supremo diz: *Todo aquele que comete pecado é escravo do pecado*. Por isso muitos homens piedosos servem patrões iníquos, mas não livres, *porque quem é vencido por outro fica escravo de quem o venceu*.

Na verdade, é preferível ser escravo de homem a sê-lo de paixão, pois vemos quão tiranicamente exerce seu domínio sobre o coração dos mortais a paixão de dominar, por exemplo. Mas na ordem de paz que submete uns homens a outros, a humildade é tão vantajosa ao escravo como nociva ao dominador a soberba. Contudo, por natureza, tal como Deus no princípio criou o homem, ninguém é escravo do homem nem do pecado. Mas a escravidão penal está regida e ordenada pela lei, que manda conservar a ordem natural e proíbe perturbá-la. Se nada se fizesse contra essa lei, não havia nada a castigar com essa escravidão. Por isso, o apóstolo aconselha aos servos que estejam submissos aos respectivos senhores e os sirvam de coração e de bom grado. Quer dizer, se os donos não lhes dão liberdade, tornem eles, de certa maneira, livre sua servidão, não servindo com temor falso, mas com amor fiel, até que passe a iniquidade e se aniquilem o principado e o poder humano e Deus seja todo em todas as coisas.

CAPÍTULO XVI
A justiça no domínio

Assim, vemos que, embora tivessem escravos, nossos patriarcas administravam a paz doméstica, distinguindo entre os filhos e os escravos somente no relativo aos bens temporais. No referente ao culto a Deus, de que se devem esperar os bens eternos, olhavam com igual amor todos os membros da casa. Isso é tão conforme com a ordem natural, que o nome de pai de família vem daí e de tal maneira está divulgado, que mesmo os senhores injustos gostam de que os chamem por ele. Os autênticos pais de família consideram filhos todos os membros da família, no tocante ao culto e honra a Deus. Desejam e anseiam por chegar à casa celeste, onde não seja necessário mandar os homens, porque na imortalidade não será preciso acudir a necessidade alguma. E até aí devem tolerar mais os senhores, que mandam, que os servos, que servem. Se em casa alguém turba a paz doméstica por desobediência, é para sua própria utilidade corrigido com a palavra, com pancadas ou com qualquer outro gênero de castigo justo e lícito admitido pela sociedade humana, para reuni-lo à paz de que se afastara. Como não é benfeitor quem corre em auxílio de alguém para fazê-lo perder algum bem, assim também não é inocente quem, perdoando, permite que alguém incorra em mal ainda mais grave. A inocência, pois, não exige apenas não fazer mal a ninguém, mas também afastar o próximo do pecado ou castigar o pecado. Isso com o fim de o castigo corrigir o castigado e servir de lição aos outros. A casa deve ser o princípio e o fundamento da cidade. Todo princípio relaciona-se com seu fim e toda parte com seu todo. E, por isso, claro e lógico deva a paz doméstica redundar em proveito da paz cívica, quer dizer, deva a ordenada concórdia entre os que mandam e os que obedecem relacionar-se com a ordenada concórdia entre os cidadãos que mandam e os que obedecem. Donde se segue que o pai de família deve dirigir sua casa pelas leis da cidade, de tal forma que se acomode à paz da cidade.

CAPÍTULO XVII
Em que radica a paz da sociedade celeste com a cidade terrena e em que a discórdia?

Mas a família dos homens que não vivem da fé busca a paz terrena nos bens e comodidades desta vida. Por sua vez, a família dos homens que vivem da fé espera nos bens futuros e eternos, segundo a promessa. Usam dos bens terrenos e temporais como viajantes. Não os prendem nem desviam do caminho que leva a Deus, mas os sustentam a fim de que suportem com mais facilidade e não aumentem o fardo do corpo corruptível, que oprime a alma. O uso dos bens necessários a esta vida mortal é, portanto, comum a ambas as classes de homens e a ambas as casas, mas no uso cada qual tem fim próprio e modo de pensar muito diverso do outro. Assim, a cidade terrena, que não vive da fé, apetece também a paz terrena; porém, firma a concórdia entre os cidadãos que mandam e os que obedecem, para haver, quanto aos interesses da vida mortal, certo concerto das vontades humanas. Mas a cidade celeste, ou melhor, a parte que peregrina neste vale e vive da fé usa dessa paz por necessidade, até passar a mortalidade, que precisa de tal paz. Por isso, enquanto está como viajante cativa na cidade terrena, onde recebeu a promessa de sua redenção e como penhor dela o dom espiritual, não duvida em obedecer às leis regulamentadoras das coisas necessárias e do sustento da vida mortal. Como a mortalidade lhes é comum, entre ambas as cidades há concórdia com relação a tais coisas. Acontece, porém, que a cidade terrena teve certos sábios condenados pela doutrina de Deus, sábios que, por conjeturas ou por artifícios dos demônios, disseram que deviam acomodar muitos deuses às coisas humanas. Encomendaram-lhes à tutela diversos seres, a este o corpo, àquele a alma e, no mesmo corpo, a um a cabeça, a outro a cerviz; quanto às demais partes, a cada um deles a sua. De igual modo na alma. A este encomendaram o espírito, àquele a ciência, a um a cólera, a outro a concupiscência e, quanto às coisas necessárias à vida, a um o gado, a outro o trigo, a outro o vinho, a outro o azeite, a outro as selvas, a outro o dinheiro, a outro a navegação, a outro as guerras e as vitórias, a outro os matrimônios, a outro os partos e a fecundidade, a outro os seres. A cidade celeste, ao contrário, conhece um só Deus, único a quem se deve o culto e a servidão, em grego chamada *latrêia*, e pensa com piedade fiel não ser devido senão a Deus. Tais diferenças deram motivo a que essa cidade e a cidade terrena não possam ter em comum as leis religiosas. Por causa delas a cidade celeste se vê na necessidade de dissentir da cidade terrestre, ser carga para os que tinham opinião contrária e suportar-lhes a cólera, o ódio e as violentas perseguições, a menos que algumas vezes refreie a animosidade dos inimigos com a multidão de fiéis e sempre com o auxílio de Deus. Enquanto peregrina, a cidade celeste vai chamando cidadãos por todas as nações e formando, de todas as línguas, verdadeira cidade viajora.

Não se preocupa com a diversidade de leis, de costumes nem de institutos, que destroem ou mantêm a paz terrena. Nada lhes suprime nem destrói, antes os conserva e aceita; esse conjunto, embora diverso nas diferentes nações, encaminha-se a um só e mesmo fim, a paz terrena, se não impede que a religião ensine deva ser adorado o Deus único, verdadeiro e sumo. Em sua viagem a cidade celeste usa também da paz terrena e das coisas necessariamente relacionadas com a condição atual dos homens. Protege e deseja o acordo de vontades entre os homens, quanto possível, deixando a salvo a piedade e a religião, e ministra a paz terrena à paz celeste, verdadeira paz, única digna de ser e de dizer-se paz da criatura racional, a saber, a ordenadíssima e concordíssima união para gozar de Deus e, ao mesmo tempo, em Deus. Em chegando a essa meta, a vida já não será mortal, mas plenamente vital. E o corpo já não será animal, que, enquanto se corrompe, oprime a alma, mas espiritual, sem necessidade alguma, plenamente submetido à alma. Possui essa paz aqui pela fé, de que vive justamente, quando refere à consecução da verdadeira paz todas as boas obras que faz para com Deus e com o próximo, porque a vida da cidade é vida social.

CAPÍTULO XVIII
Paralelo entre a nova Academia e a fé cristã

Nada existe mais contrário à Cidade de Deus que a incerteza em que Varrão faz radicar a característica da nova Academia. Aos olhos cristãos semelhante dúvida é loucura. Das coisas que compreende com o espírito e com a razão o cristão tem conhecimento certíssimo, embora limitado pelo corpo corruptível que oprime a alma, porque, como diz o apóstolo, *conhecemos em parte*. Crê nos sentidos, que manifestam as realidades evidentes, e deles serve-se a alma, por intermédio do corpo, pois é mais miserável o engano de quem pensa que nunca se lhes deve fé. Enfim, acredita nas Santas Escrituras, antigas e novas, que chamamos canônicas e são as fontes da fé da qual vive o justo. Graças a ela, caminhamos sem titubeação, enquanto peregrinamos longe do Senhor. Permanecendo a salvo e certa essa fé, podemos pôr em dúvida, sem medo de repreensão, algumas coisas que não nos chegaram ao conhecimento, não conhecemos nem pelos sentidos, nem pela razão, nem nos foram anunciadas pela Escritura canônica, nem por testemunhos a que fora absurdo não dar crédito.

CAPÍTULO XIX
Vida e costumes do povo cristão

Na realidade, não importa nada a tal cidade o gênero de vida adotado por quem abraça a fé que leva a Deus, contanto que não vá de encontro aos preceitos divinos. Por isso, os filósofos que se fazem cristãos não se veem obrigados a mudar de padrão de vida, se não o impede a religião, mas a abdicar das falsas doutrinas. É-lhe, assim, indiferente a distinção que Varrão assinalou nos cínicos, contanto que nada se faça contra a honestidade e a temperança. Quanto aos três gêneros de vida, o ocioso, o ativo e o misto, embora, sem prejuízo da fé, cada qual possa escolher o que lhe agrade e chegar por ele aos prêmios eternos, interessa considerar o que o amor à verdade nos dá e o que o dever de caridade nos pede. Ninguém deve, com efeito, entregar-se de tal maneira ao ócio, que se esqueça de ser útil ao próximo, nem de tal maneira à ação, que se esqueça da contemplação de Deus. No ócio não se deve amar a inação, mas a busca e encontro da verdade, a fim de cada qual progredir em tal conhecimento e não invejar ninguém. Na ação não se devem amar a honra ou o poderio nesta vida, porque tudo quanto há sob o sol é vaidade, mas o trabalho, de que a honra e o poderio não passam de instrumentos, o trabalho em si mesmo, se se propõe a justiça e a utilidade, quer dizer, a incolumidade dos que nos estão subordinados segundo Deus. É o de que já falamos mais acima e faz o apóstolo dizer: *Quem deseja o bispado deseja bom trabalho.* Sua intenção era dar a entender que o episcopado é nome designativo de trabalho, não de dignidade.

A palavra é grega e significa que quem está à frente é superintendente de seus subordinados, quer dizer, tem de olhar por eles. *Epi* significa "sobre" e *skopós*, "intenção"; portanto, podemos traduzir *episkopêin* por "superintender". De acordo com isso, não é bispo quem gosta de presidir, não de ser útil. Assim, pois, todos podem aplicar-se ao estudo e à busca da verdade; é a dignidade do ócio. Quanto às funções superiores, necessárias para governar o povo, a conveniência de ocupá-las e preenchê-las não poderia escusar o inconveniente de desejá-las. Por isso, o amor à verdade busca o ócio santo e a necessidade do amor aceita devotar-se às obras de justiça. Se ninguém nos impõe semelhante peso, devemos entregar-nos à busca e à contemplação da verdade. Se alguém no-lo impõe, devemos aceitá-lo por necessidade da caridade. Mesmo em tal caso não se devem abandonar totalmente os encantos da verdade, para não acontecer que, privados desse doce apoio, a necessidade nos oprima.

CAPÍTULO XX
Nesta vida os cidadãos da cidade santa são felizes em esperança

Se, por conseguinte, soberano bem da Cidade de Deus é a paz eterna e perfeita, não a que os mortais atravessam entre o nascimento e a morte, mas aquela em que permanecem, uma vez imortais e livres, quem há capaz de negar que essa vida será muito feliz ou de não achar, comparada com ela, misérrima esta, por mais repleta que esteja de bens anímicos, corporais ou externos? Contudo, quem se conduz de tal modo que ao fim da que ardentíssima e fidelissimamente espera refere o uso pode com razão chamar-se feliz neste mundo, mais, na verdade, pela esperança do que pela realidade. A realidade presente, sem tal esperança, é felicidade falsa e autêntica miséria, porque não usa dos verdadeiros bens do espírito. Não é verdadeira sabedoria a que nessas coisas, que discerne com prudência, suporta com fortaleza, reprime com temperança e ordena com justiça, não se propõe o supremo fim, em que Deus será todo em todas as coisas na certeza da eternidade e na perfeição da paz.

CAPÍTULO XXI
Existência da república romana. Definição de Cipião

1. Este é precisamente o lugar próprio para eu dizer, o mais concisa e claramente que me for possível, o que prometi no Livro Segundo desta obra. E é mostrar que, segundo as definições de que Cipião se serve nos livros *Sobre a República* de Cícero, nunca existiu a república romana. Em poucas palavras define a república, dizendo que é a coisa do povo. Se é verdadeira semelhante definição, a república romana nunca existiu, por jamais haver sido coisa do povo, que é a definição de república. Define o povo, dizendo-o sociedade fundada sobre direitos reconhecidos e sobre a comunidade de interesses. Depois explica o que entende por direitos reconhecidos. E acrescenta que a república não pode ser governada sem justiça. Em consequência, onde não há verdadeira justiça não pode existir verdadeiro direito. Como o que se faz com direito se faz justamente, é impossível que se faça com direito o que se faz injustamente. Com efeito, não devem chamar-se direito as iníquas instituições dos homens, pois eles mesmos dizem que o direito mana da fonte da justiça e é falsa a opinião de quem quer que erradamente sustente ser direito o que é útil ao mais forte. Portanto, onde não existe verdadeira justiça não pode existir comunidade de homens fundada sobre direitos reconhecidos e, portanto, tampouco povo, segundo a definição de Cipião ou de Cícero. E, se não pode existir o povo, tampouco a coisa do povo, mas a de conjunto de seres que não merece o nome do povo. Se, por conseguinte, a república é a coisa do povo e não existe povo que não esteja fundado sobre direitos reconhecidos e não há direito onde não há justiça, segue-se que onde não há justiça não há república. Pois bem, a justiça é a virtude que dá a cada qual o seu. Que justiça é essa que do verdadeiro Deus afasta o homem e o submete aos imundos demônios? Isso é, porventura, dar a cada qual o seu? Ou será que quem tira a propriedade a quem a comprou e a dá a quem não tem direito a ela é injusto e é justo quem se furta ao Deus dominador e Criador seu e serve os espíritos malignos?

2. Nessa obra *Sobre a República* disputa-se acalorada e duramente contra a injustiça em prol da justiça. Primeiro, trataram os defensores da injustiça contra a justiça. Diziam não poder a␣república-

ca manter-se e estender-se senão pela injustiça. Apresentaram como argumento irrespondível ser injusto estarem os homens sujeitos a homens dominadores. A cidade dominadora, capital de grande república, acrescentavam, não pode dominar suas províncias, se não acolhe tal injustiça.

Os partidários da justiça responderam ser justo, porque a servidão é vantajosa para esses homens, quando o direito afasta o abuso, quer dizer, priva os maus da licença de fazer mal. E tê-los-ão melhor, domados, porque, indomados, se portariam pior. Em apoio dessa prova aduziu-se exemplo oferecido pela própria natureza. "Por que, pois", pergunta, "Deus manda o homem, a alma manda o corpo, a razão manda a libido e as demais paixões da alma?" Tal exemplo mostrou com simplicidade que a servidão é útil para alguns e servir Deus é útil para todos. Quando a alma está submetida a Deus, impera com justiça sobre o corpo e, na alma, a razão, submetida a Deus, manda com justiça a libido e as demais paixões. Portanto, quando o homem não serve Deus, que justiça há nele? A verdade é que, se não serve a Deus, a alma não pode com justiça imperar sobre o corpo, nem a razão sobre as paixões. E, se no homem individualmente considerado não há justiça alguma, que justiça pode haver em associação de homens composta de indivíduos semelhantes?

Não existe, por conseguinte, esse direito reconhecido que constitui em povo a sociedade de homens, que é o que se chama república. Que direi do interesse comum que reúne o clã dos homens, elemento que faz entrar na definição de povo? Se se presta a isso um pouco de atenção, não é tampouco útil aos ímpios, que vivem como todo aquele que não serve Deus e serve os demônios, tanto mais ímpios quanto mais desejam que lhes sacrifiquem como a deuses, apesar de imundíssimos espíritos. Mas tenho para mim que quanto dissemos do direito é suficiente para mostrar que, segundo a referida definição, não existe o povo, se não há justiça, e, por conseguinte, tampouco república. Pretender que em sua república os romanos não serviram imundos espíritos, mas deuses santos e bons, não é querer, porventura, fazer-nos repetir tudo quanto abundantemente dissemos disso? Quem tiver lido até este os livros anteriores pode duvidar de que os romanos serviram demônios impuros e maus, a menos que seja rematado tolo ou impudente discutidor? Mas, para não repetir a que ralé pertenciam aqueles a quem sacrificavam, citarei o escrito na Lei de Deus: *Quem sacrificar a outros deuses e não somente ao único Senhor será exterminado.* Esse mandamento e essa ameaça exprimem a vontade de que ninguém sacrifique aos deuses, nem aos bons, nem aos maus.

CAPÍTULO XXII
É o verdadeiro Deus o dos cristãos?

Mas podem replicar: Quem é esse Deus ou como se prova que nenhum outro merece o culto dos romanos? A pessoa deve estar muito cega para nestas alturas perguntar quem é esse Deus. É o Deus de quem os profetas predisseram as coisas que vemos cumpridas. É o mesmo Deus que disse a Abraão: *Em tua descendência serão abençoadas todas as nações.* Que isso se realizou em Cristo, nascido dessa estirpe segundo a carne, os inimigos de tal nome, mesmo contra a vontade, reconhecem. É o mesmo Deus que por seu Espírito inspirou todas as predições cumpridas na Igreja, já estendida pelo orbe todo, e por mim citadas em livros anteriores. É o mesmo Deus que Varrão, o mais sábio dos romanos, julga ser Júpiter, embora não saiba o que diz. Isso demonstra, segundo penso, não haver homem tão erudito pensado que tal deus não existe ou era desprezível, pois achou que era aquele que ele julgava ser o soberano dos deuses. Enfim, é o mesmo Deus de quem Porfírio, o mais sábio dos filósofos, apesar de acérrimo inimigo dos cristãos, confessa ser grande Deus, segundo os oráculos daqueles mesmos que o referido filósofo julga deuses.

CAPÍTULO XXIII
Pensamento de Porfírio acerca dos oráculos dos deuses

1. Nos livros que intitulou de *ek loghion philosophias (Sobre a filosofia dos oráculos)* e em que examina e consigna essas pretensas respostas divinas tocantes à filosofia, diz, usando as palavras da tradução latina do texto grego, que *a alguém que lhe perguntava que deus devia aplacar para que a esposa se afastasse do cristianismo*, Apolo respondeu (palavras textuais): *Talvez te fosse mais*

fácil escrever na água letras impressas ou voar pelo ar, abrindo ao sopro da brisa tuas leves asas, que sanar a razão de tua mulher prostituída à impiedade. Deixa-a, pois, em seu ridículo erro, cantar com voz lúgubre e fictícia Deus morto, a quem, condenado por juízes justos, morte ignominiosa e pública tirou a vida à força. Depois desses versos de Apolo, traduzidos ao latim sem ritmo nem medida, acrescentou: *Esses versos mostram a tergiversação desse irremediável preconceito, pois diz que os judeus sabem honrar Deus melhor que eles.* Eis que, em desdouro de Cristo, antepôs os judeus aos cristãos e admite que os judeus honram Deus. Assim expõe os versos de Apolo em que diz haver Cristo sido morto por juízes justos, dando a entender que, julgando-o eles com justiça, Ele foi castigado com justiça. Veja-se o que o mentiroso vate de Apolo disse de Cristo; acreditou-o, ou então o expositor inventou o que o vate não disse. Depois veremos como lhe consta e como faz os oráculos concordar entre si. Aqui diz haverem os judeus, adoradores de Deus, com justiça condenado Cristo à morte ignominiosa. Era a ocasião de prestar ouvidos ao Deus dos judeus, de quem dá testemunho, ao dizer: *Quem sacrificar a outros deuses e não somente ao Senhor será exterminado.*

Passemos a testemunhos mais claros e ouçamos o elogio da grandeza desse que diz Deus dos judeus. Perguntou a Apolo o que é melhor, o verbo, a razão ou a lei *e respondeu com os seguintes versos.* Cita em seguida os versos de Apolo, entre os quais se encontram estes, que bastam para nosso propósito: *Deus é o princípio gerador e o rei supremo anterior a tudo, ante quem tremem o céu, a terra, o mar, os abismos infernais e as próprias divindades fremem de espanto. Sua lei é o pai, que os santos hebreus honram muito.* Esse oráculo do deus Apolo reconhece, segundo Porfírio, ser tão grande a grandeza do Deus dos judeus, que ante Ele os próprios deuses tremem. Posto haver esse Deus afirmado que quem sacrificasse aos deuses seria exterminado, maravilho-me de que Porfírio não se atemorizasse e temesse ser exterminado, sacrificando aos deuses.

2. Esse filósofo diz também coisas boas de Cristo, como se esquecido das palavras injuriosas que citei faz pouco ou como se durante o sono os deuses maldissessem a Cristo e, em despertando, reconhecessem-lhe a bondade e o gabassem como merece. Com efeito, como

quem vai revelar algo maravilhoso e incrível, escreve: *Parecerá, talvez, à margem da opinião de alguns, o que vou dizer. Os deuses declararam que Cristo é homem muito piedoso, se tornou imortal e dele deixaram grata lembrança. Quanto aos cristãos,* acrescenta, *o testemunho dos deuses declara-os impuros, maculados e implicados no erro e acusa-os de outras mil e uma blasfêmias.* A seguir acrescenta outras imprecações, que supõe oráculos dos deuses. E prossegue assim: *A quem perguntava se Cristo é Deus, respondeu Hécate: Já conheceis o processo seguido pela alma imortal separada do corpo; se despojada da Sabedoria, sabeis estar sempre condenada a erro. A alma de que falais é a de homem notável pela piedade, mas os que lhes rendem culto não estão na verdade.* Depois das palavras do pretenso oráculo, faz o seguinte comentário: *Disse ser homem muito piedoso e haver, depois da morte, recebido imortalidade como a de outros justos, mas que os cristãos erram, prestando-lhe culto.* E como outros perguntassem, acrescenta, *por que fora condenado, a deusa respondeu em oráculo: O corpo está sempre exposto aos tormentos que o esgotam, mas a alma dos justos tem por morada o céu.*

Essa alma de que falais foi fatal ocasião de erro para outras almas que os destinos não haviam chamado a receber os favores dos deuses nem a conhecer o imortal Júpiter. Por isso detestei os deuses, porque a quem o destino não concedeu conhecer Júpiter nem receber os favores dos deuses, esse homem concedeu fatal enviscar-se em erro. Quanto a ele, é justo, admitido no céu na sociedade dos justos. Guarda-te, pois, de blasfemar contra ele e compadece-te da loucura dos homens e do perigo fácil e precipite que daí nasce.

3. Quem é tão néscio que não entenda haverem tais oráculos sido inventados por esse homem tão astuto e inimigo mortal dos cristãos ou proferidos com idêntica intenção pelos impuros demônios? A intenção seria fazer a gente acreditar, em face dos louvores tributados a Cristo, que têm razão, quando censuram os cristãos, fechando assim aos homens, quanto podem, o caminho da salvação eterna, a que não chegam, se não se fazem cristãos. Porque não lhes importa à nociva e perigosa astúcia que acreditem nos elogios que fazem de Cristo, contanto que também lhes deem crédito às calúnias contra os cristãos. Dessa forma, quem crer em ambas as coisas será

louvador de Cristo, com a condição de não ser cristão, e assim, embora o louve, Ele não o livrará da dominação de tais demônios. O caso agrava-se, se levamos em conta que louvam Cristo, de sorte que quem acreditar no homem pregado por eles não é verdadeiro cristão, mas herege fotiniano, que em Cristo não vê Deus, mas somente o homem. Assim, impedem que Ele os salve e os solte dos fortes laços dos demônios, que falam unicamente mentiras. Quanto a nós, não podemos aprovar nem as censuras de Apolo a Cristo, nem os elogios de Hécate. Aquele pretende haver Cristo sido injusto e justamente condenado à morte por juízes justos; esta fala dele como de homem muito piedoso, é verdade, mas apenas homem. Ambos têm objetivo comum, qual o de impedir que os homens se tornem cristãos, único meio de se livrarem de sua tirania. Ademais, o referido filósofo, ou melhor, quem dá crédito a tais oráculos contra os cristãos, primeiro harmonize, se puder, Hécate com Apolo e ponha na boca de ambas as divindades o elogio ou a condenação de Cristo. Mesmo, porém, que pudesse fazê-lo, evitaríamos de igual modo os demônios, mentirosos vituperadores e panegiristas de Cristo. E, como um deus e uma deusa se contradizem acerca de Cristo, louvando uma divindade o que a outra censura, os pagãos, em boa lógica, não deviam dar-lhes crédito, quando caluniam os cristãos.

4. Quando Porfírio ou Hécate, no panegírico de Cristo, diz haver Ele sido ocasião fatal de erro para os cristãos, explica as causas desse erro, segundo ele. Mas, antes de expô-las, vou permitir-me uma pergunta: Se Cristo foi ocasião fatal de erro para os cristãos, foi voluntária ou involuntariamente? Se voluntariamente, como é justo? Se involuntariamente, como é feliz? Ouçamos agora as causas do pretenso erro. *Existem*, diz Porfírio, *espíritos imperceptíveis e terrenos submetidos ao poder dos demônios maus. Os sábios dos hebreus, entre os quais estava esse Jesus, segundo os oráculos de Apolo, citados mais acima, do culto aos maus demônios e aos espíritos inferiores afastavam as pessoas religiosas e proibiam-nas de se ocuparem com eles. Queriam que adorassem, isso sim, os deuses do céu e, sobretudo, Deus Pai. Isso,* acrescenta, *mandam também os deuses; antes já mostramos como advertem à alma que reconheça Deus e mandam render-lhe culto em todas as partes. Mas os ignorantes, os ímpios, a quem o destino não chamou a receber os favores dos deuses nem a conhecer o imortal Júpiter,*

não prestando ouvidos aos deuses nem aos homens divinos, deram de mão a todos os deuses e abraçaram o culto aos demônios maus. É verdade que fingem adorar Deus, mas nada fazem de quanto é preciso para adorá-lo. Porque Deus, como Pai de todas as coisas, não tem necessidade de nada. Para nós, entretanto, é verdadeiro bem adorá-lo pela justiça, pela castidade e pelas outras virtudes, fazendo da vida contínua oração, pela imitação e busca de sua verdade. A busca purifica-nos, acrescenta, *e a imitação deifica-nos o amor, elevando-o a Ele.*

O panegírico de Deus Pai é exultante e rende homenagem à inocência de costumes que é o verdadeiro culto a Deus. De tais preceitos estão repletos os livros proféticos dos hebreus, quer repreendam os vícios, quer louvem a virtude. Mas, quando fala dos cristãos, engana-se ou calunia-os quanto apraz aos demônios, deuses para ele, como se fora difícil recordar as torpezas e as desvergonhas que nos teatros e nos templos se representavam em honra de tais deuses e considerar o que se lê, se ouve e se diz nas igrejas e o que se oferece ao verdadeiro Deus. Semelhante paralelo dirá de que parte está a edificação e de qual a ruína dos costumes. E que outro, senão o espírito diabólico, lhe disse tão evidente e ridícula mentira, a saber, que os cristãos não detestam, mas, ao contrário, reverenciam os demônios, que os hebreus proíbem adorar? Mas o Deus que os sábios dos hebreus adoraram proíbe também sacrificar aos santos anjos e às virtudes de Deus, que amamos e veneramos na viagem de nossa vida mortal, como cidadãos e bem-aventurados. Na lei que deu ao povo hebreu ribomba como trovão esta ameaça terrível: *Quem sacrificar aos deuses será exterminado.* Para ninguém imaginar que a proibição visava unicamente aos demônios maus e aos espíritos terrenos, pois as Santas Escrituras os chamam também deuses, não dos hebreus, mas dos gentios, como se lê na seguinte passagem de certo salmo, segundo os Setenta: *Porque todos os deuses dos gentios são demônios,* para ninguém imaginar, repito, que se proibia sacrificar a esses demônios, mas era permitido sacrificar aos celestes, a todos ou a alguns, acrescentou a seguir: *E não somente ao Senhor,* quer dizer, somente ao Senhor. Dou esse esclarecimento para ninguém pensar, enganado por esta expressão: *nisi Domino soli* (senão ao Senhor somente), tratar-se do senhor Sol, a que, segundo ele, deve-se sacrificar. Basta folhear o texto grego para dissipar semelhante erro.

5. O Deus dos hebreus, de quem tão exímio filósofo dá tão excelso testemunho, deu ao povo hebreu lei escrita em língua hebraica, lei não desconhecida e obscura, mas já divulgada em todas as nações. Nessa lei está escrito: *Quem sacrificar aos deuses e não somente ao Senhor será exterminado.* Que necessidade há de andar à caça de testemunhos desse ponto na Lei e em seus profetas? Digo mal andar à caça, pois, como não se trata de coisas abstrusas e raras, basta respigar as correntes e claras e inseri-las neste debate. Mostrar-nos-ão com luz meridiana não querer o verdadeiro e soberano Deus que o homem sacrifique a ninguém, senão a Ele. Eis oráculo breve, diríamos mais, grandioso, ameaçador, mas verdadeiro, do Deus que os homens mais sábios do paganismo tão excelsamente pregam! É preciso escutá-lo, temê-lo, cumpri-lo, para não acontecer que aos desobedientes lhes sobrevenha o extermínio.

Quem sacrificar aos deuses, diz, *e não somente ao Senhor, será exterminado,* não porque tenha necessidade de alguma coisa, mas porque nos convém ser coisa sua. Assim, nas Sagradas Letras dos hebreus se canta: *Disse ao Senhor: És meu Deus, porque não necessitas de meus bens.* Nós, quer dizer, sua cidade, somos seu mais excelente e nobre sacrifício. Tal é o mistério que celebramos em nossas oblações, bem conhecidas dos fiéis, como dissemos em livros anteriores. Os oráculos divinos anunciaram pelos profetas hebreus que as vítimas oferecidas pelos hebreus em figura do porvir cessariam e as nações, do levante ao poente, não ofereceriam senão um sacrifício, o que agora vemos cumprido. Já citamos alguns desses testemunhos, os suficientes, com que salpicamos esta obra. Deve-se, portanto, exigir essa justiça que faz com que o único e supremo Deus, segundo sua graça, impere à obediente cidade que não sacrifique a ninguém senão a Ele. Desse modo, em todos os homens, cidadãos de tal cidade e obedientes a Deus, a alma imperará fielmente e com ordem legítima sobre o corpo e a razão sobre as paixões. Dessa maneira, como um só justo vive da fé, assim também o conjunto e o povo de justos viverão dessa fé que age pela caridade, que leva o homem a amar a Deus como deve e ao próximo como a si mesmo. Em conclusão, onde não existe semelhante justiça não existe tampouco a congregação de homens, fundada sobre direitos reconhecidos e comunidade de interesses. E, se isso não existe, não existe o povo, se verdadeira a definição dada de povo. Por conseguinte, não existe tampouco república, porque onde não há povo não há coisa do povo.

CAPÍTULO XXIV
Outra definição, mais acessível e mais adaptável, de povo

Se pomos de lado essa definição de povo e damos esta: "O povo é o conjunto de seres racionais associados pela concorde comunidade de objetos amados", é preciso, para saber o que é cada povo, examinar os objetos de seu amor. Não obstante, seja qual for seu amor, se não é conjunto de animais desprovidos de razão, mas de seres racionais, ligados pela concorde comunhão de objetos amados, pode, sem absurdo algum, chamar-se povo. Certo que será tanto melhor quanto mais nobres os interesses que os ligam e tanto pior quanto menos nobres. De acordo com isso, o povo romano é povo e seu governo, república. A história dá testemunho do que esse povo amou em sua origem e nas épocas seguintes, de como se foram infiltrando as mais sangrentas sedições, as guerras civis, e de como se rompeu e se corrompeu a concórdia, que é de certo modo a saúde do povo. Nos livros precedentes há muitos dados a respeito disso. Por isso, não diríamos que não é povo ou que seu governo não é república, enquanto subsista o conjunto de seres racionais unidos pela comunhão concorde de objetos amados. O que dissemos de tal povo e de tal república tornamo-lo extensivo ao povo de Atenas ou de outras regiões da Grécia, ao do Egito, ao da primeira Babilônia dos assírios, quando nas respectivas repúblicas sustiveram grandes ou pequenos impérios, e ao de qualquer outra nação. Porque, em geral, a cidade dos ímpios, refratária às ordens de Deus, que proíbe sacrificar a outros deuses afora Ele, e, por isso, incapaz de fazer a alma prevalecer sobre o corpo e a razão sobre os vícios, desconhece a verdadeira justiça.

CAPÍTULO XXV
Não pode haver verdadeiras virtudes onde não há verdadeira religião

Por mais louvável que pareça o império da alma sobre o corpo e da razão sobre as paixões, se a alma e a razão não rendem a Deus a homenagem de servidão que Ele manda, tal império não é verdadeiro e justo. Como é que a alma que desconhece o verdadeiro Deus e, em lugar de estar-lhe sujeita, se prostitui aos mais infames demônios, que a violam, pode ser senhora do corpo e dos vícios? As virtudes que julga possuir, ao mandar sobre o corpo e as paixões, para obter e conservar algo, se não as refere a Deus, não são virtudes, mas vícios. É que, apesar de alguns pensarem que as virtudes são verdadeiras e honestas, quando referidas a si mesmas e postas como fim próprio, não passam de vaidade e soberba. Portanto, não são virtudes, mas vícios, e como tais devem ser consideradas. Assim como não procede do corpo, mas é superior ao corpo, o que faz o corpo viver, assim também não procede do homem, mas é superior ao homem, o que faz o homem viver na bem-aventurança, e não somente o homem, mas também qualquer outro poder e virtude celeste.

CAPÍTULO XXVI
A paz do povo separado de Deus e uso que dela faz, em sua peregrinação, o povo de Deus

Donde se segue que, assim como a alma é a vida do corpo, assim também Deus é a vida bem-aventurada do homem. Dele dizem as Sagradas Letras dos hebreus: *Feliz o povo que tem Deus por Senhor.* Desgraçado, pois, do povo afastado de Deus! Também goza de certa paz própria, que não deve ser desprezada, paz de que não gozará no fim, porque dela não faz bom uso antes do fim. Mas interessa também a nossa cidade que dela goze neste mundo, porque, enquanto confundidas ambas as cidades, também usamos da paz de Babilônia. O povo de Deus é livrado pela fé e para com ela caminhar, enquanto viva. Eis o motivo que leva o apóstolo a advertir à Igreja que ore pelos reis e pelos constituídos em dignidade, *a fim*, diz ele, *de levarmos vida tranquila e calma, no exercício da piedade e da caridade*. Quando anuncia ao antigo povo de Deus seu cativeiro e lhe recomenda ir para a Babilônia sem murmurar e dando a Deus prova de sua paciência, o Profeta Jeremias aconselha-o a orar por essa cidade, *porque em sua paz encontrareis vossa paz*, quer dizer, a paz temporal comum aos bons e aos maus.

CAPÍTULO XXVII
A paz dos adoradores de Deus

Porém, a paz, privativa de nós, aqui e com Deus a gozamos pela fé e eternamente a desfrutaremos com Ele pela visão clara. Aqui, a paz, tanto a comum como a privativa de nós; é mais consolo de nossa miséria que gozo de nossa ventura. Nossa própria justiça, embora verdadeira, quando a referimos ao supremo bem, é tal nesta vida, que antes consiste na remissão dos pecados que na perfeição das virtudes. Testemunha-o a oração da Cidade de Deus, peregrina no mundo. Clama a Deus pela boca de todos os seus membros: *Perdoa-nos nossas dívidas, assim como perdoamos nossos devedores*. Essa oração não é eficaz para aqueles cuja fé sem obras é morta, mas o é para aqueles cuja fé obra pela caridade. Os próprios justos têm necessidade de semelhante oração, porque, embora a alma deles esteja submetida a Deus, a razão não impera perfeitamente aos vícios nesta vida mortal e neste corpo corruptível e opressor da alma. Embora mande, nunca o faz sem combate e sem resistência por parte das paixões. E sempre é verdade que mesmo no mais forte lutador e dominador de tais inimigos neste vale de fraqueza se insinua algo que, se não o faz pecar por fácil obra, o faz pela palavra móvel como a onda ou pelo inconstante pensamento. Por isso, enquanto dominamos as paixões, não há perfeita paz, porque as que resistem se debatem em perigosa peleja e as vencidas ainda não têm assegurada a vitória, mas requerem vigilante opressão. Nessas tentações, das quais a Escritura resumidamente diz: *Não é, porventura, contínua tentação a vida do homem sobre a terra?*, quem não presumirá que sua vida seja tal que não precise dizer a Deus: *Perdoa-nos nossas dívidas*, senão o homem soberbo? E soberbo não por grandeza, mas por vaidade. A homem assim resiste com justiça Aquele que dá sua graça aos humildes. Por isso está escrito: *Deus resiste aos soberbos e dá sua graça aos humildes.* Aqui, a justiça consiste em que Deus mande no homem obediente, a alma no corpo e a razão nos vícios, embora se rebelem, quer vencendo-os, quer oferecendo-lhes resistência, e em que se peça a Deus a graça do merecimento e o perdão dos pecados e se deem graças pelos favores recebidos.

Na paz final, entretanto, que deve ser a meta da justiça que tratamos de adquirir aqui na terra, como a natureza estará dotada de imortalidade, de incorrupção, carecerá de vícios e não sentiremos nenhuma resistência interior ou exterior, não será necessário a razão mandar nas paixões, pois não existirão. Deus imperará sobre o homem e a alma sobre o corpo. E haverá tanto encanto e felicidade na obediência quanta bem-aventurança na vida e na glória. Tal estado será eterno e estaremos certos de sua eternidade. Por isso, na paz dessa felicidade e na felicidade dessa paz consistirá o soberano bem.

CAPÍTULO XXVIII
Fim dos ímpios

Ao contrário, para os não pertencentes à referida Cidade de Deus haverá miséria eterna, por outro nome segunda morte, porque nem a alma, nem o corpo vivem. A alma, porque estará separada de sua vida, que é Deus, e o corpo, porque sofrerá dores eternas. A segunda morte será mais dura, porque não poderá terminar com a morte. Mas, como a guerra é contrária à paz, como a miséria à felicidade e a morte à vida, pode-se perguntar, com razão, se à paz final, tão celebrada e louvada como soberano bem, não seria interessante opor o soberano mal da guerra final. Consideremos, de início, o que há de funesto e desastroso na guerra; tudo se reduz à oposição e ao choque de duas coisas entre si. Que guerra, pois, mais cruel e mais encarniçada a gente pode imaginar que aquela em que a vontade será tão contrária à paixão e a paixão à vontade, que a inimizade entre ambas jamais cessará pela vitória de uma ou de outra? E qual mais cruenta que aquela em que a violência da dor combate a natureza do corpo, sem que nenhum dos dois se renda? Quando no mundo tal combate se desencadeia, ou vence a dor e a morte priva do sentido, ou vence a natureza e a saúde expulsa a dor. Na outra vida, porém, a dor subsiste para atormentar e a natureza para sentir a dor e nenhuma das duas falta para que o castigo para sempre dure. Mas, como tanto os bons como os maus passam pelo juízo final, uns ao soberano bem, que se deve apetecer, e outros ao soberano mal, que se deve esquivar, desse ponto tratarei no livro seguinte, se Deus quiser.

LIVRO VIGÉSIMO

Testemunhos do juízo final, tirados do Novo e do Antigo Testamento.

CAPÍTULO I
Os juízos de Deus e o juízo final

1. Agora vou, com a graça de Deus, falar do dia do juízo final e, comprovando-lhe a existência, contra a incredulidade dos ímpios, assentar a pedra dos testemunhos divinos. Os que recusam crê-los afanam-se em se opor a eles com raciocínios humanos, cheios de mentiras e de erros, sustentando, quer que esses testemunhos das Sagradas Letras têm outro sentido, quer negando qualquer autoridade divina a tais palavras. Porque julgo não haver mortal que, entendendo-o em seu verdadeiro sentido e crendo tratar-se da palavra do verdadeiro e soberano Deus, não se renda a ela e a admita. E isso, quer o confesse por palavra, quer se envergonhe ou tema confessá-lo por vãos escrúpulos, quer se empenhe em contenciosamente defender, com teimosia que raia pela loucura, a falsidade do que sabe ou crê falso contra a verdade do que sabe ou crê verdadeiro.

2. Assim, o que a Igreja universal do verdadeiro Deus confessa e professa, a saber, que do céu Cristo há de vir julgar os vivos e os mortos, a isso damos o nome de último dia do juízo divino, quer dizer, o fim dos tempos. Não se sabe quantos dias durará o referido juízo, mas ninguém que haja lido as Escrituras Sagradas, por maior que haja sido a negligência com que o fez, desconhece ser usança de tais Letras empregar o termo "dia" pelo "tempo". Por isso, quando dizemos dia do juízo, acrescentamos "último" ou "final", porque Deus julga também agora e julgou desde o princípio do gênero humano, quando expulsou do paraíso e afastou da árvore da vida nossos primeiros pais, perpetradores de enorme pecado. Pode-se, ainda mais, dizer que julgou quando não perdoou os anjos prevaricadores, cujo príncipe, por si mesmo pervertido, só de inveja enganou os homens. Ao juízo de Deus, profundo e justo, deve-se que nas regiões do ar e na terra a vida dos demônios e a dos homens sejam tão míseras e estejam tão repletas de erros e de defeitos.

Mas, embora ninguém houvesse pecado, dever-se-ia a justo e reto juízo de Deus o conservarem-se todas as criaturas unidas a seu Senhor em eterna bem-aventurança. E não se contenta com submeter a juízo universal os demônios e os homens, ordenando serem miseráveis como prêmio a seus primeiros pecados, mas julga, além disso, das obras próprias de cada indivíduo, feitas com liberdade. Porque também os demônios lhe pedem que não os atormente e não injustamente os perdoa ou castiga segundo a perversidade de cada um deles. Embora ninguém possa fazer o bem sem o divino auxílio nem fazer o mal, se justo juízo de Deus não o permite, os homens, às vezes abertamente e sempre em segredo, quer nesta vida, quer após a morte, sofrem castigo por causa de seus crimes. Pois, como diz o apóstolo, em *Deus não cabe injustiça* e, em outra parte: *Seus juízos são inescrutáveis e seus caminhos, incompreensíveis.*

Neste livro, portanto, não tratarei dos primeiros juízos de Deus nem dos atuais, mas do juízo final, quando Cristo virá julgar os vivos e os mortos. Esse é propriamente o dia do juízo, porque então já não haverá lugar para ignorantes queixas sobre a felicidade de tal injusto e a infelicidade de tal justo. Aparecerá, então, a autêntica felicidade dos bons e a irrevogável e merecida infelicidade dos maus.

CAPÍTULO II
O vaivém das coisas humanas e os ocultos juízos de Deus

Nesta vida aprendemos a suportar com paciência os males, porque também os bons os suportam, e a não dar muito apreço aos bens, porque também os maus os conseguem. Assim, até nas coisas em que a justiça de Deus não aparece topamos com divino e salutar ensinamento. É verdade que ignoramos por que juízo de Deus este homem de bem é pobre e aquele mau é rico, por que vive alegre este, que, de acordo conosco, deveria estar expiando, através de cruéis sofrimentos, a corrupção de seus costumes, e por que triste aquele, cuja vida exemplar deveria ter a alegria como recompensa. Não sabemos por que ao inocente não apenas não se faz justiça, mas também condenam, vítima da injustiça do juiz ou dos falsos testemunhos das testemunhas, enquanto o culpado triunfa, impune, e, triunfando, insulta o inocente. Ignoramos por que o ímpio goza de saúde invejável e o piedoso é consumido por pestilenta enfermidade, por que moços, salteadores e ladrões, têm saúde de ferro, ao passo que crianças, incapazes de mesmo por palavra ofender alguém, são vítimas de dores cruéis. Não sabemos por que aquele cuja vida poderia ser útil aos homens é arrebatado por morte prematura, quando outros, que nem mesmo mereciam haver nascido, vivem muitos anos. Ignoramos também por que o carregado de crimes se vê cumulado de honras e as trevas da desonra cobrem o homem irrepreensível.

Quem, por fim, será capaz de coligir e enumerar as coisas desse jaez? Se tal paradoxo fosse constante na vida, em que, como diz o salmo sagrado, *o homem se fez semelhante à vaidade e seus dias passam como a sombra*, e unicamente os maus obtivessem os bens terrenos e transitórios e somente os bons padecessem os males, essa disposição poderia ser atribuída a juízo de Deus justo ou, pelo menos, benigno. Assim poderíamos pensar que aqueles que não conseguirão os bens eternos, que fazem felizes os homens, são, por causa de sua malícia, enganados com os bens efêmeros e temporais, ou, graças à misericórdia de Deus, consolados com eles, e aqueles que não sofrerão os tormentos eternos são, por causa de seus pecados, por pequenos que sejam, afligidos com os males temporais ou exercitados para aperfeiçoamento de suas virtudes. Como, porém, hoje em dia não apenas os bons sofrem males e os maus têm bens, coisa, ao parecer, injusta, mas também, além disso, com frequência os maus sofrem seus males e os bons têm suas alegrias, os juízos de Deus tornam-se mais inescrutáveis e seus caminhos, mais incompreensíveis. Apesar de ignorarmos por que juízo Deus faz ou permite isso, Ele, em quem reside a soberana virtude, a soberana Sabedoria e a soberana justiça e não há fraqueza, temeridade, nem injustiça alguma, com isso aprendemos a não dar demasiado apreço aos bens ou aos males, comuns aos bons e aos maus, e a buscar os bens próprios dos bons e, sobretudo, a fugir dos males privativos dos maus. Quando chegarmos ao juízo de Deus, tempo propriamente chamado dia do juízo e, às vezes, dia do Senhor, reconheceremos a justiça dos juízos de Deus, não apenas dos emitidos nesse último dia, mas também dos emitidos desde o princípio e dos que emitirá até o referido momento. Aí também aparecerá por que justo juízo Deus faz com que todos os seus justos juízos se ocultem de nossos sentidos e de nossa razão, embora nesse ponto não se oculte da fé das almas religiosas ser justo o que se oculta.

CAPÍTULO III
Testemunhos desse ponto, extraídos do Eclesiastes de Salomão

Salomão, o rei mais sábio de Israel, que reinou em Jerusalém, começou da seguinte maneira o livro intitulado Eclesiastes, pelos judeus incluído no cânon das Sagradas Letras: *Vaidade das vaidades, disse o Eclesiastes, vaidade das vaidades e tudo é vaidade. Que proveito tira o homem de todo o trabalho que desenvolve sob o sol?* E, ligando a essa ideia o quadro das misérias humanas, menciona as atribulações e os erros desta vida e prova, pela fuga do tempo, não haver nada sólido nem estável aqui na terra. Em meio de tal vaidade de coisas terrenas lamenta, sobretudo, que, avantajando-se a Sabedoria à insipiência, como a luz às trevas, e estando os olhos do sábio em sua cabeça, enquanto o néscio caminha nas trevas, todos correm a mesma sorte nesta vida. Com isso dá a entender que os males são comuns aos bons e aos maus. E acrescenta que os bons sofrem como se fossem maus e os maus prosperam como se fossem bons. Eis suas palavras: *Ainda há outra vaidade sobre a terra: há justos aos quais ocorrem males como a ímpios e ímpios tratados como justos*. E também a isso chamei vaidade.

Homem tão sábio consagrou todo o seu livro a intimar-nos tal vaidade, sem dúvida para fazer-nos desejar a vida onde não existe a vaidade sob o sol, mas a verdade sob o Fazedor do Sol. Desvanecer-se-á, porventura, o homem, feito semelhante à vaidade, nessas vaidades, sem justo juízo de Deus? Não obstante, enquanto lhe está sujeito, é de grande importância saber se resiste ou obedece à verdade e se é verdadeiramente piedoso ou não. Importa não precisamente para adquirir os bens desta vida ou para evitar os males, que passam como sombra, mas para voltar-nos os olhos para o juízo final, em que para sempre se darão os bens aos bons e os males aos maus.

Enfim, o Sábio conclui seu livro com as seguintes palavras: *Teme a Deus*, diz, *e guarda-lhe os mandamentos, porque isso é o homem todo*. Com efeito, todo homem é apenas guarda fiel dos mandamentos de Deus e quem não é isso nada é. *Porque toda obra*, quer dizer, a feita pelo homem nesta vida, *boa ou má, por vil ou desprezível que seja, Deus a trará a juízo.* Noutros termos, toda obra aparentemente desprezível e, portanto, nem aparente, Deus a vê e não a despreza nem a esquece no juízo.

CAPÍTULO IV
Plano a seguir na citação dos testemunhos

Respigarei, primeiro no Novo Testamento e depois no Antigo, os testemunhos, tomados das Sagradas Escrituras, que me propus aduzir, do juízo final. Embora o Antigo preceda o Novo em tempo, o Novo precede-o em autoridade, porque aquele não passa de prelúdio deste. Começaremos, pois, pelos testemunhos do Novo Testamento, e, para dar mais força à prova, depois aduziremos os do Velho. O Antigo Testamento compreende a Lei e os Profetas; o Novo, o Evangelho e as Epístolas dos Apóstolos.

Diz o apóstolo: *Deu-nos a lei o conhecimento do pecado, mas agora a justiça de Deus se nos revelou sem ela, segundo o testemunho da lei e dos profetas. E essa justiça de Deus é pela fé em Jesus Cristo manifestada a todos quantos nele creem.* A justiça de Deus pertence ao Novo Testamento e está confirmada pelo Antigo, quer dizer, pela lei e pelos profetas. Devo, pois, em primeiro lugar expor a causa e convocar depois as testemunhas. Diz o próprio Cristo, mostrando-nos a ordem a seguir: *O doutor bem instruído no tocante ao Reino de Deus é semelhante ao pai de família que de seu depósito vai tirando coisas novas e velhas.* Não disse velhas e novas, coisa que houvera dito, se à ordem de tempo não houvesse preferido guardar a de merecimento.

CAPÍTULO V
Palavras do Salvador tocantes ao juízo final

1. Repreendendo a incredulidade das cidades em que operara grandes milagres e opondo-lhes cidades alienígenas, diz o Salvador mesmo: *Digo-vos que no dia do juízo Tiro e Sidônia serão tratadas com menor rigor que vós.* E, pouco depois, a uma outra cidade: *Em verdade te digo que no dia do juízo Sodoma será castigada com menos rigor que tu.* Aí mostra de maneira muitíssimo clara que o dia

do juízo há de vir. E diz noutro lugar: *No dia do juízo os naturais de Nínive se levantarão contra essa raça de homens e a condenarão, porquanto fizeram penitência por causa da pregação de Jonas. E, contudo, quem aqui está é mais que Jonas. No dia do juízo a rainha do Sul se levantará contra esta geração e a condenará, pois veio dos extremos da terra para escutar a Sabedoria de Salomão. E, contudo, aqui tendes quem é mais que Salomão.* Essa passagem ensina-nos duas verdades, a saber, o juízo virá e virá acompanhado da ressurreição dos mortos. Porque, falando dos ninivitas e da rainha do Sul, sem dúvida falava dos mortos, de quem predisse ressuscitariam no dia do juízo. E não disse que a *condenarão* porque a julgarão, mas porque, comparados com eles, tais homens merecerão ser condenados.

2. De igual modo, noutra passagem, falando da atual convivência dos bons com os maus e da futura separação que se realizará no dia do juízo, serve-se da parábola do campo semeado de bom trigo, a que se acrescenta a cizânia. Ao expô-la aos discípulos, diz-lhes: *Quem semeia a boa semente é o Filho do Homem. O campo é o mundo. A boa semente são os filhos do reino. A cizânia, os filhos do maligno. O inimigo que a semeou é o diabo. A ceifa é o fim do mundo. Os ceifeiros são os anjos. E, assim como se junta a cizânia e se queima no fogo, assim sucederá no fim do mundo: o Filho do Homem enviará seus anjos e arrancarão de seu reino todo escândalo e quantos praticam a maldade. E arrojá-los-ão ao forno de fogo, onde haverá choro e ranger de dentes. Ao mesmo tempo, no reino de seu Pai os justos resplandecerão como o Sol. Quem tem ouvidos para ouvir que ouça.* Na realidade, aí não fala do juízo nem do dia do juízo, mas o expressa muito mais claramente com os fatos e prediz que virá o fim dos séculos.

3. E, dirigindo-se aos discípulos: *Em verdade vos digo que os que me haveis seguido, quando, na regeneração, o Filho do Homem se sentar no sólio de sua majestade, também sentareis em doze tronos e julgareis as doze tribos de Israel.* Isso indica que Jesus julgará com os discípulos. Por isso noutra parte disse aos judeus: *Se expulso os demônios em nome de belzebu, em nome de quem os expulsam vossos filhos? Serão, por isso, vossos juízes.* Não devemos pensar que, como fala de doze tronos, apenas doze homens julgarão com Ele. O

número doze exprime a totalidade dos que julgarão com Ele, porque o número sete ordinariamente quer dizer totalidade e suas duas partes, ou seja, três e quatro, multiplicadas, dão doze. Com efeito, três vezes quatro e quatro vezes três somam doze, sem acudir a outras razões que venham ao caso. Ademais, como lemos que em lugar do traidor Judas foi ordenado o Apóstolo São Matias, São Paulo, que trabalhou mais que todos os outros, já não teria trono em que sentar-se. E ele mesmo dá a entender que pertence, com outros santos, ao número dos juízes, quando diz: *Não sabeis que temos de ser juízes até dos anjos?* Apresenta-se igual problema com o número doze, no tocante aos que devem ser julgados. Não porque se disse: *E julgareis as doze tribos de Israel*, a tribo de Levi, a décima terceira tribo, não será julgada ou julgarão apenas esse povo e não as demais nações.

Com a palavra *regeneração* quis, sem dúvida, exprimir a ressurreição dos mortos. Nossa carne será regenerada pela incorrupção, como nossa alma o é pela fé.

4. Passo por alto muitos textos que parecem aludir ao juízo final, mas, considerados com certo escrúpulo, mostram-se ambíguos ou susceptíveis de aplicação a outro ponto, que pode ser, quer a vinda do Salvador todos os dias em sua Igreja, quer dizer, em seus membros, em que se manifesta parcialmente e pouco a pouco, porque toda ela é seu corpo, quer a destruição da Jerusalém terrena, de que fala com frequência e parece tratar-se do fim do mundo e do último dia do juízo. Assim, é quase impossível entender as referidas passagens, sem esmerada comparação de textos dos três evangelistas, a saber, São Mateus, São Marcos e São Lucas, porque, onde a explicação de um deles é mais obscura, a do outro é mais clara e o que se refere ao mesmo objeto ressalta com mais evidência.

É o que me propus fazer em carta dirigida a Hesíquio, de feliz memória, bispo de Salona, carta intitulada *Do fim do mundo*.

5. Vou, pois, abordar a passagem do Evangelho de São Mateus em que se fala da separação dos bons e dos maus, a realizar-se no último juízo de Cristo. *Quando o Filho do Homem vier com toda sua majestade e acompanhado de todos seus anjos, sentar-se-á no trono de sua glória. E fará comparecer diante dele todas as nações e separará uns dos outros, como dos cabritos o pastor separa as*

ovelhas, pondo as ovelhas à direita e os cabritos à esquerda. Então, o Rei dirá aos que lhe estiverem à direita: Vinde, benditos de meu Pai, tomar posse do reino que vos está preparado desde o princípio do mundo. Porque tive fome e me destes de comer, tive sede e me destes de beber, era peregrino e me hospedastes, estava nu e me cobristes, enfermo e me visitastes, preso e viestes ver-me. Ao que os justos lhe responderão, dizendo: Quando, Senhor, te vimos com fome e te demos de comer, sedento e te demos de beber? Quando te encontramos peregrino e te hospedamos, nu e te vestimos? Quando te vimos enfermo ou na prisão e fomos visitar-te? E dir-lhes-á em resposta o Rei: Em verdade vos digo que sempre que o fizestes com algum de meus pequeninos a mim o fizestes. Ao mesmo tempo, dirá aos que lhe estiverem à esquerda: Apartai-vos de mim, malditos, para o fogo eterno, destinado ao diabo e seus anjos. Lembra-lhes, depois, as obras que não fizeram e louvou nos da direita. E, perguntando-lhe quando o haviam visto em tal necessidade, respondeu-lhes que não lho fizeram a Ele o que não fizeram a seus pequeninos. E como remate acrescentou: *Por isso, esses irão para o suplício eterno e os justos para a vida eterna.*

O Evangelista São João diz de maneira clara haver Cristo marcado o juízo para a hora da ressurreição dos mortos. Depois de dizer que o *Pai não julga ninguém, mas todo o poder de julgar o deu ao Filho, a fim de todos honrarem o Filho como honram o Pai, pois quem não honra o Filho não honra tampouco o Pai, que o enviou*, acrescenta: *Em verdade, em verdade vos digo que quem me ouve a palavra e crê naquele que me enviou possui a vida eterna e não entrará em juízo, mas passará da morte à vida.* Eis que assegura que seus fiéis não entrarão em juízo. Como, pois, serão separados dos maus pelo juízo e lhe estarão à direita, se nessa passagem juízo não é sinônimo de condenação? Com efeito, não incorrerão em tal juízo os que lhe escutam a palavra e creem naquele que o enviou.

CAPÍTULO VI
Qual a primeira ressurreição e qual a segunda

1. E prossegue, dizendo: *Em verdade, em verdade vos digo que vem o tempo e já estamos nele, em que os mortos ouvirão a voz do*

Filho de Deus e os que a escutarem reviverão. Porque, assim como o Pai tem a vida em si mesmo, assim também deu ao Filho ter a vida em si mesmo. Como se vê, não fala da segunda ressurreição, ou seja, dos corpos, ressurreição final, mas da primeira, que se opera agora. Para distingui-la da outra, disse: *Vem o tempo e já estamos nele.* Essa ressurreição não é a dos corpos, mas a das almas. As almas também morrem, de morte consistente na impiedade e no pecado. De homens mortos de tal morte é que o próprio Senhor disse: *Deixa que os mortos enterrem seus mortos,* quer dizer, deixa que os mortos da alma sepultem os mortos do corpo. Em prol desses mortos que a iniquidade e a impiedade fazem morrer na alma, diz: *Vem o tempo e já estamos nele, em que os mortos ouvirão a voz do Filho de Deus e os que a escutarem reviverão. Os que a escutarem,* quer dizer, os que lhe obedecerem, os que neles crerem e perseverarem até o fim. Aí não faz distinção entre os bons e os maus. Para todos é bom ouvir-lhe a voz e viver, passando da morte da impiedade à vida da piedade. Dessa morte escreve nos seguintes termos o Apóstolo São Paulo: *Logo, todos morreram e Cristo morreu por todos, para que os que vivem já não vivam para si, mas para Aquele que morreu e ressuscitou por eles.* Todos, pois, sem exceção, morreram pelo pecado, quer pelo pecado original, quer pelos atuais, acrescentados por ignorância ou por malícia. E o único vivo, quer dizer, o único isento de pecado, morreu pelos mortos, a fim de que os que vivem, por haverem-lhes sido remitidos os pecados, já não vivam para si, mas para Aquele que morreu por todos por causa de nossos pecados e ressuscitou para nossa justificação. E, além disso, para que, crendo naquele que justifica o ímpio e sendo justificados da impiedade, como os mortos, que ressuscitam, possamos pertencer à primeira ressurreição, que se efetua agora. À primeira pertencem unicamente os que serão para sempre bem-aventurados; à segunda, de que em seguida falarei, pertencem, segundo o apóstolo, tanto os bons como os maus. Esta é de misericórdia; aquela, de juízo. Por esse motivo canta o salmo: *Cantarei, Senhor, tua misericórdia e teu juízo.*

2. Da derradeira sentença é que fala a seguir, quando diz: E *deu-lhe o poder de julgar, porque é o Filho do Homem.* Isso prova que virá julgar na mesma carne em que veio a ser julgado. Tal é o sentido das palavras: *Porque é o Filho do Homem.* E depois acrescenta, a propósito do tratado: *Não vos admireis disso, porque virá o*

tempo em que todos os que estão nos sepulcros lhe ouvirão a voz. E sairão, ressuscitados para a vida, os que fizeram boas obras e ressuscitados para o juízo os que obraram mal. Juízo com que pouco antes, como agora, designou a condenação nos seguintes termos: *Quem me escuta a palavra e crê naquele que me enviou tem a vida eterna e não incorrerá em juízo, mas passará da morte à vida.* Isso significa que, pertencendo à primeira ressurreição, passagem atual da morte à vida, a gente não incorrerá na condenação, designada com o nome de juízo. Assim, neste lugar: *E, ressuscitados para o juízo,* ou seja, para a condenação, *os que fizeram o mal.*

Ressuscite, pois, na primeira ressurreição quem não quiser ser condenado na segunda. *Porque virá o tempo, e já estamos nele, em que os mortos ouvirão a voz do Filho de Deus e os que a escutarem reviverão,* quer dizer, não cairão na condenação, também chamada segunda morte. Nessa morte, depois da segunda ressurreição, que será dos corpos, serão precipitados os que não ressuscitem na primeira, que é das almas. *Virá*, pois, o *tempo* (aqui não acrescenta: *E já estamos nele*, porque será no fim do mundo, ou seja, no último e tremendo juízo de Deus), *em que todos os que estão nos sepulcros lhe ouvirão a voz e sairão.* Aqui não diz como na primeira: *E os que a escutarem reviverão*, pois nem todos viverão com essa vida, que por ser feliz merece tal nome. A verdade é que não poderiam ouvi-la sem certa vida, nem saírem dos sepulcros, ao ressuscitar o corpo. O porquê de que não viverão todos manifesta-se no seguinte: *Sairão, ressuscitados para a vida, os que fizeram boas obras.* Eis os que ressuscitarão. *E, ressuscitados para o juízo, os que fizeram o mal.* Eis os que não viverão, porque morrerão com a segunda morte. Praticaram o mal porque viveram mal e viveram mal porque não ressuscitaram na primeira ressurreição, que agora se opera nas almas, ou não perseveraram até o fim no propósito de sua ressurreição.

Como são duas as ressurreições, de que já falei mais acima, uma segundo a fé, que agora se opera pelo batismo, e outra segundo a carne, que se operará no juízo final, quando a carne se torne incorruptível e imortal, assim são as duas ressurreições. A primeira, que agora se efetua, é a das almas e não permite incorrer na segunda morte. E a segunda, que virá no fim do mundo, não é das almas, mas dos corpos. Enviará, por efeito do último juízo, uns para a segunda morte e outros para a vida imortal.

CAPÍTULO VII
As duas ressurreições. Os mil anos do Apocalipse e razoável modo de pensar sobre eles

1. O mesmo Evangelista São João fala dessas duas ressurreições em seu Apocalipse. Mas é tal seu modo de expressar-se, que alguns dos nossos, não entendendo a primeira, foram parar em fábulas ridículas. Diz São João no citado livro: *Vi também descer do céu um anjo, que tinha na mão a chave do abismo e grande corrente. E agarrou o dragão, a antiga serpente que se chamou diabo e satanás, acorrentou-o por mil anos e precipitou-o no abismo. E fechou o abismo e sobre ele pôs seu selo, para que, até que se completem os mil anos, não mais seduza as nações. Depois será solto por pouco tempo. Depois vi tronos e os que se sentavam neles, a quem foi dado o poder de julgar. E vi as almas dos degolados por haverem dado testemunho de Jesus e por causa da Palavra de Deus e quantos não adoraram a besta, nem sua imagem, nem receberam na fronte e nas mãos sua marca, também reinaram com Jesus mil anos. Os outros não viveram até que se completassem os mil anos. Essa é a primeira ressurreição. Bem-aventurado e santo quem toma parte nessa primeira ressurreição. Sobre eles não terá poderio a segunda morte. E serão sacerdotes de Deus e de Cristo e com Ele reinarão mil anos.* Aqueles que por causa de tais palavras supuseram fosse corporal a primeira ressurreição adotaram semelhante opinião, movidos, sobretudo, pelos mil anos, na ideia de que todo esse tempo deve ser como o sábado dos santos, em que santamente repousarão depois de seis mil anos de trabalhos. Esses anos contam-se a partir da criação do homem e de sua queda, ganha pelo pecado, da felicidade do paraíso nas misérias da vida mortal. E assim como está escrito: *Um dia perante Deus é como mil anos e mil anos como um dia*, passados os seis mil anos como seis dias, o sétimo, quer dizer, os últimos mil anos, farão as vezes do sábado para os santos, que ressuscitarão para celebrá-lo.

Essa opinião seria até certo ponto admissível, se se acreditasse que durante o referido sábado os santos gozarão de algumas delícias pela presença do Senhor. Eu mesmo aderi algum tempo a esse modo de pensar. Mas seus defensores dizem que os ressuscitados folgarão em imoderados banquetes carnais, em que haverá comida e bebida em tal excesso, que excederão as orgias pagãs. E isso não podem crê-lo senão os carnais. Os espirituais, porém, dão-lhes o nome de *khiliastás*, palavra grega que literalmente podemos traduzir por milenaristas. Refutá-los por miúdo levaria muito tempo. Prefiro, por isso, mostrar como a gente deve entender essas palavras da Escritura.

2. Diz o próprio Nosso Senhor Jesus Cristo: *Ninguém pode entrar em casa do forte e roubar-lhe os vasos, se primeiro não o amarra bem.* Por forte designa o diabo, pois pôde submeter a si o gênero humano, e por vasos os fiéis, que mantinha enredados na impiedade e no pecado. Para manietar, pois, o referido forte, São João viu no Apocalipse *descer do céu um anjo, que tinha na mão a chave do abismo e grande corrente. E agarrou o dragão*, prossegue, *a antiga serpente que se chamou diabo e satanás, e acorrentou-o por mil anos.* Quer dizer, acorrentou-lhe o poder de seduzir e de dominar os redimidos.

Os mil anos podem, segundo me parece, ser entendidos de duas maneiras: ou porque isso há de passar-se nos mil últimos anos, quer dizer, no sexto milhar, como no sexto dia, cujos últimos agora transcorrem, para serem seguidos pelo sábado que não tem tarde, ou seja, pelo repouso dos santos, que não terá fim (e em tal sentido aqui chamaria mil anos à última parte desse tempo, como dia que dura até o fim do mundo, tomando a parte pelo todo), ou se serve dos mil anos para designar a duração do mundo, empregando número perfeito para denotar a plenitude do tempo. O número mil é o cubo de dez e dez vezes dez é cem. Cem é figura plana; para torná-la sólida é preciso multiplicar cem por dez e já temos os mil. Se, por conseguinte, às vezes se emprega o número cem para indicar totalidade, como quando o Senhor fez esta promessa àquele que tudo deixa para segui-lo: *Receberá o cêntuplo nesta vida*, o que o apóstolo expõe do seguinte modo: *Como não tendo nada e possuindo tudo*, pois antes já dissera que o *mundo das riquezas é propriedade do homem fiel*, quanto mais se usará o número mil para designar universalidade, sendo o cubo de dez? É o melhor sentido das palavras do salmo: *Nunca jamais se esqueceu da aliança e da promessa feita para mil gerações*, ou seja, para todas.

3. *E precipitou-o no abismo*, quer dizer, precipitou, realmente, o diabo no abismo, que representa a inumerável multidão de ímpios,

cujos corações são abismo de malignidade contra a Igreja de Deus. E diz havê-lo precipitado não porque o diabo ali já não estivesse, mas porque, excluído do coração dos fiéis, começou a possuir mais profundamente os ímpios. É mais possuído pelo diabo quem não apenas se afasta de Deus, mas odeia sem motivo os que o servem.

E fechou o abismo, prossegue, *e sobre ele pôs seu selo, para, até que se completem os mil anos, não mais andar enganando as nações*. Fechou sobre ele, quer dizer, proibiu-o de sair e violar o mandado. O acréscimo: *E pôs seu selo* pode significar que Deus não quer que se saiba quem pertence ao diabo e quem não. Está absolutamente oculto nesta vida, porque não se sabe se quem parece estar de pé cairá e se quem parece já estar no chão se levantará. Mas, acorrentando e aprisionando o diabo, impede-o de seduzir as nações que pertencem a Cristo e ele antes seduzia ou retinha. Porque, como diz o apóstolo, antes da criação do mundo Deus resolveu do reino das trevas livrar essas almas e transferi-las para o reino do Filho de seu amor. E que fiel ignora que o diabo ainda agora seduz as nações e consigo as leva para o suplício eterno? Não o faz com os predestinados à vida eterna. Não há por que inquietar-se de o diabo frequentemente seduzir aqueles que, já regenerados em Cristo, caminham pelas veredas do Senhor. *Porque o Senhor conhece os que lhe pertencem* e nenhum deles satanás seduz, arrastando-o para a condenação eterna. Deus conhece-os como Deus, quer dizer, como Aquele de quem nada do futuro se oculta, não como homem, que só vê outro homem quando presente (se é que se pode dizer que vê aquele cujo coração não vê) e nem mesmo é capaz de ver que espécie de pessoa ele próprio virá a ser.

O diabo foi, pois, acorrentado e fechado no abismo para isto, para não seduzir as nações que integram a Igreja e tinha seduzidas antes mesmo da existência da Igreja. Não disse: Para não seduzir ninguém, mas: *Para não seduzir as nações*, com as quais, sem dúvida, quis dar a entender a Igreja. *Até que se completem os mil anos*, ou seja, o restante do sexto dia, que é de mil anos, ou todos os anos que dure o mundo.

4. As palavras: *Para não mais seduzir as nações, até que se completem os mil anos* não nos devem fazer pensar que depois haverá de seduzir essas mesmas nações componentes da Igreja predes-

tinada, proibição que lhe valeu ser acorrentado e preso. Porque ou se trata de expressão semelhante a outra, corrente nas Escrituras, por exemplo, neste salmo: *Nossos olhos estão cravados no Senhor, Deus nosso, para que se apiade de nós*, o que não quer dizer que, uma vez que se apiade, não estarão os olhos de seus servos fitos no Senhor, seu Deus, ou a ordem gramatical é a seguinte: *Fechou e sobre ele pôs seu selo até que se completem os mil anos.* Em tal caso, a interposição: *Para não mais seduzir as nações* deve ser entendida como independente e inconexa com essa ordem como que acrescentada depois. O período completo seria assim: *Fechou e sobre ele pôs seu selo até que se completem os mil anos, para não mais seduzir as nações.* Em outros termos: o abismo estará fechado até que se completem os mil anos, para que cesse de seduzir as nações.

CAPÍTULO VIII
Como se entende o acorrentar e o soltar o diabo?

1. *Depois,* acrescenta, *será solto por pouco tempo.* Se o diabo está acorrentado e fechado a fim de não poder seduzir a Igreja, sua liberdade consistirá em poder fazê-lo? Nem pensá-lo. Nunca jamais seduzirá a Igreja, predestinada e eleita antes da criação do mundo, da qual está escrito que *o Senhor conhece os que lhe pertencem.* Contudo, quando o diabo for solto, na terra haverá uma Igreja, como houve desde sua instituição e sempre haverá em seus filhos, em sucessão contínua de nascimentos e de mortes. Pouco depois diz que o demônio, uma vez livre, virá, com todas as nações que haja seduzido no mundo inteiro, guerrear contra a Igreja e o número de tais inimigos igualará os grãos de areia do mar. *E estenderam-se*, diz, *pela redondeza da terra e cercaram o acampamento dos santos e a cidade amada. Mas Deus fez chover fogo do céu, que os consumiu, e o diabo, que os seduzira, foi precipitado em lago de fogo e enxofre, em que também o foram a besta e o falso profeta. E ali estarão atormentados dia e noite pelos séculos dos séculos.*

A passagem já se refere ao juízo final; achei melhor mencioná-la desde já, por temor de que alguém imagine que, no breve espaço de tempo em que o diabo andará solto, não existirá a Igreja neste mundo, quer porque não a encontre, quer porque a destrua com sua perseguição. O diabo não está, pois, acorrentado todo o tempo abrangido por esse livro, a saber, desde a primeira vinda de Cristo até o fim do mundo, em que se dará a segunda. É que estar acorrentado durante mil anos significa que nesse intervalo não seduzirá a Igreja, pois não a seduzirá nem mesmo quando for solto. E, é claro, se para ele o estar acorrentado é não poder seduzir ou não ser-lhe permitido fazê-lo, ser solto que será, senão poder seduzir ou ser-lhe permitido fazê-lo? Isso não se realizará. O cativeiro do diabo consiste simplesmente em não ser-lhe permitido tentar os homens quanto possa, por sedução ou por violência, para fazê-los passar para seu partido. Se isso lhe fosse permitido durante tão longo espaço de tempo, a fraqueza humana é tal, que faria cair grande número de fiéis e os derribaria e desviaria da fé, coisa que Deus não quer. E precisamente por isso está acorrentado.

2. Mas será solto quando faltar pouco tempo. Diz-nos a Escritura que o demônio e seus cúmplices porão em jogo toda sua sanha em três anos e seis meses e seus adversários serão tais, que nem pela força, nem por suas artimanhas poderão vencê-los. Se nunca fosse solto, conhecer-se-lhe-ia menos o maligno poder, seria menos provada a fidelíssima paciência da cidade santa e, finalmente, brilharia menos a Sabedoria do Onipotente, ao fazer bom uso de tamanho mal. Deus não o impediu de todo de tentar os santos, apesar de havê-lo expulso do foro íntimo dos homens, em que radica a fé em Deus, a fim de que no exterior se aproveitassem do combate. Mas ligou-o aos de seu partido, para que, babando-se de malícia, de sua piedosa fé não afastasse muitos homens fracos que deviam engrossar as fileiras da Igreja: uns futuros crentes; outros, já crentes. Soltá-lo-á no fim, para que a Cidade de Deus, com imensa glória de seu Redentor, Protetor e Libertador, veja que terrível adversário ela venceu. Que somos, comparados aos fiéis e santos que então haverá? Para submetê-los a prova, soltará esse brutal inimigo, contra quem, apesar de acorrentado, com tantos riscos travamos batalha. Embora não haja dúvida de que também durante esse intervalo existiram e existem alguns soldados de Cristo de tal maneira aguerridos e bravos, que, se estiverem vivos, quando for solto, lhe evitarão com suma maestria as arremetidas e as aguentarão com suma paciência.

3. Mas o diabo não foi acorrentado somente quando a Igreja, saindo da Judeia, começou a estender-se pelas demais nações: continua acorrentado e continuará sempre, até o fim do mundo, em que deverá ser solto. Todo dia vemos pessoas que, abandonando a infidelidade, se convertem à fé; isso, não há dúvida alguma, continuará a repetir-se até o fim do mundo. E, na verdade, o forte está acorrentado para cada fiel, quando arrancado, como sua presa, às garras do demônio, e o abismo, em que foi encerrado, não ficou destruído pela morte dos perseguidores existentes quando encerrado pela primeira vez. Sucederam-lhes e suceder-lhes-ão até o fim dos séculos odiadores dos cristãos, em cujos corações, cegos e profundos, todo dia é encerrado como em verdadeiro abismo.

O problema crucial é saber se nos referidos três últimos anos e seis meses, quando, solto, se assanhará com todas as forças, alguém abraçará a fé, não abraçada por ele. Como se justificarão as palavras: *Quem entrará em casa do forte e lhe roubará os vasos, se primeiro não o amarra bem*, se, estando solto, também lhos roubam? Essa frase parece obrigar-nos a pensar que em tal tempo, embora curto, ninguém se fará cristão, mas o diabo lutará com os cristãos que já o forem. E, se alguns deles forem vencidos e o seguirem, temos de reconhecer que não eram do número dos filhos predestinados de Deus. Não é em vão que em sua epístola diz de alguns o mesmo Apóstolo São João, autor do Apocalipse: *Saíram de nosso meio, mas não eram dos nossos, porque, se fossem dos nossos, teriam, sem dúvida, perseverado conosco.*

E que diremos das crianças? Não é crível que a última prova não encontre alguma criança, filho de cristão e ainda não batizada, ou não nasça nenhuma durante esse tempo e, nesse caso, os pais não a aproximem da fonte da regeneração. Se o fazem, como lhe arrebatarão tais vasos, uma vez solto o diabo, em cuja casa ninguém entra para roubar-lhos, se antes não o amarra bem? Creiamos, antes, que durante esse tempo à Igreja não faltarão as apostasias nem as conversões. E serão de tal modo fortes então os pais, para batizar os filhos, e os novos fiéis, que vencerão o forte, apesar de solto, quer dizer, que, embora contra eles empregue toda a artilharia nunca dantes usada ou os aperte até afogá-los, atalhar-lhe-ão os ardis e o confundirão. E, assim, o roubarão, embora não esteja acorrentado.

Mas nem por isso será falsa a palavra do Evangelho: *Quem entrará em casa do forte e lhe roubará os vasos, se primeiro não o amarra bem?* Tal é, com efeito, a ordem observada em testemunho da palavra divina. O forte foi, primeiro, acorrentado e depois lhe roubaram os vasos, à vontade e em todas a nações, para aumento da Igreja, de sorte que, revigorada e robustecida pela fé nas coisas divinamente preditas e realizadas, capacite-se para despojar o forte, embora ande solto. E é preciso admitir que, campeando a iniquidade, esfriará a caridade de muitos, e muitos não escritos no livro da vida se renderão às inauditas perseguições e artimanhas do demônio já solto. Devemos de igual modo acreditar que não apenas os verdadeiros fiéis de então, mas também alguns que estarão fora da Igreja, auxiliados pela graça de Deus e pela autoridade das Escrituras, que predisseram o fim do mundo, já diante dos olhos deles, estarão mais dispostos a crer o que não criam e mais fortes para vencer o diabo, por mais solto que ande. Se é assim, diremos que primeiro foi acorrentado com o fim de, uma vez solto, despojarem-no de seus bens e que por isso o Salvador disse: *Quem entrará em casa do forte para roubar-lhe os vasos, se primeiro não o ata bem?*

CAPÍTULO IX
Diferenças entre o reino eterno e o reino dos santos com Cristo durante mil anos

1. Neste intervalo, durante os mil anos de acorrentamento do diabo, quer dizer, desde a primeira vinda de Cristo, os santos reinam também com Ele. Se, com efeito, além do reino de que se dirá no fim dos séculos: *Vinde, benditos de meu Pai, possuir o reino que vos está preparado*, os santos a quem diz: *Estou convosco até a consumação dos séculos* não terão outro, embora muito inferior, em que reinem com Ele, sem dúvida agora não chamaria à Igreja seu reino ou Reino dos Céus. Porque é hoje que o doutor de quem falamos antes e que tira de seu depósito coisas novas e velhas é instruído nas coisas do Reino de Deus. E é da Igreja que os ceifeiros hão de arrancar a cizânia, que se deixou crescer com o trigo até a ceifa. Eis a exposição da parábola: *A ceifa é o fim do mundo e os ceifeiros, os anjos. E assim como se apanha a cizânia e se queima no fogo,*

assim sucederá no fim do mundo. O Filho do Homem enviará seus anjos e de seu reino arrancarão todos os escândalos. Arrancá-los-ão, porventura, do reino em que não há escândalos? Não. Será deste reino aqui da terra, a Igreja. Também diz: *Quem violar um desses mandamentos, por mínimos que pareçam, e ensinar os homens a fazer o mesmo será considerado como o último no Reino dos Céus, mas quem os cumprir e ensinar será considerado grande no Reino dos Céus.* Coloca ambos no Reino dos Céus, tanto quem não observa os mandamentos que ensina como quem os observa e os ensina, mas aquele será o mínimo e este, o máximo.

Logo depois disso acrescenta: *Porque vos digo que, se vossa justiça não for mais plena e maior que a dos escribas e fariseus*, quer dizer, maior que a dos que não cumprem o que ensinam, pois dos escribas e fariseus diz em outro lugar: *Dizem e não fazem*, se vossa justiça, repito, não exceder em muito a deles, que equivale a dizer, se quebrantardes e não fizerdes o que ensinais, *não entrareis no Reino dos Céus.*

É preciso, pois, distinguir entre o Reino dos Céus em que estão tanto quem lhe põe em prática os ensinamentos como quem não os põe, sendo pequeno um e grande o outro, e o Reino dos Céus em que não entra senão quem os pratica. Assim, o primeiro, morada mista, é a Igreja qual é agora; o segundo, entrada única, é a Igreja qual será quando nela não haja pecadores. A Igreja é, pois, agora o reino de Cristo e o Reino dos Céus. E agora com Ele reinam também seus santos, certo que de modo diferente de como reinarão mais tarde, mas a cizânia não reina com Ele, embora cresça com o trigo na Igreja. Somente reinam com Ele aqueles que fazem o que diz o apóstolo: *Se ressuscitastes com Cristo, buscai as coisas do alto, onde Cristo está sentado à direita de Deus; saboreai as coisas do céu, não as da terra.* Desses também diz que sua conversação está nos céus. Enfim, com Ele reinam os que de tal modo estão em seu reino, que são eles reino seu. Como, porém, são reino de Cristo os que, para omitir outras coisas, embora nele permaneçam até o fim do mundo, em que do reino serão arrancados os escândalos, nele buscam a satisfação de seus próprios interesses, não a dos de Cristo?

2. Eis como o Apocalipse fala da primeira ressurreição desse reino militante, em que há inimigos que combater e paixões a que fazer

frente e dominar, vencidas, até chegar ao reino pacífico, sem inimigos nem lutas. Após dizer que o diabo ficará acorrentado mil anos e, ao cabo deles, solto por pouco tempo, acrescenta, recapitulando o que fará a Igreja ou o que nela farão durante esse tempo: *E vi tronos e os que se sentavam neles, a quem foi dado o poder de julgar.* Não se deve pensar que isso se refere ao último juízo. Trata-se dos tronos dos prepósitos e dos próprios prepósitos que agora dirigem a Igreja. O poder de julgar que lhes foi dado parece ser propriamente o de que se disse: *O que ligardes na terra será ligado no céu e o que desligardes na terra será desligado no céu.* Por isso o apóstolo escreve: *Como poderia meter-me a julgar os de fora? Os de dentro não é que tendes o direito de julgar?*

E as almas dos degolados por confessarem Cristo, acrescenta o Apocalipse, *e por causa da Palavra de Deus.* Aqui se subentende, é claro, o que diz em seguida: *Reinarão com Jesus mil anos*, quer dizer, as almas dos mártires separadas dos respectivos corpos. Com efeito, as almas dos justos mortos não são separadas da Igreja, que já é hoje o reino de Cristo. Do contrário, não seriam comemorados no altar de Deus na comunhão do corpo de Cristo e não lhes aproveitaria coisa alguma recorrer nos perigos ao batismo, para não saírem do mundo sem havê-lo recebido, nem à reconciliação, quando a penitência ou consciência criminosa haja porventura separado alguém desse corpo. Por que tais práticas senão porque os fiéis, mesmo os defuntos, são membros da Igreja? E que, mesmo com os respectivos corpos, não reinam com Ele, mas com suas almas já reinam durante o referido período de mil anos. E ao que se referem estas outras palavras deste livro: *Bem-aventurados os mortos que morrem no Senhor. Já lhes diz o Espírito que descansem de seus trabalhos, pois suas obras os vão acompanhando.* Aqui, pois, com Cristo a Igreja reina nos vivos e nos mortos. *Porque*, como diz o apóstolo, *Cristo morreu para adquirir domínio sobre os vivos e sobre os mortos.* Menciona, porém, unicamente as almas dos mártires, porque reinam, sobretudo, com Cristo esses mortos que até à morte lutaram pela verdade. Contudo, tomando o todo pela parte, entendamos que também os demais mortos são membros da Igreja, que é o reino de Cristo.

3. As seguintes palavras: *E quantos não adoraram a besta nem sua imagem, nem receberam na fronte e nas mãos sua marca* deve-

mos entendê-las referentes aos vivos e aos mortos. Quanto à besta, embora o caso requeira exame mais sério, pode ser tomada, sem que se cause repugnância à retidão da fé, pela cidade ímpia e pelo povo infiel, contrário ao povo fiel e à Cidade de Deus. A imagem da besta parece-me ser a dissimulação dos homens que, fazendo profissão de fé, vivem como infiéis. Fingem ser o que não são e não são cristãos senão em caricatura e de nome. À besta pertencem, com efeito, não apenas os inimigos do nome de Cristo e de sua gloriosíssima cidade, mas também a cizânia, que no fim do mundo deve ser arrancada de seu reino, que é a Igreja. E quem são os que não adoram a besta nem sua imagem, senão os que fazem o que diz o apóstolo, *não se deixam atrelar ao mesmo jugo com os infiéis?* Não adoram, quer dizer, não consentem, não se submetem nem se rebaixam a receber a marca, ou seja, o selo do crime nem na fronte, por causa de sua santa profissão, nem nas mãos, por causa de suas obras. Os isentos de tais males, quer ainda vivam nesta carne mortal, quer estejam mortos, já agora em certa medida reinam com Cristo durante o período de tempo representado pelos mil anos.

4. *Os outros*, acrescenta, *não viveram*. Porque é chegado o tempo em que os mortos ouvirão a voz do Filho de Deus, os que a escutarem viverão e os demais não viverão. E o acréscimo: *Até que se completem os mil anos* significa não haverem vivido no tempo em que deviam viver, ou seja, passando da morte à vida. E por isso, quando chegar o dia da ressurreição dos corpos, de seus sepulcros não sairão para a vida, mas para o juízo, para a condenação, que constitui a segunda morte. Porque todo aquele que, até que se completem os mil anos, durante todo o tempo em que se efetua a primeira ressurreição, não haja vivido, quer dizer, não haja ouvido a voz do Filho de Deus e passado da morte à vida, na segunda ressurreição passará à segunda morte com seu corpo.

São João acrescenta: *Essa é a primeira ressurreição. Bem-aventurado e santo quem toma parte nessa primeira ressurreição*, quer dizer, quem dela participa. E é dela partícipe quem não apenas ressuscita, saindo do pecado, mas também persevera no estado de ressurreição. *Sobre eles*, prossegue, *a segunda morte não terá poder*. Tem-no, por conseguinte, sobre os outros, de quem disse mais acima: *Os outros não viveram até que se completem os mil anos*. Porque, embora certo que durante o período designado por mil anos viveram a vida do corpo, não viveram a da alma, ressuscitando da morte em que a impiedade os aferrolhou, para que tomassem parte na primeira ressurreição e sobre eles não tivesse poder a segunda morte.

CAPÍTULO X
Que se deve responder a quem opina que a ressurreição não diz respeito às almas, mas somente aos corpos

Há quem pense que só se pode falar de ressurreição dos corpos e, em consequência, sustentam que a primeira se realiza também nos corpos. Argumentam assim: quem cai há de levantar-se. Os corpos, em morrendo, caem (de cair vem *cadáver*); logo, os corpos é que ressuscitam, não as almas. Mas que responderão ao apóstolo, que admite essa ressurreição? Aqueles a quem o apóstolo se dirige nos seguintes termos: *Se ressuscitastes com Cristo, buscai as coisas do alto* haviam ressuscitado segundo o homem interior, não segundo o homem exterior. O mesmo sentido exprime-o com outras palavras: *A fim de que, a exemplo de Cristo, que para glória do Pai ressuscitou dentre os mortos, procedamos de acordo com novo teor de vida*. E com as palavras: *Levanta-te, ó tu que dormes, ressuscita da morte e Cristo iluminar-te-á*.

Quanto à maior, de que concluem ressuscitem os corpos, não as almas, pois cair é privativo dos corpos, por que não reparam nestas palavras: *Não vos aparteis dele, para não cairdes; O cair ou o manter-se em pé pertence a seu Senhor; Quem pensa estar em pé tome cuidado para não cair?* Tenho para mim que tal queda há de prevenir-se na alma, não no corpo.

Se, pois, a ressurreição é privativa dos que caem e as almas também caem, segue-se que também as almas ressuscitam. Após dizer: *Sobre esses a segunda morte não terá poder*, acrescentou: *Serão sacerdotes de Deus e de Cristo e com Ele reinarão mil anos*. Não alude somente aos bispos e aos presbíteros, que na Igreja são os propriamente chamados sacerdotes, mas a todos os membros do grão-sacerdote, como a todos os fiéis se lhes dá o nome de cristãos por causa do crisma místico. Assim, o Apóstolo São Pedro os chama *povo santo e sacerdócio real*. Apesar de em poucas palavras e de passagem, São João declara que Cristo é Deus, ao dizer: *Sacerdotes de Deus e de Cristo*, ou seja, do Pai e do Filho. E, ademais, Cristo, embora Filho do Homem pela forma de servo que assumiu, fez-se sacerdote eterno segundo a ordem de Melquisedec, como já dissemos mais de uma vez nesta obra.

CAPÍTULO XI
Gog e Magog e sua perseguição

E ao cabo dos mil anos, diz o Apocalipse, *satanás será solto de sua prisão e sairá para enganar as nações que há nos quatro ângulos do mundo, Gog e Magog, a fim de reuni-los para a batalha. E seu número será como a areia do mar*. Então os seduzirá para consigo levá-los a essa guerra, pois também antes os seduzia, segundo suas possibilidades, com todas as forças e com os mais variados ardis. Diz *sairá*, quer dizer, das trevas do ódio lançar-se-á aos furores de perseguição aberta, a última que, já próximo o juízo final, a santa Igreja sofrerá na terra toda. Toda a Cidade de Cristo será perseguida por toda a cidade da terra. Quanto às nações denominadas Gog e Magog, não devemos pensar que se trate dos povos bárbaros de certa região do mundo, como fizeram os que julgam serem os getas e os massagetas, iludidos pelas primeiras letras de tais nomes, ou outros povos estranhos e alheios ao Império Romano. O texto faz notar estarem estendidos por todo o orbe, quando diz: *As nações que há nos quatro ângulos do mundo* e acrescenta serem *Gog e Magog*. Comprovamos que Gog significa *teto*, e Magog, *do teto* como se dissesse, pouco mais ou menos, "a casa" e "aquele que dela sai". São, pois, as nações em que, como dissemos mais acima, o diabo está fechado como que em verdadeiro abismo; delas sai e procede de certo modo, sendo elas a casa e ele quem dela sai. E, se às nações aplicarmos ambos os termos, não um às nações e outro ao diabo, elas são a casa, porque esse velho inimigo está fechado e como que a coberto nelas e elas sairão da casa quando deixarem aparecer o ódio que ocultam.

E as palavras: *E estenderam-se pela redondeza da terra e cercaram o acampamento dos santos e a cidade amada* não significam que os inimigos vieram ou virão a lugar determinado e concreto, em que estará assentado o acampamento dos santos e a cidade amada, pois essa é a Igreja de Cristo, estendida por todo o orbe. E, por isso, ela, que estará em todas as nações, estará então em toda parte. É o que significa a redondeza da terra. Aí estará o acampamento dos santos, aí estará a amada Cidade de Deus. Aí estará, cercada e perseguida por seus cruéis inimigos, porque também eles estarão em toda parte. Noutros termos, será arrincoada e metida nas apertadas garras da tribulação, mas não abandonará o campo de batalha, significado pela expressão "acampamento".

CAPÍTULO XII
Concerne ao último suplício dos ímpios o descer fogo do céu e devorá-los?

A frase: *E do céu fará chover fogo, que os consumirá* não se refere ao último suplício, quando lhes diga: *Apartai-vos de mim, malditos, para o fogo eterno.* Porque, então, serão enviados para o fogo, não descerá sobre eles o fogo do céu. Por fogo do céu podemos muito bem entender aqui a firmeza dos santos, que os fortalecerá para que não cedam aos sanhudos inimigos nem lhes façam a vontade. O firmamento é o céu, cuja firmeza alentará ardente zelo no peito dos inimigos, porque os sequazes do anticristo não puderam dobrar os santos de Cristo. Será esse o fogo que os devorará e vem *de Deus*, porque sua graça é que torna invencíveis os santos, objeto de tormentos para seus inimigos. Assim como neste lugar se trata do zelo bom: *O zelo por tua casa me consome*, assim neste se fala do mau: *O zelo apoderou-se do populacho ignorante e é o fogo que agora consome os adversários.* Diz *agora* para excluir o fogo do juízo final. E, se entende por esse fogo a praga que ferirá os perseguidores da Igreja que Cristo encontrar vivos quando vier, ocasião em que com sopro de sua boca matará o anticristo, tampouco será esse o último suplício dos ímpios, mas o que devem sofrer após a ressurreição dos corpos.

CAPÍTULO XIII
Está compreendido nos mil anos o tempo da perseguição do anticristo?

Como já dissemos, de acordo com o testemunho do Apocalipse e o do Profeta Daniel, durará três anos e seis meses a perseguição que o anticristo desencadeará. Embora se trate de curto espaço de tempo, há razão suficiente para perguntar se está ou não compreendido nos mil anos do cativeiro do diabo e do reinado dos santos com Cristo. Porque, se dizemos que sim, então o reino dos santos com Cristo será mais duradouro que o cativeiro do diabo, pois reinarão com seu Rei no auge da perseguição, quando se encontre solto e ataque com todo o furor. Como, pois, a Escritura assinala o cativeiro do diabo e o reinado dos santos dentro de mil anos, se o cativeiro do diabo termina três anos e meio antes de os santos cessarem de reinar com Cristo? Por outra parte, se dizemos não estar compreendido nos mil anos o breve espaço da perseguição, mas ser acréscimo, vemo-nos obrigados a confessar que durante a referida perseguição os santos não reinarão com Cristo. E nesse caso poderíamos entender em sentido próprio o seguinte: *Serão sacerdotes de Deus e de Cristo e com Ele reinarão mil anos. E, ao cabo dos mil anos, satanás será solto de sua prisão.*

Isso não significaria que o reinado dos santos e a prisão do diabo cessarão ao mesmo tempo, de forma que o tempo da perseguição não pertence ao reinado dos santos nem à prisão de satanás, coisas igualmente incluídas nos mil anos, e, portanto, é adicional. Mas quem ousará afirmar que os membros de Cristo não reinarão com Ele precisamente quando se unirão mais estreitamente a Ele e quando a glória dos combatentes e a coroa dos mártires será tanto maior e mais maciça quanto mais rude o combate? Se se pretende ser inconveniente dizer que então não reinarão, em virtude dos males que sofrerão, a lógica exige dizer-se que os santos que hajam padecido antes desses mil anos não reinaram com Cristo no tempo de seu sofrimento. Por conseguinte, as almas dos degolados por confessarem Jesus e por causa da Palavra de Deus, vistas pelo autor do Apocalipse, não reinavam com Cristo quando padeciam perseguição e não eram reino de Cristo quando Ele com tamanha excelência as possuía. Trata-se, na verdade, de enorme e extremamente detestável absurdo.

Ao menos, não se pode negar que as almas vítimas dos gloriosíssimos mártires, uma vez finalizadas as dores e trabalhos desta vida e separadas de seus membros mortais, reinaram e reinam com Cristo, até que se completem os mil anos, e depois reinarão com Ele, já unidas a seus corpos imortais. Em consequência, as almas dos mártires, tanto as já separadas dos corpos, antes da última perseguição, como as que então se separaram, com Ele reinarão os referidos três anos e meio, até o mundo terminar e passarem ao reino que não terá morte. Será, portanto, mais longo o reinado dos santos com Cristo que a prisão e cativeiro do demônio, pois aqueles reinarão com seu Rei, o Filho de Deus, uma vez já solto o diabo, durante esses três anos e meio.

De fato, quando São João diz: *Serão sacerdotes de Deus e de Cristo e com Ele reinarão mil anos. E, ao cabo deles, satanás será solto de sua prisão*, podemos entender que os mil anos não fixam fim ao reino dos santos, e sim à prisão de Satanás (nesse caso os mil anos, quer dizer, todos os anos, seriam suficientemente flexíveis para o reinado dos santos ser mais longo e mais curta a prisão de satanás), ou que, como três anos e meio é espaço de pouca monta, não quis levar em conta que à primeira vista se julgue mais curta a prisão do diabo e mais longo o reinado dos santos. Vimos algo semelhante no Livro Décimo Sexto desta obra, com respeito aos quatrocentos anos, que, embora fossem alguns mais, assim foram contados, em números redondos, pela Escritura. A bom observador não escapa tratar-se de estilo corrente nas Sagradas Letras.

CAPÍTULO XIV
A condenação do diabo em companhia dos seus. A ressurreição dos mortos e o juízo final

Depois de haver falado da última perseguição, o Apóstolo São João resume em poucas palavras quanto o diabo e a cidade inimiga de que é príncipe hão de padecer no juízo. Diz assim: *E o diabo que os seduzira foi precipitado em lago de enxofre e fogo, em que também o foram a besta e o falso profeta. E aí serão atormentados dia e noite pelos séculos dos séculos.* Já dissemos que pela besta podemos entender muito bem a cidade ímpia. O pseudoprofeta é o anticristo ou a imagem da besta, quer dizer, a dissimulação de que antes falei. Depois, como o epílogo versa sobre o último juízo, que se realizará com a segunda ressurreição dos mortos, com a ressurreição dos corpos, narra como se lhe revelou. *Vi, diz, grande e reluzente trono e quem nele se sentava, a cuja vista desapareceu a terra e o céu e deles nada ficou.* Não diz: "Vi grande e reluzente sólio e quem nele se sentava e à sua vista desaparece a terra e o céu", porque isso não sucedeu então, quer dizer, antes de julgados os vivos e os mortos, mas disse: *Vi quem estava sentado no trono, a cuja vista desapareceu a terra e o céu.* Mas depois, uma vez efetuado o juízo, deixam de existir este céu e esta terra e então começarão a existir céu novo e nova terra. Este mundo não passará por aniquilação, mas por mutação. Por isso escreve o apóstolo: *A figura deste mundo passa. Desejo, portanto, que vivais sem cuidados nem inquietudes.* Passa, pois, a figura do mundo, não a natureza.

Tendo São João declarado ter visto quem estava sentado no trono, a cuja vista desapareceu a terra e o céu, o que sucederá depois, acrescenta: *E vi os mortos, grandes e pequenos, e abriram-se os livros. Abriu-se, ademais, outro livro, o livro da vida de cada um deles. E os mortos foram julgados pelo que estava escrito nesses livros, cada qual segundo suas obras.* Diz que se abriram os livros e um livro. E acrescentou a qualidade desse livro, dizendo: *que é o da vida de cada qual.* Os primeiros livros são, sem dúvida, os livros santos, tanto do Antigo como do Novo Testamento, para mostrarem os mandamentos que Deus ordenara cumprir. E o outro, o livro da vida de cada qual, mostrava os mandamentos cumpridos ou violados por cada qual. Se esse livro o imaginamos materialmente, quem poderá medir-lhe o tamanho e a grossura? Ou quanto tempo se empregará para ler esse livro, que contém a vida de todos e cada um dos homens? Presenciarão acaso o ato tanto anjos como homens e cada um deles ouvirá do anjo a ele assinado o relato de sua vida? Esse livro não será, pois, para todos, mas cada qual terá o seu. É o que a Escritura dá a entender, ao dizer que se *abriu, ademais, outro livro.*

É preciso entender aqui a virtude divina, que trará à memória de cada qual todas as suas obras, boas ou más, e fará que de relance os olhos da alma as vejam, com o fim de a ciência acusar ou escusar a consciência. Desse modo serão julgados todos ao mesmo tempo. Essa virtude divina recebeu o nome de livro, porque nela de certo modo se lê quanto, mercê dela, se recorda. E, para mostrar que mortos devem ser julgados, os pequenos e os grandes, acrescenta a modo de recapitulação e tornando aos que omitira, ou melhor, diferira: *O mar apresentou seus mortos e a morte e o inferno entregaram os seus.* Isso sucedeu, sem dúvida, antes de os mortos serem julgados, apesar de havê-lo referido depois. Por isso dissemos tratar-se de uma espécie de recapitulação e de retorno ao omitido. Mas agora observa a ordem e para explicá-la repete o que antes já dissera do juízo. Depois das palavras: *O mar apresentou seus mortos e a morte e o inferno entregaram os seus*, acrescentou a seguir: *E julgou cada qual segundo suas obras.* É justamente o que antes dissera: *E os mortos foram julgados segundo suas obras.*

CAPÍTULO XV
Quais os mortos apresentados pelo mar e quais os entregues pela morte e pelo inferno?

Mas quem são os mortos que o mar tinha em seu seio e apresentou? Porque nem os que morrem no mar escapam ao inferno, nem o mar lhes conserva os corpos, nem, o que é mais absurdo, o mar tinha os bons e o inferno os maus. Quem acreditará nisso? Talvez não estejam enganados os que acham que nessa passagem o mar faz as vezes do mundo. Ao dizer que aqueles que Cristo encontrará com vida serão julgados com os que hão de ressuscitar, o apóstolo também chama de mortos, tanto os bons, a quem dirige estas palavras: *Mortos estais e vossa vida está escondida com Cristo em Deus*, como os maus, de quem se disse: *Deixai que os mortos enterrem seus mortos.* Ademais, podem ser chamados mortos porque seus corpos são mortais. É esse o motivo das palavras do apóstolo: *O corpo está morto por causa do pecado, mas o espírito vive em virtude da justificação.* Isso prova existirem estas duas coisas em homem vivo, mas corpóreo: corpo morto e espírito vital. E, todavia, não diz corpo mortal, mas corpo morto, apesar de pouco mais adiante chamá-los, como é mais corrente, corpos mortais. O mar apresentou os mortos que nele estavam, quer dizer, o mundo apresentou os homens nele existentes, porque ainda não haviam morrido.

E a morte e o inferno, acrescenta, *entregaram os seus*. O mar apresentou-os, porque se apresentaram como foram achados, e a morte e o inferno entregaram-nos, porque os devolveram à vida, de que já haviam saído. E não bastou dizer a morte ou o inferno em separado, mas disse *a morte e o inferno*: a morte, por causa dos bons, que a sofreram, mas não sofreram o inferno, e o inferno, por causa dos maus, que, ademais, nele pagam os suplícios que merecem. Se, pois, não parece absurdo crer que os antigos santos que tiveram fé na encarnação de Cristo estiveram depois da morte em lugares muito afastados daqueles em que os ímpios são atormentados, mas próximos dos infernos, até haverem sido livrados pelo sangue de Cristo e pela visita que Ele lhes fez, indubitavelmente os redimidos pela efusão desse sangue não descem aos infernos e não esperam senão o dia em que, tomando seus corpos, recebam a merecida recompensa.

E, quando diz: *E cada qual foi julgado segundo suas obras*, em poucas palavras acrescentou como foi esse juízo: *E a besta e o falso profeta foram lançados no lago de fogo*. Com ambos esses nomes designou o diabo, autor da morte e das penas do inferno, e com ele toda a sociedade dos demônios. Já o adiantara: *E o diabo, que os seduzira, foi precipitado em lago de fogo e enxofre*. E o que ali se expressou de modo obscuro: *Aonde também o foram a besta e o falso profeta*, aqui se esclareceu nestes termos: *E os que não foram achados escritos no livro da vida foram arrojados no lago de fogo*. Esse livro não menciona Deus receando enganar-se por esquecimento. Significa simplesmente a predestinação daqueles a quem se dará a vida eterna. Não é que Deus não os conheça e leia esse livro para conhecê-los, pelo contrário, sua infalível presciência é o livro da vida, em que estão escritos, quer dizer, conhecidos desde muito antes.

CAPÍTULO XVI
O novo céu e a nova terra

Depois de haver falado do juízo dos maus, São João devia dizer algo também do juízo dos bons. Já explicou estas breves palavras do Senhor: *Esses irão para o suplício eterno*. Agora faltava explicar estas: *E os justos, para a vida eterna. Vi*, diz, *um novo céu e uma nova terra. Porque o primeiro céu e a primeira terra desaparece-*

ram e já não há mar. A ordem desses acontecimentos será anotada mais acima a propósito da passagem em que diz haver visto quem se sentava no trono, a cuja vista desapareceram a terra e o céu. Uma vez julgados os que não estão escritos no livro da vida e arrojados ao fogo eterno (e penso que a natureza e o lugar desse fogo não os conhecerá nenhum homem, a menos que lho revele o Espírito de Deus), passará a figura deste mundo pela conflagração do fogo mundano, como o dilúvio se deveu à inundação das águas do mundo. A conflagração dos elementos corruptíveis fará desaparecerem, como dissemos, as qualidades próprias de nossos corpos corruptíveis. A substância, ao contrário, gozará das qualidades conformes com os corpos imortais, em virtude dessa maravilhosa mudança, quer dizer, o mundo renovado estará em harmonia com os corpos dos homens igualmente renovados. Das palavras: *E já não há mar* não é fácil inferir se se transformará ou se esse grande incêndio o secará.

Lemos que haverá novo céu e nova terra, mas não me lembro haver lido em parte alguma algo sobre novo mar. É verdade que nesse livro se fala de *um como que mar de vidro semelhante ao cristal*, mas a passagem não trata do fim do mundo, além de que não diz mar, mas uma *espécie de mar*. Contudo, à maneira dos profetas, que gostam de empregar metáforas para velar o pensamento, poderia muito bem, ao dizer que *já não há mar*, estar falando no mar de que escrevera: E o *mar apresentou seus mortos*. O motivo é que então já não existirá o mundo proceloso e turbulento que é a vida dos mortais, apresentada sob a imagem de mar.

CAPÍTULO XVII
Glorificação eterna da Igreja

Depois, acrescenta, *vi descer do céu a grande cidade, a nova Jerusalém, que vinha de Deus, ataviada como noiva engalanada para o esposo. E ouvi grande voz que saía do trono e dizia: Eis o tabernáculo de Deus com os homens, com quem Ele morará. Serão seu povo e Ele será seu Deus. Deus enxugar-lhes-á todas as lágrimas dos olhos. E já não haverá morte, nem pranto, nem gritos, nem dor, porque as primeiras coisas já passaram. E disse quem estava sentado no trono: Vou renovar todas as coisas.* Essa cidade desceu do céu, segundo ele, porque a graça de Deus, que a formou, é celeste. E assim diz por Isaías: *Eu sou o Senhor, que te forma.* E desceu do céu desde o princípio, desde que seus cidadãos crescem pela graça de Deus, que mana da regeneração comunicada pela vinda do Espírito Santo. Mas no juízo de Deus, que será o último e obra de Jesus Cristo, seu Filho, receberá esplendor tão maravilhoso e novo da graça divina, que não ficarão nem vestígios de sua velhice, pois os corpos passarão de sua antiga corrupção e mortalidade a incorrupção e imortalidade novas. Parece-me excessivo e ousado pretender que essas palavras se refiram aos mil anos em que reinarão com seu Rei, quando as palavras seguintes não admitem dúvida: *Deus enxugar-lhes-á dos olhos todas as lágrimas. E já não haverá morte, nem pranto, nem gritos, nem dor.* Quem será tão néscio, tão louco e tão possuído do delírio da obstinação, que se atreva a dizer que, entre as misérias desta vida, não apenas o povo santo, mas cada um dos santos, está isento de lágrimas e de dores? Diz-nos a realidade que quanto mais santo e mais cheio de bons desejos alguém é, tanto mais abundante seu pranto na oração. Não é acaso esta a voz de cidadão da Jerusalém celeste: *Minhas lágrimas serviram-me de pão dia e noite?* E esta: *Todas as noites rego de lágrimas meu leito e com elas inundo o lugar de meu descanso?* E também esta: *De ti não se ocultam meus gemidos* e esta: *Renovou-se minha dor?* Ou será que não são seus filhos os que gemem sob o peso dessa carga, de que não querem ser despojados, mas revestidos, para o mortal ser absorvido pela vida? Não são esses os que, possuindo as primícias do Espírito, intimamente suspiram, à espera da adoção, pela redenção de seu corpo? E não era cidadão da Jerusalém celeste o Apóstolo São Paulo e não o era mais ainda quando por seus irmãos carnais, os israelitas, sentia profunda tristeza e trazia o coração preso a contínua dor?

Quando não haverá morte nessa cidade, senão quando se disser: *Onde está, ó morte, teu combate? Onde, o teu aguilhão? O aguilhão da morte é o pecado?* Ele já não existirá, quando se diga: *Onde está?* Agora não é obscuro cidadão da gloriosa Cidade, mas o próprio São João, quem clama em sua epístola: *Se dissermos que não temos pecados, enganamo-nos a nós mesmos e não há verdade em nós.*

Nesse livro, intitulado Apocalipse, há muitas coisas obscuras para exercitar o espírito do leitor e umas tantas, poucas por certo, claras, que permitem compreender as outras, não sem grande trabalho. Porque repete de muitos modos as mesmas ideias, de tal sorte que parece dizer coisas diversas, quando, ao contrário, são as mesmas, expressas de maneira diferente. Mas as palavras: *Deus enxugar-lhes-á dos olhos todas as lágrimas. E já não haverá morte, nem pranto, nem gritos, nem dor*, referem-se com tamanha clareza ao século vindouro, à imortalidade e à eternidade dos santos (pois só então e só ali não existirão essas misérias), que, se as achamos obscuras, não devemos buscar coisas claras nas Sagradas Letras.

CAPÍTULO XVIII
Doutrina de São Pedro sobre o juízo final

Vejamos agora que o Apóstolo São Pedro escreve sobre o juízo final: *Nos últimos dias virão*, diz, *artificiosos impostores, que, levados de suas próprias paixões, dirão: Onde está a promessa de sua vinda? Porque, desde a morte de nossos pais, todas as coisas continuam como no princípio de sua criação. É que não sabem, porque querem ignorá-lo, que no princípio foi criado o céu e a terra, tirados da água e em meio dela constituídos pela Palavra de Deus, e por isso o mundo de então pereceu afogado nas águas. Mas os céus e a terra agora existentes foram restabelecidos por essa mesma palavra e estão destinados a ser presa do fogo no dia do juízo e do extermínio dos homens ímpios. Mas vós, meus amados, não deveis ignorar que ante Deus um dia é como mil anos e mil anos como um dia. Assim, o Senhor não difere sua promessa, como alguns imaginam, mas espera com paciência por amor a vós, não querendo que ninguém pereça, senão que todos se convertam ao arrependimento. Quanto ao mais, o dia do Senhor virá como ladrão e então os céus passarão com espantoso estrondo, os elementos, ardendo, se dissolverão e a terra será abrasada com todas as suas obras. E, como todas as coisas hão de perecer, como deveis ser em vossa vida santa, aguardando e saindo a esperar a vinda do dia do senhor, dia em que os céus, ardendo, se dissolverão e ao calor do fogo se derreterão os elementos? Mas esperamos, segundo suas promessas, novos céus e nova terra, onde a justiça reinará.*

Não lembra sequer a ressurreição dos mortos, mas diz bastante da destruição do mundo. E, ao mencionar o dilúvio, parece advertir-nos que creiamos haja o mundo de perecer um dia. Diz, com efeito, que naquele tempo viu seu fim o mundo de então, não apenas o orbe da terra, mas também os céus, quer dizer, o espaço de ar que a subida das águas afogara. Entende por céus, ou melhor, por céu, o lugar do ar onde sopra o vento e somente esse lugar, não os céus superiores, onde estão colocados o sol, a lua e as estrelas. Assim, toda ou quase toda essa região do ar se converteu em úmido elemento e desse modo pereceu com a terra, também sepultada pelo dilúvio. *Mas os céus e a terra*, escreve ele, *agora existentes foram restabelecidos por essa mesma palavra e estão destinados a ser presa do fogo no dia do juízo e do extermínio dos homens ímpios*. Portanto, a terra e o céu, quer dizer, o mundo, que veio ocupar o lugar do mundo destruído pelo dilúvio, está destinado a ser presa do fogo no dia do juízo e do extermínio dos homens ímpios. Não hesita em chamar *extermínio* à grande transformação que os homens sofrerão, embora seja certo que sua natureza subsistirá sempre, mesmo em meio dos suplícios eternos.

Talvez alguém pergunte: Se o mundo arderá depois do juízo, onde estarão os santos durante esse incêndio, pois, tendo corpo, necessariamente ocuparão lugar corporal, antes de Deus haver estreado novo céu e nova terra?

A isso podemos responder que estarão nas regiões superiores, aonde não chegará a chama do fogo nem chegou a água do dilúvio. Ademais, seus corpos serão tais, que poderão estar onde queiram. E, uma vez imortais e incorruptíveis, não temerão o fogo desse incêndio, do mesmo modo que os corpos corruptíveis dos três moços puderam, sem ser queimados, viver em meio das chamas.

CAPÍTULO XIX
São Paulo aos tessalonicenses. O anticristo

1. Vejo-me na necessidade de omitir grande número de testemunhos evangélicos e apostólicos sobre o juízo final, para não prolongar demasiado este livro. Mas não posso deixar de citar o Apóstolo

São Paulo em sua Segunda epístola aos tessalonicenses. Diz assim: *Entretanto, irmãos, vos suplicamos, pela vinda de nosso Senhor Jesus Cristo, e de nossa reunião com Ele, que não abandoneis com ligeireza vossos sentimentos nem vos alarmeis com supostas revelações, com certas palavras ou com cartas supostamente enviadas por nós, como se já estivesse muito próximo o dia do Senhor. Não vos deixeis de maneira alguma seduzir por ninguém, porque não virão sem que primeiro haja acontecido a apostasia e aparecido o homem do pecado, o filho da perdição, que se oporá a Deus e se levantará contra tudo que se diz Deus ou se adora, até chegar a tomar assento no templo de Deus, dando a entender que é Deus. Não vos lembrais de que, quando me encontrava entre vós, vos dizia essas coisas? Já sabeis a causa que agora o detém, até que seja manifestado no tempo oportuno. O fato é que já se vai operando o mistério da iniquidade. Entretanto, quem agora está firme mantenha-se assim, até que o impedimento seja removido. E então se deixará ver o perverso a quem o Senhor Jesus matará com o sopro de sua boca e destruirá com o resplendor de sua presença, o iníquo que com o poder de satanás virá com toda a sorte de milagres, de sinais e de prodígios falsos e com todas as ilusões que podem conduzir à iniquidade aqueles que se perderão por não haverem recebido e amado a verdade, a fim de se salvarem. Deus enviar-lhes-á, por isso, o artifício do erro, para crerem na mentira. Assim, serão condenados todos os que não creram na verdade, mas se comprazeram na maldade.*

2. É indubitável estar falando do anticristo e de que o dia do juízo (a que chama dia do Senhor) não virá, se antes não vier o por ele chamado apóstata, claro está que do Senhor. Se a gente pode com razão dizê-lo de todos os ímpios, quanto mais poderá dizê-lo do anticristo? Em que templo de Deus se sentará? Não sabemos se será nas ruínas do templo de Salomão ou na Igreja. É claro que o Apóstolo não chamaria templo de Deus ao templo de algum ídolo ou do demônio. Por isso alguns pretendem que essa passagem que fala do anticristo não se refira ao príncipe, mas a seu corpo todo, ou seja, à multidão de homens que lhe pertencem, com ele à cabeça. E acham mais correto seguir o texto grego e não dizer em latim *in templo Dei* (no templo de Deus), mas *in templum Dei sedeat* (tome assento dentro do templo de Deus), como se o anticristo fosse o templo de

Deus, que é a Igreja. Assim, dizemos: *Sedet in amicum* (tem-se por amigo), ou seja, como amigo e outras locuções semelhantes.

A frase: *Já sabeis a causa que agora o detém* significa que já sabem o motivo de sua vinda retardar-se. E *é com o fim de que a seu tempo apareça*. Como, porém, diz que já a sabiam, não expressou com clareza o motivo. Por isso nós, que não sabemos o que sabiam, ansiamos compreender, graças a esforços, o pensamento do apóstolo e não podemos, porque o que acrescentou lhe obscurece ainda mais o sentido. Com efeito, que significa: *O fato é que já começou a operar-se o mistério da iniquidade. Só que aquele que agora se mantém se mantenha em pé até ser tirado do meio. E então se manifestará o mau?* Confesso, com franqueza, não compreender o que quer dizer. Não omitirei, contudo, as conjeturas humanas, que pude ouvir ou ler.

3. Alguns pensam que aqui o Apóstolo São Paulo fala do Império Romano e que foi esse o motivo que o induziu a escrever com tanta obscuridade por medo de ser acusado de desejar mal ao Império Romano, que esperavam eterno. De sorte que com as palavras: *O fato é que o mistério da iniquidade já começou a operar-se* quereria significar Nero, cujas obras pareciam as do anticristo. Por isso, imaginam que ressuscitará e será o anticristo. Outros acham não haver sido assassinado, e sim raptado, para julgarem-no morto, e estar oculto, vivo e na vigorosa plenitude de que gozava quando o acreditavam morto, até que a seu tempo reapareça e seja restabelecido no reino. Mas essa opinião parece-me assaz estranha e nova.

Quanto ao mais, as palavras do apóstolo: *Só que aquele que agora se mantém se mantenha em pé até ser tirado do meio* podemos, sem nenhum absurdo, considerá-las referentes ao Império Romano, como se dissesse: Só que o que agora impera impere até ser tirado do meio, quer dizer, até ser suprimido. *É então se manifestará o mau*, termo que sem dúvida alguma designa o anticristo.

Outros, porém, acham que tanto estas palavras: *Já sabeis a causa que o detém*, como estas: *Já começou a operar-se o mistério da iniquidade*, referem-se unicamente aos maus e aos hipócritas existentes na Igreja, até formarem número capaz de constituir o povo do anticristo. É, dizem eles, ao que chama mistério de iniquidade, porque é coisa oculta. Essas outras palavras seriam exortação do apóstolo aos fiéis para perseverarem firmes na fé: *Só que aquele que agora se mantém se mantenha em pé até ser tirado do meio*, quer dizer, até sair da Igreja o mistério de iniquidade agora oculto. E acreditam aludirem a esse mistério aquelas palavras do Evangelista São João em sua epístola: *Filhos, esta já é a última hora e, como haveis ouvido que há de vir o anticristo, assim agora muitos se fizeram anticristos. Isso faz-nos perceber que já é a última hora. Saíram dentre nós, mas não eram dos nossos, pois, se fossem dos nossos, haveriam, sem dúvida, perseverado conosco.* Assim como, dizem eles, antes do fim, antes dessa hora que São João chama última, já saíram da Igreja muitos hereges, pelo apóstolo chamados anticristos, assim também todos os não pertencentes a Cristo, mas ao anticristo, então sairão e então se manifestarão.

4. Assim, uns deste modo e outros daquele explicam as obscuras palavras do apóstolo. Uma coisa é indubitável e certa: São Paulo diz que Cristo não virá julgar os vivos e os mortos, se antes o anticristo, seu inimigo, não vier seduzir os mortos na alma, apesar de essa sedução pertencer ao oculto juízo de Deus. *Sua presença manifestar-se-á com o poder de satanás*, como diz o Apóstolo, *com toda a sorte de milagres, de sinais e de prodígios falsos, para seduzir os que devem perecer.* Então satanás será solto e, por intermédio do anticristo, porá em jogo todo o seu poder, operando maravilhas, é verdade, mas enganosas.

Costuma-se perguntar se o apóstolo diz sinais e prodígios de mentira porque enganará os sentidos dos homens por meio de fantasmas, fazendo-os ver o que não faz, ou se o disse porque, embora verdadeiros os prodígios, arrastarão à mentira os que, desconhecedores do poder do diabo, suporão requererem poder divino, sobretudo quando receba poder qual nunca teve. Com efeito, quando do céu baixou fogo e consumiu a família de Jó, junto com seus muitos rebanhos, e impetuoso torvelinho lhe derribou a casa e sob as ruínas lhe sepultou os filhos, isso não foram ilusões. Eram obras de satanás, a quem Deus dera tal poder.

A qual dessas hipóteses se deveu o dizer prodígios e sinais de mentira sabê-lo-emos então. Seja qual for, o certo é que com esses sinais e esses prodígios seduzirá aqueles que hajam merecido ser seduzidos, *por não haverem recebido e amado a verdade, que os teria salvo.* O apóstolo não vacila em acrescentar: *Deus enviar-lhes-á, por isso, o artifício do erro, que os fará crer na mentira.* Enviá-lo-á Deus, porque permitirá ao diabo fazer esses prodígios. Permite-o por juízo muito justo, embora o diabo o realize por desejo criminoso e injusto.

A fim de serem julgados, acrescenta, *todos os que não creram na verdade, mas se comprazeram na maldade.* Os julgados serão, pois, seduzidos; os seduzidos, condenados. Os julgados serão seduzidos pelos juízos de Deus, ocultamente justos e justamente ocultos, que desde o primeiro pecado jamais cessaram de julgar os homens. E os seduzidos serão condenados no último juízo, que será público, por Jesus Cristo, que, injustissimamente condenado, condenará com toda a justiça.

CAPÍTULO XX
Primeira aos tessalonicenses. A ressurreição dos mortos

1. No lugar citado, o apóstolo não fala da ressurreição dos mortos. Mas em sua Primeira epístola aos tessalonicenses diz-lhes: *Quanto aos defuntos, não queremos, irmãos, deixar-vos em vossa ignorância, para não vos entristecerdes do modo como costumam fazê-lo os demais homens que não têm essa esperança. Porque, se cremos haver Jesus morrido e ressuscitado, também devemos crer que Deus levará com Jesus aqueles que hajam morrido por Ele. Por isso vos dizemos, sob a Palavra do Senhor, que os vivos, os que ficaremos até a vinda do Senhor, não tomaremos a dianteira aos que já morreram antes. Porquanto o Senhor mesmo, à intimação e à voz do arcanjo e ao som da trombeta de Deus, descerá do céu, e os que morreram em Cristo ressuscitarão primeiro. Depois os vivos, os que houvermos ficado, seremos arrebatados juntamente com eles, sobre as nuvens, ao encontro de Cristo no ar e assim estaremos com o Senhor eternamente.* Essas palavras do apóstolo provam com luz meridiana a futura ressurreição dos mortos, quando Cristo virá julgar todos.

2. Nesse ponto costuma-se perguntar o seguinte: Morrerão aqueles que Cristo, ao vir, encontrar vivos e o apóstolo figura em si e

naqueles que com ele viviam ou passarão com celeridade espantosa da morte à imortalidade, no instante preciso em que com os ressuscitados sairão ao encontro de Cristo? Seria insensatez pensar que, enquanto vão pelos ares à altura, não podem morrer e reviver.

As palavras: *E assim estaremos eternamente com o Senhor* não devem ser entendidas como se dissesse que permaneceremos sempre com o Senhor no ar, visto como nem Ele ali permanecerá, pois virá de passagem. Iremos, por conseguinte, ao encontro de quem vem, não de quem está, mas *assim estaremos com o Senhor*, quer dizer, tendo corpo eterno em toda parte a que com Ele vamos.

O próprio apóstolo parece obrigar-nos a pensar que aqueles que o Senhor encontrar vivos morrerão nesse breve espaço de tempo e vestirão a imortalidade, quando diz: *Todos serão vivificados em Cristo*. E noutro lugar, falando da ressurreição: *O que semeias não recebe vida, se antes não morre*. Como, pois, os que Cristo encontrar vivos serão vivificados nele pela imortalidade, se não morrem, quando está escrito: *O que semeias não é vivificado, se antes não morre?* E, se é certo que não se pode dizer com propriedade que o corpo do homem é semeado, se, morrendo, não torna à terra, segundo a sentença por Deus intimada ao primeiro pecador, pai do gênero humano: *És terra e à terra irás*, é necessário admitir que os que Cristo encontrar com vida, ainda não despojados dos corpos, não estão compreendidos nem nessas palavras do apóstolo, nem nessas do Gênesis. É claro que os arrebatados às nuvens não são semeados, porque nem vão à terra, nem retornam, quer por não experimentarem a morte, quer por morrerem momentaneamente no ar.

3. Por outro lado, sai-nos ao encontro o mesmo São Paulo em sua Carta aos coríntios. *Todos ressuscitaremos*, diz ele, ou, segundo outros códices: *Todos dormiremos*. Se, pois, sem a morte é impossível a ressurreição e nessa passagem dormição significa morte, como dormirão ou ressuscitarão todos, se são tantos os homens que Cristo encontrará com vida e não morrerão nem ressuscitarão? Se cremos que os santos, que Cristo encontrará com vida, serão elevados para lhe irem ao encontro, deixando nesse voo seus corpos mortais e vestindo-se de imortalidade, não encontraremos grandes dificuldades nas palavras do apóstolo. Nem nestas: *O que semeias não é vivificado, se antes não morre*, nem nestas: *Todos ressuscitaremos* ou:

Todos dormiremos. É que aqueles não serão vivificados pela imortalidade, se antes não morrerem, embora por um instante. Assim já não serão estranhos à ressurreição, precedida da dormição, que de fato se deu, apesar de por pouco tempo. Mas por que nos parece incrível seja essa multidão de corpos de certo modo semeada no ar e nele instantaneamente tome vida imortal e incorruptível, se cremos no que diz o mesmo apóstolo, a saber, que a ressurreição se efetuará em um abrir e fechar de olhos e o pó dos corpos, estendido em mil e um lugares, juntar-se-á com facilidade e prontidão assombrosas? E não pensemos que esses santos não os alcançará a sentença pronunciada contra o homem: *És terra e à terra irás*, pretextando que seus corpos não tornam à terra e que, como morrem no voo, nesse ínterim ressuscitarão também. *À terra irás* significa: Perdida a vida, irás ao que eras antes de havê-la recebido ou, em outros termos: Serás inanimado, o que já eras antes de ser animado. O homem era terra e nessa terra Deus infundiu sopro de vida e o homem ficou constituído em alma vivente. É, pois, como se dissesse: És terra animada, coisa que não eras; serás como eras, terra sem alma. O que são todos os corpos mortos, antes de apodrecerem, serão esses, se morrem e onde quer que morram, pois se verão privados de vida e a receberão no mesmo instante. Irão à terra, porque de homens vivos se converterão em terra, assim como vai à cinza o que se converte em cinza, vai à velhice o que envelhece e a caco o barro e outras mil e uma expressões da linguagem ordinária. Mas tudo isso não passa de conjeturas de nossa pobre razão, que não compreende como será isso e talvez possa compreendê-lo melhor quando se realize.

Se, pois, queremos ser cristãos, devemos crer que a ressurreição dos corpos sucederá quando Cristo vier julgar os vivos e os mortos. De não podermos compreender perfeitamente como será não se segue ser vã nossa fé.

Mas, como prometi, vou examinar, quanto eu julgue suficiente, os testemunhos dos livros proféticos do Antigo Testamento relativos ao juízo final de Deus. Se o leitor procurar se valer do que venho dizendo, para compreendê-lo não será preciso prolongada exposição.

CAPÍTULO XXI
Palavras de Isaías a respeito da ressurreição dos mortos e da retribuição do juízo

1. Diz o Profeta Isaías: *Os mortos ressuscitarão, ressuscitarão os que estavam nos sepulcros e todos os que estão na terra se alegrarão, porque teu orvalho lhes dará a saúde, mas a terra dos ímpios cairá.* A primeira parte do versículo alude à ressurreição dos bem-aventurados. E estas palavras: *Mas a terra dos ímpios cairá*, podemos muito bem entendê-las assim: Mas os corpos dos ímpios cairão na condenação. Se queremos aprofundar-nos mais no que se disse da ressurreição dos bons, devem-se referir à primeira estas palavras: *Ressuscitarão os mortos* e à segunda estas: *E ressuscitarão os que estão nos sepulcros*. E aos santos que o Senhor encontrar vivos muito bem se lhes aplicará isto, caso perguntemos por eles: *E todos os que estão na terra se alegrarão, porque teu orvalho lhes dará a saúde*. Saúde, nessa passagem, podemos legitimamente tomar por imortalidade. Trata-se da saúde mais perfeita, dessa que não tem necessidade de alimentos nem dos remédios cotidianos.

O mesmo profeta fala do dia do juízo, depois de haver falado de esperança aos bons e de terror aos maus. Eis suas palavras: *Isto diz o Senhor: Derramarei sobre eles como que um rio de paz e como que uma torrente que inundará a glória das nações. Seus filhos serão levados sobre os ombros; os mimados, em seu regaço. Como mãe que consola o filhinho, assim vos consolarei e recebereis essa consolação em Jerusalém. Vê-lo-eis, vosso coração regozijar-se-á e vossos ossos reverdecerão como a erva. A mão do Senhor far-se-á visível em favor de seus adoradores; sua ameaça, contra os contumazes. Porque eis que o Senhor virá como fogo e seu carro como tempestade, para derramar com indignação sua vingança e o extermínio com chamas de fogo. O Senhor julgará toda a terra pelo fogo e toda carne pela espada. E muitos serão feridos pelo Senhor.* O rio de paz prometido aos santos é, sem dúvida, a abundância dessa paz que transcende qualquer outra. Essa a paz que nos banhará no fim e de que no livro precedente já falamos de sobejo. Diz que esse rio desce sobre aqueles a quem se promete tamanha felicidade para dar-nos a entender que, na bem-aventurada região que é o céu, esse rio sacia todos os anseios. E, como a paz da incorrupção e da imortalidade dali flui e chega até aos corpos terrenos, por isso diz que esse rio desce, quer dizer, transbordando dos seres superiores, cai sobre os mais humildes e torna os homens iguais aos anjos.

Por essa Jerusalém de que fala não devemos entender a escrava com seus filhos, mas, ao contrário, a Jerusalém livre, nossa eterna mãe nos céus, onde seremos consolados, após os trabalhos e as dores da vida mortal, e, como criancinhas, carregados aos ombros e nos joelhos. Aquela beatitude, nova para nós, acolher-nos-á com inefáveis carícias, a nós, rudes e noviços. Ali veremos e nosso coração se alegrará. Não declarou o que veremos. Mas que será senão Deus? Desse modo se cumprirá em nós a promessa do Evangelho: *Bem-aventurados os limpos de coração, porque verão Deus*. Veremos, ademais, todas aquelas coisas que agora não vemos e das quais, quando nelas cremos, formamos ideia segundo o alcance de nosso espírito, mas infinitamente inferior à realidade. *Vereis*, diz, *e vosso coração regozijar-se-á*. Aqui credes, ali vereis.

2. E, temendo que as palavras: *E vosso coração regozijar-se-á* nos induzissem a pensar serem exclusivos do espírito os bens da Jerusalém celeste, acrescenta: *E vossos ossos reverdecerão como a erva*. Aí já compreendeu a ressurreição dos mortos, como que dizendo algo que omitira. Ela não se realizará quando a houvermos visto, mas, ao contrário, a veremos quando se houver realizado. Com efeito, do céu novo e da nova terra e também das promessas feitas aos santos, já falara antes. *Haverá*, diz, *céu novo e nova terra, não recordarão as coisas passadas e jamais haverá memória delas, mas nelas acharão alegria e regozijo. Porque de Jerusalém farei cidade de júbilo e de meu povo, povo de alegria. Em Jerusalém acharei minhas delícias e em meu povo meu gozo. E nunca jamais se ouvirá nela a voz do pranto* etc. Afanam-se alguns em referi-lo ao reino carnal dos mil anos. Segundo o estilo profético, o profeta mistura com as próprias as expressões figuradas, com o fim de o espírito sóbrio esforçar-se útil e salutarmente em buscar sentido espiritual. Mas a preguiça carnal e a rudeza ignorante e folgazona do espírito contentam-se com a casca, que é a letra, e acham não deverem aprofundar-se mais. Baste isso, quanto às palavras proféticas citadas e seu contexto.

No lugar que comentamos e motivou esta digressão, após haver dito: *E vossos ossos reverdecerão como a erva*, para mostrar que falava da ressurreição dos corpos, mas dos bons, acrescentou: *A mão do Senhor far-se-á visível em favor de seus adoradores.* Que mão é essa senão a que de seus menosprezadores distingue os adoradores de Deus? Dos primeiros diz logo a seguir: *E sua ameaça contra os contumazes* ou, como traduzem outros, *contra os incrédulos*. A ameaça, evidentemente, não se cumprirá então, mas, intimada agora, então surtirá efeito. *Porque,* acrescenta, *eis que o Senhor virá como fogo e seus carros como tempestade, para derramar com indignação sua vingança, e o extermínio com chamas de fogo. O Senhor julgará toda a terra pelo fogo e toda carne pela espada. E muitos serão feridos pelo Senhor.* As palavras *fogo, tempestade* e *espada* significam as penas do juízo, visto dizer que o Senhor virá como fogo e ser indubitável que virá assim para aqueles para quem sua vinda será penal. Os carros (note-se que emprega o plural) designam os ministérios dos anjos. E, quando diz que toda a terra e toda carne serão julgadas pelo fogo e pela espada, por esses dois termos é preciso entender os homens terrenos e carnais, não os espirituais e os santos. Disse-se dos primeiros que *só se preocupam com as coisas terrenas* e que *não se preocupar senão com as coisas da carne é morte*. Dá-lhes o Senhor o nome de carne, quando diz: *Meu espírito não permanecerá nesses homens, por serem carne.* O ferimento de que fala, ao dizer: *Muitos serão feridos pelo Senhor*, é o que causará a segunda morte.

É certo que se podem entender em bom sentido o fogo, a espada e o ferimento. O Senhor manifestou sua vontade de enviar fogo à terra. Quando desceu o Espírito Santo, os discípulos viram como que línguas de fogo. *Não vim*, disse também o Senhor, *trazer paz à terra, mas espada*. E a Escritura chama espada de dois fios à Palavra de Deus, por causa do duplo fio dos dois testamentos. No Cântico dos Cânticos, a santa Igreja diz estar ferida pela caridade como que pela flecha do amor. Mas aqui, quando ouvimos ou lemos que o Senhor vem executar suas vinganças, é claro como se devem entender essas expressões.

3. Depois de haver indicado em uma palavra os que serão consumidos por esse juízo, o profeta, figurando os pecadores e ímpios

sob a imagem das carnes proibidas pela antiga lei, das quais não se abstiveram, resume a graça do Novo Testamento, da primeira vinda do Salvador ao último juízo, em que põe termo à sua profecia. Conta primeiro que o Senhor virá congregar todas as nações, que se reunirão e serão sua glória. *Porque, como diz o apóstolo, todos pecaram e todos têm necessidade da glória de Deus.* Acrescenta que perante eles fará milagres tão maravilhosos, que crerão nele, e que enviará alguns deles a diferentes nações e às longínguas ilhas, que não lhe ouviram o nome nem lhe viram a glória. Esses eleitos, prossegue, anunciarão sua glória aos gentios e conduzirão à fé em Deus Pai os irmãos daqueles a quem se dirigia, quer dizer, os israelitas escolhidos. De todas as partes do mundo levarão presentes ao Senhor, sobre animais de carga e carros (animais e carros que, sem dúvida, são o auxílio divino que Deus manda por ministério dos anjos ou dos homens). E levá-los-á à santa cidade de Jerusalém, agora difundida por toda a terra nos fiéis santos. Quando sentem o divino auxílio, os homens creem e, quando creem, vêm. O Senhor, não obstante, compara-os, em imagem, aos filhos de Israel, que em seu templo lhe oferecem vítimas, acompanhando-as de salmos. Essa prática já está introduzida também na Igreja.

Aos israelitas prometeu aceitar sacerdotes e levitas; ao cumprimento disso estamos assistindo agora. Agora vemos precisamente não serem os sacerdotes e os levitas escolhidos em razão da raça e do sangue, como se fazia no sacerdócio antigo segundo a ordem de Aarão, e sim, como convinha ao espírito do Novo Testamento, em que Cristo é o sumo sacerdote segundo a ordem de Melquisedec, de acordo com os merecimentos pela divina graça conferidos a cada qual. E os merecimentos não devemos ponderá-los pela função, às vezes desempenhada por homens indignos, mas pela santidade, não comum aos bons e aos maus.

4. Depois de assim haver escrito sobre a misericórdia de Deus para com sua Igreja, misericórdia cujos efeitos não são tão conhecidos e palpáveis, o profeta promete, da parte de Deus ou por si mesmo, os fins a que cada qual chegará, quando no último juízo os bons forem separados dos maus. *Porque, como o céu novo e a nova terra permanecerão em minha presença, disse o Senhor, assim permanecerão vossa descendência e vosso nome e passarão de mês em*

mês e de sábado em sábado. Todo homem virá prostrar-se diante de mim e adorar-me em Jerusalém, disse o Senhor. E sairão e verão os membros dos homens prevaricadores. Seu verme não morrerá nunca, seu fogo jamais se apagará e servirão de espetáculo a toda carne. O profeta encerra o livro no ponto em que o mundo terminará. Verdade é que alguns não traduziram *os membros dos homens*, mas *os cadáveres dos homens*, entendendo, evidentemente, por cadáveres as penas corporais, embora não seja costume chamar-se cadáver senão à carne sem alma e esses corpos hajam de ser corpos animados, porque, do contrário, não poderão sentir os tormentos. Talvez não seja absurdo chamá-los de cadáveres pela simples razão de tratar-se de corpos de mortos caídos na segunda morte. Dever-se-iam a isso também as palavras do mesmo profeta já antes citado: *A terra dos ímpios cairá.* Quem não vê que cadáver vem da palavra cair? É manifesto que esses tradutores puseram *varões* em lugar de *homens*, pois ninguém ousará dizer que as mulheres pecadoras não sofrerão esse suplício. Toma-se, pois, a parte superior, quer dizer, a parte de que a mulher foi formada, por ambos os sexos. Contudo (e isso vem mais ao caso), ao dizer, falando dos bons: *Virá toda carne*, porque o povo cristão se comporá de toda classe de homens (e saiba-se que aí não estarão todos os homens, porquanto muitos estarão nos tormentos), e ao dizer, falando dos maus, para seguir o fio de minhas palavras, serem membros ou cadáveres, mostra que o juízo, que tanto aos bons como aos maus dará seu devido fim, sucederá após a ressurreição da carne, de que fala com muita clareza.

CAPÍTULO XXII
Como se entende que os santos sairão para ver os suplícios dos maus?

Como, porém, sairão os bons para ver os suplícios dos maus? Diremos, acaso, que abandonarão corporalmente suas felizes moradas e se dirigirão ao local das penas para com os olhos do corpo presenciar os tormentos dos maus? Deus nos livre de acreditar nisso! Sairão pelo conhecimento ou pela ciência. A palavra *sair* está indicando que estarão fora os que serão atormentados. Por isso o Senhor chama trevas exteriores a esses lugares opostos à entrada que indica ao bom servo, ao dizer-lhe: *Entra no gozo de teu Senhor.* Assim, ninguém pensará que os maus ali entram para serem conhecidos, e sim que os bons parece saírem até eles pela ciência que lhes permite conhecê-los, porque conhecerão o que está fora. Os atormentados não saberão o que se passa dentro, no gozo do Senhor; os que estiverem no gozo do Senhor saberão o que se passa fora, nas trevas exteriores.

Disse que *sairão*, porque deles não se ocultarão tampouco os que estarão de fora. Se, pois, os profetas puderam conhecer essas coisas antes mesmo de acontecerem, porque Deus, por pouquinho que fosse, estava na inteligência desses mortais, como não a conhecerão os santos imortais, uma vez cumpridas, quando Deus estiver todo em todas as coisas? Nessa beatitude serão estáveis a descendência e o nome, descendência de que diz São João: *E sua descendência permanece nele*, e nome de que Isaías disse: *Dar-lhes-ei nome eterno e passarão de mês em mês e de sábado em sábado*, como se dissesse de lua em lua e de descanso em descanso. E serão tudo isso, quando saírem dessas velhas e passageiras sombras e entrarem nas eternas e novas claridades.

Isso das penas dos maus, tanto o fogo inextinguível como o imperecedouro verme, expuseram-no de modo diferente os diversos autores. Alguns referem ambos ao corpo, outros, ambos à alma e outros ainda, o fogo propriamente ao corpo e o verme metaforicamente à alma, o que parece mais verossímil. Mas não é este o lugar para discutir essa diferença. Propus-me ficar neste livro no juízo final, que dos maus separará os bons. Mais para a frente falaremos com mais pormenores das recompensas e dos castigos.

CAPÍTULO XXIII
Profecias de Daniel sobre a perseguição do anticristo, sobre o juízo de Deus e sobre o reinado dos santos

1. Daniel prediz o juízo final, fazendo precedê-lo a vinda do anticristo, e estende até o reino eterno dos santos a profecia. Em visão profética viu quatro bestas, figuras de quatro reinos, e o quarto reino conquistado por determinado rei, o anticristo, sem dúvida, e depois

deles o reino eterno do Filho do Homem, Cristo. E depois escreve: *O terror apoderou-se de mim, eu, Daniel, fiquei pasmado e as visões que eu tivera me enchiam de turbação. Aproximei-me de um dos ali presentes e perguntei-lhe sobre o verdadeiro significado daquelas visões. E deu-me a interpretação autêntica.* Depois, como que expondo o que ouviu daquele a quem pedira a interpretação, acrescenta: *Essas quatro bestas são quatro reinos que se levantarão na terra. Depois receberão do Deus Altíssimo o reino dos santos e reinarão até o fim dos séculos e pelos séculos dos séculos. Eu quis, em seguida, informar-me com mais pormenores da quarta besta, tão diferente de todas as outras e sobremodo horrorosa, que tinha dentes e unhas de ferro e comia e esmigalhava, calcando aos pés o que restava. E, ademais, informar-me acerca dos dez chifres que tinha na cabeça e do outro chifre que lhe começara a sair e, quando apareceu, três chifres haviam caído. E de como aquele chifre tinha olhos e boca, que proferia coisas grandiosas, e era maior que todos os outros. Eu estava observando e eis que o tal chifre fazia guerra contra os santos e sobre eles prevalecia. Isso, porém, enquanto não chegou o ancião de dias e sentenciou em favor dos santos do Altíssimo e veio o tempo e os santos obtiveram o reino.* O próprio Daniel disse havê-lo perguntado. Logo a seguir escreve: *E disse,* quer dizer, aquele a quem perguntara respondeu assim: *A quarta besta será o quarto reino sobre a terra, o qual será maior que todos os reinos, devorará, calcará aos pés e despedaçará toda a terra. E os dez chifres do referido reino serão dez reis, depois dos quais se levantará outro, que será mais poderoso que os primeiros e derrubará três reis. E falará mal do Excelso, perseguirá os santos do Altíssimo e julgar-se-á com faculdade de mudar o calendário e as leis, que serão deixadas a seu arbítrio por um tempo, por tempos e a metade de um tempo. E haverá sessão no tribunal a fim de tirar-lhe o poder, ser destruído e perecer para sempre. E para o reino, o domínio e a magnificência do reino, quanto há sob o sol, serem dados ao povo dos santos do Altíssimo, cujo reino é reino sempiterno, e todos os reis servi-lo-ão e obedecer-lhe-ão. Aqui terminou o assunto. Eu, Daniel, fiquei muito conturbado com esses meus pensamentos e mudou-se a cor do rosto. Mas conservei no coração essa visão.*

Por aqueles quatro reinos alguns entenderam o dos assírios, o dos persas, o dos macedônios e o dos romanos. Quem desejar advertir-se de como é razoável essa interpretação leia o livro intitulado *Exposição sobre Daniel*, escrito com grande erudição e esmero pelo presbítero Jerônimo.

Pelo menos, ninguém que o leia, embora cochile ao fazê-lo, pode duvidar que aí se fala da tirania do anticristo contra a Igreja, embora curta, e de sua anterioridade ao último juízo, em que os santos receberão o reino eterno. O contexto demonstra, ademais, que *tempo, tempos* e *metade de um tempo* significam um ano, dois anos e metade de um ano, ou seja, três anos e meio. Às vezes, a Escritura expressa esse mesmo número em meses. É verdade que em latim *tempos* parece insinuar tempo indefinido, mas aí o hebraico usa o dual, número que também o grego tem e de que o latim carece. Diz tempos, porém equivale a dizer *dois tempos*. Com franqueza, confesso temer enganar-me na apreciação dos dez reis que existirão no Império Romano, quando vier o anticristo. Talvez venha sem pensá-lo e sem existirem esses reis. Sabemos se nesse lugar o dez não significa a totalidade dos reis que devem preceder-lhe a vinda, como mil, cem, sete e outros números, que não é necessário mencionar, frequentemente significam universalidade?

2. O mesmo Daniel assim se expressa em outra passagem: *Virá tempo de tribulação qual não se viu desde que a gente começou a existir sobre a terra até aquele dia. Naquele tempo, teu povo será salvo e todo aquele que se achar escrito no livro da vida. E muitos dos que dormem nas fossas da terra se levantarão, uns para a vida eterna, outros para ignomínia e eterna confusão. Os inteligentes e sábios resplandecerão como a claridade do firmamento e muitos justos brilharão eternamente como estrelas.* Essa passagem é muito similar àquela do Evangelho em que se fala da ressurreição dos corpos. Os que para o evangelista estão nos sepulcros são os que para o profeta dormem nas fossas da terra ou, como outros traduziram, no pó da terra. Diz-se no Evangelho: *sairão* e aqui: *se levantarão*. E, como no Evangelho se disse: *Os que fizeram boas obras, ressuscitados para a vida, e os que fizeram mal, ressuscitados para o juízo*, assim também nessa passagem se diz: *Uns para a vida eterna, outros para ignomínia e eterna confusão.* Mas não faça pensar em diversidade o haver dito o evangelista: *Todos os que estão nos sepulcros* e o profeta não dizer *todos*, e sim: *Muitos dos que dormem nas fossas*

da terra, porque às vezes a Escritura usa *muitos* em lugar de *todos*. Assim, a Abraão se disse: *Em tua descendência serão benditas todas as gerações.*

Dessa ressurreição escreve pouco depois o mesmo profeta Daniel: *Tu, porém, vem e descansa, pois ainda falta algum tempo para a consumação dos séculos. Descansarás e no fim dos tempos ressuscitarás para possuir tua herança.*

CAPÍTULO XXIV
Profecias dos salmos sobre o fim do mundo e sobre o último juízo de Deus

1. Nos salmos insinuam-se muitas coisas sobre o juízo final, mas em geral se fala de passagem e sumariamente. Mas não me permito passar em silêncio o que neles clarissimamente se diz do fim do mundo. *Senhor, no princípio criaste a terra, e os céus são obra de tuas mãos. Eles perecerão, mas tu permanecerás. Envelhecerão como vestimenta. Trocá-los-ás como quem troca de manto e ficarão transformados. Mas tu és sempre o mesmo e teus anos não terão fim.* Por que, pois, Porfírio, que louva a piedade dos judeus e os felicita por adorarem o grande Deus verdadeiro, terrível para os próprios deuses, acusa de extrema loucura os cristãos, fundado nos oráculos de seus deuses, por dizerem que este mundo há de perecer? Eis que as Sagradas Letras dos salmos dizem a Deus, ante quem, segundo confissão desse grande filósofo, os próprios deuses tremem: *Os céus são obra de tuas mãos e eles perecerão.* Quando pereçam os céus, acaso não perecerá o mundo, cuja parte superior e mais firme são os céus? Se esse modo de pensar desagrada a Júpiter, a quem o filósofo, segundo sua própria confissão, deve esse oráculo em que acusa de excessiva credulidade os cristãos, por que não tacha de loucura a Sabedoria dos judeus, em cujos livros mais sagrados se leem essas palavras? Se, pois, essa Sabedoria, que tanto agrada a Porfírio que na boca de seus deuses põe elogios a ela, ensina que os céus hão de perecer, porque é tão vã sua falácia que chega a reprovar na fé dos cristãos, entre outras verdades, o dogma do fenecimento do mundo, pois, *se o mundo não fenece, os céus não podem perecer?* É ver-

dade que nas Letras Sagradas que são propriamente nossas e não nos são comuns com os judeus, quer dizer, nos evangelhos e nos Atos dos Apóstolos, se lê: *A figura deste mundo passa* e: *O mundo passa* e também: *O céu e a terra passarão*. Mas estas expressões: *praeterit, transit, transibunt* (passa, passarão) são de ordinário mais suaves que *peribunt* (perecerão). E na carta do Apóstolo São Pedro, onde diz que o mundo então existente pereceu inundado pela água, é fácil entender a que parte do mundo se refere e como entende que pereceu e a que céus alude, ao dizer que serão reservados para que o fogo os queime no dia do juízo e do extermínio dos homens ímpios. Pouco depois acrescenta: *O dia do Senhor virá como ladrão e então os céus passarão com espantoso estrondo, os elementos, ardendo, se dissolverão e a terra e suas obras serão abrasadas*. E depois aduz: *Perecendo todas essas coisas, como deveis ser?*

Aí podemos entender que os céus que perecerão são os que ficam reservados para o fogo e que os elementos que se dissolverão são os que subsistem na parte inferior da terra, exposta a tempestades e agitações. Nela disse encontrarem-se os céus em que estão suspensos os astros, céus que, sem contar os superiores, permanecem intactos. E o fato de que as estrelas cairão do céu, além de ser possível dar-lhe outro sentido mais verossímil, prova de sobejo a permanência dos céus, se é que as estrelas cairão dele. Ou é, pois, locução figurada, que é o mais provável, ou sucederá no céu inferior, mais admiravelmente, porém, do que sucede agora. Daí dizer o poeta: *Uma estrela cai do firmamento através das sombras, deixando rasto de luz em seu curso, e foi esconder-se no bosque de Ida*. Mas, quanto à passagem que citei do salmo, parece não excetuar nenhum céu o salmista; todos, portanto, perecerão, segundo ele. Porque, ao dizer: *Os céus são obra de tuas mãos e eles perecerão*, das mãos de Deus não desliga nenhum céu e, portanto, tampouco o exclui do fenecimento. Não se dignarão, pois, fundados nas palavras de São Pedro, a quem odiaram de morte, defender a piedade dos judeus, canonizada pelos oráculos de seus deuses. E tampouco pretenderão que, como em sua epístola o apóstolo toma a parte pelo todo, ao dizer haver o mundo perecido pelo dilúvio, pois só pereceu a parte inferior com seu céu, assim o salmista tomava a parte pelo todo, ao dizer: *Eles perecerão*, porquanto perecerão os céus inferiores. Como, porém, não se dignarão fazê-lo, de medo de aprovar o modo de pensar do Apóstolo São Pedro ou de à última conflagração conceder somente o poder que se dá ao dilúvio, a eles, que sustentam a impossibilidade de o gênero humano perecer pelas águas e pelo fogo, só lhes resta dizer haverem seus deuses louvado a Sabedoria dos judeus porque não haviam lido esse salmo.

2. O Salmo 49 fala também do juízo final nestes termos: *Deus virá manifestamente, virá nosso Deus e não calará. O fogo arderá em sua presença e a seu redor esbravejará horrorosa tempestade. Chamará o céu lá em cima e a terra, para discernir seu povo. Congregai ante ele seus justos, os que por meio de sacrifícios fizeram o testamento de Deus.* Trata-se de profecias referentes, segundo entendemos, a nosso Senhor Jesus Cristo, que do céu virá, como esperamos, julgar os vivos e os mortos. Ele, que primeiro veio, oculto, para ser injustamente julgado pelos injustos, virá manifestamente julgar de maneira justa os justos e os injustos. Virá, repito, *manifestamente e não calará*, quer dizer, falará como juiz Ele, que veio oculto, calou ante o juiz, quando conduzido como ovelha ao matadouro, e esteve manso como o cordeiro ante o tosquiador, segundo vemos anunciado em Isaías e cumprido no Evangelho. Quanto ao fogo e à tempestade, já dissemos como entendê-los, ao explicarmos expressões semelhantes em Isaías.

Com as palavras: *Chamará o céu lá em cima,* visto como os santos e os justos com razão se chamam o céu, o salmista quis, sem dúvida, dizer o mesmo que o apóstolo: *Seremos arrebatados juntamente com eles sobre as nuvens ao encontro de Cristo no ar.* À primeira vista e segundo a letra, como se vai chamar o céu lá em cima, se o céu só pode estar lá em cima? Se nas palavras: *e a terra, para discernir seu povo,* unicamente se subentende *chamará*, quer dizer, chamará também a terra, sem subentender-se *lá em cima,* o sentido, segundo a reta fé, *parece* ser este: O céu figura aqueles que hão de julgar com Ele; a terra, os que devem ser julgados. De acordo com isso *chamará o céu lá em cima* não equivale a: Elevá-los-á ao ar, e sim a: Fá-los-á subir aos tronos de justiça.

As palavras: *Chamará o céu lá em cima* podem ter estoutro sentido: Chamará de seus supernos e excelsos assentos os anjos com quem desce a julgar. E chamará *também a terra* equivale a dizer os homens que devem ser julgados na terra. Se, porém, quando diz: E *a terra*, deve-se subentender as palavras *chamará* e *lá em cima*, caso em que seria este o sentido: Chamará lá em cima o céu e chamará lá em cima a terra, acho que não se deve entender nada melhor que os homens que serão levantados no ar ao encontro de Cristo. E disse céu pelas almas e terra pelos corpos.

Que significa *discernir seu povo*, senão pelo juízo separar dos maus os bons, como dos cabritos as ovelhas? Depois se dirige aos anjos e lhes diz: *Congregai ante Ele seus justos*, por ser indubitável que ato de tal alcance devem realizá-lo os anjos. E, se perguntamos que justos hão de os anjos congregar ante Ele, responde: *Os que fizeram o testamento de Deus sobre os sacrifícios*. A isto é que se reduz a vida dos santos, a fazer o testamento de Deus sobre os sacrifícios. Com efeito, as obras de misericórdia estão *sobre os sacrifícios*, ou seja, devem antepor-se aos sacrifícios, segundo as palavras de Deus, que diz: *Misericórdia quero, não sacrifício*, ou, se *sobre os sacrifícios*, dando outro sentido à expressão, se refere aos sacrifícios como se fazem sobre a terra, o que se faz na terra, as obras de misericórdia são os sacrifícios que agradam a Deus, como recordo haver observado no Livro Décimo desta obra. Nessas obras os justos cumprem o testamento de Deus, porque as fazem movidos pelas promessas contidas no Novo Testamento. Por isso será no último juízo que Cristo, convocados ante si seus justos e postos à sua direita, lhes dirá: *Vinde, benditos de meu Pai, possuir o reino que vos está preparado desde a criação do mundo. Porque tive fome e me destes de comer*, e o mais que nessa passagem se diz em relação às boas obras dos bons e ao prêmio eterno que receberão em virtude da última sentença do juiz.

CAPÍTULO XXV
Profecia de Malaquias. O juízo final e a purificação pelas penas

O Profeta Malaquias ou Malaqui, também chamado Anjo, que, segundo alguns, outro não é senão Esdras, de quem há outros escritos incluídos no cânon (opinião que, segundo São Jerônimo, corre entre os judeus), anuncia nos seguintes termos o último juízo: *Ei-lo, aí vem, diz o Senhor Todo-poderoso, e quem suportará o dia de sua entrada ou quem poderá deter-se a contemplá-lo? Porque ele entra como fogo ardente e como erva dos pisoeiros. E sentar-se-á a fundir e a polir o ouro e a prata, purificará os filhos de Levi, acrisolá-los-á como o ouro e a prata e eles oferecerão ao Senhor vítimas em justiça. O sacrifício de Judá e de Jerusalém será grato ao Senhor, como outrora nos primeiros anos. Aproximar-me-ei de vós para julgar e serei testemunha veloz contra os feiticeiros, os adúlteros, os perjuros e contra os que defraudam o salário do trabalhador, oprimem com violência as viúvas, maltratam os órfãos, fazem injustiça ao estrangeiro e não me temem o nome, diz o Senhor onipotente. Sou o Senhor, vosso Deus, e não mudo.* Essas palavras, segundo me parece, manifestam com clareza que para alguns haverá naquele juízo penas purgatórias. Que outra coisa cabe entender no seguinte: *Quem suportará o dia de sua entrada ou quem poderá deter-se a contemplá-lo? Porque ele entra como fogo ardente e como erva dos pisoeiros. E sentar-se-á a fundir e a polir o ouro e a prata, purificará os filhos de Levi e acrisolá-los-á como o ouro e a prata?* Isaías diz algo parecido: *O Senhor limpará as imundícies dos filhos e das filhas de Sião e mediante o sopro do juízo e o espírito do fogo purificar-lhes-á o sangue.* E assim, a não ser que alguém queira dizer que são purificados de suas imundícies e acrisolados, quando deles os maus forem separados pelo juízo penal, e que a separação e condenação desses é a purificação dos outros, porque daí por diante já não viverão em confusa mistura.

Depois acrescenta: *E purificará os filhos de Levi, acrisolá-los-á como o ouro e a prata, e eles oferecerão ao Senhor vítimas em justiça. E o sacrifício de Judá e de Jerusalém será grato ao Senhor.* Com isso indica que esses mesmos que serão purificados serão depois gratos ao Senhor pelos sacrifícios de justiça e, assim, purificados de sua injustiça, motivadora do desagrado de Deus. Uma vez purificados, serão vítimas de plena e perfeita justiça. Podem acaso oferecer a Deus algo mais aceitável que suas próprias pessoas? Essa questão das penas purgatórias remeto-a a lugar mais oportuno, para dela falarmos mais a fundo.

Pelos filhos de Levi, de Judá e de Jerusalém é preciso entender a Igreja de Deus, composta não apenas dos judeus, mas também de outras nações. E, ademais, não como é agora, nesse estado em que, *se dissermos que não temos pecado, nos enganamos a nós mesmos e a verdade não está em nós,* e sim qual será então, purificada pelo juízo final como a eira pelo vento. Então, já purificados pelo fogo os que têm necessidade dessa purificação, já ninguém oferecerá sacrifícios por seus pecados. Porque, sem dúvida, todos os que assim oferecem são réus de pecados e oferecem sacrifícios para alcançar a remissão. E alcançá-la-ão, uma vez que hajam sacrificado e Deus lhes haja aceitado o sacrifício.

CAPÍTULO XXVI
Sacrifícios que os santos oferecerão a Deus

1. Querendo mostrar que sua Cidade não estará implicada tais costumes, Deus disse que os filhos de Levi oferecerão os sacrifícios em justiça. E, portanto, não em pecado nem pelo pecado. Em consequência, podemos concluir destas palavras: *E o sacrifício de Judá e de Jerusalém será grato ao Senhor, como nos dias antigos e nos primeiros anos,* que em vão os judeus garantem o cumprimento, como no passado, dos sacrifícios, exigidos pela lei do Antigo Testamento. Então não ofereciam vítimas em justiça, mas em pecado, pois as ofereciam principal e primordialmente pelos pecados. Isso é tão verdade, que o próprio sacerdote, de quem devemos presumir que era mais justo que os demais, costumava, segundo a ordem de Deus, oferecê-las primeiro por seus pecados e depois pelos do povo. É preciso, pois, explicar o sentido destas palavras: *Como nos dias antigos e nos primeiros anos.* Talvez se refiram ao tempo em que os primeiros homens estavam no paraíso. E era precisamente então que, em estado de pureza e de integridade, isentos de toda mancha e de todo pecado, ofereciam-se a Deus como hóstias puríssimas. Desde, porém, que por causa de sua desobediência foram expulsos do paraíso e a natureza humana foi condenada neles, exceto o Mediador e algumas crianças depois do batismo, *ninguém,* como está escrito, *está isento de pecado, nem mesmo a criança de apenas um dia de vida.*

Alguém replicará que podemos com razão dizer que oferecem sacrifícios em justiça os que os oferecem com fé, pois *o justo vive da fé,* embora se engane a si mesmo, se diz estar isento de pecado. Nesse caso não dirá que vive da fé. Dirá porventura alguém dever o tempo da fé igualar-se àquele fim em que serão purificados pelo fogo do último juízo os que ofereçam sacrifícios em justiça? E, por conseguinte, visto ser preciso crer que, depois dessa purificação, os justos já não terão nenhum pecado, esse tempo, quanto a carecer de pecado, não pode comparar-se com nenhum outro, a não ser com aquele em que os primeiros homens viveram, antes da prevaricação, vida inocente e feliz no paraíso. Pode-se muito bem, portanto, dar esse sentido às referidas palavras: *Como nos dias antigos e nos primeiros anos.*

Também Isaías diz, após a promessa de novo céu e de nova terra, entre outras alegorias e imagens enigmáticas sobre a bem-aventurança dos santos, que não expusemos para evitar a prolixidade: *Os dias de meu povo serão como os dias da árvore da vida.* Quem haja relanceado a vista pelas Sagradas Letras ignora onde plantou Deus a árvore da vida, de cujo fruto foram privados os primeiros homens, quando sua desobediência os arrojou do paraíso e Deus pôs ígnea e terrível guarda em torno da árvore?

2. Talvez alguém sustente que os dias da árvore da vida a que o profeta alude são os dias da Igreja, que agora correm, e que a Cristo é que o profeta chama árvore da vida. Porque é a Sabedoria de Deus de que diz Salomão: *É árvore de vida para todos os que a abraçam.* E talvez também sustentem não haverem os primeiros homens vivido alguns anos no paraíso, de que tão cedo foram mandados embora, que nele não geraram filho algum, e, por isso, não poderem referir-se a esse tempo as palavras comentadas: *Como nos dias antigos e nos primeiros anos.* Passo por alto esse ponto, para não me ver obrigado a entrar em discussão longa em demasia, com o propósito de que a manifestação da verdade os confirme em sua crença.

Ocorre-me, ademais, outro sentido que me impede de acreditar haverem os dias antigos e os primeiros anos dos sacrifícios carnais sido prometidos pelo profeta como dom excepcional. As vítimas da antiga lei, que deviam ser, por prescrição, cordeiro imaculado e sem defeito, representavam os homens santos, isentos de todo pecado. E assim só existiu Cristo. Depois do juízo, os que hajam sido dignos de purificação já haverão sido purificados pelo fogo e os santos já não terão pecado e oferecer-se-ão a si mesmos em justiça como hóstias imaculadas e sem mancha. Então serão como nos dias antigos e nos primeiros anos, quando a oferenda de vítimas sem mácula era como que sombra do sacrifício futuro. A pureza figurada pelos corpos dos animais imaculados será então realidade na carne e na alma imortal dos santos.

3. Depois, dirigindo-se aos dignos, não de purificação, mas de condenação, lhes diz: E *aproximar-me-ei de vós para julgar e serei testemunha veloz contra os feiticeiros, os adúlteros,* etc. E, enumerados os crimes condenáveis, acrescenta: *Porque sou o Senhor, vosso Deus, e não mudo.* Como se dissesse: Embora vos mude para pior vossa culpa e para melhor minha graça, não mudo. Diz que será testemunha, porque em seu juízo não necessitará de testemunhas, e testemunha veloz, quer porque virá de repente e de improviso e seu juízo será rápido e sem que o esperem tão cedo, quer porque sem necessidade de muitas palavras convencerá as consciências. *As perguntas ao ímpio,* como está escrito, *versarão sobre seus pensamentos.* E, como diz o Apóstolo, *os pensamentos dos homens hão de acusá-los ou escusá-los no dia em que Deus julgará os segredos dos corações por Jesus Cristo, segundo meu Evangelho.* Esse sentido pode aplicar-se também ao fato de que Deus será testemunha veloz, pois em um instante trará à lembrança acontecimentos susceptíveis de convencer e castigar as consciências.

CAPÍTULO XXVII
A separação dos bons e dos maus e como repercutirá no juízo final

Tem relação com o juízo final o texto que do mesmo profeta ao de leve aduzi no Livro Décimo Oitavo. Eis a passagem: *Serão minha herança, diz o Senhor onipotente, no dia em que agirei e os escolherei como pai que escolhe filho obediente. Converter-vos-eis e conhecereis a diferença que há entre o justo e o pecador e entre quem serve Deus e quem não o serve. Porque eis que chegará o dia como fornalha ardente e os consumirá. Todos os alienígenas e todos os pecadores serão como estopa e o dia que se aproxima os abrasará, diz o Senhor Todo-poderoso, e neles não deixará nem raiz, nem ramos. Mas para os que me temeis o nome nascerá o sol de justiça e encontrareis a salvação em suas asas. Saireis, saltando como vitelinhos fora do redil, calcareis os ímpios e serão cinza sob vossos pés, diz o Senhor onipotente.* Essa diferença de prêmios e de penas, que dos pecadores distingue os justos e na vaidade da vida presente não se nota sob o sol, quando essa diferença aparecer sob o sol de justiça que brilhará na vida futura, então será o juízo nunca dantes visto.

CAPÍTULO XXVIII
Interpretação espiritual da lei de Moisés

O mesmo profeta acrescenta: *Lembrai-vos da lei que para todo o Israel dei em Horeb a Moisés, meu servo.* Recorda com muita oportunidade os mandamentos de Deus, depois de haver posto em relevo a enorme diferença que há entre quem observa a lei e quem a menospreza. Tinha, ademais, outra intenção, a de ensinar a entender espiritualmente a lei e a nela achar Cristo, juiz que deve fazer a distinção entre os bons e os maus. Não foi em vão que o Senhor disse aos judeus: *Se crêsseis em Moisés, também creríeis em mim, pois escreveu de mim.*

Por entenderem carnalmente a lei e desconhecerem que as promessas terrenas por ela feitas são figuras das celestes, caem em tais absurdos, que se atrevem a dizer: *É loucura servir Deus. Que proveito tiramos de guardar-lhe os mandamentos e de andar suplicantes em presença do Senhor onipotente? Agora chamamos e com razão felizes os estranhos e todos os iníquos triunfam na vida.* Essas murmurações de certo modo forçaram o profeta a anunciar o juízo final, em que os maus não serão felizes nem mesmo de falsa felicidade, mas aparecerão desgraçados a todas as luzes, e os bons não estarão sujeitos a miséria alguma, mesmo temporal, mas gozarão de felicidade gloriosa e eterna. Algo semelhante dissera antes, ao referir outros mexericos: *O homem que pratica o mal é bom aos olhos do Senhor e esses por Ele são aceitos.*

Esses murmúrios contra Deus são fruto, como digo, de interpretação carnal da lei de Moisés. Por isso o salmista, no Salmo 72, diz haverem-lhe tremido as pernas e dado passos em falso, porque invejou os pecadores, ao ver a paz de que gozam. E, entre outras coisas, diz: *Como Deus sabe disso? Terá conhecimento disso o Altíssimo?*

E também: *Justifiquei inutilmente, porventura, o coração e lavei as mãos entre inocentes?* Tratando de resolver a dificílima questão que se apresenta, ao ver miseráveis os bons e felizes os maus, acrescenta: *Difícil me será compreender isso, enquanto eu não entrar no santuário de Deus e conhecer o fim de cada qual.* No último juízo não será assim. As coisas aparecerão de maneira muito diferente, quando se manifestarem a felicidade dos justos e a miséria dos pecadores.

CAPÍTULO XXIX
A vinda de Elias antes do juízo

E, depois de havê-los advertido de que se lembrariam da lei de Moisés, prevendo que ainda ficariam muito tempo sem entendê-la espiritualmente, como se deve, acrescentou: *Enviar-vos-ei Elias de Tesba, antes de vir o grande e luminoso dia do Senhor, que ao filho converterá o coração do pai e ao próximo o coração do homem, por temor de que, vindo, destrua a terra toda.* É crença muito difundida e arraigada no coração dos fiéis que no fim do mundo, antes do juízo, os judeus crerão no verdadeiro Messias, quer dizer, em nosso Cristo, graças ao admirável e grande Profeta Elias, que lhes explicará a lei. Não carece de fundamento a esperança de que virá antes da vinda do Juiz e Salvador, pois é com razão que ainda hoje o julgam vivo. É certo, dado o testemunho evidente e claro das Santas Escrituras, haver sido arrebatado em carro de fogo. Ao vir, exporá espiritualmente a lei, entendida carnalmente pelos judeus. E *ao filho converterá o coração do pai*, quer dizer, aos filhos o coração dos pais, pois os Setenta usaram o singular pelo plural. O sentido é este: os filhos, os judeus, entendam a lei como a entenderam os pais, os profetas, entre quem se contava Moisés. Assim, o coração dos pais converter-se-á aos filhos, quer dizer, os pais chamarão os filhos a seu modo de interpretar a lei. *E aos pais o coração dos filhos,* assentindo estes no que sentiram aqueles. Em lugar disso disseram os Setenta: *E ao próximo o coração do homem,* pois não há ninguém mais próximo que os pais e os filhos.

A essas palavras dos Setenta, que interpretaram a Escritura como profetas, talvez seja possível dar outro sentido mais elevado. Segundo ele, Elias converterá ao Filho o coração de Deus Pai, não fazendo, é claro, que o Pai ame o Filho, mas ensinando aos judeus que, assim como o Pai ama o Filho, assim também amem eles o Cristo, nosso Cristo, a quem antes haviam odiado. Com efeito, Deus, segundo os judeus, em nosso tempo tem apartado de nosso Cristo o coração. E, para eles, Deus converterá o coração ao Filho, quando, transformado o coração deles, virem o amor do Pai ao Filho. *E ao próximo o coração do homem*, quer dizer, Elias converterá também o coração do homem ao próximo; que coisa melhor que isto podemos entender: converterá o coração do homem a Cristo-homem? Porque Cristo, sendo nosso Deus na forma de Deus, dignou-se, tomando a forma de servo, ser também nosso próximo.

E Elias fá-lo-á *por temor de que, vindo, destrua a terra toda.* São terra todos os que não têm gosto senão pelas coisas da terra, como os judeus carnais. Esse vício motivou aqueles murmúrios contra Deus: *Agrada-se dos maus* e: *É loucura servir a Deus*.

CAPÍTULO XXX
Obscuridade do Antigo Testamento a respeito da pessoa de Cristo como juiz no último juízo

1. Nas divinas Escrituras há muitos outros testemunhos sobre o juízo final. Estender-me-ia demasiado nesse ponto, se os recolhesse todos. Baste, pois, haver provado que essa verdade foi anunciada tanto no Antigo como no Novo Testamento. Mas o Antigo não diz, com tanta clareza como o Novo, ser Cristo quem fará esse juízo, quer dizer, ser Cristo quem do céu virá como juiz. De ali dizer o Senhor que virá ou dizer o hagiógrafo que virá o Senhor, não se segue logicamente que virá Cristo, pois essa denominação serve tanto para o Pai como para o Filho, para o Espírito Santo. Mas esse ponto não convém deixá-lo passar sem provas.

É preciso, em primeiro lugar, pôr em evidência que Jesus Cristo fala por seus profetas sob o nome do Senhor Deus, sem ocultar-se como Cristo. Isso é tão verdade que, quando não aparece como tal e, entretanto, se diz que o Senhor Deus virá julgar, pode-se entender tratar-se de Jesus Cristo. Há determinada passagem em Isaías que lança luz sobre o que vou dizendo. Deus fala pelo profeta: *Escu-*

ta-me, Jacó, e tu, Israel, a quem chamo. Sou o primeiro e sou para sempre. Minha mão fundou a terra e minha destra consolidou o céu. Chamá-los-ei, no mesmo instante se apresentarão, se reunirão todos e escutarão. Quem lhes anunciou tais coisas? Como te amava, cumpri-te a vontade a respeito de Babilônia e exterminei a raça dos caldeus. Falei e chamei: guiei-o e fiz-lhe prosperar a jornada. Acercai-vos de mim e escutai-me: Desde o princípio jamais falei em segredo. Quando as coisas sucediam, encontrava-me presente. E agora me enviou o Senhor Deus e seu Espírito. E, nem mais nem menos, o mesmo que falava com o Senhor Deus e, contudo, não se saberia tratar-se de Jesus Cristo, se não houvesse acrescentado: *E agora me enviou o Senhor Deus e seu Espírito.* Disse-o segundo a forma de servo, e fala de realidade futura como se já houvera passado. Assim lemos no mesmo profeta: *Foi conduzido como ovelha ao matadouro.* Não diz: *Será conduzido.* Em lugar do futuro usa o passado. Esse modo de falar é muito corrente em profecia.

2. Em Zacarias encontramos outra passagem em que esse mesmo pensamento aparece de maneira clara. Nela se diz haver o Onipotente enviado o Onipotente. Quem a quem, senão Deus Pai a Deus Filho? Eis suas palavras: *Isto diz o Senhor onipotente: Depois da Glória, enviou-me às nações que vos despojaram. Porque tocar-vos é como tocar-lhe as meninas dos olhos. Estenderei a mão sobre eles, serão despojos dos que foram seus escravos e conhecereis haver-me enviado o Senhor onipotente.* Adverte que o Senhor onipotente diz havê-lo enviado o Senhor onipotente. Quem se atreverá a entendê-lo referente senão a Cristo, que fala às ovelhas desgarradas da casa de Israel? Assim diz no Evangelho: *Não fui enviado senão às ovelhas da casa de Israel que pereceram.* Comparou-as às meninas de seus próprios olhos por causa do imenso amor que lhes tinha. Entre essas ovelhas também se contavam seus apóstolos. E, depois da glória de sua ressurreição, antes da qual, diz o evangelista, *Jesus ainda não fora glorificado,* foi, na pessoa de seus apóstolos, enviado também às nações. Desse modo se cumpriu o que se lê no salmo: *Livrar-me-ás das contradições do povo e constituir-me-ás chefe das nações.* Os que haviam saqueado os israelitas e aqueles a quem haviam servido os israelitas, quando submetidos às nações, não foram, por sua vez, despojados, mas se transformaram em despojos dos israelistas. Isso mesmo prometera aos apóstolos, ao dizer-lhes:

Far-vos-ei pescadores de homens. E a um deles: *Doravante serás pescador de homens.* Transformaram-se, pois, em despojos, mas no bom sentido, como os vasos roubados ao forte, mas ao forte amarrado por mão mais forte ainda.

3. Falando por boca do mesmo profeta, diz o Senhor: *Naquele dia procurarei exterminar todas as nações que venham contra Jerusalém. E sobre a casa de Davi e sobre os habitantes de Jerusalém derramarei o Espírito de graça e de misericórdia e porão os olhos em mim por haverem-me insultado. Chorarão sobre ele como o fazem sobre ser amado e chorarão por ele como pelo filho único.* A quem cabe, senão unicamente a Deus, exterminar todas as nações inimigas da santa cidade de Jerusalém, que *vêm contra ela*, quer dizer, lhe são contrárias, ou, segundo outra versão, *vêm sobre ela*, ou seja, para subjugá-la? E a quem, senão unicamente a Deus, pertence derramar sobre a casa de Davi e sobre os moradores de Jerusalém o Espírito de graça e de misericórdia? Isso é, na verdade, privativo de Deus; di-lo Deus pela boca do profeta. E, não obstante, Cristo mostra ser Ele esse Deus que opera todas essas maravilhas divinas, ao acrescentar: *E porão os olhos em mim por me haverem insultado. Chorarão sobre ele como choram sobre um ser amado (*ou *querido) e chorarão por ele como pelo unigênito.* Naquele dia, os judeus, mesmo aqueles que hão de receber o Espírito de graça e de misericórdia, fitando os olhos em Cristo, que virá em toda a sua majestade, e caindo em que é o mesmo de quem zombaram durante a paixão, arrepender-se-ão de havê-lo insultado em sua paciência. E também seus pais, autores de tamanha impiedade, o verão quando ressuscitarem, já não para serem corrigidos, mas castigados. Por conseguinte, as palavras: *E sobre a casa de Davi e sobre os habitantes de Jerusalém derramarei o Espírito de graça e de misericórdia e porão os olhos em mim por me haverem insultado,* não aludem a eles, mas aos descendentes de sua raça, que nesse tempo a pregação de Elias conduzirá à fé. Mas, assim como dizemos aos judeus: *Destes morte a Cristo* embora esse crime se deva a seus pais, assim também eles se afligirão, de certo modo, com serem os autores do mal praticado pelos outros. E, embora, uma vez recebido o Espírito de graça e de misericórdia, os fiéis não sejam condenados com seus ímpios pais, não deixarão por isso de doer-se, como se culpados, do crime de seus pais. A dor não nascerá do reato do crime, mas do afeto de piedade.

É verdade que onde os Setenta traduziram: *E porão os olhos em mim por me haverem insultado,* diz o hebraico: *E porão os olhos em mim, a quem traspassaram.* Essa palavra exprime com mais clareza a Cristo crucificado. Não obstante, o insulto, segundo a expressão dos Setenta, abarca a totalidade da paixão. Insultaram-no quando foi detido, preso, julgado, vestido com o opróbrio do ignominioso manto de púrpura, coroado de espinhos, ferido na cabeça com o caniço, adorado burlescamente de joelhos em terra, ao carregar a cruz e já pendente do madeiro. Não singularizando, pois, as versões, mas reunindo ambas, ao lermos que o *insultaram e o traspassaram,* reconhecemos de maneira mais cabal a verdade da paixão do Senhor.

4. Em consequência, quando nos profetas lemos que Deus virá julgar, sem distinguir a pessoa, é preciso entender que se trata unicamente de Cristo, pois, apesar de ser o Pai quem julgará, julgará pela vinda do Filho do homem. Ele, visivelmente, *não julga ninguém, mas deu ao Filho,* que se manifestará como homem-juiz, assim como foi julgado como homem, o *poder de julgar.* A que outro se refere o que Deus diz por Isaías sob o nome de Jacó e de Israel, de cuja estirpe nasceu Cristo segundo a carne? Eis o texto: *Jacó é meu servo, protegê-lo-ei; Israel é meu escolhido, nele minha alma se compraz. Dei-lhe meu Espírito; Ele fará o julgamento das nações. Não gritará nem calará e sua voz não se ouvirá fora. Não quebrará o caniço partido nem apagará a mecha que ainda fumega, mas julgará conforme a verdade. Resplandecerá e não será ferido, enquanto não fizer na terra o julgamento; e as nações esperarão em seu nome.* O hebraico não traz *Jacó e Israel,* mas os Setenta, dando a entender o que se devia entender por *meu servo,* quer dizer, pela humílima forma de servo a que se reduziu o Altíssimo, empregaram o nome da pessoa de cuja estirpe tomou a forma de servo. Foi-lhe dado o Espírito Santo, que, segundo o Evangelho atesta, sobre Ele desceu sob a forma de pomba. Ele pronunciou o julgamento das nações, porque prenunciou o cumprimento futuro do que estava oculto às nações. Não gritou, por mansidão; contudo, não cessou de pregar a verdade. Mas sua voz não se ouviu fora, nem se ouve, pois os que estão separados de seu corpo não lhe obedecem. Não abateu nem extinguiu os judeus perseguidores, comparados ao caniço partido, porque perderam a integridade, e à mecha fumegante, porque já não têm a luz. Ele, que não viera julgá-los, mas para ser julgado por

eles, perdoou-os. E pronunciou julgamento verdadeiro, predizendo-lhes que seriam castigados, se persistissem em sua malícia. Seu rosto brilhou na montanha e sua fama no orbe inteiro. Não o quebraram nem abateram, porque não cedeu aos perseguidores, nem em sua pessoa, nem em sua Igreja. E por isso não sucedeu nem sucederá o que seus inimigos disseram e ainda dizem: *Quando morrerá e lhe será abolido o nome?*

Enquanto não estabelecer o juízo sobre a terra. Eis revelado o segredo que buscávamos. Esse é, pois, o último juízo que fará na terra, quando vier do céu. Já nele vemos cumprido o que o profeta acrescentou: *E as nações esperarão em seu nome.* Que esse fato inegável seja razão poderosa para crer no que só a desvergonha permite negar. Quem esperaria o que até mesmo os que se recusam a crer em Cristo já veem cumprido e rangem os dentes e morrem de raiva por não lhe poder negar a incontestável evidência? Quem, repito, esperaria que as nações haviam de crer no nome de Cristo, quando o prendiam, o amarravam, o esbofeteavam, o insultavam e o crucificavam, quando, enfim, até os próprios discípulos haviam perdido a esperança que começava a brilhar-lhes no coração? O que a custo um ladrão esperou então na cruz todas as nações agora esperam e, por temor à morte eterna, persignam-se com a cruz em que morreu.

5. Já ninguém nega nem sequer duvida que será Jesus Cristo o supremo juiz do juízo final, que será tal qual se anuncia nas Sagradas Letras. Disso duvida apenas quem, por incredulidade recalcitrante e cega, não crê nas Escrituras, cuja veracidade já se manifestou ao mundo inteiro. Eis as coisas que sucederão no juízo ou até esse tempo: a vinda de Elias Tesbita, a conversão dos judeus, a perseguição do anticristo, a vinda de Cristo para julgar, a ressurreição dos mortos, a separação entre os bons e os maus, a conflagração do mundo e sua renovação. É preciso crer que tudo isso acontecerá. Mas de que modo e em que ordem? A experiência no-lo ensinará melhor do que possam fazê-lo agora as conjeturas da razão humana. Contudo, tenho para mim que sucederão na ordem que vim dizendo.

6. Faltam-me dois livros para eu pôr fim a esta obra e cumprir, graças a Deus, minhas promessas. Um versará sobre o suplício dos maus; outro, sobre a felicidade dos bons. Neles refutarei, sobretudo com o auxílio de Deus, os vãos argumentos dos homens, que pare-

cem roer com sabedoria sua miséria contra as predições e as promessas de Deus e desprezam como ridículos e fracos os dogmas que nos alimentam a fé. Mas da onipotência divina os sábios segundo Deus extraem poderosíssimo argumento para crerem tudo quanto parece incrível aos homens e está contido nas Sagradas Escrituras, cuja verdade já está justificada de tantas maneiras. Têm, ademais, por certo ser impossível que Deus nos engane e possa fazer o que para o infiel é impossível.

LIVRO VIGÉSIMO PRIMEIRO

Fim próprio da cidade do diabo, ou seja, suplício eterno dos condenados e argumentos para combater a opinião dos incrédulos.

CAPÍTULO I
Ordem que havemos de seguir e seu porquê

Já havendo, por Jesus Cristo, nosso Senhor, juiz de vivos e mortos, chegado a seus fins ambas as cidades, a de Deus e a do diabo, deve-se neste livro, com o auxílio de Deus, tratar com mais esmero da natureza do suplício que sofrerão o demônio e todos os seus sequazes. Decidi seguir essa ordem para no livro seguinte falar da felicidade dos santos. Em ambos os estados a alma estará unida ao corpo e parece mais incrível possam os corpos subsistir em tormentos eternos que em bem-aventurança eterna, livre de toda dor. E, assim, a demonstração de não ser incrível essa pena me facilitará grandemente a prova da imortalidade dos corpos, isenta de toda dor, nos santos. Essa ordem não repugna, em absoluto, à Escritura, que, se é verdade que às vezes começa pela felicidade dos bons, como aqui: *Os que fizeram o bem sairão ressuscitados para a vida; os que o mal, ressuscitados para serem condenados,* também é verdade que às vezes a pospõe, como neste lugar: *O Filho do Homem enviará seus anjos e de seu reino recolherão todos os escândalos e os arrojarão à fornalha de fogo ardente, onde apenas haverá choro e ranger de dentes. Ao mesmo tempo, os justos resplandecerão como o sol no reino de* seu Pai. E neste: *Assim irão os ímpios para o eterno suplício e os justos para a vida eterna.* E, se atentarmos nos profetas, veremos que seguem esta ou aquela ordem. Seria muito demorado prová-lo. Quanto a nós, já demos a razão da ordem adotada.

CAPÍTULO II
Podem os corpos viver perpetuamente no fogo?

Que direi para convencer os incrédulos de que os corpos animados e vivos não somente podem não ser aniquilados pela morte, mas também subsistir para sempre em meio das chamas? Não querem que nossa prova se funde no poder do Onipotente. Exigem-nos que o provemos com exemplos. Respondemos-lhes haver animais corruptíveis, por serem mortais, que vivem em meio do fogo e, nas fontes de água quente, em que é impossível meter a mão sem queimar-se, viver certa classe de vermes, que não apenas nelas vivem, como também não podem viver fora.

Os inimigos recusam-se a crê-lo, se não podemos mostrá-lo, mas, se o apresentamos ou provamos com testemunhos autorizados, porfiam, com idêntica incredulidade, dizendo que isso não basta para ilustrar o ponto em questão. Esses animais, dizem, não vivem sempre e vivem sem dor no fogo, porque nele vegetam e não são atormentados, pois esse elemento se conforma com sua natureza. Como se não fora mais incrível ser alimentado que atormentado por tais seres! É maravilhoso sentir dor no fogo e viver, porém, é mais maravilhoso viver no fogo e não sentir dor. Se, pois, a gente crê nisto, por que não crê naquilo?

CAPÍTULO III
É lógico dizer que a morte do corpo segue à dor corporal?

1. Não há corpo algum, replicam, que possa sentir dor e não possa morrer.

E isso como o sabemos? Com efeito, quem pode garantir que os demônios sintam dor no corpo, quando confessam que grandes tormentos os afligem?

Se se replica não haver corpo algum sólido e palpável ou, em uma palavra, não haver carne que possa sentir dor e não possa morrer, não se vai além da apreciação do sentido corporal, dado de experiência. Todos, com efeito, sabem ser mortal a carne. E toda a prova reduz-se a dizer que o que não experimentaram é impossível ou não existe.

Como é que a dor vai ser prova da morte, se é, antes, indício de vida? Pode-se perguntar se pode viver sempre, mas é certo que tudo quanto sente dor vive e que toda dor só pode sofrê-la um ser vivo. E necessário que viva o que sente dor, mas a dor não causa necessariamente a morte, porque nem toda dor nos mata o corpo, que é mortal e tem de morrer.

O que faz a dor matar no mundo é estar a alma unida de tal maneira ao corpo, que não suporta grandes dores. Afasta-se, porque a união dos membros e dos órgãos vitais é tão delicada que não pode suportar a violência de dor aguda. No outro mundo, porém, a alma estará tão unida ao corpo, que essa união não poderá ser desfeita pelo correr do tempo nem rompida por nenhuma dor. Portanto, embora seja certo não haver carne que possa sofrer e não possa morrer, na outra vida a carne será tal qual não é agora, como a morte será diferente da que conhecemos. A morte existirá, mas será eterna, quando a alma não poderá viver, por estar separada de Deus, nem ver-se livre das dores do corpo pela morte. A primeira morte tira do corpo a alma contra a vontade dela e a segunda morte retém-na no corpo, mesmo contra a vontade dela. Uma e outra têm de comum que o corpo faz a alma sofrer o que ela não quer.

2. Reparam, não obstante, esses nossos contraditores em não existir agora carne alguma que possa sofrer e não possa morrer e não reparam em existir algo superior ao corpo. A alma, cuja presença faz o corpo viver e o governa, pode padecer e não pode morrer. Eis um ser que sente a dor e é imortal. Pois o que agora sucede na alma de cada homem é precisamente o que sucederá na alma dos condenados.

Se consideramos com mais cuidado, veremos que o que chamamos dor no corpo antes é dor da alma. É privativo da alma, não do corpo, sentir a dor, embora proceda do corpo a causa da dor, quando sente dor onde o corpo é lesado. Assim como dizemos corpos que sentem e corpos que vivem, embora o sentido e a vida procedam, respectivamente, da alma e do corpo, assim dizemos corpos que doem, embora o corpo não possa sentir dor. A alma sofre com o corpo no lugar do corpo em que se situa a causa da dor. E sofre também sozinha, embora esteja no corpo, quando o corpo está com saúde e é causa invisível que a entristece. E sofre, ademais, sem estar no corpo, pois o rico sofria nos infernos, quando dizia: *Estou atormentado nestas chamas.* O corpo, ao contrário, não sente a dor sem estar animado e, animado, não a sente sem a alma. Se, pois, a dor fosse argumento favorável à morte, quer dizer, se a possibilidade da morte dependesse da possibilidade da dor, morrer seria mais próprio da alma, pois é privativo dela sentir a dor. Pois bem, se ela, mais capaz de dor, não pode morrer, como deduzir que os corpos dos condenados morrerão porque sofrem dores agudas?

Verdade é haverem os platônicos pensado que o temor, o desejo, o prazer e a dor se originam dos corpos de terra e dos membros de morte. Assim diz Vergílio: "Daí (quer dizer, dos membros de morte, do corpo de terra) nossos temores e nossos desejos, nossos prazeres e nossas dores". Mas no Livro Décimo Quarto desta obra provamos que as almas, mesmo as purificadas de toda mancha, conservam estranho desejo de retornar aos corpos. E, onde é possível o desejo, aí é possível também, sem dúvida alguma, a dor, porque o desejo frustrado (ou que não logrou seu intento ou que, logrado, o perdeu) se transforma em dor. Portanto, se a alma, que sente a dor, sozinha ou como principal, goza de imortalidade própria dela, de os corpos sofrerem não se segue que possam morrer. Enfim, se os corpos são causa de as almas sofrerem, por que podem causar-lhes dor e não podem causar-lhes a morte senão por ser ilógico concluir que o que causa dor cause a morte? Por que, pois, há de ser incrível possa esse fogo causar dor aos corpos dos condenados e não a morte, como os corpos causam dor às almas, sem por isso obrigarem-nas a morrer? Logo, a dor não é argumento decisivo para provar a morte futura.

CAPÍTULO IV
Exemplos tomados à natureza e favoráveis à tese

1. Se, como escreveram os mais afamados naturalistas, a salamandra vive no fogo, se certos montes célebres da Sicília, que subsistem íntegros depois de tantos séculos em meio de chamas vorazes, são prova suficiente de que nem tudo o que arde se consome, se, ademais, a alma demonstra que nem tudo o que é susceptível de dor o é também de morte, para que ainda nos pedem exemplos que provem não ser incrível que os corpos dos homens condenados a suplício eterno conservem a alma entre as chamas, ardam sem se consumirem e sintam dor sem morrerem? Daquele que deu a outros seres propriedades tão maravilhosas, que, por serem tantas, já não nos estranham, a substância da carne então receberá essa nova propriedade.

Quem senão Deus, criador de todos os seres, deu à carne do pavão real não corromper-se depois da morte? Isso, à primeira vista, parece incrível. Mas um dia, em Cartago, serviram-nos um prato dessa ave. Tomei um pouco do peito, carne magra, e mandei guardá-lo. Ao cabo de tempo suficiente para se corromper qualquer outra carne cozida me apresentaram aquele pedaço e ainda não ofendia o olfato. Vi-o, mais de um mês depois, no mesmo estado. E, depois de um ano, apenas estava um pouco mais seco e mais encolhido. Quem deu à palha o ser ela tão fria, que conserva a neve nela posta, e tão quente, que amadurece as frutas verdes?

2. Quem será capaz de explicar as maravilhas do fogo? Enegrece tudo quanto queima, mas permanece brilhante, descolore quanto sua chama lambe, por bela que seja sua cor, e transforma em negríssimo carvão resplandecente brasa. Esse efeito não é regular nele, pois as pedras cozidas ao fogo embranquecem; quanto mais vermelho fica o fogo, tanto mais branqueiam, embora o branco se ajuste à luz como o negro às trevas. Mas de o fogo queimar a lenha e calcinar as pedras não se segue que esses efeitos contrários se produzam em elementos contrários. Porque, embora certo serem as pedras e a lenha elementos diferentes, não são contrários, como o branco e o negro. E, não obstante, o branco é produzido nas pedras e o negro na lenha, produzindo claridade naquelas e sombra nesta o mesmo fogo que não operaria na pedra, se não o alimentasse a lenha.

Que direi do carvão? Não é maravilha ser tão frágil, que a menor pancada o quebra, e tão duro, que nem a umidade o corrompe nem o tempo o destrói? Por isso, os que plantam marcos divisórios de ordinário enterram carvão para servir de prova ao litigante, seja quem for, que depois de anos se apresente a sustentar não ser o limite a pedra chantada. Que, senão o fogo, que tudo corrompe, poderia, em terra em que a madeira apodrece, da incorrupção preservar o carvão?

3. Consideremos agora os milagres da cal. Sem repetir o que eu já disse, que o fogo, que enegrece as demais coisas, a torna branca, é de notar que dentro de si oculta fogo procedente do fogo e, sendo pedra fria, o conserva tão oculto, que os sentidos não o percebem, mas a experiência nos diz que, apesar de o não vermos, dentro dela está como que dormindo. Chamamo-la, por isso, cal viva, como se o fogo que oculta fora a alma invisível desse corpo visível. Que tem, pois, de particular que, ao ser apagada, queime? Para privarem-na do fogo oculto, infundem-na em água ou despejam-lhe água em cima; a cal

ferve com água fria, que costuma esfriar o quente. A cal, que parece expirar, ao afastar-se o fogo que ocultava, aparece e depois se torna tão fria por essa espécie de morte, que a água já não a faz queimar. Então, em lugar de chamá-la cal viva, a chamamos de cal extinta.

Pode-se acrescentar algo a coisa tão estranha? Sim, ainda há mais. Se, em lugar de água, deitamos azeite, que é melhor alimento para o fogo, a cal não ferve, por mais azeite que ponhamos. Estou certo de que, se o lêssemos ou ouvíssemos contar de alguma pedra da Índia e não pudéssemos prová-lo experimentalmente, considerá-lo-íamos embuste ou surpreender-nos-íamos grandemente. E as coisas que todo dia nos ferem os olhos não envilecem por serem menos maravilhosas, mas por serem muito correntes, como sucede com certas raridades da Índia. Trazidas dos confins do orbe, cessaram de causar-nos admiração desde que pudemos admirá-las à vontade.

4. Muitos de nós, sobretudo os ourives e os lapidários, têm a pedra-diamante. Conta-se que essa pedra não pode ser cortada nem com ferro, nem com fogo, nem com outra coisa, exceto o sangue de bode. Os que a possuem e a conhecem admiram-na, acaso, como aqueles a quem se lhes mostra sua virtude pela primeira vez? Os que não a viram experimentalmente talvez não o acreditem ou, se o acreditam, o admirem por inexperiência. Fazem o experimento e a princípio a novidade os maravilha, mas a repetição vai-lhes insensivelmente cortando o incentivo à admiração.

Sabemos ser estupenda a atração que o ímã exerce sobre o ferro. A primeira vez que o vi fiquei realmente estupefato. Víamos, com efeito, um anel de ferro levantado pela pedra-ímã; depois, como se comunicasse sua força ao ferro, o anel pegou outro, o levantou e esse se uniu a um terceiro, como o primeiro à pedra. Aproximaram um terceiro e um quarto e já ficava como uma corrente de anéis pendentes ligados uns aos outros, sem estarem interiormente enlaçados. Quem não pasmará da virtude dessa pedra, virtude que não estava só nela, mas passava de anel em anel e unia uns aos outros com laços invisíveis? Mas é muito mais surpreendente o que me contou Severo de Mileve, meu irmão e companheiro no episcopado. Comendo certo dia em casa de Batanário, conde de África outrora, viu, dizia ele, que, posta uma pedra-ímã debaixo de um prato de prata e em cima um pedaço de ferro, comunicou ao ferro todos os movimentos que a mão imprimia ao ímã e o fazia ir e vir a seu talante, sem que o prato de prata recebesse impressão alguma.

Contei o que vi com meus próprios olhos ou ouvi contado por pessoa cujo testemunho é tão certo para mim como se eu mesmo houvesse visto o acontecido. Agora vou dizer o que li da pedra-ímã. Quando junto dela se coloca diamante, não atrai o ferro; se já o atraíra, solta-o e deixa-o cair. Essas pedras vêm da Índia; mas, se, por nos serem conhecidas, deixamos de admirá-las, que farão os povos que no-las enviam e para quem é tão fácil adquiri-las? Talvez para eles seja tão comum como a cal o é para nós, que a vemos, sem estranharmos, ferver sob a ação da água, que apaga o fogo, e não inflamar-se sob a ação do azeite, que alimenta a chama. Isso se deve a encontrarmo-la a cada passo.

CAPÍTULO V
A razão humana é limitada e finita

1. Contudo, quando lhes falamos dos milagres de Deus, passados ou futuros, de que não podemos dar-lhes prova experimental, os infiéis pedem-nos o porquê deles. E, como não podemos dá-lo (pois excedem a capacidade da razão humana), julgam ser falso o que dizemos. Que nos dêem eles a razão de tantas maravilhas existentes ou sequer das de que podemos ser testemunhas! Se o confessam impossível ao homem, devem convir em não ser lógico dizer que, por não ser possível a gente dar a razão de algo, não existiu ou não existe, uma vez que de fato existem coisas cuja razão é impossível dar. Sem fazer exaustiva relação do sem-fim de fatos recolhidos pela história, vou limitar-me aos atuais, cuja comprovação está, nos lugares em que se realizam, nas mãos de quem quer que possa e queira.

Contam que o sal de Agrigento, na Silícia, se desfaz no fogo como em água e, por outro lado, em água crepita como no fogo. Entre os garamantes há fonte tão fria de dia, que é impossível beber-lhe a água, e tão quente de noite, que não há quem possa tocá-la. No Epiro há outra em que, como nas demais, as tochas acesas se apagam, mas, não como nas demais, as apagadas se acendem. Na Arcádia existe certa pedra que, uma vez aquecida, já não é possível resfriá-la;

chama-se por isso asbesto. No Egito, o tronco de certa classe de figueiras não sobrenada na água, como os demais troncos, mas vai ao fundo; o mais estranho é que, passado algum tempo no fundo, emerge de novo à superfície, quando o racional seria que, empapado de água, ficasse mais pesado. Nos arredores de Sodoma produzem-se certos frutos que parecem já maduros; mordidos, porém, ou apalpados, rompe-se-lhes a casca e desfazem-se em cinza e fumaça. Na Pérsia há certa pedra por nome pirita, assim chamada porque, se apertada com força, queima a mão, e outra chamada selenito, cujo resplendor interno cresce e decresce com a lua. As éguas da Capadócia são fecundadas pelo vento e suas crias não vivem mais de três anos. Na Índia, o solo da Ilha de Tilos é preferido a todos os demais, porque nunca perdem a folhagem as árvores que nele crescem.

2. Dessas e de outras mil e uma maravilhas que a história encerra, não de coisas passadas, mas na atualidade existentes, que a mim, que persigo outra finalidade na obra, me tomaria demasiado tempo referir, deem a razão, se podem, esses infiéis que se negam a crer nas divinas Letras, pretextando não serem divinas porque contêm coisas incríveis. E é disso precisamente de que estamos tratando.

Não há razão, dizem, que faça compreender que a carne arda sem consumir-se e sofra sem morrer.

Deem esses grandes pensadores, capazes de dar a razão de todas as maravilhas do mundo, deem pelo menos a dessas poucas que apontei! Não duvido que, se a existência desses fatos fosse desconhecida e lhes disséssemos que hão de suceder um dia, prestariam menos fé a isso que às penas futuras que lhes anunciamos. Quem deles nos creria, se, em lugar de dizermos que os corpos dos condenados viverão e sofrerão eternamente entre chamas, disséssemos que no mundo vindouro haverá sal de tal qualidade que se derreterá em fogo como em água e crepitará em água como em fogo? Quem nos creria, se disséssemos que haverá fonte cuja água no frescor da noite abrasa e no calor do dia gela ou haverá pedra que queima a mão que apertá-la e outra que, acesa, já não pode ser apagada e demais coisas que achei bom referir, prescindindo de muitas outras? Se anunciássemos essas maravilhas para o século futuro, responder-nos-iam os incrédulos: Se quereis que as creiamos, dai-nos a razão de cada uma delas em particular. E ver-nos-íamos obrigados a confessar nossa impotência e a limitação da inteligência humana para aprofundar-se nessas maravilhas de Deus. Abrigamos, contudo, a firme convicção de que o Onipotente nada faz sem razão, embora o pobre intelecto humano seja incapaz de dar a razão disso. Estamos, ademais, convencidos de que em muitas coisas nos é incerto seu querer e que é certíssimo não ser impossível para Ele nada de quanto quiser. Damos-lhe fé, quando no-lo dizem, porque não podemos crê-lo impotente ou mentiroso. Que respondem, porém, esses censores da fé e exatores da razão, quando lhes pedimos contas das maravilhas que realmente existem e a razão não pode compreender, pois parecem contrárias à natureza dos seres? Se dissermos que sucederão, os infiéis nos pedirão também a razão delas, como nos fazem com as penas do juízo. Em conclusão, como a razão humana desfalece e faltam as palavras ante tais obras de Deus e nem por isso deixam de existir, não é porque o homem seja incapaz de compreendê-las que deixarão de existir as penas que anunciamos.

CAPÍTULO VI
Nem todos os milagres são naturais

1. Agora talvez respondam:

– Essas coisas não existem e não as cremos. Quanto se diz e quanto se conta delas são puras falsidades.

E acrescentam este raciocínio:

– Se se devem crer esses fatos, crede também, por exemplo, no que dizem nossos autores, a saber, que houve ou há certo templo de Vênus em que se vê um candelabro e nele uma vela que fica acesa ao ar livre e não a apagam nem os ventos, nem as chuvas. Por isso recebeu o mesmo nome que a pedra de que falamos, quer dizer, o de luz inextinguível.

Estão em pleno direito ao opor-nos isso para reduzir-nos ao silêncio. Porque, se dizemos não dever-se fé a essa narrativa, diminuímos as referidas maravilhas e, se lha concedemos, autorizamos as divindades dos pagãos. Mas, como já apontamos no Livro Décimo Oitavo, não estamos obrigados a crer quanto contém a história dos gentios, quando os próprios historiadores, como diz Varrão, não estão de acordo entre si em muitos pontos e isso quase com deliberação e propósito. Se queremos, podemos crer nas coisas não contrárias aos livros merecedores de nossa fé, que lhes devemos. Quanto às maravilhas de que nos servimos para intimar aos incrédulos a verdade dos acontecimentos futuros, contentamo-nos com aquelas que podemos provar experimentalmente e de que não é difícil topar com testemunhas autorizadas.

Essa inextinguível lâmpada do Templo de Vênus, longe de dificultar-nos a marcha, abre-nos amplos horizontes. O exemplo da lâmpada inextinguível catalogamo-lo entre os milagres da magia, tanto a exercida pelos demônios como a exercida pelos homens sob seu influxo. Pretender negar esses milagres é ir contra a verdade das Sagradas Letras nas quais cremos. Por conseguinte, ou a indústria humana se serviu da pedra asbesto para manter essa lâmpada ou essa maravilha, admirada pelos homens, é obra da magia ou de algum demônio que, sob o nome de Vênus, apresentou-se naquele lugar e fez ante os homens esse prodígio, dando-lhe subsistência temporal e duradoura. Com efeito, os demônios são atraídos a morar em certos lugares por meio de criaturas de Deus, não por alimentos, como os animais, mas como espíritos, por certos sinais conformes ao gosto de cada um deles, como diversas classes de pedras, de madeiras, de animais, de encantamentos e de cerimônias. E, para se deixarem atrair pelos homens, primeiros os seduzem com cautelosa astúcia, quer inspirando-lhes no coração o secreto vírus, quer com eles travando falsa amizade. E de alguns deles fazem discípulos seus e mestres dos outros. Porque, se não lho ensinam, ninguém pode saber que apetece cada qual, que aborrece, com que nome é atraído e com qual se vê forçado. A isso é que, em poucas palavras, se reduzem as artes mágicas e os mágicos. Afanam-se sobretudo em possuir o coração dos mortais e essa posse é sua principal glória, transformando-se para isso em anjos de luz. Existem muitas obras suas, é verdade, mas devemos nos esquivar delas com tanto mais cautela quanto mais maravilhosas são. Servem-nos, ademais, perfeitamente para o ponto de que estamos tratando. Porque, se os imundos demônios são tão poderosos, quanto mais o serão os anjos? E quanto mais o será Deus, que aos anjos deu o poder de operar tais milagres?

2. Admitamos que as criaturas de Deus operam por meio de artes mecânicas essas maravilhas chamadas *mekhanémata*, tão surpreendentes, que os que não as conhecem as julgam divinas. Assim, vemos que determinada estátua de ferro, suspensa, em certo templo, por duas pedras magnéticas de igual tamanho e peso, colocadas uma no teto e outra no solo, mantém-se no ar. Os que ignorassem o truque pensariam tratar-se de milagre. Algo parecido, como dissemos, poderia algum artífice ter feito com a pedra asbesto na lâmpada de Vênus. Admitamos tudo isso e haverem as obras dos magos, por nossa Escritura chamados feiticeiros e encantadores, podido ser de tal forma realçadas pelo demônio, que grande poeta não duvidou em dizer de maga eminente em tais artes: *Garantiu-me ela ter poder para de qualquer espírito afugentar os encantamentos, para de um coração a outro passar as inquietudes, deter a água dos rios, obrigar as estrelas a retrocederem em seu curso e evocar de noite os manes. Se vísseis como ruge sob seus pés a terra e como à sua voz baixam os espíritos das montanhas!* Se isso é verdade, quanto mais fáceis e factíveis serão para Deus as maravilhas incríveis para os infiéis, para esse Deus que deu essa virtude às pedras e aos demais seres, comunicou o engenho aos homens, que dele se servem para de mil e um modos admiráveis modificar as naturezas, e criou os anjos, naturezas mais poderosas que todos os restantes animais! Seu poder é maravilha que sobrepuja todas as outras; sua Sabedoria, que opera, ordena e permite, no uso dos seres não brilha menos que na criação deles.

CAPÍTULO VII
A suprema razão da fé nos milagres é a onipotência do Criador

1. Por que, pois, não pode Deus fazer que ressuscitem os corpos dos mortos e sejam eternamente atormentados no fogo os dos condenados? Pois não criou o céu, a terra, o ar, as águas e o mundo com suas inumeráveis maravilhas, entre as quais a mais surpreendente é o próprio mundo? Mas esses a quem ou contra quem nos dirigimos, que creem em um Deus criador do mundo e dos deuses, por cujo ministério governa o mundo, longe de negarem, exaltam essas potên-

cias mundanas, que operam admiráveis prodígios por conta própria ou impelidas por certos ritos ou invocações mágicas. E, quando lhes apresentamos a força maravilhosa de outros seres que não são animais racionais nem espíritos dotados de razão, como os poucos que mencionamos, costumam responder: É força de sua natureza. Nisso consiste sua natureza. São virtualidades naturais dos seres.

Logo, a única razão e o único porquê de o sal de Agrigento derreter-se no fogo e crepitar na água é sua natureza ser assim. Mas acontece que antes parece tratar-se de efeito contrário à natureza, que deu ao sal a propriedade de não se dissolver no fogo, mas na água, e de não se tostar na água, mas no fogo.

Mas, dizem eles, a propriedade natural desse sal é produzir efeitos contrários às demais.

Dá-se a mesma explicação para a fonte garamântica, em que um veio está frio de dia e ferve de noite e desta ou daquela maneira causa dor a quem o toca. Dá-se a mesma da outra fonte que está fria e apaga, como as demais, as tochas acesas, mas, de modo admirável e diferente, inflama as apagadas. A mesma explicação recorrem, quanto à pedra asbesto, que, sem ter calor próprio, uma vez inflamada, é impossível apagá-la. E dizer que tal é sua natureza é a única razão que se dá dos outros fenômenos por demais insólitos, cuja só enumeração é fastidiosa. Explicação curta, na verdade, e resposta satisfatória!

Se Deus é, pois, o autor de todas as naturezas, por que nossos contraditores, quando se recusam a crer alguma coisa afirmada por nós, sob o pretexto de ser impossível e lhes respondemos que a única explicação é a vontade do Onipotente, não querem dar-nos razão mais forte? É claro que Deus não se diz onipotente senão porque pode quanto quer. Foi Ele quem criou tantas maravilhas, que não só as desconhecidas, mas também as conhecidas, se não as vissem os olhos ou, pelo menos, se delas não houvesse testemunhas dignas de fé, seriam julgadas impossíveis. Porque, quanto àquelas de que não há outras testemunhas além dos autores que as narram e, por não serem divinamente inspirados, poderiam, como todo homem, haver-se enganado, a cada qual é permitido dar sua opinião.

2. Não quero que, sem acurado exame, acreditem nos prodígios por mim referidos, porque sou o primeiro a não estar certo de exis-

tirem, exceção feita de uns quantos que pude verificar e qualquer pessoa pode com facilidade constatar. Assim a cal, que em água ferve e em azeite permanece fria; a pedra-ímã, que, com uma espécie de insensível sorvo, não move a palha e atrai o ferro; a carne do pavão real, inacessível à corrupção de que nem a de Platão escapa; assim a palha, tão fria que conserva a neve e tão quente que amadurece as frutas; assim o fogo resplandecente, que segundo seu fulgor branqueia as pedras e, pelo contrário, enegrece os demais objetos. Observa-se o mesmo contraste no azeite, que, por claro que seja, produz manchas negras, e na prata, que, apesar de branca, imprime negror nos objetos. O mesmo sucede com a madeira, quando o fogo a transforma em carvão; torna-se negra a brilhante, frágil a dura e incorruptível a corruptível. Esses e outros muitos efeitos que levaríamos muito tempo a enumerar observei-os pessoalmente e, como nós, muitas outras pessoas.

Quanto aos que não vi e li nos livros, confesso não haver-me sido possível controlar por testemunhos fidedignos senão esse da fonte em que se apagam as tochas acesas e se inflamam as apagadas e esse das frutas de Sodoma, beleza por fora e fumaça por dentro. Verdade é que não encontrei ninguém que haja visto essa fonte no Epiro, e sim alguns que conhecem outra semelhante na França, não longe de Grenoble. Quanto às frutas de Sodoma, não apenas as Letras dignas de fé, mas também tanta gente o assegura com tal seriedade que não é possível pô-lo em dúvida.

Em relação às outras maravilhas, flutuo entre a afirmação e a negação. Referi-as simplesmente porque as li nos historiadores de nossos adversários. A finalidade que perseguíamos era mostrar como eles dão crédito a seus autores em coisas parecidas, sem que lhes deem a razão do que dizem, e não se dignam crer-nos, embora a demos, quando afirmamos ser obra de Deus tudo quanto transcende os sentidos e a experiência. Pode-se dar razão melhor e mais valedoura das coisas que se predizem fará o Onipotente, que realmente pode fazê-las, que dizer verem-se agora já cumpridas as preditas? Ele fá-las-á, porque predisse que havia de fazer essas coisas tidas por impossíveis, pois prometeu e fez as nações incrédulas crerem coisas incríveis.

CAPÍTULO VIII
Que é contra a natureza?

1. Talvez repliquem não crerem que os corpos humanos arderão sempre sem nunca morrerem, por sabermos que a natureza dos corpos humanos se comporta de maneira muito diferente. Não se pode, portanto, acrescentam, aplicar ao caso o critério usado para ajuizar dos fenômenos extraordinários, nem dizer: Isso é propriedade natural. Nisso radica a natureza desse ser. Sabemos que o mesmo não sucede à natureza do corpo humano.

A isso respondemos, com as Sagradas Letras na mão, que, antes do pecado, o corpo humano tinha determinada constituição, quer dizer, não podia morrer, e depois do pecado tem outra, qual aparece nas misérias da vida presente. Segundo essa última, não poderá viver perpetuamente. O mesmo sucederá na ressurreição dos mortos; sua constituição será diferente da atual que conhecemos. Como, porém, os inimigos não creem nas Escrituras, em que se lê como viveu o homem no paraíso e como estava imune à necessidade da morte (pois, se nelas cressem, não trataríamos com tanto afã da pena futura dos condenados), é preciso fazer uso dos escritos de seus homens mais doutos. Isso mostrará que algo pode, no correr do tempo, manifestar-se de modo muito diferente de como se manifestara em sua natureza determinada.

2. Há nos livros de Marco Varrão, intitulados *Da origem do povo romano*, certa passagem que textualmente diz: *Produziu-se no céu estranho portento. Castor escreve haver a brilhante estrela de Vênus, que Plauto chama Vesperugo, e Homero Héspero, sido objeto de enorme prodígio. Mudava de cor, de aspecto, de tamanho e de movimento. Esse fenômeno não sucedeu nem antes, nem depois. Adasto, ciziceno, e Dion, napolitano, célebres matemáticos, dizem que isso aconteceu no reinado de Ogiges.* Varrão, autor tão afamado, não o chamaria portento, se não lhe parecesse contra a natureza. Dizemos, é certo, serem contra a natureza todos os portentos, mas na realidade não são. Como iriam ser contrários à natureza os efeitos produzidos pela vontade de Deus, se é vontade de tal criador a natureza de cada coisa criada? O portento não é, pois, contrário à natureza, mas contrário a nosso conhecimento da natureza.

Quem será capaz de contar a multidão de prodígios contidos na história das nações? Limitemo-nos, agora, a nosso caso concreto. Que há tão regulado pelo autor da natureza como o ordenadíssimo curso dos astros? Que há, fundado sobre leis mais imutáveis e fixas? E, contudo, quando Aquele que com soberano império e poder absoluto governa a criação quis, a estrela mais famosa pelo tamanho e pelo esplendor mudou de cor, de magnitude, de aspecto e, o que é mais estranho, mudou a ordem e a lei de seu curso. Perturbou, sem dúvida, todos os mapas dos astrólogos, se já existiam, e todos os cálculos cabalísticos do curso passado e futuro desses astros, tão infalíveis, segundo eles, que se atreveram a aventurar não haver-se produzido nem antes nem depois essa mudança do luzeiro da manhã. Sem irmos mais longe, lemos nos livros divinos que o sol parou por ordem do santo Jesus Nave, prodígio concedido por pedido feito a Deus, e manteve sua luz até conseguir a vitória na guerra. E tornou atrás para assegurar quinze anos de vida ao Rei Ezequias, acrescentando Deus esse prodígio à promessa feita.

Quando creem nesses milagres concedidos ao merecimento dos santos, os incrédulos atribuem-nos a artes mágicas. A isso alude o que não há muito de Vergílio recordei sobre a magia: "Deter a água dos rios e obrigar os astros a retrocederem em seu curso". Na mesma Escritura lemos haver o rio detido o curso, quando o povo de Deus, à frente do qual ia o citado Jesus Nave, tentava passá-lo, e fez o mesmo, ao passar o Profeta Elias e seu discípulo Eliseu. Que o astro rei retrocedeu em seu curso no tempo de Ezequias já o apontei. Contudo, o prodígio do luzeiro narrado por Varrão não vemos haver-se operado a pedido de algum homem.

3. Cessem, pois, os infiéis de cegar-se ao pretenso conhecimento da natureza. Como se Deus não pudesse operar mudanças nas naturezas que eles, como homens que são, conhecem! E, para falar verdade, as coisas mais ordinárias não são menos maravilhosas que as outras e seriam muito mais estupendas, se os homens tivessem o costume de admirar as coisas maravilhosas, não as raras. Consultai a razão. Quem não se admirará de nessa infinita multidão de homens, tão semelhantes por natureza, ter cada um deles feições tão peculiares, que, se não fossem semelhantes entre si, não se distinguiriam dos animais e, por outro lado, se não fossem dessemelhantes, não se

diferenciariam uns dos outros? Logo percebemos a dessemelhança dos que dizemos parecidos. Mais admirável é, porém, considerar a dessemelhança, porque parece mais razoável que natureza comum exija a semelhança. Contudo, porque o raro é o maravilhoso para nós, nunca nos admiramos mais do que quando topamos com dois homens tão parecidos que, ao tentarmos distingui-los, sempre ou quase sempre nos enganamos.

4. Mas o caso contado por Varrão, apesar de historiador dos deles e homem muito sábio, talvez não o creiam ou os impressione menos, porque esse fenômeno foi de curta duração e a estrela depressa tornou ao curso ordinário. Há outro prodígio, ainda hoje existente, que, a meu ver, deve bastar para convencê-los de que conhecer bem o modo de ser e de operar de determinada natureza não é razão para limitar-se o campo de ação de Deus, como se a seu talante não pudesse transformar determinada coisa em outra muito diferente das por eles conhecidas. A terra de Sodoma não foi sempre como é hoje. Seu solo era semelhante aos demais e gozava da mesma ou de mais exuberante fertilidade, pois as divinas Escrituras o comparam ao paraíso de Deus. Depois de o fogo do céu havê-lo arrasado, tem aspecto horroroso devido à prodigiosa fuligem, como a história profana atesta e os visitantes confirmam. A bela aparência de seus frutos não oculta senão cinza e fumaça. Não era assim Sodoma e agora é. Eis que o Autor das naturezas nessa realizou mudança tão espantosa e tão duradoura, que depois de tanto tempo subsiste ainda.

5. Como para Deus não foi impossível criar as naturezas que quis, não o é tampouco mudá-las a seu gosto. Daí nasce toda essa série de milagres chamados monstros, "ostentos", portentos e prodígios. Se quiséssemos referir e recordá-los todos, esta obra não teria fim.

Diz-se derivar de *monstrando* a palavra *monstros* e chamarem-se assim porque de certa maneira mostram o futuro. *Ostentos* deriva de *ostendendo; portentos,* de *portendendo,* ou seja, de *praeostendendo; prodígios,* de *porro dicere,* porque predizem o porvir. Mas considerem como seus adivinhos, que predizem coisas verdadeiras ou acertam de dizer alguma verdade entre a multidão das palavras que proferem, enganam-se, quer por si mesmos, quer por inspiração dos espíritos, que cuidam de nas redes de nociva curiosidade enredar os homens dignos de tal pena. Quanto a nós, porém, pensamos que esses fenômenos que parecem contra a natureza e se dizem contra a natureza (como disse o Apóstolo, falando a linguagem dos homens, que o azambujo é enxertado contra a natureza na oliveira e lhe participa da fecundidade), chamados monstros, "ostentos", portentos ou prodígios, devem mostrar, significar, prognosticar ou predizer o que Deus fará, a saber, o que prenunciou que havia de fazer com os corpos dos condenados, pois não pode impedi-lo nenhum obstáculo nem lei alguma da natureza. O como dessas profecias acho que já ficou bem claro no livro anterior, quando nas Santas Escrituras, no Novo e no Velho Testamento, respiguei, não todos os testemunhos relativos ao caso, e sim os suficientes.

CAPÍTULO IX
O inferno. Natureza das penas eternas

1. Cumprir-se-á e cumprir-se-á exatamente a predição de Deus, feita por seu profeta, sobre o suplício eterno dos condenados. *Seu verme não morrerá e seu fogo não se apagará.* E, para *encarecer* com mais força essa verdade, Jesus diz assim, quando manda cortar os membros que escandalizam o homem, designando por eles os homens que cada qual ama como a seus próprios membros: *Se tua mão te é ocasião de escândalo, corta-a; mais te vale entrares maneta na vida eterna que teres as duas mãos e ires para o inferno, para o fogo inextinguível, onde o verme que os rói nunca morre e o fogo nunca se apaga.* Diz o mesmo do pé: *E, se teu pé te é ocasião de pecado, corta-o; mais te vale entrares perneta na vida eterna que teres dois pés e seres lançado ao inferno, ao fogo inextinguível, onde o verme que os rói nunca morre e o fogo nunca se apaga.* E do olho fala nestes termos: *E, se teu olho te serve de escândalo, arranca-o; mais te vale entrares caolho no Reino de Deus que teres dois olhos e seres lançado ao fogo do inferno, onde o verme que os rói nunca morre e o fogo jamais se apaga.* Não corou de nesse lugar repetir três vezes as mesmas palavras. A quem não fará tremer essa repetição e essa ameaça, saída com tal rigor da boca divina?

2. Os que pretendem não serem penas do corpo, mas da alma, o verme e o fogo, dizem que, separados do Reino de Deus, os homens serão abrasados na alma por dor e arrependimento infrutífero e tar-

dio. Por isso sustentam que muito bem poderia a Escritura servir-se da palavra *fogo* para expressar essa dor abrasadora. A isso responde o apóstolo: *Quem se escandaliza, sem que me abrase?* Creem também que o verme figura essa dor. Porque está escrito, dizem eles, *como a traça à roupa e o verme à madeira, assim a dor atormenta o coração do homem.*

Quem não duvida que as penas atormentarão tanto a alma como o corpo afirma que o fogo abrasará o corpo e o verme da dor roerá de certo modo a alma. Apesar de esse sentido ser mais crível, pois é autêntico absurdo pensar que não haverá no inferno dor para o corpo ou para a alma, prefiro achar que ambos os suplícios se referem ao corpo do que supor que nenhum se refira a ele. E, segundo me parece, a divina Escritura não menciona a dor da alma por estar, embora não se diga, necessariamente subentendida na do corpo. Assim lemos no Antigo Testamento: O *suplício da carne do ímpio será o fogo e o verme.* Podia haver dito mais laconicamente: O suplício do ímpio. Por que acrescentou *da carne do ímpio*, senão porque ambos, o verme e o fogo, serão o castigo da carne? Quis dizer a pena da carne precisamente porque no homem será castigado viver segundo a carne. (Isso levá-lo-á à segunda morte, significada por estas palavras do apóstolo: *Se viverdes segundo a carne, morrereis.*)

Escolha cada qual o sentido que lhe agrade: atribuir ao corpo o fogo e à alma o verme, aquele própria e este metaforicamente, ou ambas as coisas propriamente ao corpo. Porque antes já mostrei bastante poderem os animais viver também no fogo, em combustão sem consumação e em dor sem morte, por milagre do criador Onipotente. Quem nega ser-lhe isso possível ignora de quem procede quanto admiramos nas naturezas. O mesmo Deus que fez no mundo os milagres pequenos e os grandes que referi e muitíssimos outros que não mencionei foi quem os situou no mundo, o maior dos milagres. Escolha, pois, cada qual o sentido que lhe agrade: pensar que o verme se refere propriamente ao corpo ou se refere metaforicamente à alma, por metáfora tomada das coisas corporais. Qual desses sentidos o verdadeiro? Di-lo-á mais explicitamente a realidade, quando a ciência dos santos for tão perfeita que não necessitarão de experimentar as penas para conhecê-las, pois há de bastar-lhes a Sabedoria, então perfeita e plena. Agora sabemos parcialmente, enquanto não chega a plenitude.

Basta-nos, de momento, rechaçar a opinião que sustenta que os corpos dos condenados não serão afetados pelo fogo nem por dor alguma.

CAPÍTULO X
Pode o fogo do inferno, se corpóreo, abrasar os espíritos malignos, quer dizer, os demônios, incorpóreos?

1. Apresenta-se aqui nova questão: Se não se trata de fogo incorpóreo, análogo à dor da alma, mas de corpóreo, abrasando por contacto e capaz de atormentar os corpos, como servirá também de suplício aos espíritos malignos? Sabemos que o mesmo fogo servirá de suplício aos homens e aos demônios, segundo aquelas palavras de Cristo: *Apartai-vos de mim, malditos, para o fogo eterno, preparado para o diabo e seus anjos*. Assim é, a não ser que aluda a terem os demônios também, como vários sábios pensaram, corpo composto de ar espesso e úmido, que se faz sentir quando o vento sopra. Se esse elemento não pudesse receber impressão alguma, não abrasaria, quando aquecido nos banhos. Para abrasar é preciso abrasar-se primeiro e causar a impressão que recebe. Se, por outro lado, alguém afirma não terem corpo os demônios, é inútil a gente quebrar a cabeça ou queimar as pestanas, tratando desse ponto.

Que nos veda dizer possam os espíritos incorpóreos, de modo real, embora maravilhoso, ser atormentados por fogo corpóreo, se os espíritos, certamente incorpóreos, dos homens podem atualmente ser encerrados nos corpos e então serão unidos a eles por laços indissolúveis? Os espíritos dos demônios, mais ainda, os espíritos demônios, apesar de incorpóreos, se não têm corpo, unir-se-ão ao fogo material para serem atormentados. Não animarão o fogo de sorte a constituí-rem-no animal composto de espírito e de corpo, mas, como dissemos, unindo-se com ele de modo maravilhoso e inefável, recebendo do fogo a pena, não dando-lhe a vida. Também esse outro modo segundo o qual os espíritos se unem aos corpos e os tornam animais é de todo admirável e incompreensível ao homem. E isso é o homem mesmo.

2. Diríamos de bom grado que os espíritos arderão sem corpo, como o rico ardia nos infernos, quando clamava: *Estou atormentado nesta chama*, se não trouxéssemos em mente esta razoável objeção:

a chama era da mesma natureza dos olhos que cravou em Lázaro, da língua que desejava refrescar com algumas gotas de água e do dedo de Lázaro, com que queria se fizesse esse serviço. Tudo isso acontecia em lugar onde estavam as almas sem os corpos. A chama que o abrasava e a gotinha que pediu eram incorpóreas, como as coisas vistas em sonho ou em êxtase, que, apesar de incorpóreas, se assemelham aos corpos. O homem nesse estado, embora certo estar em espírito e não com o corpo, então se vê tão semelhante a seu corpo, que é incapaz de distingui-los. Mas aquele inferno, também chamado lago de fogo e enxofre, será fogo corpóreo e atormentará os corpos dos condenados, sejam de homens ou de demônios, os sólidos dos homens e os aéreos dos demônios ou somente os corpos dos homens com seus espíritos e os espíritos dos demônios sem corpos, unidos ao fogo corpóreo para receber a pena, não para vivificá-lo. O fogo será único para ambos, como a própria Verdade assegurou.

CAPÍTULO XI
Exigências da justiça com respeito às penas

Mas, entre esses contra quem defendemos a Cidade de Deus, há quem ache injusto castigar com suplício eterno os pecados, por graves que sejam, desta breve existência. Como se a justiça da lei alguma vez atendesse a proporcionar o castigo com o tempo investido em cometer a falta. As leis, segundo Cícero, estabelecem oito gêneros de penas: multa, prisão, açoite, talião, ignomínia, desterro, morte e escravidão. Qual dessas tem a duração medida pela do crime, fazendo o castigo durar quanto durou o ato criminoso, a não ser talvez a pena do talião? Essa ordena sofra cada qual o mal que fez sofrer. Daí aquela prescrição da lei: *Olho por olho e dente por dente*. É fisicamente possível arranque a justiça o olho do criminoso em tão pouco tempo como ele o arrancou à vítima. Mas, se a razão exige seja castigado com o açoite o beijo dado em mulher alheia, não açoitam durante muito tempo quem o fez em um instante? E, nesse caso, o encanto de breve prazer não é castigado com duradoura dor?

Que direi da prisão? Deve acaso permanecer encarcerado o réu apenas tanto tempo quanto durou o ato que lhe mereceu a pena? De fato, vemos ser muito justo permaneça o escravo muitos anos cativo simplesmente por haver injuriado por palavra o senhor ou por havê-lo ferido com rápido golpe.

E a multa, a ignomínia, o desterro e a escravidão, penas de ordinário irrevogáveis, não são de certa maneira semelhantes às penas eternas em relação com a brevidade desta vida? Não podem ser eternas cabalmente porque nem a própria vida por elas castigada o é; mas os crimes castigados com penas tão longas são cometidos em muito pouco tempo.

A ninguém ocorre pensar devam os tormentos dos malfeitores estar em proporção direta com o tempo de duração do homicídio, do adultério, do sacrilégio e de qualquer outro crime, que não se deve medir pela extensão do tempo, e sim pela maior ou menor qualidade do pecado. Pode-se imaginar que as leis, ao condenarem alguém à morte, façam o castigo radicar nesse breve instante que dura a execução e não em afastá-lo para sempre da sociedade humana? Pois o que significa da cidade mortal apartar os homens por meio do suplício da primeira morte é o mesmo que significa apartá-lo da cidade imortal pela segunda morte. E, como as leis desta cidade jamais devolvem à sociedade o homem condenado à sentença capital, assim também as daquela nunca volvem à vida eterna o pecador condenado à segunda morte.

Como, pois, são verdadeiras, perguntam, estas palavras de vosso Cristo: *Com a medida com que medirdes sereis medidos*, se pecado temporal é castigado com pena eterna?

Não reparam em que a medida de que aí se fala não implica de nenhum modo a igualdade de duração entre o crime e o suplício, mas o legítimo rigor das represálias, em outros termos, é preciso que o mal da ação seja expiado pelo mal da pena. Mas talvez essas palavras se refiram mesmo ao ponto de que no momento o Senhor falava, a saber, dos julgamentos e das condenações. Nesse caso, quem julga e condena injustamente recebe, se julgado e condenado justamente, a mesma medida, embora não do que deu. Julgou e é julgado, mas o castigo que lhe impuseram é justo, ao passo que era injusto o por ele imposto.

CAPÍTULO XII
Enormidade do primeiro pecado e seus efeitos

Pena eterna parece injusta e dura ao senso humano, porque na miséria desta vida mortal falta o senso da elevada e pura Sabedoria, que capacita para sentir a enormidade do crime cometido na primeira prevaricação. Quanto mais de Deus gozava o homem, maior sua impiedade ao abandoná-lo. E fez-se credor de mal eterno quem em si destruiu o bem que podia ser eterno. Daí a condenação de todo o gênero humano, porque o primeiro culpado foi castigado com toda a sua posteridade, que nele estava latente. Assim, a esse devido e justo suplício ninguém escapa, a não ser por indevida misericórdia e graça. E é tal a disposição dos homens, que em alguns se vê o valor de misericordiosa graça e noutros o de justa vingança. Não se veriam em todos ambas as coisas, porque, se todos permanecessem sob as penas de justa condenação, em nenhum deles se mostraria a misericordiosa graça do Redentor. E, se todos fossem transferidos das trevas para a luz, em ninguém se revelaria a severidade do castigo. Nesse último caso há muitos mais que no outro, para dar-nos a entender que era devido a todos. Se de todos se tirasse vingança, ninguém repreenderia justamente a justiça do vingador; como, porém, são muitos os libertados, já há motivo para dar por esse dom gratuito infinitas graças ao divino Libertador.

CAPÍTULO XIII
Contra a opinião que sustenta que, para sua purificação, os maus serão castigados depois da morte

Os platônicos, é certo, não querem fique impune pecado algum, mas acham que todas as penas têm finalidade corretiva ou de emenda, tanto as infligidas pelas leis humanas como as sancionadas pelas divinas. E isso, quer o culpado as sofra nesta vida, quer haja de sofrê-las depois da morte, por não fazê-lo aqui ou não corrigir-se. Isso deu origem àquela frase de Vergílio, quando, após falar dos corpos de terra e dos membros destinados à morte, diz que as almas *conhecem o temor e o desejo, o prazer e a dor, mas não veem a claridade dos céus, presas em suas trevas e em seu cárcere sem olhos.* E acrescenta logo a seguir: *Daí que no supremo dia, quando a vida as abandone,* quer dizer, quando no supremo dia esta vida as deixe, *não estejam,* diz, *completamente livres das desgraças do mal e das manchas do corpo. Seus vícios, empedernidos pelos anos, deitaram raízes de profundidade assombrosa e é necessário submetê-las a castigos para que os suplícios as limpem. Aí tens umas suspensas no ar, expostas ao sopro veloz dos ventos, outras lavando suas manchas no fundo dos abismos e outras purificando-se no fogo.*

Os que assim pensam não reconhecem senão penas purgatórias depois da morte. E, como a água, o ar e o fogo são elementos superiores à terra, servem de meios de expiação para purificarem as almas das manchas contraídas ao contato da terra. Isso encontram no poeta. O ar, onde diz: *expostas ao sopro dos ventos*; a água, aqui: *no fundo dos abismos*; o fogo expressa-o pelo próprio nome, ao dizer: *outras purificando-se no fogo.*

Reconhecemos certas penas purgatórias nesta vida mortal. E não têm esse caráter para aqueles cuja vida não melhora, antes piora, com elas, mas para aqueles que, assim castigados, corrigem-se. Todas as demais penas, temporais ou eternas, pela Divina Providência infligidas a cada qual por ministério dos homens ou dos anjos, bons ou maus, têm por objeto, quer castigar os pecados passados ou atuais, quer exercitar e pôr em relevo as virtudes. Quando alguém padece algum mal por malícia ou erro alheio, peca certamente quem lhe causa esse mal, mas Deus, que com juízo justo e oculto o permite, não peca.

As penas temporais alguns somente nesta vida as sofrem, outros depois da morte, outros nesta vida e na outra, mas antes do último e mais rigoroso dos juízos. Nem todos os que sofrem penas temporais depois da morte cairão nas penas eternas depois do juízo final. Porque, repetimo-lo, a vários se perdoará no século futuro o que não se lhes perdoará neste, com o fim de não serem castigados com o suplício eterno.

CAPÍTULO XIV
Penas temporais desta vida

Raríssimos os que em expiação de suas culpas não sofrem nesta vida, mas somente depois dela. Conheci algumas pessoas que chegaram a velhice muito avançada sem jamais haverem estado com a menor febre e passaram a vida em tranquilidade perfeita. Isso não obsta para considerar a vida dos mortais como longa pena e como tentação, segundo as palavras das Sagradas Letras: *Não é verdade ser tentação a vida do homem na terra?* Já não é pequena pena a ignorância ou a imperícia, cuja aversão é tal que, para escaparem-lhe, as crianças se veem obrigadas, à custa de castigos e dores sem conta, a aprender as artes liberais. O próprio estudo a que os constrangem com castigos é-lhes tão duro, que a estudar às vezes preferem aguentar os castigos. Quem não sentirá horror e, se se lhe propõe a alternativa, morrer ou voltar à infância, escolherá a morte? Essa que se abre à luz, não vendo, mas chorando, de certo modo profetiza, sem perceber, os males que a esperam. Conta-se ter sido Zoroastro o único que, ao nascer, se riu, mas seu monstruoso riso não lhe augurou nenhum bem. Passa por inventor das artes mágicas, que, não obstante, de nada lhe serviram para contra seus inimigos defender a vã felicidade da presente vida. Porque, sendo rei dos bactrianos, foi vencido por Nino, rei dos assírios.

Está escrito: *Do dia em que saem do ventre materno ao dia do enterro no seio da mãe comum pesado jugo oprime os filhos de Adão.* Essa tara é tão inevitável, que mesmo as crianças pelo batismo livradas do pecado original, visgo que as detinha, estão expostas a inúmeros males, até, às vezes, a padecer as incursões dos espíritos maus. Longe de nós pensar que esses sofrimentos lhes sejam obstáculos, se, por agravar-se o sofrimento e a alma separar-se do corpo, terminam nessa idade a vida.

CAPÍTULO XV
A graça de Deus e seus efeitos

O pesado jugo imposto aos filhos de Adão do dia de seu nascimento ao dia de seu enterro no seio da mãe comum encerra, todavia, outro mal assombroso. Ensina-nos a sermos sóbrios e a compreendermos ser sequela do nefando pecado cometido no paraíso esta vida penal e dizer respeito unicamente à nova herança do século futuro tudo o que se nos promete no Novo Testamento. Uma vez aceito cá na terra esse penhor, a seu tempo alcançaremos a realidade mesma. Agora caminhemos em esperança e, progredindo dia a dia na perfeição, mortifiquemos pelo espírito as obras da carne. Porque o *Senhor conhece quem é dele e todos os que são guiados pelo Espírito de Deus são filhos de Deus*, mas por graça, não por natureza. Por natureza só há um Filho de Deus, que, por sua bondade, fez-se por nós filho do homem, a fim de que, filhos do homem por natureza, por sua mediação nos tornássemos filhos de Deus por graça. Sempre imutável, Ele vestiu nossa natureza para salvar-nos e, sem despir a divindade, fez-se partícipe de nossa debilidade, para, mudados para melhor, perdermos o que temos de pecadores e de mortais, participando-lhe da imortalidade e da justiça, e conservarmos o que, na plenitude de sua bondade, fez-nos de bom na natureza.

Como pelo pecado de um só homem caímos em tão deplorável miséria, assim também pela graça de um só homem, que ao mesmo tempo é Deus, chegaremos à posse de nosso soberano bem. E ninguém deve confiar em haver passado do primeiro ao segundo estado sem primeiro chegar ao porto em que já não haverá tentação e alcançar a paz que persegue através dos combates que a carne sustenta contra o espírito e o espírito contra a carne. Semelhante guerra não teria lugar, se, usando do livre-arbítrio, o homem se houvesse conservado na retidão em que foi criado. Agora, o homem feliz que se negou a conservar-se em paz com Deus luta, infeliz, consigo mesmo e, apesar de miserável esse mal, é melhor que sua vida anterior. Melhor é combater os vícios que deixar-se dominar sem choque algum. Melhor é, digo, a guerra com a esperança da vida eterna que o cativeiro sem esperança de liberdade. Verdade é que ansiamos ver-nos também livres dessa guerra e nos abrasamos no fogo do amor divino por conseguir essa ordenadíssima paz que consigo traz a estabilidade e a submissão do inferior ao superior. Mas, embora (não o permita Deus) não esperássemos tamanho bem, a ceder aos vícios e arrojar-nos em seus braços deveríamos sempre preferir o combate, apesar de duro.

CAPÍTULO XVI
As leis da graça e as idades dos homens regenerados

É tal a misericórdia de Deus para com os vasos de misericórdia destinados à glória, que tanto na primeira como na segunda idade do homem, ou seja, na infância e na puerícia, uma entregue sem resistência à carne e a outra, em que a razão, apesar de não consciente dessa luta, está quase por completo submetida a todas as inclinações viciosas e, embora capaz de fala (o que induz a crer que a infância já passou), não é capaz de preceitos, quem receber os sacramentos do Mediador, quer dizer, quem do poder das trevas for transferido para o reino de Cristo, embora sua vida termine nesses anos, não apenas não sofrerá penas eternas, mas nem sequer purificatórias. Porque basta a só regeneração espiritual para invalidar depois da morte o débito que a geração carnal contraíra com a morte. E, em chegando à idade capaz de preceitos e de leis, deve começar a guerra contra os vícios e pelejar com bravura por medo de cair em pecados dignos de condenação. Se o hábito da vitória não os rebusteceu ainda, cederão e serão vencidos com mais facilidade, mas, se acostumados a vencer e a dominar, então a vitória é mais trabalhosa e difícil. A vitória autêntica e verdadeira somente a dá o amor à verdadeira justiça, que radica na fé em Cristo. Porque, se a lei manda sem o espírito vir em seu auxílio, a proibição que ela faz do pecado apenas serve para aumentar o desejo e acrescentar o reato da prevaricação. Às vezes, é verdade, há vícios manifestos que são superados por outros vícios ocultos tidos por virtudes, nas quais reina a soberba e ruinosa vaidade de agradar-se a si mesmo. Os vícios devem ser considerados vencidos somente quando o são pelo amor de Deus, que não dá senão Deus mesmo e unicamente pelo Mediador entre Deus e os homens, o homem Jesus Cristo, que, para fazer-nos partícipes de sua divindade, fez-se partícipe de nossa mortalidade.

Mas contam-se nos dedos os homens tão felizes que hajam passado a adolescência sem cometerem algum pecado mortal, sem caírem em algum excesso, em algum crime ou em algum erro ímpio e hajam reprimido com grande liberalidade de espírito quanto lhes haja sugerido a concupiscência carnal. Recebido o preceito da lei, a maioria violou-o e, deixando-se arrastar pela impetuosa corrente dos vícios, depois recorreu à graça adjuvante, que, com penitência mais amarga e luta mais brava, a torna vencedora. Submetendo assim o espírito a Deus, ao espírito submetem a carne. Quem deseje fugir das penas eternas seja não só batizado, mas também justificado em Cristo, passando, assim, da tirania do diabo à liberdade de Cristo.

Ninguém acredite que as penas do purgatório não serão anteriores ao tremendo e último juízo de Deus. Não se deve, porém, negar que o fogo não será, segundo a diversidade de merecimentos maus, para uns mais brando e para outros mais vivo, quer varie sua intensidade e violência segundo a pena merecida, quer arda por igual, mas nem todos lhe sintam por igual o sofrimento que causa.

CAPÍTULO XVII
Primeira opinião sobre a não eternidade das penas

Penso que devo arrazoar e discutir pacificamente com aqueles dentre os nossos que, por espírito de misericórdia, não querem crer que as penas serão eternas. Alguns concedem essa graça a todos os homens que o Juiz justíssimo julgar dignos de tal suplício; outros, somente a alguns. E sustentam que esses serão livrados depois de espaço de tempo mais ou menos longo, segundo a quantidade e a qualidade do pecado. O mais indulgente nesse ponto foi Orígenes. Abriga a crença de que, depois de suplícios mais duros e mais duradouros, segundo seus merecimentos, o diabo e seus anjos serão livrados dos tormentos e associados aos santos anjos. Mas a Igreja condenou-o justamente por esse e por outros erros, entre os quais citarei apenas a alternativa contínua, eterna e de períodos fixos a que submete as almas. Nisso fracassou-lhe a pretensa misericórdia, pois faz os santos sofrerem verdadeiras misérias para pagarem suas penas, propiciando-lhes falsa felicidade que não lhes assegura o gozo do bem eterno e verdadeiro, ou seja, certo e sem temor.

Comporta-se de modo muito diverso o erro humano e pleno de misericórdia daqueles que aos condenados e a quantos mais cedo ou mais tarde serão livrados restringem essa alternativa de felicidade eterna e misérias temporais. Se essa opinião é tida por verdadeira e por boa por ser indulgente, será tanto mais verdadeira e melhor quanto mais indulgente. Estendam, pois, e façam essa fonte de misericórdia subir aos anjos condenados, ao menos para libertá-los depois de muitos séculos de tormentos! Por que mana para toda a natureza humana e, em chegando à angélica, seca? Não se atrevem a ir mais longe e a estender sua misericórdia ao diabo. Se alguém se atreve, vence em bondade, é certo, os outros, mas seu erro é tanto mais disforme e mais oposto à Palavra de Deus quanto parece mais generosa clemência.

CAPÍTULO XVIII
Segunda opinião sobre o mesmo ponto

1. Outros há, como pude comprovar pessoalmente em meus colóquios, que, sob pretexto de respeito às Santas Escrituras, merecem ser censurados em seu procedimento, pois em proveito próprio fazem Deus muito mais indulgente que os anteriores. Confessam que os pecadores e os infiéis merecem ser castigados, segundo a predição divina, verdadeira, mas que, quando chegue o juízo, a misericórdia aumentará notavelmente. Deus, todo bondade, perdoá-los-á, dizem eles, pelas súplicas e intercessão de seus santos. Pois se oravam por eles, quando os perseguiam como inimigos, quanto mais o farão, quando vivam prostrados, humildes e suplicantes? Não se deve acreditar, acrescentam, vão os santos perder suas entranhas de misericórdia nesse estado de consumada e perfeita santidade, de sorte que eles, que oravam por seus inimigos, quando ainda tinham pecados, não orem por seus devotos, quando começarem a não ter pecado algum. Ou será que Deus não escutará a oração pura desses filhos seus, cuja santidade já alcançou o zênite?

Os defensores de que os infiéis e ímpios serão atormentados muito tempo e depois se verão livres de todos os males alegam em seu favor este testemunho do salmo: *Acaso Deus se esquecerá de sua clemência ou a ira lhe fechará as entranhas?* Esses sustentam que essa passagem lhes favorece muito mais a opinião. A ira de Deus, dizem eles, quer sejam por seu juízo castigados com suplício eterno todos os indignos da bem-aventurança eterna. E, para permitir que sofram algo, por breve que seja, sua ira deterá o curso de sua misericórdia. O salmo nega por isso que haja de fazê-lo. Porque não diz: "Deterá sua ira muito tempo o curso de sua misericórdia?", mas, ao contrário, declara que não o deterá.

2. Com esse modo de pensar pretendem não ser falsa, embora não condene ninguém, a cominação do juízo de Deus, como não podemos dizer falsa a ameaça feita a Nínive de destruição da cidade. E isso apesar de não haver-se realizado sua predição incondicionada. O profeta não diz: "Nínive será destruída, se não fizer penitência e corrigir-se", mas anunciou a futura destruição da cidade sem acrescentar condição alguma. Essa ameaça consideram-na veraz porque Deus lhes predisse castigo de que eram realmente dignos, apesar de não o haverem sofrido. Se, pois, perdoou os que fizeram penitência, acrescentam, é certo que não ignorava que a fariam; contudo, predisse absoluta e categoricamente a destruição de todos. Isso era assim, prosseguem, na verdade de sua justiça, mas não o era em razão de sua misericórdia, porque sua ira não lhe deteve o curso e perdoou a pena cominada contra os pecadores. Se perdoou então, acrescentam, embora devesse contristar seu santo profeta, quanto mais perdoará, quando todos os santos intercedam para que perdoe os suplicantes mais miseráveis ainda?

Quanto conjeturam no fundo do coração pensam havê-lo calado as divinas Escrituras com fim de que muitos se corrijam por temor a essas penas prolongadas ou eternas e haja quem possa orar por aqueles que não se corrijam. Mas não creem que o silencie de modo absoluto a Palavra divina. Pois a que se aplicam, perguntam eles, estas palavras do salmo: *Que abundante e grande é, Senhor, a doçura que tens reservada para os que te temem!?* Não quer isso dar-nos a entender que essa imensa doçura da misericórdia de Deus foi escondida aos homens para infundir-lhes temor? E acrescentam as palavras do apóstolo: *O fato é que Deus permitiu que todos ficassem envoltos na incredulidade para usar de misericórdia com todos.* Aí se diz que não condenará ninguém.

Os seguidores dessa opinião não a estendem ao livramento ou condenação do diabo e seus anjos. São tocados de compaixão humana só para com os homens e advogam sobretudo sua própria causa, prometendo ao gênero humano, como por misericórdia geral de Deus, falsa impunidade com vistas a seus corrompidos costumes. Essa a razão por que aqueles que prometam semelhante impunidade também ao príncipe dos demônios e seus satélites os sobrepujarão no encarecimento da misericórdia de Deus.

CAPÍTULO XIX
Terceira opinião

Outros há que prometem a libertação do suplício eterno somente aos regenerados pelo batismo que participam do corpo de Cristo, não importa qual tenha sido sua vida anterior e a heresia ou impiedade em que hajam caído. E fundam-se naquelas palavras de Jesus: *Este é o pão que desceu do céu, a fim de que não morra quem dele comer. Eu sou o pão vivo que desceu do céu. Quem comer deste pão viverá eternamente.* É preciso, por conseguinte, concluem eles, que esses homens se vejam livres da morte eterna e passem algum dia para a vida eterna.

CAPÍTULO XX
Quarta opinião

Alguns outros não fazem essa promessa a todos os que receberam o batismo e participaram do sacramento do corpo de Cristo, mas apenas aos católicos, embora vivam perdidamente. Esses foram constituídos no corpo de Cristo por haverem-lhe comido o corpo, não só em sacramento, mas também em realidade. Assim diz o apóstolo: *Embora muitos, somos um só pão, um só corpo.* Segundo isso, embora hajam caído na heresia ou na idolatria dos gentios, pelo simples fato de haverem recebido o batismo de Cristo e de haverem-lhe comido o corpo no corpo de Cristo, quer dizer, na Igreja Católica, os católicos não morrerão eternamente, mas algum dia gozarão da vida eterna. E sua impiedade, por grande que for, não conta para a eternidade, e sim para a duração e qualidade das penas.

CAPÍTULO XXI
Quinta opinião

Outros há que, considerando estas palavras: *Quem perseverar até o fim se salvará*, prometem a salvação aos que perseverem na Igreja, embora vivam escandalosamente nela. Dizem que se salvarão pela prova do fogo e pelos méritos do fundamento, de que diz o apóstolo: *Ninguém pode pôr outro fundamento além do que já foi posto, o qual é Jesus Cristo. Se sobre tal fundamento alguém põe material de ouro, prata, pedras preciosas ou madeira, feno e palha, saiba que há de manifestar-se a obra de cada qual. O dia do Senhor, descobri-la-á, pois há de manifestar-se por meio do fogo e o fogo há de mostrar qual a obra de cada qual. Se subsistir a obra sobreposta de alguém, receberá a paga. Se a obra de outro se queimar, será seu o dano. Não obstante, não deixará de salvar-se, como que pelo fogo, todavia.* Admitem que o cristão católico, seja qual for a vida que leve, tem Cristo por fundamento, fundamento que falta a toda heresia separada da unidade de seu corpo. E por isso acham que, em virtude desse fundamento, o cristão católico, embora leve vida escandalosa, como quem sobre esse fundamento põe madeira, feno e palha, se salvará pela prova do fogo, quer dizer, depois de penas passageiras, será livrado do fogo que no último juízo atormentará os maus.

CAPÍTULO XXII
Sexta e última opinião

Também encontrei outros convencidos de estar o suplício eterno destinado unicamente àqueles que descuidam de redimir seus pecados pelas esmolas, segundo as palavras do Apóstolo São Tiago: *Aguarda juízo sem misericórdia quem não usou de misericórdia.* Logo, quem usou, deduzem eles, embora não melhore de costume e entre esmolas leve existência desregrada e perdida, será julgado com misericórdia. E não será castigado com a condenação ou, depois de muito ou pouco tempo, dela será liberado. Por isso, acrescentam, o Juiz de vivos e mortos não quis, tanto aos da direita, a quem dará a vida eterna, como aos da esquerda, a quem condenará ao suplício eterno, recordar senão as esmolas feitas ou omitidas. A isso alude, segundo eles, o pedido cotidiano da oração dominical: *Perdoa-nos nossas dívidas, assim como perdoamos nossos devedores.* Fazer esmola é perdoar as ofensas ao ofensor. O próprio Senhor pôs isso tão em evidência, que chegou a dizer: *Se perdoais aos homens suas faltas, também vosso Pai celestial vos perdoará vossas faltas. Mas, se não perdoais os homens, tampouco vosso Pai, que está nos céus, vos perdoará.* A esse gênero de esmola referem-se também as citadas palavras do Apóstolo São Tiago: quem não usa de misericórdia será julgado sem misericórdia.

O Senhor não distinguiu, acrescentam, entre pecados graves e leves, mas limitou-se a dizer: *Vosso Pai perdoar-vos-á vossos pecados, se perdoais os homens.* Assim, por perdida que seja a vida do pecador até à morte, acham que seus pecados, sejam quais e quantos forem, lhe são perdoados cada dia em virtude dessa oração cada dia recitada, se se lembrar de perdoar de coração as ofensas a quem lhe peça perdão.

Uma vez que, com o auxílio de Deus, hajamos respondido a todos esses pontos de vista, darei fim a este livro.

CAPÍTULO XXIII
Contra a primeira opinião

Primeiro convém perguntar e ficar sabendo por que a Igreja não pode submeter-se à opinião desses homens que prometem ao diabo a purificação ou o perdão, depois, é certo, de penas duradouras e enormes. Há muitos santos versados no Antigo e no Novo Testamento que não invejaram aos anjos, depois de tantos e tais suplícios, a purificação e a bem-aventurança do Reino dos Céus. E que recuaram diante do inevitável perigo de aniquilar ou infirmar a sentença divina que o Senhor declarou que havia de pronunciar no dia do juízo: *Apartai-vos de mim, malditos, para o fogo eterno, preparado para o diabo e seus anjos.* Isso evidencia que o diabo e seus anjos arderão no fogo eterno. E o que sucede com o que diz o Apocalipse: *E o diabo, que os trazia enganados, foi precipitado no lago de enxofre e fogo, aonde também o foram a besta e o falso profeta, e serão atormentados noite e dia pelos séculos dos séculos*. A Escritura dizia antes eternamente e agora *pelos séculos dos séculos*. Essas expressões significam correntemente na Escritura duração sem fim.

Não se pode, portanto, achar outra causa mais justa, ou mais evidente, que explique por que a verdadeira piedade mantém a crença imutável e firme de que o diabo e seus anjos não retornarão à justiça e à vida dos santos do que esta: a Escritura, que não engana ninguém, diz que Deus não os perdoou. E dessa sorte foram por Ele predestinados à condenação e recluídos nos cárceres das trevas infernais para reservá-los para o juízo final e então castigá-los, entregando-os ao poder do fogo eterno, que os atormentará pelos séculos dos séculos.

Se é assim, como pretender que todos os homens ou alguns deles serão livrados da eternidade dessas penas, depois de prolongado padecimento, sem que se debilite a fé, que nos move a crer que o suplício dos demônios será eterno? Com efeito, se entre os que ouçam: *Apartai-vos de mim, malditos, para o fogo eterno, preparado para o diabo e seus anjos* há alguns ou todos que aí não permanecerão para sempre, que razão há para crer que o diabo e seus anjos aí permanecerão eternamente? Será que a sentença que Deus pronunciará contra os anjos maus e contra os homens maus será verdadeira para os anjos e falsa para os homens? Sim, assim será, se as conjeturas dos homens prevalecem sobre a Palavra de Deus.

Mas, como isso é absurdo, os que queiram livrar-se do suplício eterno não devem perder o tempo, argumentando contra Deus, mas aproveitá-lo, cumprindo-lhe os mandamentos. Ademais, que é isso de por suplício eterno entender fogo temporal, embora duradouro, e por vida eterna entender vida sem fim, quando, na mesma passagem e sem distinção alguma, Cristo disse: *Assim, irão os ímpios para o eterno suplício e os justos para a vida eterna?* Se ambos os destinos são eternos, deve-se entender que ambos serão duradouros, mas findáveis, ou ambos perpétuos e sem fim. A correlação no texto é perfeita. De uma parte, o suplício eterno; de outra, a vida eterna. Dizer, porém, num e mesmo sentido, que a vida eterna não terá fim e que o suplício eterno terá fim é o cúmulo do absurdo. Em conclusão, como a vida eterna dos santos não terá fim, tampouco o terá o suplício eterno de quem o mereça.

CAPÍTULO XXIV
Contra a segunda opinião

1. Esse raciocínio vale também contra aqueles que, com propósitos egoístas, afanam-se, sob pretexto de maior misericórdia, em ir contra as palavras de Deus. Segundo eles, as citadas palavras são verdadeiras não porque os homens hajam de sofrer de fato as penas que se lhes cominam, mas porque merecem sofrê-las. Deus, dizem eles, perdoá-los-á pela intercessão de seus santos, que, orando então por seus inimigos, tanto mais quanto mais santos, sua oração será mais eficaz e mais digna de ser escutada por Deus, pois já não têm pecado.

Mas por que, se suas preces são tão eficazes, devido à sua perfeitíssima santidade e à sua pureza, não rogarão também pelos anjos para quem está preparado o suplício eterno, a fim de que Deus lhes mitigue a sentença e a revogue, tirando-os desse fogo? Ou será que haverá alguém tão atrevido que vá mais além e afirme que os santos anjos se unirão aos homens santos, que então serão semelhantes aos anjos de Deus, e juntos rogarão pelos anjos e pelos homens condenados, a fim de que por misericórdia não padeçam o que merecem padecer por justiça? Isso nenhum católico o disse nem dirá jamais. De outra forma, não há razão que justifique o fato de no presente a Igreja não orar pelo diabo e por seus anjos, se do divino Mestre recebeu o mandamento de orar por seus inimigos. A mesma causa que agora impede a Igreja de rogar pelos anjos maus, que sabe seus inimigos, impedir-lhe-á então, no juízo final, rogar pelos homens destinados ao fogo eterno, embora no zênite da santidade. Agora roga pelos homens que são seus inimigos, porque ainda é tempo de frutuosa penitência. Que pede a Deus por eles senão que os *traga à penitência*, como diz o Apóstolo, *e se desenredem dos laços do diabo, que deles dispõe a seu talante?* Se a Igreja soubesse com certeza os que, embora ainda vivam, estão predestinados a ir com o diabo para o fogo eterno, não rogaria por eles, como não ora por ele. Mas, como não está certa de ninguém, ora por todos os seus inimigos, esses cá da terra e, todavia, não é escutada por todos. Escutam-na somente aqueles que, apesar de seus inimigos, estão predestinados a fazer-se filhos da Igreja por meio de suas preces. Se alguns se obstinam até à morte em sua impenitência e de inimigos não se convertem em filhos, acaso roga por eles a Igreja, quer dizer, roga pelas almas de tais defuntos? Por que assim, senão porque se alistou no partido do diabo quem durante esta vida não se passou a Cristo?

2. Há, pois, a mesma razão, repito, para não orar então pelos homens destinados ao fogo eterno que para não orar, nem agora, nem então, pelos anjos maus. Essa mesma estende-se a não orar então pelos defuntos infiéis e ímpios, embora rezemos por todos em geral. A oração da Igreja ou de alguns santos é ouvida para certos defuntos, mas só para aqueles que, regenerados em Cristo, não viveram tão mal que fossem julgados indignos de tal misericórdia, nem tão bem que não necessitassem dela. Também após a ressurreição dos mortos haverá alguns de quem Deus terá misericórdia; não os enviará ao fogo eterno, sob a condição de haverem sofrido as penas sofridas pelas almas dos defuntos. Porque não seria verdadeiro dizer de alguns que não se lhes perdoou nesta vida nem na outra, se não houvesse outros a quem se lhes perdoa, se não nesta vida, na outra.

Disse o Juiz de vivos e mortos: *Vinde, benditos de meu Pai, possuir o reino que vos está preparado desde a criação do mundo.* E a outros, pelo contrário: *Apartai-vos de mim, malditos, para o jogo eterno, preparado para o diabo e seus anjos.* E também: *E irão esses para o suplício eterno e os justos para a vida eterna.* É excessiva presunção crer que o suplício não será eterno para alguns daqueles que Deus enviou ao suplício eterno. Isso seria persuadir com tal presunção a desesperar ou a duvidar da vida eterna.

3. Ninguém explique, pois, o salmo que canta: *Acaso Deus se esquecerá de sua clemência ou a ira lhe fechará as entranhas de misericórdia?*, dando margem a opinar que a sentença de Deus é verdadeira em relação aos bons e falsa em relação aos maus ou verdadeira para os homens bons e para os anjos maus e falsa para os homens maus. As palavras do salmo fazem referência aos vasos de misericórdia e aos filhos da promessa, entre quem se contava o profeta. Em havendo dito: *Acaso Deus se esquecerá de sua clemência ou a ira lhe fechará as entranhas de misericórdia?* acrescentou em seguida: *Então eu disse: Agora começo. Essa mudança provém da destra do Altíssimo.* Isso é, sem dúvida, explicação do que acaba de dizer: *Ou a ira lhe fechará as entranhas de misericórdia?* Esta vida mortal, em que o homem se assemelhou à vaidade e seus dias pas-

sam como a sombra, é efeito da ira divina. Contudo, a despeito dessa ira, Deus não se esquece de mostrar sua misericórdia, fazendo o sol nascer sobre bons e maus, chover sobre justos e pecadores. Sua ira não lhe fechará as entranhas de misericórdia, sobretudo na mudança que estas palavras expressam: *Agora começo. Essa mudança é efeito da mão do Altíssimo*. Nesta vida, tão cheia de atribulações, Deus melhora os vasos de misericórdia, embora sua ira não deixe de existir em meio desta miserável corrupção, pois nem sua ira contém o rio de sua bondade. Cumprindo-se desse modo a verdade daquele divino cântico, não há necessidade de estender o sentido ao castigo eterno daqueles que não pertencem à Cidade de Deus.

Mas os que pretendem estender essa sentença também aos tormentos dos ímpios que ao menos a interpretem de tal sorte que, permanecendo sobre eles a ira de Deus, que se pronunciou em juízo eterno, não lhe feche suas entranhas de misericórdia. E não façam essa torrente de bondade consistir em das penas que merecem preservar os condenados ou em livrá-los delas algum dia, mas em aliviá-las e suavizá-las um pouco. Darão, assim, margem à ira de Deus e a que sua ira não lhe feche suas entranhas de misericórdia. Note-se que de não rechaçarmos esse ponto de vista não se segue que o aprovemos.

4. Aos que veem ameaça e não predição real nestas palavras: *Apartai-vos de mim, malditos, para o fogo eterno*, e nestas: *Serão atormentados pelos séculos dos séculos*, e ainda nestas: *Seu verme não morrerá e seu fogo não se apagará* e em outros textos assim, não somos nós, é a própria divina Escritura que redargui e refuta da maneira mais evidente e mais completa. Os ninivitas fizeram penitência nesta vida e, portanto, penitência frutuosa, semeando neste campo em que Deus quis que se semeasse com lágrimas o que depois se colherá com alegria. Contudo, quem negará haver-se cumprido a predição do Senhor, sob pena de não considerar bastante como Deus destrói os pecadores não somente quando irado, mas também quando apiedado? Os pecadores são destruídos de dois modos: como os habitantes de Sodoma, castigando os homens por seus pecados, ou como os ninivitas, destruindo pela penitência os pecados dos homens. A Nínive má foi destruída e foi edificada a boa, coisa que não era. Apesar de erguidas as muralhas e as casas, a cidade foi derrubada em seus corrompidos costumes. Assim, embora o profeta houves-

se de contristar-se porque não sucedeu o que os ninivitas esperavam pela profecia, sucedeu o que Deus predissera, porque sabia que essa predição se cumpriria em sentido mais favorável.

5. A fim de que esses desvirtuados misericordiosos compreendam qual o alcance destas palavras: *Que abundante e grande é, Senhor, a doçura que escondeste dos que te temem!*, leiam o que vem depois: *e consumaste nos que esperam em ti*. Que significa: *Escondeste-a dos que te temem e consumaste-a nos que esperam em ti*, senão: A justiça de Deus não é suave para aqueles que por temor às penas querem constituir sua justiça fundada na lei, porque a desconhecem? E, como a desconhecem, não a gostaram. Não esperam em Deus, mas em si mesmos, e por isso esconde-se-lhes a abundância da doçura divina. Temem, é verdade, a Deus, mas com aquele temor servil desacompanhado de caridade, porque a caridade perfeita expulsa o temor. Deus consuma sua doçura nos que esperam nele, inspirando-lhes sua caridade para que com temor casto, não com esse que deita fora o amor, mas com o que permanece eternamente, se gloriem unicamente no Senhor.

A justiça de Deus é Cristo, que nos foi dado por Deus, como diz o apóstolo, *para ser nossa Sabedoria, nossa justiça, nossa satisfação e nossa redenção, a fim de que, como está escrito, quem se glorie se glorie no Senhor*. Essa justiça de Deus, dom da graça, não efeito do merecimento, desconhecem-na os que anseiam constituir sua justiça. Por isso não se submetem à justiça de Deus, que é Cristo. Precisamente nessa justiça se acha a grande abundância da doçura de Deus. Dela e por ela diz-se no salmo: *Gostai e vede quão doce é o Senhor!* Nesta peregrinação não a gostamos até à saciedade; por isso estamos mais famintos e mais sedentos dela, para depois nos saturarmos, quando a virmos como é e se cumprir o que está escrito: *Serei saciado, quando se manifestar tua glória.* Assim consuma Cristo a abundância de sua doçura nos que esperam nele.

Logo, se dos que o temem Deus esconde a abundância de sua doçura, no sentido em que nossos adversários a entendem, quer dizer, com o fim de os ímpios, desconhecendo-a por temor de serem condenados, viverem retamente, podendo, assim, haver fiéis que orem pelos que vivem sem freios morais, como o consumará nos que esperam nele, se, como esses sonham, por causa dessa doçura não serão condenados aqueles que não esperam nele? Busque-se, pois, a doçura que Deus aperfeiçoa nos que esperam nele e não a que imaginam que aperfeiçoará nos que o desprezam e blasfemam! Em vão o homem busca na outra vida o que descuidou adquirir nesta.

6. Aquele versículo do apóstolo: *O fato é que Deus permitiu que todos ficassem envoltos na infidelidade para usar de misericórdia com todos* não quer dizer que Deus não condenará ninguém. O contexto aclara-nos o sentido. São Paulo dirigia-se aos gentios já crentes e diz-lhes a propósito dos judeus, que mais tarde se converteriam: *Assim como outrora não críeis em Deus e agora alcançastes misericórdia, à vista da incredulidade daqueles, assim também esses agora não creram em vossa misericórdia, a fim de algum dia também eles a obterem.* A seguir, acrescenta as palavras que os induzem a erro: *O fato é que Deus permitiu que todos ficassem envoltos na infidelidade, para usar de misericórdia com todos.* Quem são *todos* senão esses de que falava, quer dizer, vós e eles? Deus deixou, pois, caírem na infidelidade todos os gentios e todos os judeus que previu e predestinou a serem conformes com a imagem de seu Filho. Assim, arrependidos com amarga penitência de sua infidelidade e convertidos à doçura da misericórdia de Deus, clamarão com o salmista: *Que abundante e grande é, Senhor, a doçura que escondeste dos que te temem e consumaste nos que esperam,* não em si mesmos, mas *em ti!* Terá misericórdia de todos os vasos de misericórdia. Que significa *de todos?* Tanto dos gentios que predestinou, chamou, justificou e glorificou, como dos judeus. De todos esses homens, não de todos os homens, não condenará ninguém.

CAPÍTULO XXV
Que dizer da terceira e da quarta opinião?

1. Respondamos agora àqueles que prometem o livramento do fogo eterno não ao diabo e a seus anjos (como tampouco o fazem aqueles de quem estávamos falando), nem mesmo a todos os homens, mas apenas àqueles que hajam recebido o batismo e participado do corpo e do sangue de Cristo, vivam como vivam em qualquer heresia ou impiedade em que caíram. O apóstolo contradi-los ao dizer: *São*

bem fáceis de conhecer as obras da carne. Tais são a fornicação, a desonestidade, a luxúria, a idolatria, a feitiçaria, a inimizade, a porfia, o ciúme, a animosidade, a heresia, a dissensão, a inveja, a embriaguez, a glutonaria e coisas semelhantes. A respeito delas previno-vos, como vos tenho dito, que não alcançarão o Reino dos Céus os que tais coisas fazem. Essas palavras do apóstolo são falsas, se os tais hão de possuir o Reino de Deus, livres, embora depois de muito tempo, de seus tormentos. Mas, como não são falsas, segue-se que não possuirão o Reino dos Céus. E, se jamais entrarão na posse desse reino, estarão submetidos a eterno suplício, porque entre o Reino de Deus e o suplício eterno não há meio-termo.

2. É preciso, por conseguinte, estudar como se deve entender o que diz Nosso Senhor: *Este é o pão que desceu do céu, a fim de que não morra quem dele comer. Eu sou o pão vivo que desceu do céu. Quem dele comer viverá eternamente.* Os adversários a quem depois responderemos refutam a opinião daqueles a quem agora respondemos. São aqueles que não prometem a libertação a todos os que hajam recebido o Sacramento do Batismo e o corpo de Cristo, mas somente aos católicos, embora vivam mal. Porque, assim dizem, comeram o corpo de Cristo, não apenas em sacramento, mas também em realidade, e se constituíram no mesmo corpo. Desse corpo diz o apóstolo: *Apesar de muitos, somos um só pão, um só corpo.* Somente, pois, quem se conserva na unidade do corpo de Cristo, desse corpo cujos fiéis costumam receber o sacramento do altar, ou seja, o membro da Igreja é que verdadeiramente se deve dizer que come o corpo de Cristo e lhe bebe o sangue. Portanto, os hereges e os cismáticos, apartados da unidade desse corpo, podem receber esse sacramento, mas sem fruto e, o que é mais, com dano pessoal, para serem condenados com mais rigor e não serem, embora tarde, livrados. Não estão nesse laço de paz representado por esse sacramento.

3. Por outra parte, esses, que têm razão, quando dizem que não come o corpo de Cristo quem não está no corpo de Cristo, erraram ao prometerem a libertação das penas eternas àqueles que saem da unidade desse corpo e aderem à heresia ou à superstição dos gentios. Devem, em primeiro lugar, considerar como é intolerável e estranho à sã doutrina pensar que muitos ou quase todos os que fundaram ímpias heresias, saindo da Igreja Católica e tornando-se

heresiarcas, fiquem mais bem acomodados que aqueles que nunca foram católicos e lhes caíram nas armadilhas. Se o batismo que lhes foi administrado na Igreja Católica e o sacramento do corpo de Cristo, que receberam no verdadeiro corpo de Cristo, livram do suplício eterno os heresiarcas, reparem em que é pior o desertor da fé, de trânsfuga transformado em seu perseguidor, que aquele que não desertou da fé, pois não a abraçou nunca.

Em segundo lugar, o apóstolo atalha essa opinião, quando, após haver enumerado as obras da carne, prediz, com a mesma verdade, que *os que tais coisas fazem não possuirão o Reino dos Céus.*

4. Donde se segue não deverem estar seguros em seus costumes, estragados e condenáveis, os que perseveram até o fim na comunhão da Igreja Católica, atendendo a estas palavras: *Quem perseverar até o fim se salvará.* Por sua má vida abandonam a justiça de vida, que é Cristo, quer praticando a fornicação, quer manchando o corpo com outras impurezas, que nem São Paulo mesmo quis citar, quer deixando-se arrastar pela luxúria, quer, enfim, fazendo alguma das obras de que diz: Os que *tais coisas fazem não possuirão o Reino dos Céus.* Logo, se os que fazem tais coisas não poderão entrar no Reino dos Céus, irão inevitavelmente para o fogo eterno. Não se deve dizer que, perseverando no desregramento até o fim da vida, perseveraram em Cristo até o fim, porque perseverar em Cristo é perseverar em sua fé. *E essa fé*, segundo a definição do apóstolo, *opera pela caridade. E a caridade*, como diz noutra parte, *não opera mal.*

Não se deve tampouco dizer que esses comem o corpo de Cristo, pois nem devem ser contados entre os membros de Cristo. Porque (e conste que omito outras razões) não podem ser ao mesmo tempo membros de Cristo e de meretriz.

Finalmente, ao dizer: *Quem come minha carne e bebe meu sangue permanece em mim e eu nele*, Cristo nos mostra o que é comer seu corpo e beber seu sangue em verdade e não apenas em sacramento. E, simplesmente, permanecer em Cristo para Ele permanecer no comungante. Como se dissesse: Aquele que não permanece em mim e em quem não permaneço não diga ou pense que come meu corpo e bebe o meu sangue. Pois bem, não permanecem em Cristo os que não são membros seus. E não são membros de Cristo aqueles que se tornam membros de meretriz, a não ser que renunciem ao mal pela penitência e tornem ao bem pela reconciliação.

CAPÍTULO XXVI
Que é ter Cristo por fundamento e que dizer da quinta opinião?

1. Os cristãos católicos, dizem, por fundamento têm Cristo, de cuja unidade não se separaram, apesar de sobre esse fundamento haverem edificado vida desordenada, como feno, madeira e palha. A verdadeira fé, que faz que Cristo seja seu fundamento, embora com dano, pois serão abrasadas as coisas edificadas sobre Ele, poderá livrá-los algum dia da perpetuidade do fogo. Responda a isso, resumidamente, o Apóstolo São Tiago: *Se alguém diz que tem fé e carece de obras, poderá salvá-lo a fé?*

E quem é, insistem, aquele de quem diz o apóstolo: *Não deixará de salvar-se, se bem como que pelo fogo?*

Quem é? Procuremo-lo juntos. Não é, por certo, esse de que fala São Tiago. O contrário seria pôr frente a frente dois apóstolos, pois um deles diz: *Embora alguém tenha más obras, a fé salvá-lo-á pelo fogo* e o outro: *Se não tem obras, salvá-lo-á a fé?*

2. Saberemos quem pode salvar-se pelo fogo, se primeiro conhecermos o que é ter Cristo por fundamento. Para averiguá-lo o quanto antes possível, consideremos a imagem e admitamos que em todo edifício primeiro vem o fundamento. Quem quer, pois, que de tal sorte tenha Cristo no coração, que nem anteponha a Ele as coisas terrenas e temporais, nem aquelas cujo uso lhe é permitido, esse tem Cristo por fundamento. Mas, se a Ele prefere essas coisas, embora pareça ter fé em Cristo, não tem Cristo por fundamento, porquanto o pospõe. Quão menos o terá quem, desprezando os salutares mandamentos, age ilicitamente, não antepondo Cristo, mas pospondo-o, subestimando-lhe os mandados ou permissões e preferindo, contra eles, satisfazer suas paixões? Assim, quando o cristão ama alguma meretriz e, unindo-se a ela, faz-se um só corpo com ela, já não tem Cristo por fundamento. Por outro lado, quando alguém ama a própria esposa e o faz segundo Cristo, quem duvida que tem Cristo por

fundamento? Se a ama segundo este século, carnalmente, através da morbosidade das concupiscências, como os gentios, que desconhecem Deus, mesmo nesse caso o apóstolo, ou melhor, Cristo por intermédio do apóstolo, lho permite por condescendência. Mesmo nesse caso pode ter Cristo por fundamento. Porque, se não lhe antepõe sua afeição e seu prazer, embora sobre ele edifique madeira, feno e palha, tem Cristo por fundamento e se salvará pelo fogo. O fogo da tribulação queimará essas delícias e esses amores, não condenáveis devido ao matrimônio. A esse fogo pertencem a viuvez e as demais calamidades que privam desses gozos. Por isso, essa edificação será prejudicial para quem edificou, porque não terá o que edificou sobre o fundamento e será atormentado pela perda das coisas cujo gozo o encantava. Mas será salvo pelo fogo, pelos méritos do fundamento, porque, se algum perseguidor lhe propusesse optar entre esses objetos e Cristo, a Cristo não anteporia coisa alguma.

Vede nas palavras do apóstolo o homem que sobre o fundamento edifica prata, ouro e pedras preciosas. *Quem não tem mulher,* diz ele, *pensa nas coisas de Deus e em como agradar ao Senhor.* Vede agora o outro, que edifica madeira, feno e palha: *E quem é casado pensa nas coisas do mundo e em como agradar à mulher. Ver-se-á qual a obra de cada qual, porque o dia a descobrirá,* o dia da tribulação, *pois será manifestada pelo fogo.* Chama fogo à tribulação mesma, como se lê noutra parte: *O fogo prova as vasilhas de terra; a tribulação, os homens justos.* E também: *O fogo descobrirá qual a obra de cada qual. Se a obra de alguém, sobreposta, permanecer* (e permanecem os pensamentos dados a Deus e o cuidado de agradar-lhe), *receberá a recompensa,* quer dizer, receberá o fruto de seus pensamentos. Mas, *se a obra de outro se queimar, será seu o dano,* porque não terá o que amara. *Não obstante, não deixará de salvar-se,* pois a tribulação não o separou desse fundamento, *embora como que pelo fogo,* pois não perderá sem dor ardente o que possuiu com amor atraente. Eis descoberto um fogo que, segundo me parece, não prejudica nenhum dos homens de quem falamos, mas enriquece um deles, causa dano ao outro e põe à prova os dois.

3. Se quiserem, nesse lugar entendamos aquele fogo de que dirá o Senhor aos da esquerda: *Apartai-vos de mim, malditos, para o fogo eterno,* de forma a nele incluirmos esses que sobre o fundamen-

to edificam madeira, feno e palha. Mas pensemos que, pelos méritos desse fundamento, esses se verão livres desse fogo, depois de atormentados algum tempo por causa de seus pecados. Que devemos pensar dos da direita, a quem se dirá: *Vinde, benditos de meu Pai, possuir o reino que vos está preparado*, senão tratar-se daqueles que sobre o fundamento edificaram ouro, prata e pedras preciosas? Se, pois, entendemos desse modo o fogo de que fala o apóstolo, ao dizer: *embora como que pelo fogo*, devem ser-lhe arrojados uns e outros, quer dizer, os da direita e os da esquerda. E uns e outros devem ser provados pelo fogo de que se disse: *O dia descobrirá a obra de cada qual, pois será manifestada pelo fogo e o fogo provará qual a obra de cada qual.* Se ambos serão provados pelo fogo, a fim de um deles, se suas obras permanecerem, quer dizer, não forem consumidas pelo fogo, receber a recompensa, e o outro, se suas obras arderem, receber seu castigo, sem dúvida esse fogo não é eterno. Só os da esquerda serão enviados ao fogo eterno, para sua eterna e suprema condenação. Esse fogo de que fala o apóstolo prova os da direita. Mas prova-os de tal maneira que não queima o edifício de alguns e queima o de outros. Não queima o edifício daqueles que puseram Cristo por fundamento dele. Assim, salvar-se-ão todos, pois colocaram Cristo por fundamento e o amaram com grande amor. E, se se salvarão, estarão com certeza à direita e com os demais ouvirão estas palavras: *Vinde, benditos de meu Pai, possuir o reino que vos está preparado.* E não à esquerda, onde estarão os que não hão de salvar-se e, por sua vez, ouvirão: *Apartai-vos de mim, malditos, para o fogo eterno.* Nenhum desses se livrará do fogo, porque irão todos para o suplício eterno, em que o verme não morrerá e o fogo não se apagará. Aí serão atormentados noite e dia pelos séculos dos séculos.

4. Se se diz que durante o espaço de tempo que mediará entre a morte e esse dia que, depois da ressurreição dos corpos, será o último dia da remuneração e da condenação, as almas estarão expostas ao ardor de fogo que não sentirão aqueles que nesta vida não hajam tido costumes e afeições dignas de consumir-lhes a madeira, o feno e a palha e que os que hajam construído edifício semelhante sentirão o fogo de tribulação transitória que, quer somente ali, quer aqui e ali, quer aqui para não acontecer ali, abrase os pecados inumeráveis, embora veniais, a isso não me oponho, porque talvez seja verdade. A morte do corpo, que é fruto do primeiro pecado e cada qual sofrerá a seu

tempo, pode formar parte dessa tribulação. As perseguições contra a Igreja, que lhe coroaram os mártires e todos os cristãos padecem, são como fogo que prova os diferentes edifícios, consome alguns com seus edificadores, se neles não encontra Cristo por fundamento, e, sem tocar em seus autores, queima outros, se o encontra. Esses salvar-se-ão, embora após o castigo. Outros não os consome, porque os acha dignos de permanecer eternamente. Até o fim do mundo haverá também, no tempo do anticristo, perseguição sem precedente na história. Quantos edifícios de ouro ou de feno se levantarão então sobre o ótimo fundamento, Jesus Cristo, para o fogo provar ambos, causando gozo a uns e dano a outros, mas sem perder nem estes, nem aqueles por causa da estabilidade desse fundamento!

Mas quem quer que lhe anteponha, não digo a mulher, de quem se serve para o deleite carnal, mas as outras pessoas, que não ama por esse fim e as ama carnalmente, à moda humana, não tem Cristo por fundamento. Esse não se salvará pelo fogo e não se salvará porque não poderá estar com o Salvador, que, falando expressamente sobre esse ponto, diz: *Quem ama o pai ou a mãe mais do que a mim não é digno de mim. E quem ama o filho ou a filha mais do que a mim não é tampouco digno de mim.* Quem ama carnalmente esses parentes, não antepondo-os a Cristo, nosso Senhor, e preferiria perdê-los a perder Cristo, se os submetem a essa prova, salvar-se-á pelo fogo. De sua perda só é preciso que a dor queime quanto unira o amor. Portanto, amar, segundo Cristo, o pai, a mãe, os filhos ou as filhas e ajudá-los a conseguir-lhe o reino e a unir-se a Ele ou amá-los por serem membros de Cristo, tal amor não é edifício de madeira, de feno e palha, para ser consumido, mas de ouro, prata e pedras preciosas. Como poderia amar mais do que a Cristo aqueles que a gente ama por Cristo?

CAPÍTULO XXVII
Contra a sexta opinião

1. Não resta responder senão àqueles que sustentam que só arderão no fogo eterno os que descuidem fazer esmolas por seus pecados, segundo aquelas palavras do Apóstolo São Tiago: *Aguarda juízo sem misericórdia quem não usou de misericórdia.* Logo, quem a

pratica, concluem, embora não haja corrigido seus dissolutos costumes e viva pecadora e nefariamente em meio de suas esmolas, será julgado com misericórdia. E ou não será condenado, ou depois de algum tempo será livrado da última condenação. Creem que a separação que Cristo fará entre os da direita e os da esquerda, para enviar uns para o reino eterno e outros para o eterno suplício, fundar-se-á unicamente na prática ou omissão da esmola. Apoiam-se, ademais, na oração dominical e dizem poderem ser perdoados pelas esmolas os pecados diariamente cometidos, por enormes que sejam. Como não há dia, prosseguem, em que os cristãos não recitem essa oração, assim também não há pecado, por cotidiano que seja, que não se perdoe por ela, sob a condição de que, quando dizemos: *Perdoai-nos às nossas dívidas*, procuremos pôr em prática o que vem a seguir: *assim como perdoamos nossos devedores*. O Senhor, acrescentam, não diz: Se perdoardes os pecados aos homens, vosso Pai perdoar-vos-á os pecados leves que todo dia praticais, mas: *Perdoar-vos-á vossos pecados*. Presumem que os pecados, sejam de que número e qualidade forem, embora os cometam diariamente e morram sem havê-los renunciado, a esmola de perdão não negado pode perdoá-los.

2. Está bem que reparem em que se devem fazer esmolas dignas pelos pecados. Se dissessem que todos os pecados, tanto graves como leves, e todos os costumes criminosos serão perdoados por toda sorte de esmolas, admitiriam que dizem coisa absurda e ridícula. Ver-se-iam, com efeito, obrigados a confessar que um homem muito rico, por exemplo, poderia, com inverter todo dia dez cruzeirinhos [sic] em esmolas, redimir os homicídios, os adultérios e demais ações criminosas. Se dizê-lo é absurdo em ponto grande e loucura sem qualificativo, resta saber quais as esmolas dignas pelos pecados, das quais dizia o precursor de Cristo: *Fazei frutos dignos de penitência*. Ninguém, com certeza, achará dignas as esmolas daqueles que até à morte sepultam a vida, cometendo crimes todo dia. Primeiro, porque, roubando o próximo, dissipam muitas riquezas mais e, dando do que roubam um pouquinho aos pobres, pensam alimentar Cristo, crendo que com ela lhe compram a licença para seus desvarios, ou melhor, que a compram todo dia e com ela cometem tamanhos desatinos. Embora por um só pecado distribuíssem todos os seus haveres aos membros necessitados de Cristo, se não renunciam às suas maldades, tendo essa caridade que não age mal, ser-lhes-ia inútil semelhante liberalidade.

Quem por seus pecados faz esmolas dignas, comece primeiro a fazê-las por si mesmo. É indigno não fazer a si mesmo a esmola que se faz ao próximo, ouvindo o Senhor, que diz: *Amarás o próximo como a ti mesmo*. E também: *Apiada-te de tua alma, agradando a Deus*. Quem a sua própria alma não faz a esmola de agradar a Deus, como pode dizer que por seus pecados faz esmolas dignas? Nesse sentido está também escrito: *Quem é mau para consigo mesmo para quem será bom?* As esmolas, pois, auxiliam as orações. Mas deve-se meditar nisto: *Pecaste, filho? Para não tornares a pecar, faze oração pelas culpas passadas, a fim de te serem perdoadas*. As esmolas devem ser feitas exclusivamente para que sejamos escutados quando pedimos perdão pelos pecados passados, não para que, perseverando neles, creiamos que obtivemos licença para agir mal.

3. O Senhor predisse que havia de imputar aos da direita as esmolas feitas e aos da esquerda as não feitas, a fim de com isso mostrar o valor da esmola para apagar os pecados cometidos, não para impunemente cometê-los sem cessar. Não devemos acreditar que fazem esmolas verdadeiras aqueles que se recusam a melhorar sua vida amoral. Também isto: *Sempre que deixastes de fazê-lo com algum de meus pequeninos, deixastes de fazê-lo comigo*, mostra que não as fazem, embora creiam que sim. Se dão pão a cristão pobre, por ser cristão, não negarão a si mesmos o pão de justiça que é Cristo, porque Deus não atende a quem se dá, mas à intenção com que se dá. Quem no cristão ama Cristo, dá-lhe esmola com o mesmo espírito com que se acerca de Cristo, não com esse espírito que o induz a, sem castigo, apartar-se de Cristo. Tanto mais alguém se afasta de Cristo quanto mais ama o que Cristo reprova. Com efeito, que lhe aproveita ser batizado, se não é justificado? Não é verdade, porventura, que quem disse: *Quem não renascer da água e do Espírito Santo não entrará no Reino dos Céus*, também disse: *Se vossa justiça não exceder em muito a dos escribas e fariseus, não entrareis no Reino dos Céus?* Por que são tantos os que correm a batizar-se por temor ao primeiro e tão poucos os que procuram justificar-se por temor ao segundo? Assim como não chama *idiota* ao irmão quem, quando o injuria, não está enojado com o irmão, mas com seu pecado, pois doutra sorte seria réu do inferno de fogo, assim também quem dá esmola a cristão não a dá a cristão, se nele não ama Cristo, e não ama Cristo, se recusa justificar-se em Cristo. Aproveitaria muito pou-

co àquele que chama *idiota* ao irmão, injuriando-o injustamente e sem pensar em corrigi-lo, fazer esmola para obter o perdão, se não acrescenta também o remédio da reconciliação. Assim está proposto no mesmo lugar: *Portanto, se, no momento de apresentares tua oferenda no altar, ali te lembras de que teu irmão tem alguma queixa contra ti, deixa ali mesmo tua oferenda ante o altar, vai primeiro reconciliar-te com teu irmão e depois volta a apresentar tua oferenda.* Do mesmo modo, aproveitaria muito pouco fazer grandes esmolas pelos pecados e permanecer nos mesmos costumes pecaminosos.

4. A oração cotidiana, ensinada pelo Senhor (daí seu nome de dominical), apaga os pecados de cada dia, quando todo dia se diz: *Perdoai-nos nossas dívidas* e o que vem a seguir não apenas se diz, mas também se põe em prática: *assim como nós perdoamos nossos devedores*. Recita-se a oração porque se cometem pecados, não para que se cometam porque se recita. Com essa oração quis o Salvador ensinar-nos que, por mais justamente que vivamos na frágil noite desta vida, não nos faltarão pecados pelos quais teremos necessidade de orar e de perdoar a quem nos ofenda, para que Deus nos perdoe. O Senhor não diz: *Se perdoardes aos homens seus pecados, também vosso Pai vos perdoará vossos pecados*, com o fim de que, confiados nessa oração, cometêssemos, em segurança, crimes diários, quer em virtude da autoridade que nos põe ao amparo dos homens, quer por astúcia, enganando os próprios homens. Queria que aprendêssemos a não pensar estarmos sem pecados, embora estejamos isentos de crimes. Assim o advertiu Deus aos sacerdotes da antiga lei, mandando-os *oferecer*, primeiro, sacrifícios por seus pecados e depois pelos do povo.

Merecem mais pormenorizada consideração as palavras de nosso grande Senhor e Mestre. Ele não diz: Se perdoardes aos homens seus pecados, também vosso Pai vos perdoará quaisquer pecados, mas *vossos pecados*. Note-se que estava ensinando a oração de cada dia e falava a discípulos justificados. Que significa *vossos pecados* senão os pecados de que não estais isentos nem vós mesmos, que estais justificados e santificados? Os que nessa oração buscam pretexto para o cometimento diário de crimes pretendem que o Senhor falou dos pecados graves, porque não disse: Perdoar-vos-ei os leves, mas *vossos pecados*. Nós, ao contrário, considerando a quem se dirigia e ouvindo dizer *vossos pecados,* não devemos entender que essas palavras se refiram senão aos leves, porque seus discípulos já não tinham outros. Não obstante, mesmo os graves, de que é preciso a gente afastar-se por sincera conversão, não se perdoam pela oração, se não se põe em prática o que nela se diz: *assim como perdoamos nossos devedores.* Se, por conseguinte, as faltas, embora leves, de que não estão livres nem mesmo os santos, não se perdoam de outro modo, quão menos os enredados em crimes enormes, embora deixem de cometê-los, conseguirão o perdão, se forem inexoráveis no perdão das faltas que alguém contra eles cometer, pois diz o Senhor: *Se não perdoardes os homens, tampouco vosso Pai vos perdoará!* A isso aludem as palavras de São Tiago: *Será julgado sem misericórdia quem não use de misericórdia.* Deve-se trazer à memória o exemplo do servo devedor, a quem o amo perdoou dez mil talentos e depois obrigou a pagá-los por não haver-se apiedado de um companheiro que lhe devia cem denários. Aos filhos da promessa e vasos de misericórdia aplicam-se as seguintes palavras do mesmo apóstolo: *A misericórdia sobrepuja a justiça.* Os justos que viveram em tal santidade que nos tabernáculos eternos recebem aqueles cuja amizade granjeiam pela riqueza de iniquidade chegaram a esse estado pela misericórdia daquele que justifica o ímpio e dá o prêmio segundo a graça e não segundo o merecimento. Conta-se no número desses o apóstolo, que diz: *Consegui a misericórdia para ser fiel.*

5. Por outro lado, os recebidos nos tabernáculos eternos é preciso confessar não haverem vivido em tal pureza de costumes que sua vida lhes seja suficiente para se verem livres sem o sufrágio dos santos. Por isso, neles a misericórdia avantaja-se em muito à justiça. Não obstante, não se deve crer que o malvado que não haja dado a sua vida num sentido melhor ou mais tolerável será recebido nos tabernáculos eternos por haver granjeado a amizade dos santos pela riqueza da iniquidade, quer dizer, com o dinheiro ou com os bens mal-adquiridos. Ou, talvez, embora bem-adquiridos, com falsas riquezas, mesmo quando a iniquidade as julgue verdadeiras porque desconhece as riquezas autênticas, que enriquecem aqueles que recebem outros nos tabernáculos eternos. Há certo gênero de vida que não é tão mau que a liberalidade nas esmolas lhe seja inútil para ganhar o Reino dos Céus, pois a pobreza dos santos se sustenta com ela e os torna amigos que os receberão nas eternas moradas, nem tão bom

que lhe baste para adquirir tamanha felicidade, se não consegue a misericórdia.

(E, seja dito entre parênteses, sempre me causou estranheza encontrar em Virgílio as seguintes palavras do Senhor: *Das riquezas de origem iníqua fazei amigos, para que vos recebam nas moradas eternas*. Muito parecida com essa é aquela: *Quem hospeda profeta, em atenção a que é profeta, receberá prêmio de profeta e quem hospeda justo, em atenção a que é justo, terá galardão de justo*. Descrevendo o poeta os Campos Elísios, lugar em que, segundo creem os pagãos, habitam as almas dos bem-aventurados, neles situa não apenas os que mereceram chegar a essas moradas por merecimento próprio, mas também os *que, beneficiando outros, perpetuaram sua memória entre os homens*, quer dizer, aqueles que merecem por outros e, merecendo para eles, fizeram com que se lembrassem deles. É como se dissesse, coisa corrente em boca de cristão, quando, humilde, se encomenda a um dos santos: "Lembra-te de mim" e busca gravar-lhe o nome na memória, em merecendo.)

Se agora perguntamos por esse gênero de vida e por esses pecados que fecham a entrada do Reino dos Céus e dos quais se obtém o perdão pelos merecimentos dos santos amigos, situamo-nos em questão muito difícil e muito arriscada. Por certo que, procurando até agora esforçar-me em investigá-la, nada consegui. Talvez esteja escondida por medo de que o afã de progresso mingue o cuidado de evitar os pecados. Se soubéssemos quais ou que delitos são esses em prol dos quais, apesar de sua perseverança, fortificada pelo esquecimento de qualquer emenda moral, deve-se buscar e esperar a intercessão dos santos, a desídia humana envolver-se-ia, confiante, no manto dos vícios e não cuidaria de, com o auxílio de alguma virtude, desenredar-se de tal visgo. Buscaria, unicamente, ver-se livre pelos merecimentos dos outros, cuja amizade granjeou com o tesouro de iniquidade e dando esmolas. Por outro lado, enquanto desconhecemos esse gênero de pecado venial, embora exista, aplicamos o afã de melhora na vida, instando com mais vigilância na oração, e não desdenhamos de com o tesouro de iniquidade granjear a amizade dos santos.

6. Esse livramento, obtido por suas orações ou pela intercessão dos santos, previne, é verdade, a condenação ao fogo eterno, mas não vai ao ponto de, após certo tempo de expiação, retirar das

chamas o culpado nelas precipitado. Aqueles mesmos que pensam que o que está escrito da terra boa que dá fruto em abundância, uma trinta, outra sessenta e outra cem, deve-se entender referente aos santos, que, segundo a diversidade de seus merecimentos, uns renderão trinta, outros sessenta e outros cem, costumam acreditar que isso acontecerá no dia do juízo final e não depois.

Conta-se que, vendo que com essa opinião os homens se prometiam perversa impunidade, pois desse modo, ao que parece, todos podem ser salvos, certa pessoa respondeu com muito acerto que cada qual deve viver retamente para com sua vida lograr ser do número dos que hão de interceder pelo livramento dos demais. E acrescentou: Não vão ser tão poucos os intercessores, que, completando logo cada qual seu número, um trinta, outro sessenta e outro cem, fiquem muitos sem poder ser livrados das penas e entre esses se encontrem os que com vaníssima temeridade puseram em fruto alheio a esperança.

Baste, pois, haver respondido a esses que, não desprezando a autoridade das Sagradas Letras, que nos são comuns, mas entendendo-as de modo errado, não descobrem nelas o sentido que têm, mas o que querem. E, feito isso, ponhamos, como prometemos, fim a este livro.

LIVRO VIGÉSIMO SEGUNDO

O objeto deste livro é o fim devido à Cidade de Deus, quer dizer, a eterna felicidade dos santos. Dá-se solidez à fé na ressurreição dos corpos e explica-se em que consistirá. A obra termina com exposição sobre a vida dos bem-aventurados em seus corpos imortais e espirituais.

CAPÍTULO I
A criação dos anjos e dos homens

1. Como prometi no livro anterior, este, o último da obra, girará todo ele em torno da felicidade eterna da Cidade de Deus. E digo eterna não porque haja de durar muito tempo e finalizar algum dia, mas porque, como está escrito no Evangelho, *seu reino não terá fim*. A sucessão das gerações humanas, em que uns morrem para deixar lugar a outros, não é sequer imagem da eternidade. Assemelham-se à árvore de folha perene, que parece conservar sempre o mesmo verdor, enquanto vão caindo umas folhas e brotando outras, perpetuando-se assim a aparência de seu frescor. Nela todos serão cidadãos imortais e os homens alcançarão o que os santos anjos nunca perderam. Deus, seu onipotentíssimo Fundador, fará essa maravilha. Prometeu-o e não pode mentir. Para certificá-lo, fez muitas maravilhas prometidas e não prometidas.

2. Foi Ele quem no princípio criou o mundo, povoado de seres visíveis e inteligentes, e o criou totalmente bom. Entre esses seres não fez nenhum superior aos espíritos, que dotou de inteligência e os capacitou e habilitou para contemplá-lo e possuí-lo, unindo-os pelos laços dessa sociedade por nós chamada cidade soberana e santa. Nela, o sustentáculo de sua existência e o princípio de sua felicidade é Deus mesmo, que para seus cidadãos é como que a vida e o alimento comum. Ele deu à natureza intelectual o livre-arbítrio, de sorte que, se voluntariamente abandonasse Deus, fonte de sua felicidade, em seguida cairia na mais perfeita miséria. E, sabendo de antemão que, por soberba, alguns anjos queriam bastar-se a si mesmos e constituir-se em princípio da própria felicidade, desertando assim do verdadeiro bem, Ele não os privou desse poder, julgando mais digno de sua onipotência e de sua bondade fazer bom uso dos males que não permiti-los. Com efeito, o mal não existiria se a natureza mutável, apesar de boa e criada por Deus, bem imutável e sumo, que criou boas todas as coisas, não o houvesse feito a si mesma, pecando. Seu pecado é o melhor testemunho de a natureza haver sido criada boa. Não fosse grande bem, embora inferior a seu Criador, para ela não poderia, sem dúvida, ser mal desertar de Deus como de sua luz. Assim como a cegueira é vício do olho e indica que o olho foi criado

para ver a luz e que o sentido capaz de luz é mais excelente que os demais membros (nem por outra causa seria vício para ele carecer de luz), assim também a natureza, que gozava de Deus, evidencia com seu vício que a torna miserável, porque não goza de Deus, haver sido criada boa. Deus castigou a voluntária queda dos anjos com a justíssima pena de infelicidade eterna e deu aos outros, como prêmio de sua fidelidade, a certeza de sua perseverança sem fim. Ele criou o homem reto com o livre-arbítrio e criou-o animal mortal, é verdade, mas digno do céu, se se unisse a seu Autor, e condenado à miséria congruente com sua natureza, se o abandonasse. E, prevendo que, violando a lei divina e abandonando Deus, também o homem havia de pecar, não o privou do poder do livre-arbítrio, porque previa o bem que poderia advir desse mal.

Com sua graça Ele vai, com efeito, entre essa raça tão justamente condenada recrutando povo tão numeroso, que vem preencher o vazio deixado pelos anjos rebeldes. Assim, essa cidade amada e soberana, longe de ver-se defraudada no número de cidadãos, regozija-se de reunir talvez mais crescido número.

CAPÍTULO II
A imutável e eterna vontade de Deus

1. É indiscutível que os maus fazem muitas coisas contra a vontade de Deus. Mas Deus é tão poderoso e tão sábio, que tudo isso que parece contrário à sua vontade tende, por sua presciência, a fins determinados para os bons e para os maus. Por isso, quando se diz que Deus muda de vontade, irando-se (trata-se de exemplo) contra aqueles a quem se mostrava favorável, mudam os homens, não Ele. As disposições do sujeito fazem-no achar Deus, de certa maneira, mudado. Sucede algo assim como quando o sol muda para os olhos enfermos e, permanecendo idêntico em si mesmo, de suave se transforma em áspero e de delicioso em importuno.

Chama-se também vontade de Deus a que Ele forma nos corações dóceis a suas ordens. Esse o sentido das seguintes palavras do apóstolo: *Deus é quem opera em nós o querer*. Como se chama justiça de Deus não só a que o faz justo em si, mas também a que produz no homem que Ele justifica, assim também se chama Lei de Deus a lei dos homens, mas dada por Ele. Com efeito, a homens é que Jesus se dirigia, quando disse: *Em vossa lei está escrito*. E em determinado salmo lemos: *A Lei de Deus está gravada em seu coração*. Segundo essa vontade que Deus opera nos homens, diz-se que Ele quer o que na realidade não quer, mas o que faz que os seus queiram, como também se diz que conhece, quando faz com que os homens que não conhecem conheçam. Quando o apóstolo diz, por exemplo: *Mas agora que conheceis Deus, ou melhor, que sois conhecidos por Deus*, não nos obriga a crer que Deus conheceu então os por Ele conhecidos já antes da criação do mundo; disse havê-los conhecido então, por haver-lhes dado então o poder de conhecê-lo. Essa classe de locução recordo-me de já havê-la explicado nos livros precedentes. Essa vontade, pela qual dizemos querer Deus o que faz com que outros, desconhecedores do futuro, queiram, quer muitas coisas que depois não faz.

2. Seus santos, com vontade santa que Ele mesmo lhes inspira, querem que se realizem muitas coisas e não se realizam. Por exemplo, oram a Deus, piedosa e santamente, em favor de alguém e não são escutados, apesar de haver sido o Espírito Santo quem os moveu a orar. Quando, inspirados por Deus, os santos querem e pedem que alguém se salve, podemos dizer: Deus quer e não o faz. Mas entendamo-lo bem, quer dizer: quer, porque faz com que esses santos queiram. Se, por outro lado, falamos de sua vontade, eterna como sua presciência, fez com certeza tudo quanto quis no céu e na terra, não só as coisas passadas ou presentes, mas também as futuras. Não obstante, antes de chegado o tempo em que determinou sucedessem as coisas que de antemão soube e assim dispôs antes de todo tempo, dizemos: Sucederá, quando Deus queira. E, se ignoramos não só o tempo em que hão de suceder, mas também se sucederão, dizemos: Sucederão, se Deus quiser. E isso não porque a Deus sobrevenha nova vontade, mas porque então sucederá o que em sua vontade imutável previra desde toda a eternidade.

CAPÍTULO III
Promessa de felicidade eterna para os santos e de suplício eterno para os ímpios

Por isso, para omitirmos mil e uma outras circunstâncias, como agora vemos cumprir-se em Cristo o que Deus prometeu a Abraão, ao dizer-lhe: *Em tua descendência serão benditas todas as nações*, assim também se cumprirá o por Ele prometido à sua própria raça, quando disse por seu profeta: *Haverá céu novo e nova terra. E isto: Haverá céu novo e nova terra e não se lembrarão nem recordarão mais as tribulações passadas, mas nelas acharão alegria e júbilo. Farei a alegria e o júbilo de meu povo e de Jerusalém. Porei em Jerusalém minhas delícias, em meu povo acharei meu gozo e nunca mais se ouvirá nela a voz do pranto.* E a predição feita por boca de outro profeta: *Naquele tempo, todo o teu povo que se ache escrito no livro será salvo. E levantar-se-ão muitos dos que dormem no pó da terra* (ou, como outros traduziram, *nas fossas da terra*), *uns para a vida eterna e outros para ignomínia e confusão eterna.* E esta outra passagem do mesmo profeta: *Os santos do Altíssimo receberão o reino e reinarão até o fim do século e pelos séculos dos séculos.* Pouco depois acrescenta: *Seu reino será reino eterno.* E outros lugares citados no Livro Vigésimo e alguns não citados da Escritura que exprimem o mesmo pensamento. Cumprir-se-á tudo isso como se cumpriram as maravilhas julgadas impossíveis pelos incrédulos. Porque quem prometeu ambas as coisas e lhes anunciou a realização futura foi Deus mesmo, ante quem tremem as divindades pagãs, segundo o testemunho de Porfírio, eminente filósofo pagão.

CAPÍTULO IV
Contra os sábios do mundo, que acham não possam os corpos terrenos dos homens ser transferidos para mansão celeste

Mas esses homens, tão doutos, tão sábios e tão refratários a tamanha autoridade, que, como predissera muito antes, a todas as raças impôs a lei e a esperança da ressurreição dos mortos, argumentam, ao que parece com sutileza, contra essa crença. E alegam determinada passagem do livro III *Sobre a República*, de Cícero. Afirma, primeiro, haverem sido Hércules e Rômulo convertidos de homens em deuses e depois diz: *Seus corpos não foram elevados ao céu, porque a natureza não permite subsista noutra parte que não a terra o formado de terra.* Eis o grande argumento desses sábios, cujos pensamentos o Senhor sabe muito bem serem vãos. Fôssemos almas somente, quer dizer, espíritos sem corpo, moradores do céu e ignorantes da existência de animais terrenos, não teríamos argumento muito mais forte para não lhe darmos crédito, se nos dissessem que um dia havíamos de, por intermédio de maravilhoso laço, unir-nos aos corpos terrenos, para animá-los? Não diríamos que a natureza não suporta que um ser incorpóreo seja aprisionado em corpo? Todavia, a terra está cheia de espíritos que fazem os membros terrenos desenvolver-se em estreita e misteriosa união. Por que, pois, se apraz a Deus, Criador desses animais, não poderá ele elevar um corpo terreno a corpo celeste, se a alma, superior a todo corpo e portanto também ao celeste, pôde ser unida a um corpo terreno? Ou será que tão pequena partícula de terra pôde junto de si reter um ser superior ao corpo celeste, para dele receber o sentido e a vida, e o céu desdenhará receber esse ser sensível e vivo ou, uma vez recebido, não poderá reter esse ser cuja vida e cujo sentido lhe vêm de substância superior a todo corpo celeste? Se isso não se faz agora é por ainda não haver chegado o tempo prefixado por Aquele que fez obra muito mais admirável, mas vulgarizada pela assiduidade e pelo costume. Por que não nos maravilha muito mais ver unidas a corpos terrenos as almas incorpóreas, superiores ao corpo celeste, que ver sublimados a moradas celestes, embora corpóreas, os corpos, embora terrenos? Porque estamos acostumados a ver a maravilha que somos e a outra não a vimos e não a somos. É certo que, olhadas as coisas à luz da razão, descobrimos ser obra divina mais admirável unir seres corpóreos a incorpóreos que unir seres diversos, uns celestiais e outros terrestres, mas, afinal, corpos com corpos.

CAPÍTULO V
A ressurreição da carne e aqueles que a negam

Vá lá que isso outrora haja sido incrível. Eis que o mundo já crê que o corpo terreno de Cristo foi levado para o céu. Tanto doutos como indoutos, salvo uns poucos, sábios e ignorantes, já creem na ressurreição da carne e na ascensão aos céus. Se creem coisa crível, considerem quão estúpidos são os que não a creem. E, se creem coisa incrível, também é incrível seja tão crida coisa incrível. Deus predisse estas duas coisas incríveis: a ressurreição eterna dos corpos e a fé do mundo nela. E predisse-as muito antes de uma delas suceder. Dessas duas coisas incríveis uma já vemos cumprida, a fé do mundo em coisa incrível. Por que, pois, se perde a esperança de que suceda o que o mundo julga incrível, se já se cumpriu coisa igualmente incrível, a fé do mundo em coisa incrível, pois essas duas coisas incríveis, das quais uma vemos e a outra cremos, foram preditas nas mesmas Letras em que repousa a crença do mundo?

Se agora se considera o modo como o mundo creu, topa-se com outra coisa mais incrível. Cristo enviou ao mar deste mundo, com as redes da fé, uns quantos pescadores, sem instrução liberal e sem educação, ignorantes dos recursos da gramática, das armas da retórica e dos pomposos artifícios da retórica. E assim pescou infinidade de peixes de toda espécie, das mais raras e variadas espécies, como os filósofos. Se vos agrada (e há de agradar-vos, como não?), aos dois anteriores acrescentemos esse terceiro milagre. Eis três coisas incríveis já cumpridas. É incrível haja Cristo ressuscitado em carne e com ela subido ao céu. É incrível haja o mundo crido coisa tão incrível. É, por fim, é incrível que homens de condição humilde e ínfima, poucos e ignorantes, hajam com tanta eficácia podido persuadir ao mundo e aos sábios do mundo coisa tão incrível.

Dessas três coisas incríveis negam-se nossos adversários a crer na primeira e veem-se constrangidos a contemplar a segunda, que não compreendem, se não creem na terceira. Com efeito, a ressurreição de Cristo e sua ascensão ao céu na carne em que ressuscitou já é celebrada e crida por todo o mundo. Se não é crível, donde ou por que o mundo todo a crê? Se grande número de nobres, de poderosos e de sábios dissesse havê-lo visto e desse à publicidade que o viu, não maravilha que o mundo o cresse. É coisa muito dura recusar-lhe crédito. Se, porém, como é verdade, o mundo acreditou em alguns homens, poucos em número, desconhecidos, de condição humilde e ignorantes, que diziam e escreviam que o viram, por que os poucos que ficaram enredados em sua obstinação não creem hoje no mundo que já crê? O mundo creu nesse reduzido número de homens vis, ignorantes e débeis, porque a divindade se mostrou muito mais admiravelmente em testemunhas tão desprezíveis. Sua persuasiva eloquência revelava-se em maravilhas, não em palavras. E os que não haviam visto Cristo ressuscitar e subir ao céu com seu corpo davam fé ao testemunho de alguns homens que o viram e não falavam senão em maravilhas e em portentos. Esses homens, que falavam uma língua ou, quando muito, duas, ouviam-nos todos agora falar maravilhosamente as línguas de todas as nações. Viam que, após quarenta anos de enfermidade, certo coxo de nascença se erguia e andava, a umas palavras que em nome de Cristo lhe dirigiram, que os sudários por eles tocados curavam os enfermos, que milhares de enfermos estendidos no caminho por onde haviam de passar, ao cobri-los a sombra dos caminhantes, recebiam frequentemente a cura. Viam outros muitos sinais prodigiosos por eles operados em nome de Cristo. Enfim, viam que ressuscitavam os mortos. Se admitem a realidade desses fatos, como se leem, eis grande número de coisas incríveis que vêm acrescentar-se às três anteriores.

E com todos esses testemunhos aduzidos de fatos portentosos não dobramos a estranha dureza dos incrédulos para crer coisa incrível, a saber, a ressurreição da carne e sua ascensão ao céu. Se não creem haverem os apóstolos de Cristo feito esses milagres para inculcar a crença na ressurreição e na ascensão de Cristo, basta-nos este único e estupendo milagre: o haver o orbe da terra nelas crido sem milagres.

CAPÍTULO VI
Roma transformou Rômulo em Deus porque nele amava seu fundador. A Igreja, por sua vez, amou a Cristo porque o considera Deus

1. Recordemos aqui a passagem em que Cícero estranha hajam crido na divindade de Rômulo. Vou citar suas próprias palavras. Diz assim: *O mais digno de admiração na apoteose de Rômulo é que os demais homens elevados à categoria de deuses viveram em séculos de menor nível cultural. Neles, a razão é mais inclinada à ficção; o vulgo, mais fácil à crença. Por outro lado, Rômulo existiu não faz*

ainda seiscentos anos, quando as letras e as ciências já se achavam muito florescentes e haviam dissipado os erros da inculta vida dos homens de antanho. Pouco depois, a propósito disso, fala de Rômulo nos seguintes termos: *Isso leva-nos à conclusão de que Rômulo existiu muitos anos depois de Homero e nessa época era muito difícil a ficção, porque os homens já estavam instruídos e eram tempos de luz. A Antiguidade admitiu fábulas, às vezes burdas e toscas, porém o século de Rômulo já estava muito civilizado para rechaçar, sobretudo, o impossível.* Eis que um dos homens mais sábios e mais eloquentes do mundo de então, Marco Túlio Cícero, maravilha-se de haverem crido na divindade de Rômulo, porque o século em que surgiu já era século de luzes e esses não admitem as fábulas.

E quem acreditou que Rômulo era Deus senão Roma, ainda em fraldas de criança? Os descendentes viram-se obrigados a manter a tradição de seus maiores e, depois de haverem mamado essa superstição com o leite da mãe que ia crescendo e dilatando seu império, expandiram-na entre os povos dominados. Assim, todas as nações vencidas, sem darem fé à divindade de Rômulo, não deixavam de proclamá-lo deus, por temor de ofenderem a cidade dominadora, Roma, enganada também, se não por amor ao erro, ao menos por erro de seu amor. Quão diferente é nossa fé na divindade de Cristo! É Ele o fundador da Cidade celeste e eterna, que, porém, não o creu Deus por havê-la fundado, mas, ao contrário, mereceu ser fundada porque creu nele. Já fundada e dedicada, Roma levantou templo e nele rendeu culto a seu fundador como a deus; a nova Jerusalém, para ser construída e dedicada, pôs seu Fundador, Cristo Deus, por fundamento de sua fé. A primeira, por amor a Rômulo, acreditou-o deus; a segunda, porque Cristo era Deus, amou-o. Assim como naquela precedeu algo que a induziu a crer em falsa perfeição no amado, assim também nesta algo precedeu a sua fé, que a moveu a com reta fé e não temerariamente amar verdade e não falsidade.

Sem contar os inumeráveis milagres que persuadiram da divindade de Cristo, precederam-no as divinas profecias, tão dignas de fé, cujo cumprimento não esperamos, como os patriarcas, mas já vemos verificado. Com Rômulo não se dá o mesmo. Ouve-se ou lê-se haver fundado Roma e reinado nela, mas sobre ele não há profecia alguma anterior. Quanto, porém, a haver sido recebido entre os deuses, a história aceita-o como crença, não o estabelece como fato histórico. Não há milagres que provem a realidade da referida apoteose. Fala-se, como de grande portento, de certa loba que o alimentou e ao irmão. Que é que isso significa para provar que é deus? Se é verdade que se tratava de loba autêntica e não de cortesã, o caso foi comum a ambos os irmãos e, todavia, o outro não é considerado deus. Ademais, a quem se proibiu proclamar a divindade de Rômulo, Hércules e outros personagens semelhantes? Quem preferiu morrer a ocultar sua fé? Renderia alguma nação culto divino a Rômulo, se a isso não se visse constrangida por medo ao nome romano? Quem poderá contar quantos a negar a divindade de Cristo preferiram perder a vida em mãos da crueldade e da ferocidade?

Assim, o medo fundado de incorrer mesmo na mais leve indignação dos romanos constrangia alguns povos submetidos a seu império a render culto divino a Rômulo. Por outro lado, o medo, não de incorrer em ofensa leve, mas nos mais variados e horríveis suplícios e até na morte, temida mais do que nenhum outro, não pôde impedir que, pela terra toda, imenso número de mártires não apenas cresse na divindade de Cristo, mas também o confessasse de público. A Cidade de Deus, ainda peregrina na terra, mas já com grande exército de povos, não lutou com seus ímpios perseguidores por sua subsistência temporal, mas, ao contrário, não resistiu, para lograr a eterna. Os cristãos eram carregados de correntes, encarcerados, açoitados, atormentados, queimados, despedaçados, reduzidos a pedacinhos e, todavia, seu número aumentava. Seu ideal não era lutar pela incolumidade do corpo, mas desprezá-la por amor ao Salvador.

2. Não me escapa que Cícero, no livro III *Sobre a República*, se não me engano, sustenta que Estado bem-organizado jamais empreende a guerra, salvo para conservar-lhe a fidelidade ou garantir-lhe a subsistência. Em outra passagem explica o que entende por incolumidade ou subsistência. Diz assim: *Por meio de morte rápida, os indivíduos às vezes se furtam à pobreza, ao desterro, à prisão, aos açoites e a outras penas a que não se mostram insensíveis até mesmo os homens mais rudes. Mas a morte, que parece livrar de toda pena os indivíduos, é pena para a cidade, que deve ter em sua constituição o princípio da eternidade. Assim, pois, a morte não é natural para a república como é para o indivíduo, para quem às*

vezes não só é necessária, mas até mesmo desejável. Quando alguma cidade se extingue, desaparece e se aniquila, é (se, guardada a proporção, cabe a comparação) imagem da ruína e destruição do mundo inteiro. Cícero fala assim porque pensa, com os platônicos, que o mundo não há de perecer. Não há dúvida, pois, de que, segundo ele, o Estado deve declarar a guerra por sua incolumidade, quer dizer, para subsistir eternamente cá na terra, como ele diz, embora os indivíduos que o compõem morram e nasçam em sucessão contínua, como as árvores de folha perene, a oliveira, o loureiro e outros, a conservam sempre fresca, caindo umas e brotando outras. A morte, segundo ele, não é pena para os indivíduos, pois com frequência os livra de outras penas, mas o é para a cidade.

Pergunta-se agora (e com razão) se agiram bem os saguntinos, quando preferiram que Sagunto perecesse a violar a fidelidade por eles devida à república romana. Os cidadãos da república terrena gabam-lhes a decisão e o procedimento. Mas não vejo como possam seguir essa máxima de que a guerra não deve ser empreendida, senão pela fidelidade ou pela incolumidade. Cícero não diz qual das duas é de escolher no caso de com o mesmo risco concorrerem ambas, não sendo possível manter uma sem perder a outra. Este é o caso. Se os saguntinos escolhessem a incolumidade, deveriam atraiçoar sua fidelidade, e, se conservassem a fidelidade, como conservaram, deveriam perder sua subsistência, como na realidade sucedeu.

Mas a subsistência da Cidade de Deus não se dá desse modo. Conserva-se, ou, por melhor dizer, conquista-se com a fé e pela fé; perdida a fé, ninguém pode arribar-lhe às praias. Esse pensamento de coração generoso e firme é que fez tantos mártires quais não teve nem poderia ter Rômulo, que não teve nem um só a confessar-lhe a pretensa divindade.

CAPÍTULO VII
A fé do mundo em Cristo foi obra do poder divino, não da persuasão

Parece-me ridículo, ao falar de Cristo, recordar a falsa divindade de Rômulo. Rômulo existiu quase seiscentos anos antes de Cícero, e sua época, segundo dizem, já era tão instruída e culta, que rechaçava todo o impossível. Se assim era então, quanto mais no tempo de Cícero e, sobretudo, mais tarde, sob o reinado de Augusto e de Tibério, épocas de civilização mais avançada, a razão não poderia aguentar, como coisas de todo em todo impossíveis, a ressurreição de Cristo em sua carne e sua ascensão ao céu! Caçoariam dessa crença e não a admitiriam nem escutariam, se a divindade verdadeira ou a verdade divina e infinidade de incontestáveis milagres não lhes houvessem demonstrado a possibilidade e haver-se de fato realizado. Eis por que, a despeito das mais numerosas e encarniçadas perseguições, acreditou-se fidelissimamente e se pregou com intrepidez a ressurreição e a imortalidade da carne, que precederam em Cristo e se realizarão no século futuro em todos os homens. Eis por que essa crença foi semeada em todo o orbe, para germinar e reverdejar com mais vitalidade, fecundada pelo sangue dos mártires. Liam-se as predições dos profetas e acrescentavam-se-lhes os portentos e os milagres. Viu-se tratar-se de verdade nova para o costume, não, porém, contrárias à razão. E um dia o orbe que a perseguia com furor passou a abraçá-la com a fé.

CAPÍTULO VIII
Os milagres de então e os de agora

1. Por que, replicam, não se fazem agora esses milagres que, segundo vós, faziam-se então? Poderíamos dizer haverem sido necessários antes de o mundo crer, para o mundo crer. Quem hoje em dia peça milagres para crer converte-se em grande milagre, pois não crê, quando o mundo todo já crê. Mas falar assim parece fazer duvidar da realidade dos milagres de então. A que se deve o publicar-se com tanta fé por todas as partes haver Cristo subido ao céu com sua carne? A que se deve que em séculos de luzes, em que se rechaça todo o impossível, haja, ao que parece, o mundo crido, sem milagres, coisas maravilhosamente incríveis? Preferem dizer que eram críveis e por isso foram cridas. Por que então não as creem também eles? Nosso dilema é breve: ou as coisas incríveis que se realizavam e todos viam persuadiram coisa incrível que ninguém via ou era tão crível que não necessitava de milagres para ser crida. Essa resposta é muito apropriada para responder aos mais vaidosos.

Não se pode negar haverem-se operado muitos milagres para afirmar o grande e salutar milagre de haver Cristo ressuscitado e subido ao céu com sua carne. Estão consignados nas veracíssimas Letras, que referem a realidade dos milagres e a verdade que intimavam. Os milagres manifestaram-se para dar fé e a fé por eles dada manifestou-os com maior clareza. Leem-se aos povos para que os creiam, mas não lhos leriam, seja não os cressem. Também agora se fazem milagres em seu nome, quer por seus sacramentos, quer pelas orações ou pelas relíquias dos santos, porém sua fama e sua glória não se estendem como as daqueles. O cânon das Sagradas Letras, que convinha estar definido, faz com que aqueles milagres sejam apregoados por todas as partes e se fixem na memória de todos os povos. Estes, ao contrário, não são conhecidos senão nos lugares em que se realizam e a cidade inteira mal os conhece. Com frequência, nas cidades, sobretudo nas grandes, uns poucos os conhecem, os demais os ignoram. Acrescentai que os fiéis que os contam aos fiéis de outras regiões não têm sua autoridade abonada por reconhecimento que não deixe lugar a dúvida.

2. O milagre operou-se em Milão, onde na época me encontrava. Certo cego recobrou a vista. E esse chegou ao conhecimento de muitos. A cidade é populosa e nela o imperador estava então. O milagre aconteceu em presença de imensa massa de povo, que concorria a venerar os corpos dos mártires Gervásio e Protásio. Esses corpos, que estavam enterrados e eram quase desconhecidos, foram em sonho revelados ao Bispo Ambrósio. Nesse lugar, o cego, dissipadas as trevas dos olhos, viu a luz.

3. Quem, salvo reduzido número de pessoas, ouviu falar em Cartago da cura de Inocêncio, outrora advogado da prefeitura, cura presenciada por mim? Era homem piedoso e, como ele, todos os de sua casa. Nela havia-nos hospedado a meu irmão Alípio e a mim, que vínhamos de além-mar; ainda não éramos clérigos, mas já nos havíamos engajado no serviço de Deus. Morávamos então com ele. Os médicos tratavam-lhe numerosas e profundas fístulas hemorroidais. Já lhes haviam feito incisões e aplicado no caso todos os remédios que sua arte lhes oferecia. A operação fora muito dolorosa e muito demorada. Os médicos haviam, por inadvertência, deixado uma fístula por demais oculta. Como não a viram, não lhe aplicaram o bisturi.

Assim, enquanto curavam e cuidavam de todas as fístulas abertas, a outra tornava inúteis todas as suas curas. O enfermo já desconfiava da demora e temia enormemente nova incisão. Esse o prognóstico feito por outro médico doméstico seu, a quem os outros não haviam permitido nem mesmo assistir como simples testemunha à operação, e seu amo, em acesso de cólera, expulsara de casa e depois recebia com dificuldade.

Então, o enfermo exclamou: Quê! Ides operar-me outra vez? Vai cumprir-se o prognóstico daquele a quem não quisestes nem como testemunha?

Começaram a caçoar da ignorância do companheiro e a tranquilizar o enfermo com boas palavras e belas promessas. Passaram muitos outros dias ainda e viam-se frustradas todas as tentativas. Os médicos persistiam em sua promessa de curar a hemorragia, não com o bisturi, mas com medicamentos. Chamaram outro médico, já de idade avançada e perito na arte, por nome Amônio. Examinado o lugar dolorido, deu o mesmo parecer que os outros. Crendo-se já fora de perigo, o enfermo, guiado pela autoridade de Amônio, com alegre hilaridade zombava do médico doméstico seu e do prognóstico da nova operação.

Que mais? Depois de muitos dias, inutilmente transcorridos, acabaram confessando, cansados e confusos, haver esta solução apenas: o bisturi. Atônito, pálido e turbado, o enfermo até perdeu a fala. Após voltar a si e recobrada a fala, mandou que se retirassem e não mais lhe pusessem os pés em casa. Depois de muito chorar e impelido pela necessidade, lançou mão do último recurso. Chamou certo Alexandrino, célebre cirurgião da época, para fazer o que não permitira fizessem os outros. Veio e, depois de, pelas cicatrizes, haver admirado a habilidade dos que antes o trataram e cônscio de seu dever de homem de bem, aconselhou-o a tornar a chamar os primeiros, para gozarem do fruto de seus esforços. E acrescentou que a única solução era nova incisão, mas não estava de acordo com seus hábitos empalmar a glória de cura tão adiantada a homens cujo saber, perícia e cuidados admirava nas cicatrizes. O enfermo reconciliou-se com seus médicos e aprouve-lhe que, com a assistência do mesmo Alexandrino, abrissem com o bisturi aquela fístula, incurável, segundo o parecer unânime desses médicos. A operação ficou marcada para o dia seguinte.

Havendo-se retirado os médicos, caiu o enfermo em tristeza tão profunda, que toda a sua casa se encheu de dor e mal podíamos conter as lágrimas, dessas que a gente chora por defunto. Visitavam-no todo dia santos homens, como Saturnino, de feliz memória, então bispo de Uzala, o Presbítero Geloso e os diáconos da Igreja de Cartago. Entre eles (o único sobrevivente), Aurélio, bispo cujo nome deve ser cercado de respeito, com quem, considerando as maravilhosas obras de Deus, conversei muitas vezes sobre o caso, de que se recorda perfeitamente. Costumava visitar o enfermo pela tarde. E o enfermo rogou-lhe, com lágrimas nos olhos, se dignasse na manhã seguinte assistir-lhe aos funerais antes que aos sofrimentos. Haviam-lhe causado tal medo as incisões precedentes, que não duvidava morrer em mãos dos médicos. Consolaram-no e exortaram-no a confiar em Deus e a virilmente aceitar-lhe a vontade. Em seguida, pusemo-nos a orar e, estando ajoelhados como de costume e prostrados em terra, arrojou-se com tal impetuosidade, que parecia que alguém o houvesse bruscamente impelido, e começou a orar também. Quem poderá explicar com palavras de que modo orava, com que afeto, com que unção, com que rio de lágrimas, com que gemidos e soluços, que lhe sacudiam todo o ser e quase lhe afogavam o espírito? Não sei se os demais oravam e se tudo isso não os distraía. Só sei que eu não podia orar. Apenas disse no coração: Se não escutas, Senhor, essas preces, que preces de teus servos escutarás? Parecia-me impossível acrescentar-se-lhes mais nada, senão expirar, orando. Erguemo-nos e, recebida a bênção do bispo, retiramo-nos, rogando-nos o enfermo que voltássemos pela manhã, exortando-o eles a ter coragem. Brilhou o dia, esse dia tão receado. Como prometeram, apresentaram-se os servos de Deus. Entraram os médicos e, ante o estupor de todos os presentes, aprestaram tudo quanto a hora pedia, tirando os terríveis instrumentos cirúrgicos. Os de maior autoridade entre os circunstantes consolam o enfermo, dando-lhe ânimo, enquanto é colocado no leito na postura mais cômoda para as incisões. Soltam as bandagens, descobrem a ferida e o médico examina. Busca e rebusca a fístula que havia de operar. Perscruta com os olhos, apalpa com os dedos, usa de todos os meios a seu alcance. Encontrou, por fim, cicatriz muito bem-consolidada. Minhas palavras são flébeis para exprimir a alegria, o louvor e a ação de graças que, entre lágrimas de contentamento, brotou da boca de todos a Deus, misericordioso e onipotente. A cena presta-se mais a meditação que a palavras.

3. Em Cartago mesmo, Inocência, mulher muito piedosa e distinta dama da cidade, sofria de câncer no seio, enfermidade, segundo a ciência médica, incurável. É costume cortar-se e separar-se do corpo o membro afetado; quando não, deve-se omitir todo tratamento, com o fim de prolongar um pouco a vida do canceroso, que, segundo Hipócrates opina, há de morrer mais cedo ou mais tarde. Dissera-lho um médico sábio e muito familiar na casa e a dama, orando, encomendou-se apenas a Deus. Nas proximidades da Páscoa, foi advertida, em sonho, que a primeira mulher que encontrasse na parte voltada para o batistério lhe fizesse o sinal da cruz sobre o membro dolorido. Fê-lo e no mesmo instante recobrou a saúde. Auscultando-a depois e vendo-a saníssima, o médico que lhe aconselhara não aplicar remédio algum, se quisesse viver um pouco mais, perguntava-lhe com insistência qual aplicara. Desejava, como se pode ver, ficar conhecendo remédio que o próprio Hipócrates desconhecera. Contou-lhe a dama o sucedido e ouviu-a o médico com voz e rosto desdenhosos; tanto assim, que a mulher temia ouvi-lo proferir palavras injuriosas a Cristo. Contam haver o médico respondido com religiosa educação: "Eu pensava que ias contar-me algo maravilhoso!" E a dama, já fremendo de horror, replicou: "Que maravilha é haver-me Cristo curado de câncer, se Ele ressuscitou um morto de quatro dias?"

Ouvindo o caso, sem poder consentir que permanecesse oculto milagre tão notável, operado naquela cidade e em prol de pessoa tão distinta, pensei em passar-lhe boa reprimenda e até mesmo em brigar com ela. Inocência respondeu-me hão havê-lo calado. Então perguntei a várias senhoras muito amigas suas, que na ocasião talvez estivessem com ela, se sabiam do caso. Responderam-me desconhecê-lo em absoluto. "Olha como o divulgas, repliquei-lhe, que dele nem tuas amigas íntimas se inteiraram!" E logo fiz que o contasse, pois me referira muito por cima o caso, e o fizesse tintim por tintim e na ordem em que sucedera. Ouvindo-o, maravilharam-se grandemente as damas e glorificaram a Deus.

4. Quem conhece o caso na mesma cidade acontecido com certo médico que sofria de podagra? Já dera o nome para o batismo. Na noite que lhe precedeu o batismo viu em sonho algumas crianças negras e de compridas crinas, que pensou serem demônios, e lhe proibiram batizar-se nesse ano. O médico não lhes obedecia e as

crianças, pisando-lhe os pés, faziam-no padecer dores mais agudas que nunca. Não obstante, foi batizado, a despeito delas, e no ato do batismo ficou livre não apenas das extraordinárias dores, como também da podagra, sem que daí por diante haja recaído nela, apesar de viver longos anos. Conhecemo-lo e conosco reduzido número de irmãos, a quem puderam chegar os rumores.

5. Antigo ator teatral de Curube com o batismo ficou curado de paralisia e de hérnia. Da fonte da regeneração saiu livre de ambas as moléstias, como se não houvesse tido nenhum mal no corpo. Além de Curube e de raríssimos outros que hajam podido ouvi-lo, quem conhece esse milagre? Ao termos notícia do caso, por ordem do santo Bispo Aurélio fizemos o homem vir a Cartago, apesar de os informes no-los haverem dado pessoas de cuja fidelidade não podíamos duvidar.

6. Há em nossa vizinhança certo homem de família tribunícia. Chama-se Hespério e possui no território de Fussala a propriedade agrícola conhecida pelo nome de Zubedi. Havendo visto que em casa os espíritos malignos lhe atormentavam os servos e os animais, rogou a nossos sacerdotes, em minha ausência, fosse ali ter algum deles, para com suas orações afugentá-los. Foi um e, com as mais fervorosas orações, ofereceu no local o sacrifício do corpo de Cristo, para cessar a vexação. E, pela misericórdia de Deus, cessou no mesmo instante. De amigo seu Hespério recebera um pouco de terra santa trazida de Jerusalém, onde Cristo foi sepultado e ressuscitou no terceiro dia. Pendurara-a no quarto, para pôr-se a salvo das incursões demoníacas. Quando lhe purificaram a casa, perguntou o que faria da terra, que não queria, por questão de reverência, continuar guardando no quarto. Por acaso sucedeu que um belo dia meu colega Maximino, então bispo da igreja de Sinite, e eu nos encontrássemos nas cercanias. Hespério rogou-nos que fôssemos visitá-lo. Fomos. Contou-nos o sucedido e pediu-nos enterrássemos a terra em lugar em que os cristãos se reunissem para fazer oração e celebrar os mistérios de Deus. Consentimos e assim se fez. Perto dali havia um jovem camponês paralítico. Tendo ouvido o caso, pediu aos pais que sem demora o levassem ao santo lugar. Uma vez chegado, orou. E no mesmo instante ficou em condições de poder ir-se embora por seus próprios pés, perfeitamente curado.

7. Vitoriana é o nome de propriedade agrícola distante menos de trinta milhas de Hipona, a Real. Nela existe um monumento em memória de Protásio e Gervásio, mártires de Milão. Levaram ao lugar certo adolescente, que estava, ao meio-dia e em pleno verão, banhando seu cavalo no rio, quando o possuiu o demônio. Estava estendido no chão, próximo da morte ou muito semelhante a morto, quando, ao cair da tarde, a dona da propriedade entrou, como de costume, com as criadas e algumas religiosas, a cantar os hinos vespertinos e a fazer orações. Entoam os hinos. Como que ferido por essas vozes e não podendo ou não se atrevendo a mover o altar, agarrava-o o demônio com terrível frêmito, como se estivesse atado ou cravado nele. Depois, rogando com grandes lamentos que o perdoassem, confessava onde, quando e como entrara no adolescente. Por fim, prometendo que sairia dele, ia dizendo o nome de cada um dos membros e ameaçava que, ao sair, os cortaria. Enquanto dizia essas palavras, saiu do moço. Mas um olho do mal-aventurado pendia-lhe agora da bochecha, preso por tênue veia, como se fosse de sua raiz interior, e a pupila, antes negra, ficou toda branca. Ao vê-lo assim, os circunstantes (pois, ouvindo os gritos, outros acudiram e também se prostraram em oração por ele), embora contentes de ver o moço em juízo perfeito, doíam-se da perda do olho e diziam ser necessário procurar o médico. Nisso, o cunhado, que o levava ao lugar, disse: "Para devolver-lhe a vista poderoso é Deus, que afugentou o demônio, graças às orações dos santos". Em seguida, colocou como pôde o olho no lugar e amarrou-o com o lenço. Manteve-o assim durante sete dias. Ao cabo deles, encontrou-o perfeitamente curado. No mesmo local foram curados outros, cuja enumeração levaria muito tempo.

8. Conheço certa senhorita de Hipona que, havendo-se esfregado com o óleo a que o sacerdote que orava por ela misturara suas lágrimas, no mesmo instante ficou livre do diabo. Sei, ademais, que o mesmo aconteceu a determinado moço a primeira vez que um bispo, sem havê-lo visto, orou por ele.

9. Em Hipona havia um velho chamado Florêncio, homem piedoso e pobre, que vivia do ofício de alfaiate. Perdeu a roupa com que se cobria e, não tendo com que comprar outra, correu a orar à tumba dos Vinte Mártires, muito famosa entre nós, e pediu-lhes que o vestissem. Ouviram-no alguns moços brincalhões que por casualidade

ali estavam e, ao retirar-se, seguiram-no, rindo-se dele, como se aos mártires houvera pedido cinquenta óbolos para comprar o traje de que necessitava. Mas Florêncio, continuando o caminho, viu enorme peixe revolvendo-se fora da água. Pescou-o com o auxílio dos moços e vendeu-o por trezentos óbolos a certo cozinheiro por nome Catoso, bom cristão, contando-lhe o que se passara. Dispunha-se a com o dinheiro comprar lã para a esposa fazer-lhe, como pudesse, algo com que vestir-se. Mas o cozinheiro, ao abrir o peixe, achou em seu interior um anel de ouro e, movido à compaixão e com piedoso temor, devolveu-o ao homem, dizendo-lhe: Olha como te vestiram os Vinte Mártires!

10. Levando o Bispo Prejeto a Tíbilis as relíquias do gloriosíssimo mártir Santo Estêvão, saiu-lhe ao encontro e acompanhou-o grande multidão de gente. Certa mulher cega dos arredores pediu que a levassem ao bispo que trazia as relíquias. Deu algumas flores que levava. Recebeu-as, aproximou-as dos olhos e no mesmo instante recobrou a vista e, com admiração dos presentes, antecedia a procissão, pulando de contentamento. Tomou depois o caminho e não mais buscou quem lhe guiasse os passos.

11. Lucilo, bispo de Sinite, vila próxima de Hipona, levava em procissão as relíquias do mesmo mártir, acompanhado do povo em massa. A fístula que já havia muito tempo o estava fazendo sofrer muito e aguardava a mão de médico familiar seu, que havia de operá-la, ficou curada no mesmo instante, ao contato da sagrada relíquia. E não mais tornou a brotar-lhe no corpo.

12. Eucário, sacerdote natural da Espanha e residente em Calama, há muito tempo padecia de litíase. Curou-o a relíquia do mesmo mártir, levada a Calama por Possídio, seu bispo. O mesmo sacerdote, outra vez presa de enfermidade que o deixou tão abatido que já lhe haviam amarrado os polegares, ressuscitou, graças ao referido mártir. Levaram a túnica do sacerdote para tocar a relíquia, puseram-na sobre o corpo de Eucário e no mesmo instante tornou à vida.

13. Havia em Calama certo homem chamado Marcial, o mais distinto de sua classe, já entrado em anos e muito inimigo da religião cristã. Verdade é que tinha filha cristã e o genro fora batizado no mesmo ano. Vendo-o prostrado no leito de enfermo, rogaram-lhe

filha e genro se tornasse cristão. Rechaçou totalmente a ideia e afastou-os de seu lado com túrbida indignação. Ao genro ocorreu-lhe ir à memória de Santo Estêvão e ali orar com todas as forças para Deus conceder-lhe a graça da conversão, não diferindo para mais tarde a crença em Cristo. Orou com imensas lágrimas e com afeto de piedade sinceramente ardente. Depois, ao ir-se embora, pegou ao acaso algumas flores do altar e, como já era de noite, pô-las sobre a cabeça do enfermo. Foi dormir. E eis que, antes do amanhecer, grita que vão correndo chamar o bispo, que por acaso estava então comigo em Hipona. Responderam-lhe que estava ausente. Pediu que fossem os sacerdotes. Foram. Disse que acreditava e, em meio da admiração e do contentamento de todos, recebeu o batismo. Seu fervor foi tal, que em vida sempre teve na boca esta oração: "Cristo, recebe-me o espírito", sem saber haverem sido essas as últimas palavras do bem-aventurado Santo Estêvão, quando os judeus o lapidaram. Essas foram também suas últimas palavras, pois não muito depois morreu.

14. No mesmo lugar foram curados pelo mesmo mártir dois gotosos: cidadão um deles, estrangeiro o outro. O cidadão sarou por completo e o estrangeiro teve revelação que lhe mostrou o remédio que devia aplicar, quando sentisse a dor. Aplicava o remédio e a dor acalmava-se no mesmo instante.

15. Auduro é o nome das terras em que há uma igreja e nela uma memória ao mártir Santo Estêvão. Um dia uns bois desgovernados que puxavam uma carroça atropelaram com a roda um menininho que estava brincando na eira e o mataram. A mãe, tomando-o nos braços, colocou-o na mesma memória e o menininho não apenas recobrou a vida, como se mostrou completamente ileso.

16. Levaram à mesma memória o vestido de uma religiosa que morava em vizinha propriedade agrícola, chamada Caspaliana; estava gravemente enferma e desenganada dos médicos. A religiosa morreu antes de receber de volta o vestido, que tocou a relíquia. Não obstante, os pais dela cobriram o cadáver com o vestido e a defunta recobrou a vida e ficou curada.

17. Em Hipona, um certo Basso, de nacionalidade síria, na memória do mesmo mártir orava por uma filha sua, enferma e em perigo de vida. Levava consigo o vestido da menina. Logo, de casa

chegaram correndo os criados com a notícia de que falecera. Mas, como estava em oração, os amigos detiveram-nos e proibiram-nos de transmitir-lha, por medo de que chorasse pelas ruas. Regressou a casa e, quando nela não se ouviam senão lamentos, pôs sobre a filha o vestido que levava e ela voltou à vida.

18. Aqui mesmo, entre nós, morreu de doença o filho de certo coletor, de nome Irineu. Enquanto, entre gemidos e lágrimas, já se preparavam os funerais, um dos amigos do pai sugeriu a ideia de ungir o corpo do filho com o óleo do mesmo mártir. Feito isso, o menino ressuscitou.

19. O antigo tribuno Eleusino colocou um filho seu, morto de enfermidade, sobre a memória do mártir sita no arrabalde em que vivia. Depois de orar e verter muitas lágrimas, levantou-o vivo.

20. Que farei? A promessa de dar fim a esta obra urge-me e não me permite citar aqui todos os milagres que conheço. Não duvido que muitos dos nossos, quando lerem isto, se queixarão de eu haver passado por alto muitos milagres que conhecem como eu. Peço-lhes desde já que me escusem e considerem demandarem obra volumosa; nesta vejo-me constrangido a silenciá-los. Se quiséssemos referir somente, omitindo outros, as curas milagrosas operadas pelo glorioso mártir Santo Estêvão em Calama e aqui em Hipona, encheríamos muitos volumes. E não seríamos, talvez, capaz de recolhê-los todos, mas apenas aqueles de que se fizeram relatórios para lê-los ao povo. Tomei essa decisão, ao ver que também em nossos dias são correntes milagres semelhantes aos antigos que não devem passar inadvertidos.

Ainda não faz dois anos, as relíquias desse mártir estão em Hipona, a Real. E, embora de muitos dos milagres aí realizados não se haja feito relatório, já se contavam quase setenta, quando escrevi isso. Em Calama, onde as relíquias estão desde muito antes e os relatórios são mais frequentes, o número sobe incomparavelmente.

21. Sabemos, ademais, haverem-se operado em Uzala, colônia vizinha a Utica, muitas maravilhas por intercessão desse mártir. Evódio, seu bispo, levou ali suas relíquias muito antes de trazê-las a Hipona. Mas nessa terra não existe, ou melhor, não existia, porque talvez agora já exista, o costume de escrever os relatórios. Não faz muito, encontrando-me nesse lugar, a uma certa dama da mais alta condição social, Petrônia, milagrosamente curada outrora de enfer-

midade grave que esgotara todos os recursos dos médicos, exortamo-la, com o consentimento do bispo do lugar, a fazer o respectivo relatório para poder lê-lo ao povo. E obedeceu obedientissimamente. No relatório pôs certo dado que não posso silenciar aqui, embora me force a acelerar o passo o fim da obra. Dizia havê-la persuadido determinado judeu a trazer a nu sob as vestes uma cinta de cabelos trançados com um anel que tinha sob o engaste uma pedra encontrada nos rins de um boi. A senhora vinha com essa aparente cinta à igreja do santo mártir. Mas um dia partiu de Cartago para viver em propriedade agrícola às margens do Rio Bagrada e, ao levantar-se para empreender a viagem, viu, muito admirada, o anel a seus pés. Apalpou a cintura para ver se estava com a cinta e, achando-a bem-amarrada, supôs que o anel se quebrara e escorregara. Examinou-o e, como estivesse perfeitamente inteiro, tomou o prodígio como penhor de próxima cura. Soltou a cinta e arrojou-a com o anel ao rio.

Não creem nesse milagre os que não creem haver nosso Senhor Jesus Cristo nascido sem romper a integridade virginal da mãe e aparecido ante os discípulos a portas fechadas. Informem-se, pelo menos, do referido fato e, se o julgarem verdadeiro, creiam nele. É senhora muito ilustre, bem-nascida, casada com homem nobre e mora em Cartago. A cidade é grande e conhecida a pessoa, circunstâncias que não permitem ocultar o fato a quem dele busque saber. O mártir, pelo menos, por intercessão de quem se operou o milagre, acreditou no Filho da Virgem sempre virgem, acreditou naquele que surgiu ante os discípulos a portas fechadas. Em uma palavra, pois é ao que se encaminha tudo quanto vimos dizendo, creu naquele que subiu ao céu com a carne em que ressuscitara. E o segredo de que por sua intercessão se operem tais maravilhas é haver entregue a vida pela fé.

Ainda hoje, pois, realizam-se muitos milagres e realiza-os o mesmo Deus que fez os que lemos e pelas pessoas que quer e como quer. Mas os últimos não são tão conhecidos nem, para que nela se imprimam, sua leitura frequente golpeia como pedra a memória. Porque mesmo onde têm o cuidado, que começou a tomar corpo entre nós, de ler ao povo os relatórios feitos pelos agraciados, os presentes os ouvem uma vez, porém, muitos estão ausentes. E as pessoas que os ouvem com dificuldade os retêm na memória alguns dias e não é fácil encontrar-se alguém que a quem não assistiu à leitura conte o que ouviu.

22. Entre nós sucedeu milagre não maior que os referidos, porém, tão conhecido, que acho não haver pessoa alguma em Hipona que não o haja visto ou não haja ouvido falar dele e de cuja memória algum dia se apague. Dez irmãos (sete homens e três mulheres), oriundos de Cesareia da Capadócia e de condição não humilde, havendo-os recentemente amaldiçoado a mãe, por causa de injúrias que lhe fizeram após a morte do pai, foram castigados com castigo consistente em horrível tremor de membros. Não podendo suportar os olhares da gente da terra, foi, cada qual por seu lado, vagamundear por quase todo o Império Romano. Dois deles chegaram à nossa cidade, um irmão e uma irmã, Paulo e Paládia, já conhecidos em muitos outros lugares pela notoriedade de sua miséria. Chegaram uns quinze dias antes da Páscoa. Visitavam todo dia a igreja e nela a memória do gloriosíssimo Santo Estêvão, rogando a Deus se apiedasse deles e lhes devolvesse a saúde. Aí e aonde quer que fossem atraíam os olhares do povo. Quem os vira em outra parte e conhecia a causa do tremor contava-o, a seu modo, aos demais. Chegou a Páscoa e, no domingo de manhã, quando grande número de pessoas já enchia a igreja, o moço, agarrado ao gradil do santo lugar onde estavam as relíquias do mártir, orando, caiu de repente e ficou estendido no chão, como se estivesse dormindo. Mas não tremia, como costumava fazer durante o sono. Em alguns o acidente infundia dor; em outros, temor. Uns queriam levantá-lo, outros, porém, o proibiam, dizendo ser melhor esperar o desenlace. Eis que o moço se levantou, sem tremor, porque sarara e estava perfeitamente bem, olhando os curiosos. Quem não louvou a Deus então? Enchem-se de vozes, clamores e felicitações as naves da igreja. Correm a mim, que já me preparava para sair. Vinham uns atrás dos outros, contando o último o mesmo que o primeiro contara. Eu, alvoroçado e dando intimamente graças a Deus, vi o agraciado chegar em meio da multidão. Prostrou-se-me aos pés, abracei-o e ergui-o. Dirigimo-nos ao povo. Estava apinhada a igreja. Ressoavam as exclamações de júbilo e aqui e ali se ouviam estas palavras apenas: "Graças a Deus! bendito seja Deus!" Cumprimentei o povo e ouviu-se novo clamor, mais fervoroso ainda. Por fim, já em silêncio, foram lidas as lições da divina Escritura. Ao chegar à passagem de meu sermão, dirigi algumas palavras, de acordo com o tempo e a grandeza daquela alegria, pois a que me escutassem as palavras preferi admirassem a eloquência de Deus em obra tão gran-

diosa. O homem comeu conosco e contou-nos pormenorizadamente toda a história de sua desgraça e da de sua mãe e irmãos.

No dia seguinte, depois do sermão, prometi ao povo ler-lhe o relatório do acontecido. No terceiro dia, após o domingo de Páscoa, ao fazer a leitura prometida, fiz com que colocassem o irmão e a irmã sobre os degraus do púlpito, donde era meu costume falar. O povo todo olhava-os atentamente, um em atitude tranquila, tremendo da cabeça aos pés a outra. Quem não os vira antes, agora via na irmã o que a divina misericórdia fizera no irmão. Viam o que nele deviam agradecer e o que deviam pedir para ela. Quando terminou a leitura do relatório, mandei retirá-los da vista do povo.

Eu começara a fazer algumas reflexões sobre a história, quando se ouvem novas palavras de júbilo, procedentes da memória do mártir. Voltaram-se para lá os ouvintes e iam-se aproximando em massa. A moça descera os degraus e fora orar ao mártir. Mal tocou o gradil, caiu como que em sono e levantou-se curada. Enquanto perguntávamos o que se passara e a que se devia o alegre vozerio entraram com ela na basílica, trazendo-a curada, da tumba do mártir. Então, da boca de homens e mulheres brotou explosão de júbilo, e suas vozes, metade contentamento, metade lágrimas, prolongaram-se indefinidamente. Conduziram-na ao lugar onde pouco antes estivera tremendo, e os que antes se haviam compadecido dela agora não cabiam em si de contentamento ao vê-la. Louvavam a Deus porque ainda não haviam orado por ela e já lhes ouvira Ele as preces. Gritavam em louvor a Deus não palavras, mas vozes sem sentido, tão fortes, que nossos ouvidos mal podiam aguentá-las. Que havia nos corações desse povo tão jubiloso senão a fé em Cristo, pela qual Santo Estêvão derramara o sangue?

CAPÍTULO IX
Os milagres dos mártires dão testemunho de sua fé

De que dão fé esses milagres senão da fé que prega a Cristo ressuscitado e subido ao céu em corpo e alma? Os mártires foram os mártires, quer dizer, as testemunhas dessa verdade. E por ela suportaram um mundo hostil e cruel e venceram-no, não resistindo, mas morrendo. Em prol dessa fé morreram os que tiveram a felicidade de conseguir essa graça do Senhor, por causa do nome de quem foram mortos. Em prol dessa fé precedeu sua admirável paciência e seguiu nesses milagres tão grande poder. Porque, se não é verdade haver-se a ressurreição manifestado primeiro em Cristo e dever efetuar-se em todos os homens, tal como o anunciou Cristo e o predisseram os profetas, por quem Cristo foi anunciado, por que têm tanto poder os mortos martirizados pela fé que prega a ressurreição? Com efeito, quer Deus mesmo opere esses milagres de acordo com o modo maravilhoso com que o eterno opera nos efeitos temporais, quer os opere por seus ministros e, nesse último caso, quer como ministros empregue em alguns os espíritos dos mártires, como a homens ainda com corpos, ou em todos eles os anjos, a quem manda invisível, imutável e incorporalmente, interpondo os mártires somente preces, não intervenção ativa, quer os opere de qualquer outra maneira incompreensível para os mortais, o certo é que sempre dão testemunho da fé que prega a ressurreição eterna da carne.

CAPÍTULO X
Superioridade do culto aos mártires sobre o culto aos demônios

Talvez aqui os adversários repliquem haverem também seus deuses feito maravilhas. Bem. Já é algo comparar seus deuses com nossos homens mortos. Dirão terem também deuses feitos de homens mortos, como Hércules, como Rômulo e outros muitos que julgam elevados à categoria de deuses? Para nós, nossos mártires não são deuses, porque sabemos ser um só e o mesmo nosso Deus e o dos mártires. Contudo, os milagres que os pagãos pretendem operados pelos templos de seus deuses não são comparáveis aos feitos pelas memórias de nossos mártires. Mas, se alguns parecem da mesma ordem, nossos mártires superam-lhes os deuses, como Moisés venceu os magos do faraó. Aqueles fizeram-nos os demônios com a arrogância de sua impura soberba, que os induziu a quererem ser seus deuses; ao contrário, os mártires fazem estes, ou melhor, Deus, pela oração e auxílio deles, com o fim de estender mais e mais a fé que nos move a crer não que os mártires são nossos deuses, e sim que seu Deus é o mesmo que o nosso. Finalmente, os pagãos edificaram templos a seus deuses, erigiram-lhes altares, instituíram sacerdotes para servi-los e ofereceram-lhes sacrifícios. Nós, porém, não elevamos templos a nossos mártires, como a deuses, e sim memórias, como a homens mortos, cujos espíritos vivem diante de Deus. Não erigimos altares aos mártires para oferecer-lhes sacrifícios, mas ao Deus único, Deus dos mártires e nosso. São, nesse sacrifício, nomeados em seu lugar e em sua ordem como homens de Deus que venceram o mundo, confessando seu nada. O sacerdote que oferece o sacrifício não os invoca, porque o oferece a Deus e não a eles, embora o ofereça em suas memórias. É sacerdote de Deus, não dos mártires. O sacrifício é o corpo de Cristo, que não se oferece aos mártires, porque também são esse corpo. A quem se deve crer mais, quando fazem milagres? Aqueles que anseiam os tenham por deuses os agraciados ou àqueles que fazem milagres para a gente crer em Deus e, portanto, em Cristo? Àqueles que quiseram se lhes consagrassem suas próprias torpezas ou àqueles que não querem se lhes consagrem nem seus louvores, mas, ao contrário, anseiam que seus autênticos louvores redundem em glória daquele em quem os louvam? No Senhor são louvadas suas almas.

Creiamos, pois, nos que dizem a verdade e fazem maravilhas, visto como por dizerem a verdade sofreram e alcançaram o poder de operar maravilhas. Entre essas verdades, a principal é Cristo haver ressuscitado dentre os mortos e deixar ver em sua carne a imortalidade da ressurreição, que nos prometeu para o princípio do novo século ou para o fim deste.

CAPÍTULO XI
Contra os argumentos em que os platônicos fundam a negação da ressurreição dos corpos

1. Baseados no peso dos elementos, os racionalistas, cujos pensamentos e vaidade o Senhor conhece, argumentam contra essa graça de Deus. Ensinou-lhes Platão, seu mestre, estarem os dois maiores elementos do mundo e mais afastados um do outro unidos e enlaçados por outros dois intermédios, o ar e a água. E por isso, dizem, como, em progressão ascendente, a terra é o primeiro, a água o segundo, o terceiro o ar e o quarto o céu, nenhum corpo terreno pode

estar no céu. Cada elemento está colocado segundo seu peso e assim conserva seu equilíbrio e lugar. Eis os argumentos que a presunçosa e vã debilidade dos homens opõe à onipotência de Deus.

Que fazem, pois, no ar tantos corpos terrenos, se a partir da terra o ar é o terceiro elemento? Talvez se diga não poder dar aos homens, uma vez imortais, virtude e capacidade para morarem no céu mais elevado aquele que, dando aos corpos terrenos das aves leveza de plumas e asas, deu-lhes o voarem pelo ar! Os animais terrenos incapazes de voar, como, entre outros, os homens, deviam viver sob a terra, como os peixes, que são animais aquáticos e vivem sob a água. Por que, pois, animal terreno não toma sua vida sequer do segundo elemento, a água, e não do terceiro? Por que, pertencendo à terra, se o obrigam a viver no segundo elemento, na água, se afoga e, no entanto, vive no terceiro? Há no caso erro, porventura, na ordem dos elementos ou a falha não está na natureza das coisas, e sim nos argumentos desses racionalistas? Omito dizer o que já apontei no Livro Décimo Terceiro, a saber, existirem corpos terrenos pesados, como o chumbo, a que a arte pode dar forma que lhes permita flutuar sobre a água. E nega-se ao Artífice onipotente o poder de dar ao corpo humano qualidade que o eleve ao céu e nele o mantenha?

2. Esses filósofos já não acham nada que opor a minhas considerações anteriores, mesmo ponderando a pretensa ordem dos elementos. Porque, se a terra ocupa o primeiro posto, a água o segundo, o ar o terceiro, o quarto o céu, sobre todos eles está a natureza da alma. Aristóteles mesmo diz ser o quinto corpo, e Platão nega ser corpo. Se fosse o quinto, com certeza seria superior aos demais; porém, não sendo corpo, avantaja-se em muito a todos. Que faz, pois, em corpo terreno? Que faz em massa tão grosseira, tão pesada e tão inerte o ser mais sutil, mais leve e mais ativo de todos? Não poderá natureza tão excelente elevar seu corpo ao céu? E, se agora os corpos terrenos têm a virtude de reter as almas cá embaixo, não poderão um dia as almas erguer ao alto os corpos terrenos?

3. Se passamos aos milagres de seus deuses, que opõem aos de nossos mártires, não se verificará que os fazem por nós e em proveito nosso? Entre os grandes milagres de seus deuses merece, sem dúvida, ser contado o referido por Varrão de virgem vestal que, falsamente acusada de haver violado seu voto de castidade, encheu de água

do Tibre uma peneira e, sem derramar nem uma só gota, a levou a seus juízes. Quem sustinha o peso da água sobre a peneira? Quem impediu a água de cair pelos crivos? Responderão: "Algum deus ou algum demônio". Se algum deus, este é maior que o Deus que fez o mundo? Se algum demônio, este é mais poderoso que o anjo que serve a Deus, criador do mundo? Se, pois, algum deus inferior, anjo ou demônio, pôde suster o peso do úmido elemento, de sorte que, segundo parecia, a água mudara de natureza, não poderia o Deus Todo-poderoso, criador de todos os elementos, tirar, porventura, ao corpo terreno seu peso, a fim de o corpo, já vivificado, habitar onde queira o espírito que o vivifica?

4. Ademais, se o ar é elemento intermediário entre o fogo e a água, a que se deve encontrarmo-lo com frequência entre água e água ou entre a água e a terra? Que são, segundo eles, as nuvens aquosas, entre as quais e a terra se acha o ar? Por que peso, pergunto, e por que ordem de elementos pendem das nuvens, sobre o ar, as torrentes de água, muito impetuosas e abundantes, ao invés de correrem sob o ar, sobre a terra? Enfim, por que está o ar entre a sumidade do céu e a nudez da terra, em todas as partes do mundo, se seu lugar próprio é entre o céu e a água, como o da água é entre ele e a terra?

5. Em uma palavra, se a ordem dos elementos pede, como diz Platão, estejam os dois extremos, o fogo e a terra, unidos pelos dois meios, pelo ar e a água, e o fogo ocupe o lugar mais alto do céu e a terra o mais baixo do mundo, como fundamento dele, motivo por que a terra não pode estar no céu, qual a razão de o fogo estar na terra? Segundo esse sistema, estes dois elementos, a terra e o fogo, o inferior e o superior, deveriam ocupar seus lugares próprios, de sorte que, como o inferior não pode estar no superior, assim também o superior não pudesse estar no inferior. E, como pensam que não há ou não haverá no céu partícula alguma de terra, assim também não devíamos ver na terra nenhuma porção de fogo. Contudo, vemos que o fogo não somente está na terra, mas também sob ela, e que o vomitam os picos dos montes. Vemos, ademais, que os homens empregam o fogo na terra e o vemos nascer da terra, pois nasce das madeiras e das pedras, corpos terrenos, sem dúvida.

Mas esse fogo, dizem eles, é tranquilo, puro, inofensivo, eterno, e este é turbulento, carregado de vapor, corruptível e corruptor.

Não obstante, não corrompe os montes e as cavernas da terra em que continuamente arde! Concedamos seja diferente daquele este fogo, a fim de servir-nos em nossas necessidades. Por que não querem que creiamos possa a natureza dos corpos terrenos, tornada algum dia incorruptível, pôr-se em harmonia com a do céu, como aquela em que agora o fogo corruptor está com a terra? Esses argumentos, fundados na ordem e no peso dos elementos, não servem para demonstrar ser impossível ao Onipotente modificar-nos os corpos de tal forma que possam habitar no céu.

CAPÍTULO XII
Contra as calúnias burlescas dos infiéis

1. Também costumam apresentar questão sem sentido e sarcástica contra nossa fé na ressurreição da carne. A pergunta é esta: "Ressuscitarão os fetos abortados?" E, como o Senhor diz: *Em verdade vos digo que não perecerá nem um só fio de cabelo de vossa cabeça*, acrescentam: Serão iguais em todos a estatura e a robustez ou de tamanho diferente os corpos? No primeiro caso, donde, supondo-se que ressuscitem, tomarão os seres abortados o que, ao nascerem, lhes faltava? E, se não ressuscitarão, porque não nasceram realmente, mas foram expelidos, apresentam a mesma dificuldade nas crianças mortas antes de totalmente desenvolvidas.

Não podemos dizer que não ressuscitarão seres que não somente foram gerados, mas também regenerados.

Ademais, perguntam qual será o modo dessa igualdade universal. Porque, se todos hão de ter a altura e a robustez daqueles que em vida foram os mais altos e robustos e cada um deles receberá o que teve cá embaixo, donde virá àqueles o que lhes falta para esse talhe?

E se, como diz o apóstolo, havemos de alcançar todos a *medida da plenitude da idade de Cristo* e, de acordo com isto: *Deus predestinou para jazê-los conformes à imagem de seu Filho*, se entende que o corpo de Cristo será em seu reino o talhe e a medida de todos os corpos humanos, é preciso, dizem eles, rebaixar a altura de muitos e desbastar-lhes o tamanho do corpo. Como se cumprirão, nesse caso, estas palavras: *Não perecerá nem um só fio de cabelo de vossa cabeça*, se perecerá parte da massa corporal?

No que tange aos cabelos, pode-se também perguntar se recobraremos quantos caíram às mãos do cabeleireiro. Mas, nesse caso, quem não se horrorizará de tal deformidade? Isso mesmo, sendo consequentes, deve aplicar-se às unhas. Onde ficarão o decoro e a beleza, que deve ter seus direitos mais na imortalidade que na corrupção? Se, caso os ressuscitados não o recobrem, tudo isso perecerá, como pretender que não perecerá nem um só fio de cabelo da cabeça? Apresentam as mesmas dificuldades a respeito da magreza e da gordura. Se todos os ressuscitados serão iguais, não haverá nem gordos, nem magros. Logo, a muitos acrescentar-se-á algo e a muitos tirar-se-á. Por conseguinte, não receberá cada qual o que teve, mas, ao contrário, alguns ganharão o que não tinham e outros perderão o que tinham.

2. Não menor celeuma levantam, fundados na corrupção e decomposição dos corpos mortos, dos quais parte se desvanece no pó e parte se evapora no ar. Uns são comidos pelos animais, outros, consumidos pelo fogo, outros perecem em naufrágio ou, de outro modo, na água, apodrecem e liquefazem-se. Não creem possa tudo isso ser reunido e reintegrado no corpo.

Apelam também para certas fealdades ou defeitos, de nascença ou adquiridos. Nesse ponto alegam os partos monstruosos e perguntam com ar irônico se os corpos portadores de deformidade ressuscitarão com ela. Se respondemos que tudo isso desaparecerá no corpo ressuscitado, nossa resposta acham poder contradizê-la, mostrando as cicatrizes e as chagas de nosso Senhor, pois pregamos haver Ele ressuscitado com elas.

Entre todas essas questões propõem uma, a mais difícil, nestes termos: A quem voltará a carne de homem convertido em substância de outro, que, acossado pela fome, o devorou? Essa carne foi assimilada e convertida em carne daquele que vive a suas expensas e com ela encheu os vazios nele devidos à magreza. Com o fim de exporem ao ridículo a fé na ressurreição, perguntam se tornará ao primeiro homem que a possuiu ou a quem a assimilou. Assim, permitem à alma humana, como Platão, em constante alternativa, verdadeiras infelicidades e falsas felicidades ou confessam, com Porfírio, que, após diversas migrações através dos corpos, terminarão algum dia as misérias e não mais tornarão a elas, não, porém, tomando corpo imortal, e sim evitando todo corpo.

CAPÍTULO XIII
Resposta à objeção relativa aos fetos abortados

Prestando-me a misericórdia de Deus auxílio aos esforços, vou responder às objeções que pus na boca de meus adversários. Não me atrevo a afirmar, mas tampouco a negar, que ressuscitarão os fetos abortados que hajam vivido no útero materno e nele morrido. Não vejo, todavia, por que, se não os excluem do número dos mortos, hão de excluí-los da ressurreição. Porque das duas uma: ou não ressuscitarão todos os mortos e haverá almas humanas que permanecerão eternamente sem corpo, como as que viveram no útero materno ou, se, para ressuscitarem, todas as almas humanas tomarão o corpo que hajam tido, seja de qual for o lugar em que o hajam deixado, não acho razão para excluir da ressurreição as crianças que morreram no útero materno. Atenha-se cada qual a este ou àquele modo de pensar, deve-se aplicar aos fetos, se ressuscitarem, o que vamos dizer das criancinhas.

CAPÍTULO XIV
Que dizer da ressurreição das criancinhas?

Que diremos das criancinhas senão que ressuscitarão e não na pequenez de corpo em que morreram? Em um instante receberão, pela onipotência de Deus, o crescimento que alcançariam com o tempo. As palavras do Senhor: *Não perecerá nem um só fio de cabelo de vossa cabeça*, afirmam que a gente não perderá nada do que tenha, porém, não negam possa receber o que não tinha. À criança que morre falta o desenvolvimento completo. À criança perfeita falta com certeza a perfeição do tamanho do corpo; não o alcançará, enquanto não chegar ao termo do crescimento. Essa perfeição possuímo-la todos, desde que somos concebidos, mas possuímo-la em potencial, não de fato, assim como todos os membros estão latentes no sêmen, embora aos recém-nascidos ainda faltem muitos, como os dentes e outros assim. Nessa virtude, impressa na matéria corpórea, já parece estar, de certo modo, começado, por assim dizer, o que ainda não existe, ou, por melhor dizer, o que está oculto, mas existirá, ou melhor, aparecerá a seu tempo. Nela, a criança, que um dia será grande ou pequena, já é pequena ou grande. Segundo essa virtude, na ressurreição do corpo não temos, sem dúvida, perder nada, porque, embora ressuscitemos todos iguais e com estatura de gigante, os maiores nada perderão nem se reduzirão, porque isso iria contra a palavra de Cristo, que disse não havia de perecer nem um só fio de cabelo da cabeça. Quanto aos outros, como poderia faltar à onipotência do Criador, que do nada fez todas as coisas, matéria para acrescentar, como maravilhoso artífice, o que viesse a ser necessário?

CAPÍTULO XV
Serão do talhe do corpo do Salvador todos os corpos ressuscitados?

Uma coisa é certa: Cristo ressuscitou com a mesma estatura que tinha ao morrer e não é permitido dizer que, para igualar-se aos mais altos, em chegando o tempo da ressurreição universal, tomará tamanho que não tinha quando aos discípulos apareceu na forma em que o haviam conhecido. Se, pelo contrário, dizemos que os corpos maiores hão de reduzir-se ao tamanho do corpo do Senhor, a muitos será necessário tirar parte do corpo, contra a promessa de que não perecerá nem um só fio de cabelo. Resta, pois, dizer que cada qual receberá seu tamanho, o que teve, ou na juventude, embora haja morrido velho, ou o que havia de ter, se o arrebatou morte prematura. Quanto às palavras do apóstolo sobre a medida da idade perfeita de Cristo, é preciso dizer terem outro motivo, qual seria o de a medida perfeita da cabeça mística encontrar seu complemento na perfeição de seus membros, de todo o povo cristão, ou, se as entendemos referentes à ressurreição dos mortos, há de a gente crer que os corpos não ressuscitarão na forma anterior ou posterior à juvenil, mas na idade e na robustez a que sabemos haver chegado Cristo. Os mais sábios dos pagãos fixaram nos trinta anos, mais ou menos, a perfeição da juventude. Depois, o homem entra em declínio e caminha para a velhice, idade achacosa. Assim, o apóstolo não disse: "A medida do corpo" ou: "A medida da estatura", mas: *A medida da idade perfeita de Cristo.*

CAPÍTULO XVI
Como se deve entender a conformação dos santos com a imagem do Filho de Deus?

Quando fala dos *predestinados a fazer-se conformes à imagem do Filho de Deus*, pode-se entender que fala do homem interior. Diz-nos, por isso, noutro lugar: *Não queirais conformar-vos com este século, mas, ao contrário, reformai-vos pela renovação de vosso espírito.* Enquanto nos reformamos para não nos conformarmos com este século, vamo-nos conformando com o Filho de Deus.

Essas palavras podem também ser entendidas no sentido de que, assim como Ele se faz conforme conosco pela mortalidade, assim também nos façamos conformes a Ele pela imortalidade. Isso também se relaciona com a ressurreição dos mortos. Se nessas palavras, porém, se nos diz a forma em que hão de ressuscitar os corpos, a "conformação", como a "medida" de que falei, diz respeito à idade e não ao talhe. Cada qual ressuscitará como era ou havia de ser na juventude. E, quanto à forma, pouco importará seja a de criança ou a de velho, pois então nem o espírito, nem o corpo estarão sujeitos a debilidade alguma. Daí que, se alguém sustenta que cada qual ressuscitará no mesmo talhe corporal que tinha quando morreu, não se deve lutar contra ele em laboriosa discussão.

CAPÍTULO XVII
Ressuscitarão as mulheres em seu próprio sexo?

Baseados nestes dois testemunhos: *Até chegarmos todos ao estado de homem perfeito, à medida da idade perfeita de Cristo* e: *Conformes à imagem do Filho de Deus,* alguns concluíram que as mulheres não ressuscitarão em seu sexo, mas no do homem. Do barro Deus fez somente o homem; quanto à mulher, formou-a do homem. Tenho para mim que a verdade está do lado daqueles que creem que ressuscitarão ambos os sexos. Na ressurreição já não haverá libido, causa da confusão. Com efeito, antes de pecarem, o homem e a mulher estavam desnudos e não se envergonhavam um do outro. Então, os vícios ficarão suprimidos dos corpos, cuja natureza, no entanto, subsistirá. Pois bem, na mulher o sexo feminino não é vício, mas natureza. Além disso, então não haverá nem comércio carnal nem parto. Os membros da mulher não serão aptos para o uso antigo, e sim para a nova beleza, que não excitará a concupiscência de quem a contemple, mas glorificará a Sabedoria e a clemência de Deus, que fez o que não existia e livrou da corrupção o que fez. No princípio do gênero humano, convinha que a mulher fosse formada de costela do homem adormecido, pois isso era símbolo profético de Cristo e da Igreja. O sono de Adão significava a morte de Cristo, cujo lado a lança atravessou na cruz, após haver expirado, e dele manou sangue e água, figura dos sacramentos, com que se edifica a Igreja. A Escritura usou essa palavra. Não diz: "Formou" ou "fingiu", mas: *Edificou-a em mulher*. Por isso à Igreja o apóstolo chama edifício do corpo de Cristo.

A mulher é, por conseguinte, criatura de Deus como o homem, mas feita do homem para encarecer a unidade e feita desse modo para figurar, como fica dito, Cristo e a Igreja. Quem criou os dois sexos restabelecerá os dois. Ademais, interrogado pelos saduceus, negadores da ressurreição, a qual dos sete irmãos pertencia a mulher que a todos os tivera por marido, pois cada um deles quisera, segundo a norma da lei, perpetuar a posteridade do irmão, Jesus mesmo diz: *Andais errados, por não entenderdes as Escrituras nem o poder de Deus*. E, em ocasião tão propícia para dizer tratar-se de pergunta sem sentido, porque a mulher já não seria mulher, mas homem, não o disse, mas acrescentou: *Na ressurreição nem se maridarão, nem se desposarão, mas serão como os anjos de Deus no céu*. Serão iguais aos anjos, é certo, mas pela imortalidade e felicidade, não pela carne nem pela ressurreição, de que os anjos não têm necessidade, pois não podem correr. O Senhor negou que na ressurreição houvesse núpcias, não que houvesse mulheres. E negou-o em tal conjuntura, que resolveria a questão com resposta mais fácil e mais decisiva, com negar a existência do sexo feminino, se soubesse que no futuro não haveria. Mais ainda, confirmou a existência de ambos os sexos, ao dizer: *Não se maridarão*, o que tange às mulheres, *nem se desposarão*, o que respeita aos homens. Por conseguinte, tanto as que costumam maridar-se como os que se desposam estarão na ressurreição, onde, porém, não haverá tais contratos.

CAPÍTULO XVIII
Cristo, o homem perfeito, e a Igreja, seu corpo

Para compreendermos o que diz o apóstolo, a saber, que todos chegaremos à idade do homem perfeito, devemos considerar todo o contexto e a circunstância. Eis a passagem: *Aquele que desceu é também o mesmo que subiu acima de todos os céus para dar cumprimento a todas as coisas. E assim, Ele mesmo constituiu alguns em apóstolos, outros em profetas, outros em evangelistas, outros em pastores e doutores. A fim de que trabalhem na perfeição dos santos, nas funções de seu ministério, na edificação do corpo de Cristo. Até chegarmos todos à unidade da mesma fé e do mesmo conhecimento do Filho de Deus, ao estado de homem perfeito, à medida da idade perfeita de Cristo. De maneira que já não sejamos crianças indecisas nem deixemos que todos os ventos de opiniões nos levem de lá para cá, pela malignidade dos homens, que enganam com astúcia para introduzirem o erro. Antes, seguindo a verdade com caridade, vamos em tudo crescendo em Cristo, que é nossa cabeça e de quem todo o corpo, ajustado e conexo entre si, recebe, por todos os vasos e condutos de comunicação, segundo a medida correspondente a cada membro, o aumento próprio do corpo para sua perfeição mediante a caridade.* Eis qual o homem perfeito: a cabeça e o corpo, composto de todos os membros, que a seu tempo receberão a perfeição. Vão-se cada dia juntando novos elementos a esse corpo, enquanto se edifica a Igreja, a que se diz: *Sois o corpo de Cristo e seus membros.* E em outra parte: *Por seu corpo, que é a Igreja.* E de igual modo: *Embora muitos, somos um só pão, um só corpo.* Do edifício desse corpo aí se disse: *A fim de que trabalhem na perfeição dos santos, nas funções de seu ministério, na edificação do corpo de Cristo.* Acrescenta, depois, a passagem que nos ocupa: *Até chegarmos todos à unidade de fé e ao conhecimento do Filho de Deus, ao estado do homem perfeito, à medida da idade perfeita de Cristo,* etc. Mostra enfim com estas palavras a que corpo devemos entender que se refere essa medida: *Vamos em tudo crescendo em Cristo, que é a cabeça e de quem todo o corpo, ajustado e conexo entre si, recebe, por todos os vasos e condutos de comunicação, segundo a medida correspondente a cada membro, o desenvolvimento que lhe convém.* Logo, como há medida de cada parte, há também medida do corpo todo, composto de todas essas partes. E essa é a medida da plenitude de que se disse: *A medida da plenitude da idade de Cristo.* Essa plenitude citou-a também naquele lugar em que, falando de Cristo, diz: *E constituiu-o, sobre todas as coisas, cabeça da Igreja, que é seu corpo e sua plenitude. Aquele que tudo consuma em todas as coisas.* Se, porém, devesse a passagem referir-se à forma de ressurreição, que nos impediria de aplicar à mulher o que se diz do homem, caso em que se tomaria "homem" por "homem e mulher"? Assim, diz-se no salmo: *Feliz do homem temente ao Senhor.* Nele estão, indubitavelmente, incluídas as mulheres tementes a Ele.

CAPÍTULO XIX
Na ressurreição todas as fealdades embelezar-se-ão

1. Que responderei agora às objeções fundadas nos cabelos e nas unhas? Uma vez assentado que de nosso corpo nada perecerá, com o fim de nenhuma deformidade haver nele, compreender-se-á também facilmente que o que constituía monstruosa deformidade não se acrescentará àquelas partes em que tal adição afeie a beleza dos membros. Faz-se, por exemplo, vaso de argila e quer-se depois desmanchá-lo para fazê-lo de novo; não é necessário que, ao refazê-lo, a argila que estivera na asa volte à asa ou a que formava o fundo retorne a formá-lo, contanto que toda ela torne a todo ele, quer dizer, toda a argila a todo o vaso, sem dela perder-se parte alguma, embora pequenininha. Se, pois, os cabelos e as unhas, tantas vezes cortados, não podem voltar a seu lugar sem produzirem fealdade, não voltarão. Não serão, contudo, aniquilados, pois serão transformados na mesma carne a que pertenciam, a fim de conservar-se a harmonia das partes e manter-se cada uma delas no lugar próprio.

Não ignoro que estas palavras do Senhor: *Não perecerá nem um só fio de cabelo de vossa cabeça* podemos entendê-las referentes com mais propriedade ao número de cabelos que ao comprimento deles. Nesse sentido diz em outra parte: *Todos os cabelos de vossa cabeça estão contados*. Isso não quer dizer que pensemos que algum corpo perderá algo do que naturalmente tinha. Apenas quero fazer ver que o disforme (que mostra a condição penal dos mortais) será de tal modo restituído à sua substância, que, conservada a integridade, desaparecerá a deformidade. Se o artista pode desmanchar uma estátua malfeita e dar-lhe nova forma, se pode misturar e combinar o disforme e pouco conforme com a arte, sem apartá-lo do todo, evitando a fealdade e conservando a quantidade, que deve a gente pensar do Artífice Todo-poderoso? Não poderá dos corpos humanos suprimir e separar deformidades naturais ou monstruosas, que são tara desta vida miserável, mas repugnam à futura felicidade dos santos, como esses apêndices naturais, mas indecorosos, de nosso corpo, sem diminuir-lhe em nada a substância?

2. Por conseguinte, pelos magros ou pelos gordos não se deve temer que então sejam, se pudessem, da forma como não quereriam ser nem mesmo aqui embaixo. A formosura do corpo é a harmonia de suas partes com certa suavidade de cor. Onde não há harmonia de partes, existe algo que ofende, ou porque é mau, ou porque é pouco, ou porque é demasiado. Quando o Criador, pelos meios que Ele conhece, suprir a deficiência ou tirar o supérfluo e corrigir o mau, desaparecerá essa deformidade resultante da desproporção das partes do corpo.

Qual não será a suavidade da cor onde os justos resplandecerão como o sol no reino de seu Pai? É de crer haja Cristo escondido aos olhos dos discípulos a claridade de seu corpo, quando lhes apareceu depois da ressurreição. Os débeis olhos humanos, que deviam fixar-se em Cristo ressuscitado, não o suportariam. Por essa mesma razão deixou que lhe tocassem as cicatrizes das chagas, comeu e bebeu com eles, não por necessidade, mas por possibilidade. O estado em que a gente não vê objeto presente e vê outros objetos igualmente presentes, como sucedeu aos discípulos, que não viam a claridade de Cristo e viam outras coisas, chama-se em grego *aorasía*, palavra que no Gênesis os latinos traduziram por *caecitas* (cegueira), à falta de outra equivalente. Essa cegueira padeceram-na os sodomitas, quando buscavam as portas do homem justo e não davam com elas. Com efeito, houvesse sido verdadeira cegueira, como a que impede de ver, não buscariam a porta de entrada, mas guias que os conduzissem para fora.

3. Não sei como, mas é certo que nosso afeto para com os bem-aventurados mártires nos faz desejar ver no céu as cicatrizes das chagas recebidas em seus corpos pelo nome de Cristo. Talvez as vejamos. Isso não será deformidade em seus corpos, mas sinal de dignidade. Brilhar-lhes-á certa beleza nos corpos, não, porém, dos corpos, e sim da glória. Não se deve crer tampouco haverem de na ressurreição dos mortos faltar aos mártires os membros que lhes houverem sido cortados, pois se lhes disse: *Não perecerá nem um só fio de cabelo de vossa cabeça*. Mas, se a beleza exige que no novo século se vejam as marcas gloriosas dos mártires gravadas em sua carne imortal, é de crer que os membros que hajam sido feridos ou mutilados conservarão as cicatrizes e os perdidos não deixarão de recebê-los. Se é verdade que os defeitos de nosso corpo não aparecerão na outra vida, também o é que não devem ser consideradas defeitos as marcas da virtude.

CAPÍTULO XX
Como se efetuará a ressurreição dos corpos?

1. Longe de nós, por conseguinte, pensar que a onipotência do Criador não pode, para ressuscitar os corpos e devolvê-los à vida, reunir todas as partes que hajam sido devoradas pelos animais, ou consumidas pelo fogo, ou desfeitas em cinza e pó, ou dissolvidas em água, ou dissipadas no ar. Longe de nós pensar que no ser da natureza algo haja tão oculto e tão afastado de nossos sentidos, que possa escapar ao conhecimento e ao poder do Criador. Cícero, cuja autoridade é máxima para nossos adversários, querendo definir Deus à sua maneira, diz: *É espírito independente e livre, alheio a toda companhia, conhece e move todas as coisas e está dotado de movimento eterno*. E Cícero inspira-se nos grandes filósofos. Para empregar-lhe a linguagem, pode algo passar inadvertido a quem tudo conhece ou algum dia escapar a quem tudo move?

2. Leva-me isso, como que pela mão, a solucionar a seguinte questão, que me parece a mais difícil de todas: Quando a carne de

homem morto se converteu em carne de homem vivo, a qual dos dois pertencerá na ressurreição? Suponhamos que algum desgraçado, presa da fome e forçado por ela, come da carne de homem morto (extremo a que, segundo a história, já se chegou e de que nossos desditosos tempos apresentam mais de um exemplo). Pode alguém sustentar com algum fundamento que toda essa substância foi eliminada pelos condutos inferiores e parte não foi assimilada, se a fraqueza que existia e já não existe claramente indica as perdas reparadas por aqueles alimentos?

Algumas das considerações precedentes servirão, aliás, para a solução dessa dificuldade. Toda a carne consumida pelo homem evapora-se no ar e reconhecemos poder o Deus onipotente reunir tudo quanto se desvaneceu. Essa carne será, pois, devolvida àquele em que começou a ser carne humana, pois o outro a tinha como que por empréstimo, e, como moeda alheia, deve restituí-la ao dono. A sua, de que a fome o despojara, ser-lhe-á devolvida por Aquele que pode a seu talante juntar a desaparecida. E, no caso de que fosse aniquilada e dela não ficasse nem rasto nos ocultos seios da natureza, o Onipotente repará-la-ia de qualquer modo. Mas, havendo a Verdade declarado que *não perecerá nem um só fio de cabelo de vossa cabeça*, é absurdo pensar que, não podendo *perecer* um só fio de cabelo do homem, hajam podido perecer tanta carne devorada ou consumida pela fome.

3. Ponderadas e examinadas todas essas questões, segundo nossa capacidade, chegamos à conclusão de que na ressurreição os corpos terão a mesma estatura que em cada um deles comportaria o desenvolvimento natural da juventude, desenvolvimento perfeito ou interrompido, com a beleza e a proporção de todos os membros. Com o fim de conservar a proporção, é lógico que, se se houver subtraído algo a monstruoso apêndice, se distribua pelo corpo todo, para que nem isso pereça e se mantenha em tudo a harmonia das partes. Assim, não é absurdo crer que, ao distribuir a todas as partes do corpo o excesso que seria deformidade em uma só, possa-se acrescentar algo dele à estatura do corpo. E, se alguém sustenta que cada qual ressuscitará com a mesma estatura que tinha ao morrer, não se deve resistir a ele como quem disputa, contanto que exclua toda deformidade, toda debilidade, toda morosidade, toda corrupção e tudo

aquilo que seja contrário à formosura do reino em que os filhos da ressurreição e da promessa serão iguais aos anjos de Deus, se não no corpo nem na idade, pelo menos na felicidade.

CAPÍTULO XXI
Novidade do corpo espiritual ressuscitado

Tudo quanto perderam os corpos vivos ou os cadáveres, depois da morte lhes será restituído juntamente com o que deixaram no sepulcro. E ressuscitará, trocada a velhice do corpo animal em novidade do corpo espiritual, revestido de incorrupção e de imortalidade. Mas, embora, por algum acidente grave e pela crueldade dos inimigos, haja algum corpo sido reduzido todo a pó e dissipado no ar ou em água, de forma que dele não se encontre nem um pedacinho sequer, não pode ser subtraído à onipotência do Criador e não perecerá nem um só fio de cabelo de sua cabeça. A carne espiritual estará submetida ao espírito, mas será carne, não espírito, assim como o espírito carnal esteve submetido à carne, sendo espírito, não carne. Experiência disso temo-la na deformidade de nossa degradação. Não eram carnais segundo a carne, mas segundo o espírito, aqueles a quem o apóstolo se dirigia nestes termos: *Não pude falar-vos como a homens espirituais, mas como a carnais*. Nesta vida o homem espiritual é carnal, mas segundo o corpo, e em seus membros vê lei que resiste à lei de seu espírito. Será também espiritual, segundo o corpo, quando a carne houver ressuscitado, cumprindo-se estas palavras do apóstolo: *Semeia-se corpo animal e ressuscitará corpo espiritual*.

Quantas e quais serão as perfeições do corpo espiritual? Como ainda não temos experiência disso, temo ser temerário em minhas palavras. Contudo, como a glória de Deus exige que não se oculte o contentamento de nossa esperança e como, do íntimo do coração, ardendo em chamas de amor, o salmista escreveu: *Amei, Senhor, o decoro de tua casa*, rastrearei, com o auxílio de Deus e segundo minhas possibilidades, as graças que nesta misérrima vida faz a bons e maus e a grandeza daquela de que, por não a termos experimentado, não podemos falar dignamente. Omito o tempo em que Deus criou o homem justo, passo por alto a vida feliz dos dois cônjuges nas delícias do paraíso, pois foi tão breve, que nem seus filhos tiveram a ventura de prová-la. Falo somente desta miserável condição que conhecemos e em que vivemos, exposta a tentações sem conta, ou melhor, a uma só tentação contínua, por mais progressos que façamos. Quem poderá explicar os sinais de bondade que Deus mostra ao gênero humano?

CAPÍTULO XXII
Misérias e males que seguiram a primeira prevaricação

1. Esta vida, se merece tal nome, tão cheia de males, é prova de toda a raça humana haver sido condenada na primeira origem. Que outra coisa indica a profunda ignorância em que nascem implicados todos os filhos de Adão, princípio de todos os erros e da qual, sem trabalho, dor e temor, não pode o homem livrar-se? Que significam tantas afeições vãs e nocivas, de que nascem as mordazes preocupações, as inquietudes, as tristezas, os temores, os falsos contentamentos, as discórdias, as altercações, as guerras, as traições, os aborrecimentos, as inimizades, os enganos, as adulações, a fraude, o roubo, a rapina, a perfídia, a soberba, a ambição, a inveja, os homicídios, os parricídios, a crueldade, a inumanidade, a maldade, a luxúria, a petulância, a desvergonha, a desonestidade, as fornicações, os adultérios, os incestos e tantos outros estupros e pecados contra a natureza de um e outro sexo, que só o citá-los causa horror, os sacrilégios, as heresias, as blasfêmias, os perjúrios, as opressões de inocentes, calúnias, tramas secretas, prevaricações, falsos testemunhos, julgamentos iníquos, violências, latrocínios e outros males semelhantes que não afloram agora ao pensamento, mas sitiam e cercam a vida dos homens? Verdade é que esses crimes são obra dos maus, mas procedem todos da raiz da ignorância e do amor perverso com que nasce todo filho de Adão. Quem ignora, com efeito, com que ignorância da verdade, já manifesta na infância, e com quantos desejos, que se vão desenvolvendo na meninice, vem o homem a este mundo? Se lhe fosse permitido viver segundo seu capricho e fazer quanto lhe aprouvesse, viria a precipitar-se em todos ou em muitos dos crimes mencionados e em outros não lembrados.

2. Mas, por desígnio da Divina Providência, que não abandona de todo os condenados e, a despeito de sua ira, não detém o curso de

sua misericórdia, nos sentidos dos homens a instrução e a lei velam contra essas trevas e opõem-se a esses ímpetos. E ação inestimável, mas não se efetua sem trabalho e dor. Que pretendem as mil e uma ameaças feitas às crianças para retraí-las das inclinações viciosas? Que os pedagogos, os mestres, as palmatórias, as varas, as correias, a disciplina, a que a Santa Escritura diz não dever a gente poupar o filho amado, por temor de que cresça indômito e, uma vez endurecido, com dificuldade possa ou talvez já não possa ser corrigido? Que perseguem todos esses castigos senão destruir a ignorância e refrear a má cobiça, taras com que vimos ao mundo? A que se deve que tudo quanto recordamos com trabalho esquecemos sem ele, tudo quanto aprendemos com trabalho ignoramos sem ele, que nos custe tanto ser trabalhadores e tão pouco ser preguiçosos? Não denota isso claramente a que é proclive e inclinada a natureza, viciada por si mesma, e de quanto auxílio necessita para ver-se livre disso tudo? A desídia, a moleza, a preguiça e a negligência são vícios que fogem do trabalho. O próprio trabalho, por útil que seja, é castigo.

3. Além dos castigos impostos às crianças, sem os quais não podem aprender o que querem os pais, que raro desejam algo útil, quem será capaz de dizer e quem susceptível de compreender a infinidade e a enormidade das penas a que está sujeito o gênero humano e não são patrimônio da malícia e da maldade dos bons, mas da triste condição humana? Quanta apreensão e quanta dor não nos causam a orfandade e a viuvez, os danos e as condenações, os enganos e as mentiras dos homens, as suspeitas infundadas, os crimes violentos e as velhacarias alheias? Delas procedem a pilhagem e o cativeiro, as prisões e os cárceres, os desterros e os tormentos, a mutilação, a privação dos sentidos, a brutalidade e outros mil e um atos horrendos assim. Que direi de inúmeros flagelos, males exteriores ao homem que lhe ameaçam o corpo: o calor, o frio, as tormentas, as chuvas, as inundações, os raios, os trovões, o granizo, os terremotos, os abismos abertos na terra, os tropeços, o escaparem-se os cavalos, os venenos das frutas, das águas, do ar e dos animais? Entre eles também se contam as mordeduras mortais ou cruéis das feras, a hidrofobia do cão, animal tão carinhoso e tão amigo do homem, que às vezes se torna mais temível e feroz que os leões e os dragões e faz o homem a quem morde mais temível para os pais, esposa e filhos que a fera mais feroz.

Que males sofrem os navegantes e quais os que viajam a pé? Quem pode viajar sem expor-se a qualquer acidente imprevisto? Certo dia, ao voltar da praça, homem muito cheio de saúde caiu e quebrou a perna; o ferimento valeu-lhe a morte. Há posição mais segura, ao que parece, que estar sentado? O sacerdote Eli caiu da cadeira e morreu.

Que acidentes não temem os lavradores, melhor diríamos, todos os homens, tanto da parte do céu e da terra como dos animais nocivos? Colhida e enceleirada a colheita, acham que o ano está garantido. Mas sei e conheço que imprevista enchente certa ocasião levou do celeiro a colheita, boa por certo, e os homens fugiram para livrar-se. Quem pode crer estar, por sua inocência, a salvo das multiformes incursões dos demônios? A fim de ninguém confiar, atormentam, por permissão de Deus, de maneira cruel as crianças batizadas, as criaturas mais inocentes do mundo. Ao permiti-lo, Deus ensina-nos a deplorar a miséria desta vida e a desejar a felicidade da outra. O corpo está sujeito a tantas enfermidades, que nem os livros dos médicos as contêm todas. A maioria dos remédios e mezinhas são outros tantos tormentos, de sorte que o homem conjura o suplício do mal com o suplício do remédio. E a sede? Não obrigou alguns homens a beber a própria urina ou a dos outros? A vários não induziu a fome não apenas a alimentar-se de cadáveres humanos, mas com esse fim a matar os semelhantes? E, o que é mais, não houve mães que com incrível crueldade, fruto de fome canina, comeram os próprios filhos? Enfim, quem explicará a inquietude do sono, chamado propriamente repouso, quando acompanhado de espantosas visões, que aterram a alma, visões tão vivas, embora falsas, que não podemos distingui-las das verdadeiras? Em certas enfermidades, essas visões fantásticas atormentam com mais ardor os que estão despertos. Não falo de propósito das ilusões de que os demônios se servem para enganar os homens em perfeita saúde, para perturbar-lhes os sentidos com o prurido de fazê-los admitir como verdadeira a falsidade, apesar de por esse meio não poderem convertê-los a seu partido.

4. Só a graça do Salvador, Cristo, nosso Senhor, livra do inferno desta vida miserável. Seu próprio nome, Jesus, significa Salvador. Devemos pedir-lhe, sobretudo, que depois da vida atual nos livre da outra, mais miserável e eterna, que não é vida, mas morte. Aqui embaixo, embora nas coisas santas e na intercessão dos santos en-

contremos grande consolo a nossos males, os que pedem graças nem sempre as obtêm. A Providência assim o quer, para que um motivo temporal não leve a seguir uma religião que é preciso abraçar de olhos postos na outra vida, onde já não haverá males. Por isso, em meio dos males, a graça auxilia os melhores, para que os tolerem com tanto mais coragem quanto mais fiéis.

Pretendem os sábios deste mundo que a filosofia é útil para isso, essa filosofia que em sua pureza os deuses, segundo Cícero, deram a reduzido número de homens. E não deram, acrescenta, nem poderão dar maior bem aos homens. Isso prova que os próprios adversários se veem forçados a confessar a seu modo ser a divina graça necessária para adquirir não uma filosofia qualquer, mas a autêntica e verdadeira. Portanto, se a verdadeira filosofia, único recurso contra as misérias desta vida, foi dada a poucos homens, isso é prova bastante de serem castigos as misérias a que estão condenados os homens. E assim como, segundo confissão deles, não há dom mais precioso que esse, assim também é preciso crer que não pode proceder de outro Deus senão daquele reconhecido como o maior de todos pelos adoradores de muitos deuses.

CAPÍTULO XXIII
As misérias próprias dos justos

Além desses males da presente vida, comuns a bons e a maus, os justos têm outros, peculiares e próprios, a saber, contínua guerra contra as paixões e vida em meio de riscos e perigos. São mais ou menos vivas as rebeliões da carne contra o espírito e do espírito contra a carne, mas não cessam nunca. E, nunca podendo fazer o que queremos e destruir de uma vez por todas a funesta concupiscência, só nos resta lutar com ela, em quanto de nós dependa, auxiliados pela divina graça, e viver em contínua vigilância. Isso fará com que não nos engane a falsa aparência, não nos seduzam as palavras artificiosas, não nos ceguem o espírito as trevas do erro e não tomemos o bom por mau ou o mau por bom. Fará que o temor não nos impeça de fazermos o que devemos, o desejo não nos leve a fazermos o que não devemos, não se ponha o sol sobre nossa ira, as inimizades não nos induzam a devolvermos mal por mal, não nos afogue excessiva ou desordenada tristeza, não sejamos ingratos para com os benefícios recebidos e os maléficos rumores não nos perturbem a consciência. Impedirá que façamos juízos temerários, sejamos susceptíveis aos que façam de nós, reine o pecado, secundando-lhe os desejos, em nosso corpo mortal, façamos de nossos membros instrumentos de iniquidade para o pecado, siga o olho os desordenados desejos, nos vença a ânsia de vingança, detenhamos em coisas ilícitas a imaginação. Enfim, impedirá que ouçamos de bom grado palavras injuriosas ou desonestas, façamos o ilícito, embora nos agrade, esperemos de nossas próprias forças a vitória nessa guerra tão cheia de perigos e de canseiras ou, uma vez alcançada, a atribuamos a nosso poder e não à graça daquele de quem diz o apóstolo: *Demos graças a Deus, que nos deu a vitória por nosso Senhor Jesus Cristo.* E noutro lugar: *Em meio de tudo isso triunfamos pela graça daquele que nos amou.* Não esqueçamos, porém, que, por mais virtude e força que empreguemos em opor-nos aos vícios e embora triunfemos sobre eles e os submetamos, enquanto estivermos neste corpo, jamais nos faltará motivo para estas palavras, em razão de alguma ofensa feita a Deus: *Perdoai-nos as nossas dívidas.*

Mas naquele reino em que permaneceremos para sempre, vestidos de corpos imortais, já não travaremos guerras nem teremos dívidas, que nunca haveriam existido, se nossa natureza se houvesse mantido na retidão em que foi criada. Assim, este nosso combate, em que corremos risco e de que desejamos ver-nos livres pela vitória final, faz parte dos males desta vida, que vimos, pelas misérias citadas, estar condenada por decreto divino.

CAPÍTULO XXIV
Também a vida tem seus encantos, bem recebidos do Criador

1. Agora devemos louvar a justiça do criador nas próprias misérias que afligem o gênero humano, ao considerar-se a imensidade de bens de que a bondade de Deus cumulou a presente vida. Em primeiro lugar, não quis impedir, após o pecado, os efeitos da bênção que com estas palavras lançou aos homens: *Crescei, multiplicai-vos e enchei a terra.* A fecundidade subsistiu nessa raça com justiça condenada. E, embora o pecado nos haja imposto a necessidade de

morrer, não nos pôde tirar essa admirável virtude dos germens, nem a virtude, mais admirável ainda, que produz os referidos germens e está profundamente enraizada e como que engastada no corpo humano. Nessa corrente ou rio que as gerações humanas vão engrossando correm parelhos o mal, procedente do pai, e o bem, dom do Criador. No mal original há duas coisas: o pecado e o castigo. Outras duas no bem: a propagação e a conformação. No tocante à minha intenção, já falei bastante dos males, ou seja, do pecado, fruto de nossa audácia, e do castigo, efeito do julgamento de Deus. Propus-me falar agora dos bens que Deus comunicou ou comunica à natureza, viciada e condenada. Ao condená-la, nem a privou de quanto lhe dera (de outro modo, já não seria), nem a independentizou de seu poder, ao sujeitá-la ao demônio, para castigá-la, pois nem ao próprio demônio alheou de seu império. A natureza do diabo não subsistiria sem Aquele que é o Ser supremo e o princípio de todo ser.

2. Desses dois bens, que manam de sua bondade como de fonte abundante e caem sobre a natureza viciada pelo pecado e condenada por castigo, o primeiro, a propagação, deu-o, ao abençoar o homem, depois de havê-lo criado. No sétimo dia descansou dessas primeiras obras. A conformação radica-se nessa atividade sua que até agora continua. Se subtrai aos seres seu poder eficaz, não poderão nem desenvolver-se, nem completar a duração que a medida de seus movimentos lhes permite, nem conservar o ser que receberam. Deus criou o homem e deu-lhe certa fecundidade para propagar-se e a isso induzia-o o poder, não a necessidade. Tirou esse poder aos homens que quis, fazendo-os estéreis, sem que isso represente menoscabo do gênero humano na bênção aos dois primeiros pais. Não obstante, embora essa faculdade haja sido deixada ao homem, apesar do pecado, não é tal qual seria, se não houvesse pecado. Porque, depois de o homem, elevado a honrosa posição, delinquir, assemelhou-se aos animais irracionais e gera como eles, conservando-se sempre nele pequenina centelha de razão que faz aparecer nele a imagem de Deus. Mas, se a conformação não se unisse à propagação, esta não poderia realizar as evoluções da forma e do plano na espécie. Se os homens não houvessem coabitado e Deus houvesse querido povoar de homens a terra, poderia criá-los todos como criou o primeiro. Agora o homem e a mulher podem coabitar, não porém gerar sem a ação criadora de Deus. Como o apóstolo diz da criação espiritual

que constitui o homem na piedade e na justiça: *Nem quem planta é algo nem quem rega, mas Deus, que dá o incremento,* assim se pode dizer na união conjugal: Nem quem coabita é algo nem quem semeia, mas Deus, que dá o ser. Ou também: Nem a mãe que leva no seio o concebido é algo, mas Deus, que lhe dá o crescimento. Ele só, pela atividade que ainda agora desenvolve, faz que o sêmen explique o que tem de harmônico e saia de invisíveis e latentes refolhos para expor-nos aos olhos as belezas visíveis que admiramos. Só Ele une de modo maravilhoso a natureza corpórea e a incorpórea, uma para mandar, outra para obedecer, e faz o ser animal. Essa obra é tão admirável e tão estupenda que não apenas o homem, animal racional, e, por conseguinte, mais excelente e nobre que todos os outros animais terrestres, mas até mesmo a mais diminuta mosquinha não pode ser atentamente considerada sem confundir a inteligência e penetrá-la de admiração pelo Criador.

3. Foi ele quem deu à alma humana essa mente em que a razão e a inteligência estão como que dormidas na infância, como se não existissem, para despertarem e exercitarem-se com a idade. Capacitar-se-á, então, para adquirir a ciência e a doutrina e se habilitará para a percepção da verdade e para o amor ao bem. Com essa capacidade alcançará a sabedoria e adquirirá as virtudes, a prudência, a fortaleza, a temperança e a justiça, para combater os erros e os restantes vícios naturais. Vencê-los-á unicamente com o desejo do imutável e soberano Bem. Embora essa capacidade não consiga seus efeitos, quem poderá exprimir ou pelo menos conceber a grandeza do bem encerrado nessa maravilhosa obra do Onipotente?

Fora da arte de viver corretamente e de chegar à felicidade imortal, arte sublime chamada virtude, que a graça de Deus, por Jesus Cristo, dá aos filhos da promessa e do reino, o engenho humano não inventou e experimentou infinidade de artes, em parte necessárias e em parte voluptuárias, que mostram que entendimento tão excelente e interessado em coisas supérfluas, perigosas e até nocivas tem grande porção de bem em sua natureza, pois com ele pôde inventar, aprender e pôr em atividade isso tudo?

Quanto progrediu na agricultura e na navegação! Quanta imaginação e perfeição esbanjadas em vasos de todas as formas e na variada policromia de estátuas e pinturas! Que maravilhas compôs e levou à cena, estranhas para os espectadores e incríveis para os ouvintes! Quantos e quais recursos e artimanhas para caçar, matar e domar animais selvagens! Quantas espécies de venenos, de armas, de máquinas inventaram os homens contra os próprios homens! Quantos remédios ou mezinhas para conservar ou recobrar a saúde! Quantos condimentos e manjares gostosos preparou para o prazer da boca e para excitar o apetite! Que diversidade de sinais, a palavra e a escrita, em primeiro lugar, para exprimir os pensamentos! Que riqueza de adornos na eloquência e na poesia, para deleitar o espírito! E, para agradar o espírito, quantos instrumentos de música e que diversidade de cantos compôs! Que admirável conhecimento da ciência dos números e da extensão! E que sagacidade no descobrimento da harmonia e do curso dos astros! Quem poderia, enfim, dizer todos os conhecimentos, tocantes às coisas naturais, de que se enriqueceu o espírito, sobretudo se quiséssemos insistir em cada um deles em particular e não referi-los todos em geral? E quem se bastará para ponderar a grandeza de engenho demonstrada por filósofos e hereges, ao defenderem seus erros e falsidades? Agora falamos da natureza da mente humana, como dote da vida mortal, não da fé e do caminho da verdade, que conduzem à vida imortal. É certo que tão excelente natureza, obra manifesta do verdadeiro Deus, do Deus Todo-poderoso, que governa tudo quanto criou, nunca jamais houvera caído nessas misérias, se por causa dessas misérias não incorresse nas eternas, exceto os justos, que são livrados, se no primeiro homem, de quem os demais procedemos, pecado enorme em demasia não houvesse precedido o castigo.

4. Se consideramos nosso corpo, embora morra como o dos animais irracionais e seja menos vigoroso que o de muitos deles, quanta bondade e quanta providência de Deus não brilha em cada uma de suas partes! Não estão os órgãos dos sentidos e os demais membros tão bem-dispostos e tão bem-ordenados sua beleza, forma e modo, que indicam às claras haverem sido feitos para o serviço de alma racional? Vemos curvados para a terra os animais irracionais. O homem não foi criado assim. A forma de seu corpo, ereto e erguido para o céu, adverte-o de que deve desejar apenas as coisas do alto. Ademais, não mostra o bastante, porventura, a que alma deve servir tal corpo a maravilhosa agilidade dada à língua e às mãos, para

falar, para escrever e para executar tantas obras de arte? Embora o homem não tivesse necessidade de ação, é tão perfeita a harmonia de suas partes e tão formosas suas proporções, que é difícil dizer se, ao criá-lo, Deus teve em conta mais a utilidade que a beleza. Verdade é que no corpo não encontramos nada útil que não seja ao mesmo tempo belo. Isso ficaria mais claro para nós, se conhecêssemos os números e as medidas que unem entre si todas as partes. Talvez o engenho humano pudesse, à custa de esforços, descobrir algo pelo que vê de fora. Mas os membros ocultos e afastados de nosso olhar, como a prodigiosa rede de veias, de nervos e de músculos e fibras, ninguém pode conhecê-los. Com efeito, apesar de a cruel atividade dos médicos chamados anatomistas despedaçar o cadáver ou o corpo de quem lhes morre às mãos e cortar, examinar, buscar e rebuscar na carne humana, de maneira demasiado inumana, por certo, todos os refolhos, para saber o que, como e em que lugares se deve fazer a cura, os números de que falo e que exterior e interiormente compõem essa coaptação chamada em grego *harmonia*, tanto do corpo em geral como de seus órgãos em particular, ninguém pôde encontrá-los, porque ninguém se abalançou a procurá-los. Se pudessem ser conhecidos nas próprias entranhas, sem beleza, ao que parece, descobrir-se-ia algo tão belo, que a razão, que usa dos olhos, o preferiria a essa beleza aparente, agradável à vista.

Há no corpo humano algumas partes que, destinadas a ornamento apenas, não têm utilidade, como, no homem, as mamilas e a barba. Que não se destina a proteger o rosto do homem, mas a enfeitá-lo, mostram-no os rostos imberbes das mulheres, aos quais, na realidade, por serem mais débeis, ser-lhes-ia mais necessária a proteção. Se, pois, dos que vemos não há membro algum (ninguém o duvida) que, sendo útil, não seja ao mesmo tempo decoroso (alguns há somente decorosos, não úteis), acho ser mais fácil compreender que na criação do corpo à necessidade se antepôs a dignidade. A necessidade passará e virá o tempo em que gozaremos tão só da beleza mútua, sem concupiscência alguma. Esse o objeto mais digno dos louvores ao criador, a quem se diz em certo salmo: *Tu te revestiste de glória e de decoro.*

5. Em que palavras poderiam caber essa formosura e utilidade outorgadas pela liberalidade de Deus, que sem dúvida não faltam no

homem, embora prostrado em meio de misérias e trabalhos e condenado a eles? Falaríamos de variada formosura do céu, da terra e do mar, da abundância e majestade da luz, do sol, da lua e das estrelas, das frondosidades dos bosques, das cores e dos perfumes das flores, da diversidade e multidão de aves palradoras e pintadas de cores vivas, desses mil e um gêneros de animais, tanto mais maravilhosos quanto mais pequenos (pois admiramos mais o corpo das formigas e das abelhas que o imenso corpo das baleias), do enorme espetáculo do mar, quando veste seu traje de mil e uma cores, às vezes verde com vários matizes, às vezes purpúreo, às vezes azul. Com que prazer o contemplamos também quando se enfurece; depois nasce a calma, porque encanta o espectador, contanto que não abata e combata o navegante! Que direi da diversidade de manjares contra a fome e dos diferentes condimentos que a liberalidade da natureza nos oferece contra o fastio, sem recorrer à arte culinária? Quantos remédios para conservar e recobrar a saúde! Que agradável a alternação do dia e da noite! Que suave a temperatura das brisas! Quanto material não nos oferecem as árvores e os animais para a confecção de roupas! Quem pode descrever tudo? Se quiséssemos ampliar cada uma dessas coisas que resumi e enquadrá-la nestas linhas, quanto tempo me levaria cada qual?

Isso tudo é consolo dos miseráveis e condenados, não recompensa dos bem-aventurados. Qual será, pois, a recompensa, se tal é o consolo? Que dará Deus aos que predestinou à vida, se deu isso tudo aos que predestinou à morte? De que bens cumulará na vida bem-aventurada aqueles por quem quis que até à morte seu Filho unigênito padecesse tantos males nesta vida miserável? Por isso é que, falando dos predestinados ao Reino dos Céus, o apóstolo diz: *O que não perdoou seu próprio Filho, mas, ao contrário, o entregou por todos nós, como não nos dará com Ele qualquer outra coisa?* Que seremos, quando se cumprir essa promessa? Como seremos? Que bens receberemos naquele reino, se como penhor já recebemos a morte de Cristo? Como estará o espírito do homem, não sujeito a vícios, e livre deles, sem paixões a combater nem sequer louvavelmente, num estado de paz perfeita? Quanta, quão formosa e quão certa será a ciência de todas as coisas, sem trabalho e sem erro, quando, soberanamente livre e feliz, beber na própria fonte a Sabedoria de Deus? Como será o corpo, quando, plenamente submetido ao espírito e suficientemente vivificado por ele, não tenha necessidade de alimentos? Já não será animal, mas espiritual, conservando, é certo, a substância da carne, isento, porém, da corrupção carnal.

CAPÍTULO XXV
Obstinação e pertinácia de alguns em impugnar, contra o sentir unânime do mundo, a ressurreição da carne

Os mais famosos filósofos estão de acordo conosco acerca dos bens que a alma bem-aventurada gozará depois desta vida. Combatem, todavia, a ressurreição da carne e negam-na com todas as forças. O grande número dos que nela creem faz reduzir-se enormemente o número dos que a negam. Doutos e indoutos, sábios e ignorantes, converteram-se fielmente a Cristo, que mostrou sua ressurreição, verdade que aos incrédulos parece absurdo. O mundo creu na predição de Deus e a fé do mundo nessa verdade também estava predita. Essas predições não podem ser atribuídas aos malefícios de Pedro, pois o precederam de muitos anos. Esse é o Deus a quem, como já eu disse várias vezes e não me canso de repetir, segundo confissão do próprio Porfírio, que queria prová-lo com os oráculos de seus deuses, até mesmo as divindades temem. Esse filósofo chegou a dar a Deus o nome de Pai e de Rei. Guardemo-nos de entender o que ele predisse como querem entendê-lo os que essa fé não compartem com o mundo. Por que não o entenderam, desde logo, como o entende o mundo, cuja fé foi predita tanto tempo antes, não como o entendem esses poucos charlatães que não quiseram crer no mundo? Com efeito, se dizem que devemos entendê-lo de outra maneira, para não fazermos injúria a esse Deus de que dão testemunho tão esclarecido, dizendo ser vã sua predição, a injúria que lhe fazem é maior, ao dizerem que se deve entender de maneira diferente da que entendeu o mundo, cuja fé Ele gabou, prometeu e cumpriu.

Será que não pode fazer que a carne ressuscite e viva eternamente? Ou é obra má e indigna de Deus? De sua onipotência, que opera tantos e tão admiráveis milagres, já falamos longamente. Quereis saber algo que o Onipotente não pode? Pois bem, eu vos direi: Não pode mentir. Creiamos, pois, no que pode, não crendo no que não pode. Não crendo que pode mentir, crede, pois, que fará o que prometeu fazer. Mas crede-o como o creu o mundo, cuja fé Ele predisse, louvou, prometeu e mostrou haver realizado.

Como demonstram tratar-se de mal? Então não haverá corrupção alguma, único mal do corpo.

Ademais, já falamos da ordem dos elementos e discutimos as demais objeções a esse ponto. No Livro Décimo Terceiro já fizemos ver suficientemente como os movimentos do corpo incorruptível serão flexíveis e fáceis, a julgar pelo que agora vemos, quando o corpo está com saúde, embora sua sanidade atual não seja comparável com a imortalidade. Os que não leram esta obra ou os que queiram recordar o que se disse deem-se ao trabalho de relê-la.

CAPÍTULO XXVI
Contradição entre Porfírio e Platão a respeito das almas bem-aventuradas

Diz Porfírio, replicam, que, para ser bem-aventurada, deve a alma evitar todo corpo. É pois inútil pretender que o corpo será incorruptível, se a alma não será bem-aventurada, caso não fuja de todo corpo.

A essa objeção já respondi o bastante no livro antes citado. Acrescentarei aqui uma coisa apenas: corrija Platão, mestre de todos esses filósofos, seus livros e diga que os deuses devem deixar seus corpos para serem felizes, pois disse estarem encerrados em corpos celestes. Afirma, ademais, haver-lhes Deus, que os criou, prometido, para sua segurança, a imortalidade, quer dizer, eterna permanência em seus corpos, apesar de isso não se dever à natureza deles, mas à vontade de Deus. Isso também deita por terra aquilo de a gente não dever acreditar, por ser impossível, na ressurreição da carne. Com efeito, segundo o mesmo filósofo, quando o Deus incriado prometeu a imortalidade aos deuses, disse-lhes que havia de fazer coisa impossível. Eis as palavras postas por Platão na boca de Deus: *Como começastes a ser, não podeis ser imortais e indissolúveis. Mas não vos dissolvereis nem destino algum de morte vos tirará a vida, porque não será mais poderoso que minha vontade, laço mais forte para vossa perpetuidade que o destino a que ficastes ligados, quando vossa existência começou.* Se não são apenas absurdos e surdos os que ouvem isso, não duvidarão haver o Deus criador, segundo Platão, prometido algo impossível aos deuses criados. Quem diz: "Não podeis ser imortais, mas sereis imortais por vontade minha", que outra coisa diz senão: "Farei com que sejais o que não podeis ser"?

Fará ressuscitar, portanto, a carne incorruptível, imortal, espiritual, Aquele que, segundo Platão, prometeu fazer o impossível. A que vem, pois, gritar ser impossível o que Deus prometeu e o mundo inteiro creu, sobretudo se também prometeu que o mundo creria nisso? Dizemos, ademais, que fará também essa o Deus que, segundo Platão, faz coisas impossíveis. Logo, para ser bem-aventurada, a alma não deve fugir de todo corpo, mas receber corpo incorruptível. Em que corpo incorruptível se alegrará mais do que no corpo corruptível em que gemeu? Assim, para ela não será cárcere aquele desejo citado por Virgílio, que o atribui a Platão: *E tornem a querer entrar em cárceres humanos.* Digo que a alma não terá o desejo de voltar ao corpo, quando consigo tiver o corpo a que deseja retornar. E tê-lo-á para não mais deixá-lo, nem se verá obrigada a abandoná-lo por causa da morte nem durante o mais breve espaço de tempo.

CAPÍTULO XXVII
A verdade na concórdia entre Platão e Porfírio

Platão e Porfírio compreenderam cada um de per si algumas verdades e, se pudessem entender-se, talvez se fizessem cristãos. Platão disse não poderem as almas estar eternamente sem os corpos. Logicamente, as almas dos sábios, segundo ele, depois de algum tempo, por longo que seja, tornarão a seus corpos. Porfírio, por sua vez, propôs que a alma perfeitamente purificada, uma vez que retorne ao Pai, não voltará jamais às misérias desta vida. Se a verdade que Platão viu a tivesse oferecido a Porfírio, a saber, que as almas plenamente purificadas dos justos e dos sábios haviam de tornar aos corpos humanos, e, por outro lado, a verdade vista por Porfírio este a houvesse comunicado a Platão, quer dizer, que as almas santas jamais hão de tornar às misérias do corpo corruptível, dizendo ambos ambas as ideias, não cada qual a sua, creio que veriam ser lógico que as almas tornarão aos corpos e receberão os corpos para viverem bem-aventurada e imortalmente. Segundo Platão, as almas santas tornarão aos corpos humanos e, segundo Porfírio, não tornarão aos males deste mundo. Diga Porfírio, por conseguinte, com Platão: Tornarão aos corpos. E Platão com Porfírio: Não tornarão aos males. Assim coincidirão em que tornam aos corpos e já não sofrem males. Isso é, nem mais, nem menos, o que Deus promete que há de dar às almas, a saber, felicidade eterna em corpo eterno. Agora, uma vez concedido que as almas dos santos tornarão aos corpos imortais, acho que não terão inconveniente em admitir que tornem a seus próprios corpos, quer dizer, àqueles em que suportaram os males deste mundo e, para se verem livres desses males, serviram piedosa e fielmente a Deus.

CAPÍTULO XXVIII
Contribuição, na concórdia entre Platão, Labeão e Varrão, à verdadeira fé na ressurreição

Alguns dos nossos, que gostam de Platão por causa da beleza de seu estilo e por causa de algumas verdades esparsas em seus escritos, dizem que pensa algo semelhante ao que pensamos sobre a ressurreição dos mortos. Cícero alude a isso em seus quatro livros *Sobre a República*, em que trata mais de brincar que de dizer algo verdadeiro. Introduz em sua obra um homem ressuscitado que conta coisas conformes com o modo de pensar dos platônicos.

Labeão refere também que dois homens mortos se encontraram um dia em uma encruzilhada e em seguida, havendo recebido ordem para tornarem a seus corpos, juraram viver em perfeita amizade, que durou até morrerem de novo. Mas essa classe de ressurreições narradas por esses autores é como a de ressurreições de pessoas que sabemos haverem ressuscitado e tornado a esta vida, mas não para não mais morrerem.

Marco Varrão profere algo mais maravilhoso em seus livros *Sobre a origem do povo romano*. E, para sermos fiel, eis suas próprias palavras: *Alguns astrólogos escreveram estarem os homens destinados a renascimento, pelos gregos chamado* palinghenesía. *E fixam-lhe a data para quatrocentos e quarenta anos depois da morte.*

Nesse momento, o corpo e a alma que um dia estiveram unidos no homem tornarão a juntar-se de novo.

Varrão e esses astrólogos (não sei quem, pois, ao admitir-lhes a opinião, não dá seus nomes) dizem algo que, apesar de falso (pois as almas, uma vez unidas aos corpos pela segunda vez, não os abandonarão jamais), abala e deita por terra muitos dos argumentos que, baseados na impossibilidade, nossos adversários nos propõem. Com efeito, aqueles que são ou foram dessa opinião não acharam ser impossível que os cadáveres transformados em ar, em pó, em cinza, em água, em carne de outros animais ou de outros homens, tornem ao que foram. Por conseguinte, se os admiradores de Platão e de Porfírio ainda vivos admitem que as almas santas voltarão aos corpos, como diz Platão, e não tornarão aos males, como diz Porfírio, daí reconstruímos a fé cristã, que diz que receberão os corpos, para viverem eterna e felizmente, sem mal algum. E admitam também, com Varrão, que voltarão aos mesmos corpos de antes. Desse modo ficará resolvida entre eles a questão concernente à ressurreição da carne.

CAPÍTULO XXIX
A visão de Deus na outra vida

1. Vejamos agora, quanto o Senhor se digne iluminar-nos, o que hão de fazer os santos em seus corpos imortais e espirituais, quando sua carne não viver carnal, mas espiritualmente. Se hei de falar com franqueza, não sei qual será essa atividade, ou melhor, esse repouso e esse ócio. Os sentidos do corpo nunca mo deram a conhecer. Se digo havê-lo visto com o entendimento ou a inteligência, que é nossa inteligência, comparada com tal perfeição? E a mansão em que reinará a paz de Deus, que, segundo o apóstolo, *supera todo entendimento.* Qual, senão o nosso ou o dos anjos? O de Deus é claro que não. Se, pois, os santos viverão na paz de Deus, é indubitável que sobrepuja todo entendimento a paz em que devem viver. Sobrepuja, sem dúvida, o nosso, mas sobrepuja também o dos anjos. É o que, segundo me parece, dá a entender nestas palavras: *todo entendimento,* não excetuando nenhum. É preciso aplicar suas palavras à paz de Deus, que torna Deus aprazível, e dizer que nem nós, nem os anjos podemos conhecê-la como Deus a conhece. *Supera,* pois,

todo entendimento, salvo, é claro, o seu. Mas, como, segundo nossa débil capacidade, participaremos algum dia dessa soberana paz, quer em nós, quer entre nós, quer com Deus, como nosso soberano Bem, assim os anjos, segundo seu grau de conhecimento, a conhecem agora e os homens também, porém, muito menos que eles, por mais adiantados que estejam na virtude.

Que grande homem era aquele que dizia: *agora conhecemos em parte e em parte profetizamos, até chegar o perfeito.* E também: *Agora não vemos senão como em espelho e em enigma, mas então veremos face a face!* Desse último modo já o veem os santos anjos, também chamados nossos anjos, porque, depois de libertados do poder das trevas e transferidos para o reino de Cristo, em virtude do penhor recebido do Espírito Santo, começamos a pertencer àqueles anjos com quem possuiremos em comum a santa e dulcíssima Cidade de Deus, sobre a qual já escrevemos tantos livros.

Os anjos de Deus são nossos anjos, como o Cristo de Deus é nosso Cristo. São de Deus, porque não abandonaram Deus, e nossos, porque começamos a ser concidadãos seus. Isso fez nosso Senhor dizer: *Cuidado para não desprezardes algum destes pequeninos, porque vos faço saber que nos céus seus anjos veem o rosto de meu Pai celeste.* Veremos como veem, mas ainda não vemos assim. Daí as palavras já citadas do apóstolo: *Agora não vemos senão como em espelho e em enigma, mas então veremos face a face.* Essa visão nos está reservada como recompensa de nossa fé e dela São João fala assim: *Quando se manifestar, seremos semelhantes a Ele, pois o veremos como Ele é.* Face de Deus significa sua manifestação e não essa parte do corpo a que damos tal nome.

2. Por isso, se me perguntam o que os santos farão no corpo espiritual, não digo o que vejo, mas aquilo em que creio, segundo as palavras do Salmo: *Cri e isso fez-me falar.* Digo, pois, que verão Deus neste mesmo corpo, mas não é questão fácil saber se o verão por meio dele mesmo, como agora vemos o sol, a lua, as estrelas, o mar, a Terra e quanto neles há. É duro dizer que então os santos não poderão abrir e fechar os olhos quando quiserem. E é mais duro dizer que quem ali fechar os olhos não verá a Deus. Se o Profeta Eliseu, corporalmente ausente, pensando que ninguém o via, viu seu criado Giezi recebendo os presentes do siro Naamã, a quem o profeta

curara de lepra, quão mais facilmente os santos verão, no corpo espiritual, todas as coisas não apenas com os olhos fechados, mas até mesmo se estiverem corporalmente ausentes? Será esse o tempo da perfeição de que fala o apóstolo: *Conheceremos em parte e em parte profetizaremos; quando, porém, chegar o perfeito, desaparecerá o que era em parte.* Depois, para com uma espécie de comparação mostrar quanto esta vida se diferencia da futura, por maior que seja o progresso na virtude, acrescenta: *Quando eu era menino, tinha gostos de menino, falava como menino, pensava como menino. Já homem feito, porém, deixei as coisas de menino. Agora só vemos em espelho e em enigma, mas então veremos face a face. Agora conheço em parte, mas então conhecerei como sou conhecido.* Se nesta vida, em que o conhecimento dos mais eminentes profetas não *merece* ser comparado com a vida futura mais do que o menino é comparável ao moço, Eliseu viu seu servo, onde não estava, recebendo os presentes, diremos que, quando virmos o que é perfeito e o corpo corruptível não oprimir a alma, mas for incorruptível, os santos terão, para ver, necessidade dos olhos corpóreos, de que Eliseu não necessitava? Segundo os Setenta, são estas as palavras do profeta a Giezi: *Ia acaso meu espírito contigo, quando te saiu ao encontro e, descendo de seu carro, lhe recebeste o dinheiro?* Ou, segundo a versão direta do Presbítero Jerônimo: *Pois quê? Não me encontrava presente em espírito, quando aquele homem saltou de seu coche para ir a teu encontro?* Diz o profeta havê-lo visto com seu espírito, auxiliado, sem dúvida, extraordinariamente, quer dizer, divinamente. Não haverá mais razão ainda para que então, quando Deus estiver todo em todos, todos recebam esse dom? Não obstante, os olhos do corpo também terão função e estarão em seu lugar e o espírito usará deles por meio do corpo espiritual. O fato de o Profeta Eliseu não haver necessitado deles para ver seu servo ausente não quer dizer que não os usou para ver os objetos presentes, que podia ver também com o espírito, embora os fechasse, como viu os ausentes, que estavam longe dele. Longe de nós, por conseguinte, dizer que na outra vida os santos, tendo os olhos fechados, não verão a Deus, pois o verão com o espírito.

3. A questão é saber se o verão também com os olhos do corpo, quando não os tenham abertos. Se seus olhos espirituais, que esta-

rão em seu corpo espiritual, terão a mesma virtude que tem agora os nossos, é certo que com eles não poderão ver a Deus. Terão, portanto, potência muito superior, se por eles será vista a natureza incorpórea, que não está contida em lugar determinado, mas está em todas as partes. Embora digamos que Deus está no céu e na terra (Ele mesmo diz por intermédio do profeta: *Encho o céu e a terra*), nem por isso podemos dizer que tem uma parte no céu e outra na terra, pois, ao contrário, Ele está todo no céu e todo na terra, não em tempos diversos, mas simultaneamente, coisa que nenhuma natureza corpórea pode. Os olhos dos santos terão maior potência, não para verem com mais agudeza que as serpentes ou as águias (pois os animais, por mais aguda vista que tenham, não podem ver senão corpos), mas para verem também as coisas incorpóreas. Essa grande potencialidade de visão talvez haja sido dada por alguns momentos ao santo patriarca Jó, ainda no corpo mortal, quando diz a Deus: *Primeiro te conhecia por ouvir dizer, mas agora te vejo com meus próprios olhos. Por isso me desprezei a mim mesmo e me desfiz e me considerei cinza e pó*. Não obstante, a gente também pode entender que no caso se trata dos olhos do coração, dos quais o apóstolo diz: *Tende iluminados os olhos de vosso coração*. E que Deus será visto com esses olhos é verdade de que não duvida nenhum cristão que aceite as palavras do divino Mestre: *Bem-aventurados os limpos de coraçao, porque verão a Deus*. Mas a questão é saber se o veremos também com os olhos corporais.

4. Estas palavras: *E verá toda carne a salvação de Deus*, podem, sem nenhum inconveniente, ser entendidas deste modo: E todo homem verá o Cristo de Deus, que foi visto no corpo e será visto na mesma forma, quando julgar os vivos e os mortos. Que é a salvação de Deus, testemunham mil e uma outras passagens das Escrituras, mas com muito mais evidência as palavras do venerável velho Simeão, que, havendo tomado o Menino Jesus Cristo nos braços, disse: *Agora já podes, Senhor, tirar teu servo em paz deste mundo, segundo tua promessa, porque meus olhos viram tua salvação*. As palavras citadas de Jó, assim como se acham nos exemplares hebraicos: *E em minha carne verei a Deus*, são profecia da ressurreição da carne. Note-se não haver dito: Por minha carne. Se houvera dito, poderíamos entender que se referia a Cristo Deus, que por meio da carne será visto em carne. Estas palavras: *Em minha carne verei a*

Deus, podem, todavia, ser entendidas assim: Estarei em minha carne, quando eu vir a Deus. E o que diz o apóstolo: *Face a face* não nos obriga a crer que veremos Deus por essa parte do corpo onde estão os olhos corporais, pois o veremos ininterruptamente com o espírito. Se, com efeito, o homem interior não tivesse sua face, não diria o mesmo apóstolo: *Assim é que todos nós, contemplando de rosto descoberto, como em espelho, o Senhor, somos transformados de glória em glória na mesma imagem, como pelo espírito do Senhor.* Não entendemos de outra maneira as palavras do salmo: *Aproximai-vos dele e sereis iluminados e o rubor não vos cobrirá o rosto.* Pela fé aproximamo-nos de Deus e a fé pertence ao coração, não ao corpo. Como ignoramos a que grau de perfeição chegará o corpo espiritual (falamos de coisa de que não temos experiência), se a autoridade clara da Escritura não vem em nosso socorro, é necessário realizar-se em nós o que se lê na Sabedoria: *São tímidos os pensamentos dos homens e incertas nossas providências.*

5. Se, de acordo com o raciocínio dos filósofos, os objetos inteligíveis e os sensíveis ou corpóreos são de tal natureza que o corpo não pode ver os inteligíveis, nem a mente pode por si mesma contemplar os corpóreos, se esse raciocínio, digo, fora verdadeiro, com certeza não poderíamos ver Deus com os olhos do corpo, fossem espirituais embora. Mas esse raciocínio ridicularizam-no a sã razão e a autoridade profética. Quem será tão pouco sensato que se atreva a dizer que Deus desconhece as coisas corpóreas? Contudo, Ele não tem corpo para poder vê-las. Ademais, o que pouco faz citei do Profeta Eliseu não é prova bastante evidente de as coisas corpóreas poderem ser vistas pelo espírito, sem necessidade do corpo? Quando o servo recebeu os presentes, realizou ato corpóreo, mas o profeta viu-o com o espírito, não com o corpo. Pois bem, constando ser o corpo visto pelo espírito, por que não pode ser tal a potência do corpo espiritual, que o espírito seja visto pelo corpo? Deus é espírito. Cada qual conhece pelo sentido interior, não pelos olhos do corpo, a vida que o anima e o faz desenvolver-se. Por outro lado, vê com os olhos corpóreos a vida do próximo, por mais invisível que seja. Como dos corpos vivos discernimos os não vivos, senão por vermos ao mesmo tempo os corpos e as vidas, vidas que não podemos ver senão pelo corpo? Mas a vida sem corpo escapa aos olhos corporais.

6. Assim, é possível e muito crível que na outra vida veremos de tal maneira os corpos mundanos do novo céu e da nova terra, que com clareza assombrosa veremos a Deus, que está presente em todas as partes e governa todas as coisas corporais; vê-lo-emos, por intermédio de nossos corpos transformados, e em todos os corpos a que volvermos os olhos. Vê-lo-emos não como agora vemos as coisas invisíveis de Deus, pelas coisas criadas, em espelho, em enigma e em parte, onde vale mais a fé com que cremos que a espécie das coisas corporais que vemos por meio dos olhos corpóreos. Veremos como vemos os homens entre quem vivemos e que vivem e executam movimentos vitais. E não apenas cremos que vivem; vemo-lo, apesar de sem o corpo não podermos ver-lhes a vida, que pelos corpos neles contemplamos sem ambiguidade alguma. Aonde quer que levemos essas luzes espirituais de nossos corpos veremos, com o corpo, o Deus incorpóreo que governa todas as coisas. Logo, veremos Deus por meio de olhos que em poder se assemelharão ao espírito, o que lhes permitirá ver também a natureza incorpórea, coisa difícil ou impossível de justificar por testemunhos das divinas Escrituras, ou, o que é mais fácil de entender, Deus ser-nos-á tão conhecido e tão visível, que com o espírito o veremos em nós, nos outros, em si mesmo, no novo céu e na nova terra, e em todo ser então subsistente. Vê-lo-emos também, pelo corpo, em todo corpo, aonde quer que os olhos espirituais do corpo espiritual se dirijam. Nossos pensamentos serão patentes a todos e mutuamente. Cumprir-se-ão, então, as palavras do apóstolo: *Não julgueis antes do tempo, até que o Senhor venha, ilumine os esconderijos das trevas e descubra os pensamentos do coração; cada qual então será louvado por Deus.*

CAPÍTULO XXX
A eterna felicidade da Cidade de Deus e o sábado perpétuo

1. Quanta não será a ventura dessa vida, em que haverá desaparecido todo mal, em que não haverá nenhum bem oculto e em que não se fará outra coisa senão louvar a Deus, que será visto em todas as coisas! Não sei que outra coisa se vá fazer em lugar ao abrigo da indigência e do ócio. E ao que me induz o sagrado Cântico, que diz: *Bem-aventurados, Senhor, os que moram em tua casa. Louvar-te-ão*

pelos séculos dos séculos. Todas as partes do corpo incorruptível, agora destinadas a certos usos necessários à vida, não terão outra função que não seja o louvor divino, porque já não haverá necessidade então, mas perfeita, certa, inalterável e eterna felicidade. Todos os números da harmonia corporal, de que falei e que se ocultam de nós, aparecerão então a nossos olhos, maravilhosamente ordenados por todos os membros do corpo. E de concerto com as demais coisas admiráveis e estranhas que veremos, levarão, pelo encanto da beleza racional, as mentes racionais a louvar tão grande Artífice. Não me atrevo a determinar como serão os movimentos dos corpos espirituais, porque não posso nem mesmo imaginá-lo. Mas, sem dúvida, o movimento, a atitude e a própria espécie, seja qual for, serão harmônicos, pois então haverá deixado de existir o inarmônico. É certo também que o corpo se apresentará no mesmo instante onde o espírito queira e o espírito não quererá o que seja contrário à beleza do corpo ou à sua. Ali será verdadeira a glória, porque não haverá nem erro nem adulação nos panegiristas. Haverá honras verdadeiras, que não serão negadas a ninguém digno delas, nem dadas a ninguém indigno, não podendo ninguém indigno rondar por aquelas mansões, exclusivas de quem é digno. Ali haverá verdadeira paz; ninguém sofrerá contrariedade alguma, nem de si mesmo, nem de outrem.

A recompensa da virtude será Aquele que a dá e prometeu dar-se a si mesmo. Nada pode haver superior a Ele e nada maior do que Ele. Que significa o que disse pelo profeta: *Serei seu Deus e eles serão meu povo,* senão: Serei o objeto que lhes satisfará os anseios, serei tudo quanto os homens podem honestamente desejar: vida, saúde, comida, riqueza, glória, honra, paz e todos os bens? Esse é o sentido exato das palavras do apóstolo: *A fim de Deus ser tudo em todas as coisas.* Ele será o fim de nossos desejos e será visto sem fim, amado sem enjoo e louvado sem cansaço. Serão, como a vida eterna, comuns a todos essa graça, esse afeto, essa ocupação.

2. Quanto ao mais, quem se sente com forças para exprimir, se não as tem para imaginar sequer, os graus que, em proporção com o merecimento, haverá de honra e de glória? Não se pode pôr em dúvida que haverá graus. Um dos grandes bens da venturosa Cidade será ver que ninguém invejará ninguém, nem o inferior ao superior, como agora os anjos não têm inveja dos arcanjos. Ninguém desejará

possuir o que não recebeu, apesar de perfeita e concordemente unido com quem o recebeu, como no corpo o dedo não quer ser o olho, embora o olho e o dedo integrem a estrutura do mesmo corpo. Cada qual possuirá seu dom, um maior e outro menor, de tal sorte que terá, por cima, o dom de não desejar mais do que tem.

3. Não se pense que, visto os pecados já não poderem causar-lhes prazer, não terão livre-arbítrio. Serão tanto mais livres quanto mais livres se vejam do prazer de pecar, até conseguirem o indeclinável prazer de não pecar. O primeiro livre-arbítrio concedido ao homem, quando Deus o criou justo, consistia em poder não pecar, mas também podia pecar. O último será superior àquele e consistirá em não poder pecar. Esse será também dom de Deus, não possibilidade de sua natureza. Porque uma coisa é ser Deus; outra, ser partícipe de Deus. Por natureza, Deus não pode pecar; por outro lado, quem participa de Deus só recebe dele a graça de não poder pecar. Guardar esta gradação é próprio do dom divino; dar, primeiro, livre-arbítrio pelo qual o homem pudesse não pecar e, depois, outro, pelo qual não pudesse pecar. O primeiro permitia a aquisição de merecimento; o último, o recebimento de recompensa. Mas, porque essa natureza pecou, quando podia pecar, graça mais abundante a liberta, para chegar à liberdade em que não possa pecar. Assim como a primeira imortalidade, que Adão perdeu, pecando, consistiu em poder não morrer e a última consistirá em não poder morrer, assim também o primeiro livre-arbítrio consistiu em poder não pecar e o último consistirá em não poder pecar. E a vontade de piedade e de equidade é tão inamissível como a de felicidade. É certo que, ao pecar, não conservamos nem a piedade, nem a felicidade, mas o querer a felicidade não o perdemos nem mesmo quando perdemos a felicidade. Porque não pode pecar, havemos de negar livre-arbítrio a Deus? Todos os membros da cidade santa terão vontade livre, isenta de todo mal e repleta de todo bem, que gozará indeficientemente das inesgotáveis delícias da eterna alegria, esquecida das culpas e dos castigos, mas sem se esquecer de sua libertação, para não ser ingrata para com seu Libertador.

4. A alma lembrar-se-á dos males passados, mas intelectualmente e sem senti-los. Médico bem instruído, por exemplo, conhece, graças à arte médica, quase todas as enfermidades do corpo; muitas, porém, as que não sofreu, desconhece-as experimentalmente. Assim, os

males podem ser conhecidos de dois modos: por ciência intelectual ou por experiência corpórea. De um modo conhece os vícios a sabedoria do homem de bem; de outro, a vida desregrada do libertino. E podem ser esquecidos também de dois modos. De um modo esquecem-nos o sábio e o estudioso; de outro quem os sofreu: esquecemnos aqueles, descuidando o estudo; este, despojado de sua miséria. Segundo esse último esquecimento, os santos não se lembrarão dos males passados. Estarão isentos de todos os males, sem que deles lhes reste a menor sensação, e, não obstante, a ciência que então possuirão em maior grau não apenas não ocultará deles seus males passados, como nem mesmo a miséria eterna dos condenados. Com efeito, se não recordarem haver sido miseráveis, como, segundo diz o salmo, cantarão eternamente as misericórdias do Senhor? Sabemos que a maior alegria dessa Cidade será cantar cântico de glória à graça de Cristo, que nos libertou com seu sangue.

Ali se cumprirá isto: *Descansai e vede que sou o Senhor*. Será esse realmente o grande sábado que não terá tarde, esse sábado encarecido pelo Senhor nas primeiras obras de sua criação, ao dizer: *No sétimo dia Deus descansou de todas as suas obras e abençoou-o e santificou-o, porque nele repousou de todas as obras que empreendera*. Ali nós próprios seremos o sétimo dia, quando estivermos repletos e cumulados da bênção e da santificação de Deus. Ali, em repouso, veremos que Ele é Deus, qualidade que quisemos usurpar, quando o abandonamos, mordendo a isca destas palavras: *Sereis como deuses*. E apartamo-nos do verdadeiro Deus, que nos faria deuses por participação dele, não por deserção. Que fizemos sem Ele senão desfazermo-nos em sua ira? Reparados por Ele e consumados por mais abundante graça, descansaremos eternamente, vendo que Ele é Deus, de quem nos veremos repletos, quando Ele estiver todo em todos. Nossas próprias boas obras, quando as consideramos mais dele que nossas, são-nos atribuídas para a obtenção desse sábado. Se, por outro lado, as atribuímos a nós, serão obras servis. Diz-se do sábado: *Obra alguma servil fareis nele*. A esse respeito diz também o Profeta Ezequiel: *E dei-lhes meu sábado como sinal de aliança entre eles e mim, a fim de saberem que sou o Senhor, que os santificou*. Sabê-lo-emos quando estivermos em perfeito repouso e virmos que Ele é Deus.

5. Esse sabatismo tornar-se-á mais evidente, se se computa como outros tantos dias o número de idades, segundo as Escrituras, pois então se verifica ser justamente o sétimo dia. A primeira idade, como o primeiro dia, conta-se de Adão ao dilúvio; a segunda, do dilúvio a Abraão, apesar de não compreender duração igual à da primeira, e sim igual número de gerações, a saber, dez. De Abraão a Cristo, o evangelista São Mateus conta quatorze gerações, abrangidas por três idades: uma, de Abraão a Davi, outra, de Davi ao cativeiro de Babilônia, e a terceira, do cativeiro ao nascimento temporal de Cristo. Já temos cinco. A sexta está transcorrendo agora e não deve limitar-se a número limitado de gerações, em razão destas palavras: *Não vos compete conhecer os tempos que o Pai tem reservados para seu poder.* Depois desta, Deus descansará como no sétimo dia e fará descansar em si mesmo o sétimo dia, que seremos nós.

Levaria muito tempo tratar agora, pormenorizadamente, de cada uma dessas idades. Baste dizer que a sétima será nosso sábado, que não terá tarde e terminará no dia dominical, oitavo dia e dia eterno, consagrado pela ressurreição de Cristo e que figura o descanso eterno não apenas do espírito, mas também do corpo. Ali descansaremos e veremos; veremos e amaremos; amaremos e louvaremos. Eis a essência do fim sem fim. E que fim mais nosso que chegar ao reino que não terá fim!

6. Parece-me que, com o auxílio de Deus e com esta imensa obra, saldei a dívida contraída. Que me perdoe quem achar que eu disse pouco ou demasiado. E quem estiver satisfeito não dê, agradecido, graças a mim, mas a Deus comigo. Assim seja.

COLEÇÃO PENSAMENTO HUMANO

- *A caminho da linguagem*, Martin Heidegger
- *A Cidade de Deus (Parte I; Livros I a X)*, Santo Agostinho
- *A Cidade de Deus (Parte II; Livros XI a XXIII)*, Santo Agostinho
- *As obras do amor*, Søren Aabye Kierkegaard
- *Confissões*, Santo Agostinho
- *Crítica da razão pura*, Immanuel Kant
- *Da reviravolta dos valores*, Max Scheler
- *Enéada II – A organização do cosmo*, Plotino
- *Ensaios e conferências*, Martin Heidegger
- *Fenomenologia da vida religiosa*, Martin Heidegger
- *Fenomenologia do espírito*, Georg Wilhelm Friedrich Hegel
- *Hermenêutica: arte e técnica da interpretação*, Friedrich D.E. Schleiermacher
- *Investigações filosóficas*, Ludwig Wittgenstein
- *Parmênides*, Martin Heidegger
- *Ser e tempo*, Martin Heidegger
- *Ser e verdade*, Martin Heidegger
- *Verdade e método: traços fundamentais de uma hermenêutica filosófica (Volume I)*, Hans-Georg Gadamer
- *Verdade e método: complementos e índice (Volume II)*, Hans-Georg Gadamer
- *O conceito de angústia*, Søren Aabye Kierkegaard
- *Pós-escrito às migalhas filosóficas (Volume I)*, Søren Aabye Kierkegaard
- *Metafísica dos costumes*, Immanuel Kant
- *Do eterno no homem*, Max Scheler
- *Pós-escrito às migalhas filosóficas (Volume II)*, Søren Aabye Kierkegaard
- *Crítica da faculdade de julgar*, Immanuel Kant
- *Ciência da Lógica – 1. A Doutrina do Ser*, Georg Wilhelm Friedrich Hegel
- *Ciência da Lógica – 2. A Doutrina da Essência*, Georg Wilhelm Friedrich Hegel
- *Crítica da razão prática*, Immanuel Kant
- *Ciência da Lógica – 3. A Doutrina do Conceito*, Georg Wilhelm Friedrich Hegel
- *Lições sobre a Doutrina Filosófica da Religião*, Immanuel Kant
- *Leviatã*, Thomas Hobbes
- *À paz perpétua – Um projeto filosófico*, Immanuel Kant
- *Fundamentos de toda a Doutrina da Ciência*, Johann Gottlieb Fichte
- *O conflito das faculdades*, Immanuel Kant
- *Conhecimento objetivo – Uma abordagem evolutiva*, Karl R. Popper
- *Sobre o livre-arbítrio*, Santo Agostinho
- *Ecce Homo*, Friedrich Nietzsche
- *A doença para a morte*, Søren Aabye Kierkegaard
- *Sobre a reprodução*, Louis Althusser
- *A essência do cristianismo*, Ludwig Feuerbach
- *O ser e o nada*, Jean-Paul Sartre
- *Psicologia fenomenológica e fenomenologia transcendental*, Edmund Husserl
- *A transcendência do ego*, Jean-Paul Sartre
- *Solilóquios / Da imortalidade da alma*, Santo Agostinho
- *Assim falava Zaratustra*, Friedrich Nietzsche
- *De Cive – Elementos filosóficos a respeito do cidadão*, Thomas Hobbes

Conecte-se conosco:

f facebook.com/editoravozes

◉ @editoravozes

🐦 @editora_vozes

▶ youtube.com/editoravozes

🟢 +55 24 2233-9033

www.vozes.com.br

Conheça nossas lojas:
www.livrariavozes.com.br

Belo Horizonte – Brasília – Campinas – Cuiabá – Curitiba
Fortaleza – Juiz de Fora – Petrópolis – Recife – São Paulo

EDITORA VOZES LTDA.
Rua Frei Luís, 100 – Centro – Cep 25689-900 – Petrópolis, RJ
Tel.: (24) 2233-9000 – E-mail: vendas@vozes.com.br